#editorial

Susanne Schernewski | Chefredaktion

Liebe Leserin, lieber Leser,

kennen Sie schon die Besonderheiten der Region Kvarken? Sind Sie in Nordnorwegen bereits diesem schwindenden Zeitgefühl namens »døgnvill« begegnet? Sie wollen wissen, was genau es mit dem Insidertipp »Freddy's« in der dänischen Hafenstadt Frederikshavn auf sich hat? Und warum die Gegend um Karigasniemi in Finnisch Lappland Erwähnung in einer samischen Sage findet? Unsere Autoren erzählen es Ihnen! Erneut waren sie für uns in den nordischen Ländern unterwegs und sind mit spannenden Geschichten, tollen Geheimtipps und eindrucksvollen Bildern heimgekehrt.

Mit dem Reisehandbuch Skandinavien möchten wir Ihnen einmal mehr den Abwechslungsreichtum Nordeuropas nahebringen. Wir nehmen Sie mit in moderne Hauptstädte und stellen Ihnen »unterschätzte« Lieblingsorte vor. Wussten Sie schon, dass die Westfjorde Islands auch höchst schaurige Seiten zu bieten haben? Und dass Grönland sein ganz eigenes »Venedig« hat? Und vielleicht haben Sie ja auch schon einmal über einen Abstecher nach Spitzbergen nachgedacht?!

Die von unseren Autoren geprüften Reiserouten sollen Anregung sein für Ihre nächste Tour Richtung Skandinavien. Praktische Anreisehinweise, Wissenswertes über die »Geldangelegenheiten« vor Ort und Reportagen zu Land, Kultur und Leuten ergänzen das Reisehandbuch ebenso wie der umfangreiche Serviceteil. Neu: unsere Seiten zu Bahn-, Flug- und Busverbindungen im Land. So hoffen wir, liebe Leserinnen und Leser, dass Ihnen dieses Buch als hilfreicher Begleiter zur Seite steht!

Ihre

Susanne Schernewski

Susanne Schernewski

SKANDINAVIEN 2020 REISEHANDBUCH

#inha

dk
no
se
fin
is
fo
gr

Nordis
Das Nordeuropa-Magazin

it

SKANDINAVIEN 2020 REISEHANDBUCH

2020 feiern Deutsche und Dänen den hundertsten Jahrestag der endgültigen Grenzziehung zwischen ihren Ländern. Die Grenzregion gilt weltweit als Vorbild für die Integration nationaler Minderheiten. Deutsche nördlich und Dänen südlich der Grenze können ihre Traditionen, Kulturen und Sprachen uneingeschränkt leben und pflegen. Die Mühle von Dybbøl, an der 1864 die letzte große blutige Schlacht zwischen beiden Völkern tobte, steht als Symbol für das Leiden der Vergangenheit.

DÄN
EMA
RK

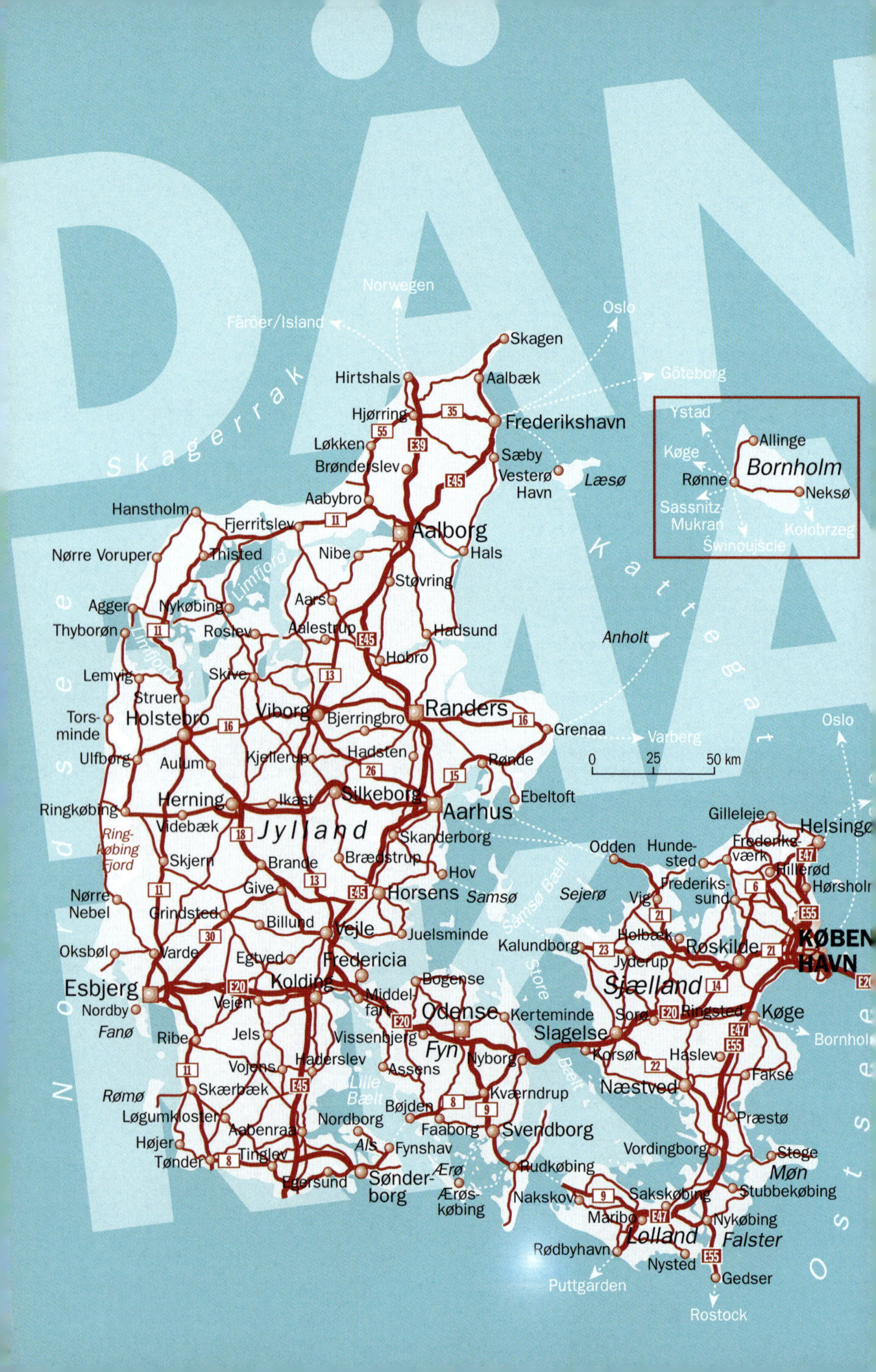

DÄNEMARK
Norwegen
Färöer/Island
Oslo
Göteborg
Skagen
Hirtshals
Aalbæk
Hjørring
Frederikshavn
Løkken
Sæby
Brønderslev
Vesterø Havn
Læsø
Aabybro
Hanstholm
Fjerritslev
Aalborg
Nørre Vorupør
Thisted
Nibe
Hals
Limfjord
Støvring
Agger
Nykøbing
Aars
Thyborøn
Roslev
Aalestrup
Hadsund
Hobro
Anholt
Lemvig
Skive
Struer
Tors-minde
Holstebro
Viborg
Bjerringbro
Randers
Grenaa
Varberg
Ulfborg
Aulum
Kjellerup
Hadsten
Rønde
Ringkøbing
Herning
Ikast
Silkeborg
Aarhus
Ebeltoft
Videbæk
Jylland
Skanderborg
Ring-købing Fjord
Skjern
Brande
Brædstrup
Hov
Odden
Hunde-sted
Nørre Nebel
Give
Horsens
Samsø
Sejerø
Grindsted
Billund
Vejle
Juelsminde
Kalundborg
Oksbøl
Varde
Egtved
Fredericia
Esbjerg
Kolding
Middel-fart
Bogense
Nordby
Vejen
Odense
Kerteminde
Fanø
Ribe
Jels
Vissenbjerg
Fyn
Nyborg
Slagelse
Vojens
Haderslev
Assens
Skærbæk
Lille Bælt
Kværndrup
Rømø
Løgumkloster
Bøjden
Nordborg
Faaborg
Svendborg
Højer
Aabenraa
Als
Fynshav
Tønder
Tinglev
Ærø
Rudkøbing
Egersund
Sønder-borg
Ærøs-købing
Nakskov
Maribo
Lolland
Rødbyhavn
Puttgarden
Nysted
Gedser
Rostock
Sakskøbing
Nykøbing
Falster
Stubbekøbing
Stege
Møn
Vordingborg
Præstø
Næstved
Fakse
Korsør
Haslev
Store Bælt
Samsø Bælt
Sorø
Ringsted
Køge
Bornholm
Sjælland
Jyderup
Holbæk
Roskilde
KØBENHAVN
Vig
Frederiks-sund
Frederiks-værk
Hillerød
Hørsholm
Gilleleje
Helsingør
Skagerrak
Kattegat
Nordsee
Ostsee
0
25
50 km
Ystad
Allinge
Køge
Rønne
Neksø
Sassnitz-Mukran
Świnoujście
Kołobrzeg
E39
E45
E20
E47
E55
11
13
15
16
18
21
22
23
26
30
35
55
6
8
9
14

#dänemark

#talkingnordic

UNTERWEGS IN DÄNEMARK

ab ____ *fra*
Abfahrt ____ *afgang*
an ____ *til*
Ankunft ____ *ankomst*
Auto ____ *bil*
Bahnhof ____ *banegård*
Bus ____ *rutebil/bus*
Fähre ____ *færge*
Fahrkarte ____ *billet*
Fahrplan ____ *køreplan*
Flughafen ____ *lufthavn*
Hafen ____ *havn*
Haltestelle ____ *stoppested*
Mehrfachkarte ____ *klippekort*
Platzkarte ____ *pladsbillet*
Schließfach ____ *bagageboks*
Taxi ____ *taxa*
Haben Sie ein Einzel-/Doppelzimmer? ____ *Har De et enkelt-/dobbeltværelse?*
Nehmen Sie Schecks/Kreditkarten? ____ *Tager De checks/kreditkort?*

GESUNDHEIT

(Zahn-)Arzt ____ *(tand)læge*
Ärztehaus ____ *lægehus*
Apotheke ____ *apotek*
Krankenhaus ____ *sygehus/hospital*
Krankenwagen ____ *ambulance*
Schmerzen ____ *smerter*
Fieber ____ *feber*

ESSEN UND TRINKEN

Wir möchten bestellen ____ *Vi vil gerne bestille*
Wir möchten zahlen ____ *Vi vil gerne betale*
Speisekarte ____ *menuekort*
Rechnung ____ *regning*
Vorspeise ____ *forret*
Hauptgericht ____ *hovedret*
Nachspeise ____ *dessert*
Frühstück ____ *morgenmad*
Lunch / leichtes Mittagessen ____ *frokost*
Dinner / großes Abendessen ____ *middag*
Kleines Abendessen ____ *aftensmad*
Tagesgericht ____ *dagens ret*
Fisch-/Fleischgerichte ____ *fiske-/kødretter*
Kinderteller ____ *børneretter*
Weiß-/Rotwein ____ *hvid-/rødvin*
(Fass)Bier ____ *(fad)øl*
Mineralwasser ____ *danskvand*

#hardfacts

Dänemark umfasst eine Fläche von 43.000 km² und besteht aus der »kontinentalen« Halbinsel Jütland sowie mehr als 450 namentragenden Inseln, davon 75 ganzjährig bewohnt. Die größten Inseln sind Seeland, Fünen, Lolland und Bornholm. Statistisch zweitgrößte, aber kaum als Insel wahrgenommen, ist die Nørrejyske Ø, das Land nördlich des Limfjords, der Jütland auf ganzer Breite von der Ost- zur Nordsee durchzieht.

Rund 5,8 Mio. Menschen leben in Dänemark. Amtssprache ist Dänisch, Deutsch offizielle Regionalsprache in Südjütland, wo eine deutsche Minderheit mit ca. 20.000 Angehörigen lebt. Etwa 75 % der Bevölkerung gehören der evangelisch-lutherischen Staatskirche an, die wenigsten aber als eifrige Kirchgänger.

Größte Städte sind Kopenhagen mit 623.500 Einwohnern in der eigentlichen Stadt und je nach Zählweise ca. 1,3 bis über 2 Mio. Einwohnern im Großraum, gefolgt von Aarhus (277.000/345.500), Odense (179.500/204.000) und Aalborg (116.500/215.500).

Dänemark ist eine parlamentarische Monarchie mit Europas ältestem Königshaus. Staatsoberhaupt ist Königin Margrethe II. Regierungschefin (dän. »staatsminister«) ist seit Juni 2019 Mette Frederiksen. Ihre Sozialdemokraten stellen nur 48 der 179 Mitglieder im Folketing, aber ihre Minderheitsregierung wird in vielen Politikfeldern von vier weiteren Parteien des links-ökologischen »Roten Blocks« unterstützt, während sie sich bei ihrer harten Ausländerpolitik auf Stimmen aus dem rechts-konservativen »Blauen Block« stützt – eine in Dänemark nicht ungewöhnliche Art zu regieren. Für das Folketing werden zudem je zwei Abgeordnete dortiger Parteien auf Grönland und den Färöer gewählt. Diese teilautonomen Gebiete im Nordatlantik sind mit Dänemark in »rigsfællesskabet« (Reichsgemeinschaft) verbunden.

TEXT & FOTOS #DÄNEMARK: HANS KLÜCHE
(sofern nicht anders gekennzeichnet)

Gateway Frederikshavn

Der Stopp in Frederikshavn war für unsere kleine Reisegruppe nur als Zwischenstation auf dem Weg zum nahen Inselparadies Læsø geplant. Dann punktete die auf den ersten Blick spröde Hafenstadt in Dänemarks hohem Norden aber mit pfiffigen Ideen, sich attraktiv zu machen, mit Perlen neuer nordischer Küche und einer quirligen Kneipenszene so sehr, dass wir auf der Rückfahrt sogar noch einen Bonus-Stopp dort einlegten – eine positive Entdeckung.

Mit nur wenig mehr als 23.000 Einwohnern gerade einmal dem Kleinstadtstatus entwachsen, bietet Frederikshavn weit mehr, als man bei dieser Größenordnung in Mitteleuropa erwartet. Und wo sonst in so hohen Breiten kann man direkt am Meer unter echten Palmen liegen? Einhundert von ihnen werden in jedem Frühjahr am Nordrand der Stadt am »Palm Beach« in den Sand gebuddelt und vor den ersten Herbststürmen zum Überwintern wieder in wärmende Treibhäuser gebracht – immerhin schon seit 2004.

Natürlich hat Frederikshavn wie jede andere dänische Stadt dieser Größe eine einladende Fußgängerzone, reich bestückt mit Boutiquen voller Casual-Mode. Die Stadt gilt im weiten Umland als günstig zum Shopping. Das schätzen auch Tagesgäste, die mit den Fähren aus Göteborg oder Oslo herüberkommen. Seit Ende der 1970er-Jahre verbindet die fast 600 Meter lange Fußgängerbrücke Havnebroen – im Volksmund »Valutaslangen« – das Stena-Fährterminal direkt mit der Innenstadt. Montage gelten in Läden und Kneipen explizit sogar als Norwegertage, dann erlaubt nämlich der Fahrplan der Direktfähre aus Oslo ihren Minicruise-Gästen einen halben Tag Landgang. Dass es montags schon früh am Morgen bei ihr richtig voll ist, davon schwärmt geradezu Jette, Wirtin im Tordenskjoldskroen, der ältesten Kneipe der Stadt, als wir bei ihr unseren Beer Walk starten. Mit dem läuten wir eine Erkundung des fast großstädtisch wirkenden Nachtlebens der kleinen Stadt ein. Der Beer Walk ist eine der pfiffigen Ideen, mit denen Frederikshavn Gäste umwirbt: Ein schmuckes 15 cl Probebierglas mit sechs Coupons für Bierproben in 9 Kneipen kann man beim I-Büro, in Unterkünften und in den beteiligten Lokalen kaufen. Das Tordenskiold ist als älteste Kneipe ein geradezu historischer Einstieg, urdänisch mit hochgestapelten Tuborg und Carlsberg Kisten hinter der Theke und ellenlangen »Patronengürteln« mit Underberg-Fläschchen – erstaunlich, wie kultig dieser Kräuterbitter im Norden ist.

Ein paar Ecken weiter zapft Eric Hauch im »Jerry's« Kostproben seiner Hjemmebryg-Sorten. Der gebürtige Amerikaner ist seit einem viertel Jahrhundert Wirt in Frederikshavn und braut seit einigen Jahren selbst, fusioniert alte mit neuer Heimat bei Pale Ales im amerikanischen Stil oder einem herben Porse Ale, mit der schon im Mittelalter als Biergewürz bekannten Sumpfmyrte als Geschmacksnote. Und wo wir auch einkehren und uns mit Locals unterhalten, kommt irgendwann diese Mischung aus Frage und Insidertipp »Geht ihr nachher auch zum Konzert ins Freddy's?«. Die Spillested, wie die Dänen ihre kleinen Musikclubs nennen, ist eine populäre Kulturinstitution der Stadt und mit unseren Bierwalk

Trotzen nordischem Wetter: Palmen in Frederikshavn

Idyllisches Frederikshavn: Viertel Fladstrand

Huldigung an einen Haudegen: Tordenskjoldskroen

Herr der ungewöhnlichen Biere: Eric im Jerry's

Coupons können wir bei rund 20 Sorten Bier vom Fass aus dem Vollen schöpfen – irgendwann zeigen aber auch 15 cl Gläschen Wirkung.

Nach einer Nacht im Hotel Jutlandia, das auf faszinierende Art den herben Charme, aber auch das längst klassisch gewordene Design seiner Entstehungszeit in den späten 1960er-Jahren bewahrt hat, und einem Frühstück mit herrlichem Hafenblick aus dem sechsten Stock genießen wir es, die letzten Probenrückstände vom Vorabend bei einer kleinen Wanderung zum Pikkerbakken hinauf aus dem Körper zu treiben. Dort stoßen wir wieder auf so ein liebenswertes Ding, Frederikshavn aufzuwerten. Zwar ist der Aussichtshügel über dem Süden der Stadt nur ganze 71 m hoch, aber die moderne, schwebende Aussichtskanzel, die Kronprinz Frederik 2018 zum 200-jährigen Stadtjubiläum einweihte, scheint die Besucher auf geradezu schwindelerregende Höhen zu heben – die Aussicht ist top, die gut markierten Spazierwege in den umliegenden Wäldern auch.

Mit ähnlicher guter Aussicht liegt nicht weit entfernt das Bangsbo Fort. Im Zweiten Weltkrieg hatten deutsche Besatzungstruppen hier den Kommandobunker ihres Befehlshabers für Nordjütland angelegt, heute dient der Komplex dem regionalen Nordjyllands Kystmuseum als Bunkermuseum zur Besatzungszeit 1940 bis 1945, zur Befestigung Nordjütlands, zu Kollaboration und Widerstand sowie zur nahtlosen Weiterverwendung der Anlagen durch das dänische Militär bis in die Zeit des Kalten Krieges als Radar- und Funkhorchposten.

Die Deutschen waren nicht die ersten, die die strategisch gute Lage im Norden Jütlands für eine militärische Befestigung nutzten. Schon vor der Stadtgründung 1818 bestand die Festung Fladstand, ein bedeutender Stützpunkt des vereinigten Königreichs Dänemark-Norwegen gegen den ewigen Rivalen im Norden, Schweden. Im frühen 18. Jh. diente hier der junge, in Trondheim geborene Peter Tordenskjold noch unter seinem bürgerlichen Namen Peter Wessel und richtete als Kaperkapitän im Großen Nordischen Krieg mit dreisten Husarenstückchen gegen die Schweden das angeschlagene Selbstbewusstsein der sonst nicht sonderlich erfolgreichen Dänen auf. So wurde er zum Idol seiner Generation, Schwarm aller Mädchen und mit 26 Jahren als Peter Tordenskjold – Donner-

Dunkles Kapitel deutsch-dänischer Geschichte: Mannschaftsraum im Bunkermuseum Bangsbo Fort

Erreicht keine Weltrekordhöhe, macht aber etwas her: Aussichtskanzel Prikkerbakken.

schild – in den Adelsstand erhoben. Nicht ein Krieg, sondern der Streit über ein Kartenspiel wurde sein Schicksal – mit 30 starb er nahe Hannover bei einem Duell. Aber wer jung, schön und berühmt stirbt, das weiß man nicht erst seit James Dean, hat Legendenstatus sicher: Jedes Jahr im September huldigt Frederikshavn dem Haudegen bei den Tordenskjoldtagen mit spektakulären Freilichtaufführungen am Hafen (www.tordenskiold.dk). Kulisse dafür ist meist Krudttårnet, der Pulverturm der alten Festung Fladstrand, der im Alltag eine kleine militärhistorische Sammlung beherbergt. Übrigens konnten die Frederikshavner nur müde lächeln, als im Oktober 2019 gar nicht weit weg an der Nordseeküste der Leuchtturm Rubjerg Knude mit großem Tamtam vor den Augen der Weltpresse um 70 m verschoben wurde. 70 Meter – pahh! Ihr 4.500 t schwerer Pulverturm stand Mitte der 1970er-Jahre einem Werftausbau im Weg und wurde gleich um 270 m verschoben. •

GUT INFORMIEREN

VisitFrederikshavn: Skandiatorv 1, 9900 Frederikshavn, Tel. 98 42 32 66,
www.toppenafdanmark.dk/frederikshavn

GUT ESSEN

Restaurant Gratværk: Das intime Restaurant serviert junge nordische Küche mit Rohwaren aus der Region und aus dem Meer vor der Tür, bleibt dabei aber bodenständig und bezahlbar.
Havnegade 7A, Tel. 88 63 88 73,
www.facebook.com/restaurantgratvaerk

Smørgåsen: Direkt an der Fußgängerzone werden nach bester dänischer Tradition üppig belegte Smørrebrød »geschmiert«, dazu lokale Aufgesetzte und Craft-Biere.
Danmarksgade 59, Tel 98 43 59 59,
www.smorgaasen.dk

GUT SCHLAFEN

Hotel Jutlandia: Das Hotel am Hafen öffnete 1968 als Designhotel, hat seinen längst klassisch gewordenen Stil gut bewahrt und serviert ein exzellentes Frühstück mit Hafen- und Meerblick im 6. Stock.
Havnepladsen 1, Tel. +45 98 42 42 00,
www.hotel-jutlandia.dk

Offizielle Wohnmobilstellplätze: An der Marina Rønnerhavnen gleich neben dem Palmenstrand und an Frederikshavn Marina Syd gibt's ganzjährig Stellplätze (150–160 DKK).
Nordre Strandvej 40, **www.roennerhavnen.dk**,
Søsportsvej 14, **www.frederikshavnmarina.dk/gaester/camping**

#kopenhagen

In Kopenhagen residiert eine 1.000-jährige Monarchie, und doch zeigt sich Dänemarks Hauptstadt modern, ökologisch, innovativ. Überall sorgt futuristische Architektur für Wow-Effekte, vor allem im neuen Medien- und Wissenschaftsviertel Ørestad. Kopenhagen ist trotz alledem überschaubar, aber bei Kunst, Kultur und Lifestyle mit weit größeren Metropolen auf Augenhöhe.

#MuseenUmsonst

Gratistage haben in Kopenhagen die Kunstmuseen Ny Carlsberg Glyptotek dienstags, Thorvaldsens Museum mittwochs ganztägig und Kunsthal Charlottenborg ab 17 Uhr, immer kostenlos kommt man in Davids Samling – Schwerpunkt Islamische Kunst – sowie ins neue Post & Telekom-Museum »Enigma«. **www.thorvaldsensmuseum.dk, www.glyptoteket.com, www.kunsthalcharlottenborg.dk, www.davidmus.dk, www.enigma.dk**

dk

#TwoInOne

Sie fahren nach Kopenhagen. Glückwunsch! Es gibt noch eine zweite Stadt mit eigenem Bürgermeister und allem drum und dran obendrauf: Frederiksberg. Dort leben 104.000 Menschen in einer Art Enklave mitten zwischen fast 625.000 Kopenhagenern. Sogar günstigere Parkregeln gibt's dort, und Sparfüchse, die mit dem Auto unterwegs sind, nehmen deshalb lieber in Frederiksberg Unterkunft. Von der Stadtgrenze, die in einigen Fällen sogar die rechte und linke Seite einer Straße trennt, bis zum Tivoli oder zum Kopenhagener Rathaus sind es nur ein paar Hundert Meter, und beim ÖPNV merkt man sowieso nicht, dass man sich in zwei Städten bewegt – S-Bahn, Metro und Busse verbinden beide nahtlos.

Kopenhagen will 2025 erste CO_2-neutrale Metropole der Welt sein und lebt längst eine Verkehrswende pro Fahrrad, wider Auto und hat gerade unter der Innenstadt ihre neuste Metro-Ringlinie mit 15 Stationen eröffnet, zwei weitere Linien sind noch im Bau. Kopenhagen liegt auch ständig mit Amsterdam im Clinch, wer die coolste Fahrradmetropole der Welt ist, wer die besten Fahrradkonzepte hat. Moderne Radschnellwege leiten Zehntausende Pendler morgens ins Zentrum und abends wieder nach Hause – auch Besucher nutzen längst die perfekte Zweiradinfrastruktur, um die Stadt zu erkunden. Moderne Fahrrad- und Fußgängerbrücken verbinden Stadtviertel über den Hafen hinweg, allen voran Inderhavnsbroen auf Höhe des Nyhavn. Über sie erreicht man in Minuten vom quirligen Nyhavn auf der Stadtseite das romantische, von einem bootsgesäumten Kanal durchzogene Viertel Christianshavn. Dort ist auch die weltbekannte, immer etwas unartige Hippie-Freistadt

Der Nyhavn, hier beim letzten Sonnenlicht, ist Kopenhagens »Hygge-Meile« mit maritimem Charme.

1. Rådhuspladsen mit dem Rathaus
2. Tivoli
3. Ny Carlsberg Glyptotek
4. Nationalmuseum
5. Thorvaldsens Museum
6. Christiansborg (Parlament, Kgl. Repräsentationsräume)
7. Krigsmuseet
8. Fußgängerzone Strøget
9. Rundetårn
10. Amalienborg (Wohnsitz Königsfamilie)
11. Marmorkirken
12. Designmuseum Danmark
13. Gefions-Brunnen
14. Die Kleine Meerjungfrau
15. Rosenborg (Kronjuwelen)
16. Botanisk Have (Botanischer Garten)
17. Statens Museum for Kunst
18. Sammlung Hirschsprung
19. Zoo
20. Oper

i Copenhagen Visitor Service (Adresse s. Service-Teil Info)

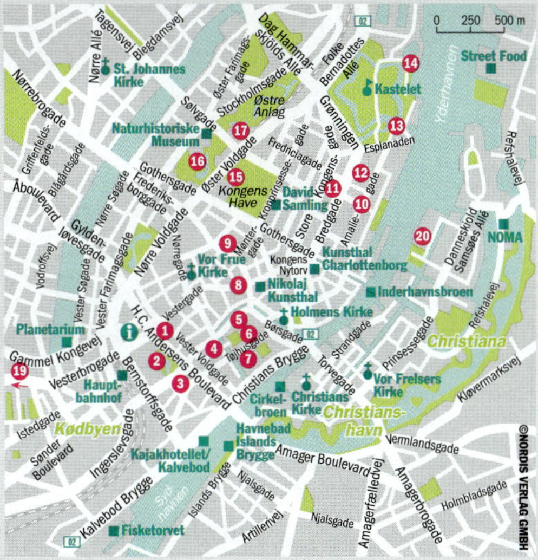

Christiania ein beliebtes Ziel – noch mehr Amsterdam in Kopenhagen. Eine der schönsten neuen Brücken von Christianshavn, die mit ihrer Silhouette an eine Gruppe Segelschiffe erinnernde Cirkelbroen, spiegelt sich quer über den Innenhafen in der schwarzen Glasfassade der Königlichen Bibliothek, bekannt als »Den Sorte Diamant«.

Markenzeichen Architektur

Dieser Diamant ist eine der Perlen moderner Architektur, die ein Markenzeichen des neuen Kopenhagen ist, gewürdigt gleich nebenan im jungen Architekturmuseum DAC i BLOX. Dessen Café bietet von zwei Dachterrassen brillante Aussichten auf das Regierungsviertel Slotsholmen und den Innenhafen. Etwas weiter Richtung Øresund prägt eine andere Architekturperle die Hafensilhouette: die Oper mit ihrem ausladenden Dach, das sogar schon für »Klippenspringer-Events« genutzt wurde. Nur von Wasser getrennt, residiert gegenüber die königliche Familie auf Schloss Amalienborg – moderne, vom Volk geliebte Royals. Ist Königin Margrethe oder einer ihrer Söhne als Vertreter im Schloss, gibt's um zwölf Uhr die große Wachablösung, zu der die Wachsoldaten mit der wuchtigen Kuppel der Marmorkirche im Rücken auf den Schlossplatz einmarschieren.

#ZweiRäderUnterSich

E-Scooter – in der Stadt höchst umstritten und streng reguliert! – gibt's reichlich, ansonsten »mach's wie die Einheimischen und steig aufs Fahrrad!« Neben klassischen Leihrädern, die auch von einigen Hotels angeboten werden, stehen an rund 100 Ladestationen »bycykler« bereit, E-Bike-Stadträder, jedes mit einem Tablet am Lenker, über den man das Entleihen abwickeln kann. Einen Account richtet man besten vorab ein: **www.bycyklen.dk**

Bycykel und Meerjungfrau – zwei Markenzeichen der Stadt

Näher am Wasser als auf »Green Island of Copenhagen« geht nicht: An lauen Sommerabenden ist das kaum zu toppen, egal ob bei Pizza oder Cocktails.

Ist kein Regent vor Ort, gibt's eine Sparversion – die Monarchie weiß schon, was Besucher mindestens erwarten.

Kult ums Essen

Nordisk Mad, die junge nordische Küche mit der Liebe zur lokalen Rohware, macht Kopenhagen zu einem globalen Gourmet-Hotspot. 2019 leuchteten 22 Michelin-Sterne über 17 Restaurants der Stadt, und ihre Köche werden hofiert wie Popstars. Allen voran der charismatische bis cholerische René Redzepi: Sein »Noma« hat sich gerade als Urban Farm mit Food-Laboratorien, Gewächshäusern und Kräutergarten neu erfunden, wurde im international bekanntesten Ranking der besten Restaurants der Welt auf Anhieb die Nr. 2 und zwei Michelin-Sterne gab's obendrein. Keine Frage: Billig ist Kopenhagens Gourmet-Küche nicht. Wer im Noma essen will, muss schon bei der Reservierung das Menü von 330–350 € pro Kopf vorauszahlen (noma.dk/reservations). Aber es gibt gute Küche auch für normale Reisekassen, so im Trendviertel Vesterbro, wo sich das Ex-Schlachthof- und Ex-Straßenstrich-Viertel Kødbyen zu einem Hort gastronomischer Ideen und Innovationen gemausert hat. Hier-mal-ein-Häppchen-und dort-mal-ein-Schlückchen-Probierer finden ihr Paradies in den Markthallen Torvehallerne, während aus rund 40 Multikulti-Imbiss-Containern des Copenhagen Street Food – Reffen von April bis Oktober Küchen der Welt duften. Der quirlige Street-Food-Markt mit kleiner, oft genutzter Konzertbühne liegt cool am Rand des Hafens im neuen Kreativ-Viertel Refshaleøen – die meisten Gäste kommen mit der Hafenfähre. Und die Kunst hat gleich um die Ecke auch schon

dk

#Kopenhagen Erkunden

Der ÖPNV mit Metro, Stadtbus, Havnebus, S-Bahn und Regionalbahn bietet touristenfreundliche Zeitkarten für 24, 48, 72 oder 120 Stunden, den City Pass Small für das Stadtgebiet inkl. Flughafen oder den City Pass Large für den Großraum inkl. Helsingør und Roskilde. Immer gilt: Ein Erwachsener kann zwei Kinder unter 12 Jahre gratis mitnehmen. Die cOPENhagenCard für den Großraum Kopenhagen gewährt zusätzlich zum kostenlosen ÖPNV auch freien Eintritt zu vielen Museen und Rabatt an weiteren Attraktionen, auf Rundfahrten und in einigen Lokalen.
www.citypass.dk, www.copenhagencard.com

eine große Halle für moderne Installationen belegt: Copenhagen Contemporary. Wer jedoch auf all die hippen Trends keinen Wert legt, schaut einfach im traditionellen Esszimmer der Stadt vorbei, am Gråbrødretorv, mit rund einem Dutzend Cafés und Restaurants in zauberhaften alten Bürgerhäusern.

Shoppingzone

Starten wir einen Bummel in Sichtweite des weltberühmten Tivoli am Rathaus mit seinem 105,6 Meter hohen Turm im Stil der Sienna-Gotik; der ist aber keine echte Gotik, nur ein Zitat, gebaut 1892–1905. Der goldene Mann über dem Portal ist Stadtgründer Absalon, damals Bischof von Roskilde. Vom Rådhuspladsen zieht sich die Einkaufsstraße Strøget – »Der Strich« – quer durchs Zentrum. Die ersten Meter wirken billig und schrill. Auf Höhe des Gammeltorv mit dem verspielten Caritas-Brunnen liegt nur Schritte entfernt Kopenhagens neoklassizistischer Dom »Vor Frue Kirke«. Innen imponieren große Skulpturen und Reliefs, die Bertel Thorvaldsen schuf, der bedeutendste europäische Bildhauer des 19. Jahrhunderts.

Spätestens am schmucken »Wohnzimmer« der City, dem Platz Amagertorv, wird Strøget edler, zeigt Flagship-Stores großer dänischer Marken wie der Porzellanmanufaktur Royal Copenhagen, der Silberschmiede Georg Jensen oder des Edelkürschners Birger Christensen. Daneben stößt man auf Dependancen internationaler Modemarken und als Kopenhagens KaDeWe und Harrods gilt das Kaufhaus Illum. Strøget endet schließlich am Kongens Nytorv. Prachtfassaden zu diesem Platz des Königs zeigen das Luxushotel d'Angleterre, Det Kongelige Teater, die Französische Botschaft und das Barockschloss Charlottenborg, in dem eine Kunsthalle gern junge Künstler am Beginn ihrer Karriere oder Aufsehen erregende Sonderausstellungen präsentiert.

Zu Königen und Seeleuten

Gleich neben Kunsthal Charlottenborg stößt der Nyhavn an den Kongens Nytorv, einen Oldtimer-Schiffen und Hafenrundfahrt-Booten vorbehaltenen Stichkanal. Kneipe reiht sich an Kneipe, Restaurant an Restaurant, ein durch-

#CraftbeerGlobal-Player

Nachbar zum Streetfood-Markt Reffen ist Mikkeller Baghaven, Biergarten der angesagtesten Craft-Bier-Enthusiasten der Stadt. 2010 öffneten sie eine erste Bierbar in einem Keller in Vesterbro, Ende 2019 waren es fast 50 von San Francisco über London und Berlin bis Tokio – davon gut die Hälfte in der NORDIS Welt zwischen Tórshavn und Helsinki, die meisten natürlich in der Heimat Kopenhagen.
www.mikkeller.dk

#CityVonOben

Das Edelkaufhaus Illum lässt Besucher bis aufs Dach ins Café-Restaurant Illum Rooftop und erlaubt von der Außenterrasse herrliche Blicke über die Dächer des Zentrums und auf den wuseligen Amagertorv vor der Tür. Fast noch perfekter ist die Aussicht vom Rundetårn, dem runden Renaissance-Turm an der Fußgängerzone Købmagergade. Nach oben windet sich eine 200 Meter lange, stufenlose Rampe siebeneinhalb Mal um den hohlen Kern des Baus – VIP-Besucher fuhr man einst mit Kutschen hinauf.
www.rundetaarn.dk

Den vergoldeten Rebus am Rundetårn entwarf Christian IV. persönlich: »Herr, lenke Glauben und Gerechtigkeit im Herzen des gekrönten Christian IV. 1642«.

#PlatzFürNeueIdeen

Hinter dem Schaupielplatz ragt Ofelia Plads in den Hafen hinein, eigentlich nur eine Betonplatte über einer auf drei Seiten von Wasser umgebenen Tiefgarage. Hier brummt an Sommertagen das Leben. Café- und Multi-Kulti-Imbiss-Buden versorgen Besucher, von einem Anleger starten die Premium-Kanalrundfahrten von »Hej Captain« und einen populären Badeplatz für heiße Tage gibt's am Ende der Betonplatte auch noch.
www.heycaptain.dk

Panoramafenster XXL der Königlichen Bibliothek mit Hafenblick

#SelbstAmRuder

Wer es nachhaltig mag, mietet ein GoBoat Elektro-Bötchen, dessen Außenbordmotor mit Ökostrom geladen wird. Nach ein paar Minuten Einführung darf man durch Innenhafen und Kanäle cruisen und Kopenhagens maritime Seele erkunden. Tipp: Sagt die Wetter-App einen schönen Tag voraus, sollten Sie ganz, ganz früh buchen!
www.goboat.dk

gehender Biergarten vor den Türen. Folgt man von dort dem Hafen auf dem Plankenweg um das Schauspielhaus herum ist das schon erwähnte Amalienborg bald erreicht. Ganz in der Nähe zeigt Designmuseum Danmark Industriedesign sowie Kunsthandwerk von Weltklasse. Von dort ist es am imposanten Gefions Brunnen und am sorgfältig restaurierten Kastell aus dem 17. Jahrhundert vorbei nicht weit zur bekanntesten Kopenhagenerin, Den Lille Havfrue. Die Kleine Meerjungfrau in ihrer unschuldigen Nacktheit schuf Edvard Eriksen 1913 nach einer Märchenfigur von H. C. Andersen. Viele erwarten sie größer, aber sie misst nur 125 Zentimeter vom Kopf bis zur Flossenspitze.

Große Museen

Museumsklassiker sind das Nationalmuseum mit einem Parforceritt durch Dänemarks faszinierende Geschichte – ein Prunkstück ist der Sonnenwagen von Trundholm aus der Bronzezeit. Die Ny Carlsberg Glyptotek ist stolz auf die bedeutendste Sammlung antiker Skulpturen aus Ägypten, Griechenland und Rom nördlich der Alpen und die hochkarätigen Werke französischer Maler und Bildhauer des Impressionismus und Postimpressionismus. Die Nationalgalerie Statens Museum for Kunst – kurz SMK – zeigt in einem spannenden Mix alter und neuer Flügel dänische und internationale Kunst bis zur Gegenwart, während im nahen Schloss Rosenborg die Kronjuwelen und 300 Jahre Monarchiegeschichte der Oldenburger Linie auf dem dänischen Thron präsentiert werden. Das andere Ende der Gesellschaft zeigt gleich um die Ecke das Arbejdermuseum in der Rømersgade.

Spaß muss sein

Welche Touristenattraktion neben der Meerjungfrau ist Kopenhagens bekannteste? Genau! Der Vergnügungspark Tivoli mit seinem einzigartigen Mix aus romantischen Traditionen und rasenden Attraktionen. Kinderkarussells drehen sich neben wilden Fahrgeschäften mit großem Kreischfaktor. Rock- wie Klassikkonzerte locken Tausende, und fürs leibliche Wohl können Besucher zwischen Gourmetrestaurants, dem vegetarischen »Gemyse«, Traditionskost, Burger- und Würstchenbuden, Eisdielen und Schunkelkneipen wählen. Neben der traditionellen Sommersaison öffnet der romantische Park inzwischen auch zum »Winter i Tivoli« im Februar, zum »Halloween i Tivoli« im Herbst und zum »Jul i Tivoli« in der Adventszeit.

Kopenhagens Ränder

Kopenhagens Peripherie darf man nicht übersehen: Im Süden ragt das extravagante Museum für moderne Kunst Arken aus den Dünen auf – Badestrand trifft Kunstszene. Zur architektonischen Avantgarde gehört das Nationalaquarium Danmarks Akvarium – Den Blå Planet direkt am Øresund mit Blick bis zur schwedischen Küste. Ganz in der Nähe macht der künstlich angelegte Amager Strandpark Kopenhagen zum Badeort. Skifahren rund ums Jahr ist aber auch kein Problem: Fast aus der ganzen Stadt ist der 85 m hohe Copenhill mit seiner markanten Aluminiumfassade zu sehen. Dahinter verbirgt sich Kopenhagens neue Müllverbrennungsanlage, die nebenbei Strom für über 30.000 und Fernwärme für über 70.000 Haushalte produziert. Auf ihr Dach zauberten Architekten eine synthetische Ganzjahres-Skipiste und einen Bergwanderpfad. Irgendwann 2020 soll dann an der Fassade noch die höchste Kletterwand der Welt eingeweiht werden. Familien mit Kindern streben eher nach Frederiksberg in den Zoo, dessen Eisbärengehege mit Glastunnel ein absolutes Highlight ist. Zum Spielend-Lernen ist das Experimentarium in einer ehemaligen Abfüllhalle der Tuborg Brauerei im nördlichen Vorort Hellerup konzipiert, und das Freilichtmuseum Det Gamle Danmark in Lyngby mit rund 70 alten Höfen, Mühlen, Streicheltieren und Kutschfahrten zeigt, wie Dänen früher lebten. •

#DurchUndDurch-Dänisch

Tivoli hat wohl jeder schon gehört, der nach Kopenhagen reist, aber auch Bakken? Der älteste Vergnügungspark der Welt wirkt authentischer, volkstümlicher, bodenständiger als das weltbekannte Pendant im Zentrum. Eingebettet in herrliche Wälder nördlich der Stadt, einen Waldspaziergang vom Meer und dem munteren Bellevue Strandbad in Klampenborg entfernt, locken günstige Restaurants, Stimmungslokale, eine der ältesten Holzachterbahnen und rund 40 weitere Fahrgeschäfte alle Generationen zu einer Art permanentem Oktoberfest mit dänischer Note.

Traditionsfigur auf Bakken: Pjerrot

#aarhus

Die Stadt, die 2017 als Kulturhauptstadt Europas Furore machte, ist stolz auf Wurzeln in der frühen Wikingerzeit, aber genauso auf ihre Hochschulen. Mit knapp über 227.000 Einwohnern, davon rund 40.000 Studenten, ist Aarhus zwar deutlich kleiner als Kopenhagen, aber unbestritten die zweitgrößte Stadt im Land und vor allem die mit der jüngsten und am schnellsten wachsenden Bevölkerung.

Kubus voller Kunst: Museum ARoS mit Arhus' modernem Wahrzeichen, dem begehbaren »Rainbow Panorama« von Ólafur Elíasson auf dem Dach

Überall entsteht Wohnraum, gern mit spektakulärer Architektur. Ein gewaltiges Facelifting mit auffälligen Büro- und Wohnhäusern erlebt Aarhus vor allem am Hafen. Dessen neue Silhouette mit der ikonischen Wohnanlage Isbjerget, dem Eisberg, ist längst ein Wahrzeichen des jungen Aarhus geworden. Im Zentrum prägen lebendiges Nachtleben, muntere Cafés und gute Restaurants – 2019 hatten vier in der Stadt je einen Michelin-Stern – das Bild, vor allem im verwinkelten Latinerkvarter und am Aaboulevard, der modernen Lifestyle-Promenade an der wieder freigelegten Århus Å.

Aarhus im Aufbruch

Mit der Letbane, einer Art Überlandstraßenbahn, die ein weites Umland an die Stadt anbindet, entstand ein komplett neues Verkehrssystem und direkt am Hafen mit dem Kultur-, Medien- und Begegnungshaus DOKK1 eine der

#AarhusFestuge

Die Aarhus Festwoche ist ein weit über Dänemarks Grenzen hinaus bekanntes Event mit allen Kultursparten vom klassischen Theater bis Avantgarde Pop. Über 1.000 Veranstaltungen locken jedes Jahr etwa eine halbe Million Besucher – 2020 vom 28. Aug. bis 6. Sept.!
www.aarhusfestuge.dk

modernsten und größten öffentlichen Bibliotheken Europas unter gemeinsamem Dach mit einem Bürgerservice, großen Spielflächen in- und outdoor, Bühnen, Ruhe- und Gruppenräumen für Studenten, Kreativräumen für Kindergartenkinder wie Teenager und vielem mehr. Unter dem Gebäude gibt's Europas größtes automatisches Parkhaus: Auto in Abgabezone stellen, Parkschein ziehen, alles Weitere läuft automatisch ab.

Von DOKK1 zieht sich die moderne Hafenfront mit künstlichen Kanälen und Terrassen Richtung Meer bis ins modern-maritime Viertel Aarhus Ø. Ø steht dabei für Øst gleich Osten, weil es der östlichste Stadtteil ist; ist aber auch das dänische Einbuchstabenwort für Insel, weil es wie eine solche in die Ostsee ragt – ganz am Ende finden abgehärtete Schwimmer mit der Aarhus Havbane sogar eine 500 Meter lange Trainingsbahn im Meer, und in einem alten Hafenbecken bildet Havnebadet Bassin 7 ein urbanes Urlaubsresort, das man perfekt im Blick hat, wenn man auf Salling Tårnet steigt, einen Aussichtsturm, der wie ein riesiges Origami-Objekt aus gelochtem Stahl am Rande steht. Auch der Nordhavn, den lokale Fischer und Freizeitskipper nutzen, wandelt sich zusehends zu einem hippen Restaurant- und Freizeitviertel, wo Fischhändler neben Frischfisch kleine Leckereien »to go« anbieten, das urige Brauhaus Hant-Werk Craftbeer zaubert und die Surf Agency SUP-Boards für Hafenerkundungen verleiht.

Schauen, Shoppen, Speisen

Richtung Innenstadt ragt der gotische Dom auf, im Innenraum fallen großflächige Kalkmalereien und ein berühmter Flügelaltar ins Auge. Vom Domplatz zieht sich eine quicklebendige Fußgängerzone über die Søndergade und die Ryesgade Richtung Bahnhof – ganz wie in Kopenhagen wird auch diese Strøget genannt, ist aber etwas kleiner als die Namensschwester in der Hauptstadt. Nicht weit vom Bahnhof genießt man in einem alten Fahrzeugdepot am Busbahnhof die Küchen unserer Welt von urdänisch bis karibisch-afrikanisch. Aus originell umgebauten Containern wird man bedient und so preiswert satt, wie kaum irgendwo sonst in der Stadt. Dazu gibt's Craftbier oder Champagner an den Bars. Aarhus Street

#AarhusCARD

Die AarhusCARD gewährt freie Fahrt im ÖPNV und freien Eintritt oder Rabatt in rund zwei Dutzend Museen und Attraktionen. Zu kaufen u. a. im DOKK1 am Hafen, in Hotels, in beteiligten Museen oder online.
www.aarhuscard.de

Exotisch, lecker, fotogen sind die Genüsse an den Aarhus Street Food Ständen (oben), während im Museum »Den Gamle By« Besucher nur zuschauen dürfen, wenn die Zeitreise-Darsteller für sich kochen (unten).

#MalEbenAarhus

Sie wollen mal eben nach Aarhus? Wer im Norden Deutschlands lebt, kann je nach Saison 2–3-mal tgl. direkte IC-Züge von Hamburg nach Aarhus nutzen, zum Sparpreis ab 28,90 € pro Strecke.
www.bahn.de

Food hat sogar ganzjährig geöffnet, weil alles in einer Halle stattfindet mit langen Biertischen in der Mitte. Im Sommer gibt's vor der Tür aber auch einen großen Open-Air-Bereich.

Weltklasse-Museen

Im Kunstmuseum ARoS schlendert man auf neun Etagen durch Ausstellungen bedeutender dänischer und internationaler Kunst verschiedener, meist moderner Epochen. Der in Berlin lebende dänisch-isländische Künstler Ólafur Elíasson entwarf das weithin sichtbare und begehbare »Rainbow Panorama« auf dem Dach. Zu den international bekannten Museen zählt Kvindemuseet, das Frauenmuseum, im alten Rathaus gleich neben dem Dom, das Lebens- und Arbeitsbedingungen von Frauen, genderspezifische Entwicklungen und Biografien bedeutender Frauen beleuchtet. Im hinteren Teil des Gebäudekomplexes soll im April 2020 nach langem Umbau Besættelsesmuseet wieder die Tore öffnen, ein Museum zur Besatzungszeit, das u. a. mit Folterzellen der Gestapo an eine ganz dunkle Zeit im deutsch-dänischen Verhältnis erinnert. Eines der populärsten Museen ist das Freilichtmuseum »Die Alte Stadt«: Den Gamle By dokumentiert in gut 80, meist originalen Gebäuden aus den letzten vier Jahrhunderten das Alltagsleben dänischer Städte von der Renaissance bis ins Wohlstandsdänemark unserer Tage. So kann man sich hier in die originale Ausstattung des »Jazzclub Bent J« setzen, der bis 2008 noch in der Innenstadt eine Institution war. Großartig ist die mit moderner Museumstechnik inszenierte Zeitreise »Aarhus Fortæller« durch die Geschichte der Stadt von der Wikingerzeit bis heute. In den Wäldern südlich der Stadt liegt schließlich MOMU, das Moesgaard Museum über Dänemarks Frühgeschichte – beeindruckend sind seine berühmten Moorleichen und die vielen absolut lebensecht wirkenden Wachsfiguren, denen man überall begegnet. Das Gebäude gehört architektonisch zu den spektakulärsten jüngerer Zeit im ganzen Norden und erhebt sich mit einem begehbaren Grasdach wie ein Aussichtshügel aus einer Lichtung. Gern darf man zum First hinaufgehen und den herrlichem Blick auf die Bucht von Aarhus und das südliche Kattegat genießen bis hinüber zur Insel Samsø. •

#MustSeeSalling

An Aarhus' Strøget ist »Salling« mehr als nur ein Kaufhaus der edleren Art mit großer Auswahl angesagter Modelabel und viel Dansk Design. Zu einem »Must-see« wird es ganz oben: Salling Rooftop ist ein Dachgarten mit brillanter Aussicht, Café, Bar, kleiner Bühne und einer Glasboden-Plattform für Schwindelfreie, die sich in 25 m Höhe weit über Strøget hinauslehnt – geöffnet auch sonntags!
www.salling.dk/madoplevelser/salling-rooftop-aarhus

Plattform für Schwindelfreie am Dach des Kaufhaus Salling

#AarhusRoyal

Im Süden wird Aarhus royal: Das in einen englisch anmutenden Park eingebettete Marseliborg Slot kam als Volksgeschenk zur Hochzeit des späteren Christian X. in den Besitz der königlichen Familie, und Margrethe II. verbringt hier gern Feiertage und immer auch einige Wochen im Sommer. Weht der Dannebrog mit dem Königswappen über dem Schloss, ist sie im Haus. Dann bleibt der sonst für das Volk offene Park geschlossen, dafür gibt's um zwölf Uhr eine große Wachablösung am Tor.

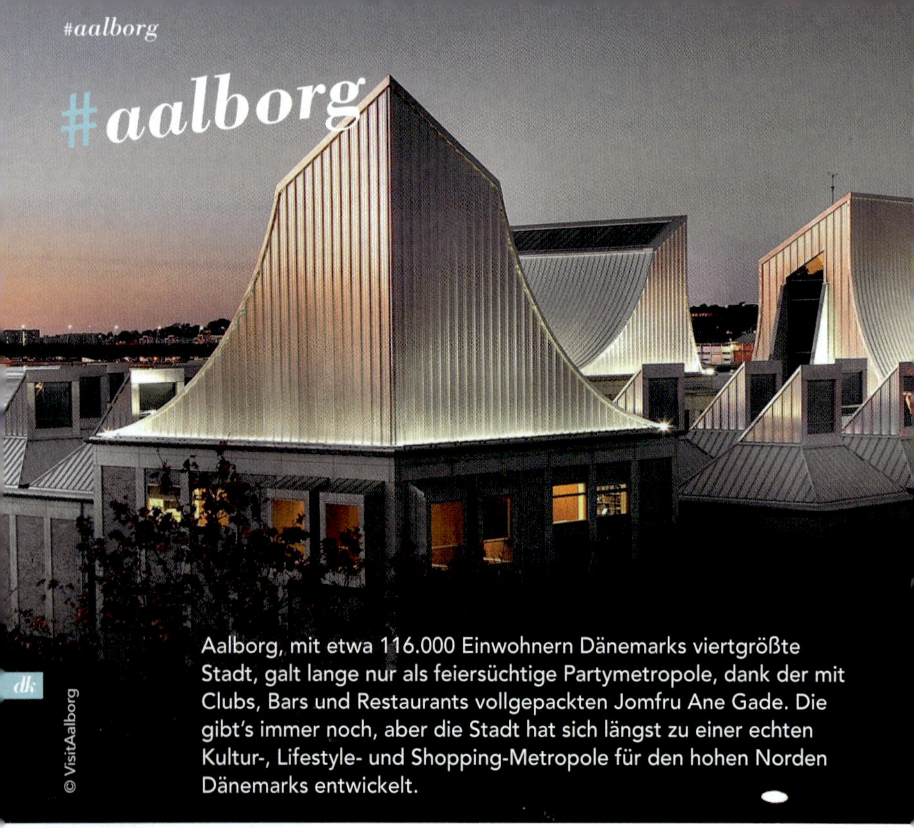

#aalborg

dk

© VisitAalborg

Aalborg, mit etwa 116.000 Einwohnern Dänemarks viertgrößte Stadt, galt lange nur als feiersüchtige Partymetropole, dank der mit Clubs, Bars und Restaurants vollgepackten Jomfru Ane Gade. Die gibt's immer noch, aber die Stadt hat sich längst zu einer echten Kultur-, Lifestyle- und Shopping-Metropole für den hohen Norden Dänemarks entwickelt.

Für Aalborg mindestens so markant wie das Opernhaus für Sydney, und der Architekt war derselbe: Jørn Utzon.

In der verkehrsberuhigten Innenstadt gilt das Jens Bangs Stenhus von 1624 als schönstes Renaissance-Bürgerhaus des Nordens, nebenan zeigt das Alte Rathaus vollendeten Spätbarock. Geradezu unscheinbar wirkt dagegen das Verwaltungsschloss Aalborghus, das im Sommerhalbjahr aber Kasematten und ein Verlies für Besucher öffnet.

Wandel am Limfjord

Vor dem Zentrum plätschert der hier gerade einmal 400 Meter breite Limfjord an eine Promenade. Ein Ponton-Freibad lädt zum Baden ein – die Stadt ist stolz auf die gute Wasserqualität vor ihrer Haustür. Hin und wieder bestätigen das sogar Tümmler und Kleinwale, die gern einmal vor der Uferpromenade herumschwimmen. Die Promenade führt vom Zentrum nach Osten ins neue Kulturviertel. Das architektonisch markante Ausstellungs- und Kongresszent-

#Totenkult

Lindholm Høje, am Nordufer des Limfjord im Vorort Nørresundby, ist eine der bedeutendsten Nekropolen der Vorzeit in Skandinavien mit fast 700 Steinsetzungen aus Eisen- und Wikingerzeit, viele in Schiffsform. Das Gelände ist frei zugänglich, ein Museum vertieft die Eindrücke.
www.nordmus.dk/lindholm-hoeje-museet

rum Jørn Utzon Center trägt den Namen seines Architekten, der auch die weltberühmte Oper von Sydney schuf – Jørn Utzon wuchs in Aalborg auf. Bald darauf stößt man auf das futuristisch wirkende Konzerthaus »Musikkens Hus« und ein paar Meter landeinwärts auf den geschickt von einem Kraftwerk zum Sport-, Freizeit- und Kulturzentrum umgebauten Nordkraft Komplex, in dem auch das i-Büro der Stadt zu Hause ist.

Kunst und große Tiere

Dänische und internationale Kunst ab dem Durchbruch der Moderne zeigt Aalborgs bedeutendstes Museum KUNSTEN; die ursprünglichen Pläne lieferte 1972 das finnische Architekturgenie Alvar Aalto. Überragt wird KUNSTEN vom Aussichtsturm Aalborgtårnet: 105 Meter über dem Meer hat man spektakuläre Blicke auf Stadt und Fjord. Nebenan ist der großzügig angelegte Aalborg Zoo ein Klassiker für Familien, berühmt für seine afrikanische Erlebniswelt, in der große afrikanische Elefanten leben, nicht wie in den meisten europäischen Zoos die kleineren aus Indien.

Aalborgs Alkoholproblem

Ein Produkt ist untrennbar mit dem Namen der Stadt verbunden: Aalborg Akvavit mit Sorten wie »Rød Aalborg« für den Alltag, dem edleren »Aalborg Jubilæums Akvavit« und dem weihnachtlichen »Aalborg Jule Akvavit«. Aber: Aalborgs »Wasser des Lebens« wird seit 2015 in Brennereien des neuen Eigentümers, des norwegischen Schnapskonzerns Arcus, bei Oslo gebrannt. So entsteht jetzt am westlichen Rand des Zentrums in Tuchfühlung zum Limfjord in prächtigen Industriebauten der 1930er-Jahre auf dem ehemaligen Betriebsgelände der De Danske Spritfabrikker das neue Lifestyle-Viertel Cloud City Aalborg mit Kunsthalle, Theater, Restaurants, Streetfood-Markthalle und Mikro-Destillerie, in der dann vor den Augen der Besucher wieder Akvavit gebrannt werden kann – bis alles fertig ist, wird aber noch etwas Zeit vergehen. Noch etwas weiter im Westen befasst sich das Maritime Erlebniszentrum Springeren mit der Seefahrt und lässt Besucher ausgemusterte Marineschiffe erkunden, darunter das U-Boot Springeren. •

#LeckerLeuchtturm

Am Rande der Skudehavn Marina nur ein paar Minuten zu Fuß vom Springeren-Schifffahrtsmuseum füllt der Streetfoodmarkt »The Lighthouse« von April bis Oktober mit über einem Dutzend Küchen der Welt sowie ein paar Bars und Bierständen die Halle einer alten Möbelfabrik. Bei schönem Wetter sitzt man herrlich vor der Tür am Wasser, oft bei Livemusik.
www.facebook.com/aalborgstreetfoodmarked

Aalborgtårnet bietet 105 Meter über dem Meer spektakuläre Blicke auf Stadt und Fjord.
© VisitAalborg

#Karnevalshochburg

Aalborg ist Nordeuropas Karnevalshochburg. Jedes Jahr in der Woche 21 – Mitte Mai – swingt die Stadt zu Samba-Rhythmen im Stil eines jungen »Carnival of Cultures«. Die große Parade durch die Stadt ist 2020 am 15. Mai.
www.aalborgkarneval.dk

#odense

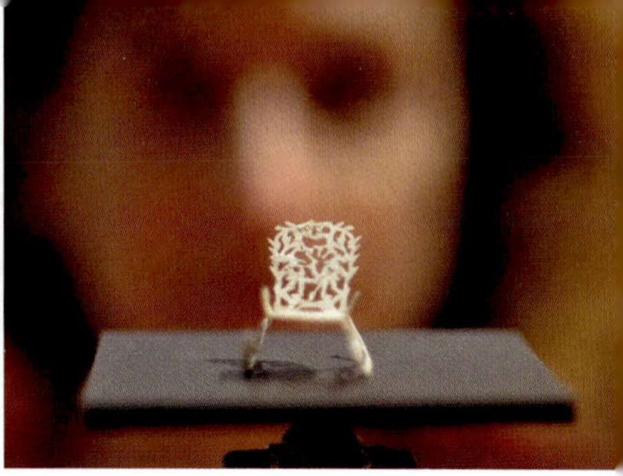

Überall H. C. Andersen: Er steht als Denkmal im H.C. Andersen Haven und die Papierschiff-Skulptur auf dem Wasser ist von seinem Märchen »Der Standhafte Zinnsoldat« inspiriert (links). Den Scherenschnitt-Stuhl für eine Märchenfee hat er sogar selbst geschnitten (rechts).

Mitten auf der Insel Fünen wartet Dänemarks drittgrößte Stadt Odense mit einer kompakten Innenstadt auf Besucher, mal modern, mal romantisch und alles ist da, was eine kleine Großstadt ausmacht. Größter Werbeträger der Stadt ist H. C. Andersen. Der weltweit wohl bekannteste Däne wurde hier am 2. April 1805 in ärmlichsten Verhältnissen geboren. Das H. C. Andersens Barndomshjem, in dem er aufwuchs, kann man besuchen, ebenso sein Geburtshaus in der malerischen Altstadt und ein H. C. Andersen Museum. Das präsentiert 2020 eine kaum bekannte Seite des Märchenmanns – er war auch ein talentierter Scherenschnitt-Künstler.
Odense ist eine der ältesten Städte im Norden und schon seit 1060 Bischofssitz. In einem gläsernen Sarg in der Krypta der gotischen Domkirche liegen Gebeine des in der Stadt ermordeten und dann heilig gesprochenen König Knud. Stadtgeschichte ist Thema im Bymuseet Møntergården, einem prächtigen Renaissancebau.
Die alte Textilfabrik Brandts Klædefabrik zeigt sich hingegen als lebendiger Kunst- und Kulturkomplex mit Clubs, Kneipen, Restaurants und Museen: Das Kunstmuseum Brandts und seine Dependance Brandts 13 präsentieren immer wieder viel beachtete Wechselausstellungen und besitzen in der eigenen Sammlung bedeutende Werke regionaler Künstler wie der Fünen-Maler sowie internationale Fotokunst. Familien streben derweil in Danmarks Jernbanemuseum, Nordeuropas größtes Eisenbahnmuseum. Durch den Süden des Zentrums schlängelt sich die Odense Å, groß genug für Ausflugsboote. Die halten am Odense Zoo mit Erlebniswelten bis hin zur antarktischen Schneelandschaft mit munteren Pinguinen. Mit den Booten erreicht man zudem das Freilichtmuseum Den Fynske Landsby, in dem das Landleben des 18. und 19. Jahrhunderts lebendig wird. •

#AndersenAufEinerKarte

Eine Tageskarte zum Preis ab 110 DKK verschafft einem Erwachsenen Zutritt zu allen fünf Museen der Stadt Odense – H.C. Andersen Museum, H.C. Andersens Barndomshjem, H.C. Andersens Fødehjem, Børnekulturhuset Fyrtøjet und Stadtmuseum Møntergården.
www.hcandersensodense.dk

#SchnellMalOdense

Ab Hamburg ist man 3 x tgl. in dreieinhalb Stunden mit dem IC direkt in der Andersen-Stadt, günstigste Sparpreise ab 28,90 € pro Strecke, Kinder oder Enkel bis 14 Jahre fahren kostenlos mit.
www.bahn.de

#DÄNEMA
#route

#Setzen!

Hans Jørgen Wegner, Möbeldesigner aus Tønder, ist der Herr der Stühle. Schon John F. Kennedy und Richard Nixon saßen im Präsidentschaftswahlkampf 1960 beim ersten Fernsehduell der Geschichte auf seinem »The Chair« – Wegners größter Erfolg steht sogar im New Yorker MoMA. Møbelhuset 2 an Tønders Haupteinkaufsstraße hat eigentlich immer alle lieferbaren Wegner-Stühle in seiner Ausstellung, da erblasst manches Designmuseum vor Neid. Schnäppchen sind das nicht: »The Chair« kostet gut 5.000 € und der klassisch schöne Bärchenstuhl, »Bamsestolen«, fast 17.000 € mit Stoffbezug, in Leder noch ein paar Tausender mehr – da erstarrt man geradezu beim Probesitzen.
www.mobelhuset-2.dk

ROUTE 1

Der Deutschen liebstes Dänemark

Kurs Nord an der dänischen Nordseeküste

Wellen, Strand und Dünen prägen »Vestkysten«, die Westküste, wie die Dänen sagen. Auch das Meer davor ist aus ihrem Blickwinkel keine Nordsee, sondern »Vesterhavet«, das Westmeer. Die Küste kann steil und zerklüftet sein wie an Bovbjerg, Bulbjerg oder Lønstrup Klint oder flach und ständig im Wechselgriff von Ebbe und Flut wie im Wattenmeer ganz im Südwesten des Landes. Dort stößt das »Moin«-Land, in dem es mit den Nordschleswigern auch eine deutschsprachige Minderheit gibt, an die Nordsee, ähhmmm an Vestkysten …

Von der Grenze bis Rømø

Wählt man zum Grenzübertritt das kleine Rudbøl, kann man einen alten Grenzstein im Asphalt entdecken: »D«

steht für Dänemark, »DRP« für Deutsches Reich Preußen. Noch immer verläuft dort die Grenze mitten auf der Straße, auf der einen Seite Deutschland, auf der anderen Dänemark. Über alte Deiche gelangt man durch das Marschland, wo viele Höfe zum Schutz vor Sturmfluten auf Warften liegen, nach Højer. Reetgedeckte Häuser und eine große Holland-Mühle mit einem Marsch-Museum prägen das Städtchen, das aber auch mit Kunstevents punktet (**www.artjam.dk**). Am Rande mündet die Vidå ins Wattenmeer, Sperrwerke in den Deichen schützen das Land dahinter bei wilden Sturmfluten. Ein Schlenker führt nach Møgeltønder zur schönsten Dorfstraße Dänemarks und zum Barockschloss Schackenborg. Das war bis vor wenigen Jahren im Besitz von Prinz Joachim, dem zweitältesten Sohn der amtierenden Königin Margrethe, und seiner Familie. Der darf es bei Bedarf zwar weiterhin nutzen, aber es gehört inzwischen einer Stiftung und kann auch besichtigt werden. Mit nicht einmal 8.000 Einwohnern ist Tønder die größte Stadt der Marschregion. Im Zentrum mit seinen schicken Patrizierhäusern aus Barock und Renaissance überrascht das Shopping-Angebot – bei Möbeln erreicht es sogar Weltstadt-Niveau.

#Jul_i_Juli

Es weihnachtet immer in Det Gamle Apotek in Tønder, denn neben Krimskrams ohne Ende, Hygge-Utensilien und lokalen Delikatessen gibt's auch immer Weihnachtsschmuck und -engel, sogar im Juli. Spätestens ab November überschwemmt »julepynt« – Weihnachtsdeko – dann das verwinkelte Gebäude vom Keller bis unters Dach. **www.det-gamle-apotek.dk**

Alter Grenzstein mitten auf der Dorfstraße von Rudbøl

Ein Dorf voller Idylle: Møgeltønder gleich nördlich der Grenze

#ImmerMehrFür Wohnmobile?

An der Stadtgrenze von Skærbæk soll ein WoMo-Platz der Luxusklasse mit einem frei zugänglichen, 25 m hohen Marsktårnet entstehen. Der Aussichtsturm wird den perfekten Blick über das flache Marschland und weit auf das Wattenmeer hinaus bis Rømø und bei guter Sicht bis Sylt gewähren. Klappt alles bei Genehmigungen und Bau, können 2020 erste Gäste hier stoppen, spätestens 2021. Längst in Betrieb und optimiert für die Bedürfnisse von WoMo-Reisenden ist Oasen Rømø am Rand von Havneby auf Rømø mit rund 170 Stellplätzen um zwei kleine Seen. Wichtig: Freedom Camping am Strand und auf öffentlichen Parkplätzen ist weder auf Rømø noch auf Fanø erlaubt!
www.oasen-roemoe.dk

dk

#Grenzerfahrungen

Von Rømø aus setzt die Syltfähre in der Hochsaison im Stundentakt ihre Passagiere an der maritimen Fressmeile von List ab, nur wenige Schritte von den Fischbuden und Restaurants des GOSCH Imperiums entfernt – ideal für Tagesausflüge auf die Insel der vermeintlich Schönen und Reichen Deutschlands. Da es in Dänemark kein Thema ist, muss hier daran erinnert werden, dass sogar Tagesbesucher für den Zugang zu Stränden auf Sylt Kurtaxe zahlen müssen!
www.syltfaehre.de

Zur Insel Rømø kommt man rund um die Uhr mit dem Auto über einen zehn Kilometer langen Damm – einzigartig im europäischen Wattenmeer. Wer Lust auf mehr Meer hat, darf gleich weiter bis auf den kilometerbreiten Weststrand fahren. Hinter Strand und Dünen prägen Ferienhäuser das Bild. Ein richtiges Dorf gibt's nur im Süden, das moderne Havneby mit Ferienparks am Rand, Outlet-Shops, Fischrestaurants und Supermarkt im Zentrum und dem Terminal der Syltfähre zur deutschen Nachbarinsel im Hafen. Im Norden lässt Nationalmuseets Kommandørgård das nicht gerade arme Inselleben vergangener Tage erahnen: Früher steuerten viele Männer von Rømø als gut bezahlte Kapitäne Walfangschiffe in hohe Breitengrade. In der Scheune des Hofes, eine Abteilung des dänischen Nationalmuseums, wird auch über Wale, Walfang und Walstrandungen informiert. Highlight ist das Skelett eines Ende der 1990er-Jahre auf dem Weststrand von Rømø gestrandeten und dann verendeten Pottwals.

Watt, Wein, Wikinger, Windkraft

In Vester Vedsted duckt sich hinter den Deichen das wegen seiner Architektur viel beachtete Vadehavscentret, ein Museums- und Erlebniscenter zur Natur des Nationalparks Wattenmeer, das seit 2014 auch UNESCO-Welterbe ist. Hier starten Wattwanderungen – in kalter Jahreszeit inklusive Austernsuche – und Fahrten mit Treckerbussen zur Insel Mandø, die nur bei Niedrigwasser auf Pisten quer durchs Watt erreichbar ist. Was man hinter den Deichen kaum erwartet, ist ein Weingut: Vester Vedsted Vingård kuschelt sich in den Windschatten eines Wäldchens. Dort bestehe ein Mikroklima, das Trauben gut gedeihen lasse. Die Winzerfamilie bietet in ihrem Hofladen und Öko-Café neben dem Wein auch selbst gebrautes Bier, eigene Kräuterschnäpse und Aufgesetzte, Biosäfte, Marmeladen und Chatneys an.

In Ribe, eine der ältesten Städte des Nordens, winkt Geschichte von jedem Giebel und quillt aus jeder Tür. Highlight sind die Altstadt mit ihrem mittelalterlichen Gassengewirr, der ehrwürdige Dom und nebenan der moderne, aber architektonisch genial in das Alte eingepasste Kannikegården, in dessen Kellergeschoss hinter bodentiefen

Vier strahlend weiße, neun Meter hohe Riesen, »Der Mensch am Meer«, sind das Wahrzeichen von Esbjerg.

Fenstern ausgegrabene Fundamente eines der ältesten Ziegelsteinbauten ganz Skandinaviens sichtbar sind. Dazu gibt's noch ein uraltes Rathaus mit Folterkammer, das Ribe Kunstmuseum mit Malerei und Skulpturen vom frühen 19. Jahrhundert bis zu den Klassikern der Moderne, ein Museum und ein Erlebniszentrum zur Wikingerzeit und den wunderbaren Quedens Gård. Der uralte Häuserblock hat zur Fußgängerzone ein schnuckeliges Café und dient sonst als junges Museumszentrum mit dem 2019 öffneten Jacob A. Riis Museum und einem Hexenmuseum, das 2020 öffnen soll – in Ribe gab es 1641 Dänemarks die letzte Hexenverbrennung.

Hauptstadt der dänischen Westküste ist das junge, etwas spröde wirkende Esbjerg. Die Versorgung der Offshore Industrie – Öl- und Gasförderung, Bau und Wartung von Windparks – prägt den Hafen, Fischerei ist nur noch Thema im Fischerei- und Seefahrtsmuseum, zu dem auch Aquarien und ein Robbarium gehören. Wahrzeichen der Stadt ist nördlich des Hafens die Monumentalskulptur »Der Mensch am Meer« – vier strahlend weiße, neun Meter hohe Riesen. Sie haben Fanø im Blick. Die 55 Quadratkilometer große Insel wird tagsüber im 20-Minuten-Takt ab Esbjerg angelaufen und imponiert mit einem 18 Kilometer langen und oft viele Hundert Meter breiten Sandstrand im Westen. Zwei Inselorte verbreiten in erster Linie Idylle mit viel Reetdach, besonders das romantische Sønderho.

#PresidentsFriend

Jacob A. Riis (1849–1914) wuchs in Ribe auf, emigrierte 1870 nach New York und richtete als Polizeireporter in den Slums von Manhattan seine Kamera auf Armut und Elend der damals meist aus Dänemark, Deutschland und Italien stammenden Wirtschaftsflüchtlinge und wurde so als Begründer sozialdokumentarischer Fotografie und Reportagen berühmt und später zum Berater und persönlichen Freund des Präsidenten Theodore Roosevelt. Im Quedens Gård in Ribe würdigt ihn das »How the Other Half Lives – Jacob A. Riis Museum«.
www.jacobariismuseum.dk

#EventsAufSand

Die megabreiten Strände von Rømø und Fanø sind Schauplätze für einige Mega-Events: Drachenfans aus ganz Europa kommen jedes Jahr zum Kite Fliers Meeting auf Fanø (18.–21.06.2020) und zum Rømø Dragefestival (4.–6.9.2020) und sorgen für kunterbunte Spektakel am Himmel wie auf Erden. Das Rømø Motor Festival (21.8.–23.8.2020, Rennen am 22.) lockt Zehntausende Zuschauer auf den Strand vor Lakolk auf Rømø. Es sieht sich in der Tradition legendärer Strandrennen der 1920er-Jahre, obwohl die damals auf Fanø stattfanden.
www.kitefliersmeetingfanoe.de
www.danskdrageklub.dk
www.facebook.com/romomotorfestival

Blåvandshuk und Blåvand

Hjerting, der schmucke Badeort von Esbjerg, besitzt eine fast mediterran anmutende Promenade, davor breitet sich aber nicht das Mittelmeer aus, sondern mit der Ho Bugt der nördlichste Zipfel des europäischen Wattenmeeres, abgeschirmt von der offenen See durch das Naturparadies Skallingen. Neben dieser Dünenhalbinsel schiebt sich Dänemarks westlichster Punkt Blåvandshuk in die Nordsee hinaus und setzt sich unter Wasser als Sandbank fort. Vor der warnt der schmucke Leuchtturm Blåvandshuk Fyr, dessen 170 Stufen man hinaufsteigen kann. Heute ist er eigentlich unnötig, denn was die Seeleute einst als Teufels Horn fürchteten, ist kaum mehr zu übersehen: Warnleuchten blinken dort auf 220 Windkraftanlagen der drei Horns Rev Windenergieparks, die aus dem Meer ragen und Strom für etwa 800.000 Haushalte liefern – einer der größten Aktivposten bei Dänemarks Bemühen, ab 2020 die Hälfte der nationalen Strombedarfs aus Windenergie zu decken. Blåvand, das Städtchen in den Dünen hinter dem Leuchtturm, ist Zentrum einer der beliebtesten Urlaubsregionen Skandinaviens mit einer beachtlichen Zahl günstiger Outlet-Stores und Boutiquen, die ca. 360 Tage im Jahr geöffnet haben, und einer Gastronomie von Pølser-Bude bis Gourmet-Restaurant. Der Strand von Blåvand gilt als besonders flach und kinderfreundlich und hat als Bernstein-Hotspot einen

#NeueDimensionen

Hinter dem Hvidbjerg Strand in Blåvand liegt Dänemarks aktuell einziger 6-Sterne-Campingplatz Hvidbjerg Strand Superior Camping & Resort. Die besten Stellplätze sind 280 m² groß mit eigenem Bad/WC und Outdoor-Whirlpool. Man kann sich auch mit Dach über dem Kopf einmieten wie in romantischen Fischerhäusern, die auf Plattformen über einen Put&Take-See gebaut sind, oder in urigen Westernhütten. Außerdem gibt's ein Spaßbad, ein Indoor-Spiel-, Kletter- und Trampolin-Land, ein Reitcenter, Familienrestaurants, einen eigenen Fischladen und ein luxuriöses Wellness-Center. Wer es edel mag, findet am Rande des Resorts ein ganzjährig geöffnetes Strandhotel, mehr als 20 Strandvillen in Ferienhausgröße mit Garten-Whirlpool und das Gourmet-Restaurant Høfde4.

www.hvidbjergstrand.de

Der Brite Bill Woodrow setzte in seiner Friedensskulptur am Strand von Blåvand alten Bunkern stählerne Köpfe und Schwänze von Mulis auf.

legendären Ruf. Nicht zu übersehen sind die Friedensskulpturen »Bunkermulies« und »Affe als Künstler« auf Resten ehemaliger Atlantikwallbunker. International wird das Museum TIRPITZ wegen seiner extravaganten Architektur wahrgenommen und innen beeindruckt die innovative Präsentation der drei Hauptthemen Bernstein, Küstenkultur und Bunker des Atlantikwalls.

Weiter nach Norden komplettieren Vejers Strand und Henne Strand die Reihe bekannter Küstenorte. Henne Kirkeby Kro im Hinterland bekräftigt mit zwei Michelin-Sternen die kulinarische Klasse der Region. Der heute über 900 Hektar große Filsø war für die industrielle Landwirtschaft schon fast trockengelegt und kultiviert, wurde jüngst aber mit großem Aufwand renaturiert – Schutzhütten, Aussichtstürme und eine weit aufs Wasser hinausragende, barrierefreie Elipsenbrücke erlauben Beobachtungen der wieder beeindruckend artenreichen Vogelwelt.

Nymindegab bis Søndervig

In Nymindegab bietet sich eine grandiose Aussicht vom hoch gelegenen Dorf auf das Vorland mit Strand, Dünen und jener Seenkette, die bis ins 19. Jh. als natürlicher Gezeitenstrom noch für die Schifffahrt genutzt wurde. Hier schwingt sich die Küstenstraße mit der »Schönsten Kurve

Dieses filigrane Opernhaus von Sydney ist ein Highlight der Bernstein Ausstellung im Museum TIRPITZ in Blåvand.

#UmDenOsten

Um den Osten des Ringkøbing Fjords in Stichworten: Im Bork Vikingehavn wird Wikingerzeit gelebt. Die Skjern Å überqueren Wanderer und Radfahrer mit Muskelkraft auf zwei Seilzugfähren im naturschönen Mündungsdelta Skjern Enge. Bei Führungen in der nagelneuen Brennerei von Stauning Whisky hört man die spannende Geschichte, wie aus einer Schnapsidee eine globale Premium Whisky-Marke wurde. Ringkøbing lockt zum Shopping in malerischen Gassen und zu abendlichen Nachtwächterrundgängen. Am Ortsrand öffnet im Juni 2020 Naturkraft, ein für alle Generationen spannendes Erlebniscenter rund um die Kräfte der Natur im wilden Westen Jütlands.

www.levendehistorie.dk/borkvikingehavn
www.stauningwhisky.com
www.naturkraft.dk/de

#Noppensteine

Kindern kann man in Dänemark die Existenz des LEGOLAND Billund Resort kaum verheimlichen, es ist in Broschüren und Flyern omnipräsent. Es liegt zentral in Jütland, von allen Feriengebieten aus gut erreichbar. Die Mini-Welt aus LEGO Klötzen und eine bunte Palette an Karussells, Achterbahnen und Attraktionen locken von Ostern bis Oktober jedes Jahr rund 1,7 Millionen Menschen, vor allem Familien mit Kindern bis ins frühe Teenager-Alter.
www.legoland.dk

#RuteRausLizenz

Hafenmolen und Ufer des Hvide Sande Kanal sind populär zum Angeln, nur ist neben dem nationalen Angelschein hier ausnahmsweise auch am Salzwasser eine zusätzliche Angellizenz des Hvide Sande Sportsfisker Center nötig. Die gibt's vor Ort in Angelschäften oder online und sie erlaubt, speziell für Angler eingerichtete Räume zum Reinigen und Kühlen von Fischen zu nutzen.
de.hvidesande-sportsfiskercenter.dk/karten

#AmSchleppseil

Im Kabelpark am Nordrand von Hvide Sande lassen sich Könner zum Staunen und Anfänger zum Vergnügen der Zuschauer auf Wasserskiern oder Wakeboards über eine abgetrennte Ecke des Ringkøbing Fjords ziehen.
www.kabelpark.dk

Dänemarks« – Kosename in Netz – auf die schmale, fast 40 km lange Nehrung Holmsland Klit mit der wilden Nordsee auf der West- und dem sanften Ringkøbing Fjord auf der Ostseite. Der Fjord, genau genommen ein 300 km² großer, flacher Brackwassersee, zählt zu den besten Revieren Europas für alles, was Wind und Brett braucht. Hier fühlen sich Anfänger wie Profis gleichermaßen wohl beim Wind- und Kitesurfen, Foilen oder Stand-up-Paddling. Und wer ganz puristisch nur mit einem Brett Wellen reiten will, findet auf der Nordsee seine Spots.

Typisch für Holmsland Klit ist das volkskundliche Museum Abelines Gaard, untergebracht in einem 1854 für einen Strandvogt gebauten Vierkanthof. Der gibt im Sommer den romantischen Rahmen für Demonstrationen traditionellen Handwerks. In der Hafenstadt Hvide Sande regulieren seit 1931 eine Schleuse und ein Sperrwerk den Hvide Sande Kanal, die von Menschen geschaffene Verbindung zwischen Nordsee und Fjord. Im Hafen sind Anlagen jener Spezialfirmen unübersehbar, die mit Offshore-Windenergiegewinnung Geld verdienen. Daneben gibt's aber noch eine florierende Fischerei. In der Hochsaison kommen sonntags in der Hvide Sande Auktionshal Fisch und Krustentiere in »Haushaltsmengen« für Touristen unter den Hammer. Außerdem informiert Fiskeriets Hus, das Haus der Fischerei, über Fischfang und zeigt Fische der Region in Aquarien.

Brrrrrrrrrrr – am Silvestermorgen stürzen sich 2.000 Winterbader am Strand von Søndervig in die 6° kalte Nordsee, um das alte Jahr abzuwaschen. Hunderte kommen dafür extra aus Deutschland.

Charme grauer Tage: Echte Dänemark-Fans lassen sich von Sturm und ein paar Wolken doch nicht stören.

Søndervig am Nordende von Holmsland Klit ist schon heute ein äußerst quirliges Touristenzentrum. Gerade entsteht ein neuer Ferienpark mit 500 Häusern, 2021 soll er fertig sein. Weiter nach Norden wird die Bebauung dann wieder dünner, dafür liegen malerische Strandhöfe direkt hinter den Dünen. In einem ist Vestkystens Gårdbutik zu Hause, ein ambitionierter Hofladen mit Café: Hier gibt's selbst gebackenen Kuchen, selbst gemachtes Eis, Bio-Fleisch von eigenen Rindern, lokale Spezialitäten und Spirituosen sowie manchmal sogar »dabs«, traditionellen Dörrfisch.

Von Thorsminde bis Hanstholm

Thorsminde ist das Pendant zu Hvide Sande am kleineren Nissum Fjord, mit allem, was man braucht, nur etwas bescheidener: Fischereihafen, bei Anglern beliebter Kanal zwischen Fjord und Nordsee und Fischauktionen für Touristen im Hochsommer. Am Ufer berührt das Strandingsmuseum St. George die Seelen der Besucher: Schiffskatastrophen vor Jütlands Küste – einer der größten Schiffsfriedhöfe der Welt – sind Thema. Auf dem Bovbjerg, der als Steilküste nahe dem Dorf Ferring 40 Meter über den Strand aufragt, ist der weinrote, 1877 gebaute Leuchtturm Bovbjerg Fyr mit seinem Hygge-Café im alten Leuchtturmwärterhaus einen Stopp wert.

Idyllisch wirkt der Fischereistandort Thyborøn mit seinem großen Hafen nicht, aber das Städtchen ist dank mehrerer Attraktionen ein 5-Sterne-Auflugsziel. An der anrührenden Gedenkstätte für die Skagerrakschlacht, die größte See-

#SandigesMittelalter

Publikumsmagnet ist in Søndervig von Mai bis Oktober ein Sandskulpturenfestival mit Kunst aus Sand – 2020 heißt das Thema »Mittelalter«. Highlight ist jedes Jahr eine durchgehende, 200 m lange und gut 7 m hohe Skulpturenwand in der Nordostecke des Geländes.

www.sandskulptur.dk

#AllesHorn

Im Dorf Bøvlingbjerg, im Hinterland des Nissum Fjords, wird uraltes Handwerk modern umgesetzt: Verarbeiten von Horn. An Werktagen kann man zusehen, wie aus imposanten Hörnern afrikanischer Kühe – den einheimischen hat man die Hörner leider weggezüchtet – u. a. Trinkgefäße, Haarspangen oder Schmuck entstehen. Dazu gibt's einen Fabrikverkauf.

www.hornvarefabrikken.dk

#Schildkröten HaieAustern

Spielen, probieren, lernen ist Konzept im Kystcentret Thyborøn, dem Wissenszentrum zur Sandküste. Hier bekommt man auch die Antwort auf die Frage, ob Schildkröten Pfeife rauchen. Kids lieben nebenan die Aquarien des JyllandsAkvariet, wo sie Haien die Flosse kraulen, während die kleinsten am Schnuller-Krabbenbecken ihrem Lieblings-Nucki »farvel« sagen und dafür sogar eine Urkunde bekommen. Die Eltern gehen derweil auf Austern- oder Seehundsafaris, die vom Aquarium aus am und auf dem Limfjord angeboten werden.

www.kystcentret.dk
www.jyllandsakvariet.dk

Wo diese Radtour wohl endet: Die Spitze der 310 m langen Mole von Nørre Vorupør soll auf jeden Fall der am weitesten von der Hauptstadt Kopenhagen entfernte Ort Dänemarks sein.

schlacht neuerer Zeit, sollte man innehalten und gedenken: Ende Mai 1916 schossen draußen auf der Nordsee 151 Schiffe der Royal Navy und 99 der Kaiserlich Deutschen Marine vom Torpedoboot bis zum Schlachtschiff fast 24 Stunden aufeinander, 25 Schiffe sanken, 8.647 Seeleute verloren binnen 24 Stunden ihr Leben. Unter dem Motto »Krieg ist eine Tragödie und soll nicht verherrlicht werden, aber über die Geschichte muss berichtet und an die Opfer soll erinnert werden« befasst sich auch das Sea War Museum Jutland mit dieser Schlacht vor Jütland und zeigt viele beeindruckende Bergungsfunde. Weiter Richtung Norden quert man an Bord der modernen Elektro-Diesel-Hybridfähre von Thyborøn nach Agger Færgefart in zwölf Minuten den Thyborøn Kanal, die Durchfahrt zwischen Limfjord und Nordsee. Die wurde 1862 bei einer Sturmflut in jene Nehrung gerissen, die seit der Wikingerzeit eine direkte Durchfahrt verhinderte. Heute halten Saugbagger ständig die Fahrrinnen frei, aber die Buchten hinter dem Kanal versanden immer mehr, was Seehunde und Kegelrobben freut, die dort immer zahlreicher werden. Am nördlichen Anleger auf der fingerdünnen Agger Tange – ein Vogelparadies – ist bereits der Nationalpark Thy erreicht. Wo das Land wieder etwas breiter wird, gab es von der Steinzeit bis ins Mittelalter bedeutende Siedlungen. An die erinnern das gut

#AutosAufSand

Entlang der dänischen Nordseeküste inklusive der Inseln Rømø und Fanø gibt es Strandabschnitte, die bis zur Wasserkante befahren werden dürfen. Das ist aber keine Garantie, dass man sich nicht festfährt oder dass das Fahrzeug nicht überflutet wird – Youtube-Videos zeigen etliche Beispiele, was passieren kann. Nicht alle freundlichen Bergungshelfer mit kräftigen 4WD geben sich dann mit einem freundlichen »Tak« zufrieden – einige warten nur auf Pechvögel und wollen dann Geld sehen. Touristeninformationen wissen, wann Strände befahrbar sind und wo Gefahren lauern! Wer keine Autos am Strand sehen will, braucht keine Angst zu haben: Die große Mehrheit aller Strandkilometer sind autofrei.

»Cold Hawaii« nannte die Surferszene einst nur den kleinen, windumtosten Küstenort Klitmøller. Heute vermarktet sich die ganze Küstenregion von Thy unter diesem Namen.

5.000 Jahre alte Kammergrab Lundehøj, die Bronzezeit-Grabhügel auf Ydby Hede und »Thylands Dom«, wie die extrem große Vestervig Kirke vor Ort genannt wird. Sie war einst Kirche eines wichtigen Klosters und besitzt ein Mustsee auf dem Kirchhof: Liden Kirstens Grav. Das Doppelgrab ist umwoben von einer herzzerreißenden Legende über die Königsschwester Liden Kirsten und ihren Geliebten Prinz Buris, die von jedem Glück verlassen nach viel Leid und tragischem Tod hier ruhen sollen.

Über dem Strand von Agger symbolisiert das Denkmal der Fischersfrau Mary mit ihrem Kind die ständige Sorge der Menschen an der Küste um ihre Angehörigen auf See. Beide halten sorgenvoll nach Mann und Vater Ausschau. Gleich nördlich zeigt sich die Landschaft des Nationalpark Thy besonders archaisch um Lodbjerg Fyr, in dessen altem Leuchtturmwärterhaus ein hyggeliges Café den Sommer über Besucher verwöhnt. Weitere Bade- und Ferienhausorte entlang der Küste sind dann Stenbjerg mit dem pittoresken Stenbjerg Landeplatz, wo ein Visitor Center über den Nationalpark informiert, das lebendige Nørre Vorupør mit Dänemarks erstem Havbad, einer geschützten, künstlichen Badebucht neben der weit ins Meer ragenden Mole, und das coole Klitmøller, das Cold-Hawaii der Surferszene.

#MiniWacken

Das früher windverblasene Fischernest Agger hat sich zum munteren Badeort gemausert. »De Sorte Huse«, alte Baubaracken aus der Entstehungszeit der Deiche und Buhnen, dienen liebevoll renoviert als Kunst- und Kulturhäuser. Die Heavy Agger Musikforening macht den Ort jedes Jahr Ende Mai für zwei Tage zu einem »Mini-Mini-Wacken«.
www.heavyagger.dk

Gaby und André sind stolz: Das handsignierte Brett in ihrem Café »Inside Cold Hawaii« schenkte ihnen Weltmeister Philip Köster persönlich.

#Greifbare Energiewende

Windkraftanlagen werden 20 km südöstlich von Hanstholm in der Østerild Klitplantage getestet, dort stehen im Testcenter for Store Vindmøller Prototypen der nächsten Generationen auf dem Prüfstand – neun mit bis zu 330 m Höhe sind aktuell zugelassen. Ein Besucherzentrum erklärt die Technik. In Hanstholm wird zudem mit Wellenenergie experimentiert, deren Potenzial gilt als mindestens so groß wie das der Windenergie. Touren gibt's auch.
www.visitthy.dk

#BikeDie Schweineklaue

Die Mountainbike Trails im Svinkløv Forst gelten als die abwechslungsreichsten im Land. Vom familiengerechten Grundkurs – ca. 16 km – gehen etliche Side Trails mit höchster Schwierigkeitsstufe ab – ca. 5 km extra. Ausgehend von der MTB-Hochburg Slettestand mit perfekter Infrastruktur für diesen Sport wird das Netz der Strecken ständig erweitert.
www.mtbslettestrand.dk/en
www.slettestrand.dk

Überall wird Strandfischerei mit kleinen Booten betrieben, worüber das Lokalmuseum in Nørre Vorupør informiert. Welche Fische – Nordseehaie inklusive – dabei ins Netz gehen können, zeigt Nordsø Akvariet, nur ein paar Schritte vom dortigen Landungsplatz entfernt.

Hanstholm ist mit gut 2.100 Einwohnern für die Küste von Thy geradezu eine Großstadt. Auf einer Anhöhe hoch über dem Hafen leuchtet Dänemarks hellster Leuchtturm mehr als 50 Kilometer weit aufs Meer. Dort hinaus zieht es ambitionierte Hobbyangler: Lässt der Seegang es zu, steuern Kutter das legendäre Hochseeangelrevier Gule Rev an. Viel besucht ist das MuseumsCenter Hanstholm in Nordeuropas größter Bunker-Festung aus dem Zweiten Weltkrieg.

Nebenstraßen führen zur 47 Meter hohen Kalkklippe Bulbjerg, Dänemarks einzigem echten Vogelfelsen. Der nahe Thorup Strand ist die letzte Hochburg kommerzieller Strandfischerei. Frühmorgens werden die Kutter per Seilwinde aufs Meer gezogen, am Nachmittag schleppen große Trecker oder Raupen sie wieder auf den Strand. Ein Shop der lokalen Fischer-Cooperative verkauft den Fang glutfrisch. In Slettestrand bewahrt die Museumswerft des Vereins Han Herred Havbåde das traditionelle Handwerk des Baus der Strand-Kutter.

Jammerbugten – eine Bucht zum Jubeln

Kontrast zu vielen Kilometern Einsamkeit ist Blokhus, touristisches Zentrum der Jammerbugt. Große Gratiskonzerte auf dem zentralen Marktplatz Torvet und kleine Perlen wie

Dänemarks bestes Revier für Mountainbiker: Svinkløv Plantage bei Slettestrand mit anspruchsvollen Trails vor berauschender Naturkulisse

Klassisches Motiv an Dänemarks Nordseeküste:
Boote der Strandfischer von Løkken

eine der schönsten Gartenkunst-Anlage Europas Haven i Hune erfreuen einfache ebenso wie hohe Ansprüche an Urlaubserlebnisse. Kids lieben den Freizeitpark Fårup Sommerland. In Blokhus, mehr aber noch in Løkken sind Hunderte schneeweißer Strandhäuschen Wahrzeichen dieses Küstenabschnitts. Løkken hat sich im letzten Jahrzehnt von einer »Fu**ing Fed Ferieby« – eine Art Ballermann Nord – zum anspruchsvollen Ganzjahresziel für Familien und Best Ager gewandelt, und die coole Surferszene lockt weiterhin junges, aktives Publikum. In Nørre Lyngby kämpfen die Menschen gegen den Absturz ihres Dorfes ins Meer. Etliche Häuser sind im Laufe der Jahre über die Klippen gegangen, jetzt wird der Strand mit biologisch einfachen Mitteln befestigt. Wie gefährdet die Steilküste ist, zeigte im Oktober 2019 die Verschiebung des als Seezeichen längst außer Dienst gestellten, aber als Ikone des Tourismus populären Rubjerg Knude Fyr: Vom Absturz bedroht wurde er vor der Weltpresse und Tausenden Zuschauern 70 m ins Landesinnere verschoben – das soll ihm drei bis vier Jahrzehnte mehr geben. Lønstrup, das pittoreske Dorf ganz in der Nähe, war schon vor der spektakulären Rettungsaktion eine vielbesuchte Schönheit der Küste, voller Kunsthandwerker-Studios, Cafés und Restaurants.

Hirtshals besitzt einen der muntersten Fischerei- und wichtigsten Fährhäfen Dänemarks mit Linien nach Norwegen –

#NextStoppHirtshals

Hirtshals, Dänemarks Tor in den hohen Norden, ist auch über Autobahnen aus Mitteleuropa leicht zu erreichen und lohnt auch einen kleinen Stopp-over vor oder nach einer Fährüberfahrt. Favoriten des Autors sind das familiäre B & B by the Sea Hirsthals mit Million-Dollar-View auf Meer und wilde Sonnenuntergänge, wenn man ein Zimmer will, oder Tornby Strand Camping fünf Autominuten vom Fährterminal mit speziellen Autocamper Stellplätzen für Rundreiser.
www.bbhirtshals.com
www.tornbystrandcamping.dk

Küstenklassiker: Strandhütten und Seebake in Blokhus

Ganz schön dick diese Scheibe: Nordsøen Oceanarium in Hirtshals

dk

#SandAufWalz

Råbjerg Mile wälzt sich fast einen Kilometer breit von der Nord- zur Ostsee über die Halbinsel Skagen. Nordeuropas größte Wanderdüne schafft in windigen Jahren bis zu 20 Meter, und da sie unter Naturschutz steht, darf sie ungebremst weiterziehen. Bleiben die Behörden bei diesem Konzept, dürfte sie in 150–200 Jahren in der Ostsee verschwunden sein.

#BernsteinDesigner

In Mygdal sind die aus Deutschland eingewanderten Schmuckdesigner Andreas und Beate Wörner mit ihrer Rav-Værkstedet bekannt für das innovative Design, mit dem sie Bernstein verarbeiten.
www.rav-vaerkstedet.dk

Kristiansand, Larvik, Langesund, Stavanger, Bergen – sowie zu den Färöern und nach Island. Beste Aussicht über das Hafentreiben bietet die Freitreppe, die vom Zentrum zum Sydvestkaj hinunterführt, direkt zu den dortigen Fischrestaurants. Fischauktionen können Frühaufsteher werktags ab 7 Uhr verfolgen. Wer indes die Tiere des Meeres lieber lebendig sieht, steuert Nordsøen an, eines der besten Salzwasseraquarien und Robbarien Europas. Highlight ist das Oceanarium, hinter dessen gigantischer Panoramascheibe zwei- bis dreitausend Fische ihre Kreise ziehen – Heringe, Hornhechte, Haie und viele mehr. Stars sind die unförmigen Mondfische, die im Sommer tatsächlich in dänischen Gewässern auftauchen – am besten schaut man zur Fütterungszeit vorbei, wenn Taucher den faulen Riesen ihr Mahl mehr oder minder direkt ins Maul stopfen müssen. Östlich von Hirtshals mündet mit der Uggerby Å ein beliebter Kanufluss in die Nordsee, Leihkanus gibt's reichlich.

Dänemarks Lands End – Halbinsel und Stadt Skagen

Als Symbol für schlimmste Sandflugzeiten steht südlich der Stadt Skagen Den Tilsandede Kirke: Nur der Turm der versandeten Sct. Laurentii Kirke, einst eines der größten Gotteshäuser in Nordjütland, ragt noch aus den Dünen. Das arme, archaische Leben auf Dänemarks nördlichstem Zipfel begeisterte im späten 19. Jahrhundert Skandinaviens

Kunstszene. Die Skagenmaler um Holger Drachmann, P. S. Krøyer und das Ehepaar Michael und Anna Ancher gelten heute als bekannteste Malerschule, die Dänemark je hervorbrachte, gewürdigt in mehreren Museen der Stadt. Die liegt mit modernem Hafen und malerischen Altstadtgassen auf der Ostseeseite der gleichnamigen Halbinsel. Im Sommer, wenn viele Segler aus Norwegen und Schweden hier festmachen, pulsiert das Leben, Livemusik klingt dann aus zahlreichen Kneipen und Clubs. An der Nordseeseite, im romantischen Gammel Skagen, trifft sich Dänemarks Schickeria gern bei Champagner und Austern im mondänen Ruths Badehotel. Das gemeine Volk genießt derweil das explodierende Licht der untergehenden Sonne am Kiosk des Solnedgangspladsen. Dort reflektieren auf der im Sommer 2019 eingeweihten »Nebensonne« 1788 in eine kreisrunde Beton-Plattform eingelassene Mini-Sonnen aus poliertem Bornholmer Granit das Licht der echten Sonne.

Gemeinhin als Dänemarks nördlichster Punkt gilt auf etwa 57° 45′ Nord der Sandzipfel Grenen, aber Wind, Wellen und Strömungen haben ein unscheinbares Stück Strand etwas westlich inzwischen weiter nach Norden geschoben. Trotzdem wollen jedes Jahr Zehntausende auf Grenen stehen, am liebsten breitbeinig mit einem Fuß in der Nord- und einem in der Ostsee – die stoßen hier grob betrachtet aufeinander. Zwischen Landspitze und dem nächsten Parkplatz – Wohnmobile können dort gegen Gebühr über Nacht stehen! – pendeln urige Treckerbusse, aber einen Weg sollte man wenigstens laufen, am besten hin, immer mit der Landspitze vor Augen. •

Zu nah: Mindestens 20, besser 50 Meter sollte man zu Seehunden Abstand halten.

#AbstandHalten!

Grenen ist nicht nur bei Menschen populär, auch Seehunde liegen dort gern im Sand. Einige Naturschützer raten zu 50 Meter Abstand, das würde oft jeglichen Zugang zur Landspitze blockieren, andere halten 20 Meter für ausreichend. Was auf keinen Fall geht: Streicheln oder Selfies Kopf an Kopf – alles schon passiert! Und Sie wollen den Tieren doch sicher nichts Böses, oder? Man sollte wissen, dass Dänemark keine Seehund-Auffangstationen kennt. Wird ein Jungtier von der Mutter aufgegeben, weil ihm Touristen zu nahe kamen oder den »Heuler« belagern, ist das sein Tod. Dann kommt irgendwann nach dem coolen Selfie nur noch der Ranger mit dem Schießgewehr!

#DÄNEMA
#route2

dk

#Übersetzen

Diese Rundfahrt beginnt auf einer umweltfreundlichen Hybridfähre der Reederei Scandlines von Puttgarden auf der deutschen Insel Fehmarn nach Rødby auf Lolland (1-2 mal pro Stunde) oder von Rostock nach Gedser auf Falster (bis 10 mal am Tag). Die Preise variieren nach Saison, Auslastung und dem Zeitpunkt, wann man bucht und wie flexibel man sein möchte. Zusätzliche Kosten entstehen bei Onlinebuchung (1 €) oder telefonischem/manuellem Ticketkauf (10 €). Günstigste Tickets gibt's bis 14 Tage vorab für eine festgelegte Abfahrt – erreicht man diese aber nicht, weil man z. B. im Stau steckte, verfallen sie. Kommt man früher, muss man offiziell bis zur gebuchten Abfahrt warten.

www.scandlines.de

ROUTE 2

Mal eben nach Kopenhagen

Flach mit exotischer Note – Lolland und Falster

Vom Fährhafen Rødby ist schnell Maribo erreicht, idyllisch an einer Seeplatte gelegen. Die protestantisch schlichte Domkirke ging aus einem mittelalterlichen Kloster des Birgittenordens hervor. Nach Norden zur Küste des Smålandsfarvandet breitet sich der Knuthenborg Safaripark über fast 700 Hektar Park eines Gutshofs aus – die Nashörner, Giraffen und Tiger, die man hier trifft, sind nicht gerade typisch für Dänemarks Fauna. Zuckelt man im Hinterland der Küste westwärts zum Fährhafen Kragenæs, fühlt man sich fast in den Südpazifik versetzt, und das nicht nur wegen des Inselmeers, auf das man blickt: Dodekalitten – vom griechischen »dodekalithos«, 12 Steine – nennt der Bildhauer Thomas Kadziola seine monumentalen Granitfiguren, die wie nordische Brüder und Schwestern der Moai-Statuen auf Rapa Nui, der Osterinsel, wirken. Ende 2019 standen schon zehn der bis zu 9 m hohen und 45 t schweren Steinsäulen, und der Künstler arbeitete am sechsten Kopf – die anderen zeigten bisher nur roh belassen die Umrisse. Die Figuren bekamen eine eigene Sage, die vom Urvolk der Loler erzählt, und eine eigene elektronische Musik des Komponisten Wayne Siegel, die leise aus Erdlautsprechern zu hören ist. Mitte der 2020er-Jahre sollen alle zwölf Figuren fertig sein – eine 5-Sterne-Attraktion sind Dodekalitten schon heute!

Kommt man in Gedser an, kann man gleich am besten Strand der süddänischen Inseln ein Bad nehmen: Marielyst wurde schon im kaiserlichen Deutschland Anfang des 20. Jahrhunderts als Ferienort geschätzt. In Nykøbing Falster bilden Fachwerkhäuser aus dem 16., 17. und 18. Jh. ein schmuckes Ensemble um das kulturhistorische Museum Falsters Minde. Das hat sich mit guten Ideen vom belanglosen Heimatmuseum zu einer mit Innovationspreisen ausgezeichneten Museumsperle gemausert: In seiner Ausstellung »Museum Obscurum« zeigt es Überreste eines Werwolfs, Feen-Mumien und den Schädel eines Geweihmenschen. Bewusst spielen die Macher mit Phänomenen des Social-Media-Zeitalters: Was ist real, was Fake? Lange vor Twitter, Instagram und Facebook gab es obskure Sammler und windige Händler geheimnisvoller Gegenstände aus dem Grenzbereich des Wirklichen, auf die Museumsleute immer mal wieder in alten Sammlungen stoßen und hier originell präsentieren! Am Lollandufer des Guldborgsund, Nykøbing gegenüber, erlebt man Pulverdampf, Schwerter-

© Claus Larsen / VisitLolland-Falster

#AufIdaNordwärts

Im Sommer pendelt die Oldtimerfähre Ida zwischen Stubbekøbing und der Insel Bogø. Radfahrern, denen die Fahrt über die Autobahnbrücke via Farø verwehrt ist, eröffnet sie den direkten Weg nach Norden und zur Insel Møn – wohl aus diesem Grund ist Ida in Langstreckenradwege wie Østersøruten (Ostseeradweg, 900 km, Dänemarks »årets cykelrute 2019«) und den Radweg Berlin-Kopenhagen (ca. 700 km) eingebunden.
www.bogoe-stubbekoebing.dk
www.bike-berlin-copenhagen.com

Dodekalitten auf Lolland: Sind das nordische Geschwister der Moai auf Rapa Nui?

Hoch hinaus: Skovtårnet im Camp Adventure bei Gisselfeld sorgt für grandiose Ausblicke.

© Tue Schiørring Fotografi / SydKystDanmark

dk

#HochHinaus

Camp Adventure im Gutsforst des Gisselfeld Klosters ist ein ambitionierter Kletterpark mit zehn Kletterrouten und zwei extralangen Seilrutschen von über vierhundert Metern Länge. Highlight ist ein Baumkronenpfad, der im 45 m hohen Skovtårnet »gipfelt«. Der Aussichtsturm ragt weit aus dem Wald heraus und bietet eine grandiose 360-Grad-Rundumsicht. Im Stahlgerüst des Turms, der äußerlich mit seiner schmalen Taille an einen Kraftwerkskühlturm ohne Wände erinnert, windet sich eine 600 m lange Rampe nach oben – architektonisch sensationell und im Ranking internationaler Must-See-Plätze längst unter den besten der Welt gelistet. 2–3 Stunden sollte man für einen Besuch kalkulieren!
www.campadventure.dk

klirren und Schießübungen mit gewaltigen Steinschleudern – im Middelaldercentret wird Mittelalter zum Mitmachen inszeniert. Weiter südlich präsentiert das Fuglsang Kunstmuseum Malerei und Skulpturen der letzten zwei Jahrhunderte, so von Künstlern der dänisch-belgisch-niederländischen CoBrA Gruppe um Asger Jorn, Ejer Bille und Karel Appel, die großen Einfluss auf die europäische Kunst in den Jahren nach dem Zweiten Weltkrieg hatte.

Im Dorf Eskilstrup auf Falster, wo die Wege aus Gedser und Rødby zusammentreffen, setzt Danmarks Traktormuseum auf die Faszination alter Technik mit rund 200 Treckern von Allgaier bis Zetor, viele aus deutscher Produktion und aus dem ehemaligen Ostblock. Exotisch wird's im Krokodille Zoo: Der Reptilienzoo ist stolz, Exemplare aller 23 auf der Welt bekannten Krokodile, Alligatoren und Kaimane zu besitzen und engagiert sich bei Zucht und Auswilderung bedrohter Arten. Motorradfans steuern Stubbekøbing an, wo das Stubbekøbing Motorcycle Museum mehr als 200 Oldtimer zeigen kann, die ältesten aus den 1880er-Jahren.
www.visitlolland-falster.de

Von Møn wie von Falster erreicht man über Brücken Dänemarks bevölkerungsreichste Insel Seeland. Ein neue Storstrømsbroen entsteht gerade bei Vordingborg und wird mit der Fertigstellung ca. 2023 Dänemarks drittgrößte Brücke sein – ein Besucherzentrum hält über den Bau auf dem Laufenden. Gåsetårnet, der erhaltene Teil der alten Königsburg Vordingborg, ist heute Wahrzeichen von Danmarks Borgcenter, einem Erlebniscenter über »Burgen, Könige und Macht«. Oben auf dem Turm glänzt eine goldene Gans, wie sie schon König Valdemar IV. Atterdag dort platzieren ließ, um die ihm verhasste Hanse zu verhöhnen. An Südseelands Ostküste umschmeichelt Præstø Besucher mit pittoreske Sträßchen. Am Ortsrand war Gut Nysø im frühen 19. Jh. Hort des dänischen Salonlebens – der bekannte Bildhauer des Klassizismus, Bertel Thorvaldsen, war dort oft Gast, und die kleine Thorvaldsen Samlingen på Nysø erinnert an seine Besuche.

Im Osten der Halbinsel Stevns sind die Kreideklippen Stevns Klint UNESCO-Welterbe: Eine zehn bis 15 Zentimeter dicke Schicht »fiskeleret« (dt. Fischlehm) macht jenen katastrophalen Einschlag eines Kometen vor 65 Millionen Jahren geradezu greifbar, in dessen Folge fast die Hälfte allen Lebens auf der Erde verschwand, darunter die Dinos. Das Geomuseum Faxe greift das Thema auf und thront im Ort Faxe über einem alten Kalksteinbruch, der zur Freude aller Fossilienjäger zugänglich ist. Für eine andere Art, sich in die Kalkklippen

#WeißeKlippen-SchwarzeNächte

Die Insel Møn wird von Aktiv-, Kultur- und Genussmenschen gleichermaßen geliebt. Kalkmalereien in den mittelalterlichen Kirchen von Fanefjord, Keldby und Elmelunde gehören zu den besten in Europa, und die Kreideklippen Møns Klint mit dem fast 130 m hohen Dronningestolen, dem Thron der Königin, sind – jetzt tapfer sein, liebe Rügener! – die imponierendsten Kreideklippen der Ostsee. Das GeoCenter Møns Klint zeigt auf spannende Art die Entstehung, und Naturführer machen Touren bis zu den Füßen der Klippen am Meer. Nördlich der Hauptinsel lockt das vorgelagerte, über einen Damm zu erreichende Nyord mit Läden, die Naturkosmetik, Senf aus lokalen Körnern und Kräutern sowie Edel-Spirituosen vom Fass verkaufen. Møn und Nyord bilden einen Dark Sky Park: Systematisch werden Lichtverunreinigungen vermieden, und so erlebt man hier Sterne und Milchstraße in klaren Nächten so intensiv wie sonst kaum in Mitteleuropa.
www.visitmoensklint.de
www.darksky-moen.dk

#RF50

Vom 27. Juni bis 4. Juli 2020 geht zum 50sten Mal das Roskilde Festival mit rund 200 Konzerten über gut ein halbes Dutzend Bühnen. Es bringt jedes Jahr rund 130.000 zahlende Gäste und eine Heerschar freiwilliger Helfer zusammen und macht Roskilde für eine Woche zur viertgrößten Stadt in Dänemark. Seit einem halben Jahrhundert fließen alle Überschüsse dieses Non-Profit-Festivals an Hilfsorganisationen für Projekte mit jungen Menschen. Angekündigter Top Act 2020: Taylor Swift.

www.roskilde-festival.dk

zu graben, steht das Koldkrigsmuseum Stevnsfort bei Rødvig. Hier bauten Militärs im Kalten Krieg eine Festung in den Untergrund, streng geheim bis ins Jahr 2000. Unter der Højerup Gamle Kirke fraß sich das Meer so weit in das Kalkgestein, bis der Chor abstürzte – das Kirchenschiff ist jetzt mühevoll gesichert. Vorbei an Schloss Vallø mit seinem romantischen Schlossgarten erreicht man Køge, südlichster Ort im Kopenhagener S-Bahn-Netz. Das KØS – museum for kunst i det offentlige rum fasziniert mit Entwürfen von Kunstwerken, Denkmälern und Ausschmückungen öffentlicher Bauten, darunter die letzten 1:1 Entwürfe von Bjørn Nørgaards berühmten Gobelins der Königin. Die fertigen Originale hängen in Kopenhagens Schloss Chistiansborg und erzählen bildgewaltig Dänemarks Geschichte bis zur Neuzeit.

Nur wenige Städte im Norden sind historisch so bedeutend wie Roskilde. Weithin sichtbar ragen die spitzen Türme der Roskilde Domkirche aus der Altstadt auf. Rund 40 Könige und Königinnen sind hier beigesetzt, oft in prächti-

dk

50 Jahre und kein bisschen leiser: Roskilde Festival

gen Sarkophagen. Am Ufer des Roskilde Fjords ist Vikingeskibshallen mit fünf vom Grund des Fjords geborgenen Wikingerschiffen ein weiteres Highlight. Der Name Roskilde ist seit einem halben Jahrhundert aber auch untrennbar mit Rockmusik verbunden. Das Museum für Rock, Pop und Jugendkultur Ragnarock trägt dem Rechnung, nicht weit von dem Gelände, auf dem seit 1971 jedes Jahr das inzwischen traditionsreichste Rockfestival der Welt stattfindet. Domviertel und Fjordufer von Roskilde sind schon Teil des Nationalparks Skjoldungernes Land. Der vereint Naturerlebnisse und 15.000 Jahre Kultur um den Roskilde Fjord unter dem Namen eines aus Sagen bekannten Kleinkönigreichs der Eisenzeit. Dort, wo man wohl residierte, leben heute im Sagnlandet Lejre Wissenschaftler und Laien mit Material, Werkzeug und Technik die Eisenzeit konsequent nach – ein historisch-archäologisches Erlebniscenter, das in dieser Form hier in den 1960er-Jahren entwickelt und Vorbild vieler ähnlicher Institutionen weltweit wurde.

www.danischeostseeinseln.de
www.visitroskilde.de

#8754-…

… Kilometer sind Dänemarks Küsten lang. Ups! CIA Factbook, Wikipedia und VisitDenmark sagen 7.431 km. Hat jemand mit Maßband gemessen? Nein, man wertet Karten aus. Lange war eine im Maßstab 1:100.000 Grundlage, vor einiger Zeit wechselte das geodätische Institut auf eine detailliertere im Maßstab 1:10.000 und schon hatte das Land 1.400 Küstenkilometer mehr. Entlang der »ausgeglichenen« Nordseeküste ist der Unterschied nicht so groß: 550 Küstenkilometer geben die 11 »vestkysten-kommuner« an, 430 km ergibt eine gerade Linie von der deutsch-dänischen Grenze bis zur Nordspitze Grenen.

Nordseeland mit Kunst und Königen

Nordseeland vereint Schlösser, Klöster, Museen, Wälder, Relikte früher Industrialisierung, aber auch herrliche Strände im Nationalpark Kongernes Nordsjælland, das Nordseeland der Könige. Die UNESCO nahm bereits 2015 einige Waldgebiete als Parforce-Jagdlandschaft Nordseeland in die Liste des Welterbes der Menschheit auf – hier wurde ab dem 17. Jh. Landschaft massiv und großflächig umgestaltet, um die Jagdgelüste des Hofes zu befriedigen.

#dänemark #route2

Wunderbare Fusion von Kunst und Natur beim Blick auf den Øresund neben einer Calder-Skulptur im Kunstmuseum Louisiana

dk

#KunstMitMeerblick

Als weltweit angesehenes Museum für Kunst der Moderne und der Gegenwart präsentiert sich das Louisiana hoch über der Küste des Øresund mit wundervollem Skulpturenpark und grandiosem Ausblick bis hinüber nach Schweden. An vier Abenden der Woche ist hier bis 22 Uhr geöffnet und das Museumscafé baut an diesen langen Abenden – wie auch jeden Mittag – ein Buffet auf. So kann man neben Kunstwerken von Weltklasse vorzüglich speisen.
www.louisiana.dk

#MalEbenRüber

Von Helsingørs Hafen ist es nur eine Überfahrt von 20 Minuten ins schwedische und zum Shopping günstige Helsingborg. Auto-Fähren – einige bereits auf Elektrobetrieb umgerüstet – kreuzen den Øresund bis zu 4-mal pro Std. Personen-Fähren 1-mal pro Std. – beide mit günstigen Tickets für Tagesausflüge.
www.forsea.dk
www.sundbusserne.dk

Aus Kopenhagen (mehr dazu im Städtekapitel) hinaus folgt Küstenstraße 152 dem Øresund am Bellevue Strandbad vorbei, berühmt für seine Architektur der Moderne. Villen, Residenzen und Jachthäfen zeigen, dass hier Dänemarks Besserverdiener leben. In Rungsted hatte Karen Blixen ihren Familiensitz Rungstedlund, das Karen Blixen Museum erinnert an die »Jenseits von Afrika«-Autorin. In Nivå zeigt Nivaagaards Malerisamling vor allem klassische Malerei, darunter Dänemarks einzigen Rembrandt. Das Museum auf dem Gutshof steht jedoch im Schatten des weltbekannten Museums für Moderne Kunst Louisiana in Humlebæk. Ein wahrer Hygge-Ort ist dort der kleine Hafen Sletten Marina, wo die entspannte Dependance eines Kopenhagener Sternerestaurants und ein rustikaler Fischladen mit ein paar Picknicktischen vor der Tür um Gäste buhlen.

An der schmalsten Stelle des Øresund liegt Helsingør mit einem rund um die Uhr geschäftigen Fährhafen und durchzogen von verwinkelten Altstadtgassen, an denen schnuckelige Boutiquen, kleine Cafés und urige Kneipen warten. Mehr als vier Jahrhunderte füllte sich Dänemark hier mit einem Sundzoll von allen durchfahrenden Schiffen die Staatskasse. Um Macht zu demonstrieren, entstand das Renaissanceschloss Kronborg mit 600 m² großem Rittersaal – ein

Das Seefahrtsmuseum M/S Museet for Søfart versteckt sich als architektonischer Geniestreich im Untergrund.

UNESCO-Welterbe! Shakespeare machte es zu Hamlets Schloss – jeden Sommer gibt's Open-Air-Aufführungen um den düsteren Dänenprinzen. Zwischen Kronborg und Zentrum wurde ein heruntergekommener Industriehafen zum attraktiven Kulturhavn Kronborg umgestaltet. Hallen und Werkstätten einer alten Werft wurden zum Kultur- und Konzerthaus Kulturværft und dem multikulturellen Streetfood-Markt Værftets Madmarked. Als Highlight entstand unterirdisch um ein altes Trockendock das Seefahrtsmuseum M/S Museet for Søfart, das über der Erde fast unsichtbar ist – ein architektonischer Geniestreich. Exponiert auf einem Kai hockt der mit polierter Stahlhaut silbrig glänzende Han, Bruder der Kleinen Meerjungfrau.

www.diedaenischeriviera.de
www.visitnorthsealand.com •

#GrünRüber

Mit umweltfreundlichen Hybridfähren auf blauer See: Mit innovativer Hybridtechnologie und Abgasreinigung auf allen Passagierfähren sorgt Scandlines dafür, dass die Umwelt so wenig wie möglich belastet wird. Die nächsten Schritte sind bereits auf den Weg gebracht: Windantriebstechnologie auf Rostock–Gedser und umweltfreundlichere Antriebspropeller auf Puttgarden–Rødby.
www.scandlines.de

#inselperlen

Mehr als 400 dänische Inseln sind namentlich benannt, 75 aktuell bewohnt. Etliche sind über Brücken erreichbar und in unsere Rundfahrten eingebunden. Hier stellen wir drei Inselperlen vor, die nur per Fähre zu erreichen sind: Bornholm ganz im Osten, Læsø vor der Ostküste Nordjütlands, berühmt für ganz besondere Dächer, und Ærø im südfünischen Inselmeer mit vier Fährverbindungen zu Nachbarinseln.

dk

#FliegerAbBerlin

Da freut sich die Hauptstadt: Im Sommer 2020 gibt es wieder Direktflüge zwischen Berlin und Bornholm durch die innovative und mit ihrem CO_2 sparenden Konzept vorbildliche dänische Regionalfluggesellschaft DAT. Außerdem erreicht man Bornholm rund ums Jahr von vielen deutschen Flughäfen mehrmals am Tag via Kopenhagen mit DAT und deren Partner SAS. Die Direktflüge (65 Min.) donnerstags und sonntags sind perfekt für Kurzreisen, Europcar bietet DAT-Kunden dazu Sonderkonditionen. Da DAT seit Januar auch den Flugverkehr zwischen Saarbrücken und Berlin betreibt, gibt es günstige Umsteigeverbindungen aus dem deutschen Südwesten zur Insel Bornholm.

www.flydat.de
www.europcar.dk/dat

#Bornholm

Dänemarks Sonneninsel mitten in der Ostsee misst gerade einmal 40 km von Nord nach Süd und 30 km von Ost nach West. Mit Felsenküsten im Norden und Osten, Schären um die vorgelagerte Festungsinsel Christiansø, Dünen und grandiosen Sandstränden im Süden um Ducodde sowie Heiden und Wäldern im Inselinneren ist die Insel aber vielfältiger als jeder andere dänische Landstrich.

Besonders auf dem Granithorst Hammeren mit einem der schönsten Küstenwanderpfade Dänemarks wirkt Bornholm eher skandinavisch als typisch dänisch. In Sichtweite thront Nordeuropas größte Burgruine Hammershus auf hohen Felsen, tief unter den Mauern zeigt die zerklüftete Küste fantasieanregende Felsen: Sind es Löwen- oder Kamelköpfe? Ein modernes Besucherzentrum informiert neben der Burg über ihre wechselhafte Geschichte seit der Wikinger-

Die ehemalige Seefestung Christiansø ist Bornholm vorgelagert und eine Perle der Geschichte wie der Natur gleichermaßen.

zeit. Der nahe Badeort Sandvig mit malerischer Sandbucht zwischen rotem Granit, der Hafenort Allinge und das weiter südlich mit bunten Häusern und steilen Gassen über einen Hang zum Meer hinunter »fließende« Gudhjem sowie das schmucke Svaneke mit vielen Kunsthandwerkern und Genießershops – Bonbon-Manufaktur, Chokoladeri, Karamellkocherei, Micro-Brauerei – unterstreichen das für Dänemark ungewohnt felsige Bild. Die malerische Lage über den spektakulären Helligdomsklipperne gibt auch Bornholms Kunstmuseum eine besondere Note. Das meistbesuchte Museum der Insel bietet der seit dem 19. Jh. aktiven Bornholmer Kunst- und Kunsthandwerkerszene einen architektonisch beeindruckenden Rahmen.

Beliebtes Ausflugsziel für Familien ist Bornholms Middelaldercenter bei Gudhjem. Mittelalter wird stilecht nachgelebt mit historischen Feuerwaffen, wilden Rittern und der Falkenjagd. In Sichtweite echtes Mittelalter: Die Østerlars Rundkirke ist die älteste und wuchtigste der vier Bornholmer Rundkirchen. Über ihren Ursprung wird spekuliert: Waren Tempelritter im Spiel oder dienten sie nur als Schutztürme bei Seeräuberüberfällen?

Bornholm ist aber nicht nur für seine historischen Highlights und tollen Landschaften berühmt, sondern steht in Dänemark auch für hochwertige Lebens- und Genussmittel wie Rapsöl, Hammershus-Lamm, Durum-Pasta, Lakritz, Bio-Eis, Heringe und Craft-Biere aus dem Svaneke Bryghus. Eigentlich hat Bornholm sogar drei Michelin-Sterne: Das Sommerrestaurant Kadeau im Süden der Insel besitzt einen und dessen gleichnamige Dependance in Kopenhagen, wo man dezidiert Bornholmer Küche mit Rohwaren von der Insel pflegt, zwei. Besser für die Reisekasse sind die Räuchereien der Insel, in denen aus Silber Gold gemacht wird: Die Bornholmer, sprich die Inselbewohner, lassen silberne Heringe an der Luft trocknen und räuchern sie später über glimmendem Erlenholz zu goldfarbenen Bornholmern, geräucherten Heringen! Am besten genießt man die direkt aus der Räucherkammer mit Butter, Graubrot und etwas grobem Salz, dazu ein kaltes Bier und ein Aquavit zum Nachspülen – in Hasle gibt es sogar eine Museumsräucherei. **www.bornholm.info/de**

#Winterziel

Dank ganzjähriger Fährverbindung ab Deutschland (www.bornholmslinjen.de) ist Bornholm inzwischen auch als Winterziel populär für Hygge im Ferienhaus und Spaziergänge an Stränden oder über Klippen – dort bitte nicht bei Eis und Schnee! Darüber hinaus haben ganzjährig geöffnet, u. a. Bornholms Museum und das arbeitende Keramikmuseum Hjorths Fabrik in Rønne, Bornholms Kunstmuseum nördlich von Gudhjem, die imposante Hammershus Ruine und nebenan an Wochenenden das Hammershus Besøgscenter. Auch produzieren schon viele Kunsthandwerker in ihren Ateliers für die nächste Saison und haben mehr Zeit für Besucher als im Sommer. In Svaneke haben sich einige Boutique- und Restaurantbesitzer entschlossen, künftig in der kalten Jahreszeit offen zu halten. Und dann ist da noch Skibakken på Bornholm, der Skihügel mit zwei »Abfahrten«, Lift und Almhütte. Hauptsache, es kommt Schnee, und den gibt's auf Bornholm mehr als sonst in Dänemark.

Schmuckstück der Bornholmer Kulturlandschaft: Bornholms Kunstmuseum

Wärmedämmend, unbrennbar und rund 300 Jahre haltbar: Seegras auf den Dächern von Læsø ist selbst nach heutigem Maßstab ein perfektes Baumaterial.

#Hin-&Rumfahren

Færgeselskabet Læsø bis 7 x tgl. ab Frederikshavn. Hochsaisonpreise in 2020 nur 22.6.–14.08. Auf der Insel kostenloser Bus-Fährhafen Vesterby – Hauptort Byrum –, Fischereihafen Østerby abgestimmt auf Überfahrten! Für Tagesausflüge – idealerweise mit dem Fahrrad – gibt's spezielle Tagestickets mit oder ohne Erlebnis-Programm.

www.laesoe-line.dk
www.laesoe-booking.dk/de

#Langustini

Jomfruhummer, deutsch Kaisergranat und durch die italienische Küche als Langustini berühmt, ist auf Læsø eine Art Grundnahrungsmittel. Der Hummerverwandte wird um die Insel in Mengen gefangen, wie nirgendwo sonst in Europa und auf der Insel gern aufgetischt, vor allem beim jährlichen Læsø Jomfruhummerfestival, bei dem Spitzenköche mit neusten Jumfruhummer-Rezepten wetteifern – 2020 am 1. August!

www.jomfruhummerfestival.dk

dk

#Læsø

Læsø ist erst seit etwa 3.000 Jahren Land. Sonst ließe sich nicht erklären, warum mitten auf der Insel das Skelett eines 20 m langen Pottwals gefunden wurde, datiert auf ca. 1200 v. Chr. Von etwa 100 km Küste sind 25 km wunderbare Sandstrände. Kaum mehr als 100 Jahre alt ist die lang gezogene Düneninsel Stokken vor der Westspitze mit einem beliebtem Strand – um hinzukommen, muss man einen schmalen Sund durchwaten.

Læsø ist berühmt für seine einzigartigen Dächer aus Seetang. Darauf griffen die Bewohner zurück, als im 17. Jh. alle Wälder der Insel durch die traditionelle Salzsiederei verfeuert waren und es nicht einmal Reet gab. Rund 30 Tangdächer existieren heute, und es werden wieder mehr, weil ihr Neu- oder »Wiederbau« gefördert wird. Die Haltbarkeit der Dächer liegt bei rund 300 Jahren; das Material gilt als unbrennbar und isoliert vortrefflich – Museumshof På Lynget nahe der Inselhauptstadt Byrum ist ein schönes Beispiel.

Im Süden der Insel breiten sich Rønnerne aus, weites flaches Marschland, von Prielen unterbrochen, in denen bei Flut das Meer weit vordringt. Exkursionen mit Leiterwagen hinter Treckern oder Pferdegespannen führen in das Gebiet hinein. Am Weg liegt Læsø Saltsyderi. In der Salzhütte wird »salines« Grundwasser, das etwa sechs Mal so viel Salz enthält wie Meerwasser, in megagroßen Pfannen gesiedet, bis es kristallisiert. Læsø-Salz gilt als Delikatesse, Gourmetrestaurants überall in Dänemark nutzen es. Auf dem Gelände einer ehemaligen Kirche in Vesterø – der alte Kirchturm dient als Aussichtsturm – nutzt das Solekurbad Læsø Kur og Helse die heilende Kraft des Salzes zum Entspannen, aber auch zur Therapie bei Hautproblemen wie Schuppenflechte. **www.visitlaesoe.de**

Die kleinen Strandhäuser sind zwar nicht ganz legal errichtet, gelten aber längst als Wahrzeichen der Insel Ærø.

#Ærø

Das über 30 km langgestreckte, aber nur 8 km breite Ærø bildet den südwestlichen Abschluss des Øhavet, des Inselmeers vor Südfünen. Märchenhaft, idyllisch, hyggelig sind typische Attribute einer Inselbeschreibung. Das von nicht einmal 1.000 Menschen bewohnte Ærøskøbing steht für ein Puppenstuben-Dänemark mit verwinkelten Gassen und meterhohen Stockrosen vor schnuckeligen Fachwerkhäusern aus dem 17. und 18. Jh. wie Dukkehuset, das Puppenhaus, in der Smedegade. Ganz ungeniert darf man gleich gegenüber in Flaske Peters Samling tief ins Glas schauen: Im bekanntesten der drei Museen von Ærøskøbing segelt und dampft eine der größten Buddelschiffflotten der Welt.

Der Name von Ærøs größter Stadt Marstal war in Zeiten der Segelschifffahrt Mitte des 19. Jh. auf allen Weltmeeren ein Begriff. Ein bis heute unter Oldtimerfans beliebter Bootstyp von den Werften der Stadt heißt auf allen Ozeanen nur »Marstal-Schoner«. Das Marstal Søfartsmuseum bildet mit der Museumswerft Eriksens Værft eines der größten maritimen Museen Skandinaviens. Der Hafen selbst wirkt oft auch wie ein Museum, so viele Oldtimerschiffe machen hier fest.

Ærø darf man aber nicht auf die Städte reduzieren: So besitzt die ursprünglich romanische Bregninge Kirke im Norden einen reich verzierten Flügelaltar von ca. 1530 aus der Werkstatt des Meisters Claus Berg sowie spätgotische Fresken. Mit der Søby Voldanlæg sind Reste einer Wallanlage aus dem 12. Jh. zu entdecken, und dort, wo sich Ærø zum Kleinen Belt hin streckt, bietet der Leuchtturm Skjoldnæs Fyr nach nur 57 Stufen Aufstieg perfekte Ausblicke auf die umliegenden Küsten Dänemarks und Deutschlands.
www.visitaeroe.de •

#Hinkommen

Ærøfærgerne ab Deutschland kommend am besten von Fynshav (ca. 60 km ab Flensburg Grenze) nach Søby mit Elektrofähre Ellen (60 Min., bis 7 x tgl.), sonst Faaborg–Søby (60 Min., bis 5 x) oder Svendborg– Ærøskøbing (75 Min, bis 12 x), Tickets gelten h/z, die Linien sind kombinierbar – ideal für Rundreisen! Außerdem ÆrøXpressen Rudkøbing auf Langeland–Marstal (50 Min., bis 8 x tgl.). Auf beiden Linien gelten Hochsaison-Preise in 2020 nur vom 22.6.–9.8., sonst gibt's subventionierte Billigtickets, z. B. Pkw mit Fahrer hin und zurück ca. 36 €.
www.aeroe-ferry.dk
www.aeroexpressen.dk

#Heiraten

Nirgendwo in Dänemark heiraten so viele nicht dänische Paare wie auf Ærø. Feierlich aber ohne großen Pomp geht's beim »vielsesteam« des Standesamtes zu; wer sich aber am Strand oder auf dem Leuchtturm das Ja-Wort geben will, kann auf professionelle Hochzeitshelfer wie Danish Island Weddings zugreifen.
www.aeroekommune.dk
www.getmarriedindenmark.com

#dänemark

Kurs Dänemark

ANREISE MIT DEM EIGENEN AUTO/WOHNMOBIL

Die meisten Ferienregionen Dänemarks sind mit Auto und Wohnmobil problemlos auf dem Landweg zu erreichen, viele kleinere Sunde und Meeresstraßen sind überbrückt oder untertunnelt. Maut wird nur in wenigen Fällen kassiert, wie an der Brücke über den großen Belt – dazu unten mehr.

Wichtige Verkehrsbestimmungen

- In Dänemark herrscht Rechtsverkehr und Anschnallpflicht auf Vorder- und Rücksitzen.
- Abblendlicht/Tagfahrlicht muss immer eingeschaltet sein.
- Promillegrenze: 0,5.
- Reißverschlussprinzip an Autobahnauffahrten: auffahrender und fließender Verkehr sind gleichberechtigt!
- Haifischzähne, weiße Dreiecke auf der Fahrbahn vor Kreuzungen, signalisieren: Vorfahrt gewähren.
- Höchstgeschwindigkeiten für Pkw – soweit nicht durch Schilder anders angegeben – innerhalb geschlossener Ortschaften 50 km/h, außerhalb 80 km/h, auf Autobahnen 130 km/h.
- Für Lkw, Busse, Wohnmobile ab 3,5 t und Gespanne gelten 50/70/80 km/h. Sie dürfen in geschlossenen Ortschaften – ausgenommen Ortsumgehungen – 50 km/h nicht überschreiten, selbst wenn Schilder höhere Geschwindigkeiten erlauben.
- 50/80/100 km/h gelten für Wohnmobile 3,5–7,5 t und Gespanne, wenn sie eine in Dänemark anerkannte 100-km/h-Zulassung mit entsprechender Plakette haben, die es bisher aber nur beim dänischen »Bilsyn« – ähnlich TÜV – mit gebührenpflichtiger Prüfung gibt (ca. 68 €, ca. 30 Min., Plakette sofort, Stationen im Grenzbereich u. a. **www.lb-bilsyn.dk**).

dk

ANREISE MIT DER FÄHRE ...

Rund 50 innerdänische und einige internationale Fährlinien sorgen dafür, dass die restlichen Inseln gut erreichbar sind. Außerhalb der Hochsaison subventioniert der dänische Staat Inlandsfährrouten, um Inselgesellschaften wirtschaftlich zu fördern, u. a. zu beliebten Touristeninseln wie

- Anholt: **www.anholtfergen.dk**
- Fanø: **www.fanoelinjen.dk**
- Læsø: **www.laesoe-line.dk**
- Samsø: ab Jütland **www.tilsamsoe.dk**, ab Sjælland **www.samsoelinjen.dk**
- Ærø: **www.aeroe-ferry.dk**
- Als Danske Småøer bezeichnen sich rund zwei Dutzend Klein- und Kleinstinseln, zu denen 25 weiteren Mini-Fährlinien übersetzen: **www.danske-smaaoer.dk/oe-faerger**

... Richtung Kopenhagen

Den Osten Dänemarks u. a. Sjælland mit der Hauptstadt Kopenhagen oder die populäre Insel Møn erreicht man bequem auf den Vogelfluglinien mit:

- Scandlines: Tel. 0381-77 88 77 66, **www.scandlines.de** Puttgarden (Insel Fehmarn) – Rødby (Insel Lolland) und Rostock – Gedser (Insel Falster).

Alle weiteren Meerengen und Sunde bis Kopenhagen oder zur Insel Møn sind dann überbruckt oder untertunnelt.

... via Malmö nach Kopenhagen

Wer Kopenhagen mit Südschweden kombinieren möchte, hat mehrere Überfahrten täglich zwischen Travemünde und Malmö mit Finnlines zur Wahl, auch Nachtfahrten, auf denen Kabinen Pflicht sind, die aber eine Übernachtung sparen. Auf diesem Weg entstehen aber zusätzliche Kosten für die Fahrt über die mautpflichtige Øresundsbron (dazu mehr im Kapitel »Kurs Schweden«).

- Finnlines: Tel. 0451-1507 443, **www.finnlines.com**

... nach Bornholm

Eine geografische Sonderstellung nimmt die Insel Bornholm ein mit ganzjährigen Direktverbindungen ab Deutschland, Dänemark und Südschweden sowie an Samstagen der Hochsaison auch ab Polen:

- Bornholmslinjen: Tel. +45 70 900 100, **www.bornholmslinjen.de** ab Sassnitz-Mukran (Inseln Rügen), Køge (südl. Kopenhagen) und Ystad (Südschweden) jeweils nach Rønne auf Bornholm.
- Polferries: **www.polferries.com** Ścinoujście – Rønne (bei Redaktionsschluss noch unklar)

ANREISE MIT DEM FLUGZEUG

Größter Airport ist Kopenhagen (CPH), von dort Anschlüsse mit Flugzeiten unter einer Stunde nach Bornholm (RNN), Billund (BLL), Sønderborg (SGD), Midtjylland (KRP), Aalborg (AAL) und Aarhus (AAR). Direkt aus Deutschland werden Aarhus, Billund und im Sommer Rønne auf Bornholm angeflogen. Aktuelle Verbindungen, Zeiten und Preise auf Websiten der Airlines, hier einige Direktflüge (Stand Jan. 2020 ohne Gewähr und Anspruch auf Vollständigkeit):

- **www.austrian.com**: Wien – Kopenhagen
- **www.flydat.de**: Sommerline Berlin – Rønne sowie innerdänisch u.a. mehrmals täglich ab Kopenhagen sowie Saisonrouten ab Billund, Midtjylland, Aarhus und Aalborg nach Bornholm.
- **www.flysas.de**: 10 Airports im deutschsprachigen Raum–Kopenhagen, von dort innerdänisch nach BLL, AAL, AAR, München – Aarhus
- **www.lufthansa.com**: Düsseldorf, Frankfurt, München – Kopenhagen sowie Frankfurt – Billund
- **www.norwegian.com**: Berlin, Hamburg, München – Kopenhagen, von dort innerdänisch nach Aalborg und zu Destinationen in ganz Skandinavien.
- **www.ryanair.com** (inkl. Lauda): Düsseldorf, Köln, Nürnberg, Stuttgart, Wien – Kopenhagen und Wien, Berlin – Billund
- **www.sun-air.dk** (für British Airways): Düsseldorf – Billund
- **www.swiss.com**: Zürich – Kopenhagen
- **www.wizzair.com**: Wien – Billund

ANREISE MIT DEM ZUG

Mit der Bahn erreicht man Dänemark bequem und staufrei. Europa-Spezial-Tickets gibt es ab 28,90 € pro Strecke. Ab Hamburg verkehren EC-Züge direkt bis 3-mal tgl. nach Aarhus mit Anschlüssen in alle Teile Jütlands und tagsüber bis 3-mal nach Kopenhagen via Kolding (Jütland) und Odense (Fünen) (Preise und Zeiten auf **www.bahn.de**). Dazu kommt im Hochsommer ein vor allem bei jungen Reisenden populärer, direkter IC-Nachtzug mit Sitzwagen zwischen Hamburg und Kopenhagen u. a. mit Stopp in Kiel. An wichtigsten Reisetagen sind die Direktzüge platzkartenpflichtig, ohne Reservierung kann die Mitfahrt verweigert werden!

ANREISE MIT DEM BUS

Die meisten Verbindungen gibt es zwischen Hamburg bzw. Berlin und Kopenhagen, einige auch zu den Städten an der Ostküste Jütlands:

- **www.flixbus.de**: Fahrten von zahlreichen deutschen Städten u. a. nach Aalborg, Aarhus und Kopenhagen mit Anschlüssen an Inlandsverbindungen von flixbus.dk sowie Richtung Schweden mit flixbus.se (ehemals Swebus)
- **www.kombardoexpressen.dk**: Mehrmals täglich innerdänisch mit Schiffsverladung Aalborg, Aarhus, Randers – Kopenhagen und Kopenhagen – Bornholm

REISEN ZWISCHEN WEST- UND OSTDÄNEMARK

Über den Großen Belt verbindet seit 1998 die mautpflichtige Storebæltsforbindelse – Autobahn und Eisenbahn, keine Option für Radfahrer außer Transport im Zug – Dänemarks westliche Landesteile Jütland und Fünen mit den östlichen, untereinander mit Brücken und Tunneln verbundene Inseln Sjælland, Lolland, Falster und Møn. An der Mautstelle kann man bar (auch in EUR, SEK und NOK) oder mit gängigen Kredit- und Bankkarten bezahlen. Die Preise richten sich nach Größe und Gewicht des Fahrzeugs, alle Details auch zu Fahrspuren an der Mautstelle auf **www.storebaelt.dk/deutsch/maut**

Alternative zur Brücke sind die Katamaran-Schnellfähren von Molslinjen zwischen Aarhus (75 Min.) oder Ebeltoft (55 Min.) in Jütland und Sjællands Odde auf der Insel Sjælland (bis 12 x tgl., **www.molslinjen.dk**, Tel. +45 70 10 14 18).

GELD – WO KOMMEN DIE KRONEN HER?

Dänemark ist wie Norwegen und Schweden kein Euro-Land. Die Dänische Krone/DKK ist mit relativ festem Kurs an den Euro gebunden ist (ca. 1 Euro = 7,45 DKK Stand Ende 2019). In Ferienregionen an der Küste akzeptieren viele Geschäfte Euro-Banknoten, geben aber Kronen als Wechselgeld zurück – nicht die günstigste Art Geld zu wechseln, aber ein Kurs von ca. 1:7,20 DKK wäre fair.

Wechseln von Bargeld in Banken ist nur noch selten möglich und wenn, fallen hohe Gebühren an. Viele Banken sind aber »kassenlos«, Bargeld gibt's nur noch am Automaten. Empfehlenswert sind Automaten regulärer Banken. In Urlaubsgebieten stolpert man oft über Geldautomaten (ATMs) internationaler Finanzdienstleister, in Dänemark oft blaugelbe Euronet-Automaten. Die nehmen hohe Gebühren und drängen Kunden zur Abrechnung in Euro: Vermeiden Sie jedoch beim Abheben oder Bezahlen die Option »in Euro« oder »zum fixierten Wechselkurs« abzurechnen, Verbraucherzentralen warnen davor,

da dies bis zu 10 % Kursverlust bringen kann. Wählen sie stattdessen »Abrechnung in Landeswährung«, dann wird zum banküblichen Tageskurs umgerechnet.
Statt bar kann man auch kleinste Beträge mit Karte bezahlen. Gelegentlich sieht man sogar Card-Only-Schilder wie auf Kopenhagens hippen Streetfood-Märkten – hygienisch sicher vorbildlich! Auch viele Tankstellen arbeiten vollautomatisch mit Kartenzahlung. Kreditkarten werden überall akzeptiert – immer Visa-/MasterCard, seltener Diners Club und American Express – vielerorts auch gängige Bankkarten, die man früher als EC-Card kannte (Maestro, V Pay).

Gute Nacht in Dänemark

HOTELS

Das Hotelangebot reicht von einfachen Pensionen bis hin zu Fünf-Sterne-Luxusherbergen, entsprechend vielfältig sind die Häuser. So kann man wählen zwischen modernen Design-Hotels, traditionsreichen, aber boomenden Badehotels im Stil des frühen 20. Jhs., traditionellen Landgasthöfen, die als »Kroer« weltbekannt sind und zum Teil Wurzeln bis ins 17. Jh. hinein haben, plüschigen Schlosshotels oder minimalistischen Discount-Hotels mit spartanisch, aber funktional eingerichteten Zimmern. Natürlich gibt's im kinderfreundlichen Dänemark viele Familienzimmer mit drei oder vier Betten und spezielle Menüs für Kids. In Ferienzeiten und an Wochenenden werben vor allem in kleineren Städten Hotels, die sonst vom Konferenz- und Geschäftsreiseverkehr leben, mit besonderen Angeboten um Touristen und Wochenendurlauber. Dutzende unabhängiger, individueller Häuser kooperieren als Small Danish Hotels (**www.smalldanishhotels.com**).

HOSTELS UND JUGENDHERBERGEN

Günstig und durchaus komfortabel übernachtet man in über 60 Danhostel-Herbergen (**www.danhostel.dk**; Rabatt mit HI-Card, früher Jugendherbergsausweis), die über das ganze Land verteilt sind, oft Doppelzimmer haben, häufig sogar mit eigenem Bad/WC und immer eine Küche für Selbstversorger. In Großstädten, insbesondere in Kopenhagen, gibt es zudem noch zahlreiche, oft cool gestaltete, unabhängige Hostels, die nicht nur junge Reisende begeistern.

PRIVATUNTERKÜNFTE

Privatunterkünfte bucht man heute in Dänemark wie überall auf der Welt über Portale wie **www.airbnb.de**, **www.wimdu.de**, **www.redappleapartments.com**. Zwei kleinere dänische Portale sind **www.bedandbreakfast.dk** und **www.net-bb.dk**. Adressen für Zimmer auf Bauernhöfen sind unter **www.bondegaardsferie.dk** zu finden. Auch örtliche i-Büros können noch Zimmer vermitteln, oder man entdeckt ein Hinweisschild auf Værelser / Rooms / Zimmer an der Straße, aber diese Optionen werden angesichts der großen Online-Konkurrenz immer spärlicher!

FERIENHÄUSER

Für viele Urlauber ist Dänemarkurlaub gleich Ferienhausurlaub. Ca. 50.000 Ferienhäuser im Land werden regelmäßig vermietet vom einfachen Holzhaus bis zum 12-Schlafzimmer-Palast mit Pool und Sauna: Wenige Ferienhausbesitzer vermieten direkt, dann oft über Facebook-Gruppen, **www.ferienhausmietedaenemark.de** oder eine der oben genannten Plattformen. Die meisten Häuser werden durch Agenturen vermittelt, dann unterliegen sie auch gesetzlichen Sicherungen, egal ob die Agentur in Deutschland oder Dänemark ihren Sitz hat. Es gibt lokale, vor Ort verwurzelte Büros mit meist ein paar Hundert, selten einigen Tausend Häusern, die mit »kurzem Draht« zu Hausbesitzern agieren. Einige kooperieren, so die landesweit mehr als zwei Dutzend »Feriepartner Dänemark« (**www.feriepartner.de**) oder »Nordsee Holidays« mit Partnern entlang der Nordseeküste (**www.nordsee-holidays.dk**). Mehrere lokale Büros und ihre Zusammenschlüsse vereint die in Hamburg ansässige Agentur Kröger + Rehn unter **www.dansk.de** (Tel. 040 54 77 95 46, 0800 358 75 28). Daneben gibt es große Agenturen, die landesweit Häuser vermieten, ihre Kunden aber mit lokalen Servicebüros betreuen wie DanCenter (**www.dancenter.de**), Dansommer (**www.dansommer.de**), Novasol (**www.novasol.de**) oder Sol og Strand (**www.sonneundstrand.de**).
Im Internet sind zudem Ferienhaus-Broker aktiv, die Zehntausende Häuser in ihren Online-Katalogen anbieten und dort Objekte vieler lokaler wie großer Büros bündeln. Sie selbst bieten vor Ort keinen Service, und Häuser auf ihren Plattformen sind in den seltensten Fällen exklusiv, sondern tauchen meist auf mehreren solcher Plattformen auf.

CAMPING

In ganz Dänemark gibt es knapp 500 Campingplätze, ein Teil der Plätze hat ganzjährig geöffnet. Viele bieten auch Hütten von »basic« – nur Betten in einem Raum – bis »luxus« mit mehreren Schlafräumen, Miniküche, Bad und WC, vergleichbar bei Komfort, aber auch Preis mit kleinen Ferienhäusern. So ist praktisch garantiert, dass jeder seinen »Lieblingsplatz« finden kann. Aktuell steht es Campingplätzen frei, ob sie einen Camping-Pass verlangen und wenn ja, welche sie akzeptieren und zu welchem Preis sie sie verkaufen. Weit verbreitet ist der Camping Key Europe, den u. a. Automobilclubs anbieten (**www.pincamp.de/produkte/camping-key-europe-cke**, ca. 18 € pro Jahr), akzeptiert werden je nach Platz auch die ACSI Club ID (**www.campingcard.dk/tyskland**) und die CCI (**www.campingcardinternational.com/de**). Es gibt einige Zusammenschlüsse von Campingplätzen, der größte ist DK-Camp mit ca. 300 Plätzen landesweit (**www.dk-camp.dk**). Immer aktuelle News, Reiseberichte, Interviews und Fahrzeug-Tipps gibt's auch bei unserem Kooperationspartner PiNCAMP – Campingportal des ADAC: **www.pincamp.de/daenemark**

TIPPS FÜR RUNDREISER

Freies Campen auf Rast- und Parkplätzen – es sei denn, sie sind ausdrücklich dafür ausgewiesen – oder in Dünen und auf Stränden ist verboten. An Zufahrten zu Strandparkplätzen sind Übernacht-Parkverbote inzwischen eher Regel als Ausnahme! Bei Kontrollen sind 510-DKK-Knöllchen für falsches Parken noch die geringste Strafe. Viele Campingplätze bietet von 20 bis 10 Uhr für Wohnmobilreisende Basic-Stellplätze teils auf dem Gelände, teils vor der Schranke zu einem Basispreis mit Zugang zu sanitären Anlagen, Frischwasser und Abfall-/Abwasserentsorgung an (ca. 90 davon auf **www.dk-camp.dk** unter DK-Stellplätze). Weitere Stellplätze an Bauernhöfen, auf stadtnahen Parkplätzen oder in Jachthäfen findet man auf **www.stellplatz-danmark.dk** und **www.camper-parkering.dk**.

EINFACH NUR ZELTEN

Erlaubt ist freies Zelten für jeweils eine Nacht am selben Ort mit maximal zwei Minipackzelten zusammen in staatlichen Wäldern, nicht aber an Stränden und in Dünen. Offenes Feuer ist dort nur an festen Feuerstellen erlaubt. Wanderer, Radfahrer, Reiter, Jollensegler und Kanuten können Naturlejrpladser in Wäldern, hinter Stränden, an Bauernhöfen, Schulen, Vereinsheimen usw. kostenlos oder für wenige Kronen nutzen, einige bieten überdachte Unterschlüpfe, Feuerstellen und einfachste Toiletten. Areale für freies Zelten und Naturlagerplätze zeigt eine interaktive Karte auf **www.udinaturen.dk** (Link »Overnatning«).

UNGEWÖHNLICH ÜBERNACHTEN

Viele dänische Schlösser und Herrenhöfe, z. B. das Gourmetschloss – die Küche hat einen Michelin-Stern – Dragsholm in Odsherred, bieten die Möglichkeit, in historischem Ambiente zu nächtigen (**www.dragsholm-slot.dk**). In einigen Hafenorten wie Hvide Sande und Bork Havn am Ringkøbing Fjord (u.a. **www.dansk.de/ferienhaus/hausboot.aspx**) dümpeln Hausboote mit Ferienhauskomfort auf den Wellen. In Kopenhagen gibt es mit dem Central Hotel das kleinste Hotel Skandinaviens mit nur einem Gästezimmer (**www.centralhotelogcafe.dk**). In Ribe (**www.dengamlearrest.dk**) und Horsens (**www.faengslet.dk/de/uebernachtung/**) warten ehemalige Zellen alter Gefängnisse auf freiwillige Gäste – eine rustikale Art des Übernachtens. Im Tierpark von Kolind auf Djursland darf man derweil in samischen Lavvu-Zelten oder in kleinen Holzunterständen zwischen den Tiergehegen von Braunbär, Hirschen & Co übernachten (**www.skandinaviskdyrepark.dk**), ähnlich die Zelt-Übernachtungen im Safaripark Givskud Zoo (**www.givskudzoo.dk**) mit Löwengebrüll als Morgenwecker.

Wer hat jetzt wohl Vorfahrt? Begegnung bei einer Radtour auf Læsø.

FEBRUAR	**1.–23.2.**	**Kopenhagen:**	Lichterfest mit Lichtinstallationen in der ganzen Stadt.
	6.–29.2.	**im ganzen Land:**	»20. Vinterjazz«, Musikfestival mit hunderten Konzerten.
	28.2.–8.3.	**Aarhus:**	»Århundredets Festival« unter dem Motto »Millennium«.
MÄRZ	**13.3.**	**Kopenhagen:**	»Den lille Kulturnatten«, lange Nacht der Museen und Kultureinrichtungen.
	18.–29.3.	**Kopenhagen:**	»CH:DOX«, Dokumentarfilmfestival.
	28.–29.3.	**Horsens:**	Krimifestival im ehemaligen Gefängnis »Fængslet«.
APRIL	**23.4.–3.5.**	**Kopenhagen:**	»CAFx«, das Architektur-Festival CAFx und seine Schwesterprojekte in Aarhus und Odense bieten Ausstellungen, Konferenzen und Filmworkshops.
	25.4.	**Aalborg:**	»Aalborg MTB«, 100 km langer Mountainbike-Marathon.
	27.4.–3.5.	**Ribe:**	Internationaler Wikingermarkt.
MAI	**7.–10.5.**	**Ribe:**	»Tulipanfest«, traditionelles Frühlingsfest und Markt.
	8.5.	**im ganzen Land:**	»Store Bededag«.
	12.–17.5.	**Aarhus:**	»Internet Week Denmark«, Festival im Zeichen des Internets.
	14.–17.5.	**Aarhus:**	»SPOR«, Festival für zeitgenössische Musik und Sound-Kunst.
	15.–23.5.	**Aalborg:**	Karneval der Kulturen mit Parade und Straßenfesten.
	15.–17.5.	**Aarhus:**	»Classic Race Aarhus« vom Oldtimer bis zur Formel 1.
	16.–17.5.	**Kopenhagen:**	»Bloom«, Natur- und Wissenschaftsfestival.
	16.5.	**Middelfart:**	»Lillebælt Halbmarathon«, auch mit Wettkämpfen für Geher.
	21.–24.5.	**Aarhus:**	Krammarkt auf der Festwiese Tangkrogen.
	24.5.	**Aarhus:**	»Moesgaard MTB«, Radrennen, bei dem gewinnt, wer in 6 Stunden die meisten Runden durch den Wald schafft.
	28.5.–6.6.	**Kopenhagen:**	»CPH Stage«, Theaterfestival.
	29.5.–1.6.	**Kopenhagen:**	Mittelaltermarkt in Ballerup.
	29.–31.5.	**Kværndrup:**	»Heartland Festival«, Kunst- und Kulturfestival auf Schloss Egeskov.
	29.–31.5.	**Odense:**	»Havnekulturfestival«, Kulturfestival im Hafen der Stadt.
JUNI	**1.–15.6.**	**Südwest-Jütland:**	»Lammefestival« mit einer Auswahl an lokalen Lammspezialitäten in den Restaurants der Region.
	3.–7.6.	**Kopenhagen:**	»Distortion«, junges Musik- und Straßenfestival.
	4.–6.6.	**Aarhus:**	»NorthSide Festival«, internationales Musikfestival.
	11.–21.6.	**Aarhus:**	»LiteratureXchange«, neues internationales Festival mit Lesungen.
	17.–20.6.	**Kopenhagen:**	»Copenhell«, Rock- und Metal-Festival auf Refshaleøen.
	20.6.	**Gudhjem:**	»Sol over Gudhjem«, Local-Food-Festival mit Kochwettbewerb.
	21.6.	**Elsinore:**	»Iron Man 70.3«-Europameisterschaft.
	23.6.	**im ganzen Land:**	»Sankt Hans«, Mittsommerfeiern.
	24.–28.6.	**Silkeborg:**	»Riverboat Jazz Festival«, ältestes Jazzfestival Dänemarks.
	25.–27.6.	**Odense:**	»Tinderbox«, Musikfestival im Tusindårsskoven.
	27.6.–4.7.	**Roskilde:**	»Roskilde Festival«, Skandinaviens größtes Rockmusikevent.

	27.–28.6.	**Svendborg:**	»Kulinarisk Sydfyn« und »Nordisk Ostefestival«, Food- und Käsefestival.
	29.6.	**Kopenhagen:**	Achtelfinale der Fußball-EM der Herren im »Parken«-Stadion.
JULI	1.–4.7.	**Faldsled – Bjørnemose Gods:**	»Fjällräven Classic«, mehrtägige Wanderung durch Fünen.
	2.–5.7.	**Skagen:**	»Skagen Festival«, Dänemarks ältestes Musikfestival, 2020 im 50. Jubiläum.
	3.–12.7.	**Kopenhagen:**	»Copenhagen Jazz Festival«.
	3.–19.7.	**Rødding:**	»Jels Vikingespil«, Wikingerfestspiele im Freilichttheater. Dieses Jahr geht es um den legendären König Rolf Krake und seine Kämpfer.
	7.7.–2.8.	**Kopenhagen, Schackenborg, Sylt ...:**	»Verdensballetten«, Freilicht-Tanztournee.
	10.–13.7.	**Sønderborg:**	»Ringriderfesten«, Ringreiterturnier mit 400 Teilnehmern und Stadtfest.
	10.–12.7.	**Tønder:**	»Gammeldags Gågademarked«, Krämer, Kutschen und Leierkästen – und zum Abschluss königlicher Besuch.
	16.–19.7.	**Maribo:**	»Maribo Jazz Festival«.
	17.–19.7.	**Kerteminde:**	»Kirsebærfestival«, kulinarisches Kirschenfest.
	19.–25.7.	**Ribe:**	Islandpferde im Wikingerzentrum.
AUGUST	2.–13.8.	**Kopenhagen:**	»Copenhagen Summer Festival«, klassische Musik.
	4.–7.8.	**Kopenhagen:**	»Copenhagen Fashion Week«, Sommer-Modewoche.
	5.–9.8.	**Skanderborg:**	»Smukfest«, Musikfestival.
	8.8.	**Kopenhagen:**	»Badesøen Festival«.
	12.–16.8.	**Struer–Esbjerg, Ribe–Sønderborg, Flensborg–Vejle, Kalundborg, Holbæk–Frederiksberg:**	»PostNord Danmark Rundt«, Radsportklassiker. 2020 wird das 100-jährige Jubiläum der Wiedervereinigung Nordschleswigs mit Dänemark gefeiert.
	13.–16.8.	**Allinge:**	»Wonderfestiwall«, Musikfest.
	13.–16.8.	**Odense:**	»Blomsterfestival«, buntes Blumen- und Blütenfest.
	18.–23.8.	**Kopenhagen:**	»Copenhagen Pride«, LGBTQ-Festival mit Parade.
	18.–25.8.	**Odense:**	»H. C. Andersen Festivals«, Märchen- & Theaterfest.
	21.–22.8.	**Horsens:**	»Europæisk Middelalderfestival«, Mittelaltermarkt.
	21.–30.8.	**Kopenhagen:**	»Cooking & Food Festival«.
	22.–30.8.	**Kopenhagen:**	Opernfestspiele.
	24.–30.8.	**Odense:**	»OFF«, Kurzfilmfestival.
	27.–30.8.	**Tønder:**	Europas größtes Folkfestival mit Schwerpunkt auf englischsprachiger Musik.
	28.–30.8.	**Kopenhagen:**	»Kulturhavn«, Kunst- und Kulturfest.
SEPTEMBER	3.–5.9.	**Nykøbing Falster:**	»Vegvisir Race«, Langstreckenregatta.
	3.–5.9.	**Odense:**	»Generator«, Musikfestival zum Semesterbeginn.
	4.–6.9.	**Aarhus:**	Foodfestival.
	7.–13.9.	**Odense:**	»SPIS!«, Foodfestival.
	18.9.	**Svendborg:**	»Silverrudder«, weltgrößte Einhandregatta.
	19.–20.9.	**Sakskøbing:**	»Sydhavsøernes Frugtfestival«, Erntefest auf Lolland-Falster.
OKTOBER	15.–17.10.	**Odense:**	»Magiske Dage«, Harry-Potter-Festival.
NOVEMBER	1.11.	**Klampenborg:**	Hubertusjagd im Hirschpark.
	6.–7.11.	**Fredrikshavn:**	»Blues Heaven«, Bluesfestival in der Arena Nord.
	7.11.–20.12.	**Tønder:**	»Julebyen«, Wochenend-Weihnachtsmarkt.

NOR

Hustadvika Guesthouse nahe Molde,
am Rande des Atlantiks

NOR
WE
GEN
Nordpolarmeer
Nordsee
Svalbard
Spitsbergen
Nordaustlandet
Lagøya
Kvitøya
Moffen
Amsterdamøya
Ny-Ålesund
Prins Karls Forland
Isfjord
Longyearbyen
Barentsøya
Edgeøya
Kong Karls Land
Brasvellglacier
Erik Eriksenstretet
Olgastretet
Storfjorden
Hornsund
0 50 100 km
Nordkap
Honningsvåg
Havøysund
Hammerfest
Berlevåg
Kjøllefjord
Vardø
Vadsø
Tanabru
Kirkenes
Finnmark
Lakselv
Alta
Karasjok
Kautokeino
Storslett
Tromsø
Storsteinnes
Gryllefjord
Troms
Andenes
Vesterålen
Harstad
Sortland
Narvik
Lødingen
Svolvær
Lofoten
Nordland
Bodø
Fauske
Ørnes
Arjeplog
Nesna
Mo i Rana
Sandnessjøen
Mosjøen
Brønnøysund
Rørvik
Namsos
Grong
Nord-Trøndelag
Steinkjer
Brekstad
Trondheim
Stjørdalshalsen
Orkanger
Sør-Trøndelag
Kristiansund
Støren
Møre og Romsdal
Berkåk
Røros
Molde
Oppdal
Åndalsnes
Alvdal
Ålesund
Geiranger
Dombås
Volda
Lom
Otta
Innbygda
Måløy
Stryn
Sogn og Fjordane
Oppland
Hedmark
Florø
Førde
Lillehammer
Askvoll
Sogndal
Fagernes
Elverum
Lærdal
Gjøvik
Hamar
Gudvangen
Gol
Eidsvoll
Voss
Geilo
Buskerud
Kongsvinger
Hønefoss
Bergen
Hordaland
Oslo
Akershus
Odda
Drammen
Kongsberg
Østfold
Moss
Røldal
Horten
Sarpsborg
Leirvik
Seljord
Tønsberg
Fredrikstad
Telemark
Skien
Sandefjord
Haugesund
Rogaland
Porsgrunn
Larvik
Stavanger
Jørpeland
Aust-Agder
Risør
Sandnes
Evje
Arendal
Vest-Agder
Egersund
Grimstad
Lyngdal
Kristiansand
Mandal
E6
E8
E10
E16
E18
E39
E69
E75
E136

#norwegen

#talkingnordic

UNTERWEGS IN NORWEGEN

ab	*fra*
Abfahrt	*avgang*
an	*til*
Ankunft	*ankomst*
Auto	*bil*
Bahnhof	*stasjon*
Bus	*buss*
Fähre	*ferge*
Fahrkarte	*billett*
Fahrplan	*ruteplan*
Flughafen	*lufthavn, flyplass*
Guten Tag	*Hei!*
Hafen	*havn*
Haltestelle	*stoppested*
Mehrfachkarte	*klippekort*
Platzkarte	*plassbillett*
Polizei	*politi*
Schließfach	*bagasjeboks*
Taxi	*taxi*
Haben Sie ein Einzel-/Doppelzimmer?	*Har dere et enkelt-/dobbeltrom?*
Nehmen Sie Schecks/Kreditkarten?	*Tar dere sjekker/kredittkort?*

DAS WETTER

Wetterbericht/-vorhersage	*værmelding*
wolkenlos	*skyfri*
bedeckt	*overskyet*
Sonnenschein	*solskinn*
Nebel	*tåke*
Regen(schauer)	*regn(byge)*
Gewitter	*tordenvær*
Wind	*vind*
starker Wind	*kuling*
stürmischer Wind	*sterk kuling*
Sturmwarnung	*kulingvarsel*

GESUNDHEIT

(Zahn-)Arzt	*(tann)lege*
Apotheke	*apotek*
Krankenhaus	*sykehus*
Krankenwagen	*ambulanse*
(Zahn-)Ärztlicher Notdienst	*(tann)legevaktsentral*

#hardfacts

Norwegen bedeckt eine Fläche von 323.759 km². Rechnet man Svalbard und Jan Mayen hinzu, muss man ca. 61.000 km² addieren. Die Entfernung vom Nordkap nach Lindesnes, dem südlichsten Punkt, beträgt 1.752 km. Die Küstenlinie des Festlands ist rund 21.192 km lang, inklusive Fjorden, Buchten und Inseln summiert sich die Strecke auf 100.915 km. An der breitesten Stelle ist das Land 430 km breit, an der schmalsten Stelle nahe Narvik 6,3 km.

In Norwegen leben über 5,3 Mio. Menschen, die größte Bevölkerungsdichte verzeichnet man am Oslofjord mit 118 Einwohnern pro km², die geringste in der Finnmark mit knapp 1,6 Einwohner pro km². Größere Städte sind Oslo (686.000 Einwohner), Bergen (282.000), Trondheim (197.000), Stavanger (134.000), Kristiansand (92.000) und Tromsø (77.000).

Norwegen ist eine konstitutionelle Monarchie. König Harald V. bestieg den Thron am 21.2.1991 als Nachfolger seines Vaters Olav V. Das Parlament (Storting) besteht aus einer Kammer mit 169 Abgeordneten, wobei die dünn besiedelten nördlichen Bezirke im Verhältnis zu ihrer Stimmenzahl stärker repräsentiert sind als der dichter bewohnte Süden.

Spitzbergen (norweg. Svalbard) umfasst eine Fläche von 61.022 km², verteilt auf über 400 Inseln. Es leben rund 2.700 Menschen auf dem Archipel, davon etwa 2.100 im Hauptort Longyearbyen. Dauerhaft besiedelt sind zudem die russische Siedlung Barentsburg und die internationale Wissenschaftssiedlung Ny-Ålesund.

TEXT & FOTOS #NORWEGEN: MARTIN SCHMIDT
(sofern nicht anders gekennzeichnet)

Faszination Lyngsalpen

Ein Wanderparadies im hohen Norden

Das Gebiet rund um den Lyngenfjord bietet Abwechslung auf kleinstem Raum. Monumentale Berge und winterlich weiße Gletscher, glasklare, unergründliche Seen in schroffen Hochtälern, Wasserfälle und von Geröll und Sand durchzogene Strandabschnitte. Eine Landschaft, die im Norden einen rauen und weiten, im Süden hingegen einen tiefgrünen, geradezu fruchtbaren Eindruck hinterlässt. Kurz, die zwischen Tromsø und Alta gelegene Region hat für nahezu jeden Urlauber etwas auf dem Menüplan. Vor allem jedoch bietet sie Wanderern eine nahezu unendliche Vielfalt und Abwechslung.

Die Region Lyngen

Wer sich bei einer Fahrt durch den Norden Norwegens, in Richtung Nordkap, etwas Zeit lässt, dem wird die unvergleichlich schöne Landschaft entlang des 121 Kilometer langen, nach Süden hin ins Land hineinragenden Lyngenfjords auffallen. Die durch die E 6 perfekt erschlossene und doch beschaulich-stille Region lohnt einen längeren Aufenthalt und lädt zu Erkundungstouren und vor allem Wanderungen abseits des Weges ein.

Markant und dramatisch sind die Berge der bis über 1.800 Meter steil aus dem Meereswasser emporragenden Lyngenalpen. Den zahllosen Gipfeln und Graten konnte die letzte Eiszeit nicht die Ecken und Kanten nehmen. Sie ragen noch heute scharfkantig in den Himmel und unterscheiden sich so von den runden Fjells und Hochebenen der Umgebung. In Senken eingebettete, aquamarinblaue, teils durch die 140 Gletscher fleißig gespeiste Seen und endlose Geröllhalden, bei denen man meint, die Trolle

Aussicht vom Rørnestinden über die Lyngenalpen und Kjosen

Foto: © Lyngen Adventure

persönlich hätten Hand angelegt, bestimmen das Bild. Doch auch saftig grüne Täler und Wälder sind anzutreffen. Die Lyngenalpen sind bis heute bewusst nur sanft und eingriffsarm erschlossen. Hier findet man noch Ruhe, Abgeschiedenheit und Natur pur anstelle von großen Hotels, Liften und Touristenrummel. Auf Infrastruktur muss trotzdem nicht verzichtet werden. Wanderwege, für die es einen nützlichen, auch auf Deutsch erschienenen, gratis erhältlichen Wanderführer gibt, norwegische Hygge-Unterkünfte und nachhaltig arbeitende Aktivitätsanbieter erleichtern den Aufenthalt.

Einen hervorragenden Eindruck von dem lediglich 90 Kilometer langen und maximal 20 Kilometer breiten Massiv erhält man auf zwei Fährfahrten, von Olderdalen an der E 6 nach Lyngseidet und von Svensby nach Breivikeidet. Besonders eindrucksvoll macht die Reisen zudem der Gedanke, dass man über Meereswasser gleitend ein alpines Gebirge durchquert.

Unterwegs mit dem traditionellen Flussboot auf dem Fluss Reisa

Dramatisch ist auch die Natur entlang der östlich des Lyngenfjords gelegenen Täler. Einer der markantesten Gipfel ist die 1.306 Meter hohe Doppelspitze des Otertind, dem »Matterhorn des Nordens«, nahe des wilden, ursprünglichen Signaldals.

no

Besonders empfehlenswert ist zudem ein Ausflug ab Storslett nach Süden, in den urtümlichen Reisa-Nationalpark. Kernstück der beeindruckenden Naturlandschaft ist ein langgezogener Canyon, der ebenso wie der 269 Meter in die Tiefe stürzende Wasserfall Mollisfossen auf einer Bootstour erkundet werden kann (**www.svartfoss.com**).

Weniger alpin, dafür äußerst maritim gibt sich die Landschaft rund um den charmanten Fischerort Skjervøy. Angler und Liebhaber einsamer, unberührter Küstenlandschaften kommen hier, am Rande des Nordatlantiks, voll auf ihre Kosten.

Wanderungen inmitten einzigartiger Naturlandschaft

Der Hektik des Alltags entkommt am Ende wohl nur, wer das Auto stehen lässt und

Der Fluss Reisa im Reisa-Nationalpark

Foto: © AdventurebyDesign

Eine Wanderung zum Steindal Gletscher in den Lyngenalpen

sich in die sagenhafte nordnorwegische Natur begibt. Die Region Lyngenfjord bietet dafür unendlich viele Möglichkeiten. Um diese nutzen zu können, steht Gästen ein Wanderguide zur Verfügung, der in der Touristeninformation und in Unterkünften kostenlos erhältlich ist bzw. auch im Netz heruntergeladen werden kann (siehe unten). Detailgenau und auf Deutsch beschrieben werden 41 Touren jeden Schwierigkeitsgrades, wobei 10 Strecken sogar für Rollstuhlfahrer geeignet sind. Die Routen sind in den Lyngenalpen selbst sowie entlang der E 6, auf der Insel Arnøya und im Reisa Nationalpark zu finden. Einfache Touren führen zum Beispiel zur aussichtsreichen Nordspitze der Lyngen-Halbinsel, zum Gletscher im Steindalen und über die sanften Höhenzüge rund um Skjervøy. Gipfelstürmer erklimmen zum Beispiel die Panoramaberge Storhaugen und Uløytinden.

Wanderungen in den Tälern können unternommen werden, sobald der Schnee geschmolzen ist oder noch nicht die Landschaft bedeckt, also meist zwischen Juni und September. Für Gipfeltouren ist ein Tag mit stabilem Wetter im August oder September anzuraten.

Die Anbieter Adventure by Design (**www.adventurebydesign.fi**) und Lyngen Adventure (**www.lyngen.com**) bieten geführte Wanderungen in der Region an und auch zu den faszinierenden Gletschern in der Region. Empfehlenswert für eine Erkundung der Region vom Wasser aus sind die organisierten RIB-Boot-Safaris (**www.lyngen.com**) oder Sie können sich auch ein Boot in Skibotn ausleihen, um auf eigene Faust angeln zu gehen (**www.activenorth.no**).

Active North bietet in Skibotn auch Hundeschlittentouren an – im Winter auf Schlitten und im Sommer auf speziell gebauten Wagen. Ob im Winter oder im Sommer, das Erlebnis ist das gleiche, wenn man mit einem Team von Huskies durch die nord-

Es gibt auch viele familiengerechte Wanderungen.

norwegische Wildnis zieht (2–3 Stunden-Touren – **www.activenorth.no**).

Urlaubserlebnisse

Zwei Naturphänomene beschäftigen den Nordlandfahrer, die Mitternachtssonne während der wärmeren Jahreszeit und das herbstlich-winterliche Nordlicht, das schon ab den ersten klaren und dunklen Nächten Ende August beobachtet werden kann.

Für die Mitternachtssonne, die in der Region zwischen dem 18. Mai und dem 25. Juli ihr Stelldichein gibt, bietet der Lyngenfjord perfekte Beobachtungsmöglichkeiten. Gehen Sie doch einfach mal abends oder nachts auf Tour – Sie werden merken, dass dies ein ganz besonderes Erlebnis ist, wenn man unterwegs sein kann, ohne auf die Uhr schauen zu müssen …

Die Nordnorweger haben sogar ein eigenes Wort dafür – døgnvill –, was so viel bedeutet wie »24-Stunden-wild«; das zeitlose Gefühl, wenn Nacht und Tag verschmelzen. Und wundern Sie sich nicht, wenn Bauern gegen Mitternacht noch draußen arbeiten oder Leute ihr Haus nachts um 2 Uhr anstreichen – døgnvill …

Erhellend können auch kulturelle und kulinarische Aktivitäten sein. So lohnt in jedem Fall ein Abstecher in die nördlichste Destille der Welt, der Aurora Spirit Distillery bei Lyngseidet (**www.bivrost.com/auroraspirit**) und zu den Ausstellungen des Nord Troms Museums (**ntrm.no**). Sieben Museen und Freilichtanlagen in der Region bieten einen Einblick in das frühere Leben in der Region und die Kultur der Samen, Norweger und Kvenen – den früheren Einwanderern aus Finnland. •

Gamslet Gård – ein Museum in Lyngen

no

Foto: © Aurora Spirit

ANREISE:

Mit dem Pkw über die E 6. Das nahe gelegene Tromsø wird zum Beispiel von Norwegian, SAS und auch Lufthansa (direkt ab Frankfurt) angeflogen.

WETTER UND KLIMA:

Die Sommer sind zwischen Mitte Juni und Mitte August mit 12 bis 20 Grad meist recht mild. Regen kann aufgrund der Lage am Atlantik immer wieder fallen, weshalb eine entsprechende Outdoorbekleidung angeraten ist. Für Wanderungen sind Wanderschuhe zwingend erforderlich.
Im Winter liegt meist reichlich Schnee. Die Temperaturen schwanken dank des Golfstroms zwischen November und April um den Gefrierpunkt.

UNTERKÜNFTE:

Aurora Fjord Cabins, **www.lyngen.com**, stylische Apartments direkt am Wasser mit großer Glasfront, direkt an der Aurora Spirit Distillery gelegen
Sørheim Brygge, **www.lyngen.com**, Apartments und Ferienhäuser in Lyngseidet, Bootshafen und eigener Pub im Hause, Verleih von Booten und Angeln
Strandbu Camping, **www.strandbu.no**, Campingplatz in Skibotn, Hütten, Sauna/Hottub
XLyngen, **www.xlyngen.no**, Rorbuer – Häuser, Wanderguide, Bootsverleih, Restaurant
Svartfoss Adventure, **www.svartfoss.com**, Ferienhaus im Reisatal

TOURISTENINFORMATION:

Online: **www.visit-lyngenfjord.com**,
E-Mail: post@visit-lyngenfjord.com,
Telefon (zwischen 09.00–15:00): +47 77 21 08 50 – wir sprechen auch Deutsch
+ Skibotn: Johan Beck-veien 23, 9143 Skibotn
+ Lyngseidet: Strandveien , 9060 Lyngseidet
+ Storslett: Halti, Hovedveien 2, 9152 Storslett
In Manndalen, Birtavarre und Olderdalen gibt es auch in den Läden eine digitale Touristeninformation.
In allen Touristeninformationen finden Sie neben dem kostenlosen Wanderführer auch weitere Broschüren und kompetente Beratung, um Ihren Urlaub perfekt gestalten zu können.

AKTIVITÄTEN:

Aurora Spirit Distillery (11 km von Lyngseidet entfernt, Richtung Koppangen), **www.bivrost.com/auroraspirit**, Besucherzentrum geöffnet Mo–Fr 11.00–15.00, Führung: 299,- NOK
Nord Troms Museum (Bitte beachten Sie die unterschiedlichen Öffnungszeiten der Anlagen.), **www.ntrm.no**, Eintritt 60,– NOK (Kinder gratis)
Svartfoss Adventure: Bootstouren in den Reisa Nationalpark und Mollisfossen und Imofossen, **www.svartfoss.com**
Adventure by Design: Wanderungen und Gletschertouren mit Guide in der ganzen Region, **www.adventurebydesign.fi**
Lyngen Adventure: RIB-Boot-Touren auf dem Lyngenfjord, geführte Wanderungen und Gletschertouren, **www.lyngen.com**
Skibotn Husky: Bootsverleih und Huskytouren im Sommer und Winter in Skibotn, **www.activenorth.no**
XLyngen: Verleih von Booten, Bootstouren, geführte Wanderungen, Restaurant, **www.xlyngen.no**

#oslo

Die mit rund 670.000 Einwohnern größte Stadt Norwegens durfte sich 2019 mit dem Titel »Grüne Hauptstadt Europas« schmücken. Ein Grund ist schnell ausgemacht. Egal wo man sich in Oslo aufhält, nie ist es weit bis zum Fjord, in die Einsamkeit der Wälder, zu einem Badesee oder in einen Park. Doch auch das urbane Leben kommt nicht zu kurz. Herausragende Architektur mischt sich mit historischen Gebäuden. Zahllose einzigartige Museen wollen ebenso erkundet werden wie hippe Viertel, Szenekneipen und Restaurants der Spitzenklasse.

Historische »Bretter« im Skimuseum in Oslo

1 Festung Akershus. Widerstandsmuseum
2 Rathaus
3 Königliches Schloss
4 Karl Johans gate mit Nationaltheater und Universität
5 Historisches Museum
6 Nationalgalerie
7 Kunstgewerbe-museum
8 Dom
9 Ibsen Museum

Touristeninformation (Adresse s. Service-Teil Info)

*O*slo war keineswegs immer kultig, angesagt oder gar beliebt. Die um das Jahr 1.000 von Wikingern an einem Flusslauf unterhalb des Ekeberg angelegte Siedlung suchten zahlreiche Brände heim und musste 1624 zu Füßen der schützenden Festung Akershus unter dem Namen Christiania sogar neu gegründet werden. Als 1925 Oslo seinen alten Namen zurückerhielt, war der Ort stark von Industrialisierung und extremen sozialen Gegensätzen geprägt. Im Osten, der Østkant, herrschte bittere Armut, wohingegen im Westen, der Vestkant, stattliche Villen in den »Himmel« wuchsen. Die Grenze bildete der Fluss Akerselva. Heute folgen seinen von Wasserfällen und Stromschnellen durchsetzten Fluten Wander- und Fahrradwege. Was einst trennte, hält nun die Stadt zusammen. Oslos Wirtschaft boomt, und mit der stetig wachsenden Bevölkerungszahl erfindet sich die Stadt zunehmend auf kreative Art und Weise neu, im Osten wie im Westen.

Historisches Oslo und Vigelandspark

Das Zentrum durchquert die Karl Johans gate, die Prachtstraße und Flaniermeile der Hauptstadt. Diese gliedert sich in Richtung Osten, also Richtung Bahnhof, in einen architektonisch eher schlichten und in Richtung Westen in einen baulich deutlich mondäneren Teil. Flankiert wird die Fußgängerzone von wichtigen sakralen und weltlichen Bauten, wie der 1697 vollendeten und reich ausgeschmückten Domkirche, dem »Storting« genannten Parlament (1866), dem zwar baulich, jedoch nicht künstlerisch bescheidenen Nationaltheater (1899) und den Hauptgebäuden der Universität (1851). Am Ende des Weges, auf einer kleinen Anhöhe, thront das 1849 eingeweihte Königliche

Zuneigung im Vigelandspark

Schloss. Wer Tickets vorab bestellt, kann es besuchen. Ansonsten lohnen sich auch die Wachablösung um 13:30 Uhr und ein Rundgang durch den beschaulichen Schlosspark. Durchquert man diesen, gelangt man geradewegs zu den Einkaufsstraßen Hegdehaug- und Bogstadveien. Diese erstrecken sich bergan bis zur T-bane-Haltestelle Majorstuen. Von dieser aus sind schon Oslos Wälder und die Schanze des Holmenkollen zu erblicken. Über den kreuzenden Kirkeveien gelangt man in das von mondänen Stadtvillen geprägte Frogner und zum weltbekannten Vigelandspark. Dieser beheimatet die imposanten Werke des Bildhauers Gustav Vigeland, 214 Skulpturen aus Granit, Bronze und Eisen mit Szenen aus dem menschlichen Leben sowie einen 17 Meter hohen Monolithen.

Skulpturen lockern auch die ansonsten eher strenge, kantige Fassade des 1950 vollendeten Rathauses auf, das in dem quirligen innerstädtischen Hafen »Pipervika« zu finden ist. Der mit roten Ziegelsteinen verkleidete Betonbau ahmt äußerlich im weiteren Sinne das Stockholmer Stadshus nach. Einen Besuch wert sind die mit Fresken und Gemälden ausgestalteten Innenräume. Im Foyer wird alljährlich der Friedensnobelpreis verliehen. Seiner Geschichte sowie den bekannten Preisträgern, wie Michail Gorbatschow und Barack Obama, ist vor dem Rathaus in den Räumlichkeiten des historischen Westbahnhofs ein eigenes Museum gewidmet. Auf historischen Spuren wandelt man auf dem Gelände der im 17. Jahrhundert zum Renaissanceschloss umgestalteten Festung Akershus. Von den Verteidigungswällen bietet sich ein einmaliger, friedvoller Blick auf den Hafen und die Stadtviertel Aker Brygge und Tjuvholmen.

Modernes und hippes Oslo

Die Umgestaltung Oslos wurde mit einem Konkurs eingeleitet. Die Aker Werft musste 1982 ihre Pforten schließen. Das Gelände

10 Halbinsel Bygdøy mit Museen
11 Henie-Onstad-Kunstzentrum
12 Vigelandmuseum
13 Stadtmuseum
14 Vigelandpark
15 Holmenkollen-sprungschanze mit Skimuseum
16 Botanischer Garten
17 Munch Museum
18 Technisches Museum

Touristen-information (Adresse s. Service-Teil Info)

Blick auf das neue Munch-Museum

Foto: © Ivar Kvaal

Oslos moderne Hafenfront

wurde daraufhin verkehrsberuhigt und umgestaltet. Es entstand mit der Aker Brygge ein neues, schickes Hafenviertel mit über 70 Läden und zahllosen Cafés und Restaurants. Dieses wurde in den letzten Jahren um das Viertel Tjuvholmen erweitert. Dort, wo einst der Galgen Oslos stand, ragen nun faszinierend gestaltete Wohn- und Bürokomplexe in den Himmel, samt dem beleuchteten Aussichtsturm »Tjuvtitten«, dem vom Stararchitekten Renzo Piano gestalteten Astrup-Fearnley-Museum für moderne Kunst und einem sehenswerten Skulpturenpark mit angeschlossener Badebucht. Einzigartig wie dieses Viertel ist auch die 2008 eingeweihte, vom Büro Snøhetta entworfene Oper. Diese folgt der Osloer Tradition, sich architektonisch den Menschen hinzuwenden und besitzt daher ein begehbares Dach, von dem aus sich besonders abends ein einzigartiger Blick auf die Stadt bietet.

Mit Tjuvholmen und der neuen Oper endet keineswegs Oslos Entwicklung hin zu einer modernen, außergewöhnlichen Stadt. Das Barcode-Viertel mit äußerst schmalen Gebäuden, die die Frischluftzufuhr in das Zentrum nicht unterbinden, und die Halbinsel Sørenga, die neben Wohngebäuden auch Strand und Freibad besitzt, sind ebenso architektonisch einzigartige Beispiele. Und weitere folgen. So steht für das Jahr 2020 die Eröffnung der neuen Nationalgalerie und des neuen Munch-Museums an – beide Häuser sind Heimat jeweils einer Version des »Schrei« von Edvard Munch. Auch der gläserne Neubau der Bibliothek wird in diesem Jahr eingeweiht.

Doch auch Herkömmliches ist einem steten Wandel unterzogen. War noch in den 1980er-Jahren Grünerløkka ein Ort, den es nicht lohnte, einen Besuch abzustatten, so sind heute »hipp« und »in« fast schon Untertreibungen für dieses kreative städtische Quartier.

Museumshalbinsel Bygdøy

Zwischen Mitte März und Mitte Oktober legt am Hafen vor dem Rathaus eine kleine Fähre ab. Diese steuert Oslos berühmte

Malerei im Osloer Rathaus

Museumshalbinsel Bygdøy an. Inmitten von Parks, Wäldern und stattlichen Villen wird hier norwegische Geschichte lebendig. Die größte Ausstellungsfläche besitzt das Freilichtmuseum. Es geht auf eine 1881 zusammengestellte Gebäudesammlung zurück und kann als ältestes Museum seiner Art angesehen werden. Höhepunkt ist zweifelsfrei die aus dem Ort Gol hierher umgesetzte Stabkirche.

Unweit entfernt steht das Gebäude des Wikingerschiffsmuseums mit Originalen aus dem 9. Jahrhundert. Schmuckstück der Ausstellung ist das Oseberg-Schiff. Um Schiffe geht es auch in drei weiteren Museen. Thema des ersten Gebäudes, des Maritimen Museums, ist die Geschichte der norwegischen Seefahrt. Diese ist wiederum im Fram-Museum zum Greifen nahe, beherbergt es doch das Originalschiff der berühmten Entdecker und Abenteurer Roald Amundsen und Fridtjof Nansen. Ein Forscher der jüngeren Geschichte ist hingegen Thor Heyerdahl, dessen Expeditionen das Kon-Tiki-Museum gewidmet ist.

Holmenkollen und Umgebung

Norwegen wird nicht umsonst gerne als die »Heimat des Skisports« bezeichnet. Kein Wunder, wurde doch hier der moderne Skilauf erfunden, zu dem auch Skispringen und Slalom gehören. Beiden Sportarten kann man auf den Anhöhen Oslos nachgehen. In jedem Sinne herausragend ist dabei die Schanzenanlage des Holmenkollen. Von der Spitze des ungestüm in den Himmel ragenden Turmes bietet sich ein eindrucksvoller Rundblick, und so manchem Besucher wird gewiss, dass er mit Skiern an den Füßen diesen Ort niemals verlassen würde. Dass es trotzdem viele Wagemutige gibt, die dies tun, davon zeugt das angeschlossene Skimuseum, das sich ganz der Geschichte des Skilaufs verschrieben hat. Hier erfährt man auch, dass selbst König Olav V. schon die Hunderte Kilometer Loipen der Nordmarka erkundete. Und wer ganzjährig die Bretter unterschnallen möchte, für den wird ab 2020 die weltgrößte Skihalle unter dem Namen »snø« (Schnee) offen stehen. •

Moderne Ski im Skimuseum

Blick auf Bryggen
und den Hausberg Fløyen

#bergen

Die Kulturstadt Bergen ist durch ihren lebendigen Hafen, den Fracht-, Kreuzfahrt- und Fährschiffe- sowie den Hurtigruten-Anleger sehr maritim geprägt. Gleichzeitig ist man in der »Stadt unter den sieben Bergen« auch schnell zu Fuß oder per Seilbahn im Fjell und kann verwunschene Wälder, stille Seen und raue Hochebenen erkunden. Diese einmalige Lage an der Küste und im Gebirge hat jedoch ihren Preis, und der heißt Regen. Doch da Wasser die farbenfrohen Fassaden der Holzhäuser erst recht erstrahlen lässt, glänzt Bergen auch bei schlechtem Wetter.

Bergen wurde 1070 unter dem Namen »Bjørgvin« (Wiese zwischen den Bergen) vom norwegischen König Olav Kyrre gegründet. Den wohl größten Einfluss auf die Stadtentwicklung hatte die rund 500 Jahre währende Zeit der Hanse. Das deutsche Kontor wurde 1360 ins Leben gerufen. Bergen ist heute mit 279.000 Einwohnern die zweitgrößte Stadt Norwegens.

Zwischen Architektur und Natur

Zentraler Platz am Hafen ist der Torget. Hier findet täglich der traditionelle, vielbesuchte Fischmarkt statt, für den auch eigens eine Markthalle errichtet wurde. Neben lokalen Spezialitäten, wie Lachs und Stockfisch, sind auch köstliche und kostbare Meeresfrüchte aus aller Welt erhältlich.

Viele der Hauptsehenswürdigkeiten liegen nördlich des Fischmarkts. Direkt am Hafenbecken stehen die windschiefen, unter dem Schutz der UNESCO stehenden Holzhäuser der Bryggen. Das Leben im Hanseviertel wurde über Jahrhunderte hinweg durch eine eigene Gesetzgebung geregelt. Über die Wohnverhältnisse und den Handel der Hanseaten, die Stockfisch, Tran und Häute exportierten und im Gegenzug Mehl, Getreide, Salz und Bier nach Norwegen einführten, erfährt man mehr im historischen Versammlungshaus, der Gildehalle Schøtstuene. Fundstücke vom Gelände der

❶ Festung Bergenhus
❷ Schøtstuene, Mariakirche, Bryggen Museum
❸ Hanseatisches Museum
❹ Fischmarkt und Hauptstr.
❺ Aussichtsberg Fløyen
❻ Lepramuseum
❼ Rasmus Meyers Sammlungen, Stenersens Sammlung, Bergen Bildergalerie
❽ Theater
❾ Kunstgewerbemuseum
❿ Fischereimuseum
⓫ Museum der Universität
⓬ Schifffahrtsmuseum
⓭ Aquarium
⓮ USF-kulturhuset på Verftet

Touristeninformation (Adresse s. Service-Teil Info)

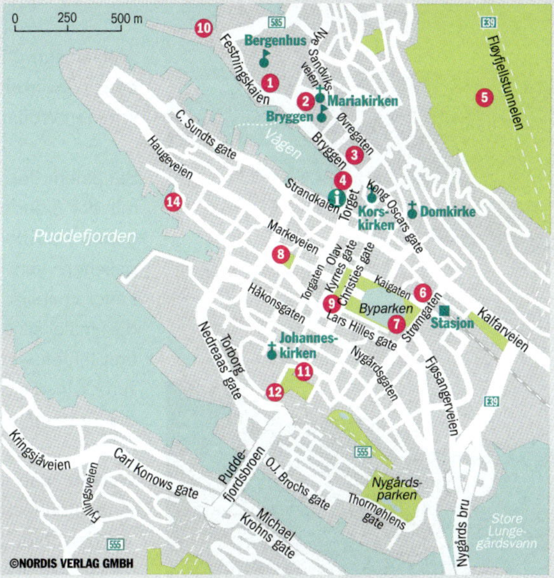

1702 und 1955 von Bränden heimgesuchten Brygge-Häuser präsentiert das Bryggens Museum. Es liegt unweit zweier weiterer wichtiger Bauwerke, der um 1150 fertiggestellten Mariakirche, einst Gemeindekirche der hanseatischen Kaufleute und weniger von Bränden heimgesucht, wie die am anderen Ende der Øvregaten gelegenen Domkirche und der ehrwürdigen Festung Bergenshus. Deren wichtigste Gebäude sind die romanische Håkonshalle und der im Stile der Renaissance umgebaute Ro-

Holzhäuser auf der Halbinsel Nordnes.

Blick vom Fløyen

senkranzturm. Besonders Kinder haben an dem verwinkelten Aufbau dieses verwunschenen Wohnturms ihre Freude.

Bei einem Besuch in Bergen darf die Fahrt mit der Standseilbahn auf den 400 Meter hohen Hausberg Fløyen nicht fehlen. Abgesehen vom wahrlich überwältigenden Panoramablick lohnen die Wanderwege in die malerische Umgebung den Ausflug. Empfehlenswert ist auch der Spaziergang zurück in die Stadt, vorbei am Spielplatz, die Serpentinen »Fløysvingene« hinab.

Wendet man sich am Fischmarkt in Richtung Süden, erreicht man den geschäftigen Teil der Stadt. Zahlreiche Läden und Kaufhäuser säumen die Strandgaten, die Olav Kyrres gate und den Torgallmenningen. Den häufig von Bränden heimgesuchten Marktplatz dominieren heute neoklassizistische Bauten der 1920er-Jahre.

Ab dem Torgallmenning lohnen drei Abstecher. Der erste führt auf die Halbinsel Nordnes. Mit ihrem bunt zusammengewürfelten Holzhausensemble, dem bekannten Aquarium, dem Nordnes Park und dem USF Verftet Kulturhaus mit Restaurant, Kneipe und Kino ist das Viertel der ideale Ort für eine Pause vom Stadtleben.

Wendet man sich in die entgegengesetzte Richtung, gelangt man zum See Lille Lungegårdsvann. Entlang seines Ufers stehen die Grieghalle und die Kunstmuseen Kode 1–4. Jedes der Häuser präsentiert norwegische und internationale Malerei bzw. Kunsthandwerk und Design von Weltrang.

Ebenfalls lohnend ist der dritte Abstecher, die Vestre Torggaten bergan zur Johanneskirche. Hier im Universitätsviertel lohnen die Kulturhistorischen Sammlungen mit Wikingerschätzen und alten Stabkirchportalen, das neu sanierte Naturhistorische Museum, das Seefahrtsmuseum und der Botanische Garten einen Besuch.

Entdeckungen außerhalb der Innenstadt

Nördlich des Zentrums, am Wasser, sind zwei weitere interessante Museen zu finden. Das erste, das neu gestaltete Fischereimuseum, ist im Sommer mit einem kleinen Boot ab dem Fischmarkt zu erreichen. Zum zweiten, dem Freilichtmuseum Gamle Bergen, fahren Busse. Zu sehen sind historische Bürgerhäuser, die in der Hochsaison von Schauspielern zu Leben erweckt werden.

Einige hochkarätige Sehenswürdigkeiten verbergen sich auch im Süden der Stadt. Naturliebhaber sollten hier eine Seilbahnfahrt auf den mit 643 Metern höchsten Hausberg einplanen. Zur Talstation fahren ab dem Torget Ausflugsbusse.

Wer sich für Kultur interessiert, sollte der (wiederaufgebauten) Stabkirche in Fantoft und dem königlichen Anwesen Gamlehaugen einen Besuch abstatten. Wer sich hingegen für klassische Musik begeistert, darf das Anwesen Troldhaugen nicht verpassen. Hier auf dem »Trollhügel« lebte einst der in Bergen geborene weltberühmte Komponist Edvard Grieg. Ein weiterer musikalischer Ausnahmekönner, Ole Bull, hatte auf der Insel Lysøen sein architektonisch eigenwillig gestaltetes Anwesen. •

Im Schärengarten vor Bergen

#trondheim

An der Nahtstelle zwischen dem Süden und dem Norden, inmitten fruchtbarer Hügellandschaft liegt Trondheim. Die mit 192.000 Einwohnern drittgrößte Stadt Norwegens besitzt eine der größten Universitäten des Landes und zeichnet sich durch ein aktives Kulturleben sowie eine spannende Mischung aus alter und neuer Architektur aus.

Die im Jahre 997 unter dem Namen Nidaros am Flusslauf Nið angelegte Siedlung war zeitweise Hauptstadt Norwegens. Zwei Könige prägen die Geschichte. Zum einen Gründervater Olav I. Tryggvason, dessen Statue den zentralen Marktplatz (Torg) ziert, zum anderen der heiliggesprochene Olav II. Haraldsson. Er fiel am 29. Juli 1030 in der Schlacht von Stiklestad und trug entscheidend zur Christianisierung des Landes bei. Über seinem Grab wurde der Trondheimer Dom errichtet.

In einer großen Kehre umschlingt der Fluss Nidelven die auf einer Halbinsel gelegene Innenstadt. Diese wird vom weithin sichtbaren Nidarosdom, dem größten sakralen Bauwerk Skandinaviens, überragt. Er ist die Krönungskirche des Landes und wurde einst im romanischen Stil errichtet. Da das Bauwerk im Zuge der Reformation jedoch vernachlässigt wurde und verfiel, stammen die meisten Gebäudeteile aus dem 19. und 20. Jahrhundert. So auch die monumentale Westfassade, die 75 Skulpturen ziert.

Blick über Trondheim und den Trondheimsfjord

1 Nidarosdom
2 Erzbischofshof
3 Kunstgewerbemuseum
4 Wissenschaftsmuseum
5 Stiftsgården
6 Fischmarkt
7 Schifffahrtsmuseum
8 Munkholmen
9 Musikhistorisches Museum Ringve
10 Trøndelag Folkemuseum Sverresborg

i Touristeninformation (Adresse s. Service-Teil Info)

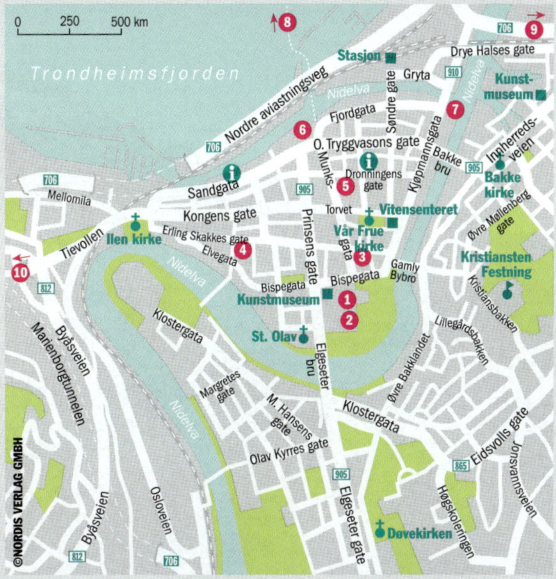

Zur Anlage gehört auch der Erkebispegården (Erzbischofspalais). Die Hofanlage stammt aus dem 12. Jahrhundert und ist das älteste Profanbauwerk Nordeuropas. Ausgestellt sind die Kronregalien.

Der Nidarosdom

Über die Munkegata (Mönchsstraße) gelangt man, vorbei am Kunstmuseum mit einigen Werken des Expressionisten Edvard Munch und des Romantikers J.C. Dahl und dem sehenswerten Kunstgewerbemuseum, zum Marktplatz. Unweit des Torget stehen der Stiftsgården, das größte Holzhaus Skandinaviens, und die romanisch-gotische Vår Frue Kirche. Diese besitzt einen kleinen Fachwerkanbau, der der nördlichste seiner Art in der Welt sein dürfte.

Die Stadtbrücke »bybroa«

Ab dem Gotteshaus gelangt man sowohl über die Fußgängerzone Nordre gate als auch über die Kongens gate zum Fluss. Dieser wird von zum Teil aus dem 18. Jahr-

Am Fluss Nidelv

no

hundert stammenden, in zumeist Rot- und Gelbtönen gehaltenen Speicherhäusern flankiert. Über die historische Stadtbrücke (bybro) gelangt man zum jenseitigen Ufer in das von Holzhäusern und Cafés geprägte Viertel Baklandet. Der weltweit einmalige Fahrradlift »Trampen« führt den steilen Berg hinauf zur 1681 erbauten Festung Kristiansten, von der sich ein fantastischer Blick auf die Stadt bietet. Von hier oben erspäht man auch eine kleine Insel im breiten Trondheimsfjord. Sie trägt den Namen Munkholmen (Mönchsinsel), beheimatet neben einem Kloster auch eine weitere Festung. Heute dient das Eiland besonders im Sommer der Erholung (Badeplätze). Boote legen ab dem Fischmarkt Ravnkloa ab. Gegenüber dem Kai führen über einen breiten Damm mit Klappbrücke Gleisanlagen zum beschaulichen Hauptbahnhof der Stadt. Das künstlich aufgeschüttete Gebiet schnitt einst Trondheim vom Fjord ab, wird heute jedoch sukzessive umgestaltet. So entstanden in Brattøra bereits einige architektonisch teils eigenwillige Gebäude, wie ein Badeland, das Rockheimen-Museum und das Clarion Hotel.

Ebenfalls jüngeren Datums ist das neben dem kleinen Seefahrtsmuseum gelegene Viertel Nedre Elvehavn mit Uferpromenade, Einkaufszentrum, Restaurants und Kneipen sowie einem quirligen Nachtleben. •

Blick über den innerstädtischen Hafen

#stavanger

Im äußersten Südwesten Norwegens, in der von Landwirtschaft geprägten, eher flachwelligen Region Jæren, liegt das 133.000 Einwohner zählende Stavanger. Die sich direkt vor der Haustüre auftürmenden rauen Fluten der Nordsee prägen seit der Gründung im 12. Jahrhundert die Geschicke der Stadt. Sorgten zunächst Fischfang, Schifffahrt und Konservenindustrie für einen nur bescheidenen Wohlstand und ein vergleichsweise geringes Bevölkerungswachstum, nahm Stavanger mit den ersten Ölfunden in den 1960er-Jahren eine rasante bauliche wie auch ökonomische Entwicklung.

no

Wie viele norwegische Orte besitzt auch Stavanger einen »Vågen« (Kleine Bucht) genannten innerstädtischen Hafen. Entlang des westlichen Ufers, dem Strandkaien folgend, liegt die Altstadt Gamle Stavanger (Alt-Stavanger). 173 kleine, reinweiße Holzhäuser aus dem 18. und 19. Jahrhundert konnten hier vor dem typischen Modernisierungsprozess der 1960er- und 70er-Jahre gerettet werden. Außerdem sind am Rand des idyllischen Quartiers das Maritime- und das Hermetikkmuseum zu finden. Letzteres ist in einer alten Konservenfabrik untergebracht.

Gegenüber der Altstadt liegt das »Sentrum«. Architektonisch ist das Viertel zwar weniger einheitlich, trotzdem finden sich auch an dieser Stelle viele der typischen kleinen Holzhäuser. In der Øvre Holmegate

Farbenfrohe Häuser in der Øvre Holmegate

1. Domkirche
2. Stavanger Museum
3. Kulturhaus
4. Breidablikk
5. Ledaal
6. Gamle Stavanger
7. Konservenmuseum
8. Schifffahrts- und Handelsmuseum
9. Valbergturm
10. Norwegisches Ölmuseum
11. Archäologisches Museum

i Touristeninformation (Adresse s. Service-Teil Info)

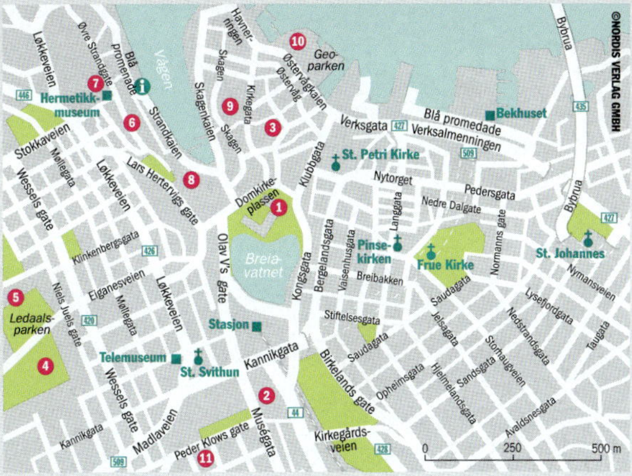

wurde deren traditionell weißes Äußeres durch peppige, schrille Farbtöne ersetzt. Im Erdgeschoss der bunten Bauten sind kleine Cafés und Läden zu finden. Eine für den Einzelhandel ebenfalls wichtige Straße ist die Kirkegate. Oberhalb dieser ist der Vålbergtårnet zu erblicken. Der Turm war vor 150 Jahren noch Wohnsitz des Nachtwächters.

Am Südende des Vågen, in dessen Becken häufig mächtige Kreuzfahrtschiffe einen eindrucksvollen Kontrast zur kleinteiligen Bebauung bieten, liegen die Fischhalle, der Markt (Torvet) und die Domkirche. Errichtet wurde diese nach Stavangers Ernennung zum Bischofssitz im 12. Jahrhundert.

Neben dem kultur- und naturgeschichtlichen Stavanger-Museum und dem gut sortierten Kunstmuseum lohnt speziell das Ölmuseum einen Besuch. Das Bauwerk am Wasser erinnert an eine Bohrplattform und bereitet die Herausforderungen und Risiken der Ölförderung didaktisch hervorragend auf.

Stavanger ist ein beliebter Ausgangspunkt für Fahrten zum Kloster Utstein und zur weltbekannten Felskanzel des Preikestolen. •

Unterwegs östlich der Altstadt

Der Dom zu Stavanger

#kristiansand

Sommerleben an der Fiskebrygga

Wer von Dänemark kommend mit der Fähre nach Norwegen übersetzt, legt häufig in Kristiansand an. Die heute knapp 90.000 Einwohner zählende Stadt ließ der dänisch-norwegische König Christian IV. im Jahre 1641 mit schachbrettartigem Grundriss auf einer Halbinsel an der Mündung der Otra anlegen. Kristiansand ist besonders bei norwegischen Sommertouristen beliebt und das Einfallstor nach Südnorwegen.

Die »Kvadraturen« genannte Innenstadt wirkt eher etwas großstädtisch und besitzt im Detail nicht den gleichen Charme wie andere Orte des Sørlands, wartet aber trotzdem mit einigen Sehenswürdigkeiten auf.

Eine einheitliche, stilvoll restaurierte Holzhausbebauung weist »Posebyen« auf, ein Viertel im nördlichen Bereich der Straßenzüge Rådhusgata, Gyldenløves gate und Skippergata.

no

Ebenfalls einen Abstecher wert ist die genau in der anderen »Ecke« des Zentrums gelegene Fiskebrygga. In die Holzhäuser am Beginn der von Wanderern geschätzten Insel Odderøya sind ein Fischmarkt, Restaurants und Cafés eingezogen. Auch liegt hier das architektonisch einmalige Kulturhaus Kilden, dessen überhängendes Dach an die Wellen des Meeres erinnert.

An der Fiskebrygga beginnt Kristiansands einladend gestaltete Uferpromenade. Diese führt vorbei an einem Museumshafen, schicken Yachten, einem Sandstrand und Spielplätzen zur Festung Christiansholm aus dem Jahre 1672. Läuft man ab hier zurück ins Zentrum, gelangt man zum Marktplatz. Hier steht der 1885 vollendete neugotische Dom.

Zwölf Kilometer östlich von Kristiansand ist der Zoo (Dyreparken) zu finden. Er ist eine der meistbesuchten Attraktionen Norwegens und der einzige dieser Größe in Norwegen. Angeschlossen sind auch das Abenteuerland Kardemomme by, in dem man Piraten begegnen kann, und ein Badeland.

Wer dem Trubel aus dem Weg gehen möchte, dem sei hingegen eine Fahrt mit den historischen Zügen der Setesdal-Bahn, ein Besuch der Gartenanlage Baneheia und des Herrenhofes Gimle gård empfohlen. Auf den Spuren norwegischer Geschichte wandelt man im Freilichtmuseum (Vest-Agder Fylkesmuseum), drei Kilometer nordöstlich des Zentrums. Insgesamt 40 historische Gebäude wurden hier zusammengetragen. •

Foto: © patricia.thiede/Foap/Visitnorway.com

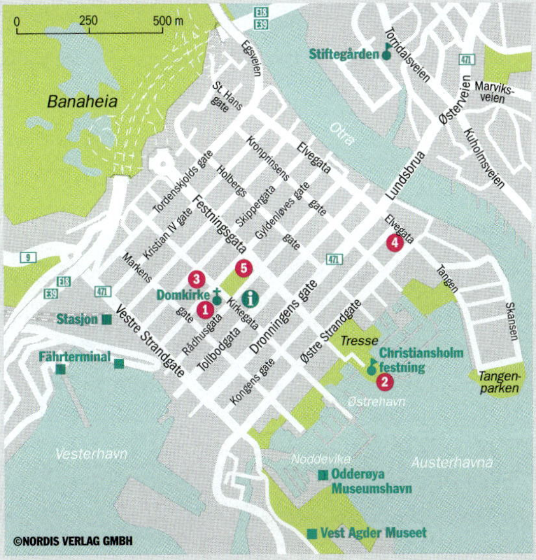

Im Abenteuerland

Foto: © Kjersti Solberg Monsen - Visitnorway.com

1 Kristiansand Domkirche
2 Kristiansand Festung
3 Sørland-Kunstmuseum
4 Aquarama Bad
5 Wergeland-Park

Touristeninformation (Adresse s. Service-Teil Info)

Das Kulturhaus »Kilden«

Foto: © knut.arne.gjertsen/Foap/Visitnorway.com

Blick auf Lillehammer und den Mjøsa

#lillehammer

Der beschauliche 27.000-Einwohner-Ort wurde 1827 vom Kaufmann Ludvig Wiese am Nordende des Mjøsa, dem größten See Norwegens, unter dem Namen »Klein-Hamar« gegründet. Nachdem Lillehammer durch seine günstige Verkehrsanbindung und das gute Klima lange schon ein Mekka für Künstler und Skitouristen war, fanden hier 1994 die 17. Olympischen Winterspiele statt.

Das Zentrum Lillehammers besteht hauptsächlich aus der idyllischen und belebten Einkaufsstraße Storgata. Unterhalb dieser, am Markt Stortorget, liegt das qualitativ hochwertige Kunstmuseum.

Die Storgata endet am Søndre Park. Unterhalb ist die neogotische Stadtkirche zu finden, oberhalb das berühmte Freilichtmuseum Maihaugen. Es ist das größte Norwegens und beheimatet neben einer Stabkirche und 170 Gebäuden auch das interessante Olympische Museum.

Unweit entfernt liegen weitere Attraktionen, wie Bjerkebæk, das ehemalige Anwesen der Literaturnobelpreisträgerin Sigrid Undset, die mächtige Eishalle Håkonshallen und die alles überragende, auch im Sommer geöffnete Sprungschanzenanlage. In und außerhalb der Stadt gibt es hervorragende Wander- und vor allem Skigebiete, wie Sjusjøen (Langlauf) und das Hafjell (Abfahrt). Unterhalb der Pisten liegen zudem der Freizeitpark Hunderfossen, das Straßenbaumuseum (Vegmuseum) und die Miniaturstadt Lilleputthammer. •

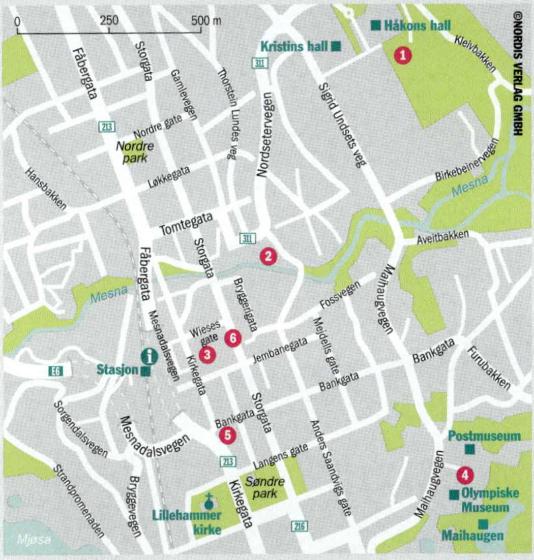

Freilichtmuseum Maihaugen

1 Olympiapark/Håkons Hall
2 Fahrzeugmuseum
3 Kunstmuseum
4 Maihaugen/ Sandvigsche Museum/ Olympisches Museum
5 Kulturhaus Banken
6 Fußgängerzone
7 Hauptbahnhof

i Touristeninformation (Adresse s. Service-Teil Info)

Die Schanzenanlage im Sommer

Abendlicher Blick über Ålesund

#ålesund

Als der Fischereiort Ålesund im Jahr 1904 nahezu komplett abbrannte, hatte kaum jemand mit einer Wiederauferstehung der Stadt gerechnet. Durch die Unterstützung des deutschen Kaisers und Norwegenfans Wilhelm II. erstrahlte Ålesund bald wieder im alten Glanz. Da aus Brandschutzgründen alle Häuser nun aus Stein errichtet wurden, entstand zudem ein im Norden einzigartiges Jugendstilensemble.

Ålesund gruppiert sich um den innerstädtischen, zwischen zwei Inseln gelegenen »Brosundet« (Brückensund). Entlang des malerischen Meereswasserarms und entlang der Einkaufsstraße Kongensgate sind die schönsten Jugendstilfassaden zu finden. Den schönsten Blick auf die Symbiose aus Architektur und wilder westnorwegischer Natur hat man vom 189 Meter hohen Aussichtsberg Aksla. Diesen kann man mit dem Auto oder aber über 418 erst kürzlich sanierte Treppenstufen vom Stadtpark aus erreichen. Besonders romantisch ist der Aufenthalt in diesen Höhen im Licht der untergehenden Sonne.

Einen Überblick über die maritime Geschichte der Stadt bietet das Ålesund-Museum. Das Thema Architektur greift hingegen das Jugendstilcenter unweit des Rathauses auf. Gleich nebenan befindet sich zudem das Kunstmuseum KUBE, das sich den Themen Malerei und Design widmet.

Weitere Attraktionen liegen etwas außerhalb. Östlich des Zentrums, auf einer Halbinsel im historisch bedeutenden Ortsteil Borgund, ist das Freilichtmuseum Sunnmøre mit über 50 Gebäuden aus der Region angesiedelt. Unweit entfernt befand sich

Stille entlang des Brosundes

ein mittelalterlicher Handelsplatz. Die Ausgrabungen werden im Mittelalter-Museum dokumentiert.

Vorbei an der im Jugendstil erbauten Ålesund Kirche, die einen fantastisch verzierten Chorraum aufweist, gelangt man in Richtung Westen zum Atlanterhavsparken. Das Aquarium ist eines der schönsten Skandinaviens und einen Besuch wert. Vorgestellt wird hauptsächlich die heimische Unterwasserwelt. In der Umgebung finden sich Tauch- und Badeplätze.

Ålesund ist Anlegestelle von Hurtigruten. Ab hier startet in den Sommermonaten die Postschifflinie zu ihren Ausflügen in den berühmten Geirangerfjord. Außerdem wird der Hafen von zahlreichen Kreuzfahrtschiffen angesteuert. •

Jugendstilfassaden in der Innenstadt.

Sommerliche Mitternachtsstimmung am Hafen

#tromsø

Mit 75.000 Einwohnern ist Tromsø die größte Stadt Nordeuropas nördlich des Polarkreises. Bewohnt ist die vom Golfstrom umspülte Insel Tromsøy seit vielen Tausend Jahren, eine Stadtgründung fand jedoch erst im Jahre 1794 statt. Der Ort mit seinem reichhaltigen Kultur- und Nachtleben war und ist Ausgangspunkt für Reisen in Richtung Arktis und der norwegischen Inselgruppe Spitzbergen. Zahlreiche Polarexpeditionen, unter anderem jene der norwegischen Abenteurer Fridtjof Nansen und Roald Amundsen, nahmen hier ihren Anfang. Heute ziehen das Licht der Mitternachtssonne, die Faszination des Nordlichts, das hier besonders gut zu beobachten ist, und die zwischen November und Januar in den umliegenden Gewässern auftauchenden Wale Gäste aus aller Welt an.

Den wiederum besten Blick auf die Stadt hat man von einem Aussichtsberg aus. Im Falle Tromsøs ist dieser 421 Meter hoch, trägt den Namen Storsteinen und ist mit einer Gondelbahn zu erreichen. Deren Fahrzeiten werden im Sommer bis nach Mitternacht ausgeweitet.

Unweit der Talstation steht die Eismeerkathedrale. Das 1965 geweihte und von Jan Hovik entworfene Haus erinnert in seiner Struktur an Gletscherspalten. Rund 40 Jahre später wurde das Thema am gegenüberliegenden Ufer, also jenseits der schwungvoll den Sund überquerenden Brücke, in Gestalt des Polaria-Museums wieder aufgegriffen. Das Haus beheimatet neben einer Ausstellung auch ein Aquarium.

Durch das Zentrum der Stadt führt die von einigen schönen Holzhäusern gesäumte Fußgängerzone Storgata. Über diese gelangt man zu den innerstädtischen Sehenswürdigkeiten, wie der 1861 geweihten Domkirche, dem nördlichsten protestantischen Dom der Welt, der historischen Brauerei Mack – es ist natürlich ebenfalls die nördlichste der Welt – und der Glasbläserei Blåst.

Keinesfalls verpasst werden sollte das über die Hafenpromenade erreichbare Polarmuseum. Zwar wirkt die Ausstellung etwas antiquiert, bietet dafür aber Originalgegenstände der norwegischen Polarhelden. An das Museum grenzen die historischen Gebäude der alten Zollstation an. Auch lag hier eine mittelalterliche Befestigungsanlage.

Wer sich neben Kultur für die Natur interessiert, dem sei der Botanische Garten ans Herz gelegt. Er ist Teil der nördlichsten Universität der Welt und ist selbst ebenfalls der nördlichste seiner Art. •

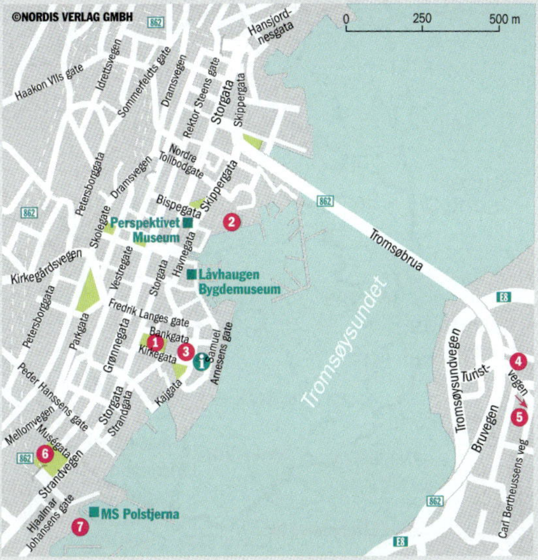

Blick vom Storsteinen

1 Dom
2 Polarmuseum
3 Nordnorwegisches Kunstmuseum
4 Eismeerkathedrale
5 Seilbahn Fjellheisen
6 Tromsø Museum
7 Polaria

Touristeninformation (Adresse s. Service-Teil Info)

#NORWE route1

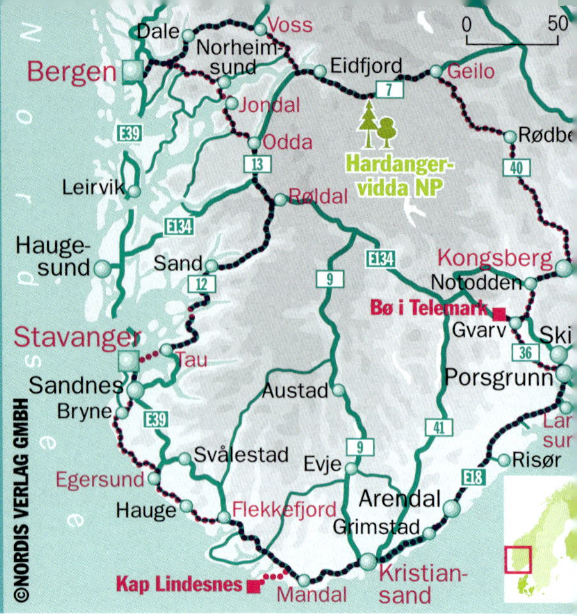

no

ROUTE 1

Der Südwesten und Süden – mit Kristiansand, Stavanger und Bergen

Kristiansand – Flekkefjord – Nordseestraße – Stavanger – Ryfylke – Røldal – Odda – Jondal – Bergen – Voss – Eidfjord – Geilo – Numedal – Kongsberg – Bø I Telemark – Langesund – Kragerø – Kristiansand

Der Südwesten Norwegens bietet eine erstaunliche landschaftliche Vielfalt. Neben dichten Wäldern und feinsandigen Stränden gibt es raue Hochebenen und kolossale Felsformationen, mächtige Fjorde und verzweigte Inselwelten. Doch auch kulturell ist die Region etwas für Feinschmecker. Besonders hervorzuheben sind idyllische Orte wie Flekkefjord und Farsund sowie die abwechslungsreichen Großstädte Stavanger und Bergen.

Unsere Route beginnt in Norwegens Sommerhauptstadt Kristiansand und führt auf der E 39 in Richtung Westen. Die

Leuchtturm am Kap Lindesnes

#Odderøya

Die 1,5 km lange und bis zu 700 m breite Odderøya liegt im Herzen Kristiansands. Die eher flachwellige Innenstadt überragt die felsige Insel um bis zu 92 Meter. Lange Zeit hatten hier das Militär und eine umfassende Quarantänestation ihren Sitz. Ab 1992 hielten friedliche Freizeitaktivitäten und die Kultur Einzug. Wanderwege erschließen die Wälder und führen zu idyllischen Aussichtspunkten, Badestellen und einem kleinen Leuchtturm. Ateliers kamen hinzu, und im Sommer steht ein Café Besuchern offen.

Landschaft hat hier noch einen typischen idyllischen Sørland-Charakter, mit Wiesen, flachwelligen Bergkuppen und einem Gewirr aus Schäreninseln. Abstecher lohnen sich auf das Eiland Flekkerøy und in das Holzhausörtchen Høllen, einst ein betriebsamer Ausfuhrhafen für Holz. Im Sommer legen Boote nach Ny-Hellesund ab, ein historischer Lotsenhafen, in dem schon Olav der Heilige im 11. Jahrhundert Zuflucht finden konnte.

Der nächste größere Ort ist das 16.000 Einwohner zählende Mandal. Norwegenweit berühmt ist die Stadt für ihren fast einen Kilometer langen, kieferngesäumten Sandstrand. Einen Stopp lohnen zudem die Empire-Kirche, die schmucken Holzhäuser unterhalb des Bauwerks und der Hafen, über den eine Brücke zum neuen Kulturhaus Buen führt (Kino, Touristeninformation, Spielplatz).

Eine der unbestritten größten Attraktionen im Süden Norwegens ist das aus rötlichem Fels geformte Kap Lindesnes, der südlichste Festlandspunkt des Landes. Ein vielfotografierter Wegweiser verkündet, dass es ab hier sage und schreibe 2.518 Kilometer zum entgegengesetzten Sehnsuchtsziel, dem Nordkap, wären. Neben dem Leuchtturm erhält man für das Eintrittsgeld auch Zugang zu Ausstellun-

Schafe auf der Halbinsel Lista

gen, die von den nicht ganz ungefährlichen Gewässern der Umgebung berichten. Zwei Wanderwege erschließen zudem die Umgebung.

Über Vigeland, den Geburtsort des wohl bekanntesten skandinavischen Bildhauers Gustav Vigeland (1869–1943), erreicht man Lyngdal (Heidekrauttal). Das Städtchen, das neben einem Sandstrand und einem Spaßbad vor allem eine reichhaltige Auswahl an Supermärkten bietet, ist Ausgangspunkt für einen Abstecher auf die Halbinsel Lista. Wie eine Mauer stehen die Berge vor dieser flachen, von Geröll- und Sandstränden sowie Lesesteinmauern dominierten Landzunge. Diese überragt der 38 Meter hohe Lista fyr. Der Leuchtturm lohnt ebenso einen Stopp wie Farsund, die alte Seeräuberstadt, mit ihrer schön gestalteten Uferpromenade.

Inmitten einer immer rauer werdenden Landschaft – die nahe Nordsee lässt grüßen – liegt die kleine, reinweiße Perle Flekkefjord. Ab hier wurden einst die Rohstoffe des Hinterlandes verschifft, Molybdän aus Knaben und vor allem Holz. Es heißt, große Teile Amsterdams seien aus Hölzern aus dieser Region errichtet worden. Einen schönen Blick auf die Stadt hat man vom Hausberg Lilleheia. Im

#DerHofGimle

Schlösser gibt es in Norwegen nur sehr wenige, dafür jedoch einige stattliche Herrenhöfe. Eine der schönsten Anlagen ist Gimle gård nahe Kristiansand. Das Anwesen, mit einem auf Säulen ruhenden Obergeschoss, ließ Ende des 18. Jahrhunderts der wohlhabende Kaufmann Bernt Holm zu Repräsentationszwecken errichten. Prächtige Bälle wurden veranstaltet, vor allem rund um Weihnachten, und man lustwandelte durch Rosenanlagen und Parks. Heute ist der Hof Teil einer Museumsanlage und kann besichtigt werden.

Am Kap Lindesnes

#Under – Unterwasserrestaurant

Das erste Unterwasserrestaurant Europas trägt den treffenden, im Norwegischen sehr vielschichtigen Namen »Under«. Zum einen taucht man wirklich »under«, also unter, denn die kulinarischen Hochgenüsse werden fünf Meter unter der Meeresoberfläche serviert. Während des Essens, also »under måltiden«, hat man dabei einen freien Blick ins Wasser auf Fisch und Co. Dabei ist es durchaus auch ein »under«, also Wunder, dass der schräg abfallende Betonbau den Unbilden des Skageraks überhaupt standhalten kann.

#VigelandAus Mandal

Den Bildhauer Gustav Vigeland verbinden viele mit der Hauptstadt Oslo, wo der von Auguste Rodin inspirierte Bildhauer sein Hauptwerk schuf, den Vigelandspark. Geboren wurde der Künstler, ebenso wie sein nicht weniger begabter Bruder Emanuel, im südnorwegischen Küstenstädtchen Mandal. In der Grensegata 3 kann das während des Sommers geöffnete Geburtshaus der beiden Brüder besichtigt werden. Besuchern offen steht auch die Tischlerei, in der Gustav Vigeland schon als Kind sein Talent entwickelte.

Zentrum lohnt ein Spaziergang entlang der bestens bewahrten Häuser an der Kirkegaten, der Sirdalsgaten, an der auch das kleine, aber ehrwürdige Grand Hotel zu finden ist – und der Hidragaten.

Die beiden letztgenannten Straßen tragen den Namen zweier bekannter Landschaften, des von Almen geprägten Sirdal im Norden, wo man auf der extrem steilen historischen Serpentinenstraße Tronåsen beschleunigen, und der lieblichen Insel Hidra im Süden, auf der man entschleunigen kann.

Dem ruhigen Leben hat sich auch das idyllische Sogndalstrand verschrieben. Der Ort ist Teil des Cittaslow-Projekts und liegt südlich der Nordsjøvegen (Nordseestraße). Diese folgt der Rv44, die in Richtung Stavanger eine lohnenswerte Alternative zur gut ausgebauten Hauptroute, der E 39, darstellt.

Die kurvige Straße führt durch eine karge, beeindruckende Felsenwelt, in deren Mitte der schmale, düstere Jøsingfjord zu finden ist. Unter seine Berghänge ducken sich die winzigen Häuser der Miniatursiedlung Helleren.

Landschaft nahe Egersund

no

Strandleben in Jæren

#ListaKultur-geschichte

Die Halbinsel Lista ist mit ihren Ebenen, Sandstränden und Lesesteinmauern nicht die landschaftlich typischste Region Norwegens. Doch gerade hier, am Rande (altnordisch »lista«) des Atlantiks lebten einige der ersten Bewohner des Landes. Über 6.000 Jahre alte Siedlungsspuren zeugen von einer intensiven Weidewirtschaft. Etwas jüngeren Datums sind die 22 Boote darstellenden, bronzezeitlichen Felsritzungen des Penne-Feldes und der zu ihren Füßen liegende Bauernhof aus der Völkerwanderungszeit. Ein nahe Stave beginnender Wanderweg erschließt die Region.

An einem Felsen der Region, dem »Ruggesteinen«, kann die eigene Kraft einer Probe unterzogen werden. Der 70 Tonnen schwere »Riesenkiesel« wurde vom Eis vor über 10.000 Jahren so geschickt gelagert, dass er sich mit etwas Schwung bewegen lässt. Das Naturdenkmal ist in Hauge i Dalane in einem wildromantischen Tal zu finden (an der Rv44 ausgeschildert).

Ein weiteres, ebenfalls während der letzten Eiszeit entstandenes Felsenphänomen ist Trollpikken nahe der von spätklassizistischen Holzhäusern geprägten Fayencen-Stadt Egersund. Der Parkplatz für die Wanderung zum sich munter emporreckenden Gestein mit dem pikanten Namen »Trollpenis« befindet sich am Kjervallveien. Nach einem Vandalismusschaden im Juni 2017 konnte die Attraktion wieder aufgerichtet werden.

Hinter Egersund fällt die Landschaft abrupt ab und erinnert nunmehr eher an Dänemark, denn an Norwegen. In »Jæren« (Kante am Meer) verbergen sich hinter hohen Dünen ausgedehnte Sandstrände. Am historischen Pfarr-

Wohnhaus in Jæren

#InselHidra

Mit rund 20 km² ist Hidra die größte Insel der Region. Der 350 m breite Hidrasund trennt sie vom Festland, und fast hätte es die Natur geschafft, auch das beschauliche Eiland in zwei Hälften zu splitten, worauf der altnordische Name Hitr, »die Aufgeschnittene«, verweist. Besonders fotogen ist der kleine Ort Kirkehamn (»Kirchhafen«), mit einem 1854 geweihten, achteckigen Gotteshaus an prominenter Stelle auf einer kleinen Halbinsel. Ansonsten zieht die Insel vor allem Angler in ihren Bann.

#DieSchwerterIm Felsen

Aus einer Verliebtheit heraus wurden einst wahlweise romantische Gedichte geschrieben oder auch die Angebetete entführt. Um die Königstochter Gyda freien und ihr seine Macht demonstrieren zu können, ging der Wikinger Harald I. ein paar Schritte weiter. Er zog selbstbewusst aus, Norwegen zu einem Reich zu einen, und gelobte, sich bis zum Erfolg der Unternehmung weder Haare noch Bart zu schneiden, was ihm den Beinamen Harald Schönhaar eintrug. Mit der Schlacht am Hafrsfjord anno 872 endete die Geschichte. An den nicht wirklich friedlichen Ablauf der Ereignisse erinnern heute drei monumentale Schwerter am Ufer des Meeresarmes.

hof von Hå und am von einem Herr-der-Ringe-Zauber umgebenen Friedhof von Varhaug können zudem wild zusammengewürfelte Geröllufer erkundet werden. Den archälogischen Funden dieses alten Wikinger-Siedlungsgebietes, der Landwirtschaft und dem leider viel zu früh verstorbenen Mathematikgenie Niels Henrik Abel (1802–1829) ist der »Vitengarden« (Wissenshof) in Nærbø gewidmet. An die Schlacht der Nordmänner am Hafrsfjord anno 872 erinnern außerdem drei monumentale Schwerter im Fels (Rv509, Madlaveien).

Vorbei am Kongeparken-Freizeitpark und der Fahrradstadt Sandnes erreicht man Stavanger.

Nach den landschaftlich flachen Strukturen der Region Jæren sind die steil abfallenden, gewaltigen Felsen des Luftlinie nur zehn Kilometer östlich Stavangers gelegenen Lysefjord ein imposantes Kontrastprogramm. Mit dem Ausflugsboot kann dieser 42 Kilometer lange Meereswasserarm durchfahren werden. Dabei passiert man neben der exakt 4.444 Stufen umfassenden längsten Treppe Skandinaviens in Flørli auch die weltberühmte Felskanzel des Preikestolen. Das 604 Meter senkrecht abfallende Gesteinsmassiv kann auf einer vielbegangenen Wanderroute auch zu Fuß erreicht werden. Tom Cruise hingegen, der im Herbst 2017 hier für den sechsten Teil der »Mission Impossible« vor der Kamera stand, machte sich die Mühe nicht. Er reiste per Helikopter

Drei Schwerter im Felsen

an. Wer nun einen ähnlich schwindelerregenden Eindruck von der spektakulären Landschaft haben möchte, sollte die Tour zum eingeklemmten Felsen, dem Kjerag, unternehmen. Diese startet oberhalb des winzigen Örtchens Lysebotn, das nur per Boot oder über eine 27 nervenkitzelnde Haarnadelkurven umfassende Straße erreichbar ist.

Nordwestlich Stavangers erstreckt sich die historische Region Ryfylke. Diese umfasst den schon erwähnten, zeigestockschmalen Lysefjord und sein landschaftliches Pendant, den tellerförmigen Boknafjord mitsamt seiner zahlreichen Inseln. Diese sind bei Anglern begehrte Ziele. Ab Judaberg auf Finnøy steuert eine Fährlinie verschiedene dieser Eilande an. Ziel der Boote ist das fotogene Dorf Jelsa mit seiner schneeweißen Renaissancekirche mit Sternenhimmel über dem Langhaus.

Um nun zur E 134 zu gelangen, kann man zwischen zwei Wegen wählen. Durchs Tal, am See Suldalsvatnet vorbei, führt die Rv13. Etwas spektakulärer ist der kleine Umweg

#DasHeilende Kruzifix

Eine der bekanntesten Legenden der Region ist jene aus Røldal. Demnach gab es einst einen blinden alten Mann und einen jüngeren, der gerade auf dem See das Netz einholte. Schwer war es, denn es hatte sich ein Kreuz darin verfangen. Der Alte rief, der Junge solle es einholen und das Kruzifix zur nächsten Kirche bringen. Als er nun den Namen der Røldaler Kirche schrie, sprang das Kreuz von allein ins Boot. Nervlich reichlich geschwächt, tupfte der Alte sich nun den Schweiß ab und konnte, oh Wunder, wieder sehen. Jedes Jahr am 6. Juli, also zu St. Hans nach dem Julianischen Kalender, soll das Kruzifix selbst nun heilenden Schweiß absondern.

#Odda

Das eher unspektakuläre Örtchen Odda war Drehort der ersten in Norwegen produzierten Netflix-Serie »Ragnarök«, die seit Anfang 2020 gestreamt werden kann. In der Serie heißt der Ort passenderweise »Edda«.

#Langfoss

Zwischen Røldal und Odda säumen zahlreiche wild drauflos sprudelnde Wasserfälle den Weg. Der längste unter ihnen ist der Langfoss, nomen est omen. Ganze 612 Meter sprudelt er den Hang hinab in Richtung des steilwandigen Åkrafjords. Zu seinem Ausgangspunkt in schwindelerregender Höhe führt eine nicht minder beeindruckende Wanderung hinauf.

über die Gebirgsstraße 520. Einige Serpentinen sind zu überwinden, der Reisende wird jedoch mit spektakulären Aussichten verwöhnt. In beiden Fällen erreicht man die Europastraße etwas westlich von Røldal. Wer die Stabkirche des Ortes besichtigen möchte, muss also einen kleinen Abstecher nach Osten einbauen.

Weiter geht es nun durch das »Tal der Wässerfälle«. Neben den vielen unbenannten und unbesungenen Wasserläufen ragen eindeutig der 165 Meter hohe Zwillingswasserfall Låtefoss und der sagenhafte 612 Höhenmeter überwindende Langfoss an der E 134 (Åkrafjord) heraus.

Am Südzipfel Sørfjords, einem Seitenarm des Hardangerfjords, liegt Odda, ein Ort, der Anfang des 20. Jahrhunderts dem Tourismus abschwor und sich der Industrieproduktion verschrieb. Oberhalb eines der zur Energiegewinnung angelegten Stauseen, dem Ringedalsvatnet, wohnen die Trolle. Also zumindest ist dies anzunehmen, findet man doch mitten in der Landschaft die Trolltunga, die Trollzunge, eine der spektakulärsten Felsformationen Europas. Zu ihr kann man nur auf einer recht anstrengenden Wande-

no

Stimmungsvoller Blick über Lofthus

Nisse auf einem Bild von Nils Bergslien

rung gelangen, die nur bei gutem Wetter und guter Kondition unternommen werden sollte.

Die Route führt nun von Odda aus nach Westen, durch den 10,4 Kilometer langen, 2011 eröffneten Jondaltunnel nach Jondal. Wer etwas Zeit mitbringt, kann in Gjerde einen 30 Kilometer langen Abstecher nach Südwesten, zur 1665 eingeweihten Baronie von Rosendal und dem angeschlossenen Rosengarten unternehmen.

Eine Alternativstrecke in Richtung Jondal folgt dem Ufer des Sørfjords nach Norden. Über die museale Haufensiedlung Aga geht es nach Utne, wo unweit des historischen Utne-Hotels das Hardanger Volksmuseum besichtigt werden kann. Die Ausstellungen sind unter anderem dem norwegischen Nationalinstrument, der Hardangerfiedel, gewidmet. Unweit des Ortes zweigt die Straße 550 nach Südwesten in Richtung Jondal ab.

Der kleine Ort ist einerseits für seinen Obstanbau und andererseits für das Sommerskizentrum auf einem Ausläufer des 214 km² großen Folgefonn Gletschers bekannt.

#DieWichtelInTyssedal

Die historischen Hotels in Norwegen verbergen nicht selten wahre Kunstschätze unter ihrem Dach. So auch das Tyssedal Hotel bei Odda, in dem vor allem die Troll- und Wichtel-Gemälde von Nils Bergslien hervorstechen. Inhaltlich passen die Bilder äußerst gut in die Region, liegt doch die bekannte, mystische Felsformation der Trollzunge (Trolltunga) gleich um die Ecke, und zudem verweist auch der Ortsname selbst auf übernatürliche Wesen, in diesem Fall auf die in Norwegen Schabernack treibenden Tusser.

#DieAlteBörse

Dass in Bergen einst nicht nur mit Meeresfrüchten gehandelt wurde, sondern bis zum Jahr 2000 auch mit Geld, davon zeugt die Börse. Direkt am Platz Vågsallmenningen, gegenüber dem ehrwürdigen Fischmarkt, ist das 1862 eröffnete Gebäude zu finden. Wer es betritt, kann dort zweifelsfrei kein Geld mehr verdienen, sondern nur zurücklassen, am Tresen der Bar oder für ein gutes Gericht im Restaurant. Abgesehen vom Essen beeindrucken die einzigartigen, 1921–23 von Axel Revold angefertigten Freskomalereien, mit Arbeit, Transport und Fischfang als Thema.

Am jenseitigen Fjordufer führt die Rv49 nach Norden, in den Doppelort Norheimsund/Øystese, wo unter anderem die Museumswerft (Hardanger Fartøyvernsenter) einen Besuch wert ist. In der Ferne kann nun noch einmal das Eis des Folgefonn erspäht werden, bevor es auf der Rv7 nach Westen geht. Ein Highlight auf der Fahrt nach Bergen ist der am Ortsrand gelegene, rund 50 Meter hohe Wasserfall Steindalsfossen. Hinter ihm kann man trockenen Fußes entlanggehen. Ebenfalls am Wegesrand liegt, hinter einem Tunnel, der wild schäumende Wasserfall Fossen bratte, den man nach 18,5 km Fahrt erreicht.

Der zweite Teil der Tour führt von Norwegens zweitgrößter und äußerst sehenswerter Stadt, Bergen, auf der E 16 nach Osten. Zwischen den in Zahlen kaum auszudrückenden kleinen und größeren Tunneln ergeben sich immer wieder spektakuläre Blicke auf den parallel verlaufenden Fjord. Wer etwas Ruhe im Verkehrstrubel sucht, sollte über eine rund 1.000 Meter lange Hängebrücke einen Abstecher auf die eindrucksvolle, recht unberührte Insel Osterøya unternehmen. Und sollte in dieser doch recht wind- und regenreichen Region des Landes das Wetter die launische Karte ziehen, so ist ein Zwischenstopp am Werksverkauf der Firma Dale of Norway in Dalen angeraten. So manch toller Norwegerpullover kann dort vergünstigt erstanden werden.

Wer hingegen die Reise für ein paar aktive Tage unterbrechen möchte, ist in Voss genau richtig. Der Ort bietet Wanderwege, die unter anderem an der Bergstation der Seilbahn starten, Raftingtouren, Strecken zum Mountainbiken und vieles mehr.

Panoramablick auf Bergen

Ab Voss folgen wir nun der Rv13. Diese führt über die 1.380 m lange, sich spektakulär über den Fjord erhebende Hardangerbrücke nach Eidfjord in eine geradezu mystische Bergwelt. Diese verarbeitete künstlerisch der Troll- und Nissemaler Nils Bergslien, dem im Ort ein eigenes Museum gewidmet ist.

War es vor 100 Jahren ein abenteuerliches Unterfangen, vom Fjord hinauf in Richtung Europas größter Hochebene, der Hardangervidda, zu gelangen, so führt heutzutage die Fahrt durch geräumige Tunnel bequem bergan. Nach einem Teil der Wegstrecke lohnt der Stopp am berühmten, 183 Meter tief in einen Talkessel stürzenden Wasserfall Vøringsfossen.

Durch endlose Weiten, mit den Eismassen des Gletschers Hardangerjøkulen am Horizont, geht es in den Wintersportort Geilo. Direkt an den Liften vorbei führt nun die Rv40 nach Süden, durch das ursprüngliche Numedal. Die Landschaft erinnert an den Schwarzwald und ist ideal für Wandertouren geeignet. Stopps sollten an den knorrigen Stabkirchen von Uvdal, Nore, Rollag und Flesberg eingelegt werden.

Nach 160 Kilometern ist die beschaulich-sympathische Kleinstadt Kongsberg erreicht. Bekannt wurde der Ort durch den Skispringer Birger Ruud und das Jazzfestival, berühmt hingegen durch seine Silbergruben. Vom Reichtum der Minenbesitzer zeugt die mondäne barocke Kirche.

Über Notodden, dessen historische Industrieanlagen von der UNESCO geschützt sind, geht die Fahrt über die Rv360

#DaleOfNorway

Im Tale von Dale ist es immer recht kühl. Kein Wunder ist es daher, dass ausgerechnet hier die wohl bekanntesten Norwegerpullover hergestellt werden, und das schon seit 1879. Die Firma Dale of Norway beliefert dabei nicht nur Liebhaber norwegischer Mode in aller Welt, sondern auch die Olympiateams des Landes. Teile der Fabrik können kostenlos besichtigt werden und geben einen spannenden Einblick in den Produktionsablauf.

Bergener Skillingsboller (Zimtschnecken)

#Geilo

Im oberen Hallingdal liegt Geilo. Der für deutsche Ohren etwas kurios anmutende Ortsname wird im Norwegischen jeilu gesprochen und verweist auf den eigentlich Grund der Siedlungsgründung. Hier, auf 800 m Höhe, wurde einst auf eingezäunten Wegen das Vieh auf die Almen getrieben. Mit dem Bau der Bergbahn kamen jedoch immer mehr Touristen, und so zählt Geilo zu den traditionsreichsten Wintersportorten Skandinaviens, mit zahllosen Liften und einem ausgedehnten Loipennetz.

no

Heddal Stabkirche bei Notodden

Foto: © Johan Berge - Visitnorway.com

nach Gvarv, in das Zentrum des Obstanbaus Norwegens. Das kontinentale Klima begünstigt die Fruchtreife und förderte auch die Anlage des Badelandes »Sommarland« in Bø.

Weiter geht es auf der Rv36 durch die Telemark, die gerne auch als »Norwegen im Kleinformat« beschrieben wird. Herzstück der Region ist der 105 Kilometer lange Telemarkkanal. Er führt vom Fjord in Skien nach Dalen ins Hochgebirge. Erbaut wurde die einzelne Seen verbindende Wasserstraße Mitte/Ende des 19. Jahrhunderts und diente dem Personen- und Materialtransport. Noch heute ist es absolut beeindruckend zu sehen, wie dem nackten, harten Fels eine Fahrrinne abgetrotzt wurde. Selbst wer nicht mit einem der nostalgischen Schiffe reisen möchte, sollte zumindest einer der imposanten Schleusenanlagen einen Besuch abstatten. Die größte ist in Vrangfoss zwischen Ulefoss und Lunde zu finden. Sie besteht aus fünf Kammern und besitzt eine Hubhöhe von 23 Metern. Von den Routenschiffen durchfahren wird sie im Sommer um 12:05 Uhr bzw. um 14:05 Uhr.

Über Skien, dem Geburtsort des Dramatikers Henrik Ibsen, und den beschaulichen Ort Langesund, wo die Fjordline-Fähren nach Dänemark übersetzen, erreichen wir den Südosten Norwegens. Im 45 Kilometer südwestlich von Langesund gelegenen Kragerø, das gerne als »Perle unter den Küstenstädten« bezeichnet wird, verbrachte der weltbekannte Maler Edvard Munch (1863–1944) einige Jahre seines Lebens. Hier konnte er durchatmen, wieder zu sich selbst finden und schuf eines seiner bekanntesten und wegweisendsten Werke: »Solen« (Die Sonne). Kragerø ist mit seinen Holzhäusern und Gassen entlang des Hafens Blindtarmen (Blinddarm) noch immer ein charmanter Ort, wenngleich im Sommer reichlich gut besucht. Den besten Blick über das Idyll hat man vom Aussichtspunkt Steinmannen. Von dort kann man auch weit über den Schärengürtel blicken, bis hin zur Insel Jomfruland (Jungfrauenland). Hier draußen in den Gewässern des Skagerrak, an den Lesesteinstränden, am verwunschenen See unter dem Leuchtturm und in den kleinen Kiefernwäldern fand der in Kragerø geborene Trollmaler Theodor Kittelsen (1854–1914) so manche Anregung. Heute ist das schmale Eiland besonders bei Ausflüglern und Ornithologen beliebt.

Hält man sich auf der weniger befahrenen Nebenstraße am Wasser, so erreicht man über den von glatt geschliffenem Fels umgebenen ehemaligen Lotsenhafen Portør das blitzblanke Städtchen Risør. Das in Teilen recht mondäne Holzhaus-Ensemble zählt zu den schönsten Norwegens und wird von zwei für den Ort wichtigen Einrichtungen überragt. Zum einen vom Feuerwachturm des Nachtwächters, der heute eine Galerie beinhaltet, und zum anderen von Risørflekken, einem seit 1641 immer wieder aufs Neue weiß gekalkten Felsen, der als Orientierungspunkt für heimkehrende Schiffe dient. Ebenfalls weiß erstrahlt die

Foto: © Alexander Benjaminsen - Visitnorway.com

Holzbootfestival in Risør

Die Schleuse von Vrangfoss

#Langedrag Naturpark

In Rødberg lohnt ein Abstecher nach Norden, in den Langedrag Naturpark. Hier können einige Tiere der Big 5 Skandinaviens erlebt werden. Mit dabei sind Elche, Rentiere und Moschusochsen. Auch Wölfe und Luchse sind Bewohner der Anlage. Wer im Sommer anreist, kann zudem Reittouren durch die Weiten des ostnorwegischen Gebirges unternehmen. Im Winter werden Hundeschlittenfahrten angeboten.

Hellig Ånd Kirche, ein äußerlich bescheidenes Barock-Bauwerk mit umso reichhaltigerer Innenausschmückung. Für Familien lohnt sich der Besuch des Aquariums, wo auch das einzigartige Unterwasserpostamt auf Briefe wartet.

#FrüchteAusGvarv

Seit der Wikingerzeit wird in Norwegen Obst angebaut. Dabei kristallisierten sich zwei Hauptanbaugebiete heraus: der Hardangerfjord und Gvarv. In Gvarv ist dies umso überraschender, als die winterliche Temperatur im Herzen der Telemark durchaus auf grimmige Werte fallen kann. Ausgeglichen wird dies jedoch mit warmem Sommer, weshalb heutzutage nicht weniger als 500.000 Obstbäume die Wiesen und Hänge »bevölkern«. Auf dem Hof Lerkekåsa wird sogar Wein angebaut.

Im Sommer ist das Wetter in dieser Region Norwegens meist still und friedlich. In den kühlen Jahreszeiten können Stürme das Meer aufbrausen und die Reise für Boote zu einer Gefahr werden lassen. Handelsschiffe des 18. und 19. Jahrhunderts suchten dann im Lee nach Unterschlupf. Lyngør war ein solcher, inmitten der Schären gelegener, Nothafen. Aus diesem entwickelte sich später ein florierender Handelsort, dessen einstiger Wohlstand noch heute an der beachtlichen Größe der Häuser abzulesen ist. Lyngør ist ab Lyngerørporten mit dem Ausflugsboot zu erreichen.

Durchaus gut ging es auch den Menschen in Tvedestrand, das als Ausfuhrhafen für das in Nes verarbeite Eisen fungierte. Heute hat der idyllische Ort mit Abwanderung zu kämpfen, bietet als Attraktion für Touristen aber immerhin Norwegens schmalstes Haus, das sogenannte »Bügeleisen«, und 21 Antiquariate. Der schnellzüngige Autor Odd Børretzen schrieb einmal über die Stadt: »Tvedestrand sieht aus, als hätte ein Mann auf dem Gipfel gestanden und von dort eine Ladung Häuser über dem steilen Hang ausgekippt.«

no

Inselort Lyngør

Foto: © Terje Rakke, Nordic Life AS - Visitnorway.com

Weniger attraktiv, dafür umso geschäftiger wirkt Arendal, die mit 45.000 Einwohnern größte Stadt zwischen Skien und Kristiansand. Sehenswert sind die Reste der alten Bebauung im Viertel Tyholmen und das Aust-Agder-Museum, mit alten Gutshäusern und einer Dokumentation der Seefahrt. Noch etwas lohnender als der Ort selbst sind Ausflüge in die Inselwelt. Zum Fußgängern vorbehaltenen Merdø, das gerne als »Saltkrokan Norwegens« bezeichnet wird, fahren Boote, in Richtung Tromøy kann auch der Pkw genommen werden. Kilometerweit erstrecken sich hier einsame, wildromantische Geröllstrände.

Vorbei am Sandstrand von Fevik führt die E 18 nach Grimstad. Auch hier hinterließ Henrik Ibsen seine Fußabdrücke, jedoch nicht als Dramatiker, sondern als Apothekerlehrling. Besucht werden kann das Museum Ibsenhuset. Nicht öffentlich zugänglich ist hingegen der Hof Nørholm, der Knut Hamsun gehörte und ihn zu seinem bekannten Werk »Segen der Erde« anregte.

Neben einigen hübschen Gassen lohnen in Grimstad die zweitgrößte Holzkirche und die Parkanlage Dømmesmoen mit dem Gartenbaumuseum einen Besuch.

Ein besonders gut erhaltenes, geschlossenes Ortsbild besitzt Lillesand. Zahlreiche Patrizierhäuser sind zu entdecken sowie das kleine Stadt- und Seefahrtsmuseum. Ganz ins Bild des idyllischen Sørlands passen auch die Holzhausorte Brekkestø und Ny Hellesund, beides ehemalige Handelsniederlassungen im Inselgarten.

Von Lillesand sind es noch knapp 30 Kilometer bis Kristiansand, wo die Fähren aus Dänemark anlegen. •

#BergwerksgeschichteInKragerø

Von den Felsen der Kleinstadt Kragerø hat man einen fulminanten Blick auf das Schärenlabyrinth der Küste. Weniger bekannt ist, dass die Berghänge wahre Schätze bargen. Eisen, Pegmatit und Apatit wurden abgebaut. Bereits im frühen 17. Jahrhundert wurden die ersten Gruben angelegt. Die einzige der Region, die Besuchern offen steht, ist inmitten des Ortes zu finden. Zur Dypedalsgrube gelangt man über die Straße Løkkebakken.

Idylle im Süden

Foto: © Johan Wildhagen - Visitnorway.com

no

ROUTE 2

Der Westen – mit Bergen und Ålesund

Bergen – E 39 – Lavik – Førde – Skei i Jølster – Loen – Stryn – Måløy – Vestkapp – Runde – Ålesund – Molde – Atlantikstraße – Kristiansund – Trondheim – Røros – Tynset – Rondane Ost – Ringebu – Vågåmo – Lom – Abstecher Dalsnibba – Sognefjell – Skjolden – Luster – Sogndal – Lærdal – Flåm – Voss – Bergen

Diese Route umfasst die Höhepunkte Westnorwegens, kombiniert mit einigen herausragenden Sehenswürdigkeiten im Osten des Landes. Die Tour führt an spektakulären Fjorden entlang, erklimmt Norwegens höchsten Pass und führt hinaus in die Weite der Atlantikküste. Mit Städten wie Bergen, Ålesund und Trondheim kommt auch die Kultur nicht zu kurz.

Zunächst folgt die Route der E 39, die in Richtung Norden aus Bergen herausführt. Ein erster Höhepunkt ist die gewagt konstruierte Ponton-/Schrägseilbrücke »Nordhordalandsbrua«, die in Richtung Knarvik über den Sund führt. Die Landschaft ist zunehmend weniger dicht besiedelt. Massive Berge und weite Fjorde rücken abwechselnd ins Blickfeld. Die großen Höhenunterschiede werden in Matre zur Gewinnung von Energie aus Wasserkraft genutzt. Die Kraftwerke werden aus Stauseen gespeist, von denen man einige entlang der schmalen Nebenstraße in Richtung Bjordal sehen kann. Die Strecke führt durch raue, unnahbare Gebirgsregionen und bildet eine Alternative zur E 39, der wir weiter folgen.

16 Kilometer nördlich ist der Sognefjord erreicht. Hier, nahe der Mündung, ist der mit 204 Kilometern längste Meeresarm Europas von einer schier endlosen Weite geprägt, die sich dem Reisenden bei einer Fährfahrt in Richtung Lavik sehr eindrücklich erschließt. Das Boot legt unweit der markanten achteckigen Kirche des Ortes an. Die Straße folgt nun dem dünn besiedelten Nordufer des Fjords und zweigt im recht beschaulichen Ort Vadheim in ein langgezogenes, von Felsen flankiertes Tal ab, um anschließend in eine beschauliche, von Seen durchzogene Bergregion hinaufzuführen.

#DasGulating

Als die ältesten Parlamente der Welt gelten das Alting in Island und das Løgting auf den Färöer-Inseln. Beide Zusammenkünfte haben den Annalen nach wohl einen gemeinsamen Ursprung: das Gulating. Das zugrunde liegende Gesetz, das Gulatingslov, existierte vermutlich schon vor der Reicheinigung durch Harald Schönhaar im Jahr 872. Am vermuteten Ort der Zusammenkunft des Gulating in der Gemeinde Gulen kann heute ein Monument des Künstlers Bård Breivik besichtigt werden.

Blick auf den äußeren Sognefjord

Foto: © Øyvind Heen - Visitnorway.com

Am Ufer des Fjærlandsfjords

#WeltmusikInFørde

Seit 1990 ist in jedem Jahr Anfang Juli die Welt zu Gast in Førde. Zwar trägt das multikulturelle Event den Namen »Folkmusikkfestival«, doch ist der Name deutlich über den deutschen Begriff »Volksmusik« auszudehnen. 250 Künstler aus über 25 Ländern kommen zusammen, um auf rund 100 Konzerten den musikalischen Bogen von Folk über Weltmusik bis hin zum Jazz zu schlagen.

no

Über einige schwungvolle Serpentinen erreicht man das 10.000 Einwohner zählende Førde. Zwar ist der Ort recht schmucklos gestaltet, bietet aber hervorragende Einkaufsmöglichkeiten, ein sehenswertes Kunstmuseum sowie ein aktives Kultur- und Sportleben.

Die E 39 verlässt die Siedlung in Richtung Nordosten und erreicht alsbald den idyllischen, von äußerst fotogenen Bergpanoramen eingerahmten See Jølstravatnet. Wer es eilig hat, wählt ab Vassenden (Freilichtmuseum Jølstratunet) die Europastraße am Nordufer entlang; wer hingegen etwas Zeit mitbringt, sollte sich die kleine Nebenstrecke am Südufer gönnen. Diese führt am Museumshof Astruptunet vorbei. In einer kleinen Galerie sind die stimmungsvollen Landschaftsbilder des Malers Nikolai Astrup (1880–1928) zu sehen.

Am Nordende des Sees, im kleinen Ort Skei, lohnt in jedem Fall ein 30-Kilometer-Abstecher über die Rv5, durch einen 6,3 Kilometer langen Tunnel nach Fjærland. Der idyllische kleine Ort in der Ebene am Ende des gleichnamigen Fjords ist von monumentalen Bergen umgeben und beherbergt das 1891 gegründete, altehrwürdige Mundal Hotel sowie in den kleinen Holzhäusern am Ufer zwölf gut sortier-

Wildbach in Jølster

te Antiquariate. Am Rande des Binnendeltas des Bøyaelvi ist das Gletschermuseum (Bremuseum) zu finden. Es behandelt unter anderem aktuelle Fragen des Klimawandels und hält Informationen zum größten Festlandsgletscher Europas, dem Jostedalsbren, bereit. Zwei Ausläufer der Eisfläche können in Fjærland gut erreicht werden, der Bøyabreen und der Supphellebreen.

Wir fahren nun durch den Tunnel wieder zurück zur E 39 und folgen dieser bis Byrkjelo. In dem Ort mit Tankstelle zweigen wir nun auf die Rv60 ab, die, eine Anhöhe überwindend, zum Nordfjord führt.

Über die kleinen Siedlungen mit den »einfallsreichen« Namen »Innvik« (Innere Bucht) und »Utvik (Äußere Bucht) erreicht man Olden. Der Ort mit der Galerie des berühmten Möbeldesigners Peter Opsvik ist Anlegestelle für Kreuzfahrtschiffe und Ausgangspunkt für eine Tour zur berühmten Gletscherzunge Briksdalsbreen im Oldendal. Leider ist durch starke Schmelzvorgänge vom Eis nicht mehr viel zu sehen. Den Abstecher rechtfertigt trotzdem die wundervolle Wanderung durch die märchenhafte Bergwelt Westnorwegens. Ganz ohne Mühe lässt diese sich auch bei einer Fahrt mit der steilsten Gondelbahn der Welt ab Loen erleben.

#NikolaiAstrup

Egal ob bei Regen oder Sonnenschein, der See Jølstravatnet bietet eines der schönsten Bergpanoramen des Nordens. Besonders inspirierte dies den Maler Nikolai Astrup, der bis 1928 am Südufer des Gewässers seine 14 letzten Lebensjahre verbrachte. Die wettergegerbten Hofgebäude, in denen der Künstler lebte, können besichtigt werden. Eine kleine Galerie zeigt einige der verspielten, naturinspirierten Gemälde und Grafiken Astrups.

Bild des Malers
Nikolai Astrup

Das Handels- und Wirtschaftszentrum der Region ist Stryn, am Lachsfluss Strynselv gelegen. An seinem Ufer sind einige rund 150 Jahre alte Holzhäuser erhalten. Besucht werden kann das Jostedalsbreen Nationalparkcenter am See Oppstrynsvatnet.

Ab Stryn folgen wir nun weiter der Rv60 und erreichen so den Hornindalsvatn, den mit 514 Metern tiefsten Binnensee Europas. Die Rv15 folgt seinem Südufer und führt geradewegs nach Nordfjordeid. Der beschauliche 3.000-Einwohner-Ort ist das wirtschaftliche und politische Zentrum der mittleren Fjordregion und Heimat der Fjordpferde. Die maximal 150 Zentimeter hohen, hellen Vierbeiner werden auf diversen Höfen gezüchtet und stehen auch Gästen für Reitausflüge zur Verfügung.

Die Rv15 endet jenseits einer hoch emporragenden Brücke in Måløy, dessen Ortsname passenderweise »Insel am Ziel« bedeutet. Optisch drängt sich die 3.000 Einwohner zählende Siedlung nicht gerade in den Vordergrund, weist aber immerhin die kuriose Besonderheit auf, dass seit 1920 alle hangparallelen Straßen Nummern tragen. In der Umgebung lohnen der durch die Kraft der Wellen wie eine Sanduhr geformte Kannestein und der reinweiße Strand Refviksanden einen Umweg.

Es geht nun ein paar Kilometer des Weges zurück, und wir folgen der Straße 618 nach Norden. Mühsam windet sich diese um jeden einzelnen Fjordarm herum, bis in den kleinen Ort Selje, dessen Erscheinungsbild von einer schneeweißen, 1866 erbauten Kirche an einem nicht minder hellen Sandstrand geprägt wird. Im Sommer setzen binnen 15 Minuten Ausflugsboote zu den romanischen Klosterruinen der Insel Selja über. Errichtet wurde die Anlage oberhalb jener Stelle, an der die später heiliggesprochene Erbin des irischen Königreichs auf ihrer Flucht an Land gestiegen ist.

Selje liegt bereits auf der aus Wetterberichten landesweit bekannten Halbinsel Stadlandet. Ihr Name leitet sich vom altnordischen Wort stadir ab, das mit »stoppen« übersetzt werden kann. Es verweist darauf, dass Stürme einst schon

#InnvikUndUtvik

Bei der Namenswahl »Innere Bucht« und »Äußere Bucht« war man zwar nicht sehr einfallsreich, aber er trifft den Nagel auf den Kopf. Das am Südufer des Nordfjords, in Richtung Mündung liegende Utvik war einst Fährhafen und ist noch heute Ausgangspunkt für die serpentinenreiche Fahrt über das Fjell. Innvik hingegen besitzt als der ältere der beiden Orte viel Charme, eine idyllische Badestelle sowie eine achteckige Kirche aus dem 19. Jahrhundert.

#DerKannestein

Was man mit Beharrlichkeit alles erreichen kann, beweist der Kannestein auf der Insel Vågsøy bei Måløy. Unablässig schlagen seit Tausenden von Jahren die Wellen an Land und höhlten die Seiten des vier Meter hohen Felsens mittlerweile so weit aus, dass dieser nun wie ein übergroßer Pilz in der Landschaft steht und Fotografen aus aller Welt in Glückszustände versetzt. Zumal wenn in der Ferne noch die Sonne untergeht.

Blick auf den Nordfjord

Blick auf Molde

#AlnesLeuchtturm

Boote, die in Richtung Ålesund einschwenken, passieren ihn nahezu automatisch, den markant gestreiften Leuchtturm von Alnes. Im Norden der landfesten Insel Godøya ist er zu finden und seit 1852 in Betrieb. Reichlich 22 Meter ist das holzverkleidete Gebäude hoch. Nach der Automatisierung des Leuchtfeuers anno 1982 lebt hier zwar kein Leuchtturmwärter mehr, dafür steht während des Sommers ein Café Besuchern offen.

die Boote Wikinger an dieser Stelle ausbremsten und die Nordmänner zu längeren Aufenthalten zwangen. Auch heute behindern nicht selten starke Winde den Verkehr, weshalb der Bau des ersten Schiffstunnels der Welt geplant ist.

Stadlandet ist jedoch nicht nur Heimat extremer Wettererscheinungen, sondern auch der Ort des westlichsten Festlandspunkts Norwegens, dem Vestkapp. Das knapp 500 Meter hohe Plateau steht zwar im Schatten seines nördlichen Verwandten, ist jedoch nicht minder dramatisch und interessant. Vor allem an wetterlaunischen Tagen.

Über die Rv64 gelangt man nach Gurskøy, wo die Fv654 hinaus an den offenen Atlantik zur Insel Runde führt. Das grasbewachsene Eiland ist für seine großen Vogelkolonien berühmt, in denen in Frühjahr und Frühsommer auch die putzigen Papageitaucher nisten.

Neben Runde ist in diesem Teil des Landes besonders die zwei Autostunden entfernt gelegene 47.000-Einwohner-Stadt Ålesund von Interesse. Diese erstreckt sich malerisch und filigran über drei Inseln entlang zweier Meereswasserarme, überragt von klobigen Bergflanken. Von einer der

Wale in Molde

#DieDickeKiefer

Norwegens Bäume sind allzu oft nicht mehr so mächtig und groß, der intensiven Holzwirtschaft und dem steinigen Untergrund sei »Dank«. Doch im Waldgebiet Osmarka nahe der Rosenstadt Molde hat man einem Exemplar mal richtig Zeit gelassen, sich auszubreiten. Stortolla, Große Kiefer, heißt der Baum. Sie besitzt einen Umfang von stattlichen 5,5 Metern. Bereits im 17. Jahrhundert, so wird berichtet, ließen ihn niederländische Holzfäller stehen, weil er schon damals einfach zu schwergewichtig war.

Die Insel Håholmen

#Håholmen

Tuckernd legt das nachgebaute Wikingerschiff vom Anleger am Rande der Atlantikstraße ab. Auf knorrigen Bohlen sitzend, setzt der Reisende binnen zehn Minuten zur Miniaturinsel Håholmen über. Inmitten des Atlantiks kann hier das romantische Eiland erkundet oder auch übernachtet werden. Komfortable Hütten stehen dem Gast offen. Eine Alternative ist die ebenfalls zum Verband Classic Norway gehörende Anlage Hustadvika Gjestegård.

Blick auf Ålesund

Foto: © BergeKnoff,Natural Light - Visitnorway.com

Anhöhen, dem 189 Meter hohen Aksla, bietet sich ein einmaliges Panorama. Erreicht werden kann dieser mit dem Auto oder über eine Treppe am Stadtpark.

Neben dem einmaligen Rundblick ist Ålesund vor allem für seine Jugendstilgebäude bekannt, die nach einem verheerenden Brand im Jahre 1904 auf Initiative des deutschen Kaisers Wilhelm II. errichtet wurden. Abgesehen vom Häuserensemble sind das Aquarium (Atlanterhavsparken), das Ålesund-Museum, das Jugendstilsenter und das Freilichtmuseum Sunnmøre sehenswert. Letztere Attraktion liegt unweit des einstigen Handelszentrums Borgundkaupangen, über das das Mittelalter-Museum berichtet.

Über Tunnel und Fähren ist der weitläufige Archipel nördlich der Stadt an das Festland angebunden. Viele der Inseln besitzen kleine Sand- oder Geröllstrände und weithin sichtbare Leuchttürme. Der bekannteste unter ihnen ist inmitten der Fluten des Atlantiks auf dem rauen, windumtosten 3,6-Quadratmeter-Eiland Ona zu finden.

Deutlich milderes Klima hat die zwei Stunden nordöstlich von Ålesund gelegene Stadt Molde aufzuweisen. Die geschützte Lage am Fjord lässt Rosen und Laubbäume prächtig gedeihen. Der 27.000-Einwohner-Ort wurde zwar im Krieg weitestgehend zerstört, konnte aber seinen Charme bewahren. Moderne Akzente setzt das gläserne Segel des Seilet-Hotels an der Uferpromenade. Ältere Gebäude sind hingegen in der Parkanlage des Romsdalsmuseums zu finden. Den besten Blick auf die Stadt und 222 teils schneebedeckte Gipfel hat man vom 407 Meter hohen Hausberg Varden, der zu Fuß und mit dem Auto erreichbar ist.

Fährt man nun ab Molde in Richtung Norden, so bietet sich schon kurz hinter dem Tunnel ein interessantes Kontrastprogramm. Die Landschaft wird rauer und unnahbarer. Fast schüchtern duckt sich der Fischerort Bud in kleine Senken, um den widrigen Winden auszuweichen. Überragt werden die beschaulichen Holzhäuser von der während des Zweiten Weltkriegs errichteten Bastion Ergan.

Wer dem Wetter den Rücken kehren möchte, kann das unbeleuchtete Höhlensystem der Trollkirche (trollkyrka) erkunden, wer hingegen Dramatik liebt, sollte der Rv64 über die Atlantikstraße (Atlanterhavseien) folgen. Diese führt über schwungvolle Brücken von Insel zu Insel und mündet schließlich in den 5.779 Meter langen, 250 Meter unter dem Meeresspiegel entlangführenden Atlantiktunnel (Maut). Dieser erreicht in dem auf drei Inseln gelegenen Kristiansund wieder die Erdoberfläche. Die für ihren Stockfisch bekannte Stadt wurde mittels weiterer kostspieliger Straßenbauten mühsam an das Festland angebunden. Sehenswert sind die moderne Kirkeland-Kirche, der alte

Foto: © m_dickson, Foap - Visitnorway.com

Die Atlantikstraße

#DieSunboote

Die Westküstenstadt Kristiansund liegt auf insgesamt vier Inseln bzw. Halbinseln. Da lag es schon sehr früh nahe, diese mit Fähren zu verbinden. Am 18. November 1876 nahmen daher die Sundbåter den Betrieb auf. Sie sind das älteste ununterbrochen in Betrieb befindliche öffentliche Transportmittel der Welt. 10 Minuten dauert die geruhsame Fahrt von Anleger zu Anleger. An Samstagen darf diese sogar gratis angetreten werden.

Boote in Kristiansund

#Festung Kristiansten

Johan Caspar de Cicignon ist wahrscheinlich noch heute der bekannteste Luxemburger in Norwegen. Als Offizier im dänischen Dienst leitete er im 17. Jahrhundert unter anderem den Wiederaufbau Trondheims. Auch setzte er sich für die Anlage einer Festung ein. Das 1684 vollendete Bauwerk wurde nach dem dänischen König Christian V. benannt und thront noch heute auf einer Anhöhe über der Innenstadt. Von den Mauern der Anlage bietet sich ein einmaliger Blick auf den Nidarosdom und den Trondheimsfjord.

Baklandet, Trondheim

Wachturm Vardetårnet, die Museumswerft mit Klippfischmuseum und die vorgelagerte Insel Grip mit einer 1470 erbauten Stabkirche. Zwischen den einzelnen Ortsteilen verkehren die Sundboote, das seit 1876 verkehrende, älteste öffentliche Transportmittel der Welt.

Auf der E 39 gelangen wir nun durch etwas ruhigere küstennahe Landschaft nach Trondheim. Die Stadt mit ihrem Dom und den zahllosen Holzhäusern ist einen längeren Zwischenstopp wert.

Die Route folgt nun der E 6 nach Süden und ab Støren der Rv30 in Richtung Osten. Ziel ist die auf einer Hochebene gelegene historische, äußerst sehenswerte Bergwerksstadt Røros. 1644 war es, als Bauer Hans Olsen Aasen in der Region das erste Kupfer fand. Es dauerte nicht lange, und es wurden erste große Gruben errichtet. In einige können Besucher noch heute einfahren. Zu sehen sind ebenfalls die Katen der Bergleute, die Abraumhalden und die achteckige, 1784 vollendete Kirche, die noch heute vom einst sehr selektiv verteilten Wohlstand des Ortes zeugt.

Vom Kupferbergbau lebte man auch lange Zeit im 54 Kilometer südwestlich von Røros, inmitten der Weite der ostnorwegischen Landschaft gelegenen Tynset. In dem Ort wird die Rv3 erreicht, der wir bis Atna nach Süden folgen. Die kiefernreiche Region liegt im Lee der dramatischen

Trondheimer Hafen in der Abendsonne

Berglandschaft von Rondane, hat also meist niederschlagsarme, sonnige Sommer zu bieten. Einen Zwischenstopp lohnen die architektonisch einfallsreich angelegten Rastplätze, wie der sogenannte Sohlbergsplassen. Von dieser Stelle aus malte einst Harald Sohlberg sein berühmtes Bild »Winternacht in Rondane«, das heute in der Nationalgalerie Oslo ausgestellt ist.

Viele Berghänge der Umgebung sind von den Teppichen der Rentierflechte überzogen und ergeben ein sehr gutes, ungewöhnliches Fotomotiv. Die Flechte ist auch auf den Weiten der Hochebene des Venabygdsfjells beheimatet, zu der sich die Straße ab Atna hinaufwindet.

Über Serpentinen geht es auch an der jenseitigen Bergflanke wieder hinab. An der E 6 angekommen, sollte man trotzdem nochmals ein paar Hundert Meter wieder bergauf fah-

#Forollhogna Nasjonalpark

Liebhaber unberührter Landschaften sollten zwischen Trondheim und Røros einen Abstecher in den Forollhogna Nationalpark einplanen. Auf über 1.000 km² bietet er raue, nahezu endlose Hochebenen und alte Almlandschaften. Wilde Rentierherden fühlen sich in dieser Landschaft besonders wohl. Sie können auf ausgedehnten Wanderungen mit Ausgangspunkt in Vingelen erlebt werden.

Blick auf den Rondane-Nationalpark

#RondaneMitFuchs

Entlang der Straße Nummer 27 schlängelt sich in einiger Höhe ein Weg zum Aussichtspunkt Sohlbergplassen durch den Kiefernwald. An dieser Stelle war es wohl, von der aus der Maler Harald Sohlberg um 1900 auf die Gipfel Rondanes blickte und der Norweger wohl beliebtestes Bild »Winternacht in Rondane« aufs Papier brachte. Unter den 20 Variationen des Motivs findet sich auch eines mit Fuchs. »Mikkel«, so der norwegische Kosename des Tieres, schleicht da durch den finsteren Tann im Vordergrund.

Sohlbergsplassen

#DerBlåhøe

Zwar rangiert der 1668 m hohe Blåhøi bei Vågåmo nur auf Platz 897 der höchsten Berge Norwegens, doch ist die Höhe allein nicht immer alles. Das Massiv überragt fulminant seine Umgebung und bietet einen fantastischen Panoramablick bis hin zu den Gipfeln Jotunheimens. Erreichbar ist die »Blaue Anhöhe« über eine 12 km lange Mautstraße, die zur Errichtung und Instandhaltung des Fernmeldeturms angelegt wurde.

ren und der markanten, hoch aufragenden Stabkirche von Ringebu einen Besuch abstatten.

Nach diesem kleinen Abstecher Richtung Süden, folgen wir nun der Hauptstraße nordwärts und umrunden so die Südausläufer des Rondane-Gebirges. In Otta, einem Ort der ebenso wie Oppdal für seinen kristallinen Schiefer bekannt ist, zweigt nun die Rv15 durch ein malerisches Tal in Richtung Vågåmo ab. Der Ort mit seiner beachtenswerten, im 17. Jahrhundert stark umgebauten Stabkirche, steht etwas im Schatten von Lom, dem touristischen Zentrum der Region.

Wir passieren zunächst den kleinen Ort und fahren weiter in Richtung Geirangerfjord, den wir vom Gipfel des 1.476 Meter hohen Panoramaberges Dalsnibba sehen können. Vom Gipfelplateau, das man allerdings nur selten für sich allein hat, bietet sich ein äußerst spektakulärer Rundblick auf den in Miniaturformat geschrumpften Fjord, kahle Fjells und winterliche Gletscher und Schneefelder.

Zur Beruhigung des Gemüts geht es nun wieder sanft bergab nach Lom, wo sich Kultur- und Outdoor-Tourismus treffen. In Holz geschnitzte norwegische Geschichte spiegelt die erhabene Stabkirche wider. Um 1150 erbaut, zählt sie zu den ältesten und am besten erhaltenen des Landes. Gern besucht werden zudem das Fjell-Museum mit offenem Kamin und kleiner Bibliothek, das kleine Freilichtmuseum und die Mineraliensammlung des Fossheim Steinsenters. Gäste in Skikleidung hingegen haben wohl eher das Sommerskizentrum an der Juvasshytta zum Ziel. Ab der Gebirgshütte kann man zudem den Galdhøpiggen, den mit 2.469 Metern höchsten Berg Norwegens, erwandern und die 70 Meter lange Eisgrotte des Mìmisbrunnr Klimaparks besuchen.

Doch auch wer der Hauptstraße (Rv55) folgt, wird großartige Erlebnisse mitnehmen. Der Weg führt vorbei an der Sagasäule des historischen Elveseter-Hotels durch wilde Felslandschaft hinauf auf das Sognefjell, den mit 1.440 Metern höchsten Pass Skandinaviens. Der Blick auf die Gipfel Jotunheimens ist wahrhaft gigantisch und atemberaubend.

Solvorn am Lustrafjord

Foto: © Espen Mills/Tasteofnationaltouristroutes.com/visitnorway.com

Ein wenig Nervenkitzel verspricht auch die anschließende sehr kurvenreiche Fahrt hinab nach Skjolden am Meereswasser des Lustrafjords. Eine Nebenstraße führt hier am 218 Meter hohen Feigumfossen vorbei zur ältesten Stabkirche Norwegens in Urnes. Diese wurde zwischen 1130 und 1150 erbaut und besitzt reich verzierte Portale mit eindrucksvoller Tierornamentik.

Über Luster (Kirche von 1250) erreicht man auf der Rv55 Gaupne. Unweit der Balkenkirche aus dem 17. Jahrhundert zweigt eine Nebenstraße in Richtung des selbst im Sommer von Eisschollen überzogenen Styggvatnet und der vielbesuchten Gletscherzunge des Nigardsbreen ab. Der Parkplatz, von dem aus ein Boot über den Moränenstausee übersetzt, befindet sich in der Nähe des Infocenters »Breheimsenteret«.

Auf der nun folgenden Wegstrecke in Richtung des Handels- und Bildungszentrums Sogndal lohnt ein Abstecher an den Fjord hinab nach Solvorn. In dem zwischen Obstbäumen gelegenen Dorf sind besonders viele Holzhäuser aus den letzten Jahrhunderten erhalten geblieben. Eines

#Feigefossen

Feige ist der Feigefossen nun wahrlich nicht. Selbstbewusst und wagemutig rauscht er 218 m den Fels hinab, was durch den wörtlich ins Deutsche übertragenen norwegischen Namen »Wasserfall am Rande des Todes« auch deutlich besser zum Ausdruck kommt. Am Wasser entlang kann man über einen Pfad binnen 45 Minuten zum Oberlauf gelangen.

Stabkirche Urnes

Foto: © Espen Mills/Tasteofnational-touristroutes.com/visitnorway.com

davon beherbergt das ehrwürdige Walaker Hotel. Mit der Fähre kann in Richtung Urnes übergesetzt werden.

#EpletB&B

Wenn Weltreisende sich letztendlich niederlassen und Unternehmen gründen, kann man nicht selten mit ausgefallenen Ideen rechnen. In diesem Fall ist in Solvorn, in bester Lage, ein ungewöhnliches Gästehaus entstanden. »Der Apfel« bietet inmitten von Obst- und Fruchtplantagen günstige Betten und geruhsame bis rasante Aktivitäten für Gäste in jeder Altersgruppe.

In Sogndal zweigt unsere Route nun auf die Rv5 ab und führt am sehenswerten Sogn Freilichtmuseum vorbei nach Kaupanger. Unweit der um das Jahr 1200 erbauten Stabkirche legt die Fähre in Richtung Gudvangen ab. Das Boot durchkreuzt den mächtigen Sognefjord und biegt dann in den Aurlands- und in den beängstigend schmalen Nærøyfjord (UNESCO-Weltnaturerbe) ein.

Wem die Fährfahrt nicht zusagt, kann alternativ auch über das Holzhausdorf Lærdal Richtung Gudvangen reisen. Unterwegs gibt es viel zu erleben. So zum Beispiel das Wildlachszentrum in Lærdal, die am besten erhaltene Stabkirche Norwegens in Borgund (12. Jahrhundert) und den Tourismusort Flåm. Diesen kann man über die schmale Straße des Snøvegen (Aussichtspunkt Stegastein) und durch den 24,5 Kilometer langen, mit drei blau angeleuchteten Parkbuchten versehenen Lærdalstunnel erreichen. Flåm ist Ziel zahlloser Kreuzfahrtschiffe und Ausgangspunkt für eine

Der Kjosfossen entlang der Flåmbahn

Reise mit der steilsten Schmalspurstrecke der Welt, der Flåmbahn. Diese überwindet innerhalb von 50 Minuten 865 Höhenmeter.

Eine weitere Tunnelstrecke führt von Flåm nach Gudvangen. Zwischen den beiden Röhren zweigt eine Straße nach Undredal an den Fjord ab. Das beschauliche Örtchen besitzt eine kleine Stabkirche (1147).

Ab dem Fähranleger in Gudvangen führt die E 16 durch das enge Nærøydal. Einen Felsriegel überwindet die Straße über geschwungene Tunnel. Wer Lust auf ein Abenteuer hat, biegt anschließend auf der Anhöhe nach Stalheim ab und fährt ab dem Hotel die kurze Wegstrecke über die bis zu 21 Prozent geneigten Serpentinen der historischen Stalheimskleiva wieder zurück.

In Vinje trifft unsere Route wieder auf die eingangs beschriebene Wegstrecke. Über die E 16 oder über die Rv13/Rv5 (Route 1) gelangt man zurück zum Fähranleger der Fjord Line in Bergen. •

Am Nærøyfjord

#DasTalDer Wikinger

Vor über eintausend Jahren machten die Nordmänner die Küsten Europas unsicher. Am Ufer des Nærøyfjords, in Gudvangen, kann man sich auf Spurensuche begeben und die Wikingersiedlung Njardarheimr besuchen. Nicht nur, dass man den Bewohnern bei ihrer täglichen Arbeit zusehen darf, es ist auch erwünscht, mitzuwirken und am Leben teilzuhaben.

Das wilde Nærøydal

ROUTE 3

Der Südosten – unterwegs im Großraum Oslo mit Fjordabstecher

Oslo – Drøbak – Tønsberg – Sandefjord – Langesund – Åmot – Rauland – Rjukan – Kongsberg – Numedal – Geilo – Hol – Flåm – Lærdal - Abstecher Borgund – Øvre Årdal – Valdres – Fagernes – Beitostølen – Valdresflye – Heidal – Ringebu – Lillehammer – Hamar – Oslo

Der Osten Norwegens vereint hohe Berge, große Seen und endlose Wälder. Die unberührte und vielfach durch Nationalparks geschützte Natur eignet sich bestens für Erkundungstouren jeglicher Art, zu Fuß, am Kletterseil, mit dem Kanu oder dem Raftingboot. Die vielschichtigen Angebote richten sich ebenso an Könner wie an Familien mit Kindern.

Nach einer ausgiebigen Erkundungstour durch Norwegens Hauptstadt verlassen wir Oslo in Richtung Südosten und folgen der Ausschilderung »E 6«.

Die Landschaft gibt sich im Binnenland mit sanften Hügeln und viel Landwirtschaft eher unspektakulär, sodass wir in Ufernähe des Oslofjords bleiben. Hier liegt das charmante Drøbak, ein Badeort im Stile des 19. Jahrhunderts, mit kleinen Holzhäusern und stattlichen Villen, dem Follo-Freilichtmuseum, einem Salzwasseraquarium und als kleiner Kontrast dazu das »julehus« (Haus des Weihnachtsmanns). Vor dem Mann mit dem schweren Sack warnt sogar ein eigenes Verkehrsschild.

Im Fjord vor Drøbak liegt die 1845 auf einer Insel erbaute Festung Oscarsborg. Am 9. April 1940 feuerten von hier die Kanonen auf das Kriegsschiff »Blücher« und versenkten dieses. Dem König konnte so ein entscheidender Vorsprung für die Flucht ermöglicht werden.

Bevor es im Industrieort Moss, in dem im Hof Konventionsgården 1814 die Unionsvereinbarung zwischen Norwegen und Schweden unterzeichnet wurde, mit der Fähre auf die

#DerAkerselva

Einst war es nicht gerade hipp, am Ufer des Akerselva zu flanieren. Graue Industriegebäude flankierten das Gewässer. Heutzutage ist das »Blaue Band« im Osten Oslos jedoch gut erschlossen, mit Liegewiesen, Cafés, wie dem Hønse-Lovisas Haus, und dem modernen Vulkan-Viertel auf dem Gelände einer ehemaligen Eisengießerei. Außerdem überraschen den Stadtwanderer berauschende Wasserfälle mit viel Getöse.

Festung Oscarsborg bei Drøbak

#Snø!

Lang sah man im Breiten- und Spitzensport den Bedarf einer ganzjährig geöffneten Skihalle in Norwegen – Skifahren ist schließlich Nationalsport. Nun hat im Osten Oslos »Snø« (Schnee) seine Tore geöffnet. Ein Hang entlang der Autobahn wurde überbaut und mit Permafrost versehen. Der Strom wird ökologisch produziert, Abwärme wird ins Fernwärmenetz der Stadt eingespeist. Skifahrer können nun bei – 4 Grad einen 500 m langen Alpinhang und 1,5 km Loipen nutzen.

andere Seite des Fjords geht, lohnt ein Abstecher nach Süden. Hier liegen die Städte Halden, mit der monumentalen Festung Fredriksten, das bereits 1016 gegründete Sarpsborg, mit dem Borgarsyssel-Freilichtmuseum und dem Sarpsfoss, dem wasserreichsten Wasserfall Europas, und Fredrikstad. Besonders besuchenswert ist die als Festung erbaute Altstadt Gamlebyen, mit schmalen Kopfsteinpflasterstraßen und vielfarbigen Holzhäusern.

Zwischen Skjeberg und Fredrikstad verläuft die Rv110, dieser entlang sind zahlreiche bis zu 3.000 Jahre alte Felszeichnungen (helleristninger), Steinkreise und Hünengräber zu finden. Landschaftlich reizvoll sind die der Region vorgelagerten Inseln Hvaler, Hankø und Jeløy.

Die Fähre setzt zum Westufer des Oslofjords über und erreicht damit die historische Region Vestfold. Südlich der Festungsstadt Halden, mit dem ältesten Marinemuseum der Welt, dem Foto- und dem Automuseum, liegt Borre. Hier liegen inmitten eines Parks alte Wikingergräber. Die Funde werden im angeschlossenen Midgard-Senter dokumentiert.

Badehäuser am Oslofjord

Vorbei an der romanischen Borre-Kirche erreicht man den beschaulichen Badeort Åsgårdstrand. Unter den reinweißen Holzhäusern sticht ein farbiges hervor. In diesem verbrachte Edvard Munch viele Sommer und schuf Meisterwerke wie »Die Mädchen auf der Brücke«.

Die drei größten Orte der Region sind Tønsberg, die 871 gegründete, älteste Stadt Norwegens, die einstige Walfang- und Badestadt Sandefjord und Larvik, wo Nansen das Polarschiff Fram erbauen ließ. Unter anderem sehenswert sind in Tønsberg die Ruinenanlage des Schlossfjells (Museum), der modernisierte Hafen und das Kunstmuseum, im weitläufigen, aber charmanten Sandefjord das Walfangmuseum und -monument und in Larvik das Seefahrtmuseum im hübschen Ortsteil Tollerodden mit einer Ausstellung zum gebürtigen Larviker Thor Heyerdal.

Von der Bausubstanz her noch attraktiver sind der Festungsort Stavern und die Hafensiedlungen Ula, Kjerringvik und Nevlunghavn. Unweit des letztgenannten Ortes befin-

#BadenInDrøbak

Mitte des 19. Jahrhunderts wurde es schick, für einen Badeaufenthalt nach Drøbak an den Oslofjord zu reisen. Das Dampfschiff »Bjørn Farmand« brachte dreimal wöchentlich Gäste in den Ort. 1869 eröffnete die erste kommerzielle Badeanlage, mit Bassins und Sprungtürmen. Zwar kann man nicht mehr von luftiger Höhe ins Wasser gelangen, doch gibt es viele Badestellen und der Ort hat viel vom historischen Charme bewahren können.

Insel im Oslofjord

In der Telemark

no

#WaleInSandefjord

Beschaulich geht es zu in den Kleinstädten entlang des Oslofjords. Vor etwas mehr als 100 Jahren gesellte sich zum allgemeinen Badetourismus jedoch noch der Walfang, zumindest in Sandefjord. Das 1917 eröffnete und 2018 grundlegend neu konzipierte Walfangmuseum gibt eindrucksvoll den Spannungsbogen zwischen Kommerz, Tradition und Naturschutz wieder. Zu besichtigen ist auch der Walfänger »Southern Actor«.

#Ravnejuvet

Oberhalb des »Sausenden Flusses«, also dem Tokke, liegt, unweit des Ortes Åmot, die Rabenschlucht. Steil fallen die Felshänge in Richtung Tal ab. Eine besondere Thermik sorgt dafür, dass in die Tiefe hinabgelassene Zettel wieder nach oben getragen werden. Wer besonders viel Vertrauen in die Künste der Natur hat, kann das Experiment natürlich auch mit Geldscheinen wagen.

det sich Mølen, die steinernen Überreste der Vestfold-Moräne, direkt an der Brandung des Skagerrak gelegen. In den Meeresarm der Nordsee ragen einige landschaftlich reizvolle Inseln und Halbinseln hinein, Osterøya und Vesterøya bei Sandefjord mit Wäldern und Sandstränden und Tjøme bei Tønsberg, wo die nackten Felsen von Verdens Ende (Ende der Welt) zu finden sind. Vorgelagert ist die geschützte Unterwasserwelt des Færder-Nationalparks.

Über den Industrieort Porsgrunn, der für sein Porzellanwerk norwegenweit bekannt ist, erreichen wir in dem beschaulichen Ort Langesund den Anleger der Fjord Line. Die Reise kann also auch von hier aus starten.

Über die Rv36 geht es nun nach Nordwesten. Zunächst erreichen wir die Kleinstadt Skien, mit dem Geburtshaus des weltweit bekannten Dramatikers Henrik Ibsen, dem nach ihm benannten Theater und dem sehenswerten Freilichtmuseum Brekkeparken. Unweit der 1894 geweihten, recht monumentalen Backsteinkirche mit ihren 68 Meter hohen Doppeltürmen ist der Ausgangspunkt des 105 Kilometer langen Telemarkkanals zu finden. In Richtung Binnenland überwindet dieser 72 Höhenmeter, reguliert durch insgesamt 18 Schleusenstufen. Die imposantesten Hebewerke, mit einer

Gesamthöhe von 23 Metern, sind in Vrangfoss zu finden. Die Anlage findet sich zwischen jenen von Ulefoss, wo auch ein stattliches, weithin sichtbares Herrenhaus aus dem Jahre 1807 besichtigt werden kann, und denen von Lunde.

Foto: © Ian Brodie - visitrjukan.com

Gondelbahn in Rjukan

Wir folgen nun einer Nebenstraße am Kanal entlang, bis wir auf die Rv41 treffen. Über 9 Serpentinen geht es nun nach Süden in den Urlaubsort Vrådal am malerischen See Nisser. Hier wählen wir nun die Rv38 nach Dalen. Oberhalb des Ortes am Ende des Kanals bietet sich eine fantastische Aussicht über die bis zu 1.000 Meter hohe Bergwelt der Telemark.

Im Ort selbst sticht das 1894 im Schweizer Stil erbaute Hotel hervor. Sehenswert sind auch die aus dem 14. Jahrhundert stammende Stabkirche von Eidsborg, das angeschlossene Freilichtmuseum mit dem um 1170 erbauten Vindlausloftet (»Winstilles Loft«), dem ältesten Holzhaus Europas, und der Kanalpark, in dem Kinder Kapitän spielen können.

In Åmot kreuzen wir die E 134 und folgen der Rv37 nach Rauland. Der besonders bei Langläufern beliebte Wintersportort liegt am Rande der Hardangervidda, der mit rund 8.000 Quadratmetern größten Hochebene Europas. In diese hinein führen die Wasserwelten des lang gestreckten Stausees Møsvatn. An seinem Ufer steht das Nationalparkzentrum mit einer sehenswerten Ausstellung über die in der Umgebung wild vorkommenden Rentiere (villrein).

#Rauland

Am Rande der unendlichen Weiten der Hardangervidda liegt Rauland. Der Ortsname verrät, dass es hier seit alters her ausgedehnte Moore gibt. Auch Almen sind noch immer zahlreich anzutreffen. Gegen Ende des 19. Jahrhunderts hielt jedoch auch der Tourismus Einzug. Vor allem Langläufer kommen hier, auf rund 1.000 m Höhe, im schier endlosen Loipennetz voll auf ihre Kosten.

Im Tessungdal

#Abstecher

Am Nordende des Tinnsjø erstreckt sich das Tessungdal. Inmitten einer Landschaft, die an eine Mischung aus Schwarzwald und Voralpenland erinnert, kann der Gast zur Ruhe kommen und wundervolle Panoramen genießen.

Die Straße folgt nun dem Abfluss des Sees hinab ins enge Tal nach Rjukan. Im Winter schafft es die Sonne nicht, die hoch aufragenden Berge zu übertreffen, und taucht allenfalls die Gipfelspitzen in goldenes Licht. Um der Dunkelheit entfliehen zu können, wurde bereits 1928 eine erste Kabinenseilbahn erbaut. Rund 85 Jahre später begann man außerdem mit der Umsetzung der Idee, über einen monumentalen Spiegel Sonnenlicht auf eine 200 Quadratmeter große Fläche auf dem örtlichen Markt zu reflektieren.

#Drekkedagsnatta

Über 300 Jahre lang wurde in Kongsberg Silber gefördert. Das Leben war einst hart und entbehrungsreich. Doch am 22. Dezember bekamen die Bergleute frei, um sich auf Weihnachten vorbereiten zu können. Von den umliegenden Gruben zogen sie mit Fackeln hinab in den Ort, zum Fischmarkt hin. Von diesem aus betrachtet sah es aus, als ob lange Feuerschlangen sich auf die Stadt zubewegten. Heute hat sich die Nacht der Bergleute zu einem informellen Volksfest entwickelt.

no

Nun sind diese modernen Licht-Schatten-Spiele zwar durchaus faszinierend, bekannt gemacht haben Rjukan jedoch ältere Begebenheiten. Anfang des 20. Jahrhunderts begann hier Norsk Hydro mit der Salpeterproduktion. Zur Energiegewinnung nutzte man den Wasserfall Rjukandefoss, der fortan gewaltige Turbinen antrieb. Ein Blick auf die weithin sichtbaren massiven Rohre im Wald am Berghang verrät, dass die Wasserkraftgewinnung einst optisch und landschaftlich weniger schonend vonstattenging. Trotzdem stellen die alten Industrieanlagen einen Meilenstein in der norwegischen Geschichte dar, weshalb sie unter den Schutz der UNESCO gestellt wurden. Historisch ebenso bemerkenswert ist auch der Sabotageakt während des Zweiten Weltkriegs, ausgeführt durch Norweger, Briten und Amerikaner, der durch mehrere Sprengaktionen verhinderte, dass Nazi-Deutschland »Schweres Wasser« und somit die Atombombe entwickeln konnte.

Der mächtige Gaustatoppen

Foto: © Thomas Rasmus Skaug/Visitnorway.com

Rjukan besitzt auch touristische Angebote. So kann über einen steilen, doch aussichtsreichen Panoramaweg der 1.882 Meter hohe Gaustatoppen erklommen werden. Im Inneren des imposanten Bergmassivs führt auch die (nur zeitweise geöffnete) Gaustabahn zum Gipfel. In der Umgebung klappern im Winter im Skizentrum Gaustablikk die Lifte.

Unsere Route führt vorbei am Gaustatoppen durch wilde Geröllllandschaft hinein in das Tuddal, vorbei an rauschenden Fichtenwäldern und in der Sonne glänzenden Seen, und weiter nach Heddal an der E 134. Der Ort ist berühmt für seine stattliche, um 1240 erbaute und im 19. Jahrhundert restaurierte Stabkirche, die größte Norwegens.

Drei Tage nur benötigte einer Sage zufolge ein Troll namens Finn, um sie zu errichten.

#HolKirche

Nahe Geilo liegt der kleine Ort Hol. Von den Zeiten, als noch nicht der Skitourismus, sondern harte Arbeit auf den Almen die Wirtschaft prägte, zeugt die alte Holzkirche. Ihre Ursprünge reichen ins 13. Jahrhundert zurück und man sagt ihr nach, dass sie so harmonisch in die Tallandschaft passt, wie »das Tüpfelchen das I ziert«.

Über Notodden, dessen Industrieanlagen ebenfalls von der UNESCO geschützt sind, erreicht man Kongsberg (Königsberg). Im Norsk Bergverksmuseum werden die wichtigen kulturellen und wirtschaftlichen Standbeine der Stadt präsentiert, wobei dem Silberbergbau ein besonderer Platz eingeräumt wird. Dieser startete 1623, und noch heute kann in die alten Gruben eingefahren werden. Kongsberg ist zudem Sitz der königlichen Münze und ein historisch gesehen bedeutender Skiort, in dem der Skispringer und Olympiasieger Birger Ruud geboren wurde. Überragt wird die 27.000-Einwohner-Stadt von einer 1761 erbauten, prunkvoll ausgestatteten Barockkirche.

Nördlich von Kongsberg führt die Rv40 in das Numedal hinein. In dem ursprünglichen, etwas an den Schwarzwald erinnernden Tal konnten vier Stabkirchen dem Zahn der Zeit widerstehen. Diese sind in Flesberg, Rollag, Nore und Uvdal zu finden. Letztere ist die wohl schönste, im Inneren durch kunstvolle Rosen- und Fruchtmalerei verziert. Lohnend zudem eine Fahrt mit der Draisine (ab Veggli Vertshus) und ein Abstecher zum Langedrag Naturpark mit Wölfen, Rentieren, Pferden und Polarfüchsen (28 Kilometer ab Rødberg).

Im Hallingdal

Foto: © Yngve Ask/Visitnorway.com

Hinter dem kleinen Skizentrum Dagali überwindet die Straße einen kleinen Pass und mündet schließlich in

Geilo (sprich: jei-lo) in das Hallingdal. Der Wintersportort am Rande der Hardangervidda empfängt schon seit dem 19. Jahrhundert Gäste, die auch heute noch im historischen Dr. Holms Hotel nächtigen können.

Dem Hallingdal folgen wir nun nur wenige Kilometer, um dann an der roten, schiefergedeckten neuen Kirche von Hol auf die Rv50 einzubiegen. Die Straße führt zunächst durch eine weite Hochgebirgslandschaft, um dort, wo zunehmend Felsen die Weiterfahrt zu versperren drohen, in einem scheinbar in sich verknoteten Tunnellabyrinth zu verschwinden. Der erste Fjord der Reise ist im beschaulichen Ort Aurland erreicht. Wer sich angesichts der menschenleeren Natur nach etwas Trubel sehnt, sollte einen Abstecher nach Flåm einplanen. In dem von zahllosen Kreuzfahrtschiffen besuchten Ort startet die berühmte Flåmbahn. Die steilste Normalspurstrecke der Welt führt auf 20 Kilometern Länge auf 800 Meter hinauf zum Bahnhof von Myrdal, wo in die Bergenbahn umgestiegen werden kann. Über den mühseligen Bau der Schienenstrecken berichtet das kostenlos zu besichtigende Eisenbahnmuseum.

Dem Reisenden stehen nun ab Aurland zwei Strecken zur Verfügung. Wer es etwas eiliger hat oder im Winter unter-

#LærdalObst

Normalerweise sorgen die steten Westwinde in den Fjordregionen für hohe Niederschlagsraten und frische Temperaturen. Nicht so in Lærdal. Geschützt im Lee liegend, wird es hier im Sommer warm und Regen fällt wohl dosiert. Vor allem Obstbäumen scheint dies gutzutun, reifen deren Früchte hier doch schon seit über 250 Jahren prächtig. Sogar eine Apfelsorte trägt den Namen des Ortes.

#Vettisfossen

Im Industrieort Årdal beginnt das Utladal Tal, das zu den schönsten Tälern des Landes zählt und zu Wasserfällen führt, wie sie eindrucksvoller kaum sein könnten. Umgeben ist es von bis zu 2.000 Meter hohen Bergmassiven. Die herausragende Attraktion ist der mit ohrenbetäubendem Lärm 273 Meter senkrecht in die Tiefe stürzende Vettisfoss, den man auf einer 2–3 Stunden dauernden Wanderung erreichen kann.

Foto: © Thomas Rasmus Skaug/Visitnorway.com

Der Vettisfossen

Altes Gehöft in der Valdres

Foto: © Christian Roth Christensen/Visitnorway.com

#Bitihorn

Einer der markantesten Berge Ostjotunheimens ist das Bitihorn. 1.607 Meter erstreckt sich das einem Eckzahn gleichende Massiv in den norwegischen Himmel. Zu Füßen des Berges verkehrt während des Sommers das Ausflugsboot Bitihorn und bringt Wanderer tief hinein in die magische Bergwelt.

#RandsverkCamping

Dieser von Nina und Peter Brag familiär geführte und sehr gut ausgestattete Campingplatz liegt in Ostjotunheimen. Er bietet sich sehr gut als Ausgangspunkt für vielfältige Tagesausflüge an.
www.randsverk.no

Foto: © Nina Brag, Randsverk Camping

Top-Einrichtung: der neue Küchenpavillon

wegs ist, wählt den mit 24,5 Kilometern längsten Straßentunnel der Welt. An drei Halte- und Wendepunkten wird dieser von blauem Licht illuminiert.

Die recht schmale Alternativroute führt über zahlreiche Serpentinen übers Gebirge. Auf dem sogenannten Snøvegen (»Schneeweg«) kann bis in den Juni hinein mit hohen Schneewänden gerechnet werden. Einen einmaligen Blick über den Aurlandsfjord bietet die 30 Meter lange Rampe der Aussichtsplattform Stegastein.

Lærdal empfängt den Reisenden mit einer Vielzahl an historischen Holzhäusern und zahllosen Obstbaumplantagen. Lohnend sind der Besuch des norwegischen Wildlachszentrums und ein Abstecher in Richtung der Stabkirche von Borgund. Die gegen Ende des 12. Jahrhunderts erbaute, pagodenförmige Kirche ist die am besten erhaltene und formvollendetste ihrer Art in ganz Norwegen.

Zurück in Lærdal steht nun eine Fahrt zum Ende des Fjords, nach Årdalstangen, auf dem Programm. Zusammen mit dem Nachbarort Øvre Årdal bildet die Siedlung eines der Industriezentren der Region. Produziert wird vor allem Aluminium. Die Energie hierfür wird in den umliegenden Wasserkraftwerken produziert. Unbeeinflusst von Regulierungen ist der Wasserfall Vettisfoss im naturschönen Utladal, dem tiefsten Tal des Landes.

Über eine panoramareiche Serpentinenstraße geht es hinauf nach Tyin und anschließend auf der E 16 hinab ins naturbelassene Tal der Valdres. Die umgebauten, aber in ihrem Kern noch sehr gut erhalten gebliebenen Stabkirchen von Øye, Lomen und Høre sind ebenso sehenswert wie der romanische Slidredom und der Runenstein von Einang, der als weltweit ältester seiner Art gelten kann. Das Tal endet im beschaulichen Fagernes. Unweit des Freilichtmuseums zweigt nun die Straße in Richtung Jotunheimen ab. Vorbei an der Stabkirche von Hegge geht es zunächst hinauf in den charmanten Wintersportort Beitostølen. Im Sommer ist die Siedlung Ausgangspunkt für zahllose beeindruckende Wanderungen entlang der Hochebene der Valdresflya. Die wohl bekannteste führt über den schmalen Besseggengrat. Er ist oberhalb des Gjende-Sees zu finden, über den, ebenso wie über den Bygdin, während der warmen Jahreszeit Ausflugsboote hinein die die Bergwelt Ost-Jotunheimens verkehren.

Auf der Fahrt hinab lohnt ein Stopp an der Schlucht Riddarspranget. Der Ritter Sigvat Kvie soll sie einer Sage nach im Zuge eines Brautraubes auf einem Pferde sitzend übersprungen haben.

Unweit der Schlucht zweigt die 257 in das ursprüngliche Heidal ab. Viele historische Hofanlagen haben hier die Zeiten überdauert. Die wilden Wasser des Flusses Sjoa sind ein Refugium für Rafting-Sportler aus aller Welt. An der Gabelung der Rv51 und der 257 liegt mit Randsverk Camping auch ein sehr gut ausgestatteter Campingplatz.

In Sjoa folgt man nun der E 6 nach Süden und durchquert so das mächtige, rund 200 Kilometer lange Gudbrandsdal, Heimat des Käsehobels und des braunen, nach Karamell schmeckenden Ziegenkäses, einer nationalen Spezialität.

Für die Weiterfahrt gibt es in Harpefoss zwei Alternativen. Die erste führt über Gålå über die Panorama-Schotterstraße des Peer Gynt vegen in den wundervoll gelegenen Wintersportort Skei und anschließend hinab ins Gausdal, vorbei an Aulestad, dem einstigen Wohnsitz des Nationaldichters Bjørnstjerne Bjørnson. Benannt wurde der Weg nach Henrik Ibsens Dramaheld.

Foto: © Anders Gjengedal - Visitnorway.com

Rafting auf der Sjoa

#Zitronensee

Am östlichen Rand des Jotunheimen-Gebirges liegt der Lemonsjøen. Mit Zitronen hat der Name zunächst nichts zu tun, verweist er doch auf eine »lem« genannte Fischart, die seit 1349 am Nordufer mit Holzsperren gefangen wird. Kurioserweise bereiste jedoch auch vor 200 Jahren der Brite Sir Sun Kis die Gegend, dem man eine Vorliebe für Zitronenlimonade nachsagte, weshalb er immer zahlreiche Südfrüchte mit im Gepäck hatte.

Ziegenkäse aus der Valdres

Foto: © Christian Roth Christensen - Visitnorway.com

Bleibt man hingegen auf der sehr gut ausgebauten E 6, so passiert man unweit der beschaulichen Siedlung Ringebu. Das von zwölf widerstandsfähigen Säulen getragene, hoch aufragende Gebäude mit rotem Turm wurde um 1270 errichtet und im 17. Jahrhundert umgebaut. Es liegt noch heute am bekannten St. Olavs-Pilgerweg in Richtung des Nidarosdomes in Trondheim.

#SpielUndSpaß

Lillehammer bietet zahlreiche Aktivitäten für den Nachwuchs. Allein, für viele ist eine ordentliche Summe zu berappen. Kostenlos ist hingegen der neue Spielplatz im Nordre Park entlang der Nordre gate. Er ist das Resultat einer Investition in die Nutzung des öffentlichen Raums, die viele norwegische Orte neuerdings (und endlich) realisieren.

Vorbei an den Liftanlagen des Kvitfjells und des Hafjells, dem sehenswerten Straßenbaumuseum (Norsk Vegmuseum, gratis Eintritt) und dem von einer Vielzahl an Attraktionen geprägten Freizeitpark Hunderfossen gelangt man nach Lillehammer, der attraktivsten Stadt Ostnorwegens. Der Ort ist mit seinen vielfältigen Freizeitangeboten, wie zum Beispiel Wanderwegen, Loipen und Liften, der Schanzenanlage, seinen kleinen Läden und Holzhäusern und den spannenden Museen für an Sport und Kultur interessierte Reisende interessant.

In Lillehammer endet der mit 365 Quadratkilometern größte See Norwegens, der Mjøsa. Mühselig wurde die Straße in den letzten Jahren durch umfassende Sprengmaßnahmen zur Autobahn verbreitert. Man erahnt, warum man im 19. Jahrhundert den Weg über das Wasser jenem über Land vorzog. Noch heute verkehrt in den Sommermonaten der Skibladner, der älteste Schaufelraddampfer der Welt, über den See. Er legt in den jeweils rund 30.000 Einwohner zählenden größten Städten der Region an: in Hamer, Gjøvik und Lillehammer. Die längste Siedlungsgeschichte weist Hamar auf, das bereits 1152 zum Bischofssitz erho-

no

Skilift am Hafjell

Foto: © CH/Visitnorway.com

Langlauf im Raum Lillehammer

Foto: © CH/Visitnorway.com

ben wurde. Die von einem Glasbau überdachten Ruinen des alten Doms sind in einem Park am Ufer des Sees zu besichtigen. Hier, auf der Halbinsel Domkirkeodden, befinden sich zudem ein kostenlos zu besichtigendes Freilichtmuseum und das Norwegische Eisenbahnmuseum (Jernbanemuseum). Weitere Ausstellungen sind der Opernsängerin Kirsten Flagstad und dem beliebten Liedermacher Alf Prøysen gewidmet. Dem zweiten Museum ist auch das Spielhaus Mikkeliskogen angeschlossen. Das dominanteste Gebäude der Stadt ist die wahrhaft riesige, an ein umgedrehtes Wikingerschiff erinnernde Olympiahalle (Vikingskip).

#KirstenFlagstad

Kirsten Flagstad (1895–1962) dürfte heute nur noch wenigen bekannt sein. Mitte des 20. Jahrhunderts galt die in Hamar geborene Sängerin jedoch als die größte und beste Wagnersopranistin der Welt. Ihr Geburtshaus in der Kirkegata 11 enthält viele Andenken an ihre großartige und einmalige Karriere. Ausgestellt werden auch Originalkostüme ihrer Auftritte in der Metropolitan Opera in New York.

Am gegenüberliegenden Seeufer, jenseits der idyllischen Insel Helgøya (»Heilige Insel«) und der im 12. Jahrhundert erbauten, kathedralenartigen Ringsaker-Kirche, liegt Gjøvik. Wie Hamar, so ist auch diese Stadt sicher kein architektonisches Highlight, besitzt aber wiederum eine interessante olympische Eishalle – diesmal ist das Haus in einer künstlichen Höhle im Berg zu finden – sowie ein kleines Freilichtmuseum und einen idyllischen Wanderweg entlang des Mjøsa.

Unterwegs mit dem Einspänner

Foto: © CH/Visitnorway.com

Auf der E 6 geht es nun zügig voran. An Geschichte interessierte Reisende können einen Stopp in Eidsvoll getrost einplanen. In dem Ort wurde am 17. Mai 1814 das Grundgesetz des Landes verabschiedet.

Die Route endet in der Hauptstadt Oslo, die ab Eidsvoll innerhalb einer Stunde erreicht ist. •

#NORWEGEN
#route4

ROUTE 4

Durchs Helgeland zu den Lofoten

Trondheim – Namsos – Brønnøysund – Sandnessjøen – Saltstraumen – Bodø – Moskenes – Lofoten – Svolvær – Sortland – Andenes – Harstad – Lødingen – Salten – Fauske – Mo i Rana – Trondheim

An jener Stelle, an der Norwegen schlank wie ein Schwanenhals wird, ist eine der schönsten Küstenlandschaften Europas zu finden. Tausende von Inseln, flache, unscheinbare Schären wie auch solche mit monumentalem Fels liegen wie vom Winde verweht im Nordatlantik, vor der Kulisse der von Schnee und Gletschern bedeckten Gebirgsmassive des Binnenlands. Es ist ein sagenumwobenes Paradies für Naturliebhaber.

Ab Trondheim folgen wir der E 6 zunächst Richtung Osten. Die Landschaft entlang des 130 Kilometer langen Trondheimsfjords ist zunächst unspektakulär lieblich, mit ausgedehnten Feldern und Bergen geringer Höhe. Besiedelt wird das Gebiet jedoch schon seit vielen Tausend Jahren, wovon Felszeichnungen (helleristninger) in Stjørdal, Leirfall (E 14), Bardal und am Snåså-See bei Steinkjer (Skifahrer »Bølamannen« und Rentier »Bølareinen«) zeugen. Kulturelle Sehenswürdigkeiten jüngeren Datums sind die Ruinen der Inselfestung Steinvikholmen (1525), die Überreste des Munkeby-Klosters (1150) sowie die Kirchen von Værnes (1085), Alstadhaug (1150) und Logtun (1407). Letztere ist auf der Halbinsel Frosta zu finden, die im Mittelalter Schauplatz des Parlaments Frostatinget war. Noch größere Bedeutung für Norwegen hat jedoch der Ort Stiklestad, nahe der sympathischen Kleinstadt Verdal gelegen. Er war am 29. Juli 1030 Schauplatz jener Schlacht, auf der der später heiliggesprochene König Olav II. (Haraldson) fiel. An seinem Todestag gibt es im Kultursenter am Freilichtmuseum und auch in Trondheim, wo er zu Grabe gelegt wurde, Mittelalterschauspiele.

Foto: © C H - Visitnorway.com

Insel Munkholmen im Trondheimsfjord

#Straßenbahn Trondheim

Am 3. Dezember 1901 trat die erste Straßenbahn Trondheims ihren Dienst an. Ihr gingen keine Pferdebahnen voraus, sie wurde direkt an das Stromnetz angeschlossen. Die heute noch existierende Gråkollbahn wurde als private Linie 1924 eingeweiht und ist heute die einzige verbliebene Bahnstrecke der Stadt und gleichzeitig die nördlichste Straßenbahnlinie der Welt. Endstation ist in Lian im Stadtwald Bymarka.

Nördlich von Verdal, in Straumen, strömt der zweitstärkste Gezeitenstrom Norwegens. Ihn überquert man bei einer Rundfahrt über die idyllische Insel Inderøy. Nördlich davon liegt die größte Stadt der Region, Stjørdal. Den von Nachkriegsarchitektur geprägten Ort kann man getrost schnell durchqueren und vorbei am See Snåså weiter gen Norden reisen. Im kleinen Wintersportort Grong, der ein interessantes Lachsaquarium mit der längsten Lachstreppe der Welt besitzt, geht es nach Osten, über die Rv760 zur Küstenstraße Rv17, der wir nun bis zum Ende bei Bodø folgen.

Wer sich für raue, sturmerprobte Küstenstriche interessiert, sollte über die Rv776 einen Abstecher nach Rørvik machen. Im Ort selbst lohnt das Norveg-Küstenkulturzentrum einen Besuch, in der Umgebung der aus über 6.000 Eilanden bestehende Schärengarten. Teil der Region ist auch die etwas weiter nördlich gelegene, geologisch hochinteressante Insel Leka. Ihr Gestein besteht zumeist aus 500 Millionen Jahre altem Serpentin, das einmal Teil des Ozeanbodens war. An mehreren Stellen ist zudem die MOHO-Diskontinuität, also die Grenze zwischen Erdmantel und Erdkruste, aufgeschlossen. Deutlich jüngeren Datums sind die Strandlinien

#Sør-Gjæslingen

Einst war es praktisch, direkt an den Fischgründen zu wohnen. Heute ist ein Haus inmitten des brausenden Atlantiks nicht mehr von Vorteil. Die Inselgruppe Sør-Gjæslingen ist daher heute nur noch ein Museumsdorf und nahezu unbewohnt. Für Liebhaber historischer Häuser und glatt geschliffener Felsen jedoch ein hochkarätiges Ziel. Ausflüge in den Schärengarten vermittelt das Küstenmuseum in Rørvik.

Übernachten in Helgeland

aus der letzten Eiszeit, die sich vor rund 12.000 Jahren bildeten. Bekannteste Felsformation ist »Lekamøya«, die an eine Frau mit Schal erinnert (nahe des Ortes Solsem).

Die Rv17 fährt in einigen Kilometern Entfernung an Leka vorbei in Richtung Norden. Auf der folgenden Wegstrecke sind zahlreiche Fähren zu nutzen, über deren genaue Abfahrtszeiten man sich in den Touristenbüros informieren sollte.

Die erste setzt binnen 20 Minuten nach Vennesund über. Ab dem idyllischen Campingplatz sind es nun rund 50 Minuten Fahrzeit bis Brønnøysund, der mit 5.000 Einwohnern zweitgrößten Stadt der Region Helgeland. Bekannt geworden ist diese durch die einmalige Bergformation des Torghatten. Der 258 Meter hohe Monolith weist nämlich in seiner Mitte ein gewaltiges, 160 Meter langes Loch auf. Rein geografisch sollen es wohl die Gezeiten gewesen sein, die es an einer Schwächezone herausspülten, als der Meeresspiegel noch höher war. Eine Legende hingegen behauptet, dass es ein Troll war, der diesen »Hut« mit seinem Pfeil durchschoss, als er sieben Jungfrauen hinterherjagte. Diese versteinerten, als die Sonne aufging und sind

#Træna

Seit nunmehr 9.000 Jahren wird in der Region Fisch gefangen. Træna kann somit als das älteste Fischerdorf Norwegens gelten. Den faszinierenden Archipel erreicht man nach dreistündiger Fährfahrt ab dem Anleger Stokkvågen aus. Wie Monolithe überragen Felsmonolithe aus widerstandsfähigem Granit rund 300 Meter ihre Umgebung. Einmal im Jahr ist die Inselgruppe Ziel zahlreicher Gäste. Diese reisen im Juli zum Musikfestival an; Konzerte finden auch in der mächtigen Höhle Kirkhellaren statt.
www.trena.net

Die Felsen von Træna

Foto: © Frithjof Fure/Visitnorway.com

Am Saltstraumen

no

#BodøKino

Großes Kino erwartet man vielleicht nicht gerade in den nordnorwegischen Weiten. Es erstaunt daher, dass ausgerechnet in Bodø am 29. August 1908 das Fram Kino eröffnet wurde, nachdem man bereits 1906 erste cinematografische Streifen auf der Leinwand zeigte. Das Filmtheater mit dem Namen »Vorwärts« existiert noch heute, ist in der Storgata 8 zu finden und ist, je nach Lesart, das immerhin dritt- oder viertälteste seiner Art der Welt.

heute noch als Gebirgskette nahe Sandnessjøen zu sehen. Der Ort liegt rund 90 Kilometer nördlich von Brønnøysund. Um ihn zu erreichen, muss zwei Mal auf eine Fähre umgestiegen werden. Der erste Anleger ist in Horn zu finden. Ab hier geht es binnen 15 Minuten nach Andalsvåg, oder, für Reisende mit einer Portion Zeit im Gepäck, hinüber zum UNESCO-Weltnaturerbe der Insel Vega, die für ihre Eiderentenpopulation berühmt ist.

Für die Weiterfahrt auf der Rv17 muss ab Forvik nochmals eine Fähre genutzt werden. Diese setzt nach Tjøtta über und durchquert eine bizarre Landschaft aus rotem und grauem Gestein. Unweit des Kais liegen Hof und Museum des Dichters und Predigers Petter Dass (1646–1707) und eine Kirche mit Zwiebelturm aus dem 13. Jahrhundert.

Ab Sandnessjøen setzt eine Fähre hinüber zur Insel Dønna, wo die profilierte Bergformation des Dønnamannen zu sehen ist. Nördlich der Stadt überquert die Rv17 mittels der 100 Meter langen Helgelands-Brücke schwungvoll einen Sund und führt den Reisenden östlich von Nesna an das Ende des Sørfjords, wo in Richtung Mo i Rana und E 6 abgebogen werden kann.

Mo i Rana lohnt sicher keinen Abstecher, die in den Fluten des Atlantiks gelegenen Inseln Lovund und Træna hingegen schon (Fähre ab Stokkvågen). Beide Eilande werden von denkmalgleichen, häufig von Wolkenschaum gekrönten Bergen überragt. Auf Lovund werden diese von Papageitauchern besiedelt, auf Træna während einer Woche im Sommer von den Besuchern des Musikfestivals.

Spektakuläres erwartet den Besucher auch 25 Kilometer vor dem Industrieort Glomfjord. Am Kai in Holand legen im Sommer Boote in Richtung des Gletschers Svartisen über. Sein Eis ist am jenseitigen Ufer mittels einer einstündigen Wanderung zu erreichen.

Wir verlassen nun Helgeland und erreichen die Region Salten. Bemerkenswert sind hier die Gildeskål-Kirche aus dem 12. Jahrhundert, die Orchideenvorkommen auf der Halbinsel Inndyr sowie der 1,5 Kilometer lange Sandstrand »Langsanden« im Norden der landfesten Insel Sandhornøya.

Endpunkt der Rv17 ist der Saltstraumen, der stärkste Gezeitenstrom der Welt, hervorgerufen durch den Wechsel

#HauklandStrand

Der Kontrast aus urwüchsigen Bergen, feinkörnigem, sanftweißem Sand und karibisch anmutendem Wasser kann nur begeistern. Besonders an sonnigen Tagen ist Haukland der ideale Platz, um die Seele baumeln zu lassen. Im Sommer hat zudem das lässig-entspannte Café Kraftstasjon geöffnet.

Blick in Richtung Saltstraumen

#BuksnesKirche

Zwischen Gravdal und Ballstad ist unvermittelt ein imposantes Bauwerk zu entdecken: die Kirche von Buksnes. Das in Rot und Weiß gehaltene Gotteshaus erinnert an die norwegischen Stabkirchen und wurde 1905 im Drachenstil errichtet. Einzelne Giebeldrachen zur Dämonenabwehr und der pagodenförmige Aufbau sind auffällige Kennzeichen des Hauses. Die einst nicht weniger markanten Querstreben, die der Kirche Standhaftigkeit bei Sturm verleihen sollten, wurden mittlerweile in die Wände integriert.

von Ebbe und Flut. Zwei Mal täglich wird wild strudelndes Meereswasser in den Fjord gepresst.

17 Kilometer westlich der Kreuzung mit der Rv80 liegt Bodø. Die mit 51.000 Einwohnern zweitgrößte Stadt Nordnorwegens besticht zwar nach den Zerstörungen des II. Weltkriegs weniger durch ihre Architektur, wohl aber durch ihre einmalige marine Lage, eingerahmt von monumentalen Bergen am Horizont. Sehenswürdigkeiten gibt es an dem lebhaften Universitätsstandort trotzdem einige, wie das neue Kulturzentrum, das Luftfahrtmuseum am Flugplatz, die 1956 erbaute Domkirche, das Nordlandmuseum (Fischerei, Geschichte), das kleine Freilichtmuseum, den alten Handelsplatz Kjerringøy (42 Kilometer nördlich) und natürlich das 150 Meter hohe Rønvikfjell. Vom Aussichtspunkt bietet sich ein herausragender Blick auf das Häusermeer und die nicht selten darüber kreisenden Seeadler. Auch die Mitternachtssonne und die winterlichen Nordlichter lassen sich vom Gipfel hervorragend beobachten. An klaren Tagen kann man auch die Lofoten erspähen, zu denen wir nun übersetzen.

Die Drachenkirche von Buksnes

Nach einiger Fahrzeit über den Vestfjord hat man den Eindruck, die Fähre steuere auf eine massive, gezackte Felswand zu. Kein Wunder, dass die Lofoten den Beinamen »Alpen im Nordmeer« tragen. Ebenfalls nicht erstaunlich ist, dass man angesichts der geringen Siedlungsfläche die Fischerhäuser (Rorbuer) auf Stelzen über der Uferzone errichtete. Umgeben sind diese noch heute von Holzgestellen, auf denen in den Wintermonaten das »Gold der Lofoten« trocknet, der Skrei (Kabeljau).

Einen guten Einblick in das Leben am Rande der Welt bietet der von bis über 800 Meter hohen Bergen eingerahmte Ort Å, im äußersten Südwesten der Inselgruppe. Besichtigt werden können das Fischerdorfmuseum mit 14 Abteilungen sowie das Stockfischmuseum (Tørrfiskmuseum).

Å vorgelagert sind die Inselgruppen Røst und Værøy, erreichbar mit der Fähre ab Moskenes. Nördlich des Anlegers, neun Kilometer von Å entfernt, liegt Reine, einer der meistfotografierten Orte Europas. Die Lage auf einer Halbinsel am Fjord, an der Nahstelle zwischen offenem Meer und mächtigen Bergzinnen, ergibt sich ein nahezu unschlagbares Panorama. Den besten Blick hat man vom 448 Meter hohen Reinebringen, der jedoch erst nach Abschluss der Sanierungsarbeiten wieder bestiegen werden darf.

Wer nun meint, einer solch dramatischen Landschaft würden ein paar feinsandige Strände durchaus gut zu Gesicht stehen, hat Recht. Und tatsächlich sind solche auch auf den

Blick auf Reine

#Mortsund / Ure

Das Licht macht den Unterschied! Während Ure im Schein der Morgensonne baden darf, ist in Mortsund, jenseits des 501 Meter hohen Breidtinden gelegen, der Schein der Abendsonne zu Gast. Winterliche Nordlichter tanzen zum Ausgleich über beiden Orten. Übernachtet werden kann in den wundervoll gelegenen Rorbuern, also Stelzenhäusern, von Statles in Mortsund.

Am Strand von Ramberg

#AbstecherLaukvik

Bis zur nächsten Lichtquelle ist es auf den Lofoten meist nicht weit. Eine Ausnahme bilden die ausgedehnten Sandbänke am Gunnførfjord und dem Morfjord im Norden der Insel Austvågøy. Kein Wunder also, dass es unweit entfernt, in Laukvik, ein kleines Polarlichtzentrum gibt. Doch auch, wer auf eigene Faust loszieht, hat in dieser Region beste Chancen auf Nordlicht im Winter – und ebenso einen freien Blick auf die Mitternachtssonne im Sommer.

Abseits gelegen: Vikten

Lofoten zu finden, die schönsten in Ramberg, in der Bucht Kvalvika (Wanderweg ab Fredvang), in Fredvang sowie in Uttakleiv und Haukeland bei Leknes.

Südlich von Ramberg lohnen zwei sehr gegensätzliche Abstecher von der Hauptroute. Der erste führt in den von einem morbiden Charme umwehten Ort Sund, wo der Schmied am Fischereimuseum seiner kunstvollen Arbeit nachgeht. Der zweite hat hingegen das perfekt sanierte, ehemalige Fischerdorf Nusfjord zum Ziel. Im Sommer muss für das fotogene Ensemble mit historischem Laden und Übernachtungsmöglichkeiten Eintritt bezahlt werden. Ein Wanderweg führt an der Küste entlang nach Nesland.

Der zweite sehr bekannte Handwerker der Inselgruppe ist am Ende einer Nebenstraße in Vikten in der Glasbläserei tätig. Diese steht oberhalb des Sandstrands und bietet speziell an kalten Tagen eine willkommene Möglichkeit zum Aufwärmen (und Einkaufen).

Durch den Unterseetunnel von Napp erreicht man die landschaftlich etwas ruhigere Insel Vestvågøy. Das Handels- und Wirtschaftszentrum der Region ist Leknes. Wer nicht gerade einkaufen muss, kann die recht ungeplant gewachsene und wenig attraktive Siedlung getrost links liegen lassen und sich den Attraktionen in der Umgebung

Idyllisches Nusfjord

widmen. Neben den schon erwähnten Sandstränden sind diese die »Drachenkirche« von Gravdal (1905), das von Werften geprägte, dicht besiedelte Dorf Ballstad und kleine Fischereisiedlungen wie Mortsund und Ure.

Ab Leknes führen zwei Straßen über die Insel in Richtung Nordosten. Weniger befahren, aber deutlich schmaler ist die Rv815. Diese führt durch eine nahezu unberührte Berg- und Moorlandschaft und auch in Richtung der charmanten Stadt Stamsund (Hurtigruten-Kai).

Über die E 10 erreicht man hingegen die nordatlantischen Küstenorte Unstad und Eggum, die durch einen Wanderweg verbunden sind, und das Lofotr-Wikingermuseum mit dem Nachbau eines 83 Meter langen Häuptlingshauses.

Eine Panoramastraße umrundet die nun folgende, nur 46 Quadratkilometer große Insel Gimsøya. Der Weg passiert schöne Sandstrände im Norden und die mit Drahtsei-

#Bleik

Recht dicht gedrängt stehen die Häuser des charmanten Fischerdorfes Bleik. Gerade so, als wollten sie sich gegenseitig Schutz geben vor den Unbilden des Wetters im Norden der Insel Andøya. Vorgelagert, und ideal für abendliche Spaziergänge, ist der Sandstrand, einer der schönsten des Nordens, mit freiem Blick auf die Vogelinsel Bleiksøya.

Im Hafen von Henningsvær

#EngeløyaAbstecher

Der Name Engeløya, den man mit »Engelsinsel« übersetzen kann, im herkömmlichen Sinn aber »gebogene Insel« bedeutet, ist durchaus Programm. Den Besucher erwartet hier eine himmlisch-perfekte Mischung aus Sandstränden, grünen Wiesen, dem Azurblau des Meeres und schroffen Bergen. Auf diese verweist nun wieder der Name der umliegenden Kommune, Steigen, der mit »empor steigen« übersetzt werden kann.

len gegen Sturm gesicherte, 1876 erbaute Holzkirche im Osten. Eine Brücke führt hinüber zur größten Insel der Lofoten, nach Vestvågøya. Der wohl schönste Ort ist das auf mehreren Inseln gelegene Fischerdorf Henningsvær. Outdoor-Anbieter haben hier ihren Sitz, es gibt Cafés und kleine Läden. Besucht werden kann auch die Galerie des Malers Karl Erik Harr sowie einer der am schönsten gelegenen Sportplätze der Welt. Auf einer Halbinsel unterhalb eines Leuchtturms ist er zu finden.

Spannende Ausstellungen werden am Rande des kleinen Ortes Kabelvåg präsentiert. Besucht werden können das Lofot-Museum (Fischfang, Geschichte, Freilichtabteilung), die Galerie Espolin und das Aquarium.

Zwischen Kabelvåg und Svolvær, der heimlichen Hauptstadt der Inselgruppe, passiert man die »Kathedrale der Lofoten«, die 1898 erbaute Vågan-Kirche.

Svolvær gibt sich recht modern, besitzt eine sehr gute Auswahl an Geschäften und eine attraktive Uferpromenade.

In Svolvær

Sehenswert sind die Magic-Ice-Eisskulpturen, das Nordnorwegische Künstlerzentrum, die Galerie Dagfinn Bakke und selbstverständlich die Felsformation der Svolværgeita (Svolvær-Ziege). Die Stadt wird täglich von den Schiffen der Hurtigruten angesteuert. Der Postschifflinie ist in Stokmarknes (Vesterülen) ein Museum gewidmet.

Ein beliebter Ausflug auf dem Wasser führt über den Raftssund in den engen Trollfjord hinein.

Die E 10 führt ab Svolvær nach Norden zum Fähranleger in Fiskebøl. Am anderen Ufer, in Melbu, haben wir die Inselgruppe der Vesterålen erreicht. Diese ist zwar noch immer deutlich weniger bekannt als die Lofoten, aber nicht minder schön. Höhepunkt der Region ist die Insel Andøya, die man über die ganz in Blautönen gehaltene Stadt Sortland erreicht.

Andøya ist eine Mischung aus morastigen Ebenen und hartem, hoch aufragendem Fels und aus Gezeitenstränden mit Geröll im Osten und feinstem Sand im Westen und

#SjøgataMosjøen

Eigentlich sollten die idyllischen Holzhäuser der »Seestraße« schon gar nicht mehr stehen. Bürgerinitiativen verhinderten jedoch zum Glück den Kahlschlag, sodass man sich heute am Rande der Innenstadt von Mosjøen noch immer ein lebendiges Bild vom Leben im 19. Jahrhundert machen kann. Also von jener Zeit, als wohlhabende englische Holzhändler, die sogenannten Bretterbarone, in die Gegend kamen.

Norden (Stave, Bleik, Andenes). Touristischer und wirtschaftlicher Hauptort ist Andøy, am nördlichen Ende der Rv82 gelegen. Im Winter muss für ein »Entkommen« der Weg zurück gewählt werden, im Sommer setzt die Fähre in Richtung Senja über (Anschluss an die Route 5).

Andøy ist europaweit bekannt geworden durch seine Walsafaris. Man braucht noch nicht einmal so viel Glück, um die mächtigen Pottwale beobachten zu können. Über das Leben in diesem abgelegenen Winkel der Welt erzählen das Polarmuseum und das Naturzentrum Hisnakul. Auch kann der hoch aufragende Leuchtturm besichtigt werden.
Die Route führt zurück nach Sortland und folgt dann der E 10 bis zum Fähranleger in Lødingen. Hier kann nach Bognes an der E 6 übergesetzt werden. Wer zum Regionalflughafen Harstad/Evenes möchte oder sich für die Kriegsgeschichte der Stadt Narvik interessiert, folgt weiter der E 10. Nördlich von Narvik kann auf die Route 5 abgebogen werden.

Am Strand von Bleik

Ab dem Fähranleger in Bognes geht es nun wieder in Richtung Trondheim zurück. Wir folgen diesmal der gut ausge-

Foto: © Frithjof Fure/Visitnorway.com

bauten E 6, nicht jedoch ohne ein paar Abstecher einzubauen. Ein erster folgt der Rv827 nach Drag, wo das Kulturzentrum der Lulesamen und der monumentale, 1.392 Meter hohe Berg Stetind liegen.

Ein weiterer Umweg führt die Rv81 entlang nach Hamarøya in das Reich Knut Hamsuns. Der Schriftsteller und Literaturnobelpreisträger verbrachte hier seine Kindheit und Jugend. Das Hamsunsenter, ein dunkler Turm mit »Haarwuchs«, gibt Einblick in sein Schaffen.

Landschaftlich ähnlich schön wie Hamarøya, aber noch mit mehr herausragenden Besonderheiten gesegnet, ist die etwas weiter südlich gelegene Insel Engeløya (Engelsinsel). Flache Strände können hier ebenso erkundet werden, wie steil emporragende Berge und der geschichtliche Rundwanderweg (Steigen Fortidspark). Außerdem gibt es ein Bauernmuseum mit Kräutergarten (Steigen Bygdetun).

Über die gut ausgebaute E 6 ist das Städtchen Fauske schnell erreicht. Naturliebhaber sollten unterwegs einen Abstecher zur wilden Natur des Rago Nationalparks an der

#BullerbüInMoI Rana

Mo i Rana ist als Industrieort bekannt. Weniger rumgesprochen hat sich jedoch bislang, dass die Kleinstadt eine neu sanierte Uferpromenade besitzt, mit der überragenden Skulptur »Havmannen« (Der Mann vom Meer) als Mittelpunkt. Eingerahmt wird der Weg am Fjord entlang von farbenfrohen Häusern, einige von ihnen modern gestaltet, andere hingegen über 150 Jahre alt.

Historische Häuser in Mo i Rana

Der wild schäumende Laksforsen

#Laksforsen

Nahe Trofors gibt sich die Landschaft ruhig und beschaulich. Folgt man jedoch von der E 6 nichtsahnend dem Wegweiser »Laksforsen«, wird es dramatisch. Wild und ungezähmt strömt das Wasser der Vefsna über eine 17 Meter hohe Kaskade. Über 1.800 Liter können es pro Sekunde sein, wenn die Niederschlagsraten mitspielen. Am Ufer ist eine frisch sanierte Lachstreppe zu erkennen.

Wanderung in Richtung des Svartisen

Foto: © Bodo

schwedischen Grenze einbauen. Ebenso beeindruckend, jedoch deutlich mehr vom Menschen geprägt ist die Landschaft rund um den Bergwerksort Sulitjelma, 35 Kilometer östlich von Fauske. Vom Abbau von Kupfer, Zink und Schwefel berichtet das sehenswerte Grubenmuseum.

Die E 6 führt nun geradewegs nach Süden, durch Rognan (Saltdal-Freilichtmuseum), vorbei am Junkerdal Nationalpark, der wegen seiner erstaunlich vielfältigen Tier- und Pflanzenwelt berühmt ist, hinauf auf das Saltfjell und damit zum Nördlichen Polarkreis. Überquert man diesen an der Küste fast etwas unbemerkt mit der Fähre, ist er hier entlang der Hauptstraße deutlich mit einer Weltkugel und einem großen Souvenirladen gekennzeichnet.

Direkt »unterhalb« des Polarkreises liegt Mo i Rana. Abgesehen von der Einkaufszone, der Uferpromenade und den bescheidenen Resten der alten Holzhausbebauung ist der Industrieort nicht weiter sehenswert. Er ist jedoch ein guter Ausgangspunkt für einen Besuch des Gletschers Svartisen und zweier spektakulärer Höhlensysteme, der Grønli- und der Seter-Grotte.

Ebenfalls durch Industrieanlagen geprägt, aber architektonisch trotz allem deutlich ansprechender ist die eine Stunde weiter südlich gelegene Stadt Mosjøen. Entlang der Sjøgata am Fluss sind zahlreiche Häuser des 18. und 19. Jahrhunderts erhalten. Zudem gibt es ein Stadtmuseum und die Freilichtanlage der Vefsn Bygdesamling.

Ein Highlight entlang der E 6 sind die ohrenbetäubenden Fluten des Wasserfalls Laksforsen. Mit lediglich 17 Metern beeindruckt er zwar nicht unbedingt in der Höhe, kann aber mit 700 m³/s die größte durchschnittliche Abflussmenge aller Wasserfälle Europas aufweisen. Sein Wasser rauscht östlich vorbei an den unberührten und nur wenig erschlossenen Höhenzügen des Nationalparks Lomsdal-Visten.

Deutlich lebhafter geht es da schon im Familienpark Namskogen zu. Neben einem Tiergehege, mit unter anderem Elchen, Wölfen und Bären, gibt es Aktivitäten für kleine Baumeister und Landmaschinen-Enthusiasten.

Der Freizeitpark liegt nördlich von Grong. Ab hier folgen wir der eingangs beschriebenen Route zurück nach Trondheim. •

#Alstadhaug

In der Region Innherred sind fünf Mittelalterkirchen zu finden, eine nicht geringe Anzahl für Norwegen. Das interessanteste Gotteshaus ist nahe Levanger in Alstadhaug zu finden. Das romanisch-gotische Gebäude stammt aus dem 12. Jahrhundert und weist eindrucksvolle Kalkmalereien mit biblischen Motiven aus dem 13. Jahrhundert auf.

Landschaft südlich von Grong

#NORWE route5

no

ROUTE 5

Zwischen Tromsø und Nordkap

Tromsø – Senja – Målselv – Storslett – Alta – Hammerfest – Nordkap – Porsangerfjord – Varanger – Kirkenes – Anschluss Finnland

Nordlicht nahe Tromsø

Foto: © Gaute Bruvik - visitnorway.com

Mit dem Nordkap umfasst Nordnorwegen eines der absoluten Sehnsuchtsziele für viele Reisende. Doch die Region bietet viel mehr. Knapp 2.000 Meter hohe Berge, ausgedehnte Hochebenen, Gletscher und Sandstrände. Außerdem einen Besuch wert sind außergewöhnliche Städte wie Tromsø und Hammerfest sowie die karge Schönheit der Varanger-Halbinsel.

Die Route beginnt in Tromsø, der mit 75.000 Einwohnern größten skandinavischen Stadt nördlich des Polarkreises. Der Ort ist perfekt mit dem Auto, aber auch mit dem Flugzeug ab Oslo und der Hurtigruten erreichbar. Er ist in jedem Fall einen Besuch wert und bietet perfekte Bedingungen für die Beobachtung der sommerlichen Mitternachtssonne und des winterlichen Polarlichts. Ein optimaler Standort ist der Hausberg Storsteinen, zu dem eine Seilbahn hinaufführt.

Nicht nur Tromsø selbst, auch die Umgebung ist ein attraktives Ziel. So sind die nördlich der Stadt gelegenen Inseln der Gemeinde Karlsøy einen Ausflug wert. Hier erwartet die Gäste viel unberührte Natur, besonders auf der Insel Vanna, die mit bis über 1.000 Meter hohen Gipfeln und einsamen Tälern aufwartet. Im Gegensatz dazu steht die Landschaft rund um das idyllische Örtchen Sommarøy (Sommerinsel), 56 Kilometer westlich von Tromsø. Am Rande sanfter Hügelketten erstrecken sich kleine Ebenen in Richtung des glasklaren Wassers und zahlloser schneeweißer Sandstrände. Raue, hohe Berge gibt es nur noch als ferne Kulisse im Hintergrund. In der Zeit zwischen November und Januar können oft Wale beobachtet werden.

#SkiUndSchnee

Vor ein paar Jahren wurde in Tromsø eine Sendung über Räumfahrzeuge gedreht. Kein Wunder, ist doch die Stadt als »Schneeloch« bekannt. Als Skidestination muss sich der Ort jedoch noch etablieren. Ein größeres Skigebiet ist in Planung. Doch schon heute existiert ein durchaus beachtenswerter Alpinhang und ein recht dichtes Loipennetz. Außerdem werden zahlreiche Hundeschlittentouren angeboten.

Zwischen Ende April und Anfang September legt unweit Sommarøys, in Botnhamn, die Fähre nach Senja ab. Die

Tromsø am Abend

#Amundsen

Das Polarmuseum Tromsøs zeigt eine durchaus umfassende Kollektion an Erinnerungsstücken an Norwegens großen Polarhelden, Roald Amundsen. Zu Recht, wählte doch der Abenteurer die Stadt als Startpunkt für die Fahrt durch die Nordostpassage. Dass Handlungen und Entscheidungen Amundsen nicht unumstritten sind, zeigt eine Kunstaktion im Jahr 2019, bei der sein Denkmal teilweise verhüllt wurde.

knapp 1.600 Quadratkilometer große Insel liegt wie eine Hand im Nordatlantik. Sie wird von einzigartiger, dramatischer Landschaft beherrscht und bietet als Kontrast zu steil abfallenden Bergflanken und scharfkantigen Felsen, wie den »Zähnen des Teufels« (Djevlens Tanngard), auch liebliche Sandstrände und beschauliche Täler. Nahe Finnsæter sind, wen wundert's, auch die Trolle zu Hause. Deren größter, der Senjatroll, ragt als riesige Skulptur aus der Landschaft. Abgesehen von diesem riesenhaften Geschöpf sind die kleinen Orte Gryllefjord (Fähre nach Andenes auf den Vesterålen) und das auf einer Insel liegende Husøy sehenswert. Davon, dass es hier am Saume des Meeres durchaus stürmisch zugehen kann, zeugen zahlreiche mit Stahlseilen gesicherte Gebäude.

Senja durchquert die Rv86. Diese führt in Richtung des Nationalparks Ånderdalen, mit über 500 Jahre alten Bäumen, Urwäldern und Mooren, in Richtung Festland, nach Finnsnes. Der Ort selbst ist, wie viele nördlich des Polarkreises, nicht weiter spannend, bietet aber immerhin zahlreiche Einkaufsmöglichkeiten zur Aufstockung der Vorräte. Nach

Idylle südlich von Tromsø

45 Kilometern ist in Bardufoss die E 6 erreicht. Bei gutem Wetter lohnt ein Umweg nach Süden über die landschaftlich schöne und wenig befahrene Reichstraße 84. Diese trifft in Fossbakken auf die E 6, der wir nun unbeirrt nach Norden folgen. Zwischenstopps können am Polarpark, dem nördlichsten Tierpark der Welt, dem Målselv Freilichtmuseum in Bardufoss, und am Fluss Målselv selbst eingelegt werden. Dieser gilt nicht zu Unrecht als einer der schönsten Wasserläufe Skandinaviens. Die Landschaft ist ansonsten wenig spektakulär, weshalb ein Ausflug in Richtung schwedische Grenze zum Nationalpark Øvre Dividal durchaus lohnt. Die einsamen Höhenzüge werden durch einen Abschnitt des Wanderwegs der Nordkalottruta erschlossen.

In Nordkjosbotn erreicht die E 6 am Balsfjord den Abzweig nach Tromsø. Kurz nachdem der Piggstein, eine Art Graffiti-Tagebuch auf Fels, passiert ist, führt der Weg zu einem weiteren Wasserarm, dem Lyngsfjord. Linker Hand ragen nun die über 1.800 Meter hohen Zacken der Lyngsalpen empor. Viele der absolut imposanten, teils vergletscherten Gipfel sind im Winter das Ziel von Offpist-Skifahrern.

#SkansenFestung

Tromsø gibt sich vielerorts recht modern. Davon, dass auf der Insel im Sund schon seit vielen Hundert Jahren Menschen leben, zeugt allein die kleine, unscheinbare Festung Skansen unweit des Hafenbeckens. Ihre Erdwälle können vermutlich bis ins 11. Jahrhundert zurückdatiert werden. Die orange getünchten Häuser wurden hingegen erst im 18. Jahrhundert errichtet und werden im Rahmen von Festivals kulturell genutzt.

In den Lyngsalpen

Ersfjordstranda auf Senja

Mit 1.306 Metern etwas bescheidener in der Höhe, aber umso beeindruckender ist der Otertind, das »Matterhorn der Arktis«. Der Berg überragt das Signaldalen, 25 Kilometer südwestlich von Skibotn, einem der trockensten Orte des Nordens und Ausgangspunkt für eine Fahrt in das Skibotndal. Dieses führt geradewegs Richtung Finnland und ist Einstiegspunkt für eine Wanderung auf dem Lulledalen Waldpfad (Lulledalen skogsti).

Nördlich von Skibotn hat man von der Halbinsel Nordnesbotn einen weiteren Blick auf die Gipfel der Lyngsalpen. Anschließend umrundet die E 6 den Kåfjord. Am Ende des Wasserarms ist das Holmenes Museum zu finden, das der Kultur der See-Samen gewidmet ist. Folgt man der Straße an den Häusern vorbei in das Tal, gelangt man zum urtümlichen Gorsa Canyon. Diesen überquert eine bei Bungee-Jumpern beliebte Hängebrücke.

Nächster größerer Ort entlang der Route ist Storslett. Die Siedlung selbst ist zwar arm an Sehenswürdigkeiten, reich jedoch an Ausflugszielen in jeder Himmelsrichtung. In Richtung Westen liegt an der Mündung des Lyngsfjords die Insel Uløya. Zu ihr führt eine Fähre, die in Hamnes anlegt. Der Ort weist die Besonderheit auf, dass seine Häuser in Richtung Wasser vor 150 Jahren in sehr kostbarem Weiß getüncht sind, in der von der Allgemeinheit abgewendeten Seite jedoch in etwas preiswerterem Rot erstrahlen.

Hält man sich ab Storslett nun in Richtung Süden, gelangt man über die Rv865 zum Freilichtmuseum Tørrfoss – zu sehen ist ein Hof kvenischer Einwanderer – und in den Reisa Nationalpark. Ab Bilto fährt ein Boot in diesen hinein, unterwegs den 269 Meter hohen Wasserfall Mollisfossen passierend. Ein weiterer ist der lediglich 20 Meter hohe Imofossen. Dieser stürzt im zentralen Teil des Naturschutzgebiets in einen gewaltigen Strudeltopf inmitten eines Canyons.

In der gegenüberliegenden Himmelrichtung, im Norden, liegt auf einer landfesten Insel die 2.300-Einwohner-Siedlung Skjerøy. Genau wie Hamnes wurde auch dieser Fischerort während des Zweiten Weltkriegs erstaunlicherwei-

no

#ZähneDesTeufels

Wild stürmt die Landschaft Senjas auf den Besucher ein. Da fühlt man sich schon manches Mal, vor allem am Beginn und Ende des Tages, wie in der Unterwelt. Kein Wunder also, dass die viele Hunderte Meter hohen Felszacken im Nordwesten der Insel den Beinamen »Gebiss des Teufels« (Djevelens tanngard) haben. Manch einer mag nun jedoch anmerken, dass es gar nicht des Teufels braucht, um die grandiose Natur Senjas hervorzuheben.

Die sagenhaften Felszeichnungen von Alta

#Lyngsalpen

Die Lyngsalpen sind definitiv nicht nur im Sommer eine Reise wert. Im Winter begeistert die Landschaft mit scharfen Kontrasten und schier endlosen Schneebergen. Der in Skibotn ansässige Veranstalter Skibotn Husky (activenorth.no) bietet für aktive Gäste unvergessliche Hundeschlitten- und Schneemobiltouren an. Wahlweise stehen Tages- und Mehrtagestouren auf dem Programm.

se nicht zerstört und ist daher recht gut erhalten. Sehenswert ist die Kirche aus dem Jahre 1728.

Einen ebenfalls idyllischen Eindruck hinterlässt der im Osten an der E 6 liegende Ort Oksfjordhamn. Über diesen führt unsere Route nach Alteidet, wo eine kleine Nebenstraße in Richtung Jøkelfjord abbiegt. Vom Parkplatz aus hat man einen faszinierenden Blick auf den Gletscher Øksfjordjøkelen. Einen weiteren Blick auf die Eiskappe hat man von der 882 nahe des Ortes Øksfjord. Dieser ist auch ein idealer Platz zum Erlebnis der Mitternachtssonne.

Über Talvik und die ehemaligen Kupfergruben von Kåfjord führt die E 6 nach Alta. Mit 20.000 Einwohnern ist die Stadt die größte Siedlung im äußersten Norden des Landes. Nach den Zerstörungen des Zweiten Weltkriegs wurde Alta modern wiederaufgebaut, wobei der Hochschulstandort bemüht ist, die architektonische Wende zu schaffen. Ein Meilenstein auf den Weg dorthin ist die hoch aufragende, 2013 geweihte Nordlichtkathedrale.

Deutlich bekannter noch als die Kirche sind die bis zu 6.200 Jahre alten Felszeichnungen,

Blick auf den Altafjord

die von der UNESCO als Weltkulturerbe eingestuft wurden. Die »helleristninger« wurden von den Menschen der Komsakultur geschaffen und stellen Boote, Tiere und Jagd-Szenen dar. Sie befanden sich einst direkt oberhalb der Wasseroberfläche, an der Grenze zwischen Unterwelt und Himmel, liegen heute jedoch in Folge der Landhebung bis zu 26 Meter über dem Meeresspiegel. Ein knapp drei Kilometer langer Rundgang erschließt das Gelände. Angeschlossen ist zudem ein informatives Museum.

Der Alta ist ein hervorragender Ausgangspunkt für Ausflüge auf die Finnmarksvidda. Im Sommer können bei bis zu 30 Grad die endlosen Weiten der Hochebene zu Fuß durchstreift werden, im Winter, bei bis zu minus 50 Grad, auf Skiern oder mit dem Hundeschlitten. Höhepunkte sind der Sautso Canyon und die samischen Orte Kautokeino (Juhls Silberschmiede) und Karasjok (Sápmi Themenpark, Samische Sammlungen und Samisches Parlament).

#AuroraSpirit Destille

Whisky-Destillen verortet man gemeinhin weiter westlich und nicht im Norden Norwegens. Bei Aurora Spirit in Lyngseidet ist man sich sicher, dass auch die nordische Luft für Spirituosen der Extraklasse sehr gut geeignet ist. Überzeugen kann man sich davon in der nördlichsten Destille der Welt montags bis freitags zwischen 10 und 15 Uhr. Führungen inklusive Verkostung finden 13 und 14 Uhr statt. (**www.bivrost.com/auroraspirit**)

Wir folgen nun ab Alta weiter der E 6 gen Norden über die Hochebene Sennalandet zum kleinen Skizentrum Skaidi, dem nördlichsten der Welt. Hier zweigt nun die Rv94 ab. Durch immer rauer und karger werdende Landschaft führt diese zur nördlichsten Stadt Europas, Hammerfest. Obgleich der Ort während des Zweiten Weltkriegs dem Erdboden gleichgemacht wurde und nun nach dem Wiederaufbau im Zentrum Beton und Stein das Holz ersetzen, besitzt er Charme und Ausstrahlung. Da vom 21. November bis 23. Januar Polarnacht herrscht, wurden bereits 1891 die ersten elektrischen Straßenlaternen installiert. Hinzu kam vor einigen Jahren eine dynamische, von Lichtdesignern entworfene LED-Beleuchtung am Markt. Dort ist auch das Rathaus mit dem bekannten Eisbären-Club zu finden. Läuft man ab hier nach Westen, gelangt man zum Wiederaufbaumuseum und der modernen, 1961 erbauten Kirche. Richtung Nordosten geht es am Ufer entlang zum neuen, futuristischen Kulturhaus und nach etwa einem Kilometer zur 1810 angelegten Skansen Festung und der Meridiansäule. Diese erinnert an die Vermessung der Erde und wurde 1852 in Hammerfest vollendet. Den besten Blick über die Stadt hat man vom Aussichtsberg Varden, den man vom Zentrum aus über den Zick-Zack-Weg erreicht. Von

#HoppeEtter Wirkola

Wenn man es einfach nicht mehr schafft, Schritt zu halten, dann springt man in der norwegischen Sprache Wirkola hinterher. Bjørn Wirkola (*1943) wurde in Alta geboren und war vor allem in den 1960er-Jahren eine feste Größe im Skisprungzirkus. Von seinem Leben und den zwei WM-Titeln bei den Wettkämpfen 1966 in Oslo berichtet eine sehenswerte Ausstellung im Bergkunst-Museum in Alta.

Auf dem Weg zum Nordkap

#Havøysund

Wer vor dem gut besuchten Nordkap noch einmal etwas Abenteuer verspüren möchte, wählt die 84 Kilometer lange Stichstraße nach Havøysund. Die Wegstrecke ist Teil der Nationalen Touriststraßen, weshalb man inmitten der subarktisch-rauen Landschaft mit einigen windgeschützten, architektonisch ansprechenden Rastplätzen rechnen kann. Havøysund selbst gibt sich für eine Stadt auf dem 71. Breitengrad erstaunlich farbenfroh und einladend.

oben kann man auch die sehr gegensätzlichen Inseln Seiland und Melkøya erkennen. Auf erster existiert seit 2006 ein Nationalpark, auf zweiter wurde 2007 eine große, weithin sichtbare Erdgasanlage in Betrieb genommen. An Land lohnt ein Ausflug zum Geröllstrand von Forsøl.

Reist man nicht gerade mit der Hurtigruten weiter, die Hammerfest täglich ansteuert, so muss die Rv94 bis zur E 6 zurückgefahren werden. Dieser folgen wir nun bis Olderfjord und zweigen in dem kleinen Ort mit Supermarkt und Tankstelle in Richtung »Nordkapp« ab. 128 Kilometer sind nun bis zum Sehnsuchtsziel vieler Reisender zurückzulegen.

Die Straße führt am wundervollen Porsangerfjord entlang, der an manchen Tagen eine geradezu südländische azurblaue Farbe annimmt. Kurz hinter Kåfjord muss ein Unterseetunnel durchquert werden, der zur Insel Magerøya führt. Dies lässt schon erahnen, dass das auf 71° 10′ 21″ nördlicher Breite gelegene Kap nicht wirklich der nördlichste Festlandspunkt Europas ist. Da der 1553 vom englischen Kapitän als »North Cape« bezeichnete Felsen jedoch ab-

Weltkugel am Nordkap

solut imposant ist und eindrucksvolle 307 Meter steil ins Nordmeer abfällt, konnte er sich gegenüber dem deutlich schlechter erreichbaren Nordkinn durchsetzen.

Vom 11. Mai bis 31. Juli kann mit Blickrichtung Norden die Mitternachtssonne erlebt werden. Zumindest theoretisch, denn an nicht wenigen Tagen herrscht dichter Nebel oder Sturm. Auf der Flucht vor Wind und Wetter können sich die durchaus sehr zahlreichen Gäste in die Nordkaphalle zurückziehen. In dieser gibt es einen Souvenirladen, Caféteria, Restaurant, Kapelle und eine Multivisionsshow. Außerdem kann man im »Royal North Cape Club« Mitglied werden.

Für das Nordkapplateau ist ein nicht geringes Eintrittsgeld zu entrichten.

Neben dem Nordkap liegen auf der Insel der sehenswerte Fels »Kirkeporten« und recht malerische Fischerdörfer wie Skårsvåg und Gjesvær. Die Hurtigruten steuert Honningsvåg an, den Hauptort Magerøyas. Sehenswert sind die Kir-

Foto: © Christian Roth Christensen - Visitnorway.com

Die Hurtigruten legt an.

#DasNordkaphorn

Das Nordkap an sich ist als Fels ja eine Attraktion und weltberühmt. Weniger bekannt ist das sogenannte Nordkaphorn an der Ostflanke des Plateaus. Die markante, weit ins Nordmeer ragende Bergformation sieht man am besten bei der Fahrt in das Fischerdorf Skarsvåg.

Der Nordkapfelsen kurz vor Mitternacht

Im Hafen von Honningsvåg

#Trollholmsund

Am westlichen Ufer des Porsangerfjords zeigt ein Wegweiser in Richtung der faszinierenden Dolomitfelsen des Trollholmsunds. Rund 700 Mio. Jahre alt sind sie. Infolge einer samischen Sage waren die Härtlinge einst Trolle, die daran scheiterten, mit einer Kiste voller Gold das Wasser zu überqueren und bei Sonnenaufgang kurzerhand zu Stein wurden.

che aus dem Jahr 1884 und das Nordkapmuseum. Zahlreiche Hotels und Reiseveranstalter sind hier ebenfalls ansässig.

Ab Olderfjord folgt unsere Route nun der E 6 nach Süden, am Ufer des 123 Kilometer langen und bis zu 20 Kilometer breiten Porsangerfjords entlang. Nach rund 33 Kilometern lohnt es sich, der Ausschilderung »Trollholmsund« zu folgen. Am Ende des Weges sind faszinierende Dolomitfelsen zu sehen. Ihr Alter wird auf 700 Millionen Jahre geschätzt. Laut einer Sage soll es sich bei den Steinformationen um versteinerte Trolle handeln. Bei Ebbe kann die vorgelagerte, ebenfalls aus Kalkstein bestehende Insel Trollholmen erkundet werden.

Blick in Richtung Porsangerfjord

Inmitten der rauen, kargen Landschaft am Ende des Fjords liegen die Hochebenen und engen Täler des Stabbursdalen Nationalparks. Unter Schutz steht hier auch der nördlichste Kiefernwald der Welt. Einige Bäume sollen ein Alter von 500 Jahren aufweisen. Über die Natur informiert das Stabbursnes Naturhus.

In Lakselv (Supermarkt und Tankstelle!) verlassen wir für die nächsten 210 Kilometer die E 6 und folgen der Rv98. Diese führt am Fjord entlang nach Norden, vorbei an eiszeitlichen Schotterterrassen, und biegt in Børselv in Richtung Osten ab. Am Silfar Canyon geht es nun über zwei von samischen Rentierzüchtern genutzte Hochebenen zum Fluss Tana. Unterwegs kann in Ifjord Richtung Nordkinn und der abgele-

#Canyon

Rund 50 Kilometer nordöstlich von Lakselv durchschneidet das klare Wasser des Flusses Børselva das kalkhaltige, weiche Gestein und bildet den spektakulären, bis zu 80 Meter tiefen Silfar Canyon. Er zählt zu den schönsten seiner Art in Europa und ist reich an Lachsen.

genen Fischerorte Kjøllefjord, Gamvik und Mehamn abgebogen werden.

#Jul

Der Weihnachtsmann wird ja meist im finnischen Rovaniemi vermutet. Erstaunlich nur, dass östlich der Mündung der Tana so viele Landschaftsnamen auf jul, also Weihnachten, hinweisen. Da gibt es das unberührte Julelvdal, also das Weihnachtsflusstal, durch dies selbstverständlich auch der Weihnachtsfluss, also der Julelva, fließt. Dieser hat unweit des Julahaugen, des Weihnachtshügels, seine Quelle und nahe der Engelsbucht (Engelsbukt) seine Mündung.

Der von Sandbänken durchzogene Fluss Tan kann in Tana bru (»Tana Brücke«) überquert werden. Nach Norden zweigt die Rv890 in Richtung Båtsfjord und Berlevåg ab, zwei Fischerdörfer am »Ende der Welt«, die eindeutig schneller mit den Schiffen der Hurtigruten und mit dem Flugzeug erreichbar sind als mit dem Pkw. In Berlevåg, das durch einen Film über den örtlichen Männerchor weltberühmt wurde, kann das Arctic Glasstudio besucht werden. Eine Übernachtungsmöglichkeit bietet der an den Gestaden des Nordmeeres gelegene Leuchtturm Kjølnes fyr.

Ab Tana bru folgt unsere Reiseroute nun wieder der E 6, zunächst bis Varangerbotn. Inmitten der erstaunlich lieblichen Landschaft liegt das samische Museum Várjjat. Unweit der Anlage zweigt die E 75 auf die urtümliche Varanger-Halbinsel ab. Ein erneuter »Einbahnstraßen-Ausflug« führt nach Vadsø (Museum), dem Ausgangspunkt für Roald Amundsens Expedition anno 1926. Mit dem Luftschiff »Norge« erreichte er zusammen mit einer 15-köpfigen Mannschaft, darunter der Italiener Umberto Nobile, den Nordpol. 13 Kilometer vor den Toren Vadsøs lohnt die Halbinsel Ekkerøy einen Zwischenstopp. Hier befindet sich einer der größten Vogelfelsen Europas, in dem auch die putzigen Papageitaucher nisten.

Der östlichste Punkt Norwegens ist in der Inselstadt Vardø erreicht. Obgleich der Ort inmitten des Eismeeres liegt, friert das Wasser dank des Golfstroms nie zu. Die Tempera-

no

Vardø im äußersten Nordosten des Landes

Foto: © Christian Roth Christensen/Visitnorway.com

Papageitaucher

Foto: © Christian Roth Christensen/Visitnorway.com

turen sind im Mittel äußerst ausgeglichen, wenngleich mit rund acht bis zwölf Grad im Sommer und null bis minus zehn Grad im Winter nicht gerade einladend. Die Vegetation beschränkt sich auf arktische Pflanzen und Büsche, Bäume fehlen.

#Vogelbeobachtung

Eines der großen Ziele für Vogelfreunde aus aller Welt ist die Region Varanger im äußersten Nordosten Norwegens. Vor allem in der Arktis beheimatete Vögel, speziell Enten, zieht es an die vergleichsweise milden, vom Golfstrom aufgewärmten Gestade. Hornøya und Ekkerøy sind hervorragende Beobachtungspunkte.

Bereits 1307 wurde in Vardø eine Festung angelegt, der heutige Bau stammt aus der Zeit zwischen 1734 und 1738. Ein Museum und ein Monument widmen sich den hier im 17. Jahrhundert grassierenden Hexenprozessen, denen insgesamt 91 Menschen zum Opfer fielen. Einen Ausflug wert ist der verlassene Ort Hamningberg. Die Straße dorthin führt durch einsame, absolut urtümliche Landschaft.

Zurück in Varangerbotn folgen wir nun der E 6 bis Kirkenes. Dabei passieren wir das malerische Fischerörtchen Bugøynes am Varangerfjord mit zumeist finnischstämmigen Einwohnern. Finnland kommt man auch im kleinen Ort Neiden recht nah. Nur fünf Kilometer sind es bis zur Grenze. Sehenswert sind die zwei kleinen Kirchen, die im norwegischen Drachenstil erbaute Neiden Kapelle aus dem Jahre 1902 und die russisch-orthodoxe St.Georgs-Kapelle. Sie wurde 1565 errichtet.

Deutlich weniger malerisch als diese beiden Gotteshäuser ist Kirkenes. Der im Krieg zerstörte 5.000-Einwohner-Ort wurde ganz im kantigen Stil wiederaufgebaut und wird von

Snowscootertour nahe Kirkenes

Foto: © Terje Rakke/Nordic Life - Visitnorway.com

Industrieanlagen und den alten Erzgruben dominiert. Spannend ist jedoch in jedem Fall, dass man sich hier im äußersten Nordosten Norwegens dem mächtigen Nachbarn Russland seit jeher sehr nahe fühlte. Zeitweise existierte eine eigene norwegisch-russische Verkehrssprache für den sogenannten Pomorhandel im 19. Jahrhundert. Noch heute entdeckt man russische Einflüsse im Stadtbild, zum Beispiel zweisprachige Straßenschilder. Über die Kultur der Region erfährt man mehr im Grenzlandmusem und im Savio-Kunstmuseum. Touristisch interessant sind die Königskrabben-Safaris sowie das Iglo-Hotel in den eiskalten Wintermonaten. Reiseanbieter ermöglichen es Gästen zudem, Russland auf kurzen Touren zu besuchen. Vorab ist es aber notwendig, ein Visum zu beantragen.

Foto: © Christian Roth Christensen - Visitnorway.com

Hamningberg auf der Halbinsel Varanger

Ab Kirkenes sind zwei Abstecher empfehlenswert. Der erste führt in das unberührte Pasvikdal nach Süden. Hier befindet man sich im westlichsten Ausläufer der russischen Taiga und kann mit etwas Glück auf Bären, Wölfe und Vielfraße treffen. Das Klima ist sehr kontinental, mit warmen Sommern und extrem kalten Wintern (bis minus 50 Grad).

Direkt an der russischen Grenze vorbei führt die Rv886 zum ultimativen Endpunkt Norwegens nach Grense Jakobselv. Im Vergleich zum angrenzenden Riesenreich wirkt die als Grenzmarkierung dienende, 1869 geweihte protestantische König-Oskar-II.-Kapelle äußerst bescheiden. •

#Hexen

Im 17. Jahrhundert galten viele Naturphänomene und Ereignisse noch als unerklärlich. Passierte etwas Unvorhergesehenes, begann die Suche nach den vermeintlichen Tätern, die dann oft als Hexen an den Pranger gestellt wurden. Allein 1662–1663 wurden über 100 Menschen im Raum Vardø der Schwarzen Magie bezichtigt und zumeist auch hingerichtet. An die Taten erinnert ein sehenswertes Mahnmal.

Foto: © Terje Rakke/Nordic Life - Visitnorway.com

Wegweiser in Kirkenes

Einzigartige arktische Erlebnisse

Gletschereis

Auf halben Wege zwischen dem norwegischen Festland und dem Nordpol liegt die Inselgruppe Spitzbergen (norweg. Svalbard). Wohl nirgends kann man der faszinierenden wie auch wilden und ursprünglichen arktischen Natur auf so einfache und sichere Art so nahe kommen wie hier. Zuverlässige Flugverbindungen ab Oslo, eine Vielzahl an Restaurants und Hotels und das Universitätszentrum geben diesem Städtchen ein internationales Flair und den Reisenden alle wünschenswerten Annehmlichkeiten.

Die nördlichste Kleinstadt der Welt bietet auch dem lokalen Reiseanbieter »Spitzbergen Reisen« (**www.spitzbergen-reisen.de**) Ausgangspunkt und Basislager für alle ihre Expeditionen und Exkursionen in die weite unberührte Natur Spitzbergens. Der Reiseanbieter hat sich auf persönlich zusammengestellte Programme für private (Klein)gruppen und Individualreisende spezialisiert. Dass man sich ortskundigen Guides außerhalb des vergleichsweise dicht besiedelten Hauptortes Longyearbyen (ca. 2.100 Einwohner) anschließen sollte, dafür sorgt nicht zuletzt die Anwesenheit der Eisbären, der »Könige der Arktis«.

Land der kalten Küsten

Vermutlich waren es im 12. Jahrhundert norwegische Wikinger, die in der Region zum ersten Mal anlandeten. In den Geschichtsbüchern ist jedenfalls vermerkt, man hätte Svalbardi fundinn, also Svalbard, »die kalte Küste«, gefunden. Der Nieder-

Schneescoooter-fahren auf Spitzbergen

Alle Fotos: © Spitzbergen Reisen

länder Willem Barents hingegen war im 18. Jahrhundert eher von den ungewöhnlich spitzen Bergen beeindruckt, woraufhin er die 400 Eilande umfassende Inselgruppe »Spitzbergen« taufte. Barents folgten die Walfänger, diesen wiederum die Wissenschaftler und Expeditionsreisenden.

Ihre Spuren hinterließen die vom Amerikaner John Munro Longyear initiierten Kohlegruben. In dem nach dem Unternehmer benannten Hauptort werden noch immer einige Schächte betrieben. Die unter Denkmalschutz stehende Transportseilbahn ist hingegen nicht mehr in Betrieb und neben dem gewaltigen Gebirgspanorama ein beliebtes Fotomotiv.

Das rund 2.200 Einwohner zählende Longyearbyen (sprich longjebüen) ist der zentrale Ort des Archipels. Hier, auf 78 Grad und 55 Minuten nördlicher Breite, hat der Sysselmann, der Repräsentant des Staates Norwegens und der Verwalter der Region, seinen Sitz. Hier starten und landen täglich Linienmaschinen, es gibt Läden entlang einer kleinen Einkaufsstraße, ein breit gefächertes Angebot an Unterkünften, einen Ableger der nördlichsten Universität der Welt, Restaurants, Kneipen, zwei sehenswerte Museen sowie den weit über die Landesgrenzen hinaus bekannten Saatgutspeicher, untergebracht in einer stillgelegten Grube.

Wie an Perlenschnüren aufgereiht, stehen die teils farbenfroh getünchten Häuser Longyearbyens im Schatten zerfurchter Berge an den Hängen des recht lieblichen Adventsdalen, das sich vom Ufer eines Nebenarms des mächtigen Isfjords in Richtung Südwesten erstreckt. Der Ort ist der perfekte Ausgangspunkt für arktische Entdeckungen abseits alltäglicher Erlebnisse. Der ideale Ansprechpartner für deutschsprachige Reisende, die die Wunder der Arktis erkunden wollen, ist das ortsansässige Unternehmen Spitzbergen Reisen (**www.spitzbergen-reisen.de**).

Vor der Gletscherfront des Bråsvellbreen

Marcel Schütz im Kajak
vor dem Nordenskiöldbreen

Spitzbergen erleben

Die Inselgruppe erstreckt sich zwischen dem 74. und 81. Breitengrad. Damit ist es in die Hauptstadt Oslo ähnlich weit wie bis zum Nordpol. Über 60 Prozent der von Fjorden zerklüfteten Landesfläche ist von Gletschern bedeckt. Die wiederum von teils über 1.700 Meter hohen, steil emporragenden Bergmassiven überragt werden. Breite Talformationen geben der Natur Raum und Weite. Wahrer Regent in dieser erhabenen, nahezu unberührten Naturlandschaft ist gewiss nicht der Mensch, sondern vielmehr der Eisbär. Da seine Wege und Absichten nur schwer zu ergründen sind, sollten Unternehmungen abseits der Hauptorte niemals ohne Waffe zur Abschreckung und zur Markierung des eigenen »Reviers« erfolgen. Es ist daher in jedem Fall äußerst empfehlenswert, sich einem erfahrenen und versierten Tourenveranstalter wie Spitzbergen Reisen anzuschließen.

Zwar hält das arktische Winterwetter durchaus an manchen Tagen Temperaturen bis jenseits der Minus-25-Grad-Marke bereit, der sogenannte Lichtwinter ist jedoch trotzdem die am besten geeignete Saison für eine Reise in das »Land der kalten Küsten«. Wenn die Sonne die Winterlandschaft ab März in herrliches Licht taucht und für mildere Temperaturen sorgt, geht es mit dem Schneemobil oder per Hundeschlitten in die weit verschneite Wildnis.

Im Sommer hingegen stehen nur wenige Fahrwege zur Verfügung. Die Landschaft muss zu Fuß erkundet werden, was den Bewegungsradius durchaus einschränkt. Mit 5 bis 10 Grad sind zudem nur sehr wenig sommerliche Temperaturen zu erwarten. Wer jedoch die Dunkelheit scheut und vierundzwanzigstündige Helligkeit erleben und vollauf genießen möchte, für den ist der Sommer die perfekte Reisezeit. Die grünen bis roten Schleier des Nordlichts erstrahlen hingegen nur zwischen Anfang Oktober und Ende Februar, wenn die Dunkelheit auf Spitzbergen vorherrscht, am Firmament.

Spitzbergen entdecken

Mit Longyearbyen als Ausgangspunkt bietet Spitzbergen Reisen eine Vielzahl an Tages- und Wochentouren in die abwechslungsreiche Umgebung an. Im Winter besteht die Wahl zwischen Schneeschuh-, Hundeschlitten- und Schneemobiltouren.

Mit den Schneeschuhen kann die über 1.000 Meter hohe Berglandschaft des Nordenskiöldfjells erkundet werden, inklusive eines einmaligen Panoramablicks. Noch etwas weiter kommt, wer sich mit den Schlittenhunden zusammentut und im Gespann die Gegend erkundet. Im Team geht es unter anderem das landschaftlich schöne (und schneemobilfreie) Bolterdalen hinauf.
Die meisten Schneemobile folgen dem schönen Adventdalen. Eine besonders eindrucksvolle Tour führt in die russische Grubensiedlung Barentsburg. Mitten in Norwegen kann man hier russische Kultur und Lebensart erkunden und entdecken. Nicht minder spannend ist die Reise zur mittlerweile verlassenen Siedlung Pyramiden. Die Geisterstadt beeindruckt durch ihren morbiden Charme. Die Tour führt unterwegs an der Eisfront des Nordenskjöldgletschers vorbei.

Pyramiden

Wer nun die kalte Jahreszeit scheut, dem bieten sich auch im Sommer zahlreiche Möglichkeiten. Neben variantenreichen Trekkingtouren in die nähere Umgebung stehen auch Schiffsausflüge entlang der abwechslungsreichen Küste auf dem Programm. Unter anderem führen diese nach Barentsburg und Pyramiden. Und für alle, die es weiter hinaus in die Natur zieht, weiter hinauf in den Norden, zum Packeis und den selten besuchten Naturwundern Spitzbergens, gibt es spezialisierte Touren auf kleinen Expeditionsschiffen, die Sie sicher und komfortabel die Arktis erkunden lassen. Spitzbergen Reisen berät Sie gerne. •

Norwegen hat infolge des Spitzbergenvertrags die Souveränität über den Archipel Spitzbergen, wenngleich alle Unterzeichner, unter anderem Russland und Schweden, das Recht haben, auf Spitzbergen zu siedeln und das Land wirtschaftlich zu nutzen. Spitzbergen ist eine entmilitarisierte Zone mit niedrigen Steuersätzen. Für Reisen außerhalb der Ortschaften ist ein Gewehr zwingend erforderlich.

ANREISE/EINREISEBESTIMMUNGEN:

Flugverbindungen bestehen mit SAS und Norwegian ab Oslo und Tromsø. Der Flughafen liegt 4 km von der Ortsmitte Longyearbyen entfernt (Shuttleservice). Für die Einreise reicht der Personalausweis.

WETTER UND KLIMA:

In Longyearbyen herrscht zwischen dem 26. Oktober und dem 16. Februar Polarnacht. Am 8. März schafft es die Sonne zum ersten Mal wieder über die Berge, was mit einem Sonnenfest gefeiert wird. Die Temperaturen variieren zwischen minus 25 und minus 5 Grad. Warmlufteinbrüche können vorkommen. Zwischen dem 20. April und dem 26. August geht die Sonne nicht unter. Im Juli liegt die Temperatur zwischen 5 und 10 Grad. Mit Nachtfrost muss dank Mitternachtssonne im Sommer niemand rechnen.

UNTERKÜNFTE:

Es gibt eine Vielzahl an Unterkünften unterschiedlicher Ausstattung und Preiskategorien. Weitere Infos auf der Seite **www.spitzbergen-reisen.de/unterkuenfte-in-longyearbyen/** oder **www.polarbearlodge.no**

EXPEDITIONSSCHIFFE:

Individuelle Beratung und für jeden das richtige Schiff. **www.arctos-travel.de**
Ihr Spezialist für Polar-Kreuzfahrten.

AKTIVITÄTEN:

Das 2010 von Marcel Schütz gegründete Unternehmen »Spitzbergen Reisen« ist der ideale Ansprechpartner für Gruppenreisen und persönlich zusammengestellte Tourarrangements. Zusammen mit Geschäftspartner Christian Bruttel & Team werden interessante Wochen- und Tagestouren organisiert, die im Sommer und Winter stattfinden.
Alle Infos unter: **www.spitzbergen-reisen.de**
Oder unter Tel. +47 9011 37 54

#norwegen

Kurs Norwegen

ANREISE MIT DEM EIGENEN AUTO/WOHNMOBIL

Über die Öresundbrücke via Dänemark und Schweden kann man, wenn man genügend Zeit und mindestens eine Übernachtungspause einplant, den Süden Norwegens über den Landweg erreichen.

Allgemeine Verkehrsbestimmungen

- In Norwegen herrscht Rechtsverkehr und Anschnallpflicht auf Vorder- und Rücksitzen.
- Das Abblendlicht muss auch am Tag eingeschaltet sein. Standlicht reicht nicht.
- Promillegrenze: 0,2
- Höchstgeschwindigkeiten: innerhalb geschlossener Ortschaften: 50 km/h, außerhalb geschlossener Ortschaften: 80 km/h, auf Schnellstraßen/Autobahnen: 90–110 km/h*
  * Für schwere Fahrzeuge und Wohnwagen (gebremst) gilt eine Höchstgeschwindigkeit von 80 km/h, für ungebremste 60 km/h.

no

Besonderheiten:

Im Kreisverkehr grundsätzlich Vorfahrt; auch wer von einer Hauptstraße her einfährt, muss Vorfahrt gewähren. Manchmal folgen mehrere Kreisverkehre in sehr kurzem Abstand.
Bei Eis und Schnee müssen schwere Fahrzeuge zusätzlich mit Schneeketten ausgestattet werden. Zwischen November und April, im Norden sogar von Mitte Oktober bis Mai sind Spikereifen gestattet.

ANREISE MIT DER FÄHRE

Zeitsparender ist die Anreise mit der Fähre. Je nach Strecke kann man mit einer Expressfähre von Dänemark nach Norwegen übersetzen, eine Fähranreise via Schweden planen oder von Kiel aus die Direktüberfahrt mit Übernachtung, Bordbüfett und Unterhaltungsprogramm buchen. Teilweise sind Kombitickets erhältlich.

Direkte Verbindungen

- Kiel – Oslo (Color Line)

Verbindungen über Dänemark

- Kopenhagen – Oslo (DFDS Seaways)
- Hirtshals – Kristiansand (Color Line)
- Hirtshals – Larvik (Color Line)
- Hirtshals – Stavanger – Bergen (Fjord Line)
- Hirtshals – Langesund (Fjord Line)
- Hirtshals – Kristiansand (Fjord Line)
- Fredrikshavn – Oslo (Stena Line)

Verbindungen über Schweden

- Strømstad – Sandefjord (Color Line, Fjord Line)

Kontakte zu den Fährlinien

- Color Line: Tel. 0431-73 00 100, **www.colorline.de**
- DFDS Seaways: Tel. 040-38 90 371, **www.dfdsseaways.de**
- Fjord Line: Tel. 03821-70 97 210, +47 51464099, **www.fjordline.com**
- Stena Line: Tel. 0180-60 20 100, **www.stenaline.de**

ANREISE MIT DEM FLUGZEUG

(Stand: 10/2019)
Einige der größeren Städte in Norwegen, vor allem Oslo, sind aus Deutschland, Österreich und der Schweiz mit dem Flugzeug zu erreichen. Einige Strecken werden jedoch nicht ganzjährig bedient. Da sich Flugverbindungen schnell ändern können, erheben wir keinen Anspruch auf Richtigkeit und Vollständigkeit und verweisen für aktuelle Informationen auf die Website der jeweiligen Fluggesellschaft.

- Air Baltic: Von Berlin, Hamburg, Köln, Frankfurt/M., München, Zürich, Wien via Riga nach Oslo, Stavanger. **www.airbaltic.com**
- Austrian Airlines: Von Wien und Innsbruck nach Oslo. **www.austrian.com**
- Easy Jet: Von Berlin/Tegel nach Oslo. **www.easyjet.com**

Trondheim
RANDSVERK
JOTUNHEIMEN NATIONALPARK
E6
Bergen
E16
Oslo
Larvik
Langesund
Hirtshals
Frederikshavn
Göteborg

Randsverk.no

- Lufthansa: Von Frankfurt/M., Hamburg und München nach Oslo. **www.lufthansa.com**
- Norwegian: Von Berlin, Hamburg, Genf, München und Wien nach Oslo. Von hier weitere Verbindungen nach Kirkenes, Tromsø, Bodø, Trondheim, Stavanger oder Bergen. Von Berlin nach Bergen. **www.norwegian.com**
- SAS: Von Berlin, Düsseldorf, Frankfurt/M., Hamburg, Stuttgart, München und Zürich nach Oslo. Von hier weitere Inlandverbindungen, u. a. nach Spitzbergen. **www.flysas.com**
- Swiss: Von Zürich nach Oslo. **www.swiss.com**
- Widerøe: Direktflüge von Hamburg und München zum Luftdrehkreuz Bergen. Mit nur einem Umstieg sind einige der schönsten Städte Norwegens, die Fjordwelt des Landes und auch Norwegens Polarregion zu erreichen. **www.wideroe.no**

ANREISE MIT DEM ZUG

Von Hamburg über Kopenhagen und die Öresundverbindung kann man via Schweden auch per Zug nach Norwegen reisen. **www.nsb.no**

no

ANREISE MIT DEM BUS

- Eurolines: Von Bremen, Berlin oder Hamburg mit Umstiegen in Kopenhagen und/oder Göteborg nach Oslo. **www.eurolines.de**
- Flixbus: Verbindung von u. a. Berlin über Dänemark nach Oslo und weitere Haltestellen in Ås, Moss und Sarpsborg. **www.flixbus.de**
- Swebus: Fernbus-Verbindungen zwischen diversen deutschen Städten (Aachen, Bremen, Göttingen, Hamburg, Köln usw.) und vielen Orten in Schweden mit Umstiegsmöglichkeit Richtung Oslo. **www.swebus.se**
- Innerhalb von Norwegen ist man mit Nor-Way Busekspress gut und günstig unterwegs. **www.nor-way.no**. Weitere Verbindungen mit Nettbuss (Vy) (**www.nettbuss.no**) und Lavprisekspressen (**lavprisekspressen.no**).

GELDANGELEGENHEITEN

In den allermeisten Fällen kann mit der EC-Karte bzw. mit der Kreditkarte bezahlt werden, auch Kleinstbeträge. Es werden alle gängigen Karten akzeptiert. Bei älteren Lesegeräten kann es jedoch zu Problemen kommen. Für den Notfall ist es daher angeraten, etwas Bargeld dabei zu haben. Auch ist es vorteilhaft, EC- und Kreditkarte einzustecken, da teilweise, wie bei privaten Mautstraßen im Gebirge, nur Kreditkarten akzeptiert werden. Bei manchen Lesegeräten steht zur Auswahl, in Kronen oder in Euro zu zahlen. Die Zahlung sollte aufgrund des besseren Kurses zunächst in norwegischen Kronen erfolgen.
Bargeld kann an allen Automaten (minibank) abgehoben werden. Bargeldumtausch ist hingegen nur bei der FOREX Bank möglich, von der es nur sehr wenige Filialen in Norwegen gibt (**www.forex.no**).
Wer vorab in Deutschland Geld tauscht, erhält den schlechtesten Kurs. Den besten Kurs bietet das Geldabheben in Norwegen.

Kurse:
1 Euro = 10,1 NOK
100 NOK = 9,9 Euro
1 CHF = 9,19 NOK
100 NOK = 10,88 CHF

Gute Nacht in Norwegen

HOTELS

Wie wäre es mit einem gemütlichen Hotel am Fjord? Oder einem modernen Haus mitten in Oslo? Oder vielleicht lieber doch die Traditionsherberge im Gebirge? In Norwegen hat man die Wahl zwischen unterschiedlichsten Hoteltypen. Eine Besonderheit sind die historischen Hotels, die sich zu einem Verband zusammengeschlossen haben und Übernachtungen in einem zauberhaften Ambiente anbieten. An Wochenenden und in der Ferienzeit im Sommer sind Hotelübernachtungen oft günstiger, da in dieser Zeit die Businesskunden fehlen. Zahlreiche Hotelketten bieten individuelle Urlaubspässe und Rabatte an. Der Fjord Pass gewährt Vergünstigungen in 170 Hotels, Pensionen, Hütten und Appartements in ganz Norwegen. Folgende Hotelketten sind in Norwegen vertreten: Nordic Choice Hotels, Rica Hotels, Thon Hotels, Rezidor, Radisson Blu, Hotel Park Inn, Scandic, Die Historischen Hotels und Restaurants sowie Best Western.

JUGENDHERBERGEN

»Vandrerhjem« heißen die rund 100 Jugendherbergen zwischen Südküste und Nordkap. Alle Häuser gehören zu einem der beiden in Norwegen vertretenen Herbergsverbände, Hostelling

International oder VIP Backpackers Resorts International. Küchen stehen überall zur Verfügung. Große Schlafsäle gibt es in den Jugend- und Familienherbergen immer weniger, meistens findet man Einzel- bis Vierbettzimmer oder spezielle Familienzimmer.

- Hostelling International Norway
  Tel. +47-23 12 45 10
  info@hihostels.no
  www.hihostels.no

PRIVATUNTERKÜNFTE

In Norwegen gibt es zahlreiche Privatunterkünfte, die man entweder per Zufall am Wegesrand oder dank der Hinweise in den Tourismusbüros findet. Eine Übersicht über B&B-Angebote (**www.bbnorway.com**) sowie Ferienmöglichkeiten auf dem Bauernhof gibt es unter der Webadresse **www.hanen.no** (auch auf Deutsch). Auch eine Broschüre kann man dort bestellen.

FERIENHÄUSER

Rund 400.000 Ferienhäuser, »hytte« genannt, sind im ganzen Land verteilt, an der Küste, an Seen oder im Gebirge. Manche Häuser sind eher spartanisch ausgestattet, andere mit allem erdenklichen Luxus. Zu den Anbietern mit Ferienhäusern in Norwegen gehören
DanCenter (**www.dancenter.de**),
Novasol (**www.novasol.de**),
TUI Wolters (**www.tui-ferienhaus.de**),
Atraveo (**www.atraveo.de**),
Norgesbooking (**www.norgesbooking.de**),
Norwegenservice (**www.norwegenservice.net**),
DinTur (**www.dintur.de**) und
Interchalet (**www.interchalet.de**).

CAMPING

Ein hübsches Plätzchen für Zelt, Wohnmobil oder Wohnwagen sollte bei insgesamt 250 Campinganlagen in ganz Norwegen sicher zu finden sein. Der Standard reicht vom einfachen 1-Stern-Platz bis zum luxuriösen Campinggelände mit 5 Sternen. Zahlreiche Plätze haben nicht nur im Sommer, sondern auch im Winter geöffnet. Nützlich ist auch hier die Camping Key Europe-Karte (130 NOK). **www.camping.no**
News, Reiseberichte, Interviews und Fahrzeug-Tipps bei PiNCAMP – das Campingportal vom ADAC: **www.pincamp.de/norwegen**

UNGEWÖHNLICH ÜBERNACHTEN

Wer in Norwegen etwas extravaganter schlafen will, dem seien die historischen Hotels empfohlen. Im Gudbrandsdal kann man sich im mittelalterlichen Hof Sygard Grytting in 700 Jahre alter Umgebung zur Ruhe betten. Entlang der Küste Norwegens gibt es zudem rund 50 Leuchttürme, die nach und nach außer Betrieb genommen und heute als Herbergen genutzt werden. Typisch für Nordnorwegen sind außerdem die Rorbuer, alte Fischerhütten aus der Zeit des Dorschfangs, die vielerorts grundlegend modernisiert wurden und einen Urlaub in historisch-maritimem Ambiente ermöglichen. Kuschelwarme Nächte in eisiger Umgebung erlebt man in den Schneehotels von Kirkenes, Alta oder Lillehammer.

FEBRUAR	6.–8.2.	**Rjukan:**	Telemark-World-Cup.
	7.–9.2.	**Finse:**	Das »Ice Music Festival« mit Vorträgen über Klimaforschung und aus Eis gefertigten Instrumenten (z. B. Eishorn, Iceophone) geht ins 20. Jahr.
	18.–22.2.	**Røros:**	»Rørosmartnan«, urtümlicher Wintermarkt mit Pferdeschlittenparade.
	22.–23.2.	**Trondheim:**	Ski-Langlauf-Weltcup und Skispringen.
	27.–29.2.	**Oslo:**	»by:Larm«, Musikfestival und -kongress.
MÄRZ	4.–8.3.	**Bergen:**	»Borealis«, ein Festival für experimentelle Musik.
	5.–7.3.	**Elverum:**	»Grundsetmart'n«, traditionsreicher Bauernmarkt.
	6.–15.3.	**Alta–Kirkenes:**	»Finnmarksløpet«, Schlittenhundrennen.
	6.–8.3.	**Oslo:**	Holmenkollen Ski Festival.
	7.–8.3.	**Kvitfjell:**	Ski-Weltcup (alpin) der Herren.
	8.3.	**Oslo:**	Ski-Langlauf-Weltcup der Herren mit 50 km Massenstart und Skispringen am Holmekollen.
	11.–15.3.	**Vardø:**	»Yukigassen«, nordische Schneeballschlacht-Meisterschaft.
	12.–15.3.	**Åndalsnes:**	»Romsdalsvinter«, Wintersportfestival.
	13.–22.3.	**Narvik:**	»Vinterfestuka«, Musikfestival.
	13.–23.3.	**Oslo:**	Internationales Kirchenmusikfestival.
	20.–22.3.	**Oslo:**	Finale des Biathlon-Weltcups am Holmenkollen.
	20.–21.3.	**Svolvær, Lofoten:**	»VM i Skreifiske«, Dorschangel-WM.
	21.3.	**Lillehammer:**	»Birkebeinerrennet«, 54 km langes Skilanglaufrennen.
	28.3.	**Setermoen – Bardufoss:**	»Reistadløpet«, Skilanglaufrennen auf 69° Nord.
	31.3.–4.4.	**Berlevåg – Vardø:**	»Varanger Arctic Kite Enduro«, 5-tägiges Snowkiting-Rennen.
APRIL	3.–5.4.	**Voss:**	»Vossa Jazz«, Musikfestival.
	4.–13.4.	**Kautokeino:**	Samisches Osterfestival mit Musik-Grand-Prix.
	4.–5.4.	**Nordli – Gäddede:**	»Flykktningerennet«, Skilanglaufrennen in Erinnerung an norwegische Kriegsflüchtlinge.
	9.–12.4.	**Oslo:**	»Inferno Metal Festival«.
	21.–26.4.	**Kristiansand:**	Internationales Kinderfilm-Festival.
	22.–26.4.	**Trondheim:**	»Nidaros Blues«, Musikfestival im Royal Garden Hotel.
MAI	4.–10.5.	**Stavanger:**	»Maijazz«, Musikfestival.
	9.5.	**Skien:**	»WOX Telemark«, Extrem-Geländelauf über 10 km.
	17.5.	**im ganzen Land:**	Nationalfeiertag mit Veranstaltungen und Festen.
	22.–30.5.	**Bergen:**	»Nattjazz«, Musikfestival.
	22.–25.5.	**Stavanger:**	»Gladmat«, das größte Foodfestival des Nordens.
	23.5.	**Stavanger:**	Radrennen »Hammer Stavanger«.
	28.5.–1.6.	**Kinsarvik:**	»Hardanger Musikkfest«, diesjähriges Thema: Schlaf.
	29.–31.5.	**Oslo:**	Mittelalterfestival mit Marktbuden, Gauklern und Musik.
JUNI	1.–7.6.	**Oslo:**	»Oslo Pix«, internationales Filmfestival.
	1.–13.6.	**Stavanger:**	»Altibox Norway Chess«, internationales Schachturnier.
	4.–7.6.	**Avaldsnes:**	Wikingerfestival mit großem Markt.
	5.–7.6.	**Bøvær, Senja:**	»Kråkeslottfestivalen«, Musikfestival.
	6.6.	**Beitostølen:**	»Fjellmaraton«, Lauf-Event.
	10.–13.6.	**Bergen:**	»Bergenfest«, Musikfestival.
	11.–13.6.	**Oslo:**	»Piknik i parken«, Indie-, Rock- und Pop-Festival.
	13.6.	**Egersund/Sandnes:**	»Nordsjørittet«, Radrennen auch für Jugendliche und Amateure mit verschiedenen Distanzen.

	13.6.	Lillehammer:	»Birken Run Festival«, vom 4-km-Jugendlauf bis zum 60-km-Ultra-Trail.
	13.–14.6.	Oslo:	»Miniøya«, Norwegens größtes Kinderfestival.
	17.–21.6.	Oslo:	»10. Kon-Tiki«, Kammermusikfestival.
	18.–20.6.	Steinkjer:	»Steinkjerfestivalen«.
	19.–20.6.	Fredrikstad:	»Idyllfestivalen«, im fünften Jahr jetzt auch mit Camping.
	19.–28.6.	Oslo:	»Oslo Pride«, LGBTQ-Festival mit Parade am 27.6.
	20.6.	Tromsø:	Marathon unter der Mitternachtssonne.
JULI	1.–4.7.	Kongsberg:	Jazzfestival.
	3.–4.7.	Kristiansand:	»Palmesus«, Skandinaviens größte Strandparty.
	5.–12.7.	Åndalsnes:	»Norsk Fjell-Festival«, Festival für Bergsport- und Outdoorfans.
	6.–11.7.	Lofoten:	Internationales Klavierfestival.
	9.–12.7.	Lakselv, Finnmark:	»Midnattsrocken«, das nördlichste Open-Air-Musikfestival der Welt.
	9.–11.7.	Stavern:	»Stavernfestivalen«.
	13.–18.7.	Molde:	»Molde-Jazz«, Musikfestival.
	16.–18.7.	Tromsø:	»Bukta«, Musikfestival unter dem Motto »Rock, Bier und Seafood«.
	23.–25.7.	Dønna:	»Sjarkenfestivalen«.
	23.–26.7.	Sørvær:	»Sørøyrocken«, ein Musikfestival, zu dem man per Schiff (»Rockebåt«) von Hammerfest aus anreist.
	28.7.–3.8.	Trondheim:	»Olavsfestdagene« mit Konzert im Nidarosdom.
	29.7.–2.8.	Eidfjord–Sønstevatn:	»Norseman Xtreme Triathlon«, 226 km.
	30.7.–2.8.	Åndalsnes:	»RaumaRock«, Open-Air-Rockveranstaltung.
	30.7.–1.8.	Trondheim:	»Oi! Trøndersk matfestival«, Foodfestival.
	31.7.–1.8.	Sandefjord:	»Fjordfesten«, Open-Air-Musik.
AUGUST	5.–8.8.	Sandnes:	»Blink20«, Rollski-Event mit Festival.
	6.–9.8.	Mandal:	»Skalldyrfestival«, Foodfestival mit Muscheln, Krebsen und einer WM im Krabbenpuhlen.
	6.–8.8.	Risør:	»Trebåtfestivalen«, Regatta für bis zu 12 m lange Holzschiffe.
	6.–9.8.	Tønsberg:	Wikingerfestival mit freiem Eintritt.
	9.–15.8.	Oslo:	Jazzfestival.
	11.–15.8.	Oslo:	»Øyafestivalen«, Musikfestival im Tøyenparken.
	14.–15.8.	Alta:	»Alta Live«, mit Astrid S, Dagny und Sløtface.
	21.–22.8.	Bodø:	»Parkenfestivalen«, Musikfestival.
	28.–29.8.	Tromsø:	»RakettNatt«, Musikfestival.
	29.8.	Rena – Lillehammer:	»Birkebeinerrittet«, 86 km langes Mountainbike-Rennen für Amateure und Profis.
SEPTEMBER	5.9.	Åndalsnes:	»Romsdalseggenløpet«, Trail Run.
	11.–12.9.	Oslo:	»Matstreif«, Norwegens größter Bauernmarkt.
	12.–20.9.	Bergen:	Internationaler Edvard-Grieg-Klavierwettbewerb.
	19.9.	Oslo:	Oslo-Marathon.
	23.9.–1.10.	Bergen:	»BIFF«, internationales Filmfestival, in diesem Jahr 25-jähriges Jubiläum.
OKTOBER	21.–28.10.	Kristiansund:	»Nordic Light«, internationales Fotografie-Festival.
NOVEMBER	5.–7.11.	Fagernes:	»Rakfiskfestival«, Kultur- und Gourmetfest.
	6.–16.11.	Oslo:	»Film fra Sør«, Filmfestival.
	11.–14.11.	Vardø:	»Blues i vintermørket«, Bluesfestival im Winterdunkel.
DEZEMBER	10.12.	Oslo:	Verleihung des Friedensnobelpreises.

se

SCHWEDEN

N

SCHWEDEN
Karesuando
Abisko
Kiruna
Gällivare
Lappland
Jokkmokk
Vännäs-
berget
Norrbotten
Töre
Haparanda
Luleå
Tärnaby
Sorsele
Arvidsjaur
Piteå
Storuman
Skellefteå
Vilhelmina
Lycksele
Västerbotten
Dorotea
Åsele
Strömsund
Umeå
Jämtland
Ångermanland
Åre
Östersund
Sollefteå
Örnsköldsvik
Bräcke
Härnösand
Härjedalen
Medelpad
Sundsvall
Sveg
Ljusdal
Hudiksvall
Hölsingland
Bollnäs
Söderhamn
Dalarna
Mora
Rättvik
Gästrikland
Falun
Gävle
Stöllet
Borlänge
Östhammar
Torsby
Ludvika
Avesta
Uppland
Värmland
Väst-
manland
Uppsala
Arvika
Filipstad
Västerås
Enköping
Norrtälje
Karlskoga
Sollentuna
Karlstad
Stockholm
Säffle
Kristine-
hamn
Örebro
Eskilstuna
Södertälje
Strömstad
Dals-
land
Vänern
Närke
Katrine-
holm
Nynäshamn
Bohuslän
Mariestad
Nyköping
Södermanland
Vänersborg
Motala
Oxelösund
Uddevalla
Troll-
hättan
Skövde
Norrköping
Vättern
Linköping
Mjölby
Väster-
götland
Östergotland
Göteborg
Jönköping
Gotland
Västervik
Kungsbäcka
Borås
Eksjö
Vimmerby
Visby
Småland
Gotland
Varberg
Halland
Värnamo
Oskarshamn
Öland
Falkenberg
Ljungby
Växjö
Borgholm
Halmstad
Kalmar
Ängelholm
Hässle-
holm
Karls-
hamn
Blekinge
Öland
Helsingborg
Karlskrona
Skåne
Ronneby
Landskrona
Kristianstad
Lund
Malmö
Ystad
Trelleborg
0
50
100 km
Bottnischer Meerbusen
Nordsee
Ostsee
E10
E45
E4
E12
E14
E18
E20
E6
E22
E65

#schweden

#talkingnordic

UNTERWEGS IN SCHWEDEN

Abfahrt ______ ***avgång***
Ankunft ______ ***ankomst***
Auto ______ ***bil***
Bahnhof ______ ***station***
Bus ______ ***buss***
Bushaltestelle ______ ***busshållplats***
Fähre ______ ***färja***
Fahrkarte ______ ***biljett***
Fahrplan ______ ***tidtabell***
Flughafen ______ ***flygplats***
Hafen ______ ***hamn***
Mehrfahrtenkarte ______ ***klippkort***
nach ______ ***till***
von/ab ______ ***från***
Zug ______ ***tåg***
Danke! ______ ***Tack!***
Guten Tag! ______ ***Hej!***
Tschüss! ______ ***Hej då!***

DAS WETTER

Wetter ______ ***väder***
Wetterbericht ______ ***väderleksrapport***
wolkenlos ______ ***molnfri***
bewölkt ______ ***molnig***
Nebel ______ ***dimma***
Regen ______ ***regn***
Gewitter ______ ***åskväder***
frischer Wind ______ ***frisk vind***
Sturm ______ ***storm***
Schnee ______ ***snö***
Sonne ______ ***sol***

ESSEN UND TRINKEN

Abendessen ______ ***middag/kvällsmat***
Frühstück ______ ***frukost***
Bier Kl. II, 3,3 Vol% ______ ***folköl***
Käse ______ ***ost***
Lachs ______ ***lax***
Leichtbier, 2,25 Vol% ______ ***lättöl***
Mittagessen ______ ***lunch***
Rechnung ______ ***nota***
Starkbier, 5,2 Vol% ______ starköl
vegetarisch ______ ***vegetarisk***
Wasser ______ ***vatten***
Weiß-/Rotwein ______ ***vitt vin/rött vin***
Wir möchten bestellen ______ ***Vi vill gärna beställa.***
Wir möchten zahlen. ______ ***Vi vill gärna betala.***

#hardfacts

Schweden erstreckt sich auf einer Fläche von rund 450.000 Quadratkilometern, 228.000 davon sind Wald. Die Entfernung vom nördlichsten Punkt Treriksröset zum südlichsten Punkt Smygehuk beträgt 1.600 Kilometer. Das ist ungefähr so weit wie von Malmö nach Rom. Die Küsten sind insgesamt 7.624 Kilometer lang. Von den ungefähr 100.000 Seen in Schweden ist der Vänern der drittgrößte Europas.

Im Land leben zehn Millionen Menschen, davon circa 20.000 Sámi. 65 Prozent der Bevölkerung (6,3 Millionen Menschen) gehören der evangelisch-lutherischen Staatskirche an. Auf einem Quadratkilometer leben durchschnittlich 22 Menschen. Das Land gehört damit zu den am dünnsten besiedelten Ländern Europas. Fast ein Drittel der Einwohner lebt in den drei größten Stadtregionen in der südlichen Landeshälfte. Größere Städte sind Stockholm, Göteborg und Malmö.

Staatsform in Schweden ist die Parlamentarische Demokratie. Der König (zurzeit Carl XVI. Gustav) hat ausschließlich repräsentative und zeremonielle Aufgaben. Die politische Macht üben der Reichstag und der Staatsminister aus.

TEXT & FOTOS #SCHWEDEN: ANDREA ULLIUS
(sofern nicht anders gekennzeichnet)

Zwei Städte, zwei Küsten, zwei Länder

Wasser trennt, Wasser verbindet. Genauso ist es auch am Bottnischen Meerbusen. Das Meer trennt Schweden und Finnland in zwei Länder. Gleichzeitig ermöglicht es, dass man mit dem Boot oder der Fähre schnell zum Nachbarn gelangt. Jetzt arbeiten die Regionen Umeå und Vaasa inklusive der Küstenorte beider Länder intensiv zusammen. Gäste sollen die Kvarken Destinationen besser und intensiver kennenlernen.

Atemberaubende Aussicht an der Höga Kusten

Foto: © Fredrik Lewander

*E*igentlich ist es ja paradox. Wenn wir in die Ferien fahren, dann entscheiden wir uns in der Regel für ein Land und eine Region, die wir bereisen wollen. Das Ziel heißt dann Schweden oder Finnland. Selten werden beide Länder im gleichen Urlaub besucht. Dabei kann man so viel mehr tolle Dinge erleben und entdecken, wenn man mit etwas mehr Kreativität reist.

Im Prinzip geht es beim Reisen ja um ganz simple Dinge: Aktivitäten in der Natur unternehmen, kennenlernen kultureller Eigenheiten, gut essen und trinken sowie ausgeruht nach Hause kommen. Besonders toll ist es, wenn man dabei die größtmögliche Abwechslung geboten bekommt.

Genau diese Abwechslung, diese vielen Eindrücke kann man in der Region Kvarken (Schwedisch für Bottnischer Meerbusen) auf kurzer Distanz erleben. Ausgangspunkt für die Erkundungstouren sind die beiden Städte Umeå (Schweden) und Vaasa (Finnland). Die Orte sind Nachbarn, einfach durch das Wasser des Bottnischen Meerbusens getrennt. Dank der Fährverbindung der Wasaline ist man in vier Stunden im anderen Land und kann viele neue Dinge entdecken.

Zwei Küsten

Auf schwedischer Seite gehört die Höga Kusten zur Kvarken Destination. Hier zeigt die Natur eindrücklich, welchen Einfluss die

Verbindet Vaasa und Umeå: die Wasaline

Foto: © kvarkendestinations.com

Eines der Wahrzeichen der Höga Kusten: die Högakustenbron

Eiszeit und die Verschiebung der Kontinentalplatten auf das Aussehen des Landes hatte und noch immer hat. Man kann ohne Zweifel sagen, dass das UNESCO-Welterbe Höga Kusten das Höchste der Gefühle ist. Wir sprechen nämlich von der höchsten Küste der Welt. Die Aussicht über die Gegend ist atemberaubend und unglaublich abwechslungsreich. Der Besucher findet offenes Meer, tiefe Wälder und Berge, die den Namen auch verdienen. Wer hier verweilt, hat die Qual der Wahl, welchen Aktivitäten er frönen will. Wandern, Radfahren, Angeln auf See oder in den Flüssen an der Küste sind nur einige Highlights. Besonders Spaß macht es, wenn man dabei die herzlichen Menschen der Höga Kusten kennenlernt. Empfehlenswert ist auch, den Archipel mit den Booten von Höga Kusten Turer zu erkunden. Und am Abend genießt man eine Wurst am Lagerfeuer oder ein gediegenes Nachtessen in einem der vielen tollen Restaurants.

Wechselt man auf die finnische Seite, ändert sich die Natur komplett. Statt bergig ist es hier eher hügelig, auch mit viel Wald, aber auch mit weiten Feldern. Man kommt in Versuchung zu sagen, dass die finnische Seite etwas urbaner ist als die schwedische. Auch die finnische Kvarken Seite ist UNESCO-Welterbe. Hier kann man ver-

Großartige Flora und Fauna im Welterbe

Foto: © Jaakko J. Salo/kvarkendestinations.com

schieden tolle Orte, wie Kristinestad, Kokkola oder Jakobstad, entdecken. Diese Region, man spricht hier übrigens auch Schwedisch, hat unglaublich viel Charme. Die kleinen idyllischen Orte mit hohem Kulturreichtum laden zum Verweilen und Genießen ein. Auch wenn es an der finnischen Meerbusenküste recht fröhlich zu- und hergeht, finden Sie hier jederzeit Ihre Ruhe. Sehr nett ist auch die Stadt Seinäjoki. Hier kommt die finnische Mentalität schon eher zum Zug. Man spricht auch vorwiegend Finnisch. Egal, welchen Ort Sie besuchen, Sie werden von den verschiedenen kulturellen Aspekten der Region Kvarken begeistert sein.

Hüben wie drüben: ein Paradies für Wanderer

Foto: © Katja Losonen/kvarkendestinations.com

Traditionell und modern. Dieser Kontrast macht die Studentenstadt Umeå aus.

Zwei Städte

se

Umeå ist eine Kultur- und Universitätsstadt. Mit knapp 130.000 Einwohnern, davon 30.000 Studierenden, ist Umeå die größte Stadt in Nordschweden. Hier verschmelzen die Sami-Tradition mit modernster Architektur, der nördlichsten Oper und viel Lebensfreude. In Umeå, der Stadt der Birken, ist immer was los. Im Sommer genießt man das Leben draußen an verschiedenen Festivals, und im Winter kann man sich direkt vor der Haustüre sportlich betätigen. Von Umeå aus lassen sich bequem Ausflüge in die umliegende Region organisieren.

Vaasa ist gewachsen. Sowohl in der Breite als auch in der Höhe (8mm pro Jahr). Der Effekt ist der gleiche wie bei der Höga Kusten. In 2.500 Jahren kann man zu Fuß von Vaasa nach Umeå spazieren. Auch Vaasa ist eine Universitätsstadt, ja, der Ort mit ca. 65.000 Einwohnern gilt gar als eine der wichtigsten Ausbildungsstätten in Finnland. Man kann es ahnen. Vaasa wurde vom schwedischen König Karl IX. Wasa im Jahre 1606 gegründet. Im Zentrum herrscht emsiges Treiben, und verschiedene Museen vermitteln Wissen über Kunst, Geschichte und regionale Begebenheiten. Auch von

Ein interessanter Ort südlich von Vaasa: Söderfjärden

Foto: © Ann Britt Pada/kvarkendestinations.com

Der Aussichtsturm Saltkaret

Foto: © Kimmo Makkonen/kvarkendestinations.com

Kaum aus der Stadt, mitten in der Natur

hier aus gibt es unzählige Möglichkeiten für Ausflüge und Aktivitäten im Umland.

Zwei Länder

Lassen Sie sich einfach treiben und gönnen Sie sich zwei Länder in Ihrem nächsten Urlaub. Egal, ob Sie von Helsinki oder Stockholm Richtung Norden fahren, notieren Sie die Region Kvarken als Ihr Ziel. Genießen Sie finnisch-schwedisches Flair inmitten großartiger Natur. Lassen Sie die Seele baumeln und erkunden Sie spektakuläre Landschaften. Verwöhnen Sie sich mit leckerer lokaler Küche und nächtigen Sie in gemütlichen und familiären Unterkünften.

www.kvarkendestinations.com •

Under Kastanjen, einer der lauschigsten Orte in der Altstadt von Stockholm

#stockholm

Schwedens Hauptstadt gehört zu den erlebnisreichsten Hauptstädten der Welt und vereint Architektur, Kultur, Kulinarik und Natur auf engstem Raum. Allgegenwärtig ist das Wasser – die Stadt wurde immerhin auf 14 Inseln erbaut. Circa 1 Million Menschen leben in der nordischen Metropole, der Großraum Stockholm hat 2,2 Millionen Einwohner.

Stockholm ist eine der faszinierendsten Städte auf unserem Planeten. Nicht die Größe ist beeindruckend, sondern die unglaubliche Vielfalt aus Geschichte, Tradition, Architektur, Design und neuen Errungenschaften. Stockholm ist pulsierendes Leben bei gleichzeitiger Entspanntheit, wie man es in Großstädten wie Berlin oder Zürich vermisst.

Stockholm können Sie auf zwei Arten kennenlernen. Sind Sie nur kurz im »Venedig des Nordens«, dann beschränken Sie sich entweder auf die absoluten Highlights der Stadt oder das Quartier, in dem Sie stationiert sind. Verbringen Sie mehrere Tage in der Hauptstadt Schwedens, dann können Sie die Stadt systematisch »abarbeiten«. Vorteil von Stockholm: In allen Stadtteilen finden Sie eine ausgewogene Mischung an Museen, Unterhaltung, Einkaufsmöglichkeiten und Gastronomie.

Gamla Stan, die Wiege Stockholms

Stockholm wurde 1252 von Birger Jarl auf den Inseln in der Einmündung des Mälar-Sees gegründet. Die heutige Altstadt zwischen den Brücken, Gamla Stan genannt, ist eine der besterhaltenen Altstädte Nordeuropas und Ausgangspunkt jeder Stadtbesichtigung.

Gamla Stan ist komplett von Wasser umgeben und wirkt so wie ein kleines Städtchen für sich. Das Zentrum der berühmten Alt-

1. Altstadt (Gamla Stan), Schloss, Storkyrkan
2. Riddarholmskyrkan
3. Stadthaus
4. Stadtmuseum
5. Nationalmuseum
6. Modernes Museum
7. Das Musikmuseum ist nun im »Scenkonstmuseet« integriert. Sibyllegatan 2
8. Historisches Museum
9. Nordisches Museum
10. Vasamuseum, Junibacken
11. Skansen, Gröna Lund
12. Globen
13. Mittelaltermuseum
14. Waldemarsudde
15. Thielska Galerie
16. Museum für Schifffahrtsgeschichte, Technisches Museum, Völkerkundemuseum

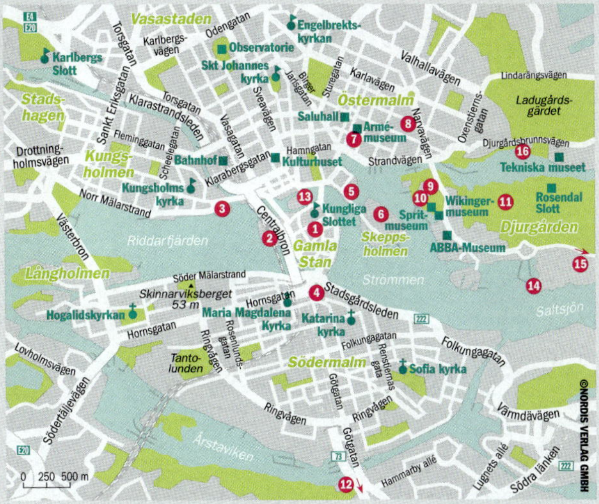

stadt liegt am Stortorget, der von schmuckvollen Hausfassaden umgeben ist. Hier finden Sie unter anderem das Nobelmuseum und eine Straße weiter das Königliche Schloss (Kungliga Slottet). Das Monument hat 608 Räume und wurde Anfang des 18. Jahrhunderts im italienischen Barockstil errichtet. Im Schloss, das Sie auch besichtigen können, sind diverse Ausstellungen und Museen integriert. Ein Blick in das Museum Tre Kronor, die Schatzkammer oder auch die Schlosskirche sind sehr zu empfehlen. Was Sie auf keinen Fall verpassen dürfen, ist die tägliche Wachablösung um zwölf Uhr im Schlosshof. Die Königsfamilie werden Sie hier leider nicht antreffen. König Carl XVI. Gustaf und Königin Silvia wohnen heute auf Schloss Drottningholm.

Wer sich für Kirchen interessiert, findet in Gamla Stan drei sehr interessante Exemplare. Die Bauarbeiten der Nikolaikirche, besser bekannt als Storkyrkan (Domkirche), wurden im 13. Jahrhundert begonnen. Im Inneren erkennt man die ursprüngliche Backsteingotik, die Fassade wurde im Barockstil umgestaltet. Die Tyska kyrkan (St. Gertrud, 17. Jahrhundert) ist die Kirche der deutschen Kaufleute. In der nahen Riddarholmskyrka, die, wie der Name nahelegt, auf Riddarholmen zu finden ist, befinden sich die Königsgräber. Prächtige Handelshäuser findet man entlang der Einkaufsstraße in der Altstadt, der Västerlånggatan (Fußgängerzone). Auch in der weniger touristischen Österlånggatan liegen weitere Geschäfte und Restaurants.

Generell macht es mehr Spaß, etwas abseits vom großen Touristenstrom die gemütlichen und lauschigen Orte in Gamla Stan zu entdecken. Sehenswert ist zum Beispiel das nach dem Wittenberger Kaufmann Martin Trautzig benannte Gässchen Mårten Trotzigs Gränd, mit 90 Zentimeter Breite Stockholms schmalste Gasse. Wunderbar auch die Ecke Själagårdsgatan/Kindstugatan, genannt Brända Tomten. Hier ist das

In Gamla Stan herrscht immer emsiges Treiben.

Domizil des Restaurants »Under Kastanjen«. Als Gast sitzt man draußen – der Name sagt es – unter wunderbaren Kastanienbäumen. Wenn wir schon bei den Restaurants sind: Im Restaurant »Den gyldene Freden« waren die Nationalpoeten Carl Mikael Bellman und Evert Taube Stammgäste. Hier können Sie ausgezeichnete traditionelle schwedische Gerichte genießen.

Weitere wichtige Gebäude auf Gamla Stan sind das Riksdagshuset (Reichstagsgebäude), in dem das Parlament tagt, der Stenbockska Palastet, welcher 1640 im Auftrag von Fredrik Stenbock erbaut wurde, und das Riddarhuset im imposanten niederländischen Barockstil. Einen Blick wert sind auch der Tessinska Palastet, der Wrangelska Palastet und der Birger Jarls Torn.

Die geschäftige City

Norrmalm, die klassische City, bildet das moderne Zentrum der Stadt mit der Centralstationen (Hauptbahnhof) und dem Cityterminalen (Busbahnhof). Gleich beim Cityterminalen ist auch die Station des Arlanda Expresses, der Schnellbahn von und zum Flughafen. Trockenen Fußes (unterirdisch) kommt man in die T-Centralen, dem Dreh und Angelpunkt des U-Bahn-Verkehrs in Stockholm.

In Norrmalm liegen die großen Einkaufsstraßen Vasagatan, Drottninggatan, Hamngatan, Kungsgatan und der Stureplan. Die Fußgängerzone Sergelgatan führt zum Sergels Torg mit dem 37 Meter hohen Glasobelisk (1974) von A. Öhrström. Am Obelisken schieden sich lange die Geister. Grau und unmotiviert stand er in der Gegend herum. Nun wurde er restauriert und mit neuen LED-Lichtern ausstaffiert und beschert dem Betrachter jetzt mehr Freude. Am Sergels Torg liegen das Kulturhuset (Wiedereröffnung Herbst 2020 nach Renovierung) mit dem Panoramacafé und das Stadttheater. Unten auf einer abgesetzten Plattform gibt es Ladenlokale, Schnellim-

Wegweisend für Stockholm: Stadshuset und Evert Taube

bisse, aber auch randständige Personen, die hier ihren Tag verbringen.

Fröhlich geht es am Kungsträdgården in den Straßencafés und bei Konzerten zu. Im Frühjahr ist der ganze Platz in Rosa getaucht. Dann blühen die wunderbaren Kirschbäume. Im Winter können Sie auf der mobilen Kunsteisbahn ihre Eislaufkünste zum Besten geben. Auch der Stureplan mit der »Sturegallerian« (Einkaufsläden) und dem »Sturebadet« hat sich zu einem beliebten Treffpunkt entwickelt. Hier finden Sie Szene-Restaurants und einige angesagte Clubs. Besuchen Sie auch den Markt am Hötorget. Sie bekommen einen bunten Strauß von Gemüse und Früchten und weiteren Delikatessen. Ein internationales Angebot an Lebensmitteln und Speisen finden Sie in der angrenzenden »Hötorgets Saluhall« (Markthalle).

Über die Stadthusbron gelangen Sie in das östlich von der City gelegene Kungsholmen. Hier steht eines der Wahrzeichen von Stockholm: das Stadshuset. Toll ist der Blick auf die Stadt von der Aussichtsplattform. In der Blåhallen (Blauer Saal genannt, ist aber rot) finden die Festlichkeiten zum Nobelbankett im Dezember statt. Spazieren Sie vom Stadshuset aus dem Norr Mälarstrand an der schönen Strandpromenade entlang.

Blasieholmen und Skeppsholmen

Die beiden »Inseln« erreichen Sie von Kungsträdgården oder Nybroplan aus. Auf Blasieholmen befindet sich das Nationalmuseum, dessen Sammlungen sich auf Werke des 15. bis 19. Jahrhunderts konzentrieren. Sehenswert sind außerdem die königlichen Kunstschätze sowie das ausgestellte Kunsthandwerk. Auf Skeppsholmen findet man sehenswerte alte Gebäude der Marine. Das 2008 komplett renovierte Schiff Af Chapman ist eine der originellsten Stockholmer Jugendherbergen. Wer sich Luxus gönnen möchte, quartiert sich im

Skeppsholmen ist auch das Winterquartier vieler Boote.

Erstrahlt in neuem Glanz: die Östermalms Saluhall

Foto: © Tuukka Ervasti/imagebank.sweden.se

»Hotel Skeppsholmen« ein. Das Moderna Museet, gebaut von Rafael Moneo, beherbergt eine umfassende Sammlung moderner und zeitgenössischer Kunst.

Sie können die beiden Inseln bequem zu Fuß umrunden oder auch das Fahrrad nehmen. Dabei haben Sie beste Aussicht auf die Gamla Stan und Djurgården mit den verschiedenen weltbekannten Attraktionen.

Östermalm

Während in der City und Norrmalm vorwiegend die großen Kaufhäuser zum Endlos-Shopping einladen, beherbergt Östermalm viele Flagship-Stores bekannter Marken, aber auch kleine Boutiquen mit spannenden Produkten. Am Östermalmstorg liegt die legendäre »Östermalms Saluhall« (Markthalle) aus dem Jahre 1889. Hier finden Sie die besten Lebensmittel aus ganz Schweden. Von Fisch bis Pralinen wird nur beste Qualität verkauft. Und wie in einer Markthalle üblich, können die Leckereien auch vor Ort gegessen werden. Beinahe ein Muss ist ein Besuch im Fischrestaurant bei »Lisa Elmqvist«. Im Frühling 2020 eröffnet mit »Villa Dagmar« ein neues Boutique-Hotel.

Entlang des Strandvägen finden Sie viele Geschäfte, Hotels und Restaurationsbetriebe. Speziell im Sommer herrscht draußen ein emsiges Treiben, speziell, wenn Sie auf der Wasserseite entlangschlendern. Etwas ruhiger geht es im Humlegården zu. Der ehemals königliche Garten ist Standort der Königlichen Bibliothek und hat viele von Eichen gesäumte Wege, die zum Flanieren einladen.

Östermalm ist auch Sitz vieler Botschaften. Sowohl die Deutsche als auch die Schweizer und Österreichische Vertretung befinden sich auf Östermalm. Machen Sie doch mal einen Botschafts-Bummel. Das ist höchst spannend. Auch die Museumsdichte ist auf Östermalm überdurchschnittlich. Hier eine kleine Aufzählung, welche Ausstellungshäuser Sie in diesem Stadtteil finden: Historiska Museet (Geschichte), Sjöhistoriska Museet (Seefahrt), Tekniska Museet (Technik), Etnografiska Museet (Ethnologie).

Legendär: die Allsång-Veranstaltungen auf Skansen

Foto: © Mikael Sjöberg

Djurgården

Vom Nybroplan mit dem Dramatischen Theater und dem dahinter liegenden Armeemuseum führt der Strandvägen am Wasser entlang nach Djurgården. Hier erstreckten sich früher die königlichen Jagdgründe. Heute ist die Insel Naherholungs-, Museums- und Vergnügungsgebiet in einem. Im Nordiska Museet (Nordisches Museum) werden kulturgeschichtliche Ausstellungen präsentiert. Nebenan liegt Junibacken, ein Familienmuseum mit Kindertheater, das die Romanhelden unter anderem von Astrid Lindgren präsentiert.

Das meistbesuchte Museum in Schweden ist das Vasamuseet mit dem weltweit einzigen erhaltenen Regalschiff aus dem 17. Jahrhundert. Die Vasa sank im Jahre 1628 bei ihrer Jungfernfahrt vor dem Stockholmer Hafen. Nachdem sie 333 Jahre lang in 32 Metern Tiefe auf Grund gelegen hatte, wurde sie 1961 gehoben und bekam nach jahrelanger Restaurierung ein eigenes Museum.

Ganz in der Nähe wurde im April 2017 das neue Museum Vikingaliv (Wikingermuseum) eröffnet, das auf anschauliche Weise die Geschichte der Wikinger präsentiert. Der nicht immer einfachen Geschichte des Alkohols und dem Umgang mit dem Rauschmittel widmet sich das 2012 eröffnete Spritmuseum. Nebst der sehr spannenden Ausstellung ist auch ein sehr exzellentes Restaurant angegliedert. 2013 eröffnete das ABBA-Museum, das die Geschichte des bekanntesten Pop-Exports der Schweden interaktiv aufrollt. Die Schlangen vor diesem Highlight sind lang, deshalb sollten Sie Ihre Tickets im Vorverkauf besorgen.

Skansen ist das älteste Freilichtmuseum der Welt und wurde 1891 eröffnet. 150 kulturgeschichtliche Gebäude aus ganz Schweden sind zu sehen. Im Sommer werden Konzerte und Volkstanzaufführungen veranstaltet, in der Adventszeit ein stimmungsvoller Weihnachtsmarkt. Außerdem gibt es hier das Skansen-Aquarium und einen Tierpark. Auf Skansen finden im Sommer auf der Sollidenscenen (Bühne) die Konzerte der TV-Übertragung Allsång statt. Neu hat auf Skansen das Baltic Sea Center eröffnet.

Ruhe vor dem Sturm im Vergnügungspark Gröna Lund

Für Familien ist der historische Vergnügungspark Gröna Lund mit seinen nostalgischen und modernen Attraktionen das Größte. Gruselspaß bietet das 2015 neu eröffnete House of Nightmares. Seit 2016 findet im ehemaligen Restaurant Tyrol Mamma Mia The Party statt. Das Lokal wurde in eine griechische Taverne umfunktioniert, und nun singt, tanzt und isst man zu den Hits von ABBA.

se

Im Schloss Waldemarsudde wird eine Kunstsammlung mit Werken von Prinz Eugen präsentiert. Weiter dem Wasser entlang am Blockhusudden liegt die Thielska Galerie, eine eindrucksvolle Sammlung skandinavischer und französischer Kunst.

Das Rosendal Slott ließ Karl XIV. Johan bauen. Es zeichnet sich heute durch schöne Gärten und eine originale Inneneinrichtung aus. Im Sommer ist ein Besuch im Restaurant Rosendals Trädgård Pflicht (offen im Sommer), wenn Sie umgeben von Grün ihre Kaffeepause genießen wollen.

Södermalm

Södermalm, von den Einheimischen kurz Söder genannt, ist ein ehemaliges Arbeiterviertel. Heute ist es das Quartier der Jungen, der Kreativen und der Trends. Hier treffen Sie auf das pulsierende Stockholm mit viel Gastronomie, hippen Leuten und vielen Gegensätzen.

Am Fuß von Södermalm, in der Nähe der Fähranleger, finden Sie mit dem Fotografiska (Fotografie) ein Museum von Weltruf. Die Fotografie-Ausstellungen gehören zum Besten, was man international sehen kann. Zu den besten der Stadt zählt auch das Restaurant im obersten Stock mit Blick über das Wasser.

Vorbei am Verkehrsknotenpunkt Slussen, der ewigen Baustelle (es dauert noch ein paar Jahre), gelangen Sie zum Medborgarplatsen. Hier ist das natürliche Zentrum von Söder mit Restaurants, der U-Bahnstation, einer Markthalle und hin und wieder auch Randale. Die Einkaufsstraßen Hornsgatan und Götgatan laden zum Bummeln ein. Einer der Hotspots auf Söder ist der Mosebacke Torg mit Lokalen für Live-Musik, Shows, Tanz, diversen Clubs und einer Bierterrasse.

Kreative Shops und Gastronomie aller Geschmäcker und Gerüche finden sich im sogenannten SoFo, angelehnt an den Stadtteil SoHo in New York. SoFo ist die Abkürzung für South of Folkungagatan. Viel Second Hand gibt es hier, viel Vintage, viel Retro. Beeindruckend ist die Aussicht von Fjällgatan, Fåfängan und den Skinnarviksbergen. Hier tummeln sich viele Fotografen auf der Suche nach dem perfekten Stockholm-Schuss.

Natürlich gibt es auch Kirchen auf Södermalm. Die Katarina kyrka wurde nach einem Brand 1990 wieder aufgebaut. Um die Sofia Kyrka stehen Holzhäuser aus dem 17./18. Jahrhundert. Das ehemalige Gefängnisgebäude auf Långholmen, am Fuß von Söder, ist heute Hotel und Jugendherberge. Der Globen, ein weiteres Wahrzeichen der Stadt, ist Stadion und Konzerthalle mit Platz für 16.000 Zuschauer in der Form eines 63 Meter hohen Balls. Der Skogskyrkogården (Waldfriedhof) ist weltberühmt für seine Architektur und Landschaftsgestaltung. Er steht auf der UNESCO-Liste des weltweiten Kulturerbes.

Außerhalb der Stadt

Am Stadtrand Stockholms liegt Drottningholm (1662), das schwedische Versailles. Schloss und Garten wurden im Barockstil erbaut und sind seit 1981 der Wohnsitz der schwedischen Königsfamilie. Das Drottningholm-Theater (1766) ist eines der besterhaltenen Theater der Welt, und das Kina slott, ein Lustschloss im chinesischen Stil, steht ebenso wie Schloss Drottningholm auf der Liste des UNESCO-Weltkulturerbes.

Bei Solna befindet sich der große Hagapark im englischen Stil. Haga slott ist die Residenz für ausländische Staatsbesucher. Wunderschön eingerichtet ist der Pavillon Gustav III. (1790), interessant sind auch die Gewächshäuser mit dem Schmetterlingshaus.

Stockholmer Schären

Die Stockholmer Schären sind ein sehr lohnendes Ausflugsziel. Sie bestehen aus 30.000 Inseln, Inselchen und Klippen. Die meisten der Schärenboote legen von Strömkajen beim Nationalmuseum und von Nybroviken ab. Ein Erlebnis ist eine Fahrt auf einem der Dampfschiffe. Die Fahrt nach Vaxholm dauert eine Stunde, nach Schloss Drottningholm 50 Minuten. In beiden Fällen kann man mit dem Bus zurückfahren. Sehenswert sind auch Sandhamn und Utö.

Beliebtes und nahes Ausflugsziel: Fjäderholmarna

Foto: © Anne Sofie Eriksson

Möchten Sie die Schären vor Stockholm ohne längere Bootsfahrt erleben? Dann ist ein Ausflug nach Fjäderholmarna genau das Richtige für Sie. Die Insel ist in 20 Minuten mit der Fähre ab Slussen (während des Umbaus von Slussen ab Skeppsbrokajen) und ab Nybroplan erreichbar. Auf der Insel finden Sie tolle Restaurants, eine Fischräucherei, ein Bootsmuseum und diverse Kunsthandwerker. Am besten umrunden Sie die Insel gemächlich zu Fuß und machen einen Halt, wo es Ihnen gerade am besten gefällt.

Die einzigartige Natur der Stockholmer Schären in Kombination mit erstklassigen Kunst- und Kulturprojekten vereint das Kunstzentrum Artipelag auf Hålludden/ Gustavsberg. Hier finden wechselnde Ausstellungen und Konzerte mit renommierten Künstlern statt. Als echte Idylle gelten die nördlichen Schären von Stockholm, Roslagen genannt. Hier findet man nicht nur malerische Buchten und Natur, sondern auch sehenswerte Städtchen wie Grisslehamn oder Norrtälje sowie unzählige Möglichkeiten zum Baden, Paddeln oder Wandern. •

#UnterwegsInStockholm

Innerhalb der Stadt kann man auf ein gut ausgebautes U-Bahn- und Busnetz bauen. Der Nahverkehrsbetreiber SL hat Tages- und Kurzzeittickets für wahlweise ein, drei oder sieben Tage im Angebot. Tickets kaufen Sie an den Automaten oder via APP für iOS und Android Geräte.

Offizielle Touristen-Information ist Visit Stockholm (**www.visitstockholm.com**). Ein eigentliches Touristoffice gibt es nicht mehr. Ergänzend gibt es Stockholm Info (**www.stockholminfo.com**), ein privates Unternehmen. Seit einiger Zeit herrscht bei den »Karten für Vergünstigungen« ein regelrechtes Durcheinander. Die ehemalige Stockholm Card gibt es nicht mehr.

Neu ist vor allem der Stockholm Pass (**www.stockholmpass.de**) zu empfehlen. Er kann wahlweise für 24, 48, 72 und 96 Stunden gekauft werden. Der Pass kostet für Erwachsene zwischen 595–1295 SEK (für Kinder 50 Prozent ermäßigt). Er bietet kostenlosen Eintritt in mehr als 70 Museen und Sehenswürdigkeiten sowie Sightseeing-Touren per Bus und Boot und Ermäßigungen in vielen Geschäften und Restaurants. Achtung: Dabei ist der öffentliche Verkehr nicht inkludiert. Ergänzend kann man jedoch die Travelcard dazubuchen.

Ein Konkurrenzprodukt zum Stockholm Pass war der Stockholm City Pass. Neu heißt er iVenture Card (**www.iventurecard.com/us/stockholm/**) und fungiert als eine Art Prepaid Card für touristische Angebote.

Zwei Wahrzeichen von Göteborg: das Segelschiff Barken Viking und das Hochhaus Utkiken

#göteborg

Mit knapp 600.000 Einwohnern ist Göteborg die zweitgrößte Stadt Schwedens. Sie stellt einen wichtigen Handelsplatz dar und verfügt über den größten Hafen des Landes. Außerdem ist die Stadt Sitz einer Universität und einer Technischen Hochschule. Die lockere, freundliche Mentalität ihrer Bewohner und die ausgeprägte Café-Kultur geben der Stadt ihren familiären Charakter, der ihr den Beinamen »die größte Kleinstadt Schwedens« eingebracht hat.

Göteborg wurde 1621 von Gustav II. Adolf gegründet und nach holländischem Vorbild mit Kanälen und 20 Brücken errichtet. Die großen Werften sind heute alle stillgelegt. Auf deren Gelände entstanden neue und interessante Gebäude zum Wohnen und Arbeiten. Die größten Industriekonzerne der Stadt sind Volvo und SKF (Kugellagerfabrik).

Göteborg in einem Tag

Erkunden Sie Göteborg an einem Tag mit einem gemütlichen Spaziergang. Starten Sie beim kleinen Jachthafen, dem Lilla Bommens hamn. Hier liegt seit vielen Jahren das riesige Segelschiff Barken Viking vertäut. Es ist Restaurant und Hotel in einem und eine beliebte Touristenattraktion. Ein paar Schritte daneben ragt Göteborgs Utkiken, das rot-weiße Hochhaus, in den Himmel. Sein Aussehen hat ihm den Spitznamen »läppstift« (Lippenstift) eingebracht. Von der Plattform auf 90 Meter Höhe hat man einen tollen Ausblick über Göteborg.

Spazieren Sie nun am Wasser entlang zur Oper. Bei dem vom einheimischen Architekten Jan Izikowitz erbauten Gebäude scheiden sich die Geister. Umrunden Sie das Gebäude, damit Sie sich selbst einen Eindruck von der modernen Architektur machen können.

Ein paar Schritte weiter treffen Sie auf eine Ansammlung verschiedenster Schiffe und

1. Götaplatsen
2. Liseberg
3. Slottsskogen
4. Botanischer Garten und Aquarium
5. Schifffahrtsmuseum
6. Fischermuseum
7. Feskekörka
8. Röhsska Museum für Design und Kunsthandwerk
9. Domkyrka
10. Ostindiska Huset (Stadtmuseum)
11. Kronhus, Kronhusbodarna
12. Gartenverein (Trädgårdsföreningen)
13. Kungsportsplatsen, »Paddan-Boote«
14. Universeum
15. Weltkulturmuseum
16. Ostindienfahrer

i Touristeninformation (Adresse s. Service-Teil Info)

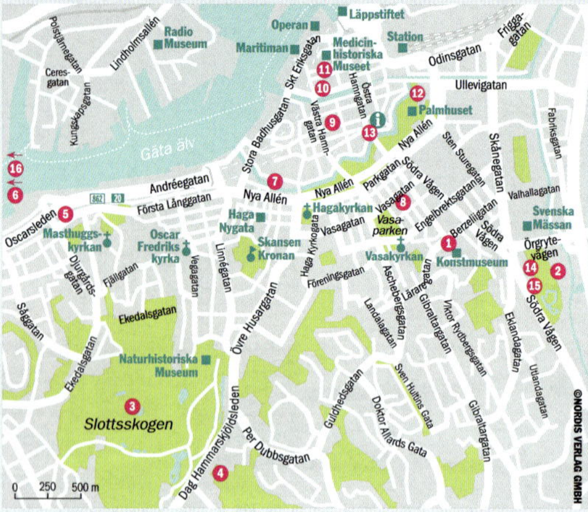

Im Maritiman entdecken Sie viele Schiffe und Boote.

Boote. Sie bilden das Museum Maritiman. Sie können die Schiffe entern und sogar ein Kriegsschiff erkunden. Weiter dem Pier entlang kommen Sie zum Packhuskajen. Hier befindet sich die Anlegestelle der Schiffe MS Diana, MS Wilhelm Tham und MS Juno. Diese drei historischen Passagierschiffe gehören zur Göta-Kanal-Flotte, die Göteborg mit Stockholm auf dem Inlandswasserweg verbindet.

Folgen Sie nun der Norra Hamngatan bis zum Gustaf Adolfs Torg. Entlang Ihrer Route treffen Sie auf das Stadsmuseum, die Christinae Kyrkan und etwas versetzt auf das Kronhuset. Am Gustaf Adolfs Torg – hier befindet sich auch das Rådhuset – können Sie nun in einem der ansässigen Restaurants essen. Als Alternative sind die diversen Foodtrucks zu empfehlen, die in Göteborg Hochkonjunktur haben. Gestärkt und voller Tatendrang setzen Sie Ihre Stadtbesichtigung auf der Östra Hamngatan fort. Biegen Sie links in die Kyrkogatan ein und nach ein paar Metern entdecken Sie die Domkyrkan. Rund um den Dom gibt es viele Shopping-Möglichkeiten und eine schöne Fußgängerzone.

Zurück auf der Östra Hamngatan bummeln Sie weiter bis zum Stora Teatern, biegen rechts ab und flanieren nun durch Kungsparken. Falls Sie schon wieder hungrig sind, dann können Sie sich vorher noch in der großartigen Stora Saluhallen (Markthalle) mit Proviant eindecken. Am Ende des Kungsparken sehen Sie vorne rechts am Rosenlundskanalen schon von Weitem eine Art »Kirche«: die Feskekôrka. Hier dreht sich alles um Fisch. Die besten Fischhändler der Stadt haben hier ihre Verkaufsstände, und das Restaurant auf der Empore gehört zu den besten der Stadt. Kaufen Sie sich ein paar Shrimps oder Krebse und vertilgen Sie diese am Kanal. Über die Järntorgsgatan gelangen Sie zum Järntorget. Auf dem Weg dahin sehen Sie am Olof Palmes plats das Folkets Hus und das Folkteatern. Für ein paar Fotos reicht die Zeit, dann geht es aber weiter ins malerische Quartier Haga.

Haga ist das historische Stadtviertel Göteborgs. Schlendern Sie der Haga Nygata entlang und bestaunen Sie die alten Holzhäuser und die tollen Shops und Cafés. Hier bekommen Sie in der Haga Trätoffelfabrik die legendären, schwedischen Clogs. Keine Probleme werden Sie in Haga bei der Koffeinversorgung haben. Sie finden tolle Cafés und im Café Husaren die größten Kanelbullar (Zimtschnecken) von Schweden, so sagt man.

Damit Sie die Kanelbullar-Kalorien schnell loswerden, können Sie zwischendurch die extrem steile Treppe zur Festungsanlage Skansen Kronan erklimmen. Von hier oben haben Sie eine großartige Aussicht über die Stadt. Nun aber weiter. Am Ende der Haga Nygata entdecken Sie die Hagakyrkan, eingerahmt von einem schönen Park. Weiter geht es auf die Vasagatan. Spazieren Sie diese schöne Straße mit vielen tollen Gebäuden und Läden entlang Richtung

Hier dreht sich alles um Fisch: Feskekôrka.

Das ganze Jahr hindurch spektakulär:
Vergnügungspark Liseberg

Kungsportsavenyn, kurz Avenyn genannt. Auf dem Weg dorthin entdecken Sie die Universitet im Vasaparken, die Konsthögskolan und das Röhsskamuseet.

Bei der Avenyn angekommen, biegen Sie rechts ab und folgen dem Boulevard bis zum Götaplatsen. Hier ist immer etwas los, und man findet viele kulturelle Einrichtungen an diesem Platz. Lorensbergteatern, Stadsbiblioteket, Konserthuset, Konstmuseum, Artisten Musikhögskolan und Stadsteatern sind die Institutionen, die Sie hier entdecken können. Sie haben nun das Ende dieser doch intensiven Göteborg-Erkundung erreicht. Spazieren Sie nun gemächlich über die Avenyn zurück ins Zentrum und suchen Sie sich ein tolles Restaurant für den Abend.

Weitere Highlights in Göteborg

Selbstverständlich gibt es in Göteborg noch viele weitere Highlights zu entdecken. Hier eine kleine Auswahl davon. Göteborg hat zahlreiche hübsche Parks, zu denen der Trädgårdsföreningens park (Gartenbauverein Park) mit Rosarium, Palmhuset und Växthuset gehört. Südwestlich von Göteborg liegt der Slottsskogen, zu dem ein großer Naturpark mit nordischen Tieren, das Vogelhaus und der Kinderzoo sowie der mehrfach ausgezeichnete Botaniska Trädgården (Botanischer Garten) mit Gewächshäusern und Schwedens größter Sammlung tropischer Orchideen zählen. Hier finden auch viele Konzerte und Festivals statt. Rund 30.000 Menschen versammeln sich an diesem Ort jährlich am Nationalfeiertag (6. Juni).

Für Familien geradezu ein Muss ist der Liseberg, Skandinaviens größter Vergnügungspark mit großem Tivoli, rasanten Fahrgeschäften, bekannten Künstlern, vielen Restaurants, Wasserspielen sowie fantastischen Blumenanlagen und einem speziellen Areal für Kleinkinder. Je nach Jahreszeit wird Liseberg thematisch geschmückt.

Im siebenstöckigen Universeum kann man Wissenschaft, Technik und Natur bei einer Wanderung durch den tropischen Regenwald, am Aquarium und bei Experimenten hautnah erleben. Neben dem Universeum befindet sich das Världskulturmuseet mit Ausstellungen zum aktuellen Weltgeschehen.

Ausflüge in die Umgebung

Zu den populärsten Sehenswürdigkeiten Göteborgs gehört das inmitten einer schönen Parkanlage gelegene Gunnebo Slott im nahe gelegenen Mölndal. Auch etwas außerhalb ist das spannende Volvo-Museum zu finden. Hier erfahren Sie Interessantes über die Höhen und Tiefen der schwedischen Kultmarke. Dabei wird der Fokus nicht nur auf Personenwagen gelegt.

Einen Abstecher zu den beiden Kulturreservaten Gathenhielmska im Djugårdsparken und Klippan am Südufer des Göta älv kurz vor der imposanten Älvborg-Brücke lohnen sich ebenfalls.

Ebenfalls einen Besuch wert: das Volvo Museum

Mit Ausflugsbooten und kleinen Autofähren erreichen Sie viele der kleinen Schären und Inseln vor Göteborg, zum Beispiel Hönö, Vinga, Styrsö, Donsö, Brännö. So erleben Sie maritime Atmosphäre vor den Toren einer Großstadt. Im Süden der Stadt, auf der Insel Stora Amundön (Naturschutzgebiet), gibt es einen Unterwassernaturpfad. Er ist etwa 200 Meter lang und zwei bis drei Meter tief, sodass er sich bestens zum Schnorcheln eignet. •

#UnterwegsInGöteborg

Mit den »Paddan-Booten« können Sie im Sommer und an einigen Terminen im Winter organisierte Kanal- und Hafenrundfahrten unternehmen und erleben Göteborg vom Wasser aus. Mit über 100 Bussen und Straßenbahnlinien bietet Göteborg ein gut ausgebautes Nahverkehrsnetz, um die Stadt bequem im Sitzen zu erkunden. Sehr empfehlenswert ist die Fähre 285, die zwischen Lilla Bommens hamn und Klippan verkehrt. Dabei macht das Boot an verschiedenen Stellen auf beiden Seiten des Göta älv halt. So können Sie auch die Stadtteile Lindholm, Slottberget und Eriksberg besuchen.

Die Göteborg City Card wird seit Januar 2018 nicht mehr angeboten. Neu gibt es den Göteborg Pass, der durch das Unternehmen »Stromma« herausgegeben wird. Die Leistungen zur alten City Card sind vergleichbar. **www.gothenburgpass.de**. Der öffentliche Verkehr ist in der City Card nicht inbegriffen. Ergänzend dazu kann die Travelcard für den ÜV hinzugekauft werden.

Alle Infos zu Göteborg finden Sie auf der Webseite **www.goteborg.com**. Passend zur Webseite gibt es auch eine App für iOS und Android.

Die Skyline von Malmö wandelt sich stets.

#malmö

Malmö ist mit rund 300.000 Einwohnern die drittgrößte Stadt Schwedens und liegt verkehrsgünstig am Öresund, der Brücke zum Kontinent. »Wer ein wenig kontinentale Atmosphäre erleben und dabei Schweden nicht verlassen will, muss nach Malmö«, sagen die Schweden selbst. Und das beschreibt dann wohl die Stimmung in der Stadt sehr gut.

Malmö wurde in der ersten Hälfte des 13. Jahrhunderts unter dänischer Krone gegründet und erst 1658 schwedisch. Aufgrund der günstigen Lage entwickelte sich die Stadt schnell zu einem blühenden Handelspunkt. Später kam eine Reihe von Industrieunternehmen dazu. Heute gilt Malmö zudem als Bildungsstadt. Mit dem Bau der Öresundbrücke hat die gesamte Region – auch auf dänischer Seite mit dem Großraum Kopenhagen – eine rasante Entwicklung genommen.

Malmö – Zehn Tipps für einen Besuch

Tipp 1: Starten Sie Ihren Top-10-Rundgang durch Malmö am Lilla Torg, dem schönsten Platz in Malmö. Die bunten Fachwerkhäuser aus dem 16. bis 18. Jahrhundert sind ein dänisches Erbe. Hier reiht sich ein Restaurant und Café an das andere. Durch einen Torweg kommen Sie zum Hedmanska Gården. Hier präsentiert und verkauft das Form Design Center skandinavisches Design von ganz vielen Firmen wie Marimekko, Orrefors, Georg Jensen, Kosta Boda und jungen Designern.

Tipp 2: Die Schweden lieben Parks und Schlösser. Wenn Sie von unserer letzten Station, dem Lilla Torg, Richtung Westen gehen, kommen Sie zum großen Slottsparken mit viel Wasser und Wiesen. Im Süden des Parks ist die Stadsbiblioteket, im Norden das Malmöhus Slott mit seinen Museen angesiedelt. Auf der anderen Seite des Malmöhusvägen neben dem Teknikens och Sjöfartens hus finden Sie verschiedene kleine Verkaufsbuden. Hier verkaufen mehrere Fischer fangfrisch ab Kutter ihre Fische.

Tipp 3: Ein Schmuckstück ist zweifellos das Ribersborg Kallbadhuset, auch »Kallis« genannt. Das 1898 im Jugendstil erbaute Badehaus ist über einen langen Steg erreichbar und lädt die Abgehärteten ganzjährig zum Bad im Meer ein. Dazu hat es eine Holzofensauna, einen SPA-Bereich und ein

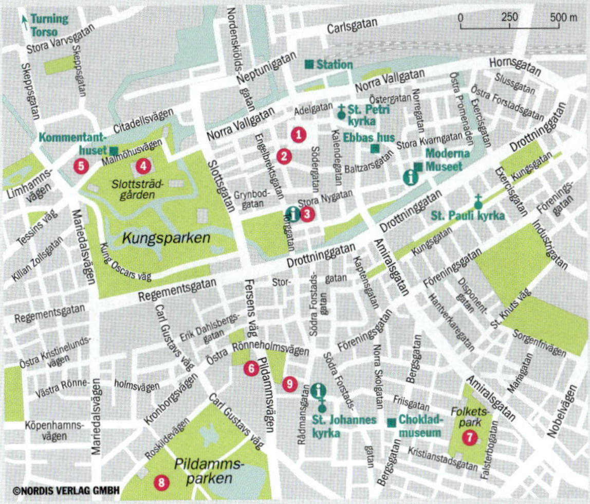

1 Stortorget
2 Lilla Torg
3 Gustav Adolfs Torg
4 Schloss Malmöhus mit Slottsträdgården
5 Technisches Museum, Schifffahrtsmuseum
6 Stadttheater
7 Folkets Park
8 Pildammsparken
9 Kunsthalle
10 Rundan-Boote

Touristeninformation (Adresse s. Service-Teil Info)

schmuckes Café, das ein beliebter Treffpunkt für Jung und Alt ist.

Tipp 4: Wenn Sie Freude an moderner Architektur und Stadtentwicklung haben, dann müssen Sie sich den Västra Hamnen (Westhafen) anschauen. Herzstück von Västra Hamnen ist der Turning Torso. Der vom Architekten Santiago Calatrava entworfene Turm erreicht eine spektakuläre Höhe von 190 Metern und dreht sich von unten bis oben um 90 Grad. Zu den Füßen des Turning Torso erstreckt sich ein großflächiges neues Wohngebiet. Moderne Architektur wird hier mit ökologischen Konzepten verbunden. Zum neuen Quartier gehören auch die Gebäude von Dockan. Hier sind IT-Firmen, Restaurants und Dienstleistungsunternehmen angesiedelt.

Aufstrebend und nachhaltig: das Quartier Västra Hamnen

Tipp 5: Im Stadtzentrum treffen Sie auf den brandneuen Komplex Malmö Live. Hier ist ein ganzes Kulturviertel entstanden mit Konzertsälen, Kongressanlagen, einem Hotel

Das neue topmoderne Malmö Live mit den drei weißen Türmen

Malmö für Shopping-Queens: das Einkaufszentrum Emporia

und verschiedenen Restaurants. In der Nähe von Malmö Live finden Sie die neue Malmö Saluhall mit frischen und tollen Lebensmitteln. Wie überall in den Markthallen kann man hier an den Ständen auch gut essen.

Tipp 6: Die S:t Petri kyrka ist das älteste Gebäude Malmös. Ihre Grundmauern gehen auf den Anfang des 14. Jahrhunderts zurück. Sie wurde im Stil der sogenannten »baltischen Ziegelgotik« gebaut.

Tipp 7: Das Moderna Museet von Malmö berücksichtigt regionale Aspekte und überzeugt auch architektonisch. Die schönen Räumlichkeiten aus dem Jahr 1901 wurden ursprünglich vom Malmöer Elektrizitätswerk genutzt. Apropos Museum: Mit dem neuen Museum »Disgusting Food Museum« können auch Hartgesottene Zeitgenossen etwas Spezielles erleben. In dieser Ausstellung ist »ekelhafter Geruch« durchaus gewollt.

Tipp 8: Kaum ein Quartier in Malmö zeigt eindrücklicher auf als Möllevången, wie multikulti Schweden zum Teil ist. In Malmö sind 174 Nationen vertreten, und das spürt man am Platz Möllevångstorget und in den angrenzenden Straßen. Hier finden Sie alles, was Sie benötigen, um Speisen aus allen Ecken der Welt zu essen oder selbst zuzubereiten.

Tipp 9: Das Emporia Einkaufszentrum, eines der größten in Skandinavien, liegt im neu gebauten Stadtteil Hyllie. Im Emporia finden Sie über 200 Geschäfte, Restaurants und Schönheitstempel. Egal, ob Sie shoppen oder nicht: Sie müssen auf das Dach. Hier wurde ein wunderbarer Dachgarten mit Sitzgelegenheiten zum Ausruhen und mit prächtigem Ausblick über ganz Malmö geschaffen.

Tipp 10: Wenn Sie in einer fremden Stadt sind, dann heißt es Augen auf! Wenn Sie durch Malmö schlendern, dann steht an jeder Ecke, in jedem Park und auf jedem Platz ein Kunstwerk, eine Skulptur oder sonst etwas Spannendes. Die besten Restaurants werben nicht mit knalligen Neonreklamen. Die coolsten Shops haben nicht immer die auffälligsten Schaufenster. Halten Sie also Ausschau nach Dingen, die im öffentlichen Raum stehen. Dann kennen Sie das richtige Malmö. •

Gehört auch zu Malmö: die Slottsmöllan im Slottsparken

#UnterwegsInMalmö

Malmö ist eine Fahrrad-Stadt. Mieten Sie ein Fahrrad und erkunden Sie so zügig und bequem jeden Winkel von Malmö. Fahrräder können Sie auf **www.malmobybike.se** oder **www.travelshop.se** buchen. Im Travel Shop können auch diverse spezielle Fahrradtouren gebucht werden.

Der öffentliche Verkehr ist in Malmö ebenfalls sehr gut ausgebaut. Betrieben werden die Stadt- und Regionalbusse sowie die Zugsverbindungen von Skånetrafiken (**www.skanetrafiken.se**). In den Bussen können Sie nicht mit Bargeld bezahlen. Nutzen Sie die Möglichkeiten der Apps von Skånetrafiken für iOS und Android. Teilweise kann man in den Bussen mit Kreditkarte und Maestro bezahlen.

Mit dem Öresund rundt-ticket, einem Zweitagesticket von Skånetraffiken, fahren Sie günstig durch die dänisch-schwedische Öresundregion. Das Ticket ist in fast allen Regionalbahnen und -bussen rund um Kopenhagen, Malmö, Ystad und Lund gültig und beinhaltet zwei Öresund-Überquerungen (eine Richtung über die Brücke, eine Richtung mit der Fähre). Die Fahrkarte ist auch für die Metro und Movia Busse in Kopenhagen sowie der Fähre ForSeas zwischen Helsinborg und Helsingør gültig.

#visby

Visby, die Stadt der »Rosen und Ruinen«, hat etwas Mystisches und Archaisches und gilt als eine der lohnenswertesten Sehenswürdigkeiten in Skandinavien. Besuchen Sie die Hauptstadt Gotlands, und Sie fühlen sich ins Mittelalter zurückversetzt.

Eines der Tore, die in die Stadt Visby einladen.

Im Mittelalter war Visby eine der wichtigsten Städte Europas und eine blühende Hansestadt. Erst als der dänische König Waldemar Atterdag 1361 das gotländische Bauernheer besiegte, die Stadt einnahm und brandschatzte, hatte diese Ära ein Ende.

Visby ist heute Hauptort und Verwaltungszentrum der Ostseeinsel Gotland und seit 1995 UNESCO-Weltkulturerbe. Geschützt sind der überaus sehenswerte historische Stadtkern innerhalb der mittelalterlichen Ringmauer sowie die angrenzenden Parkgebiete.

Im Sommer ist Visby ein pulsierender Ort, wenn Touristen und Einheimische die Plätze und lauschigen Orte bevölkern. Visby, das sind Kopfsteinpflastergassen, mittelalterliche Ruinen, kleine Bars und Cafés, gepflegte Hausfassaden und viel Grün. Überhaupt ist der Altstadtkern ein wahres Shopping- und Kulinarikparadies.

Kern von Visby und Ausgangspunkt für Ihren Standrundgang ist die Ende des 13. Jahrhunderts erbaute Stadtmauer. Sie zieht sich rund um den Altstadtkern – die eigentliche Hansestadt – und ist rund 3,5 Kilometer lang, elf Meter hoch und hat 36 Türme. Von hier bietet sich eine hervorragende Aussicht auf die Umgebung.

Einen Stadtrundgang können Sie problemlos selbst unternehmen oder sich einer geführten Tour anschließen. Ortskarten bekommen Sie bei der Touristeninformation. Ebenfalls erhältlich sind diverse Apps für iOS und Android.

Im Folgenden ein paar Highlights, die Sie bei Ihrem Stadtrundgang antreffen werden:

Der Kruttornet (Pulverturm) ist der älteste Turm der Ringmauer und wurde ursprünglich als freistehende Festung erbaut und dann in die Ringmauer integriert. Die bereits im 12. Jahrhundert erbaute Domkyrkan

St. Maria ist die einzige noch erhaltene mittelalterliche Kirche. Sie prägt das historische Stadtbild von Visby. Architektonisch interessant ist auch die Helge Ands kyrka mit ihrem achtseitigen Langhaus. Am Markt liegt die sehenswerte Ruine St. Catharina. In der Ruine St. Nikolaus finden jeden Sommer Konzerte statt. Im Fornsalen – heute das Stadtmuseum – bekommt man einen informativen Einblick in die Geschichte Gotlands.

Visby können Sie zum Beispiel am Stora Torget genießen. Hier ist der Brennpunkt des Geschehens mit Restaurants und viel Leben. Wie wäre es mit einem Picknick? Packen Sie eine Decke und Proviant ein und lassen Sie sich im Park Almedalen vor der Stadtmauer nieder.

Alljährlich im August wird bei der Mittelalterwoche in Visby die glänzende Vergangenheit der Stadt wieder lebendig. Ganzjährig Mittelalter erleben kann man im Kapitelhusgården. Im ehemaligen Teil eines Klosters werden die Gäste heute mit Met, Klosterbier und mittelalterlichen Speisen bewirtet.

Wenn Sie den Stadtkern verlassen wollen, dann finden Sie Richtung Süden die Högklint. Von hier aus haben Sie eine fantastische Aussicht über das Meer und die Gegend. Ebenfalls südlich der Stadt finden Sie den Vergnügungspark Kneippbyen. Dieser garantiert Spaß für Jung und Alt. Fans von Astrid Lindgren erfreuen sich an Pippis Villa Kunterbunt.

Lohnend sind ebenfalls eine Fahrradtour oder ein Spaziergang nach Gustavsvik und Snäck im Norden der Stadt. Hier kann man baden oder um den Kärleksstigen (Liebespfad) wandern.

Visby erreichen Sie mit den Fähren von Destination Gotland ab Nynäshamn und Oskarshamn. Die Überfahrt dauert jeweils drei Stunden. •

Buntes Treiben während der Mittelalterwochen

Typisch für Gotland: die Rauken

#gästeinfo

Gotlands Turistförening, Donner plats 1, 621 57 Visby **www.gotland.com**

Buchung von Aktivitäten, Fähren und Unterkünften:
www.destinationgotland.se
www.gtsab.se
www.gotlandsresor.se

#SCHWE route1

ROUTE 1

se

Von Malmö nach Kalmar

Unsere erste Route führt Sie von Malmö der Süd- und Ostküste entlang bis nach Kalmar. Nebst Skåne lernen Sie die Provinz Blekinge kennen und streifen Småland. Nehmen Sie sich Zeit für diese Reise, eine Woche darf es schon sein. Wenn Sie noch Malmö genießen wollen, auch zehn Tage.

Die Öresundbrücke

Über Malmö sind Sie schon bestens informiert. Genießen Sie diese tolle Stadt einen oder zwei Tage. Vielleicht reizt Sie ja auch ein Abstecher nach Kopenhagen.

Malmö – Höllviken – Falsterbo/Skanör – Trelleborg, E 22 (E 6/Trelleborgsvägen) / RV100, 65 km

Starten Sie Ihre Reise auf der E 22 Richtung Süden bis nach Vellinge. Alternativ können Sie auch dem Öresund über die Landstraße folgen. Sie haben so beste Sicht auf die Öresundbrücke. Von Vellinge aus sind es nur noch ein paar Minuten bis zum Gutshof Ängavallen. Ängavallen, das ist Bauernhof, Hotel, Restaurant und Hofladen in einem.

Urbaner Start der Route ist Malmö.

Auf Ängavallen leben nur glückliche Tiere.

#Beerenfreunde

se

Nur wenige Kilometer von Vellinge entfernt finden Sie ein Paradies für Beerenfreunde. Im Hallongården können Sie Himbeeren selber pflücken oder im Hofladen kaufen. Im Café genießen Sie die Zeit in der Sonne und mit Leckereien aus eigener Produktion.
www.hallongarden.com

#WikingerHelme

Wichtig: Wikinger-Helme haben NIE Hörner. Blamieren Sie sich also nicht.

Alle Produkte, die im Hotel und Restaurant verwendet werden, stammen aus eigener Produktion und eigenem Anbau. Die Produkte aus der Molkerei, Bäckerei und Metzgerei können Sie im Hofladen kaufen. Dieser Biobetrieb wurde sogar vom König für seine Verdienste ausgezeichnet.

Fahren Sie nun wieder etwas retour Richtung Vellinge und biegen dann links ab auf die Straße 100 Richtung Höllviken. Ein tolles Erlebnis ist das Fotevikens Museum. Hier können Sie das Leben der Wikinger hautnah miterleben. Im Sommer leben hier Menschen in authentischen Behausungen.

Zurück auf der Straße 100 fahren Sie nun weiter Richtung Westküste. Hier finden Sie großartige Sandstrände, phänomenale Golfplätze und viel Kunst und Kultur. Skanör und Falsterbo – die beiden Orte zählen zu den ältesten Städten Schwedens. Speziell für die Hering-Fischerei waren sie bedeutend. Nördlich finden Sie Skanör. Badefreunde werden sich bei Skanörs sjömärke besonders wohlfühlen. Werfen Sie auch einen Blick auf das alte Rathaus oder Skanörs Borgruin.

Etwas südlicher können Sie den Strand von Falsterbo erkunden. Der Sand ist derart fein, dass er zur Glasherstellung verwendet wird. Ornithologen werden ebenfalls bestens bedient, ist doch Falsterbo ein beliebtes Quartier der Zugvögel. Im Naturum erhalten Sie dazu weitere Informationen. Burg- und Schlossfreunde besuchen Falsterbohus. Sie finden hier eine Ruine aus den 1300er-Jahren. Für Kunstliebhaber empfiehlt sich ein Besuch in der Falsterbo Konsthall. Sie ist im gleichen Gebäude wie auch das Naturum untergebracht. Der ganze topmoderne Gebäudekomplex nennt sich Falsterbo Strandbad und ist auch Domizil des Tourist Office der Kommune Vellinge.

Ausstellung Falsterbo Konsthall

Ein weiteres Museum, das Sie interessieren könnte, ist das Bärnstensmuseet. Es thematisiert Archäologie und die Verschmutzung der Meere. Ein riesiger Bernstein ist ein eindrücklicher Blickfang. Ein tolles Fotomotiv ist der Falsterbo Leuchtturm (Fyr).

Mit der Fähre nach Schweden

#Nachtfähre

Wenn Sie mit der Nachtfähre von Deutschland anreisen, sind sie um ca. 6 Uhr in Trelleborg. Wenn Sie dann Lust auf einen Kaffee haben, müssen Sie in die Billings Konditori an der Algatan gehen, die dann schon geöffnet hat. (**billings.nu**)

#HörteBrygga

Ein Geheimtipp für Freunde der gepflegten Kulinarik ist das Restaurant Hörte Brygga am Bootsanleger Hörte hamn. Speziell im Sommer ist hier Hochbetrieb. Jeden Sonntag kocht der Chef zusammen mit einem Spitzenkoch aus Schweden. **www.hortebrygga.se**

Gastkoch Albin Wessman am Werk

Die nächste Station ist Trelleborg. Hier legen die Fähren von und nach Deutschland an, wobei der Fähranleger eine eher triste Angelegenheit ist. Schnell weg also, wenn Sie anreisen und los Richtung Zentrum. 1991 wurden in Trelleborg bei Aushubarbeiten Überreste der Wikingerburg entdeckt, welche der Stadt den Namen gab. Die Ringburg Trelleborgen ist in Schweden einmalig, daher hat man einen Teil davon rekonstruiert. Gebaut wurde sie 980 auf Befehl von König Sven Gabelbart. Im Trelleborgs Museum erfahren Sie Spannendes über die Stadtgeschichte. Ein Besuch in Trelleborgs Sjöfartsmuseet und der Axe-Ebbe-Kunsthalle lohnt sich ebenfalls. Schön sind der Gamla Torg, die Klostergränd (Ruine), die Pfarrkirche sowie die St. Nicolai Kirche.

Trelleborg – Smygehuk – Ystad, Straße 9, 50 km

Von Trelleborg aus nehmen Sie die Straße 9 und düsen Richtung Smygehamn. Hier finden Sie Smygehuk, den südlichsten Punkt Schwedens. Früher, so um 1600, war Smygehamn, der Ort zu dem Smygehuk gehört, ein wichtiger Fischerort. Der Strand von Smygehuk besteht aus gewaschenen Kalksteinen in allen Größen und Formen. Seien Sie vorsichtig, die können zum Teil recht scharfe und spitze Kanten haben.

Rund um Smygehuk gibt es Weiteres zu sehen. Der Leuchtturm zeigte früher den Schiffen den Weg, im Köpmansmagasinet kann man Kaffee trinken und Tonarbeiten der einheimischen Künstler kaufen, und natürlich gibt es einen Markstein, der den genauen südlichsten Punkt markiert.

Falls Sie Weinfreund sind, können Sie nun einen Abstecher Richtung Norden zum Weingut Hällåkra machen. Hier gibt es tatsächlich schwedischen Wein. Kaufen kann man ihn allerdings nur im Systembolaget.

Wenn Sie nun weiter Richtung Ystad fahren, dann sehen Sie in erster Linie Sandstrände, zum Beispiel Mossbystrand, und kleine verträumte Orte. Doch der Schein trügt. Die Gegend ist übersät mit Tatorten von Morden und Verbrechen. Keine Angst, die Taten wurden nur in den Romanen von Henning Mankell verübt. Womit wir in Ystad wären.

Ystad, das ist Wallander und Film. Schauen Sie sich aber auch die rund 300 sehr gut erhalten Fachwerkhäuser an. Besonders sehenswert sind das Pilgrändshus und das Änglahustet. Parken Sie am besten beim Bahnhof und spazieren Sie dann ins Zentrum. Der Stortorget ist Dreh- und Angelpunkt in Ystad. Von hier aus können Sie shoppen, das Rathaus fotografieren oder das Gråbödrakloster mit der St. Petri Kirche besuchen.

Und ja, Sie müssen im Tourist Office eine Wallander-Führung buchen oder sich eine Ortskarte mit den Schauplätzen von Mord und Totschlag besorgen. Am besten bereiten Sie sich in Kurt Wallanders Lieblingscafé Fridolfs Konditori auf das Abenteuer vor.

Post für Kurt Wallander

Wenn Sie mehr über die Verfilmungen der Wallander-Krimis und das Filmschaffen in Skåne und Schweden erfahren wollen, dann ist der Besuch des »Ystad Studios Vistor Center« Pflicht. Neben dem Museum sind auch die Filmstudios, in denen unter anderem »Die Brücke« gedreht wurde,

Mit Kommissar Wallander auf Spurensuche in Ystad

Kalorien bei Olov Viktors

untergebracht. Etwas außerhalb der Stadt bei Skårby ist der Ystad Djurpark angesiedelt. Der Zoo mit Tieren aus der ganzen Welt ist ein beliebtes Ausflugsziel für Groß und Klein. Eine Badelandschaft mit diversen Pools sorgt für Abkühlung.

Ystad – Nybrostrand – Käseberga – Simrishamn, Straße 9 / Östra Kustvägen, 55 km

Langsam, aber sicher werden Sie die wunderbare Landschaft von Österlen erreichen. Das »Land im Osten« ist die fruchtbarste Region Schwedens. Entsprechend finden Sie viel Landwirtschaft mit Obst- und Gemüseanbau. Sie werden farbenprächtige Mohn- und Rapsfelder entdecken. Die Straße 9 kennen Sie ja schon. Folgen Sie dieser Richtung Osten. Falls Sie baden möchten, dann gibt es an Nybrostrand unzählige Möglichkeiten. Der feine Sandstrand ist richtig wohltuend unter den Füßen. Wichtig ist, dass Sie die Abzweigung zur Bäckerei und Konditorei Olof Viktors in Glemmingebro nicht verpassen. Dieses Café gehört zum Besten, was Schweden zu bieten hat. Versäumen Sie es nicht, den Shop mit unzähligen Leckereien zu besuchen.

#Karottenkuchen

In der Bäckerei Konditorei Olof Viktors gibt es zwei Dinge, die man gegessen haben muss: das Shrimp-Sandwich und den besten Karottenkuchen der Welt.

Einen Ort der Besinnung finden Sie bei Dag Hammarskjölds Backåkra. Dag Hammarskjölds Backåkra ist ein Museum zu Ehren von Dag Hammarskjöld. Hammarskjöld war

Wer will da noch in den Süden, wenn er den Sandstrand von Sandhammaren haben kann?

von 1953 bis 1961 der zweite UNO-Generalsekretär. Nach dem tödlichen Flugzeugabsturz 1961 wurde ihm posthum der Friedensnobelpreis verliehen. US-Präsident John F. Kennedy nannte ihn »den größten Staatsmann seiner Zeit«. Auf einer Anhöhe beim Museum finden Sie einen Meditationskreis. Nutzen Sie die Zeit der Stille.
www.dhbackakra.se/en-GB

Statue von Dag Hammarskjöld

Nun können Sie die Mittelalterburg Glimmingehus besuchen oder Sie fahren auf dem Östra Kustvägen der Küste entlang nach Kåseberga. Hier finden Sie Ales Stenar, eine der bekanntesten Sehenswürdigkeiten Schwedens. Auf einem Plateau »hoch« über dem Meer befindet sich die größte Schiffssetzung (Grab in Schiffsform) Schwedens. Sie ist circa 1.000 Jahre alt und umfasst 59 Granitsteine. Bei klarer Sicht können Sie bis auf die Insel Bornholm blicken.

Besuchen Sie den Hafen mit einer tollen Fischräucherei. Am Hafen befinden sich auch ein Café und einen Souvenir-Shop. Etwas weiter an der Küste entlang finden Sie das Dünengebiet Sandhammaren. Auch hier werden Sie von einem tollen weißen Sandstrand und teilweise bewachsenen Sandhügeln verwöhnt. Wie ein Fels in der Brandung steht der Leuchtturm Sandhammarens fyr. Endstation dieser Etappe ist Simrishamn. Auch hier: ein typisches Fischerdorf, das früher in erster Linie vom Heringsfang lebte. Der

#Sydkustleden

In Simrishamn startet der 2019 neu eröffnete nationale Radweg Sydkustleden, der mit einer Gesamtlänge von 260 Kilometern in Helsingborg am Öresund endet.
www.sydkustleden.se

Lauschige Gässchen in Simrishamn

se

#wegamstrand

Machen Sie einen Abstecher an die Küste. Von Gislövhammar führt ein schöner Weg nach Brantevik und zurück. In Brantevik können Sie am Hafen Fisch kaufen oder im Café Fika machen.

Rosentorget ist einer der schönsten Plätze in Schweden überhaupt, und die St. Nicolai Kirche sollen Sie ebenfalls mindestens von außen ansehen. Museen? Klar: Österlens Museum und das Autoseum mit historischen Pkws, Motorrädern und Flugzeugen.

Simrishamn – Kivik – Åhus – Kristianstad, Straße 9/19 / Åsumsvägen, 80 km

Auf dem Weg nach Kivik fahren Sie auf der Straße 9 und passieren den Stenhuvud Nationalpark. Hier finden Sie eine seltene Fauna und Flora, unter anderem Orchideen und die Nachtigall. Informieren Sie sich im Naturum und machen Sie eine Pause im Sommercafé.

#Apfelmarkt

Ende September findet in Kivik der große Apfelmarkt, ein riesiges Volksfest, statt.

Jetzt geht es zügig weiter nach Kivik. Hier ist das Mekka des Apfelanbaus in Schweden. Besuchen Sie Kiviks Musteri und das Äpplets Hus. Da schauen Sie Äpfel mit ganz anderen Augen an. Im Hofladen können Sie sich mit allen Dingen eindecken, die mit Apfel zu tun haben.

Gemütlicher geht nicht: Kaffestugan Alunbruket.

Kungsgraven ist ein Königsgrab aus der Bronzezeit. Die Grabkammern sind aus Platten mit Steinritzungen gefertigt. Sie zeigen Pferde, Wagen und Sonnenräder. Nebenan können Sie im Café Sågamöllan eine gemütliche Kaffeepause einlegen. Im weiteren Verlauf der Reise empfehlen wir Ihnen, die Abzweigung nach Haväng zu nehmen. Sie finden einen alten småländischen Vierkanthof mit Fachwerkwänden und Strohdach. Über einen Weg, der von knorrigen alten Bäumen gesäumt ist, gelangen Sie an einen idyllischen weißen Sandstrand. Etwas im Landesinnern finden Sie Christinehofs slott. Von hier aus können Sie in einem Ecopark wandern, fischen und die Natur erleben.

Åhus, eine einst blühende Hafenstadt, ist für zwei Produkte bekannt. Absolut Vodka und die Eisstände am Hafen. Informationen über den Ort finden Sie im Åhus Museum. Der Strandabschnitt der Hanöbukt südlich von Åhus wird auch Aalfischerküste genannt. Auf dem Weg ins Meer durchqueren die Aale die Kanäle und kleinen Flussläufe rund um die

#Kaffestugan Alunbruket

Eine Fika in der Kaffestugan Alunbruket dürfen Sie auf keinen Fall verpassen. Im ältesten echten Café in Skåne, einer ehemaligen Alaunfabrik, können Sie sich bestens stärken.
www.alunbruket.com

Christinehofs slott

Alkohol kauft man beim »Monopolisten«.

#Alkohol

Alkohol kann in Schweden nur im staatlichen Vertriebsnetz Systembolaget gekauft werden. Auch Hersteller dürfen nicht direkt ab Fabrik verkaufen.

Bucht. Selbstverständlich findet man hier auch Aal auf den Speisekarten.

Nun erreichen Sie Kristianstad. Der Ort wurde vom Dänenkönig Christian IV. gegründet. Das alte Stadttor ist als einziges Relikt noch gut erhalten. Besonders sehenswert ist die Heliga Trefaldighetskyrkan (Dreifaltigkeitskirche). Besuchen Sie auch den Stora Torg, das Rathaus und das Stora Kronhuset. Im Regionmuseet erfahren Sie viel zur Stadtgeschichte, und im Filmmuseum wird die Filmindustrie in Schweden thematisiert. Die Linérundan führt Sie auf Holzstegen in das Vattenriket und das Überschwemmungsgebiet des Flusses Helgeå. Start ist am Bahnhof. Nehmen Sie ein Fernglas und Gummistiefel mit. Unterwegs treffen Sie auf diverse Sehenswürdigkeiten. Das Naturum informiert detailliert über das Vattenriket.

Kristanstad – Karlshamn – Karlskrona – Kalmar, E 22, 210 km

Auf der E 22 fahren Sie nun Richtung Karlshamn. Etwa auf halbem Weg befindet sich links der See Ivösjön. Er ist das

se

Ein Besuch im Vattenriket in Kristianstad lohnt sich.

Foto: © Per Pixel Petersson/imagebank.sweden.se

tiefste Gewässer in Skåne und sehr artenreich dank eines natürlichen Kalkvorkommens mit gesundem PH-Wert. Wenn Sie ein weiteres Schloss sehen möchten, dann finden Sie auf einer Landzunge zwischen dem Ivösjö und dem See daneben das Bäckaskog slott. Zurück auf der E 22 können Sie rechts Richtung Sölvesborg abbiegen. Sie befinden sich nun in der Provinz Blekinge.

Sölvesborg war im Mittelalter ein wichtiges Handelszentrum. Man spürt das dänische Flair noch heute. Das bedeutendste Bauwerk ist die Nicolai kyrka mit circa 700 Jahren auf dem Buckel. Über die 760 Meter lange Fußgängerbrücke Sölvesborgsbron gelangen Sie nach Kaninholmen. Von dort kommen Sie weiter nach Listerlandet. Von Sölvesborg können Sie Hällevik auf der Halbinsel Listerlandet mit traditionellen Holzhäusern, Fischräucherei und einem Jachthafen besuchen. Das Hälleviks fiskemuseum ist klein, aber fein. Von Nogersund, im Süden der Halbinsel, gelangen Sie mit der Fähre auf die Insel Hanö. Überhaupt lohnt es sich, die Halbinsel Listerlandet genauer anzuschauen. Sie finden mehrere lauschige Orte und versteckte Strände.

Sölvesborgsbron

#kleineHotels

Wer kleine, feine und inhabergeführte Hotels mit sehr guter Küche sucht, sollte einen Blick auf die »Petit Hotel« werfen. Speziell an der Ostküste finden Sie einige ganz schmucke Unterkünfte.
www.petithotel.se/de

Die Personenfähre nach Hanö fährt ab dem Hafen von Nogersund.

In Mörrum ist das Mekka der Lachsfischerei.

Etwa zehn Kilometer vor Karlshamn liegt Mörrum. Der Ort ist ein wahres Lachsmekka. Tausende Besucher kommen jedes Jahr hierhin, um Lachse zu fischen. Das Laxens hus zeigt die ganze Geschichte über den König der Fische.
www.sveaskog.se/morrum/

Henrik von Blekinge Kafferosteri

In Mörrum finden Sie auch die Kaffeerösterei von Henrik Arvidsson. Er ist schwedischer Meister im Kaffeerösten und schaffte es bei der Weltmeisterschaft aufs Stockerl. Am Wochenende kann man bei ihm frisch gerösteten Kaffee kaufen. Henrik ist im Sommer auch an vielen Festivals mit seinem mobilen Kaffeewagen anzutreffen.
www.blekinge.coffee

Karlshamn ist Ihre nächste Station. Hier können Sie einige sehr interessante Museen besuchen. Das Karlshamns Museum und das Punschmuseum finden Sie im sogenannten Kulturkvarter. Die Karlshamns Konsthall zeigt Kunst, während das Kreativum die Experimentierfreude ankurbelt. Auf Ihrem Stadtbummel durch Karlshamn sehen Sie das gut erhaltene Rathaus, das Asschierska huset aus dem 17. Jahrhundert, einen alten Kaufmannshof namens Smithska gården und das Holländarehuset. Ab Karlshamn können Sie auch einen Abstecher in die Schären, zum Beispiel auf die Festungsinsel oder nach Tjärö, unternehmen.

Wenn Sie nun auf der E 22 Richtung Karlskrona unterwegs sind, dann biegen Sie bei Äryd rechts ab. Sie gelangen zum Eriksbergs Viltreservat. Eriksberg ist ein beeindruckender Ort mit vielen Möglichkeiten. Fahren Sie mit Ihrem Auto durch einen zehn Kilometer langen Wildpark mir herrlicher Landschaft. Sie sehen Wisente, Mufflon-Schafe, Wildschweine und viel Rotwild. Eriksberg hat zudem auch tolle Unterkünfte und zwei Spitzenrestaurants zu bieten.
www.eriksberg.se

Nach diesem Abenteuer in Eriksberg fahren Sie weiter nach Ronneby. Der Ort war früher so eine Art Hauptstadt der Töpfe und Pfannen. Hier wurde hochwertiges Gusseisen-Kochgeschirr hergestellt. Noch heute finden Sie diverse Kleinbetriebe auf dem Industriegelände von Kallinge. Ronneby war aber auch Kur- und Hotelstandort. Dies verdankte der Ort der eisenhaltigen Quelle. Noch heute zeugt der Brunnspark von diesen Zeiten. Im Naturum erfahren Sie Spannendes über die Natur von Blekinge, und die Heliga Kors kyrka ist ebenso sehenswert wie das Kulturcentrum i Ronneby.

Fahren Sie auf der E 22 weiter. Sie erreichen nun Karlskrona, die Hauptstadt der Provinz Blekinge. Karlskrona ist eine Marinestadt und wurde auf mehreren Inseln im Blekinge-Archipel errichtet. Mittelpunkt von Karlskrona ist der Stortorget auf der Insel Trossö. Er ist der größte Platz seiner Art in

Tolle Unterkünfte auf Tjärö

#Tjärö

Machen Sie einen Tagesausflug auf die Insel Tjärö. Das Boot zur Insel fährt ab dem Hafen von Järnavik. Auf der Insel können Sie baden, tolle Wanderungen unternehmen oder einfach im Hafenrestaurant sitzen. Wer länger auf der Insel bleiben möchte, kann auch eine Unterkunft buchen.
www.tjaro.com

Eines der U-Boote im Marinemuseum

Nordeuropa und wird von zwei Kirchen flankiert: der Fredrikskyrkan und der Heliga Trefaldinghetskyrkan. Beachten Sie auch das alte Rathaus und in der Mitte die Statue von Karl XI. Am Fisktorget, von wo aus Ausflugsboote in die Schären stechen, steht das Blekinge Museum. Es zeigt das Alltagsleben der Blekinger. Hinter dem Museum befindet sich ein wunderbarer Barockgarten. Ein Highlight ist das Marinemuseum mit der riesigen U-Boot-Halle und historischen Schiffen am Quai. Die Gamla Örlogsvarvet, eine alte Schiffswerft für Kriegsschiffe, gehört zum UNESCO-Weltkulturerbe.

#SwedenRock Festival

se

Anfang Juni findet in Norje bei Sölvesborg das Sweden Rock Festival statt. Die erfolgreichsten Hardrockbands aus der ganzen Welt treten an drei Tagen auf.

Die Festung Kungsholm, etwas außerhalb auf einer Insel, ist ein gern besuchter Ort. Auf der Insel Aspö findet man Drottningskärs kastell, das Museum för Rörligt Kustartilleri, eine Brauerei, ein Café und noch weitere nette Orte. Die Insel Brändaholm ist bekannt für die Schrebergarten-Siedlung mit 43 roten Häusern. Ein tolles Fotosujet. Ein interessanter Ort auf der letzten Etappe nach Kalmar ist Kristianopel. Er liegt an Schwedens Südostspitze. Hier wird »sill« (frischer Fisch) zu »strömming« (eingelegt und vergoren). Beides ist Hering und scheidet in Schweden oft die Geister.

Das Ende Ihrer Südküsten-Tour ist Kalmar. Sie befinden sich jetzt in der Provinz Småland. Kalmar wurde im 12. Jahrhundert gegründet. Der Ort war ein blühender Handelsposten und Ziel verschiedener dänischer Angriffe. Kalmar ist eine der ältesten Städte Schwedens.1200 wurde Kalmar slott gebaut. Das Schloss ist nicht zu übersehen. Man kann die Gemächer und diverse Ausstellungen besuchen. Die verwinkelte Altstadt (Gamla Stan) mit charmanten Holzhäusern sollten Sie sich anschauen, ebenso die Domkyrka. Auch mit diversen Museen kann Kalmar auftrumpfen. Das Klamar Läns Museum zeigt unter anderem Funde des königlichen Flaggschiffs Kronan. Im Kalmar Konstmuseum sind Werke von bekannten und weniger bekannten Künstlern ausgestellt. Auch das Kalmar Sjöfahrtsmuseum zeigt interessante Aspekte der Seefahrt. Über die Ölandsbron fahren Sie bequem nach Öland. Die Brücke ist für Radfahrer gesperrt. Wenn Sie mit dem Drahtesel unterwegs sind, dann nehmen sie die Fähre.

Sie befinden sich nun in Småland. Nutzen Sie die Gelegenheit für einen Abstecher ins Glasreich. Die Reisezeit beträgt circa 90 Minuten. Die bekanntesten Orte sind Kosta, Orrefors, Emmaboda, Bergdala und Lessebo. In Lessebo finden Sie auch eine alte Papierfabrik. •

S.O.S. – Sill, Ost, Smör

#Hering

In Schweden kennt man zwei Sorten von Hering. Sill ist größer und fetter als sein Bruder, der Strömming, und wird südlich von Kristianopel gefangen.

Das imposante Kalmar slott

#SCHWE route2

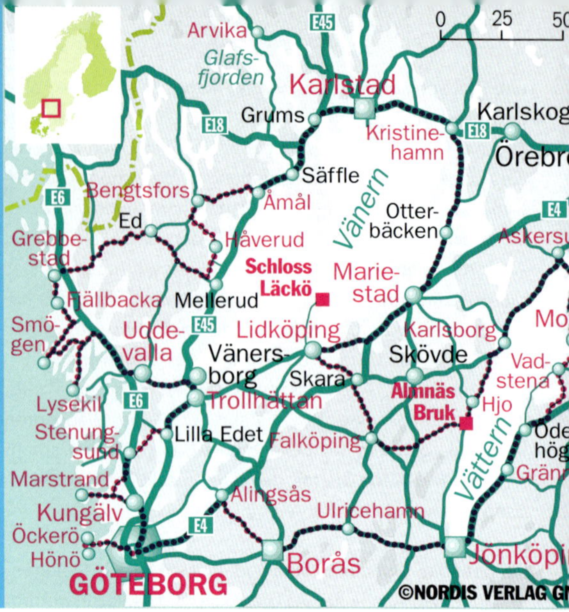

se

ROUTE 2

Die Große Seenrunde

Die beiden Seen Vänern und Vättern sind imposante Gewässer. Sie prägen Südschweden maßgeblich. Und überall, wo ein See ist, macht auch Urlaub Spaß. Höchste Zeit also, diese beiden Seen zu umrunden. Den Start macht aber die Westküste mit Start in Göteborg.

Fischauktion in Göteborg

Was Sie in Göteborg alles erleben können, haben Sie sicher schon etwas weiter vorne im Reisehandbuch entdeckt. Nun führt Sie diese Route zuerst entlang des Skagerrak durch die spektakuläre Schärenküste Westschwedens. Wenn Sie sich in der Region Bohuslän aufhalten, dann kommen Sie nicht aus dem Staunen heraus. Es gibt so viele tolle Orte zu sehen, dass es den Umfang dieses Reisehandbuchs sprengen würde, wollte man alle Perlen aufführen. Rechnen Sie speziell auf der ersten und zweiten Etappe genügend Zeit ein, es lohnt sich.

Göteborg – Öckerö – Kungälv – Marstrand – Stenungsund – Trollhättan, E 6/155/E 6/168/167/E 45, 191 km

Wenn Sie Richtung Norden fahren, können Sie sich im Prinzip an die E 6 halten. Die führt Sie zügig von Göteborg nach Strömstad und dann weiter nach Norwegen. Dumm ist, dass Sie so allzu viel verpassen. Es ist also »Schlangenlinie fahren« angesagt, damit Sie die tollen Buchten, Fischerorte und vor allem die Schären nicht verpassen.

Den ersten Inselabstecher sollten Sie schon kurz nach Göteborg ins Auge fassen. Besuchen sie die Inseln Hönö und Eckerö. Den Fähranleger bei Lilla Varholmen erreichen Sie über die Straße 155. Die Fähre (Linie 207) transportiert Sie in 12 Minuten das ganze Jahr hindurch auf die Insel. Abfahrt ist in der Regel alle 15 Minuten und das 24 Stunden am Tag. Sie können also problemlos einen Abendabstecher auf die Insel unternehmen. Die Inseln Hönö und Öckerö sind mit einer Brücke untereinander verbunden.

Zurück auf dem Festland, fahren Sie nach Kungälv. Hier können Sie der Bohus Fästning, einer Festungsanlage aus dem 17. Jahrhundert, einen Besuch abstatten. Die Festung liegt strategisch günstig und hat allen Versuchen, sie einzunehmen, getrotzt. Den Ort selber können Sie sich sparen, außer einer Holzkirche von 1679 gibt es da nichts zu sehen. Auf der Straße 168 fahren Sie nun nach Marstrand. Schon der Weg dorthin führt Sie über Inselchen und verschiedene Brücken. Marstrand ist ein historischer und lebhafter Fischer- und Badeort. Der Ort war lange Zeit das Zentrum

Erfolgreiche Hummerjagd

#HönöÖckerö

Ein Abstecher auf die Inseln Hönö und Öckerö ist auch toll als Tagesausflug ab Göteborg. Wenn Sie direkt ab Göteborg mit dem Bus 290 oder 291 fahren, können Sie auf der Fähre im Bus sitzen bleiben.

Von Marstrand aus die Schären der Westküste entdecken

#Hummersaison

Immer am Montag nach dem 20. September beginnt in Schweden die Hummersaison. Schwedenbesucher können mit Booten mitfahren und beim Hummerfang hautnah mit dabei sein. In Marstrand bieten Jann und Dennis Kollberg mit viel Leidenschaft solche Touren an.
www.fiskahummer.nu

#Inselhopping

Liebhaber von Inselhopping können von Rönnäng aus die Inseln Åstol und Dyrön besuchen. Hier genießen Sie Schärenfeeling und können wunderbar an der Küste entlangwandern.
www.dyron.se/dyron

der Heringsfischerei. Besuchen Sie die imposante Carlstens Fästning. Auf dem Turm haben Sie eine großartige Weitsicht über die Schären. Lebhaft wird es in Marstrand auch Ende September, wenn die Hummersaison beginnt.

Ihre Fahrt geht nun weiter, zuerst retour auf der Straße 168 und dann Richtung Norden nach Stenungsund. Der Ort ist sozusagen Dreh- und Angelpunkt im weiteren Verlauf Ihrer Reise. Wenn Sie an der Küste bleiben wollen, dann fahren Sie nun via der Straße 160 über die Tjörnbron und gelangen auf die Insel Tjörn (Straße 169). Besuchen Sie unbedingt Skärhamn, einen kleinen Ort mit Fischereitradition und dem großartigen Nordiska Akvarellmuseet und feinem Restaurant. Etwas nördlich auf Tjörn finden Sie bei Pilane die Outdoor Skulpturenausstellung Skulptur i Pilane. Die Kunstwerke sind herausragend und perfekt in die Natur eingebettet.

Wer weiter auf der Insel bleiben möchte, kann Richtung Norden Orust durchqueren (Straße 160) und via der Vindöbron bei Sundsandvik Richtung Uddevalla fahren. Hier treffen Sie wieder auf die E 6 und können weiter auf unserer Route fahren.

Lohnenswert: ein Ausflug auf die Insel Dyrön

Wir möchten Ihnen aber nach dem Besuch von Tjörn noch einen Abstecher ins Landesinnere vorschlagen. Fahren Sie zurück nach Stenungsund und dann über die Landstraße via Ucklum, der Straße 167 und der E 45 bis nach Trollhättan. Touristisch sind das Saab Car Museum, das Innovatum Science Center und die Schleusenanlage mit dem Kanalmuséet spannend.

Und dann darf natürlich nicht vergessen werden, dass Trollhättan auch eine Filmstadt ist. Gegen 20 Filme werden hier jährlich produziert, sodass der Übername Trollywood durchaus passend ist.

Historisch: Saab Automobile

Trollhättan – Lysekil – Smögen – Fjällbacka – Grebbestad, 44/161/162/171/174/163, 192 km

Fahren Sie nun von Trollhättan auf der Straße 44 nach Uddevalla. Hier kann man verschiedene Aktivitäten betreiben und eine Pause vor der Weiterfahrt nach Lysekil machen. Um an den Küstenort zu gelangen, empfehlen wir, auf der Straße 161 Richtung Fiskebäckskil zu fahren und dann mit der kurzen Fähre die Bucht Gullmarn zu überqueren. Danach links abbiegen, und schon sind Sie im wunder-

#Elchkollisionen

Der Seitenaufprallschutz bei Pkws wurde durch die Firma SAAB erfunden. Auslöser waren die vielen Elchkollisionen. Es wurde an einer stabilen Fahrgastzelle geforscht. Im SAAB 92 verbaute man erstmals diesen Seitenaufprallschutz. Dieses Fahrzeug galt lange Zeit als das sicherste der Welt.

Eindrücklich: Skulptur i Pilane

Unbeschreiblich schön: die Fischerhütten auf Smögen

#Fischauktion

Den Fang des Tages versteigern die Fischer in der Regel in Göteborg bei der täglichen Fischauktion. Sie finden an der Westküste aber viele Läden, in denen Sie sich mit frisch geräuchertem Fisch und weiteren Delikatessen aus dem heimischen Meer eindecken können.

se

Artenschutz bei Nordens Ark

schönen Ort Lysekil. Im Sommer ist hier wie an vielen Orten der Westküste viel los. Genießen Sie diesen herrlichen Küstenort inmitten der rot-braunen Schären. Sie können im Hafen und über die Felsen spazieren. Machen Sie unbedingt einen Besuch im Havets Hus, einem Museum über das Meer mit großartigem Aquarium. **www.havetshus.se**

Weiter geht es zum nächsten Tier-Highlight. Fahren Sie auf der Straße 162 Richtung Norden und biegen bei Runes Camping links ab auf die Straße 171 bis zu Nordens Ark. Dieser Tierpark ist sensationell. In großen Gehegen kann man praktisch alle Wildtiere beobachten, die traditionell im Norden zu Hause sind oder waren. Einige der gefährdeten Tiere werde hier gezüchtet und anschließend in der freien Wildbahn ausgesiedelt. **www.nordensark.se**

Entweder fahren Sie nun weiter auf der Straße 171 und biegen dann auf die 174 ab, oder sie verlasen die 171 schon bei Askum links und fahren zuerst nach Kungshamn. Kungshamn ist der modernste Fischereihafen an der schwedischen Westküste. Ziel ist aber Smögen, das Sie über die große Brücke und via Storgatan erreichen. Einer der schönsten Orte in Schweden überhaupt ist Smögenbryggan. Auf kilometerlangen Holzstegen können Sie den Hafen entlang spazieren. Sie sehen die weltbekannten farbigen Fischerhäuser, viele Hafencafés und Restaurants. Im Hochsommer ist hier wirklich die Hölle los.

Das nächste Stück der Reise führt sie auf der Straße 174 entlang. Wir warnen Sie. Man kommt in Versuchung, alle paar Meter anzuhalten und die tolle Landschaft zu bestaunen. Stoppen Sie zum Beispiel in Hunnebostrand oder Bovallstrand. Hier verlassen Sie dann die Straße 174 links und fahren auf der Landstraße Richtung Fjällbacka. Wenn Sie auf die Straße 163 treffen biegen Sie links ab und folgen dieser bis zu diesem legendären Ort.

In Fjällbacka gibt es zwei große Themen. Die Krimis der weltbekannten Autorin Camilla Läckberg spielen in diesem pittoresken Ort. Auch Ingrid Bergmann verbrachte viel Zeit auf einer Insel vor Fjällbacka. Sie sollten unbedingt den Vetteberget erklimmen. Was für eine Aussicht! Und beim Aufstieg durchqueren Sie die Kungsklyftan. Diese einmalige Felsenkluft diente auch als Kulisse für die Verfilmungen von Ronja Räubertochter. Auch der Besuch der Fjällbacka kyrka ist eine sehr schöne Option.

Via der Straße 163 gondeln Sie nun schön der Küste entlang bis nach Grebbestad. Von hier aus können Sie das Vitlycke Museum besuchen. Dieses außerordentliche Museum befasst sich mit dem UNESCO-Welterbe Tanum. Es geht um die in dieser Region geballt vorkommenden Felsritzungen aus der Bronzezeit. Auf verschiedenen Pfaden können Sie diesen historischen Bilderschatz besuchen und bestaunen. Hier müssen Sie einfach hin. **www.vitlyckemuseum.se**

In Grebbestad selber dreht sich viel um Fisch und Segeln. Einige bekannte Austernbänke sind vor Grebbestad anzutreffen. Kosten Sie von den Schätzen des Meeres in einem der vielen tollen Restaurants. Sehr empfehlenswert ist auch ein Tagesausflug auf die Koster Inseln. Von Strömstad aus nehmen Sie die Fähre nach Nord- und Sydkoster. Wandern Sie nach Herzenslust im Nationalpark. Beim Hafen Syd-Koster Ekenäs können Sie im Naturum alles über diese einzigartige Gegend erfahren.

#PensionatBryggan

Der Nordis-Geheimtipp: Buchen Sie in der Pensionat Bryggan in Smögen Ihr Zimmer und genießen Sie das Treiben am Hafen hautnah. Das kleine Bistro verwöhnt Sie mit Essen, Drinks und einem leckeren Frühstück.

#SetterlindsBageri

Für Genießer: Kaufen Sie in Fjällbacka ein leckeres Brot bei Setterlinds Bageri und Krebs oder Fisch bei Fjällbackas fiskaffär und setzen Sie sich damit an den Hafen. Schöner kann Westschweden gar nicht sein.

#AusflugAufsMeer

Unternehmen Sie mit Everts Sjöbod einen Ausflug aufs Meer. Dabei können Sie Krabben und Makrelen fischen. Oder Sie machen einen Austernkurs. Ihren Fang können Sie dort essen oder mit nach Hause nehmen.
www.evertssjobod.se/en

Instruktion vor dem Fischen mit Everts Sjöbod

Das Aquädukt von Håverud

Großartig: Schlafen im Glashaus

Grebbestad – Haverud – Bengtsfors – Amål – Karlstad, 165/166-164/172/ E 45, 237 km

Nach diesem tollen Abstecher an den Bohuslän führt Sie diese Route nun in das Landesinnere nach Dalsland. Dalsland wird oft als »Schweden en Miniature« bezeichnet, da man hier viel Wald, viel Wasser, aber wenig Siedlungen findet. Dalsland ist eine der beliebtesten Kanudestinationen, kein Wunder bei den vielen Seen und Wasserläufen.

Den ersten Stopp können Sie in Bengtsfors machen. Von Grebbestad geht es auf den Straßen 165 und 164 nach Ed und von dort weiter auf der 166 und 172 zum Zielort. In Ed ist ein tierischer Halt bei der Dalsland Moose Ranch ein netter Zeitvertreib. Bengtsfors ist nun nicht unbedingt der großartigste Ort in Schweden, aber er ist toll für Aktivitäten gelegen. Von hier aus können Sie Ihre Kanutour starten oder einen der zahlreichen Wanderwege unter die Füße nehmen.

In Bengtsfors sollten Sie unbedingt das Freilichtmuseum Gammelgården besuchen. Und wenn Sie schon dort sind, dann drängt sich auch der Besuch im Halmens Hus (Strohmuseum) auf. Vielleicht bekommen Sie ja Lust auf einen Strohhut. Auf der Rückfahrt nach Bengtsfors können Schleckermäuler im Fabrikladen des Süßigkeiten-Herstellers Dals Goodies ihre Gelüste befriedigen.

#Kanus

Wenn Sie Kanus vom Profi möchten, dann ist Christian Dietz von bootshaus.de der richtige Ansprechpartner. Bei ihm können Sie Ihr Kanu oder Kajak mieten. Dietz verkauft aber auch Kajaks, die zu den besten auf dem Markt zählen. Wenn Sie Ambitionen haben, können Sie sich vom sympathischen Deutschen auch coachen lassen.

#Hausboot

Lust, auf einem Hausboot auf dem See zu übernachten? Kein Problem. In Bengtsfors können Sie bei Dalslands Stugbåtsuthyrning ein Hausboot inklusive Boot für einen oder mehrere Tage mieten.
www.stugbaat.se/home

Dalsland ist eine landschaftliche Perle.

Von Bengtsfors aus lohnen sich verschiedene Abstecher ins Umland. Wenn Sie gerne gut essen und ein tolles Herrenhaus besuchen wollen, dann sind Sie bei Baldersnäs Herrgård richtig.

Auf dem Weg nach Håverud folgen Sie den Straßenschildern und können Ihre Abenteuerlust bei Dalsland Aktiviteter stillen. Egal ob Reitausflug, Hochseilgarten oder Goldwaschen, hier finden Sie die perfekte Betreuung und weitere tolle Angebote (**www.dalslandsaktiviteter.com**). In Håverud befinden Sie sich am legendären Dalslandkanal, welcher den Vänersee mit den vielen Gewässern im Norden verbindet. Neben dem Schleusensystem ist in erster Linie das Aquädukt ein Hingucker. Sehr spektakulär, wenn die Schiffe über Ihrem Kopf hindurchfahren. Besuchen Sie bei den Schleusen das Kanalmuseum und das nette Restaurant.

Fahren Sie nun auf der Landstraße weiter Richtung Süden und biegen dann links ab in die E 45. Nach einer gemütlichen Fahrt erreichen Sie Amål. Der Ort liegt günstig am Ufer des Vänern, und so erstaunt es nicht, dass hier früher ein wichtiges Seehandelszentrum war. 2005 wurde Amål gar von der UNO zur zweitbesten Kleinstadt der Welt gewählt. Zollen Sie dem also Tribut und besuchen Sie das Heimatmuseum und das Industriemuseum. Schön ist auch ein Spaziergang am Gästehafen und durch das Zentrum.

#Pilgrimsleden Dalsland

Der Pilgrimsleden Dalsland von Vänersborg nach Edsleskog ist 100 km lang und unglaublich abwechslungsreich. Auf verschiedenen Etappen kann man so die wunderbare Landschaft Dalsland erleben. Die Wanderung ist leicht bis mäßig schwierig und dauert in der gesamten Länge etwa vier bis fünf Tage.
www.vastsverige.com/de/mellerud/produkter/pilgrimsleden

#Glashaus

Haben Sie schon mal in einem Glashaus geschlafen? An verschiedenen Orten in Dalsland können Sie diese »The 72 hour cabin« für einen unvergesslichen Aufenthalt buchen.
www.vastsverige.com/de/72hcabin/buchung

Die Picassoskulptur in Kristinehamn

Auf der E 45 und später E 18 reisen Sie nun weiter Richtung Karlstad und Värmland. Einen Stopp können Sie in Säffle einlegen, bevor Sie wieder mal in einer »richtigen« Großstadt Erlebnisse sammeln. Karlstad ist die Hauptstadt von Värmland, Ihre Erkundungen starten Sie am besten am Stora Torget. Hier steht vor dem Rathaus die Friedensfigur, welche 1955 errichtet wurde. Die längste Steinbrücke Schwedens finden Sie genauso in Karlstad wie den weißgekalkten Dom. Und nicht vergessen: Zarah Leander ist hier geboren.

Karlstad – Kristinehamn – Mariestad – Lidköping, E 18/26/E 20, 190 km

Von Karlstad aus geht Ihre Reise weiter entlang der Ostküste des Vättern. Sehr interessant ist der Ort Kristinehamn. Sie gelangen auf der E 18 hierhin. Bekanntestes Objekt in dieser Stadt ist die Picassoskulptur von Pablo Picasso. An Midsommar 1965 wurde sie eingeweiht. Die Picassoskulptur ist eine der größten Monumentalskulpturen Picassos.

#GamlaKyrkogatan

Ein sehr nettes Café in einer coolen Töpferei finden Sie an der Gamla Kyrkogatan 16. AnnBritt und Björn haben hier eine nette Oase geschaffen.
www.krukmakerihemjord.se

se

Am Hafen können Sie Bootstouren auf den Vänersee unternehmen. Teilweise fahren auch reguläre Linienboote, speziell im Sommer. In der Stadt selber finden Sie viele typische Schwedenhäuser und nette Kopfsteinpflastergassen. Ein Besuch im Museum Kristinehamns Historiska lohnt sich. Gleich nebenan gibt es ein tolles Restaurant (Magasinet) und einen lustigen Krämerladen.

Stöbern in der Töpferei mit Kaffee

Auf dem Weg nach Mariestad (Straße 26) empfehlen wir Ihnen »dringend«, eine kleine Kurve via Sjötorp zu fahren. Hier mündet der legendäre Göta-Kanal in den Vänern. Verschiedene Cafés und Restaurants laden zu Fika ein. Im Sommer herrscht hier emsiges Treiben, ein Spaziergang zum Leuchtturm sorgt für etwas Bewegung. Natürlich sollten Sie auch das Kanalmuseum besuchen.

Weiter geht es nach Mariestad. Hier finden Sie einen der besterhaltenen Stadtkerne in Schweden. Speziell die Kungsgatan, die Kyrkogatan und die Västerlånggatan sind liebevoll bewahrt worden. Ein Besuch in der Domkirche ist angebracht, ebenso sollten Sie das Schloss Marieholm und daneben das Vadsbo Museum eines Blickes würdigen.

Auf dem Weg (E 20) nach Lidköping können Sie einen Abstecher auf den Berg Kinnekulle einplanen. Erkunden Sie das Bergplateau zu Fuß. Am besten spazieren Sie zuerst zum imposanten Aussichtsturm und genießen die Weitsicht über den See und die tolle Gegend. Anschließend fahren Sie weiter nach Lidköping, der nächsten Zwischenstation.

Hier schnuppern Sie immer noch den Duft des Vänersees. Die Stadt erhielt 1446 »Stadtprivilegien«. Wo heute die Touristeninformation ist, war früher das Rathaus und noch früher das Jagdschloss des Grafen von Läckö.

Eines der schönsten Schlösser in Schweden überhaupt, das »Läckö slott«, finden Sie ca. 20 Kilometer außerhalb der Stadt auf einer Landzunge im Vänersee. Viele Leute pilgern auch an diesen Ort, um den großartigen Schlossgarten mit Blumen, Gemüse und Kräutern zu bewundern.
www.lackoslott.se

Eines der schönsten Schlösser in Schweden: Läckö slott

#Käse

Essen Sie gerne Käse? Den mutmaßlich besten Käse in ganz Schweden gibt es unweit von Hjo bei Almnäs Bruk. Die Käse hier sind derart legendär, dass sogar die Kronprinzessin eine eigene Sorte hat.
www.almnas.com/de

se

Guter Käse braucht viel Pflege.

Foto: © Jesper Anhede / Almnäs Bruk

Lidköping – Falköping – Hjo – Karlsborg – Motala, 184/193/195, 224 km

Sie verlassen nun den Vänersee und fahren quer durchs Land zum Vätternsee. Auf der Straße 184 treffen Sie zuerst auf Skara. Hier war der erste Bischofssitz des Landes. Entsprechend eindrucksvoll ist der gotische Dom mit schönen Glasmosaiken. Das benachbarte Freilichtmuseum ist sehr beliebt, genauso wie das Touristenmagnet Skara Sommarland.

Falköping könnte man glatt durchfahren, wären da nicht Mössebergs Djurpark (Zoo) und das Elchhotel mit Elchgehege und Bisonzucht. Auch das Restaurant ist sehr zu empfehlen. (wragarden.se).

Via der Landstraße 193, in Tidaholm können Sie allenfalls das Tidaholms Museum besuchen, finden Sie den Weg weiter quer durch Västra Götaland bis nach Hjo. Das wunderschöne Holzstädtchen ist eine der wenigen größeren Orte am Westufer des Vättern. Die Gassen im Zentrum sind krumm, aber zusammen mit den schmucken Holzhäuschen macht das einen sehr malerischen Eindruck.

Auf der Straße 195 fahren Sie nun dem Vättern entlang, genießen die Aussicht auf den See und treffen dann auf Karlsborg. Hier gibt es vor allem die Karlsborgs fästning, die es zu besuchen gilt. 1820 wurde mit dem Bau begonnen. Es dauerte aber 90 Jahre, bis dieses royale Prestigeobjekt fertig war. Die Festung wird noch heute teilweise vom Militär genutzt, einen Teil kann man aber besichtigen, und die geführten Touren mit viel Brimborium sind wirklich ein Highlight.

Legendär: eine Fahrt auf dem Göta-Kanal

Etwa 10 Kilometer nordwestlich von Karlsborg steht am Göta-Kanal Forsviks bruk. Es ist das älteste Sägewerk im Land und wurde 1409 errichtet. Viele Gebäude sind renoviert, hier kann man diverse Handwerkskunst bestaunen.

Nun wäre es gut, wenn man ab hier den Vätternsee einfach durchqueren könnte. Ihr nächster Halt ist nämlich Motala. Da dies aber mit dem Auto nicht geht, fahren Sie auf der Straße 49 den See hinauf und nehmen beim Scheitelpunkt die Straße 50, um am Ostufer des Sees wieder Richtung Süden zu fahren. Erkunden Sie diese Strecke auf eigene Faust, schließlich sind Sie am See – und hier ist es immer schön.

Motala ist einer der ganz wichtigen Orte auf dem Weg durch den Göta-Kanal. Hier mündet nämlich der Kanal in den Vätternsee. Der Göta-Kanal ist mit seinen Brücken und Schleusen ein einmaliges Denkmal der Technikgeschichte. Hier in Motala ist speziell im Sommer Hochbetrieb. Besuchen Sie das Motala Industriemuseum, das Motala Motormuseum oder auch das Motala Heimatmuseum.

Motala – Vadstena – Gränna – Jönköping, 50/E 4, 113 km

Nachdem Sie viele Eindrücke am Göta-Kanal gesammelt haben, fahren Sie auf der Landstraße zum nächsten Stopp in Vadstena. Dass es diesen Ort überhaupt gibt, ist der heiligen Brigitta zu verdanken. Mehr über diese außerordentliche Person erfährt man im Kloster von Vadstena. Hier gibt es ein Klostermuseum und die großartige Blå kyrkan. Das Kloster ist unterdessen zum Teil zu einem Hotel und erstklassigen Restaurant umfunktioniert worden.

#GötaKanal

Den Göta-Kanal können Sie sowohl mit einem der legendären Passagierschiffe als auch mit Ihrem privaten Gefährt durchfahren. Beachten Sie die Bedingungen und Öffnungszeiten. **www.gotakanal.se**

Fika im Fiket

#Polkagris

Erfunden wurde Polkagris von Amalia Eriksson. 1859 durfte sie dank der Hilfe des Königs als erste Frau einen eigenen Laden eröffnen, um Süßigkeiten und Backwaren zu verkaufen.
www.polkapojkarna.se

Alles Handarbeit bei der Polkagris-Produktion

Ausflug auf die Insel Visingsö

Ebenfalls besuchenswürdig ist Vadstena slott. Gustav I. Wasa ließ es ab 1545 als Gegengewicht zum Kloster erbauen. Hier feierte Wasa 1552 seine Hochzeit mit Katharina Stenbock. Im Zentrum finden Sie den netten Rådhustorget mit Geschäften und netten Cafés.

Fahren Sie nun dem See entlang nach Süden. Irgendwann treffen Sie auf die E 4, dann sind Sie richtig. Next Stopp: Gränna. Sie sind nun übrigens in Småland. Schauen Sie sich doch unsere Småland Tour an. Ab Gränna können Sie bestens Richtung Astrid Lindgren »abzweigen«.

In Gränna bemerken Sie schnell, worum es hier geht. An jeder Ecke wird Polkagris von Hand hergestellt. Diese leckeren Zuckerstangen gibt es in diversen Aromen, Sie können bei der Produktion zuschauen. Das Grenna Museum ist den Polarexpeditionen gewidmet. Im Fokus steht die Expedition von Salomon August Andrées mit einem Gasballon zum Nordpol. Sie startete am 11. Juli 1897 und endete im Oktober desselben Jahres mit dem Tod der drei Teilnehmer. **www.grennamuseum.se**

Unternehmen Sie von Gränna aus einen Ausflug auf die Insel Visingsö. Am besten mieten Sie hier ein Fahrrad und erkunden die schöne Insel. Eine grandiose Aussicht haben Sie, wenn Sie den Grännaberget (wieder auf dem Festland) erklimmen. Nebst der Aussicht erwarten Sie hier ein tolles Café und ein Freilichtmuseum.

Nach all dieser Aufregung ist es Zeit, dass Sie in Jönköping etwas Ruhe finden (einfach auf der E 4 bleiben). Lange war Jönköping als Stadt der Streichhölzer bekannt. Bis 1970 wurden diese hier produziert. Heute kann man sich im Tandsticksmuseum einen Eindruck über den Siegeszug der »schwedischen Zündhölzer« verschaffen.

Tolle Aussicht von Grännaberget

Urlaub in der Wildnis Östergötlands

Der Wind rauscht in den Bäumen, der Blick schweift über Wälder, Seen, Hügel und Wiesen. Sonst liegt eine beruhigende Stille über der malerischen Landschaft. Die Luft ist rein, das Wasser klar und der Kopf schnell frei von Alltagssorgen.

Die Wildnis ist nicht weit. Nur etwa 2,5 Stunden von Stockholm entfernt findet man in der schwedischen Provinz Östergötland noch ursprüngliche und abwechslungsreiche Natur. Steile Hügel mit wundervollem Weitblick und Hochebenen finden sich hier genauso wie sanfte Täler, Seen und Wälder.

Ursprüngliche Natur mit allen Sinnen erleben

Inmitten der weitläufigen Landschaft, die ähnlich dünn besiedelt ist wie Schwedisch Lappland, liegt das »Hotell Sommarhagen« in und um einen historischen Pfarrhof. Schon seit Jahrhunderten lebt man hier im Einklang mit der Natur, und noch heute können Gäste die ursprüngliche Wildnis unweit des Hotels mit allen Sinnen erleben und zur Ruhe kommen, ohne auf Komfort verzichten zu müssen.

In der Umgebung könnte man Stunden und Tage wandern, ohne einem Menschen zu begegnen – vielleicht aber einem Elch? Wer möchte, kann auf 12 verschiedenen Touren die Gegend auch per Rad erkunden oder z. B. mit dem Kanu aufbrechen, um an einem einsamen Strand ein Picknick zu genießen und – vielleicht – den Sprung in das kalte, klare Wasser zu wagen. Östergötland bietet für jeden das passende große oder kleine Abenteuer und mit dem »Hotell Sommarhagen« auch den sicheren Hafen, an den man abends zurückkehren kann, um beim Abendessen die Erlebnisse Revue passieren zu lassen. Die Natur findet sich auch auf den Tellern des Restaurants wieder, denn in der Küche wird, wann immer möglich, mit dem gezaubert, was die Region zu bieten hat. Hier einchecken, heißt ankommen. •

HOTELL SOMMARHAGEN
Malexander
590 14 Boxholm
Sweden
www.sommarhagen.se

Gönnen Sie sich einen Spaziergang durch den über hundert Jahre alten Stadtpark. Hier finden Sie auch das Fågelmuseum Stadsparken und ein Freilichtmuseum. Beim Hafen können Sie sich ein Kajak mieten und dann durch den Kanal in den Munksjön paddeln. Sie entdecken bei der Slottsbron ein neues Gastronomie- und Shopping-Mekka. Etwas weiter gepaddelt, unterqueren Sie die Munksjonbron und sehen das imposante Kulturhuset Spira.

Es gibt noch viel zu sehen in Jönköping. Was jedoch Pflicht ist: ein Besuch von Jönköpings Länsmuseum. Neben vielen Informationen über die Region finden Sie hier die bedeutende Ausstellung zu Ehren des Malers John Bauer.

Jönköping – Ulricehamn – Borås – Alingsås – Göteborg, 40/180/E 20, 186 km

Langsam neigt sich Ihre Rundreise ihrem Ende zu. Die meisten Highlights haben Sie gesehen. Zeit also, gemütlich Richtung Göteborg zu fahren. Sie können sich nun vorerst

Das Jönköpings Länsmuseum ist sehr abwechslungsreich.

Foto: © Destination Jönköping

an der Straße 40 orientieren. Erster bedeutender Ort auf dem Weg ist Ulricehamn am See Åsunden. Interessant ist Ulricehamns Museum, interessanter jedoch Torpa Stenhus etwa 30 Minuten südlich der Stadt.

www.torpastenhus.se

In Borås werden Sie viel Grün antreffen, denn diverse Parks laden zum Verweilen ein. Borås gilt als Textilhauptstadt Schwedens. Entsprechend sollten Sie das Textilmuseet besuchen. Wer Tiere gerne hat, kann im Borås Djurpark viel Freude haben.

Wenn Sie nun direkt nach Göteborg möchten, dann einfach auf der Straße 40 weiterfahren. Als kleines Abschlusszückerchen können Sie aber auch auf der Straße 180 in die »Capital of Fika« fahren. Die Rede ist von Alingsås. Hier finden sie über ein Dutzend Cafés, die wie gemacht sind für eine Fika. Der Höhepunkt ist aber eine sogenannte Fikavandring, eine geführte Tour den Cafés entlang.

Frisch gestärkt erreichen Sie nun auf der E 20 Göteborg und können die Fähre zurück in die Heimat nehmen. Wenn Sie noch mehr Schweden möchten, dann empfehlen wir Ihnen Route 1 aus unserem Reisehandbuch 2019 (in umgekehrter Reihenfolge). •

In Privatbesitz, aber besuchbar: Torpa Stenhus

#HofsnäsHerrgård

Von Torpa Stenhus ist es ein Katzensprung zum Hofsnäs Herrgård. Hier gibt es lecker Essen, und die kleine Markthalle verkauft die besten Produkte weit und breit.

www.hofsnas.se

#SCHWED
#route3

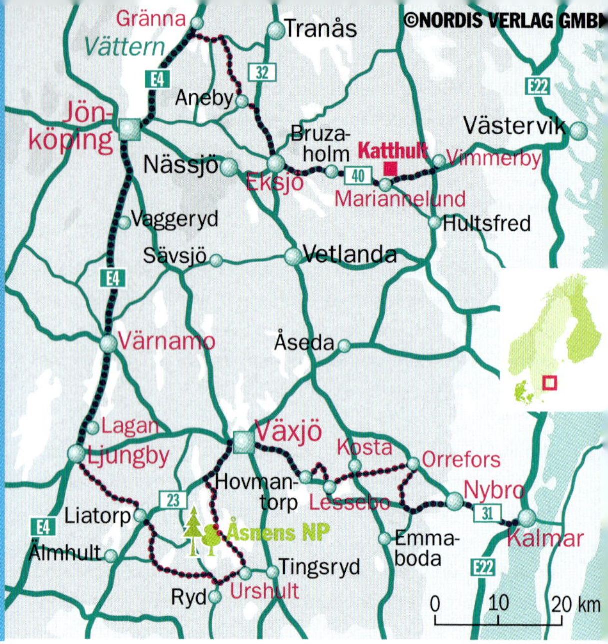

ROUTE 3

se

Die Höhepunkte Smålands

Diese Route quer durch Småland wird zwar nicht an allen Perlen dieser großartigen Region vorbeiführen, Ihnen jedoch einen tollen Überblick bieten. Småland ist für südliche Verhältnisse richtig wild, mit viel Wald und unzähligen Seen. Schwerpunkte sind das Glasreich, der Maler John Bauer und Astrid Lindgren. Für Familien ist diese Småland-Tour wahrscheinlich das größte Abenteuer in Schweden überhaupt.

Kalmar – Nybro – Boda – Orrefors – Kosta, E 22/RV25 / Storgatan / E 31, 95 km

Unseren Abstecher nach Småland beginnen wir in Kalmar. Die erste Etappe ist ganz und gar der Glaskunst gewidmet. Auf der E 22/RV25 fahren Sie nach Nybro. Hier finden Sie Nybro glasbruk. In dieser Glashütte ist man auf handkoloriertes Glas und Gebrauchsglas spezialisiert.

www.nybro-glasbruk.se

#JamesBond

James Bond-Fans, aufgepasst. In Nybro finden Sie das James Bond 007 Museum mit vielen Originalgegenständen aus den verschiedenen Filmen.

www.007museum.com

Fahren Sie nun auf der E 25 ein kurzes Stück weiter bis nach Pukeberg. Hier befindet sich eine der ältesten noch existierenden und gut erhaltenen Glashütten Schwedens. Laut Chronik wurde hier 1871 mit der Glasproduktion begonnen. **www.visitpukeberg.se**

Glaskunst in Småland

Etwas weiter entlang der E 25 treffen Sie auf den tollen Glasrikets Älgpark. Hier begegnen Sie auf einer geführten Elchsafari dem größten an Land lebenden Tier Europas. Die Safari dauert ca. 50 Minuten, man fährt auf gedeckten Wagen durch den Park. **www.glasriketsalgpark.se**

Die E 25 bleibt für ein paar Kilometer unser Weg. Verpassen Sie aber nicht die Abzweigung nach Boda. Die Glashütte von Boda gehört zusammen mit der von Kosta zu den bekanntesten. In Boda wird allerdings nur wenig Glas hergestellt. Vielmehr finden Sie hier interaktive Ausstellungen und diverse Demonstrationen. Ein Shop des Design House Stockholm rundet das Angebot ab.
www.theglassfactory.se

Weiter geht es Richtung Norden auf der Storgatan bis Hermanstorp und von dort weiter nach Orrefors. Die Marke Orrefors ist weltweit für hochwertige Glasprodukte bekannt. Egal ob Kristallgläser, Karaffen, schöne Kerzenständer oder Schalen – hier wird Qualität großgeschrieben. In einer Ausstellung können besondere Werke aus verschiedenen Epochen betrachtet werden. **www.orrefors.se**

In Kosta kann man den Glaskünstlern zuschauen.

Glaskunst in der Kosta Boda Art Gallery

Wenn Sie sich in Orrefors sattgesehen haben, dann fahren Sie auf der E 31 Richtung Nordosten. Wenn Sie den See Orranäsasjön passieren – es gibt hier auch einen netten Rastplatz – biegen Sie links in eine Landstraße ab. Diese führt Sie mehr oder weniger schnurgerade Richtung Kosa. Wenn Sie noch einmal Elche anschauen wollen, können Sie im Grönåsens Älg & Lantdjurpark stoppen. Ansonsten parken Sie beim Kosta Glascenter.
www.gronasen.se/de/

#KostaGlascenter

Im Kosta Glascenter können Sie sich beim Profi Lars Andersson für diverse Kurse einschreiben lassen und so mehr über das Handwerk lernen.
www.kostaglascenter.se

Kosta Glasbruk ist das Mekka der touristischen Seite des Glasreichs und zugleich die älteste noch existierende Hütte in Schweden. Seit mehr als 250 Jahren wird hier Glaskunst zelebriert. Nebst der Glashütte, in der man zuschauen, aber auch selbst Hand anlegen kann, ist speziell die Kosta Boda Art Gallery ein Fixpunkt, wenn man sich für das Thema interessiert. In der Halle, die von Bruno Mathsson entworfen wurde, stellen die wichtigsten Glaskünstler Schwedens aus.

Auch das Bad hat viel Glas.

Auf der anderen Straßenseite finden Sie nebst einem Outlet das großartige Kosta Boda Art Hotel. Sie ahnen es: Hier gibt es viele Elemente aus Glas. Einzigartig sind die blaue Glasbar und der SPA-Bereich.

Wenn Sie genügend Zeit haben oder sich noch weiter mit der Kunst des Glasblasens befassen möchten, gibt es noch viele weitere Glashütten in Småland. Informationen dazu finden Sie auf der Webseite des Glasreichs.
www.glasriket.se/de

Süße Tiere im Kosta Safari Park

Kosta – Lessebo – Växjö, Kostavägen, E 25, 65 km

Beginnen Sie diese Etappe mit einer tierischen Einlage. Im Mai 2018 hat der Kosta Safari Park seine Tore geöffnet. Sie fahren hier mit Ihrem eigenen Auto auf einer mehrere Kilometer langen Route durch den »småländischen Urwald«. Dabei treffen Sie auf Wisente, Hirsche, Mufflons und Wildschweine und können diese interessanten Tiere aus nächster Nähe beobachten. Haben Sie alle Tiere gesehen, dann fahren Sie via Kostavägen nach Lessebo.
www.kostasafaripark.se

Neben der Glasbläserei hat Småland noch eine weitere handwerkliche Tradition zu bieten: Småland ist eine waldreiche Region, und so liegt es auf der Hand, dass Papierherstellung auch ein Thema ist. In Lessebo steht eine große und moderne Papierfabrik. Unmittelbar daneben ist mit der Lessebo Handpapersbruk zudem ein Relikt mit einer 300-jährigen Tradition erhalten geblieben. Diese Papierfabrik ist die letzte ihrer Art, in der von Hand Papier hergestellt wird. Ursprünglich konnte man alle Schritte der Herstellung Schritt für Schritt mitverfolgen. Nach einem Besitzerwechsel im Jahr 2018 werden leider keine Führungen mehr angeboten, und die eigentliche Ausstellung ist geschlossen. Ein Besuch im Shop lohnt sich trotzdem. Sie können hier Büttenpapier und Schreibutensilien kaufen. Auch Kunstdrucke sind auf Spezialpapier erhältlich.

Mehr gibt es in Lessebo nicht zu sehen. Das ist jedoch nicht so schlimm, denn in Vaxjö, das Sie über die Straße 25 erreichen, ist umso mehr los. Wenn Sie noch mehr Glasreich sehen möchten, können Sie noch einen Umweg über Bergdala machen und schöne Hütten besuchen.

Växjö, der Hauptort von Kronobergs län, heißt sinngemäß »Der Weg am See« und hat ungefähr 80.000 Einwohner. Schon in der Wikingerzeit war der Ort ein wichtiger Handelsplatz sowie ab 1172 Bischofssitz. Folglich finden Sie hier auch einen wunderschönen Dom, der im 14. Jahrhundert errichtet und im 20. Jahrhundert umgebaut wurde. Innen im Dom kann man Glaskunstwerke besichtigen. Ein wahres Meisterwerk ist der Altar von Bertil Vallien aus dem Jahre 2002.

Natürlich ist das Thema Glas auch in den Museen von Växjö ein Thema. Sveriges Glasmuseum ist unter demsel-

se

Luxus vom Besten im Hotel PM & Vänner

ben Dach wie das Smålands Museum untergebracht. Hier wird unter anderem die über 400-jährige Geschichte der schwedischen Glaskunst thematisiert. Der Geschichte von Kronobergs län wird ebenfalls genug Platz eingeräumt. Weiter geht es im Utvandrarnas Hus. Diese Ausstellung widmet sich dem Schicksal von Auswanderern. Ein sehr aktuelles Thema.

Wenn Sie die Natur genießen möchten, können Sie im Linnéparken schlendern oder einen Ausflug (ca. 5 Kilometer) zur Kronobergs slottsruin machen. Wasserratten kommen im Medley Schwimm- und Erlebnisbad voll auf ihre Kosten. Wenn Sie auf Genuss und etwas Luxus stehen, dann sollten Sie im Hotel PM & Vänner einchecken. Die Hotelzimmer sind perfekt designt, die Bar auf dem Dach, die auch als Frühstücksraum dient, bietet Ausblick über die ganze Stadt

#DreiLäns

Småland ist übrigens in drei »Läns« unterteilt: Kalmars län, Kronobergs län und Jönköpings län.

Foto: © Tina Stafrén/imagebank.sweden.se

Das alte Eisenwerk von Huseby Bruk

und das Restaurant gehört zu den besten in Schweden überhaupt. Im gleichen Gebäude ist auch PM Bröd & Sovel beheimatet. Die Bäckerei/Konditorei mit Café wurde vom White Guide an die Spitze der Rangliste gewählt.
www.pmrestauranger.se/en

se

Växjö – Huseby Bruk – Åsnen Nationalpark, Straße 23 / diverse, 80 – 90 km

Unterstand im Åsnen Nationalpark

Nach einem tollen Aufenthalt in Växjö können Sie sich nun auf Kultur und Natur konzentrieren. Auf der Straße 23 fahren Sie Richtung Süden und erreichen nach ca. 20 Kilometern Huseby Bruk. Lösen Sie ein Ticket und beginnen Sie mit dem Abenteuer. Bis vor ca. 100 Jahren war Huseby Smålands wichtigstes Eisenwerk. Auf einer Zeitreise können Sie sich ein Bild davon machen, wie das anno dazumal hier funktionierte. Im Schloss können Sie sehen, wie die Besitzer lebten, und die diversen alten Fabriken, Mühlen und Gebäude sind verschiedenen Themen gewidmet. Sie können im Park schlendern, sich im tollen Frökens Café & Restaurant stärken oder in einem der Läden mit Kunsthandwerk mit Souvenirs eindecken. **www.husebybruk.se**

Ihr nächster Halt wird der Åsnen Nationalpark sein. Er wurde 2018 eröffnet und umfasst einen großen Teil des Sees Åsnen. Sie treffen hier auf unterschiedliche Biotope. Feuchtgebiete und hochwertige Mischwälder geben einer

Huseby Bruk hat viele spannende Orte.

Traumcamping am Åsnen See

großen Zahl an Tieren Lebensraum. Zugang zum Nationalpark erhalten Sie an verschiedenen Punkten. Wenn Sie von Huseby Bruk herkommen, dann ist der Eingang Sunnabron ideal. Dort finden Sie auch diverse Informationen, WCs und Picknickplätze. **www.visitasnen.se/de**

Die Gegend rund um den Åsnen See ist eine der schönsten in Småland überhaupt. Wenn Sie also irgendwo campen möchten, dann sollten Sie das hier tun. Zwei absolut phänomenale Naturcampingplätze sind Hätteboda Vildmarkscamping und Getnö Gård – Lake Åsnens Resort. Beide Anlagen erreichen Sie via Urshult. Der Getnö Gård ist mit etwas mehr klassischem Komfort ausgestattet, während Hätteboda das wahre Naturcamping zelebriert. Wenn Sie nicht campen möchten, dann finden Sie auch viele andere sehr schöne Unterkünfte rund um den Nationalpark.

#Småland

Viele nützliche Informationen über Småland finden Sie auf der Webseite von Småland Tourismus.
www.visitsmaland.se/de

se

Åsnen Nationalpark – Ljungby – Värnamo – Jönköping, RV120 / Per Hörbergs väg / RV124 / E 4, 200 km

Wenn Sie den Åsnen Nationalpark ausgiebig erkundet haben, machen Sie sich auf den Weg Richtung Vätternsee. Dazu können Sie sich im originellen Älshults Handelsbod

Der neuste Nationalpark im Land: Åsnen Nationalpark

Ein Stopp in Ljungby ist sehr zu empfehlen.

stärken und nach Antiquitäten stöbern. Im Sommer sitzen Sie im tollen Garten und genießen die ersten Sonnenstrahlen.

Über die Straße 120 und 124 fahren Sie nun gemütlich über Land und bestaunen die wunderbare Landschaft Smålands. Wälder, Felder, Seen wechseln sich in bunter Reihenfolge ab. Nutzen Sie bei Bedarf die Gelegenheit für eine Rast und einen kleinen Spaziergang.

Den nächsten Stopp sollten Sie in Ljungby einlegen. Am Gamla Torg finden Sie eine Töpferei, die Märtas Glasseri (Eisdiele), ein Museum und mit dem Gästgivaregården ein hervorragendes Restaurant. Besuchen Sie auch das Sagomuseet i Ljungby und schwelgen Sie in der Welt der Märchen und Sagen. In der Stadt finden Sie auch ein Grabfeld und Runensteine.

Von nun an können Sie sich an der E 4 orientieren. Selbstverständlich dürfen Sie sich auch auf Nebenstraßen ent-

Und jetzt ein Eis!

Der Toftaholm Herrgård ist wunderschön am See gelegen.

#ToftaholmHerrgård

Wenn Sie es gemütlich angehen lassen möchten, sollten Sie eine Nacht im Toftaholm Herrgård einplanen. In diesem wunderschönen Herrenhaus schlafen Sie in historischen Zimmern, essen vorzüglich und können die Sauna direkt am See nutzen. Ein kleines Naturreservat lädt zu einer hübschen Wanderung ein. **www.toftaholm.se**

Señoritas im High Chaparral Vergnügungspark

lang der diversen Seen fortbewegen. Wer sich einen Elchpark anschauen will, kann ca. 10 Kilometer nördlich von Ljungby direkt an der E 4 im Laganland Älgpark ein Ticket kaufen. Fahren Sie danach aber zügig Richtung Värnamo.

Värnamo ist nun nicht gerade die Perle in Småland. Wäre da nicht die Tatsache, dass es hier viel um Design geht. Das Museum Vandalorum befasst sich mit Kunst und Design und zeigt Werke von zeitgenössischen schwedischen und internationalen Künstlern. Einer der bekanntesten schwedischen Möbeldesigner ist zweifellos Bruno Mathsson. Im Bruno Mathsson Center kann man viele seiner Klassiker bestaunen und mehr über sein Schaffen erfahren.

Etwas außerhalb von Värnamo (15 km) finden Sie den Store Mosse National Park. Auf diversen Routen und auf Holzstegen wandern Sie durch zum Teil sumpfiges Gelände. Kinder und Westernfans kommen im Vergnügungspark High Chaparral (25 km) auf ihre Kosten. Hier finden noch »echte« Banküberfälle und Schießereien statt. Alles nicht so schlimm – im Saloon wird dann bei Feuerwasser das Kriegsbeil begraben. **www.highchaparral.se/en**

Nach all dieser Aufregung ist es Zeit, dass Sie in Jönköping etwas Ruhe finden. Der Hauptort von Jönköpings län hat sich in den letzten Jahren sehr gewandelt. Aus einer verschlafenen Dutzendstadt wurde ein pulsierendes Zentrum sowohl für Einheimische als auch für Touristen. Als Universitätsstandort ist die 85.000-Einwohner-Gemeinde Lernort für über 12.000 Studierende.

Foto: © Johanna Hallbäck

In Jönköping wurden die legendären schwedischen Streichhölzer hergestellt.

Lange war Jönköping als Stadt der Streichhölzer bekannt. Bis 1970 wurden diese hier produziert. Heute kann man sich im Tandsticksmuseum einen Eindruck über den Siegeszug der »schwedischen Zündhölzer« verschaffen. **matchmuseum.jonkoping.se**

Gönnen Sie sich einen Spaziergang durch den über hundert Jahre alten Stadtpark. Hier finden Sie auch das Fågelmuseum Stadsparken und ein Freilichtmuseum. Beim Hafen können Sie sich ein Kajak mieten und dann durch den Kanal in den Munksjön paddeln. Dabei betrachten Sie die Stadt aus einer ganz speziellen Perspektive. Bei der Slottsbron wurde ein neues Gastronomie- und Shopping-Mekka erbaut. Hier trifft sich das Who's who von Jönköping auf einen Drink und unbeschwerten Schwatz. Etwas weiter gepaddelt, unterqueren Sie die Munksjonbron und sehen das imposante Kulturhuset Spira. Drehen Sie noch eine Runde – und dann retour zum Hafen.

Es gibt noch viel zu sehen in Jönköping. Was jedoch Pflicht ist: ein Besuch von Jönköpings Länsmuseum. Neben vielen Informationen über die Region finden Sie hier die bedeutende Ausstellung zu Ehren von John Bauer. Dieser außerordentliche Künstler wird Sie auf der nächsten Etappe auf Schritt und Tritt begleiten. **www.jonkopingslansmuseum.se**

Eines der eindrücklichen Bilder von John Bauer

Foto: © John Bauer/Jönköping County Museum

Jönköping – Gränna – Eksjö, E 4/RV133 / Landstraßen / Grännavägen / RV132 / RV32, 110 km

John Bauer war ein småländischer Maler, der für seine fabelhaften Trollgeschichten und Märchen berühmt wurde. Seine Illustrationen sind einzigartig, sein Leben war ebenso spektakulär. John Bauer wurde 1882 in Jönköping geboren. Sein Geburtshaus liegt am heutigen Östra torget genannten Marktplatz. Ausführliche Informationen gibt es im oben erwähnten Museum.

#HusqvarnaMuseum

Etwas außerhalb des Zentrums lohnt sich ein Besuch im »Husqvarna Museum«, einem bekannten Hersteller von Gewehren, Rasenmähern, Motorsägen usw.
www.husqvarnamuseum.se

Auf den Spuren von John Bauer fahren Sie nun zuerst auf der E 4 Richtung Gränna. Kurz nach Jönköping folgt der Nachbarort Huskvarna. Hier werden die legendären und beliebten Gerätschaften der Marke Husqvarna (Gewehre, Rasenmäher, Nähmaschinen, Motorsägen ...) hergestellt. Im Husqvarna Museum erhalten Sie einen Überblick über all die Produkte und Herstellungsverfahren der letzten 300 Jahre.

In Gränna bemerken Sie schnell, worum es hier geht. An jeder Ecke wird Polkagris von Hand hergestellt. Diese leckeren Zuckerstangen gibt es in diversen Aromen, Sie können bei der Produktion zuschauen. Das Grenna Museum ist den Polarexpeditionen gewidmet. Im Fokus steht die Expedition von Salomon August Andrées mit einem Gasballon zum Nordpol. Sie startete am 11. Juli 1897 und endete im Oktober desselben Jahres mit dem Tod der drei Teilnehmer. **www.grennamuseum.se**

Unternehmen Sie von Gränna aus einen Ausflug auf die Insel Visingsö. Am besten mieten Sie hier ein Fahrrad und erkunden die schöne Insel. Eine grandiose Aussicht haben Sie, wenn Sie den Grännaberget (wieder auf dem Festland) erklimmen. Nebst der Aussicht erwarten Sie hier ein tolles Café und ein Freilichtmuseum.

Zurück zu John Bauer. Er lebte hier in den Jahren 1906 bis 1908. Hier entstanden unter anderem die Illustrationen zum Märchenband »Bland tomtar och troll«. Die Inspiration zu seinen Zeichnungen und Malereien holte sich Bauer in den Wäldern rund um Gränna. Leider war Gränna auch die letzte Lebensstation von John Bauer. Er starb 1918 viel zu jung an Bord des Dampfers Per Brahe bei einem Sturm auf dem Vätternsee.

Wenn Sie auch so eine »Trollerfahrung« machen wollen, dann buchen Sie eine Bootstour mit Trolska Båtturer. Auf dem See Bunn und Ören fahren Sie bestens unterhalten von Frederik Lind unter anderem am Wohnhaus von John Bauer vorbei. Spektakulär sind aber die Passagen durch die engen Kanäle im dichten Wald. Hier werden Sie von Trollen und Elfen beobachtet. **www.trolska.se**

Nach dieser spannenden Bootstour machen Sie sich auf den Weg nach Eksjö. Viele Städte nennen sich »Schwedens bestbewahrte Holzstadt«, aber nur wenige sind es tatsächlich.

#BauerGården

BauerGården Gästgiveri & Konferenz ist eine tolle Anlage am See Bunn und besticht durch eine super Küche und eine zweckmäßige Hotelanlage. Auch ein Stellplatz für Wohnmobilfreunde ist vorhanden. Von hier aus können sie Småland bequem erkunden.
www.bauergarden.se

Mit Trolska Båtturer auf den Spuren von John Bauer und der Trolle

Die Altstadt von Eksjö steht unter Denkmalschutz.

Die Holzstadt Eksjö ist es. Die gesamte Altstadt mit ihren jahrhundertealten Häusern und prächtigen Höfen aus Holz steht unter Denkmalschutz! Wandeln Sie auf Kopfsteinpflaster durch verwinkelte Gassen und vergessen Sie nicht, das Eksjö Museum zu besuchen.

se

Original Filmkulissen

Eksjö – Mariannelund – Vimmerby, RV40 / Mariannelundsvägen / RV40, 85 km

Die letzte Etappe der Småland-Route wird ein Highlight für Kinder und Erwachsene. Sie erkunden Astrid Lindgren Land. Den Start machen Sie in Mariannelund im Filmbyn Småland. Dieses interaktive Museum erlaubt Ihnen einen Blick hinter die Kulissen der Astrid Lindgren-Filmproduktion. Originalrequisiten, Interviews und viele Informationen zu den Drehorten werden Sie begeistern. Gestaltet wurde das Museum durch die Produzenten des ABBA-Museums in Stockholm. **www.filmbyn.se**

Auch Schleckermäuler kommen in Mariannelund auf ihre Kosten. In »Mariannelunds Karamellkokeri« werden leckere Bonbons, Pralinen und Karamell von Hand hergestellt. Sie können diese Naschereien »kiloweise« kaufen.

Fahren Sie nun auf dem Mariannelundsvägen nach Katthult. Hier trieb »Emil i Lönneberga« sein Unwesen. In Katthult wurden die Filme rund um Michel gedreht, und noch heute sieht da fast alles so aus wie früher. Sogar der Tischlerschuppen ist noch vorhanden und fungiert heute als Souvenirladen. **www.katthult.se**

Hier wohnte Michel.

Nun fahren Sie wieder retour Richtung RV40 und gelangen nach Sevedstorp. Sie sind nun in der Gegend von »Bullerbyn« bekannt aus »Die Kinder von Bullerbü«. Die drei Höfe sind speziell im Sommer ein beliebtes Ausflugsziel von Familien. Die Höfe selber kann man nicht besichtigen, da sie bewohnt werden. Der Garten des Mittelhofes steht Besuchern jedoch offen. **www.astridsbullerbyn.se**

Langsam, aber sicher nähern Sie sich dem Astrid Lindgren-Höhepunkt. Via Pelarne fahren Sie auf der Straße 40 nach Vimmerby, dem Astrid Lindgren-Mekka. Besuchen Sie Astrid Lindgrens Näs. Hier wuchs die Schriftstellerin auf, der Hof ist bis heute in Familienbesitz. Das Geburtshaus kann nur bei Führungen besichtigt werden. Das Kulturzentrum und das Museum stehen allen Besuchern offen. Auch der schöne Garten inklusive »Limonadenbaum« ist eine wahre Pracht. **www.astridlindgrensnas.se**

#EmilILönneberga

In deutschsprachigen Regionen wurde der blonde Bursche Emil i Lönneberga in Michel umgetauft. Der Verlag befürchtete, dass man ihn mit »Emil und die Detektive« verwechseln könnte.

Filmbyn, das Museum rund um die Astrid-Lindgren-Filme

Foto: © Astrid Lindgrens Värld

Michel und die Suppenschüssel

In Vimmerby selber erinnert eine Skulptur von Astrid Lindgren auf dem Stortorget an die legendäre Schriftstellerin. Verschiedene Cafés laden zur Fika ein. Es gibt Buchläden und weitere Orte, die in Verbindung mit der Autorin stehen. Auf dem Friedhof finden Sie ein schlichtes Grab mit einem einfachen Stein. Hier kann man etwas innehalten.

Darf es zum Schluss noch etwas Trubel sein? Dann besuchen Sie die Astrid Lindgrens Värld. Hier wird der Kult auf die Spitze getrieben, eine formidable Theater- und Themenwelt wartet auf Ihren Besuch. Verschiedene Geschichten Lindgrens werden im Freizeitpark zum Besten gegeben, überall begegnet man den Figuren aus den verschiedenen Geschichten. Wer mit Kindern unterwegs ist, sollte einen ganzen Tag für den Besuch der Astrid Lindgrens Värld einplanen. **www.astridlindgrensvarld.se**

Sie haben nun die Route entlang der Höhepunkte Smålands absolviert. Von Vimmerby aus können Sie zurück nach Kalmar oder weiter Richtung Sörmland und Stockholm reisen. •

#AstridLindgren

Am Grab von Astrid Lindgren finden Sie einen Briefkasten. Hier können Sie der Schriftstellerin nach wie vor nette Briefe schreiben.

Schlicht: das Grab von Astrid Lindgren

#SCHWED route4

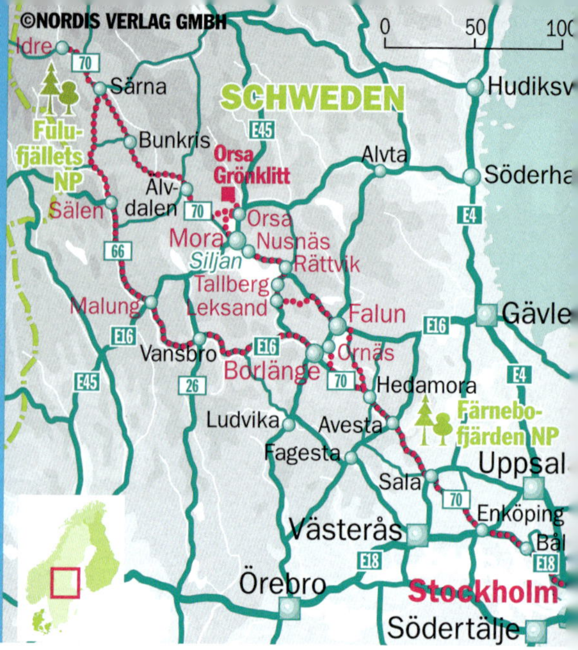

ROUTE 4

Die Dalarna-Runde

se

Spricht man von Dalarna, spricht man von Schweden. Kaum eine andere Region im Land der Elche vereint mehr schwedische Attribute als Dalarna. Schon die Lage manifestiert das. Dalarna liegt zwischen dem für schwedische Verhältnisse dicht besiedelten Süden und dem bevölkerungsarmen, unendlich weiten Norden. Natur, Kultur und Tradition vereinen sich in Dalarna. Höchste Zeit also, für eine Reise dorthin.

Dalarna, das ist viel Natur.

Wenn Sie von Westen anreisen (Göteborg), dann empfehlen wir Ihnen ab Karlstad die E 45/E 15 via Rottneros und Sunne zu nehmen. Ein Stopp bei diesen Orten, speziell im Rottneros-Park, wird Ihnen Freude bereiten. In Dalarna selbst werden Sie auf die Orte Malung und Johannisholm auf dem Weg nach Mora treffen.

Starten Sie Ihre Reise in Stockholm, dann führt Ihr Weg über die E 18 nach Dalarna. Um es für Sie nicht zu kompliziert zu machen, haben wir eine Dalarna-Rundreise zusammengestellt. Sie führt an den wichtigsten Orten vorbei, Sie können also überall mit dieser Route starten.

Stockholm – Avesta – Falun, E 17 / Straße 70/Straße 69 / E 16, 230 km

Fahren Sie zuerst zügig auf der E 18 und der Straße 70 von Stockholm nach Avesta. Wenn Sie gut vorankommen, treffen Sie nach zwei Stunden in Avesta ein. Avesta ist seit Jahrhunderten eng mit Metall und der Metallgewinnung verbunden. Zuerst waren es Eisenschmieden, dann die Verarbeitung des Kupfers aus der Mine von Falun und bis ins 19. Jahrhundert die Münzprägung, die Avesta den Stempel aufdrückten. Besuchen Sie das Myntmuseum, um auf dem Laufenden zu sein. Schauen Sie sich auch den Gamla Vattentornet (Wasserturm) an.

An die roten Schwedenhäuser muss man sich in Dalarna gewöhnen.

Spektakulär und bereits preisgekrönt ist »Verket« ein Komplex für Geschichte, Kunst und moderne Technik. Im alten Eisenwerk aus dem Jahre 1874 sind unter anderem die internationale Kunstausstellung Avesta Art untergebracht. Jeden Sommer versammeln sich verschiedene Künstler hier, um ein bestimmtes Thema zu interpretieren. Besucher, kleine oder große, sind jederzeit willkommen. Im Café können sich die Gäste mit Köstlichkeiten verpflegen.
www.verket.se

Etwas außerhalb des Zentrums finden Sie den Avesta Visentpark. Der Europäische Bison, wie der Wisent auch genannt wird, wurde bis ins 19. Jahrhundert beinahe ausgerottet. Dank der Initiative eines Unternehmers in Avesta konnten neue Tiere gezüchtet und in verschiedenen Orten in Europa wieder ausgewildert werden. Im Visentpark von Avesta können Sie diese imposanten Tiere beobachten und in einer Ausstellung viel über die Zucht und die Tiere selbst erfahren. **www.avestavisentpark.se**

Dank des Avesta Visentparks konnte der Wisent vor dem Aussterben gerettet werden.

Nach dieser tierischen Besichtigung fahren Sie auf den Straßen 70 und 69 bis nach Uppbo und biegen dann links ab nach Stora Skedvi. Es ist jetzt nicht so, dass dieser Ort Seiten in den einschlägigen Reiseführern füllt. Nein, er ist unbedeutend, wäre da nicht die Markthalle Visthusboden, die unglaublich gute Produkte von lokalen Produzenten anbietet. Der Gipfel ist aber die integrierte Knäckebrot-Manufaktur Skedvi Bröd. Hier wird noch nach alten Rezepten und in originalen Holzöfen gebacken. Sie können dem

Das beste Knäckebrot weit und breit

#Knäckebrot

Schweden ist bekannt für sein Knäckebrot. Das bekannteste auch in »Resteuropa« ist Wasa Bröd. Unterdessen gehört dieser Hersteller dem Barilla Konzern. So kann man im Fabrikladen von Wasa auch italienische Nudeln kaufen.

Treiben zuschauen und etwas vom Bäckereifeeling mit nach Hause nehmen. Abgesehen davon: Das Skedvi Bröd ist mutmaßlich das beste Knäckebrot, das Sie überhaupt bekommen können. Und neu gibt es hier mit dem Restaurant Kulinariet auch hervorragende Gastronomie.
www.skedvibrod.se

Die nächste Station Falun erreichen Sie über die Straße 69 und die E 16. Bereits im 11. Jahrhundert wurde in Falun mit der Kupfergewinnung begonnen. Höhepunkt der Produktion war im 17. Jahrhundert, als zwei Drittel der weltweiten Kupferproduktion aus Falun, das damals zu den größten Städten in Schweden zählte, stammten. 1992 wurde die Falu gruva mit ihrem 100 Meter tiefen und 1,6 Kilometer breiten Krater Stora Stöten geschlossen und 2002 ins UNESCO-Welterbe aufgenommen. Besuchen Sie die verschiedenen Ausstellungen der Falu gruva und nehmen Sie an einer Führung durch die ehemalige Mine teil.
www.falugruva.se

In Falun selber können Sie die alten Arbeitersiedlungen Elsborg, Gamla Herrgården und Östanfors besuchen. Sie

se

UNESCO-Welterbe: Falu gruva

gehören auch zum Kulturerbe, ebenso wie die vielen Schmelzhütten außerhalb der Stadt.

Eine wunderbare Kirche ist die Stora Kopparbergs Kirche etwas außerhalb des Zentrums. Einen Besuch wert ist auch der Kaufmannslanden Thunströms köpmansgård an der Slaggatan 31. Im Zentrum finden Sie den Centralpalatset. Hier wohnte im zweiten Stock Selma Lagerlöf. Außerdem gibt es ein Sportmuseum.

Ein Muss ist das Dalarnas Museum (in Renovierung, Eröffnung 2021). Das Gebäude wurde vom Architekten Haakon Ahlberg gezeichnet und im Jahre 1962 eingeweiht. Hauptthema des Museums sind die Kultur und Bräuche Dalarnas. Zum Museum gehört auch der Selma Lagerlöf-rumet, der Arbeitsplatz der Schriftstellerin von Nils Holgersson. Weitere Attraktion des Museums ist die Kunsthalle mit wechselnden Ausstellungen.

Foto: © Carl Larsson-gården

Design-Ikone

#Schwedenrot

Falun ist auch die Wiege des Schwedenrot. Die Falu rödfärg wird seit dem 17. Jahrhundert aus Resten der Kupfergewinnung hergestellt und hat nebst der färbenden auch eine konservierende Wirkung.

Falun ist aber auch eine Sportstadt. Speziell im Winter gibt sich hier die Elite der nordischen Skifahrer die Klinke in die Hand. Egal ob Sprungschanze oder Langlaufloipe, hier tobt das Volk, wenn die Schweden um Rang und Ehre kämpfen. 2015 fand hier die letzte Nordische Ski-WM statt. Ein Abstecher nach Sundborn in den Carl Larsson-gården ist für jeden Schwedenfan Pflicht. Carl und Karin Larsson sind Ikonen der schwedischen Innenarchitektur und des klassischen Familienlebens. Bei einer Führung durch das sich immer noch in Familienbesitz befindlichen Hauses erfährt man viel über das zum Teil hektische Leben des Künstlerpaares. Das Anwesen selber ist für Besucher frei zugänglich. **www.carllarsson.se**

Falu Rödfärg findet großen Absatz.

Falun – Leksand – Tällberg, Straße 293 / E 16 / Siljansvägen, 65 km

Nach dem Besuch in Falun nehmen Sie für die Weiterfahrt die Straße 293 bis Norr Amsberg, dann die E 16 bis Djurås und schließlich die Straße 70 bis Leksand. Leksand ist ebenfalls bekannt für die Knäckebrot-Herstellung. Die gleichnamige Marke stammt von hier und ist in den meisten Supermärkten zu finden. Sie können den Fabrikladen besuchen.

Foto: © Jakob Fridholm/imagebank.sweden.se

Frühstück mit Falukorv

#Falukorv

Aus Falun kommt die bekannte Falukorv. Entstanden ist die Wurst bei der Produktion von Grubenseilen aus Ochsenhaut. Das Fleisch wurde dann zu Falukorv verarbeitet.

se

Legendär sind die Mittsommerfeiern in Leksand. Bis zu 30.000 Menschen wohnen dieser traditionellen, wunderbaren Feier bei. Generell finden in Dalarna die schönsten Midsommar-Festivitäten statt. Zumindest wird das von den Bewohnern Dalarnas behauptet. Leksand hat auch einige Sehenswürdigkeiten zu bieten. Nett ist die Gammelbron (Alte Brücke) und die Kirche aus dem 13. Jahrhundert. Ganz in der Nähe finden Sie auch Dalarnas ältesten Heimathof Leksands Hembygdsgårdar. Im Kulturhaus finden Sie eine Ausstellung über Volkstrachten und die Dalamalereien. Leksand Sommarland ist ein Vergnügungspark mit vielen Wasserinstallationen und Planschbecken. Die verschiedenen Attraktionen sind für Jung und Alt geeignet. Auch Campingfreunde kommen hier auf ihre Kosten. Der Park ist vom 23. Juni bis 12. August, also ausschließlich während der Saison, geöffnet.

Wie wäre es mit einem kurzen Besuch in Munthes Hildasholm? Das Haus aus dem Jahre 1911 war das Hochzeitsgeschenk des Arztes Axel Munthe an seine Frau Hilda Pennington-Mellor. Speziell der liebevoll errichtete Garten ist eine Augenweide. Spannend ist auch eine Führung durch das Haus mit Fika in der netten Cafeteria.

www.hildasholm.org/en

Endpunkt dieser Etappe ist Tällberg. Fahren Sie nicht über die E 70 ab Leksand, sondern auf der recht kurvigen Land-

Spektakulär: Kirchenboot-Rennen in Leksand

Foto: © Erik Wahlström/Folio/imagebank.sweden.se

straße Siljansvägen am See entlang. Das ist eine wirklich tolle Route, und Sie werden die Wahl der Qual haben, wo Sie einen Stopp einlegen wollen. Auf der Fahrt nach Tällberg werden Sie viele idyllische Bauernhöfe passieren und selbstverständlich begegnen Ihnen massenhaft Schwedenhäuser. Wundern Sie sich nicht, die Straße führt den Hügel hinauf, was schon mal auf eine grandiose Weitsicht schließen lässt. In Tällberg angekommen, wird Sie die Aussicht »umwerfen«. Sie werden aber auch viele Hotels finden. Die Schweden bezeichnen Tällberg oft auch als Hotällberg. In der Tat wimmelt es förmlich von Hotels und Unterkünften. Alles in allem könnten Sie in Tällberg in 1.000 Betten schlafen. Die Tällbergs Hembygdsforening organisiert mit viel Liebe und Engagement die Midsommarfeiertage und auch andere Anlässe wie die Walpurgisnacht. Die Midsommarfeiern in Tällberg sind weit über die Ortsgrenzen hinaus bekannt, aber nicht so überlaufen wie in Leksand. Bei einem Bummel durch den Ort treffen Sie auf recht viele kleine Läden und Cafés. Viele der Shops bieten Kunsthandwerk aus Glas oder Keramik an. Lustig ist auch eine alte Telefonkabine, die zu einem kleinen Museum umgebaut wurde. Schön ist auch das Freilichtmuseum Holens Gammelgård.

Tällberg hat auch einen Dorfteil, der unten am See liegt. Hier können Sie am Ufer entlang spazieren, und vielleicht sehen Sie eines dieser pittoresken Kirchenboote.

Ein sehr kleines Museum

#Leksand

Ist Midsommar vorbei, geht es mit den Feierlichkeiten in Leksand weiter. Ende Juni, Anfangs Juli finden die Ruderwettfahren auf den Kirchenbooten statt. Auch hier strömen die Menschen in Massen herbei.

Tällberg wird auch der »Hotelberg« genannt.

Foto: © Jesper Berg/Rockfoto/imagebank.sweden.se

Imposante Konzerte im Steinbruch: Dalhalla

Tällberg – Rättvik – Nusnäs – Mora, Siljansvägen / E 70, 57 km (+ 40 km mit Abstecher)

Nachdem Sie Tällberg, das Herzstück Dalarnas, kennen, führt Sie unsere Route weiter über den Siljansvägen und die Straße 70 nach Rättvik. Das ist nur eine kurze Fahrt, deshalb können Sie die Gegend genießen. Wenn Sie sich Rättvik nähern, sehen Sie sie von Weitem: die Långbryggan (lange Brücke). Mit 628 Metern ist sie Schwedens längste Holzbrücke. Da der Siljansee hier sehr flach ist, wurde sie gebaut, um den Dampfern das Anlegen in Rättvik zu ermöglichen. Die berühmte Kirche von Rättvik mit ihrem weißen Turm ist sehenswert. Gleiches gilt für das Naturmuseet, welches unter anderem über die Entstehung des Siljansees durch einen Meteoriteneinschlag informiert. Besuchen Sie auch Rättviks Gammelgård, ein Freilichtmuseum mit circa 30 Gebäuden, und natürlich den Aussichtsturm Vidablick etwa drei Kilometer außerhalb von Rättvik.

#ClassicCarWeek

Immer in der 31. Woche findet das legendäre Classic Car Week Festival, eines der größten Automobilfestivals in Schweden, statt. Es lockt Scharen von Oldtimerfreunden nach Rättvik.

se

Unweit von Rättvik finden Sie nördlich die Keramik-Fabrik Nittsjo Keramik. Hier können Sie coole Gefäße in schwedischem Design kaufen. Bevor Sie sich auf den Weg Richtung Mora machen, empfehlen wir Ihnen einen Abstecher (Dalhallavägen) nach Dalhalla. Hier wurde ein alter Kalksteinbruch in eine Open-Air-Konzert-Arena umfunktioniert. Von Oper bis Rock und Pop treten hier im Sommer absolute Superstars auf. Auch Führungen rund um diesen außergewöhnlichen Konzertsaal werden angeboten.
www.dalhalla.se

Dalahästar werden alle von Hand bemalt.

In der gleichen Richtung wie Dalhalla können Sie den Wasserfall Styggforsen besuchen und eine kleine Ein-Kilometer-Wanderung unternehmen. Ansonsten halten Sie sich an die Straße 70 Richtung Mora und biegen bei Fu links Richtung Nusnäs ab. Nun sind Sie in der Heimat der Dalahästar. Die weltweit bekannten Dalapferde werden hier in verschiedenen Fabriken von Hand geschnitzt und bemalt. Sie können bei der Herstellung zuschauen und auch aus einer großen Auswahl Ihr Lieblings-Hästar auswählen und kaufen. **www.nilsolsson.se**

Nun ist es nicht mehr weit bis Mora. Es gibt in Mora drei relevante Dinge, mit denen Sie sich befassen sollten. Mo-

Das Zorn Museum in Mora

#Dalahästar

Begonnen mit dem Schnitzen von Dalahästar hatten die mausarmen Holzfäller im 18. Jahrhundert. Da sie außer Holz kaum etwas besaßen, schnitzten sie für ihre Kinder Spielzeug, vorwiegend Pferde. Im 19. Jahrhundert wurde dann begonnen, die Hästar mit den für Dalarna typischen Motiven zu bemalen.

In viel Handarbeit entsteht ein Dalapferd.

rastahl, Anders Zorn und Vasaloppet. Sicher haben Sie schon vom Wasalauf gehört. Dieser unglaublich beliebte Langlaufmarathon von Sälen nach Mora ist der renommierteste Volkslauf für Langläufer/-innen und findet immer am ersten März-Wochenende statt. Alles, was Sie über diesen Lauf wissen müssen, erfahren Sie im Vasaloppsmuseet. **www.vasaloppet.se/en/**

Den zweiten Namen, um den Sie nicht herumkommen, ist Anders Zorn (1860–1920). Diesem tollen Maler zu Ehren können Sie den Zorngården mit dem Wohnhaus, das Zornmuseet mit vielen seiner Werke und Zorns Gammelgård besuchen **(www.zorn.se)**. Mora ist auch für seinen Stahl bekannt. Manche Leute bezeichnen Mora auch als »schwedisches Solingen«. In der Tat werden hier großartige Messer hergestellt, die in Schweden in jedem Haushalt zu finden sind. Morakniv stellt von Messern für Handwerker über Outdoor-Messer mit Feuermachfunktion bis zu Küchen-Messern – alles in Topqualität – her. Besuchen Sie den Flagshipstore im Zentrum von Mora. **www.morakniv.se**

Im Zentrum finden Sie einige nette Geschäfte und Cafés sowie die im 15. Jahrhundert erbaute Kirche. Mit dem Dampfschiff M/S Gustav Wasa können Sie einen Abstecher auf den Siljansee machen. Weitere Angebote für Schiffsausflüge finden Sie auf der Webseite **www.wasanet.nu/en**.

Braunbären sieht man im Orsa Rovdjurspark.

Außerhalb von Mora, auf der Westseite des Siljansees, finden Sie den 514 Meter hohen Berg Gesundaberget. Das ist ein super Aussichtspunkt mit Weitsicht. Rauf kommen Sie mit dem Sessellift, runter zu Fuß, mit dem Mountainbike oder wieder mit der Bahn.

Und dann müssen Sie noch den Weihnachtsmann besuchen. Er lebt im Tomteland am Fuße des Gesundaberget. Sie können eine Führung durch seine »Behausung« buchen oder eine Trollschule besuchen. Auch Elfen und Hexen sollen sich hier rumtreiben.

Mora – Orsa Grönklitt – Älvdalen, E 45 / Fryksåsvägen/Älvdalsvägen / Straße 70, 90 km (+70 km mit Abstecher)

Nach dieser ausgiebigen Erkundung von Mora fahren Sie auf der E 45 Richtung Orsa. Hier können Sie Fika machen. Weiter geht es auf dem Fryksåvägen nach Orsa Grönklitt. Hier finden Sie einerseits ein Resort mit Hotel, Angel-, Wasser- und Wintersportanlage, aber auch den Orsa Rovdjurspark, Europas größten Wildtierpark. Im Raubtierpark können Sie auf Wegen, Fußgängerbrücken und Aussichtsplattformen einer Großzahl von heimischen Wildtieren nachstellen. Hier leben diverse Bären, wie Braunbär, Eisbär und Kodiakbär. Aber auch Amur Tiger, Luchse, Wölfe, Uhus, Vielfraße und Leoparden können

Amur Tiger

Beliebt: Quadtour

je nach Laune der Tiere entdeckt werden. Eine Ausstellung rundet das Erlebnis Wildtier ab.
www.orsarovdjurspark.se

Wenn Sie es genug wild hatten, dann kommt es als nächstes beschaulich. Machen Sie auf der Rückfahrt von Orsa Grönklitt einen Abstecher nach Fryksås. Das ist ein kleines Dörfchen mit viel schwedischem Charme. Im Sommer gibt es hier das Gartencafé »Smidgården i Fryksås« für die Kaffeepause und den kleinen Hunger, und in der Zwischensaison ist eine Einkehr im Fryksås Hotell & Gestgifveri sehr zu empfehlen. In der Region von Orsa, circa 45 Minuten Richtung Norden auf der Straße 296 finden Sie die Sennerei Skräddar Djurberga. Hier bekommen Sie im Sommer Milch, Dickmilch und »tunnbröd« serviert. Der Kaffee wird in Kupferkesseln über dem Feuer gekocht. An der Strecke der Inlandsbana (Eisenbahn) finden Sie eine tiefe Schlucht Storstupet und etwas weiter nördlich den Wasserfall Helvetesfall. Verpassen Sie die Abzweigung auf der Straße 296 nicht. Fahren Sie nun den Weg zurück, falls Sie diesen Abstecher gemacht haben, via Våmhus, bis Sie auf die Straße 70 treffen. Dann geht es zügig nach Älvdalen.

Fryksås ist typisch Dalarna.

Älvdalen ist jetzt nicht das Mekka in Bezug auf Aktivitäten und Attraktivität, trotzdem ist dieser Ort bestens für einen Zwischenhalt geeignet. Sie finden hier eine schöne Kirche. Älvdalen ist am Wasser gelegen, sodass Sie sich bestens mit Fischen, Kanufahren oder Badespaß unterhalten können. Besuchen Sie auch das Porfyrmuseet. Hier finden Sie eine Ausstellung mit Akkordeons und elektrischen Gitarren. Das Museum ist eng mit dem Namen Albin Hagström verbunden. Er war Besitzer der Fabrik, welche die Musikinstrumente herstellte und über eigene Läden in ganz Schweden verkaufte. Sogar Elvis hatte eine Gitarre von Hagström.

Marco und Anja (**www.sweden-bonfire.com**) bieten Abenteuer an.

Älvdalen – Idre, Straße 70, 115 km

Jetzt müssen Sie sich entscheiden. Wollen Sie in die Berge oder wieder zurück Richtung Stockholm? Bei zweitem Vorhaben fahren Sie los Richtung Mora und dann Malung. Sie sind aber bestimmt Abenteurer, und so geht es nun Richtung Norden nach Idre.

Idre erreichen Sie in circa 90 Minuten, und Sie sind dann in den Bergen. Hier kann es auch im Sommer recht kalt sein. Wandern Sie im Långfjället oder im Falufjället Nationalpark. Wichtig: Sie befinden sich nun in alpinem Gebiet.

#Skigebiete

Einer der großen Betreiber von Skigebieten in Schweden und Norwegen ist Skistar AB. Sie betreibt aber auch die Skiarena in St. Johann in Tirol. **www.skistar.com**

Weitsicht auf den Hügeln rund um Älvdalen

Winterspaß in Dalarna

Foto: © Visit Dalarna

Wintersport für die ganze Familie in Idre und Sälen

Foto: © Anna Hållams/ imagebank.sweden.se

#SamischeKultur

Idre ist übrigens auch die Heimat des südlichsten samischen Dorfes in Schweden. Hier weiden die Rentiere frei an den Berghängen und Wäldern. Idre ist ein idealer Ort, um die samische Kultur hautnah zu erleben.

Bereiten Sie sich entsprechend vor. Und aufgepasst, Sie sind hier nahe der norwegischen Grenze. Ein Schritt zu viel, und sie betreiben Schmuggel. Idrefjäll ist ein bekannter Urlaubsort mit exzellenten Loipen und Pisten im Winter und einer enormen Auswahl an Aktivitäten im Sommer. Hier finden Sie Übernachtungsmöglichkeiten und diverse Restaurants. **www.idrehimmelfjall.se**

In der nördlichsten Ecke von Dalarna endet die Straße, und die Berge erstrecken sich vor Ihnen. Das Grövelsjö-Gebirge ist mit seinen gut zugänglichen Wegen ist ein Paradies für Wanderer. Grövelsjön bietet im Winter hervorragende Langlaufmöglichkeiten mit ungefähr 100 km markierten Loipen.

se

Idre – Sälen, Straße 70/311, 100 km

Nach Idre ist Sälen der nächste »Wintersport-Ort«, den Sie besuchen können. Fahren Sie hierzu auf der Straße 70 und dann 311 Richtung Süden. Unterwegs können Sie in Särna die Moose park & Huskyfarm Öjvallberget besuchen und Elche füttern. In dieser Region sind auch viele Biber heimisch. Sie finden sie an den Flüssen und Seen. Diverse Veranstalter führen Touren mit Biberbeobachtung durch. In Sälen ist die Natur schon weniger alpin. Der höchste Berg, der Östra Granfjället, ist 949 Meter hoch. Auch hier ist im Winter eine Hochburg der Langlauf- und Alpinliebhaber. In Sälen beginnt der Vasaloppet nach Mora.
www.skistar.com/de/Skigebiete/salen/

In Idre beginnt das Gebiet der Sami.

Foto: © Anna Öhlund/imagebank.sweden.se

Die verschiedenen Bahnen fahren rauf bis ins Högfjället. Oben auf dem Berg gibt es ein Kino, Restaurants, ein Hotel, ein Bad und noch mehr Möglichkeiten, sich die Zeit zu vertreiben. Im Sommer können Sie fischen, biken, joggen und es sich auch einfach gut gehen lassen.

Sälen – Malung – Borlänge – Stockholm, Straße 66 / E 16/Straße 70 / E 18, 415 km

Auf der Straße 66 fahren Sie nun Richtung Süden bis nach Malung. Hier ist das Zentrum der schwedischen Leder- und Pelzindustrie. Sie können sich in den diversen Läden vielleicht ein Schnäppchen sichern. Achten Sie aber darauf, dass die Pelze und Felle aus nachhaltiger Zucht und tiergerechter Haltung stammen. Sonst lassen Sie es bleiben. Weiter geht es auf der E 16 nach Borlänge. Die letzte Station Ihrer Dalarna-Runde hat es nochmals in sich. Borlänge ist ein wichtiger Ort der metallverarbeitenden Industrie. Borlänge ist zusammen mit Falun Standort der Hochschule Dalarna. Besuchen Sie zwei interessante Museen in Borlänge. Das 2047 Science Center ist sehr spannend und bietet viel Experimentelles sowie ein Planetarium. Im Geologiska museet können Sie über 5.000 Mineralien, Edelsteine und Fossilien bestaunen. Etwas außerhalb von Borlänge, in Ornäs, befindet sich ein mittelalterliches Holzhaus, die Ornässtugan. Hier versteckte sich der Schwedenkönig Gustav I. Wasa auf der Flucht vor den Dänen. Das war's für Dalarna. Sie können nun Ihre Reise Richtung Stockholm weiterführen. •

Hier fand Gustav I. Wasa Zuflucht: Ornässtugan.

KVARKEN DESTINATIONS

Zwei Länder, eine Welt der Kontraste

Die Naturhöhepunkte von Kvarken (dem Bottnischen Meerbusen) sind die UNESCO-Weltnaturerbestätten, die schwedische Höga Kusten, der finnische Kvarken-Archipel sowie der Fluss Vindelälven im schwedischen Lappland. Für Übernachtungen empfehlen wir exotische Tipis, „Vogelnester" und Glashäuser sowie diverse Stadthotels oder das Hotel am größten Kratersee Europas.

Gutes Essen und Trinken sind für Reisende heute sehr wichtig und in Kvarken finden Sie fantastische Restaurants mit Menüs, die auf Qualitätsprodukten der Saison basieren, aber auch lokale Whiskydestillerien und Brauereien.

Die zwischen Vaasa und Umeå verkehrende Fährgesellschaft Wasaline ist die nördlichste ganzjährige Passagierschiffsverbindung der Welt.

Die Überfahrt zwischen den beiden Ländern dauert 4 Stunden 30 Minuten.

www.kvarkendestinations.com

HÖGA KUSTEN Erstreckt sich entlang der nordschwedischen Küste von Härnösand bis Örnsköldsvik und ist die höchste Küstenlinie der Welt. Die Folgen der Landhebung nach jeder Eiszeit sind deutlich erkennbar. Skuleskogens Nationalpark bietet atemberaubende Aussichten über Wälder und Meer.

EUROPEAN UNION
Interreg
Botnia-Atlantica
European Regional Development Fund

VAASA-REGION Die Vaasa-Region ist über Jahrtausende hinweg aus dem Meer aufgestiegen. Der Vaasa vorgelagerte Archipel ist daher als UNESCO-Naturerbe eingestuft. Die Region bietet den Besuchern faszinierende Landschaften.

SEINÄJOKI REGION Zu den wichtigsten Attraktionen für Familien zählen der Zoo von Ähtäri und der Powerpark - der größte Vergnügungspark Finnlands. Mehrere Gebäude des berühmten finnischen Architekten Alvar Aalto und der größte Kratersee Europas - Lappajärvi.

JAKOBSTAD REGION Zahlreiche Parks und Gärten liegen wie Oasen mitten in der Stadt. Museen, wie das arktische Museum Nanoq und Tyynelän Tontut (Die Elfen von Tyynelä), bieten lehrreiche Führungen und einzigartige Erlebnisse.

KOKKOLA Hier können Sie sich vom Alltagsstress erholen und sich in der idyllischen alten Holzstadt Neristan entspannen oder durch den wunder-schönen Park am Meer streifen. Die Leuchtturminsel Tankar ist die Seeperle von Kokkola.

UMEÅ REGION Ist die Gourmet-Stadt Nordschwedens. Sie hat einen jugendlichen, modernen Touch und ein internationales Flair. Der breite Fluss Umeälven fließt schnell durch die Innenstadt und die Natur und Aktivitäten Lapplands liegen ganz in der Nähe.

KRISTINESTAD Diese gut erhaltene Idylle aus alten Holzhäusern hat eine stolze Geschichte als Handels- und Seefahrerstadt mit einer langjährigen Schiffbautradition.

#SCHWED route5

ROUTE 5

Tour Nord durchs wilde Schweden

Diese Route ist ziemlich sicher die einsamste, aber auch spektakulärste, die wir für Sie herausgesucht haben. Sie führt Sie über den Vildmarksvägen, durch Jämtland, Västerbotten und endet am Tor zur Region Kvarken.

Wenn Sie gerne rohe Natur und mehr oder weniger Ruhe vor anderen Menschen haben, dann sind Sie im Norden Schwedens genau richtig. Hier ist die Natur noch ursprünglich und die Besiedlung mehr als nur spärlich. Den Vildmarksvägen können Sie mit dem Auto oder Wohnmobil absolvieren. Motorrad und Fahrrad sind natürlich auch möglich, mit dem Öffentlichen Verkehr wird es jedoch schwierig. Denken Sie daran: Ihre Reise führt Sie zu einem beträchtlichen Teil über Schotterstraßen, ein Aston Martin ist da nicht das Fahrzeug erster Wahl.

Zwei Dinge sind wichtig, wenn Sie in den hohen Lagen des schwedischen Nordens unterwegs sind. Auch im Juni kann es empfindlich kalt sein und sogar schneien. Nehmen Sie also unbedingt warme Kleider und outdoortaugliche Schuhe mit. Ausgelatschte Turnschuhe reichen nicht, außer Sie verlassen das Auto nicht. Auch das Thema Verpflegung sollten Sie weitsichtig planen.

Unsere Tour startet in Åre. In diesen Tourismusort gelangen Sie zum Beispiel ab Trondheim (No) via der E 6 und E 14. Alternativ können Sie auch von Stockholm nach Östersund fliegen und hier direkt Ihre Reise antreten. Auf Åre verzichten Sie dann einfach.

Åre – Östersund – Strömsund, E 14, 200 km

Åre ist Schwedens bekanntester Skiort, zu dem auch Duved gehört. Hier wird Wintersport zelebriert, und jedes Jahr fin-

#Proviant

Auf der Strecke gibt es diverse Läden, in denen Sie sich mit Lebensmitteln eindecken können. Die Öffnungszeiten sind jedoch eher beschränkt. Nehmen Sie also immer soviel Proviant mit, dass Sie auch einen Tag ohne Einkauf auskommen.

#Vildmarksvägen

Suchen Sie mehr Informationen über den Vildmarksvägen? Hier finden Sie welche: **www.wildernessroad.eu**

Sommer- und Wintersportparadies: Jämtland

Foto: © niclas vestefjell/imagebank.sweden.se

#Undersåker

In Undersåker finden Sie einen Wurst- und Fleischladen mit hervorragenden, hausgemachten Produkten. Er nennt sich Undersåkers Charkuteriefabrik und gehört dem bekannten Koch Magnus Nilsson, der sein Restaurant Fäviken Magasinet bis Ende 2019 in Järpen hatte.

den hier Weltcup-Rennen in den Alpinen Skidisziplinen statt. 2007 und 2019 wurden gar die Medaillen der Weltmeisterschaften vergeben. Noble Sporthotels beherrschen das Ortsbild. In der Hochsaison steigt die Einwohnerzahl von ca. 1.700 auf ein Vielfaches an. Im Sommer ist es hier etwas ruhiger und einer Wanderung oder Biketour im Fjäll steht nichts im Weg. Eine tolle Aussicht haben Sie vom höchsten Berg Jämtlands, dem Åreskutan (1.420 m ü. M.). Fahren Sie mit der Kabinenbahn auf 1.274 Meter, den letzten Kilometer machen Sie dann zu Fuß.

Auf der E 14 fahren Sie nun Richtung Östersund. Zwischen Undersåker und Järpen können Sie den Ristafall, einen 14 Meter hohen Wasserfall mit anschließenden Stromschnellen, bestaunen. Biegen Sie dazu Richtung Ristafallet Camping och Restaurang ab. Campingfreunde können hier auch über Nacht bleiben.

Åre: Pulverpisten mit Aussicht

Foto: © Henrik Trygg/imagebank.sweden.se

se

Foto: © Tina Stafrén/imagebank.sweden.se

Im Jamtli Historieland kann man altem Handwerk beiwohnen.

Etwas weiter der E 14 entlang am nordwestlichen Ende des Storsjö finden Sie Mattmar mit der Mattmar kyrka. Hier können Sie eine berühmte Sammlung spätmittelalterlicher holzgeschnitzter Heiligenfiguren betrachten.

Der letzte Einkaufsbummel vor dem Vildmarksvägen

Foto: © Tina Stafrén/imagebank.sweden.se

Bleiben Sie einfach auf der E 14, und nach einer schönen Fahrt am Storsjön entlang treffen Sie in Östersund, der Hauptstadt Jämtlands, ein. Genießen Sie noch einmal einen größeren Ort mit vielen Geschäften und Shoppingmöglichkeiten. Es ist die einzige »Großstadt« im Umkreis von vielen Hundert Kilometern, bis Sie dann in Umeå eintreffen. Östersund liegt am Storsjö und hat eine schöne Seepromenade. Im Sommer können Sie mit dem alten Dampfer »S/S Östersund« zu den Inseln Verkö, Andersö und Norderö hinausfahren. Am Hafen finden Sie auch die Glashütte Storsjöhyttan, wo Sie den Glasbläsern zuschauen können, mit einem Fabrikladen.

Östersunds größte Attraktion ist das Jamtli Historieland. Dieses tolle Freilichtmuseum bietet etwas für Jung und Alt.

Die Landschaft wird bald immer karger und archaischer.

se

Live-Attraktionen wie Backen, Butterherstellen, Holzkohleproduktion beleben das Außengelände. Im Innenbereich finden die Besucher diverse Ausstellungen mit thematischem Bezug zu Jämtland, den Sami und dem Leben im Fjäll. Höhepunkt ist ein 1910 entdeckter Bildteppich aus dem 9. Jahrhundert. **www.jamtli.com**

Wie wär's mit einer Tour im Fjäll?

Verlassen Sie nun Östersund auf der E 45 und fahren Sie zügig nach Strömsund. Unterwegs können Sie nach Lust und Laune einen Halt einlegen. Ansonsten ist diese Strecke eher als freudige Annäherung an den Vildmarksvägen gedacht.

In Strömsund ist das Heimatmuseum eine Besichtigung wert. Die Anlage umfasst ca. zwanzig Gebäude sowie eine Sammlung von alten Gebrauchsgegenständen. Im Sommer können Sie im kostenlosen Freibad planschen. Auf die Golfer unter Ihnen wartet ein 9-Loch-Platz. Nutzen Sie auch

Besuchen Sie die Familie Collin in Norråker.

die Gelegenheit für einen Spaziergang auf dem Naturpfad mit einem Turm für die Vogelbeobachtung.

Wenn Sie einmal wirklich nette Leute in Schweden kennenlernen möchten, dann ist jetzt die Gelegenheit dazu. Sie müssen dazu einen Abstecher nach Norråker unternehmen. Fahren Sie dazu auf der E 45 nach Hoting und dann links weg Richtung Nordwesten. Es gibt in Norråker zwei Dinge, die Sie kennen müssen: die Tankstelle und Norråkers Handel. Benzin können Sie immer brauchen, und die Tankstelle versorgt Sie auch sonst noch mit vielen nützlichen Dingen, die man so im täglichen Leben braucht.

Norråkers Handel ist eine Art Tante-Emma-Laden mit Flair für Delikatessen. Hier bekommen Sie tollen Käse aus der halben Welt, hochwertige Fleischwaren und leckeres Brot; Blumenerde und Insektenschutz gibt es hier auch. Gehen Sie in jedem Fall hinein, auch wenn Sie nichts benötigen.

Auf dieser Tour ist Outdoor-Verpflegung perfekt.

Setzen Sie sich in die kleine Kaffeeecke und warten Sie einen Moment. Hier trifft sich das ganze Dorf zum Kaffeeklatsch. Grüßen Sie Ida und Johannes, die Betreiber des Ladens, und Sie erfahren viel über den sympathischen Ort.

#Norråker

Wollen Sie mehr über Norråker wissen? Auf der Webseite von Norråkers Handel finden Sie mehr.
www.norrakershandel.se

Fahren Sie nun zurück nach Hoting oder nehmen Sie die Abkürzung nach Lidsjöberg. Sie verpassen so Strömsund, aber dramatisch ist das nicht.

Wenn Sie zurück nach Hoting fahren und die Richtung Strömsund einschlagen, dann können Sie bei Lövberga noch rechts abbiegen und dem Flåsjön entlang nach Havsnäs fahren. Hier können Sie eine Wassermühle mit Sägewerk besichtigen.

Strömsund – Gäddede, Straße 342, 134 km

Jetzt geht es los mit dem eigentlichen Vildmarksvägen. Die Besiedlung wird spärlicher, die Natur rauer. Sie können sich nun auf die Schönheit der Natur konzentrieren. Zu Beginn

Die Straßen sind auf dem Vildmarksvägen nicht asphaltiert.

Auf dem Vildmarksvägen kann man Bären in freier Natur begegnen. Etwas Vorsicht ist also angebracht.

werden Sie durch Wälder und die höher gelegenen Siedlungsgebiete der Sami fahren. Anschließend erreichen Sie die Baumgrenze.

Auf dem Weg nach Gäddede fahren Sie in Alanäs an einer Militäranlage aus dem Zweiten Weltkrieg vorbei. Ein nettes Fotomotiv.

Unterwegs gibt es diverse Möglichkeiten zum Angeln oder Kajakfahren. Seien Sie aber auch auf der Hut. Sie befinden Sich nun im Reich der Bären. Hinter Strömsund durchqueren Sie die Gegend mit dem weltweit dichtesten Bärenbestand. Die Bären sind in der Regel jedoch sehr scheu und gehen dem Menschen aus dem Weg. Mit etwas Geduld und dem richtigen Beobachtungspunkt ist es aber realistisch, so einen brauen Zottelkollegen zu entdecken.

Falls Sie tanken müssen, in Lidsjöberg ist die nächste Zapfsäule mit Einkaufsmöglichkeit.

Einige Kilometer vor Gäddede müssen Sie unbedingt den Hällingsåfallet, einen 42 Meter hohen Wasserfall, besuchen. Machen Sie hier eine Wanderung und entdecken Sie die außerordentlich interessante Flora. Der Marsch am

Auch Füchse werden gesichtet.

Foto: © Gösta Reiland/imagebank.sweden.se

Unfassbare Stimmung, wenn die Sonne unter- oder aufgeht.

Rande des Canyons entlang ist eine schwindelerregende Sache.

Nutzen Sie auch die Gelegenheit, um zwei spannende Berge zu entdecken. Der Fågelberget hat ein sehr beeindruckendes gekrümmtes Profil mit einer waagerecht abstürzenden Kalkfelswand. Den Kalberget können Sie in ca. einer Stunde erklimmen und dann eine tolle Aussicht genießen.

In Häggnäset kurz vor Gäddede finden Sie die Manufaktur Frostviken Keramik. In dieser Töpferei dürfen Sie tolle Keramikteile kaufen und im Sommercafé Ihre Fika genießen. In Gäddede können Sie unweit des Tourist Office einen Fjällpark und eine Ausstellung über die Gegend besuchen. Wichtig ist auch, dass Sie hier wieder volltanken und Proviant einkaufen. Im Tourist Office können Sie auch diverse Touren in den Fjäll und die Korallgrotten buchen.

#Hochebene

Es kann sein, dass Sie in der Hochebene noch Schnee vorfinden. Wichtig ist deshalb: Der Streckenabschnitt zwischen Leipikvattnet und Klimpfjäll ist nur von Anfang Juni bis Mitte Oktober geöffnet. Dazwischen hat er Wintersperre.

se

Gäddede – Saxnäs, Jormvägen, 139 km

Nun folgt sozusagen die Königsetappe des Vildmarksvägen. Er führt nach Stora Blåsjön über die Hochebene von Stekkenjokk bis nach Saxnäs.

Lebensraum der Rentiere: die Hochebene von Stekkenjokk

Foto: © Fredrik Broman/imagebank.sweden.se

Hoch zu Pferd durch die Hochebenen streifen.

Auf dieser Route werden Sie auf Rentiere treffen. Diese spazieren gemütlich durch den Fjäll und benutzen nicht selten die Straße. Fahren Sie also sehr vorsichtig, denn Rentiere beharren auf ihren Vortritt.

Auch Spuren des Bibers kann man entdecken.

Ihre Reise führt Sie nun über den Jormvägen und nicht mehr über die Straße 342. Diese führt nämlich nach Norwegen, sodass Sie sich plötzlich in Trondheim wiederfinden würden. Fahren Sie dem erstaunlich dicht besiedelten Seeufer des Jormvattnet entlang. Hier ist ein Paradies für Angler und Pferdefreunde. Sie können auf Islandpferden einen Ausritt ins Fjäll unternehmen.

Brakkåfallet ist ein weiterer Wasserfall, den Sie kurz vor Stora Blåsjön sehen. Genießen Sie die wilde Natur, die mit jedem Meter ursprünglicher wird.

In Stora Blåsjön ist im Winter viel Betrieb. Skifahren, Langlauf, Eisfischen, Schneescooter fahren – viele tolle Angebote lassen Freude aufkommen. Im Sommer ist der Strauß an Möglichkeiten beinahe unbeschränkt. Eine Wanderung in den Fjäll, zum Teil auf Holzplanken, ist ebenso zu empfehlen wie Reiten oder Fischen. Sie können in diversen Camps übernachten und sich dort auch verpflegen.

Plötzlich sprudelt Wasser aus dem Boden: Bjurälven Naturreservat.

se

#Guides

Damit Sie diese beiden Orte genießen können, empfehlen wir Ihnen auf die Dienste eines Guides zu vertrauen. Eine Top-Firma und mehrfach ausgezeichnet ist Vilseledaren, **vilseledaren.se**. Sie kennen das Gebiet in- und auswendig.

Die Wege sind gut präpariert.

Von Stora Blåsjön können Sie einen Ausflug nach Ankarede unternehmen. Hier finden Sie eine samische Kirchensiedlung mit Kothen und Kapelle. Falls Sie die Kirche besichtigen möchten, dann bekommen Sie den Schlüssel im Café nebenan. Hier gibt es auch leckeren Kuchen. Von Ankarede aus führen diverse beliebte Wanderrouten in die Berge.

Zurück auf der Straße Richtung Stekkenjokk folgen nun zwei der großen Attraktionen auf dem Vildmarksvägen: die Korallgrottan und Bjurälven.

Korallgrottan ist die längste Höhle Schwedens. Sie wurde erst 1985 entdeckt und umfasst eine Vielzahl von Gangsystemen und Stockwerken. Die Höhlen können auf geführten Touren besichtigt werden. In den Höhlen ist es nass, kalt und eng. Sie erhalten aber eine passende Ausrüstung, sodass die Kriecherei für Sie ein tolles Abenteuer sein kann.

Bjurälven, ein Naturreservat, ist ein spannendes Karstgebiet und wird Sie mehrmals überraschen. Sie bewegen sich ausschließlich auf markierten Wegen und Holzplanken vorwärts, damit Flora und Fauna keinen Schaden nehmen.

Wasser dominiert das Bjurälven Naturreservat.

Wenn Sie Bjurälven erkunden möchten, dann parken Sie beim Hof Leipikvattnet und wandern dann der Beschilderung nach in Richtung Fluss Lillälven. Unterwegs sehen Sie unglaublich schöne Blumen und Farne. Wenn Sie den Startpunkt der ca. 10 km langen Wanderung erreicht haben, dann beobachten Sie die Gegend. Überall finden Sie sogenannte Schlucklöcher und Erdtrichter. Das Waser verschwindet plötzlich im Untergrund und saugt dann etwas weiter den Boden sozusagen in die Tiefe. Spektakulär ist auch der Dolinensee. Aus Siphons sprudelt hier das unterirdische Wasser wieder an die Oberfläche. Wie alles genau funktioniert, kann Ihnen ein ortskundiger Guide bestens erklären.

Die Kraft des Wassers

Im Gebiet von Bjurälven wurden auch die ersten Biber in Schweden wieder angesiedelt. Sie haben sich unterdessen bestens entwickelt und bauen munter an ihren Höhlen und Dämmen.

Nach diesem tollen Abenteuer geht es weiter auf die Hochebene von Stekkenjokk. Jetzt sehen Sie im Sommer massenhaft Rentiere. Hier wachsen keine Bäume mehr, und die Landschaft erinnert sehr an die Tundra.

Wunderbare Midsommar Feier bei Fatmomakke

Auf 876 m ist die Passhöhe erreicht, und es geht wieder runter Richtung Saxnäs. Wenn Sie die Vegetation beachten, dann können Sie die diversen Stufen von Tundra über Krüppelbirken bis zu Nadelwald ziemlich genau mitverfolgen.

Auf dem Pass Stekkenjokk wurde bis 1988 Schwedens höchstes Bergwerk betrieben. Die Arbeiter wohnten in Klimpfjäll, das eine regelrechte Dorfstruktur umfasste. Im Winter ist Klimpfjäll ein kleines, aber feines Skigebiet, im Sommer Ausgangspunkt für eine Vielzahl von Outdooraktivitäten.

Fatmomakke ist auch ein beliebtes Ausflugsziel.

Den nächsten Abstecher, den Sie auf Ihrer Fahrt einplanen sollten, ist der Besuch von Fatmomakke. Fatmomakke war bereits in der Steinzeit ein Versammlungsort und ist seit dem 18. Jahrhundert samischer Kirchenplatz. In Fatmomakke stehen über 100 Kothen und Kirchenhäuser sowie eine Kirche. Noch heute finden hier mehrmals jährlich samische Kirchenfeste statt. Wunderbar ist auch die Midsommar afton Feier, wenn der Majstång gestellt und die Menschen fröhlich darum tanzen.

Fatmomakke ist einer der Ausgangspunkte für Wanderungen ins Marsfjällmassiv. Der Berg ist 1.589 m hoch und leuchtet oft magisch in der Sonne.

Immer wieder trifft man auf Stromschnellen.

Nun erreichen Sie Saxnäs, den Endpunkt dieser Etappe. Hier können Sie wieder Tanken und Esswaren einkaufen. Es gibt einige Hotels und Restaurants im Ort, sodass Sie es sich gut gehen lassen können. Saxnäs ist ein Paradies für Angler, Sie können also in aller Ruhe Ihre Rute auswerfen. Oder Sie kaufen sich Ihren Fisch in der tollen Fischräucherei.

Werfen Sie auch einen Blick auf die schöne Kirche von Saxnäs und besuchen Sie den Ricklundgården, einen Treffpunkt für Künstlerfreunde. Künstler können hier Ateliers mieten, außerdem werden diverse kulturelle Veranstaltungen organisiert.

Saxnäs – Vilhelmina, Per Daniels väg / E 45, 92 km

Auf dem Weg nach Vilhelmina treffen Sie kurz unterhalb von Saxnäs auf die Trappstegsforsen. Viele Stromschnellen und ein sehr schöner Wasserfall laden zu einer kurzen Pause ein. Das geht auch noch einige Kilometer so weiter.

Richtung Vilhelmina wird die Vegetation wieder abwechslungsreicher.

Bald werden Sie den Ort Stalon erreichen. Wenn Sie ein Schild mit der Aufschrift »Utsikt« sehen, dann folgen Sie diesem. Über Serpentinen fahren Sie auf den Gipfel des Stalonberges und finden dort eine Flugzeuglandebahn. Von hier aus haben Sie eine grandiose Aussicht.

In Stalon sehen Sie eine alte, sehr originelle Tankstelle. Nebst Bleifreiem finden Sie in einem regelrechten Tante-Emma-Laden viel Dinge, die man sonst kaum mehr zu sehen bekommt.

Fahren Sie nun auf der E 45 nach Vilhelmina. Hier ist wieder einiges zu sehen. Starten Sie beim Thingshaus, in dem das Tourist Office untergebracht ist. Das Gebäude ist eines der pompösesten und originellsten in Vilhelmina. Hinter dem Thingshaus befindet sich das Arrestlokal. Neben dem

Fika-Tipp: Stenmans Konditori

Bahnhof ist der Platz, an dem die erste Kirche in Vilhelmina stand. Die neue stolze Kirche steht im Norden der Stadt. Im Schulpark, gleich hinter dem Tourist Office, können Sie einige Skulpturen anschauen.

Die wichtigsten beiden Sehenswürdigkeiten sind aber das Vilhelminas Museum und die Kyrkstan. Die Kirchenstadt wurde im 19. Jahrhundert gebaut und diente den von weit her angereisten Kirchgängern als Übernachtungsmöglichkeit. Heute kann man in den 27 renovierten Kirchhütten übernachten. Im oberen Teil der Kirchenstadt finden Sie das Museum mit einer Ausstellung über die ehemaligen Siedler.

Östlich der Kirche, auf dem Kirchenhügel, erstellte der Samiverein Vueltjere Doudji einen Anschauungsplatz samischer Bautradition.

Für Kinder ist der Märchenpfad ein richtiges Abenteuer. Wenn man die Natur genau anschaut, sieht man Trolle,

Die Kirchenstadt von Vilhelmina

märchenhafte Wesen und Tiere, die sich im Moos und hinter Baumstrünken verstecken.

Vilhelmina – Lycksele – Granö – Umeå, Straße 360 / E 12, 250 km

Starten Sie nun zur letzten Etappe Ihrer Reise. Die erste Station ist Lycksele. Besuchen Sie hier den Lycksele Djurpark. In diesem tollen Zoo finden Sie viele einheimische Tiere wie Elche, Rentiere, Bären, Ziegen usw. Im Freilichtmuseum Gammplatsen sehen Sie viele Informationen über die Holznutzung (Skogsmuseet). Im Sommer können Sie sich im Ansia Badpark im Wasser austoben.
www.lyckseledjurpark.se

Fahren Sie nun auf der E 12 weiter bis Granö. Auf der Strecke bis dorthin finden Sie immer wieder gute Gelegenheiten für eine Rast.

Granö suchen Sie in den meisten Reiseführern vergeblich. Es gibt hier aber zwei Dinge, die Sie sehen müssen. Wun-

#Samisches Kunsthandwerk

Noch ein Shopping-Tipp. Wenn Sie samisches Kunsthandwerk lieben, dann besuchen Sie den Laden von Risfjells Sameslöjd. Hier können Sie handgefertigte Messer, Stoffe, Bänder usw. kaufen. Das Sami-Ehepaar, das den Laden betreibt und viele Produkte selber herstellt, wurde sogar vom König geehrt.

#Tallbacken

In Tallbacken finden Sie den wohl originellsten Campingplatz in Schweden. Alles ist hier irgendwie verziert, bemalt und mit Liebe fürs Detail inszeniert. Sie können auch eine der Campinghütten buchen.
www.tallbackencamping.se

Mit dem Floß auf Entdeckungsreise

#SchnepfeBeckasin

Möchten Sie mehr über die Schnepfe (Beckasin) erfahren? Lesen Sie die Beschreibung auf Wikipedia. **de.wikipedia.org/wiki/ Schnepfenvögel**

derbar am Wasser liegt das Ressort Granö Beckasin. Nebst einem Campingplatz, Campinghütten oder einem Öko-Hotel können Sie hier in den sogenannten Vogelnestern übernachten. Verschiedene Baumhäuser in den Kiefern werden Ihnen das Gefühl geben, ein Vogel zu sein. Logisch, denn Beckasin ist der schwedische Name für den Vogel namens Schnepfe. Sie werden auch die Rufe der Schnepfe hören, wenn Sie sich an die Stille gewöhnt haben. Und noch ein Tipp. Die Küche des Restaurants ist großartig. **www.granobeckasin.com**

Als Aktivität könnten Sie mit dem Floß den Fluss rauf und runter und mit dem Fahrrad auf Biber- oder Elchexkursion gehen. Oder schnappen Sie sich eine Angelrute und fangen Sie Ihr Nachtessen selber. Weitere Aktivitäten werden Ihnen vor Ort gerne empfohlen.

Wenn Sie in Granö sind, sollten Sie unbedingt das Kulturzentrum Sjungaregården besuchen. Es liegt direkt an der E 12, nur 5 Minuten vom Beckasin entfernt. Die historische Farm wurde liebevoll restauriert. Der Hof umfasst ein Café, eine

Granö Beckasin: Schlafen im Baumhaus

Bäckerei und ein Gebäude mit wechselnden Kunstausstellungen. Sjungaregården ist in der Sommersaison geöffnet. Auf der Weiterfahrt nach Umeå werden Sie auf der E 12 mit dem Blå Vägen Bekanntschaft machen. Auf der Höhe von Klabböle außerhalb von Umeå steht das älteste Kraftwerk am Umeälven. Heute befindet sich hier ein Museum, das Umeå Energicentrum. Hier können Sie mit »Energie spielen«.

#BlåVägen

Der Blå Vägen führt vom Onega-See in Russland bis an die Norwegische Atlantikküste nach Nesna/Træna. 1.700 km ist diese Straße lang und landschaftlich eine Wucht.

Genießen Sie nun den Endpunkt dieser Reise. Umeå ist eine Stadt in Schweden, die oft unterschätzt wird. Zu Unrecht. Die Stadt am Bottnischen Meerbusen (Kvarken) hat sich in den letzten Jahren zu einem kulturellen und wirtschaftlichen Zentrum entwickelt.

Umeå ist Universitätsstadt, und das spürt man auch, wenn man in der City bummelt. Man trifft auf viele moderne und junge Leute. In Umeå finden Sie auffallend viele Birken. Dies hat seinen Grund. 1888 ist ein großer Teil der Stadt abgebrannt. Beim Neuaufbau der Stadt wurden entlang der Straßen Birken gepflanzt. Sie sollen bei Bränden Funkenflug eindämmen und somit andere Gebäude schützen.

#Umeå

Auf der Seite von Umeå finden Sie weitere Informationen zu dieser tollen Stadt.
www.visitumea.se/de

Kunst entlang des Umeälven

Umeå ist eine lebendige, urbane Studentenstadt mit viel Bezug zu Kunst und Natur.

Es gibt nur wenige Gebäude, die den Stadtbrand überstanden haben. Eines davon ist der Moritzska gården. Eindrucksvolle Bauten sind auch die Scharinska Villa, der Dom oder das aus rotem Backstein bestehende Rådhus.

Auch Freunde der Museen kommen in Umeå auf ihre Kosten. Das Bildmuseet widmet sich der Gegenwartskunst, aber auch der Fotografie, Architektur und dem Design. Im Västebottens Museum finden Sie wechselnde Ausstellungen zur Gegenwartskultur. Dem Leben der Sami ist ebenfalls ein Teil des Museums gewidmet. Im Gammlia Friluftsmuseum können Sie im Sommer historische Bauernhäuser mit Tieren anschauen. An gleicher Stelle finden Sie auch das Svenska Skidmuseet mit dem ältesten Ski der Welt sowie das Fiske- och Sjöfartsmuseet. Viel Abwechslung also an einem Ort.

Trendig: U&Me Hotel

Besuchen Sie unbedingt den Umedalen Skulpturenpark an Rande der Stadt. Hier präsentieren internationale Größen ihre Werke in einem frei zugänglichen Gelände.
www.umedalenskulptur.org

Von Umeå können Sie nun an der schwedischen Küste entlang zur Höga Kusten fahren und diese phänomenale Gegend kennenlernen. Oder fahren Sie mit der Fähre nach Finnland und besuchen Sie Vaasa, die Schwesternstadt Umeås. Lesen Sie dazu auch die Reportage auf Seite 184. •

Eine Skulptur im Umedalen Skulpturenpark

#schweden

Kurs Schweden

ANREISE MIT DEM EIGENEN AUTO/WOHNMOBIL

Seit der Eröffnung der Öresundbrücke im Juli 2000 und der schon vorher fertiggestellten Storebæltbrücke ist Schweden via Dänemark vollständig über Landwege mit dem Pkw oder dem Wohnmobil erreichbar.

Die Preise für eine Brückenüberquerung der Storebæltbrücke:
Siehe Kurs Dänemark S. 55

Die Preise für eine Brückenüberquerung der Öresundbrücke:
Pkw bis 6 m 49 €/54 € (Online/Bezahlstation)
Pkw + Anhänger/Wohnmobil (max. 15 Meter) 98 €/108 € (Online/Bezahlstation)
se
Motorrad 27 €/29 € (Online/Bezahlstation)
Die Bezahlung ist bar in DKK und SEK möglich. Alternativ werden die gängigen Kreditkarten (Visa, Master, Eurocard etc.) akzeptiert.
www.oresundsbron.com/de
Tickets können auch vergünstigt online gekauft werden:
www.oresundsbron.com/de/cash-ticket.
Mit einem BroPass (43 Euro/Jahr) fahren sie jeweils zum halben Preis über die Brücke.

Kombiticket Fähre und Öresundbrücke
Scandlines bietet Kombitickets für die Fährverbindung Puttgarden – Rødby sowie die Fährverbindung Rostock – Gedser und die Öresundbrücke (Pkw z.B. ab 71 € Frühbucherpreis). Für Vielreisende empfiehlt sich die Anschaffung eines Bizz-Transponders (**www.easygo.com**), der die Brückenüberquerungskosten automatisch abbucht und erheblich vergünstigt.

Allgemeine Verkehrsbestimmungen
- In Schweden herrscht Rechtsverkehr und Anschnallpflicht auf Vorder- und Rücksitzen.
- Das Abblendlicht muss auch am Tag eingeschaltet sein. Standlicht reicht nicht.
- Promillegrenze: 0,2
- Handyverbot beim Fahren
- Höchstgeschwindigkeiten: innerhalb geschlossener Ortschaften: 50 km/h, außerhalb geschlossener Ortschaften: 70 km/h, auf Schnellstraßen/Autobahnen: 90–120 km/h*

*Für Wohnwagen (gebremste und ungebremste) gilt hier eine Höchstgeschwindigkeit von 80 km/h
Besonderheiten: Schnellstraßen sind Vorfahrtsstraßen, Seitenstraßen haben Stoppschilder. Es gilt rechts vor links; wird aber nicht so strikt befolgt, also aufpassen. Durchgehende gelbe Linie am Fahrbandrand: Halteverbot. Ist sie gestrichelt oder im Zickzack: Parkverbot. Weißes M auf blauem Grund: Gegenverkehr beachten und ggf. in Ausweichbuchten ausweichen.
In den Innenstädten von Stockholm und Göteborg sowie bei der Benützung der Brücken von Motala und Sundsvall werden Maut-Gebühren erhoben.

ANREISE MIT DER FÄHRE

Die Anreise mit der Fähre ist der klassische Beginn eines Schwedenurlaubs mit dem eigenen Fahrzeug. Je nach Strecke genießt man die gemütliche Überfahrt mit Übernachtung auf einem modernen Schiff mit Restaurants und Unterhaltungsprogramm oder kombiniert kürzere Fährpassagen mit der Anreise über den Landweg durch Dänemark.

Direkte Verbindungen
- Kiel – Göteborg (Stena Line)
- Travemünde – Trelleborg (TT-Line)
- Rostock – Trelleborg (TT-Line, Stena Line)
- Travemünde – Malmö (Finnlines)
- Sassnitz – Trelleborg (Stena Line)

Verbindungen über Dänemark
- Frederikshavn – Göteborg (Stena Line)
- Grenå – Varberg (Stena Line)
- Helsingør – Helsingborg (Scandlines)
- Puttgarden – Rødby (Scandlines)
- Rostock – Gedser (Scandlines)

Verbindungen nach Gotland (Schweden)
- Oskarshamn – Visby (Destination Gotland)
- Nynäshamn – Visby (Destination Gotland)

Kontakte zu den Fährlinien

- Destination Gotland: Tel. +46-77 12 23 300, **www.destinationgotland.se**
- Finnlines: Tel. 0450-28 05 443, **www.finnlines.com**
- Scandlines: Tel. 0381-77 88 77 66, **www.scandlines.de**
- Stena Line: Tel. 0180-60 20 100, **www.stenaline.de**
- TT-Line: Tel. 04502-80 181, **www.ttline.com**

ANREISE MIT DEM FLUGZEUG

Schweden ist von Deutschland, Österreich und der Schweiz aus bequem mit dem Flugzeug zu erreichen. Einige Strecken werden jedoch nicht ganzjährig bedient. Da sich Flugverbindungen schnell ändern können, erheben wir keinen Anspruch auf Richtigkeit und Vollständigkeit und verweisen für aktuelle Informationen auf die Website der jeweiligen Fluggesellschaft.

- Austrian Airlines: Von Wien nach Göteborg und Stockholm. **www.austrian.com**
- BRA: Von Berlin-Tegel nach Växjö, Göteborg und Malmö (MMX).
- Czech Airlines: Von Hamburg nach Göteborg. **www.csa.cz/ch-de**
- Eurowings: Von Hamburg, Köln-Bonn und Düsseldorf nach Stockholm. Von Düsseldorf nach Göteborg. **www.eurowings.com**
- EasyJet: Von Berlin-Tegel, Genf und Basel nach Stockholm. Von Berlin-Tegel nach Göteborg. Ebenfalls von Tegel nach Östersund/Åre. **www.easyjet.com**
- FlyCar: In den Wintermonaten von Stuttgart, Frankfurt-Hahn, München, Hannover nach Arvidsjaur (Schwedisch-Lappland). **www.fly-car.de**
- FlyBMI: Von Frankfurt nach Jönköping und von München nach Norrköping. **www.flybmi.com**
- Laudamotion: Von Stuttgart nach Göteborg (Sommerflugplan 2019) und Düsseldorf – Stockholm. **www.laudamotion.com**
- Lufthansa: Von Frankfurt und München nach Stockholm und Göteborg. **www.lufthansa.com**
- Norwegian: Von Berlin-Schönefeld, München und Genf nach Stockholm, von hier zahlreiche Verbindungen zu weiteren Destinationen in Skandinavien. **www.norwegian.com**
- Ryan Air: Von Bremen nach Stockholm-Skavsta und Göteborg. Von Düsseldorf (Weeze) nach Växjö in Småland. Von München-Memmingen nach Stockholm-Skavsta. **www.ryanair.com**
- SAS (+Lufthansa): Von Berlin, Düsseldorf, Frankfurt, Hamburg, München, Stuttgart, Genf, Zürich und Wien nach Stockholm mit Anschluss zu vielen weiteren Destinationen in den nordischen Ländern.
- Swiss: Von Zürich nach Stockholm und Göteborg. **www.swiss.com**
- TUIfly: Von Düsseldorf, Köln/Bonn und Hamburg nach Stockholm. **www.tuifly.com**
- Wizz Air: Von Wien nach Stockholm-Skavsta (ab März 2019) **wizzair.com/de-de**
- Reisende nach Malmö fliegen in der Regel nach Kopenhagen (Kastrup) und nehmen dann die Bahnverbindung über die Öresundbrücke,

ANREISE MIT DEM ZUG

Es gibt zwei Möglichkeiten, mit dem Zug nach Schweden zu reisen. Mit dem ICE oder EC fährt man ab Hamburg über die Storebæltbrücke bis nach Kopenhagen und von dort über die Öresundbrücke (SJ oder Öresundtåg) nach Malmö. Eine zweite Verbindung besteht in den Sommermonaten 3 x wöchentlich ab Berlin Hbf: mit dem Nachtzug von Berlin Night Express über Sassnitz nach Trelleborg und weiter nach Malmö und weiter bis Stockholm. Ab hier hat man Anschluss zum schwedischen Streckennetz, das sich in alle Teile des Landes erstreckt. Die Tickets sind am besten zeitig zu buchen – vor Reiseantritt und zu günstigen Frühbucherrabatten online oder an einem Schalter der Deutschen Bahn.

www.bahn.de, www.berlin-night-express.com. www.sj.se

ANREISE MIT DEM BUS

- Eurolines: Von München, Frankfurt/M., Köln, Dortmund, Bielefeld, Hannover oder Hamburg nach Göteborg, Helsingborg, Malmö und Stockholm. **www.eurolines.de**
- Flixbus: In Kooperation mit TT-Line von Berlin per Bus und Fähre u. a. nach Trelleborg, Malmö und Stockholm. Weitere Haltestellen in Schweden: Borås, Göteborg, Halmstad, Helsingborg, Jönköping, Linköping, Lund, Norrköping, Södertälje und Uppsala. **www.flixbus.de**
- Swebus: Fernbus-Verbindungen zwischen Aachen, Bremen, Göttingen, Hamburg, Köln usw. und vielen Orten in Schweden sowie Oslo und Kopenhagen. **www.swebus.se**

#schweden

GELD – BRAUCHT MAN NOCH BARGELD?

Schweden ist wie Norwegen und Dänemark kein EURO-Land. Die Schwedische Krone (SEK) ist relativ stabil (1 Euro = ca. 10.7 SEK/1.10 CHF, Stand November 2019). Schweden ist ein mehr oder weniger bargeldloses Land. Zwar kann man an vielen Orten noch bar bezahlen, meist wird jedoch das Zahlen mit Karte bevorzugt. In Restaurants und Boutiquen ist es üblich, dass Bargeld nicht mehr akzeptiert wird. Es reicht also völlig, eine Karte (MasterCard, VISA, V Pay, Maestro usw.) mit genügend hoher Limite und einen kleinen Notgroschen als Reserve in die Finanzplanung miteinzubeziehen. Wichtig ist, dass die Karten mit Code funktionieren und auf dem neusten technischen Stand sind. Bezahlen Sie immer in der Landeswährung, damit Sie einen akzeptablen Wechselkurs bekommen. Bei längeren Aufenthalten im Ausland sollten Sie sich überlegen, eine der neuen kostenlosen Prepaid-Kreditkarten anzuschaffen. REVOLUT z. B. bietet Transaktionen zum bankinternen Wechselkurs an. Wenn Sie die Karte mittels Überweisung in Ihrer Landeswährung »aufladen« und dann in der dazugehörenden APP in Kronen wechseln, können Sie richtig Geld sparen.

se

Wenn Sie Bargeld mitnehmen wollen, sollten Sie dieses zu Hause beziehen. Bargeld gibt's in Schweden nur noch am Automaten. Empfehlenswert sind die der regulären schwedischen Banken. Wechseln auf der Bank ist nicht mehr möglich, und Wechselstuben sind nicht zu empfehlen.

Gute Nacht in Schweden

HOTELS

Wie in den anderen skandinavischen Ländern ist das Hotelangebot auch in Schweden sehr vielfältig und bietet alles von einfachen Herbergen bis hin zu Luxusunterkünften. Viele Hotels haben Sonderangebote für Familien und bieten ganzjährig günstige Wochenendpauschalen oder reduzieren im Sommer (von Mitte Juni bis Mitte August) ihre Preise. Geld spart man mit Hotelschecks, die von mehreren Hotelketten angeboten werden. In Schweden vertreten sind u. a. die Hotelketten Best Western, Radisson Blu, Ibis, Clarion und Scandic. Wer kleine und feine Hotels abseits der Hauptstraße sucht, findet bei Petit Hotel seine Traumunterkunft (**www.petithotel.se/de/**)

JUGENDHERBERGEN

Die STF (Svenska Turistföreningen) betreibt über 300 Herbergen im ganzen Land. In allen Häusern steht den Gästen eine Selbstverpflegungsküche zur Verfügung. Eine Besonderheit sind die Gebirgshütten der STF, die besonders für Wanderer und andere Freiluftsportler interessant sind. SVIF (Sveriges Vandrarhem i Förening) ist eine Vereinigung von 200 unabhängigen Jugendherbergen in Schweden, die keine Mitgliedschaft voraussetzen. Die Unterkünfte liegen oft in attraktiven Urlaubsregionen und sind eine gute und preisgünstige Alternative zum Standardhotelzimmer.

- Svenska Turistföreningen
  Tel. +46- 8 463 2270
  info@stfturist.se
  www.svenskaturistforeningen.se
- SVIF – Sveriges Vandrarhem i Förening
  Tel. +46-31 82 88 00
  info@svif.se
  www.svif.se

PRIVATUNTERKÜNFTE

Wer das Schild »rum« am Straßenrand sieht, sollte nicht überrascht sein, wenn er statt Hochprozentigem eine Unterkunft angeboten bekommt. Denn »rum« heißt nichts anderes als »Zimmer«. Meist bekommt man außer der Bleibe auch ein Frühstück und den Kontakt zu den Vermietern. Die meisten privaten Zimmer werden über die Touristenbüros vermittelt. Auch rund hundert Bauernhöfe (**www.bopalantgard.org**) bieten Bed & Breakfast an.

FERIENHÄUSER

Ein Ferienhausurlaub ist eine überaus populäre Art, die schönsten Tage des Jahres in Schweden zu verbringen. Besonders gefragt ist natürlich das Häuschen am See mit dem Boot am Steg. Aber auch Domizile in einsamen Wäldern oder dem Fjäll versprechen Erholung und reizvolle Naturerlebnisse. Ferienhäuser vermitteln u. a.

Schweden-Ferienhäuser (**www.schweden-ferienhaeuser.de**), SveVilla (**www.svevilla.com**), DanCenter (**www.dancenter.de**), TUI (**www.tui-ferienhaus.de**), Interchalet (**www.interchalet.de**), Småland Ferienhaus/Ferienhausvermittlung Kröger + Rehn (**www.svensk.de**), Novasol (**www.novasol.de**) und der SCR (**www.camping.se**).

CAMPING

Mit über 500 Campingplätzen und mehr als 75.000 Stellplätzen sowie zahllosen Ferienhäusern und -hütten ist Schweden ein Paradies für Camper. Viele Plätze sind herrlich gelegen am Meer, an Flüssen und Seen oder im Gebirge. Für den Aufenthalt auf einem schwedischen Campingplatz benötigt man auf den meisten Plätzen eine Camping Key Europe-Karte, mit der man außerdem eine Reihe von Vergünstigungen erhält. Etliche Campingplätze sind das ganze Jahr über geöffnet. Das Angebot an festen Domizilen auf den Plätzen reicht von der einfachen Hütte bis zum voll ausgerüsteten Ferienhäuschen für Selbstversorger; einige Campingplätze bieten zudem die Unterkunft in Jugendherbergen an. Infos beim Schwedischen Campingverband SCR unter Tel. +46-313 55 60 00 oder **www.scr.se**. News, Reiseberichte, Interviews und Fahrzeug-Tipps bei PiNCAMP – das Campingportal vom ADAC: **www.pincamp.de/schweden**

UNGEWÖHNLICH ÜBERNACHTEN

Wer extravagante Unterkünfte mag, kann sich im Granö Beckasin bei Umeå an der Ostküste in einem Baumhaus oder in der Silbergrube Sala in Västmanland einquartieren. Außergewöhnliche »Baumhausappartements« hält auch das Treehotel im nordschwedischen Harads bereit. Ein tolles Erlebnis ist auch eine Übernachtung im »Elchhotel Wrågråden« in Falköping. Wahrhaft cool sind in den Wintermonaten das aus Schnee gebaute Iglootel in Arjeplog oder das Eishotel in Jukkasjärvi. Darüber hinaus kann man in Schweden in zahlreichen Schlössern und Herrenhäusern ruhen wie ein König. Als Highlight haben sich die Glashäuser, welche im Rahmen des Projekts »The 72 Hour Cabin« entstanden sind, entwickelt. Diese stylischen Häuschen findet man an drei Orten in Dalsland (**www.vastsverige.com/de/72hcabin/**).

Schlafen im Herrenhaus

FEBRUAR	6.–8.2.	**Jokkmokk:**	»Jokkmokks Marknad«. Der 415. Wintermarkt steht unter dem Motto »Arctic Design«.
	8.–9.2.	**Falun:**	Ski-Langlauf-Weltcup.
	15.–16.2.	**Östersund:**	Ski-Langlauf-Weltcup.
	18.2.	**Åre:**	Ski-Langlauf-Weltcup.
	19.–23.2.	**Göteborg:**	»Gothenburg Horse Show«, internationales Springturnier.
	20.2.	**Storlien–Meråker:**	Ski-Langlauf-Weltcup mit 38 km Freistil Massenstart und Grenzüberquerung von Schweden nach Norwegen.
	28.2.–1.3.	**Göteborg:**	»Passion för mat«, Messe für alle, die gern kochen, in Åbymässan.
	29.2.–8.3.	**Umeå:**	Samische Woche mit Konzerten, Handwerkskunst u. v. m.
MÄRZ	1.3.	**Sälen – Mora:**	»Vasaloppet«, größtes Ski-Langlaufrennen der Welt.
	2.–8.3.	**Stockholm:**	»Tempo Dokumentär«, Festival für Dokumentarfilme.
	12.–14.3.	**Åre:**	Ski-Weltcup (alpin) der Damen mit Parallel-Slalom zum Auftakt.
	12.–14.3.	**Umeå:**	Internationales Literaturfestival.
	13.–15.3.	**Ammarnäs – Vännäsby:**	»Vindelälvsdraget«, Schlittenhunderennen.
	13.–22.3.	**Bengtsfors/Dals-Ed/ Mellerud:**	»Filmfestival på Dal« in fünf Städten.
	21.–27.3.	**Malmö:**	»BUFF«, Internationales Jugend-Filmfestival.
	28.3.	**Svanstein – Övertorneå:**	»Tornedalsloppet«, Skilanglaufrennen mit Polarkreisüberquerung.
APRIL	19.–24.4.	**Lund:**	»LitteraLund«, Festival für Kinder- und Jugendliteratur.
	25.–26.4.	**Borås:**	»Linnémarschen«, Wanderungen auf den Spuren Carl von Linnés durch das Naturreservat Rye Åsar.
MAI	1.–3.5.	**Rättvik:**	»Rättviks Marknad«, großer Frühlingsmarkt für die ganze Familie.
	16.5.	**Göteborg:**	»Göteborgs Varvet«, weltgrößter Halbmarathon.
	21.–24.5.	**Dalsland:**	Während der »Kunstwanderung in Dalsland« öffnen regionale Künstler ihre Ateliers für Besucher.
	28.–31.5.	**Malmö:**	»Malmö Garden Show«, Gartenschau und Markt im Schlossgarten.
	29.–31.5.	**Stockholm:**	»Elitloppet« auf Skandinavien größter Rennbahn Solvalla.
	30.5.	**Stockholm:**	Stockholm Marathon.
JUNI	3.–6.6.	**Sölvesborg:**	»Sweden Rock«, Schwedens größtes Rockfestival.
	4.–7.6.	**Stockholm:**	»Smaka på Stockholm«, Gourmet-Festival.
	5.–7.6.	**Leksand:**	Mittelaltermarkt.
	6.6.	**im ganzen Land:**	Nationalfeiertag.
	12.–13.6.	**Motala:**	»Vätternrundan«, Radrennen von 100 bis 300 km Länge entlang des Vätternsees.
	19.6.	**im ganzen Land:**	Mittsommer-Feiern von Skansen bis nach Dalarna.
	22.–25.6.	**Vellinge:**	Wikingerwoche mit Markt im Fotevikens Museum.
	23.–27.6.	**Fårö:**	»Bergmanveckan«, Kulturwoche zu Ehren Ingmar Bergmans mit Lesungen, Theater, Film und Musik.
	26.–28.6.	**Stockholm:**	»Lollapalooza Stockholm«, internationales Musikfestival.

se

JULI	1.–5.7.	**Marstrand:**	»Match Cup Sweden«, Segelwettbewerb.
	2.–4.7.	**Lidköping:**	Internationale Oldtimertreffen.
	9.–12.7.	**Åmål:**	»Åmåls Bluesfest«, Schwedens größtes Bluesfestival.
	12.–18.7.	**Göteborg:**	»Gothia Cup«, das größte Jugendfußballturnier der Welt mit Teilnehmern aus 80 Ländern.
	14.7.	**Öland:**	»Victoriadagen«, Feiertag zu Ehren der Kronprinzessin.
	18.–25.7.	**Brunskog:**	»Gammelvala«, Woche der historischen Handwerkskunst.
	25.–26.7.	**Korrö:**	»Korrö Festivalen«, Folkfestival.
	30.7.–1.8.	**Arvika:**	Sommerliches Hafenfest mit Musik und Tanz.
	30.7.–1.8.	**Näsåker:**	»Urkult«, familienfreundliches Folk-Festival am Ufer des Ångermanälven.
AUGUST	1.–2.8.	**Funäsfjällen:**	»Bruksvallarna Game Fair«, Freizeitmesse zu Angeln, Jagd, Handwerk und Outdoor(über)leben.
	7.–14.8.	**Malmö:**	»Malmöfestivalen«, Musikfestival.
	8.8.	**Baldernäs – Bengtsfors:**	»Dalsland Kanot Maraton«, Schwedens größtes Kanurennen.
	8.–9.8.	**Järnboås:**	»40. Larsmäss«, Kunsthandwerkermarkt am Finnsjöstrand.
	9.–16.8.	**Nikkaluokta – Abisko:**	»Fjällräven Classic«, mehrtägige Fjäll-Wanderung.
	13.–15.8.	**Göteborg:**	»Way Out West«, Open-Air-Festival.
	15.8.	**Arjeplog:**	»Arctic Circle Race«: Die Teilnehmer werden mit dem Helikopter zum Start gebracht und müssen die 17 km zum Ziel zurücklaufen.
	15.8.	**Stockholm:**	»Midnattsloppet«, 5 und 10 km Mitternachtslauf.
	29.–30.8.	**Dals Ed:**	Autorennen »Monster Race«.
	31.8.	**Stockholm:**	Extremsportevent »Ö till Ö«, laufend und schwimmend bewegen sich die Teilnehmer von Insel zu Insel (75 km Strecke).
SEPTEMBER	3.–6.9.	**Umeå:**	»Smakfestival«, kulinarisches Fest.
	4.–6.9.	**Ramsvik:**	»West Coast Trail«, dreitägiges, 74 km langes Laufevent durch die abwechslungsreichen Landschaften Bohusläns.
	4.–20.9.	**Landskrona:**	Landskrona Foto Festival
	5.9.	**Malmö:**	»Midnattsloppet«, 5 und 10 km Mitternachtslauf.
	5.9.	**Rättvik:**	Feuerwerkkonzert in Dalhalla, einem ehemaligen Kalksteinbruch.
	12.9.	**Göteborg:**	»Midnattsloppet«, 5 und 10 km Mitternachtslauf.
	19.9.	**Göteborg:**	»Mud Run«, ein 7-km-Lauf durch schweres Gelände.
	19.9.	**Karlstad:**	»TjurRuset«, Outdoor-Extrem-Lauf.
	23.–27.9.	**Öland:**	»Ölands Skördefest«, Schwedens größtes Erntedank-Festival.
	24.–27.9.	**Göteborg:**	Buchmesse und Krimifestival.
	26.–27.9.	**Kivik:**	»Äppelmarknaden«, ein Markt rund um Äpfel und Apfelprodukte.
	26.9.	**Stockholm:**	»Lidingöloppet«, Outdoorwettläufe.
OKTOBER	2.–4.10.	**Arvika:**	»Arvikamårten«, Herbstmarkt mit Kirmes.
	2.–4.10.	**Rättvik:**	»Rättviks Höstmarknad«, großer Herbstmarkt für die ganze Familie.
	4.10.	**Visby:**	Welterbetag.
	17.–25.10.	**Stockholm:**	»Stockholm Open«, Tennisturnier.
	19.–25.10.	**Uppsala:**	»Kortfilmfestival«, internationales Kurzfilmfestival mit 300 Kurzfilmen im Programm.
NOVEMBER	6.–8.11.	**Stockholm:**	»Food and Wine«, Nordeuropas größte Besuchermesse rund um Essen, Trinken und Kochen.
	10.12.	**Stockholm:**	Nobelpreis-Verleihung und Gala-Konzert.
	13.12.	**im ganzen Land:**	»Luciadagen«, Lichterfest mit Straßenchören.

Nordlichter über dem Saana, dem heiligen Berg der Sami

Foto: © Visit Finland/Hannu Huovila

FIN
NLA
ND

FINNLAND
0
50
100 km
Utsjoki
E75
Karigasniemi
Kaamanen
Inari-
järvi
Kilipsjärvi
Inari
Ivalo
Kaaresuvanto
Enontekiö
E8
Porttipahdan
tekojärvi
Vuotso
Lokan
tekojärvi
Muonio
Lappi
Kittilä
E75
Sodankylä
Kolari
Salla
Meltaus
Pello
Vikajärvi
E63
Rovaniemi
Yli-Kitka
Ylitornio
Posio
E8
E75
Nuupas
Kuusamo
Tornio
Kemi
Olhava
Pudasjärvi
Kianta-
järvi
Oulu
Oulu
Ämmänsaari
Puolanka
Hyrynsalmi
Raahe
Vaala
E63
Rantsila
Oulujärvi
E75
Kajaani
Kalajoki
Pulkkila
Pyhäntä
Kuhmo
Vuokatti
Kärsämäki
Mainua
Nivala
Maanselkä
Kokkola
Pyhäjärvi
Nurmes
Pietarsaari
Iisalmi
Kaustinen
E63
Kuopio
Lieksa
Pihtipudas
Vaasa
Juuka
Pohjois-
karjala
Vallgrund
Maaninka
Siilinjärvi
Vaasa
Kyyjärvi
E75
Kuopio
Kontiolahti
Lapua
Laihia
Keitele
Kallvesi
Outokumpu
Joensuu
Suonenjoki
Äänekoski
Kurikka
E63
Alavus
Keskisuomi
Pieksämäki
E12
Hauki-
vesi
Kitee
Kristinestad
Lappfjärd
Virrat
Jyväskylä
Lieves-
tuore
Juva
Savonlinna
Parkano
Ruovesi
E63
Mikkeli
Pula-
vesi
Kankaanpää
Näsi-
järvi
Orivesi
Jämsä
E75
Mikkeli
Parikkala
Päijänne
Puumala
Riistina
Pori
Nokia
Tampere
Padasjoki
Savital-
pale
Imatra
Turkupori
Huittinen
Hame
Heinola
Lappeenranta
Rauma
Hämeen-
linna
Tuulos
Lahti
Taavetti
Humppila
Laitila
E63
E12
Kouvola
Kymi
Forssa
Riihimäki
Mynämäki
Aura
Mäntsälä
E18
Hamina
Naantali
Turku
E75
Vantaa
Porvoo
Kotka
Åland
Åland
Pargas
Salo
E18
Helsinki
Mariehamn
Karis
Espoo
Uusimaa
Ekenäs
Hangö
Bottnischer Meerbusen
Finnischer Meerbusen

#finnland

#talkingnordic

UNTERWEGS IN FINNLAND

eins, zwei, drei	*yksi, kaksi, kolme*
Abfahrt	*lähtö*
Ankunft	*saapuminen, tulo*
Bahnhof	*rautatieasema*
Zug	*juna*
Bus	*linja-auto, bussi*
große Fähre	*lautta*
Zoll	*tulli*
Fahrkarte	*matkalippu*
Fahrplan	*aikataulu*
Flughafen	*lentoasema*
Hafen	*satama*
Haltestelle	*pysäkki*
Platzkarte	*paikkalippu*
Schließfach	*lokero*
Taxi	*taksi*
Danke	*kiitos*
Hallo!	*Hei!*
Auf Wiedersehen	*Näkemiin*

DAS WETTER

Wetterbericht	*säätiedotus*
sonnig	*aurinkoinen*
wolkenlos	*pilvetön*
bewölkt	*pilvinen*
Nebel	*sumu*
Regen	*sade*
Gewitter	*ukkosilma, ukkonen*
Wind	*tuuli*
Sturm	*myrsky*
Sturmwarnung	*myrskyvaroitus*
Schnee	*lumi*

GEOGRAFISCHE BEGRIFFE

Fluss	*joki*
See	*järvi*
Meer	*meri*
Strand, Küste	*ranta*
Insel	*saari*
Brücke	*silta*
Straße	*tie, katu*
Autobahn	*moottoritie*
Dorf	*kylä*
Stadt	*kaupunki*
Zentrum, City	*keskus*
(Markt-)Platz	*tori*

#hardfacts

Finnland hat eine Fläche von insgesamt 338.448 Quadratkilometern, 34.000 davon sind Wasserfläche – es gibt rund 188.000 Seen. Im Land leben etwa 5,5 Millionen Einwohner, das bedeutet, im Durchschnitt 16,2 Menschen pro Quadratkilometer. Die Mehrzahl der Finnen spricht Finnisch, 5,3 Prozent haben Schwedisch als Muttersprache. Schwedisch ist neben Finnisch die zweite Amtssprache. Etwa 6.000 Einwohner sprechen Samisch. Der Großteil der Finnlandschweden, diejenigen die Schwedisch als erste Sprache haben, bewohnt die Küstenregionen West- und Südwestfinnlands sowie die Åland-Inseln, die Sámi leben in Lappland. Etwa 73 Prozent der Gesamtbevölkerung sind evangelisch-lutherisch (Staatskirche), 1,1 Prozent orthodox.

Finnland ist nach schwedischer und russischer Herrschaft seit dem 6. Dezember 1917 unabhängig. Die parlamentarische Republik ist seit 1995 Mitglied der EU und verwendet seit 2002 den Euro. Der Präsident wird für sechs Jahre direkt gewählt, im Reichstag sitzen 200 für vier Jahre gewählte Abgeordnete.

Größere Städte im Land sind Helsinki/Helsingfors mit 643.000 Einwohnern, Espoo/Esbo mit 283.000 Einwohnern, Tampere mit 235.000 Einwohnern, Vantaa/Vanda mit 228.000 Einwohnern, Oulu mit 203.000 Einwohnern und Turku/Åbo mit 191.000 Einwohnern.

TEXT & FOTOS #FINNLAND: RASSO KNOLLER
(sofern nicht anders gekennzeichnet)

Kalajoki dreaming

Kilometerlange Sandstrände, hohe Dünen, klares Wasser und saftig grüne Tannen- und Birkenwälder im Hinterland. Mit diesen Zutaten kann man seinen Urlaub an der Riviera verleben – an der finnischen Riviera bei Kalajoki! Der Ferienort an der Ostseeküste liegt 550 Kilometer nördlich von Helsinki, 140 Kilometer südlich von Oulu. Der Fährhafen in Vaasa, wo die Schiffe ins schwedische Umeå ablegen, ist knapp 200 Kilometer entfernt.

Foto: © Visit Kalajoki

Finnische Riviera

Fast jeder Finne hat schon einmal in Kalajoki seinen Sommerurlaub verbracht. Sonne auf der Haut, der Geruch von Sonnencreme und – laut kreischend – der Sprung ins kühle Wasser. Der erste Kuss in den Dünen, eine Postkarte an die Eltern zu Hause und immer cool die Sonnenbrille im Haar. Ein bisschen Kalajoki trägt jeder Finne mit sich herum – Erinnerungen an schöne Stunden. Und zu dieser Erinnerung gehört auch ein Lied, das sich im kollektiven Gedächtnis der Finnen festgesetzt hat. Denn in den 1970er Jahren hat der Sänger Tapani Kansa, einer der ganz Großen seines Faches, dem Ort mit dem Schlager »Kalajoen hiekat«, die Strände von Kalajoki, ein Denkmal gesetzt. Zur Melodie von »California Dreaming« hat Kansa seinen Landsleuten vom Glück des finnischen Sommers erzählt.

In letzter Zeit entdecken aber auch immer mehr ausländische Touristen das nordische Badeparadies. Denn das hat einiges zu bieten, neben den Stränden die perfekte Infrastruktur für einen gelungenen Urlaub. Der 13.000-Seelen-Ort stellt Übernachtungsmöglichkeiten für ebenso viele Touristen bereit – in Hotels, Ferienhäusern und auf Campingplätzen. Etliche Restaurants und Cafés runden das Angebot ab. Viele Gäste kommen hierher, weil sie wissen, dass sie auch in der Hochsaison an den langen Stränden noch einsame Plätze finden. Andere suchen Action und Herausforderung. Lust auf eine Kanutour, eine Runde Stand-up-Paddling oder auf eine Fatbikes-Tour durch die Dünen? Wer will, kann auch auf dem Rücken eines Pferdes den Strand entlang- reiten. Die Mutigen versuchen sich im Klettergarten oder brausen an der Zipline von Baum zu Baum. Und wer von all dem nicht genug bekommt, der hat ganz viel Zeit, es zu genießen. Denn im nordfinnischen Sommer gönnt sich die Sonne kaum eine Pause – das Morgenrot schließt sich unmittelbar an den Sonnenuntergang an.

Mit dem Segelschiff zur Fischerinsel

Ein besonderer Höhepunkt ist der Segeltörn mit dem Zweimaster Ansio, dem Nachbau einer Galeas aus dem Ende des 19. Jahrhunderts, zur 18 Kilometer vor der Küste liegenden Insel Maakalla. Früher lebten hier während der Sommermonate Fischer. Von Maakalla fuhren sie hinaus, um Ostseeheringe zu fischen und auch um Seehunde zu fangen. An diese Zeit erinnern etwa 40 rote Hütten und eine kleine Kirche. Die ruhige Stimmung auf der Insel nimmt einen schnell gefangen, und so wird der Ausflug nach Maakalla auf gewisse Art auch zur Reise zurück in eine Zeit, in der das Leben noch nicht in Turbogeschwindigkeit gelebt werden musste.

Auch in Plassi, der Altstadt von Kalajoki, von Hektik keine Spur. Hier stehen ebenfalls die heimeligen roten Holzhäuschen, die in der Vorstellung von uns Mitteleuro-

Foto: © Visit Kalajoki

päern den Norden ausmachen. Besuchen sollten Sie auf jeden Fall die Villa Havula, 1912 im Auftrag des Sägewerksbesitzers Oskari Santaholma im Jugendstil erbaut. 14 stattliche Zimmer zeigen, dass die High Society schon damals durchaus angenehm zu leben wusste.

Wenn der Eindruck nicht oberflächlich bleiben soll, darf auch ein Besuch im Heimatmuseum nicht fehlen. Hier erfährt man nämlich mehr über das Leben von Fischern, Bauern und Waldarbeitern. Da passt es ausgezeichnet, dass das Museum in einem der ältesten Gebäude der Stadt untergebracht und damit selbst ein Teil der Lokalgeschichte ist.

Winterzeit in Kalajoki

Kalajoki war lange Zeit ein reiner Sommerferienort. Das hat sich geändert. Denn auch die kalte Jahreszeit hat ihren Reiz – statt der Mitternachtssonne locken jetzt die Polarlichter die Menschen nach draußen, und statt mit dem Jetski flitzt man mit dem Motorschlitten über die Ostsee. Selbst Kitesurfen kann man in der kalten Jahreszeit, das geht dann sogar noch viel rasanter als im Sommer. Aber auch und gerade die Ruhe sucht und findet man im Winter. Es muss ja nicht gleich Schneeyoga sein, was aber durchaus auch angeboten wird. Für viele ist eine Wanderung über das gefrorene Meer, bei der man nichts hört als das Knirschen der eigenen Schritte im Schnee, die beste Meditation. Wer finnische Männer fragt, bekommt aber noch einen besseren Tipp. Für die meisten von ihnen ist Winter ein Synonym fürs Eisfischen. Pilkki, so das finnische Wort dafür, ist ein extrem populärer Wintersport – zumindest für die Männer. Sie wollen das auch versuchen? Kein Problem. Denn in Kalajoki, das Wort heißt ins Deutsche übersetzt übrigens ganz passend Fischfluss, zeigt man Ihnen, wie Sie erst mit dem Bohrer ein Loch ins Eis treiben und dann fachkundig die Angel zu Wasser lassen können. Natürlich versorgt man Sie auch mit entsprechender Thermokleidung, sodass Sie den winterlichen Angelausflug gegen klirrende Kälte gut geschützt genießen können. •

#Kalajoki

Weitere Informationen zu Kalajoki gibt es unter **www.visitkalajoki.fi**

#helsinki/helsingfors

Die finnische Hauptstadt zählt 643.000 Einwohner. Im gesamten Ballungsraum, zu dem auch die Städte Vantaa und Espoo zählen, leben mehr als eineinhalb Millionen Menschen.

Blick über das Zentrum von Helsinki

Helsinki wurde 1550 auf Befehl des schwedischen Königs Gustav I. Wasa an der Mündung des Flusses Vantaanjoki gegründet. Er wollte eine Handelsstadt schaffen, die dem auf der anderen Seite der Ostsee gelegenen Tallinn (damals Reval) Konkurrenz machen und russische Händler in die schwedische Provinz Finnland locken sollte. Trotz der hochfliegenden königlichen Pläne blieb Helsinki lange Zeit nichts anderes als ein kleines bedeutungsloses Städtchen am Ende der Welt. Erst 1812 löste Helsinki mit 4.000 Einwohnern Turku als Hauptstadt ab, 1828 verlegte man auch die Universität hierher. Der Ausbau zur Hauptstadt ist untrennbar verbunden mit den Namen des Politikers und Städteplaners Johan Albrecht Ehrenström und des in Berlin geborenen Architekten Carl Ludwig Engel. Der eine legte den Stadtplan für den Wiederaufbau nach dem Brand von 1808 fest, der andere entwarf die meisten wichtigen Gebäude in der Stadt. Helsinkis Reiz liegt in seinem Kontrastreichtum: Alte Wohnviertel harmonieren mit neuer Hightech-Architektur, lebhafte Ausgehbezirke und idyllisch-ruhige Quartiere liegen dicht beieinander. Überall ist das Meer zu spüren, lockt das Grün der zahlreichen Parks. Die vielen Restaurants, Kneipen und Bars machen die Stadt attraktiv.

Stadtbummel

Einen Stadtrundgang durch das Zentrum beginnt man am besten am prachtvollen Senatsplatz (Senaatintori), dem »Wohnzim-

1. Markt, Präsidentenplatz
2. Präsidentenpalast
3. Uspenski-Kathedrale
4. Esplanade
5. Schwedisches Theater
6. Ateneum
7. Kiasma
8. Parlament
9. Temppeliaukio-Kirche
10. Nationalmuseum
11. Stadtmuseum
12. Finlandiahalle
13. Hietaniemi-Friedhof
14. Sibeliusmonument
15. Olympiastadion
16. Linnanmäki-Vergnügungspark
17. Korkeasaari-Zoo
18. Bibliothek Oodi
19. Amos Rex Museum

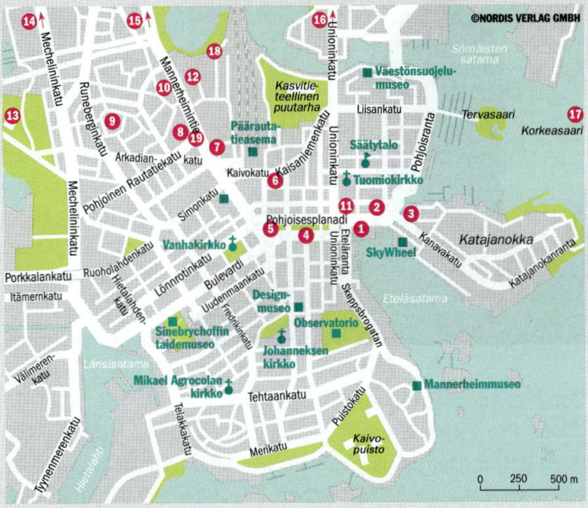

mer Helsinkis«. Um den Platz herum gruppieren sich der Dom (Tuomiokirkko), die Universität und das Regierungspalais im Empire-Stil. In seiner Mitte steht die Statue des russischen Zaren Alexander II.

Eine breite Treppe führt zum mächtigen Dom, dem Wahrzeichen der Stadt, hinauf. Sein Baumeister Carl Ludwig Engel stattete ihn mit einem schlichten Innenraum aus, dessen einziger Schmuck die Statuen der Reformatoren Luther, Melanchthon und Agricola sind. Wenn man mit dem Dom im Rücken auf den Platz blickt, sieht man auf der rechten Seite das Hauptgebäude der Universität von 1832, auf der anderen Seite des Platzes liegt das Regierungspalais. Es wurde 1822 fertiggestellt und war damals der Sitz des Kaiserlichen Senats von Finnland – das höchste Verwaltungsorgan im Land. Heute hat hier die finnische Regierung ihre Arbeits- und Sitzungsräume. Im ersten Stock liegt das Büro des Ministerpräsidenten.

Einen Besuch lohnt die auf einem grünen Hügel thronende, prächtige russisch-orthodoxe Uspenski-Kathedrale (1868) mit ihren goldenen Zwiebeltürmen im Stadtteil Katajanokka. Ganz in der Nähe der Kirche ragt das Helsinki SkyWheel in den Himmel. Aus den Gondeln des 40 Meter hohen Riesenrads genießt man den perfekten Blick über das Zentrum der finnischen Hauptstadt. Im Sommer 2017 hat die Saunalandschaft »Allas Sea Pool« direkt am Hafen neu eröffnet. Hier kann man nach dem Schwitzbad mit Blick auf den Dom im Ostseewasser abkühlen und hinterher gleich nebenan auf dem Marktplatz (Kauppatori) Souvenirs und Lebensmittel einkaufen. Eine besondere Attraktion ist der Heringsmarkt Anfang Oktober. Sehenswert sind auch das Stadthaus und der Präsidentenpalast nördlich des Markts sowie südlich davon die Alte Markthalle am Kai.

Das traditionsreiche Restaurant Kappeli mit seiner einladenden Glasveranda wartet am

Der Dom im Abendlicht

Ostende des Stadtparks Esplanade auf Gäste. Die kleine Grünanlage schließt unmittelbar an den Marktplatz an und führt von dort bis zum Schwedischen Theater. Beliebt ist sie bei den Einwohnern der Hauptstadt als »Flanierstrecke« am Wochenende. Am Rande des Parks liegen die Boutiquen namhafter finnischer Designermarken. Zum Einkaufen ideal ist das Designviertel mit trendigen Geschäften in den Straßen südlich der Esplanade. Nicht weit entfernt liegt der Bahnhof (1919), der nach dem Entwurf des bekannten finnischen Architekten Eliel Saarinen gestaltet wurde. Die steinernen Männerfiguren am Eingang, die sogenannten Lampenhalter, wurden von Emil Wikström geschaffen und sind das heimliche Wahrzeichen Helsinkis.

Das Reiterdenkmal, das Marschall Mannerheim zeigt, steht fast gleich um die Ecke direkt neben dem Kiasma, dem Museum für Gegenwartskunst. Wuchtig wirkt das von Johan Sigfrid Sirén im neoklassizistischen Stil zwischen 1926 und 1931 erbaute Reichstagsgebäude. Ihm gegenüber liegt das Musikhaus, Musiikkitalo. Seit die Konzerthalle im August 2011 eröffnet wurde, bricht sie einen Besucherrekord nach dem anderen. Die Aufführungen im Heimathaus der Helsinkier Philharmoniker, des Orchesters der Sibelius Akademie und des finnischen Radio Symphonieorchesters sind fast immer ausgebucht. Die im Dezember 2018 eröffnete architektonisch spektakuläre Bibliothek Oodi ist weit mehr als nur ein Haus der Bucher, sie ist ein Kunst- und Kulturzentrum, das allen offensteht. Wer will, kann hier sogar seine private Kunstausstellung arrangieren oder ein Konzert geben. Die Veranstaltungsräume stellt die Stadt kostenlos zur Verfügung.

Auch die von Alvar Aalto erbaute Finlandiahalle aus weißem Marmor und grauem Granit liegt nur wenige Schritte vom Reichstag entfernt. Die Finnische Nationaloper (1993) mit ihren Glasfassaden erhebt sich an der Töölöbucht, um die sich wiederum ein schöner, gern genutzter Parkstreifen zieht. Im östlich davon gelegenen Viertel Linnunlaulu findet man dekorative Holzvillen. Das nahe gelegene Olympiastadion wurde für die Olympischen Spiele 1952 errichtet. Ein hervorragender Blick auf die Stadt bietet sich vom 72 Meter hohen Aussichtsturm. Wäinö Aaltonens Denkmal vor dem Stadion erinnert an den finnischen Läufer und Nationalhelden Paavo Nurmi.

Die beeindruckende Temppeliaukio-Kirche hat man 1968/69 in den Felsen hineingesprengt. Von außen ist nur die niedrige Kupferkuppel zu sehen, die ein wenig an eine fliegende Untertasse erinnert. An der Mechelininkatu liegt der Sibeliuspark mit dem Sibeliusmonument aus geschweißtem und poliertem Stahl von Eila Hiltunen (1967).

Der Kaivopuisto-Park wiederum grenzt im Süden der Innenstadt direkt an die Ostsee und ist besonders am Wochenende bei Ausflüglern beliebt. Das Café Ursula am Rande des Parks ist eine Institution Helsinkis. An den Badestränden von Hietaniemi und Munkkiniemi kann man auch innerhalb des Stadtgebiets im Meer schwimmen. Sonnenanbeter schätzen die Felseninsel Pihlajasaari.

Museen

Helsinki lockt mit über 80 Museen, die man während eines einzigen Aufenthalts sicherlich nicht alle besuchen kann. Das Ateneum (Finnische Nationalgalerie) beherbergt Werke führender finnischer Künstler von 1700 bis heute, zudem ausländische Kunst aus verschiedenen Epochen. Im architektonisch auffälligen Kiasma wird Gegenwartskunst ausgestellt. Die Werke alter Meister, unter anderem Rembrandt, Tiepolo, Jan van Goyen und Lucas Cranach d. Ä., findet man im Sinebrychoff Kunstmuseum, untergebracht im ehemaligen Hauptgebäude einer Brauerei. Jüngstes Juwel in der Helsinkier Museumsszene ist das im August 2018 eröffnete Amos-Rex-Kunstmuseum. Dort kann man sowohl die Sammlung des ehemaligen Amos-Anderson-Museums als auch in Wechselausstellungen innovative Kunst des 20. Jahrhunderts bewundern. Spektakulär ist aber auch die Museumsarchitektur, denn die Schächte, die Licht in die unterirdischen Ausstellungsräume bringen, erinnern ein wenig an eine Eislandschaft in einer Zauberwelt. In der etwas außerhalb des Zentrums gelegenen alten Kabelfabrik (Kaapelitehdas) sind das nationale Fotografiemuseum, das Theatermuseum und das Hotel- und Restaurantmuseum beheimatet. Das sehenswerte Design-Museum, das 2012 eine der Hauptattraktionen des »World Design Capitals« war, präsentiert unter anderem Gebrauchsdesign der vergangenen Jahrzehnte. Außerdem finden regelmäßig Wechselausstellungen statt. Das Nationalmuseum (Kansallismuseo) zeichnet in den ersten beiden Stockwerken in chronologischer Form die finnische Geschichte nach. Im dritten Stockwerk nimmt sich das Museum unter dem Titel »Ein Land und sein Volk« spezieller Themen an.

Einen Besuch wert ist auch das Freilichtmuseum auf der schön gelegenen Insel Seurasaari mit alten Gebäuden aus ganz Finnland und der Holzkirche von Karuna aus dem 17. Jahrhundert. Hier feiern die Helsinkier ihr Mittsommerfest.

Den Tierpark Korkeasaari, mit Aquarium und Südamerika-Haus, erreicht man mit dem Wasserbus vom Marktplatz aus. Das Sea Life-Aquarium zeigt Fische aus der Ostsee und der ganzen Welt. Es liegt nur einen Steinwurf von Linnanmäki entfernt, dem populären Vergnügungspark, dessen größte Sehenswürdigkeit eine über 60 Jahre alte Achterbahn aus Holz ist.

Im Freilichtmuseum Seurasaari

Die Inselfestung Suomenlinna hat die UNESCO 1991 zum Weltkulturerbe erklärt. 1748 begannen die Schweden mit dem Bau der riesigen Festung, kurz nach der Fertigstellung musste sie 1808 nach langer Belagerung nahezu kampflos an die Russen übergeben werden. Heute ist Suomenlinna ein eigenständiger Stadtteil, in dem knapp 1.000 Menschen leben. Auf der Insel liegen mehrere Museen, unter anderem das Suomenlinna-Museum, das Zollmuseum, das Ehrensvärdsmuseum, das Kriegsmuseum, das Küstenartilleriemuseum, das U-Boot Vesikko und das Spielzeugmuseum. Man erreicht die Insel binnen weniger Minuten mit Fähren vom Marktplatz aus. •

#UnterwegsInHelsinki

Helsinki lässt sich bestens zu Fuß sowie mit öffentlichen Verkehrsmitteln erkunden. Es werden Touristentickets verschiedener Gültigkeitsdauer angeboten. Die Helsinki-Card gewährt freien Eintritt zu vielen Museen und Sehenswürdigkeiten (Preisbeispiel: 42 Euro/1 Tag/Erw., 49 Euro/2 Tage, 55 Euro/3 Tage, **www.helsinkicard.com**) in der Helsinki-Card inkl. Travelcard (49/61/71 Euro) ist auch die Benutzung der öffentlichen Verkehrsmittel eingeschlossen.

Essen und Trinken

Zu den Attraktionen Helsinkis gehören ausgezeichnete Restaurants, wobei der russische Einschlag besonders interessant ist. Traditionsreiche Lokale sind das Karl Fazer Café in der Kluuvikatu 3 mit seiner stylishen Inneneinrichtung, das Café Engel am Senatsplatz und das Café Ekberg am Beginn des Bulevardi. Das Nachtleben hat sich in den vergangenen Jahren kräftig entwickelt. In den Stadtteilen Punavuori, Töölö, Kallio und Kamppi ist die Auswahl an trendigen Kneipen und Bars am größten.

Nach
Via Baltica
kommt
Eckerö Line!
TALLINN–HELSINKI
AUTOPAKET
Für 2–5
Passagiere
ab
39€
ECKERÖ LINE
Finlandia
www.eckeroline.com
ECKERÖ LINE

#tampere/tammerfors

Das im südlichen Finnland gelegene Tampere ist mit 235.000 Einwohnern Finnlands drittgrößte Stadt. 1779 von Gustav III. gegründet, liegt Tampere herrlich auf einer Landenge zwischen den Seen Näsijärvi und Pyhäjärvi. Die Stromschnellen, die die beiden Gewässer verbinden, lieferten die Energie für die ersten Manufakturen, die sich hier ansiedelten.

Der Umbau ist gelungen. Von der Industriestadt zur Kulturmetropole.

Sehenswert sind die im finnischen Jugendstil erbaute Domkirche, die moderne Kaleva-Kirche und die Stadtbibliothek Metso, die – das sagt auch der finnische Name – dem Körper eines Auerhahns nachempfunden ist. Hübsche Holzhäuser findet man in den Stadtteilen Pispala und Käpylä. In vielen der alten Fabrikanlagen sind heute Wohnungen, Restaurants oder Museen untergebracht.

Tampere bietet ein reichhaltiges Kulturleben. Das Kunstmuseum präsentiert vor allem Werke aus dem 19. Jahrhundert. Eine Topadresse für zeitgenössische Kunst ist das Sara-Hildén-Kunstmuseum, unter anderem mit Werken von Picasso, de Chirico, Miró und Klee. Im Hiekka Kunstmuseum sind Gemälde und andere Kunstwerke aus der Privatsammlung eines vermögenden Juweliers zu sehen. Das Museumszentrum Vapriikki ist ein Ausstellungs- und Veranstaltungszentrum in umgebauten Fabrikanlagen. Hier kann man acht Museen besuchen, unter anderem das Stadtmuseum, das Eishockeymuseum und eine Ausstellung zum Finnischen Bürgerkrieg von 1918. Sehenswert ist auch das Arbeiterviertelmuseum Amuri, ein in unverändertem Zustand belassener Straßenzug mit einem halben Dutzend Holzhäusern. Man erhält einen Eindruck von den Lebensverhältnissen, unter denen finnische Arbeiter im 19. und 20. Jahrhundert lebten. Mit demselben Thema setzt sich auch das Arbeitermuseum Werstas auseinander, das in einer ehemaligen Färberei untergebracht ist. Originell ist das in der westlichen Welt einmalige Lenin-Museum, das sich in dem Gebäude befindet, in dem Lenin und Stalin 1905 erstmals zusammengetroffen sind (Hämeenpuisto 28). Spannend ist auch der Besuch des Spionagemuseums, das im alten Fabrikgebäude der Finlayson Fabrik am Ufer der Stromschnelle Tammerkoski liegt. Für Familien interessant ist der Särkenniemi-Erlebnispark mit einem Delfinarium. Vom benachbarten, 168 Meter hohen Näsinneula-Aussichtsturm bietet sich ein toller Blick auf die Stadt. In der Yliopistonkatu 55 liegt in der Tampere-Halle das 2017 neu eröffnete Mumin-Museum. Auf zwei Stockwerken kann man hier auf den Spuren der liebenswerten Trolle und ihrer Erfinderin Tove Jansson wandeln. •

Blick über den Pyhäjärvi

#oulu/uleåborg

Mit 203.000 Einwohnern ist Oulu (gegründet 1605 vom Schwedenkönig Karl IX.) die bevölkerungsreichste Stadt im Norden Finnlands und gleichzeitig die nördlichste Großstadt der Europäischen Union. Sie liegt an der Küste des Bottnischen Meerbusens an der Mündung des Flusses Oulujoki, wo man auch heute noch die spärlichen Überreste einer Burg (Uleåborg, 1605 erbaut, 1793 zerstört) besichtigen kann. Ihre erste Blütezeit erlebte die Stadt im 18./19. Jahrhundert, als der in den Wäldern gewonnene Teer bis nach Mitteleuropa exportiert wurde. Heute gilt Oulu als wichtiges Technologiezentrum.

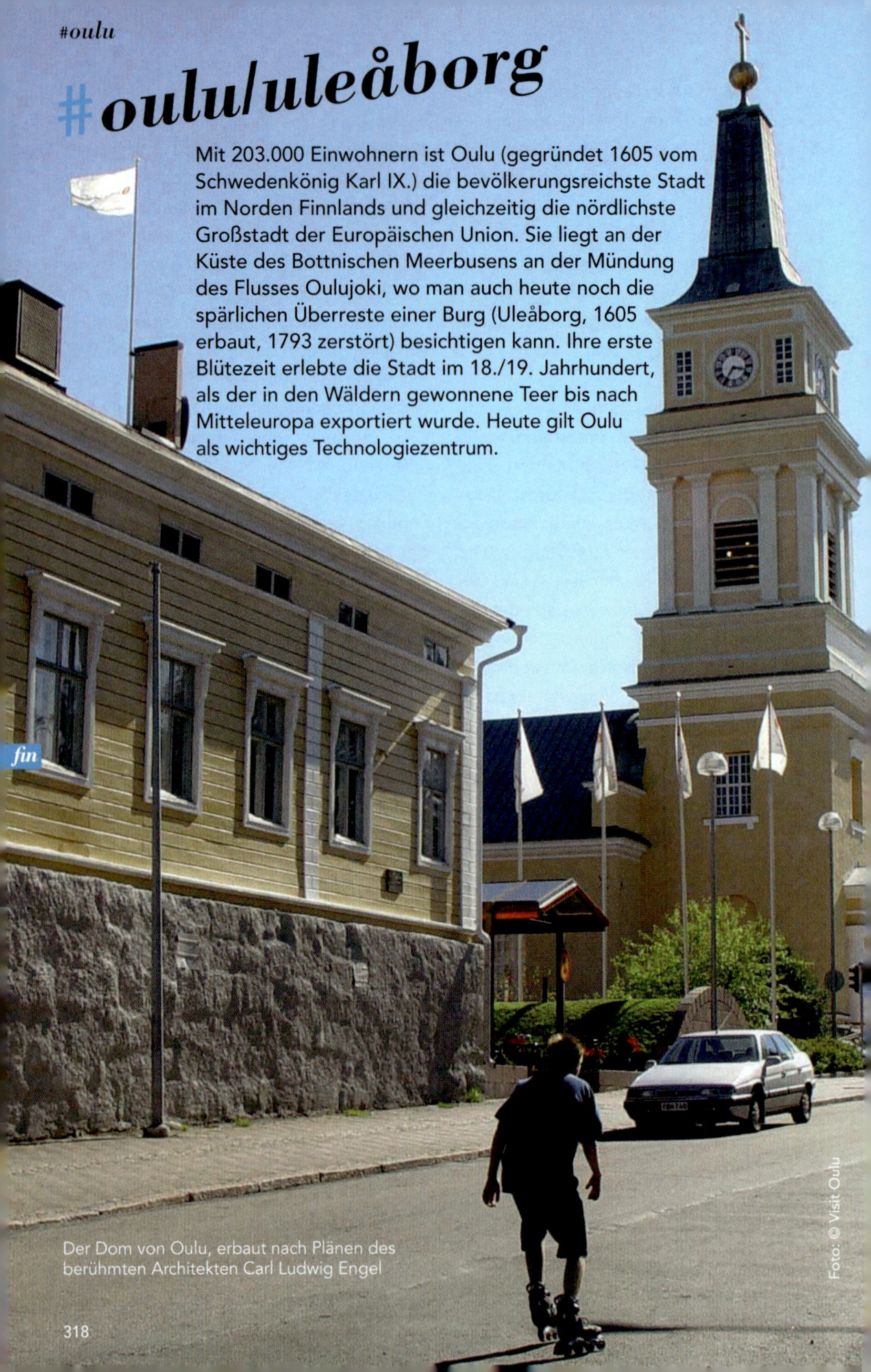

Der Dom von Oulu, erbaut nach Plänen des berühmten Architekten Carl Ludwig Engel

Foto: © Visit Oulu

Ein guter Ausgangspunkt für einen Stadtrundgang ist die Rotuaari, die Fußgängerzone, die von den beiden sich kreuzenden Straßen Kauppurienkatu und Kirkkokatu gebildet wird. Am Ende der Kirkkokatu steht der gelbe Dom von 1832, der wie so viele Kirchen des Landes vom deutsch-finnischen Architekten Carl Ludwig Engel erbaut wurde. Am anderen Ende der Fußgängerzone stößt die Kauppurienkatu auf den am Meeresufer gelegenen Marktplatz. Verkaufsstände, Cafés, Restaurants mit Wasserblick und die Alte Markthalle machen den Platz zu einem beliebten Treffpunkt der Einheimischen. Dafür, dass alles mit rechten Dingen zugeht, sorgt der Toripolliisi. Diese Skulptur des pummeligen Marktpolizisten, bei deren Anfertigung sich der Künstler von einem wirklichen Polizisten hat inspirieren lassen, ist inzwischen längst der Liebling aller. Vom Marktplatz legen auch die Rundfahrtboote für die Meereskreuzfahrten ab.

Offizielle Eisbadestelle

Das Wissenschaftszentrum Tietomaa

Foto: © Visit Oulu

Am nördlichen Rand des Zentrums liegt im Ainolapark das Regionalmuseum der Provinz Nord-Österbotten mit zahlreichen Informationen zur Geschichte der Region und zum Teerbrennen. Hier befindet sich auch das Städtische Kunstmuseum, das wechselnde Ausstellungen zeitgenössischer finnischer Kunst zeigt.

Leicht zu erkennen an dem roten Backsteinturm ist das Wissenschaftszentrum Tietomaa, die bekannteste Sehenswürdigkeit der Stadt. Hier können sich große und kleine Kinder an 150 wissenschaftlichen Experimenten ausprobieren. Von der Aussichtsplattform auf dem Turm genießt man einen weiten Blick über die Stadt.

Mit dem Boot gelangt man auf dem Oulujoki zum Freilichtmuseum auf der Insel Turkansaari. •

Die Burg von Turku

#turku/åbo

Wesentlich bedeutender als die heutige Hauptstadt Helsinki war einst das im Südwesten des Landes gelegene Turku (191.000 Einwohner). 1525 verlieh Gustav Wasa dem Ort die Stadtrechte, womit der ehemalige schwedische Brückenkopf Finnlands älteste Stadt ist.

Bis 1812 war Turku Hauptstadt des Landes und Sitz der ersten Universität, der schwedischen Åbo Akademi. Die finnische Universität wurde hier 1640 gegründet, aber 1828 nach Helsinki verlegt. Gemeinsam mit dem estnischen Tallinn war Turku im Jahr 2011 Europäische Kulturhauptstadt.

Stadtbummel

Sehenswert ist die Burg zu Turku (Turun linna) am Hafen, mit deren Bau man 1280 begann. Damals lag die Burg auf einer kleinen Insel in der Mündung des Aurajoki. Weil sich das Land seitdem um dreieinhalb Meter gehoben hat, kann man Turun linna heute trockenen Fußes erreichen. Das Gebäude wurde mehrfach verwüstet und brannte teilweise nieder, und doch sind noch Überreste aus dem Mittelalter und dem 16. Jahrhundert erhalten. In der Festung sind das Historische Museum, eine Kirche und ein prachtvoller Bankettsaal untergebracht. Der Dom von Turku mit Dommuseum ist Finnlands Nationalheiligtum. Er wurde in den Jahren zwischen 1229 und 1300 erbaut. Im Innern sind viele bedeutende Männer aus der finnischen Geschichte begraben. Etwa 300 Meter vom Dom entfernt liegt das Museum Aboa Vetus & Ars Nova, in dem moderne Kunst und historische Ausgrabungen präsentiert werden. Bis zu Beginn der 1990er-Jahre wurden die heute im Ars Nova ausgestellten Kunstwerke in einem Museum am Stadtrand dem Publikum präsentiert. Mit der Zeit erwiesen sich die Räume als zu klein, und man beschloss den Umzug in die Villa Rettig am Ufer des Aurajoki. Dieser Stadtpalast war für ein Kunstmuseum aber nicht geeignet und sollte umgebaut werden. Bei Ausbauarbeiten im Kellergeschoss entdeckte man ein gut erhaltenes Häuserquartier aus dem 17. Jahrhundert und viele weitere historische Schätze. Aus einem Museum wurden zwei – heute kann man im Keller durch die Reste eines alten Stadtviertels marschieren, im Erdgeschoss finden wechselnde Kunstausstellungen statt und im ersten Stock ist eine Kunstsammlung beheimatet, unter anderem mit Werken von Max Ernst, Pablo

1 Dom
2 Sibeliusmuseum
3 Marktplatz
4 Apothekermuseum
5 Kunstmuseum
6 Freilichtmuseum Luostarinmäki
7 Aaltonen-Museum
8 Museumsschiff Sigyn, Segelschiff Suomen Joutsen
9 Festung Turku
10 Auferstehungskapelle

i Touristeninformation

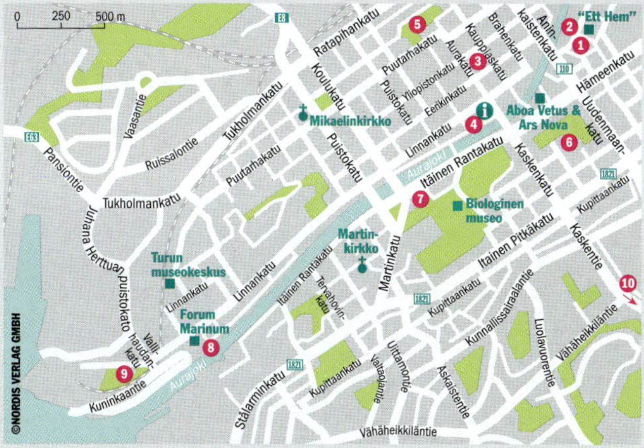

Picasso und Andy Warhol. Entlang des Flüsschens Aurajoki sind malerische Gebäude aus dem 19. Jahrhundert zu sehen. Groß und lebhaft ist der Markt. An der Nordseite des Platzes erhebt sich die Orthodoxe Kirche, die zwischen 1839 und 1846 von Carl Ludwig Engel erbaut wurde. In der alten, architektonisch sehr stilvollen Markthalle bekommt man erlesene Spezialitäten wie zum Beispiel Rosinenwurst und Schärenbrot.

Das Forum Marinum kombiniert das Seefahrtsmuseum und das Museum der finnischen Marine, unter anderem zeigt es das Segelschiff Suomen Joutsen. Das Museum ist für jeden Schifffahrtsfan ein unbedingtes Muss. Weitere interessante Museen sind das kürzlich renovierte Kunstmuseum, das Apothekermuseum im ältesten Haus der Stadt, das Sibeliusmuseum und das Wäinö Aaltonen-Kunstmuseum.

Im Freilicht- und Handwerksmuseum Luostarinmäki kann man einen ganzen Stadtteil mit Handwerker- und Arbeiterhäusern aus dem 18. Jahrhundert besichtigen. Das auf dem Klosterhügel außerhalb der Stadt gelegene Viertel überstand den großen Brand von 1827. •

Foto: © Visit Finland/Elina Sirparanta

Am Aurajoki

Der Dom, erbaut im 13. Jh.

Foto: © Visit Turku/Jenni Virta Iloinen

#åland/ahvenanmaa

Mitten im Bottnischen Meerbusen zwischen dem finnischen Turku und der schwedischen Hauptstadt Stockholm in Schweden liegen die Åland-Inseln, auf denen 29.500 Einwohner leben. Noch im 7. Jahrhundert gehörten die Inseln zu den am dichtesten besiedelten Gebieten in Nordeuropa. Alte Gräber und Funde aus der Wikingerzeit sowie Kirchen aus dem 13. Jahrhundert erinnern an das historische Erbe. Åland ist schwedischsprachig, besitzt eine eigene Flagge und gibt seit 1984 eigene Briefmarken heraus. Auf Beschluss des Völkerbundes wurde die Insel 1921 der noch jungen Republik Finnland zugeschlagen. Die Inselgruppe ist demilitarisiert und hat eine weitreichende Selbstverwaltung mit eigenem Parlament. Lediglich in zentralen Fragen der Außen- und Sicherheitspolitik sind die Åländer an Vorgaben aus Helsinki gebunden.

Mehr als 6.500 Inseln gehören zu Åland.

Von Helsinki, Turku, Stockholm und Tallinn verkehren die Fähren in Richtung Åland-Inseln. Auch von den schwedischen Orten Kappelskär und Grisslehamn aus wird Åland angelaufen, ebenso von den finnischen Schärenfähren ab Vuosnainen und Galtby.

Sehenswürdigkeiten

Die Hauptstadt Mariehamn, die »Stadt der tausend Linden«, wurde gegründet, als Åland noch zum russischen Zarenreich gehörte, und nach Maria, der Gattin des Zaren Alexander II., benannt. Das beeindruckende Seefahrtsmuseum dokumentiert die Geschichte der Segelfahrzeuge anhand vieler Gallionsfiguren und Schiffsmodelle. Der Viermastsegler »Pommern«, Baujahr 1903, der heute im Westhafen liegt, verkehrte früher als Getreidetransporter zwischen Australien und England. Das Ålandmuseum bietet wechselnde Ausstellungen zu den Themen Geschichte und Kulturgeschichte. Im selben Haus befindet sich das Kunstmuseum mit einer Dauerausstellung åländischer Kunst.

In Eckerö im Westen des Archipels ist die festungsähnliche Kirche St. Lars aus dem 13. Jahrhundert ebenso sehenswert wie das Postmuseum, das in einem Flügel der ehemaligen Post- und Zollstation untergebracht ist. Das pompöse Gebäude wurde von C. L. Engel entworfen und sollte die Besucher des kaiserlichen Russlands beeindrucken, die aus Schweden kommend dieses als Erstes auf dem Staatsgebiet sahen. Vom Mittelalter an bis 1920 wurde die Post

Fischerhütten auf den Åland-Inseln

Foto: © Visit Finland/Flatlight Films

Lindenallee in der Inselhauptstadt Mariehamn

zwischen Grisslehamn in Schweden und Eckerö per Ruderboot befördert.

Käringsund ist ein Fischerdorf mit einer Fischräucherei sowie einem Jagd- und Fischereimuseum auf den Klippen im Hafen. Auch hier gibt es ein Postmuseum. Die Finström-Kirche (13.–16. Jahrhundert) wartet mit schönen Kalkmalereien auf. Eine ebenso sehenswerte Kirche steht in Jomala, die 1280 erbaut wurde und zu den ältesten Gotteshäusern Finnlands zählt. Einen Besuch wert ist der Wikingermarkt in Kvarnbo am letzten Juliwochenende. Dann kann man handgefertigte Waren kaufen, authentische Kämpfe erleben und ein unvergessliches Fest feiern.

In Lumparland lohnt die Holzkirche (1720) einen Besuch, ebenso die Kapelle in Lemböte aus dem 12. Jahrhundert. In Geta (Heimatmuseum) darf man die kurze Wanderung auf den Hügel Geta bergen nicht versäumen, von hier genießt man eine herrliche Aussicht über die Ostsee. In Sund wurde um 1830 mit dem Bau der Festung Bomarsund begonnen, die ein »Gibraltar des Nordens« werden sollte. 1854 wurde das Bauwerk jedoch von der englisch-französischen Flotte zerstört, und so sind heute nur noch Ruinen übrig. Das Schloss Kastelholm ist eine der ältesten Befestigungsanlagen in Finnland. Urkundlich erstmals erwähnt wurde das Schloss im Jahre 1338,

Stallhagen1843, das älteste Bier der Welt

erbaut wurde es aber vermutlich schon 50 Jahre früher. Im Laufe seiner Geschichte brannte Kastelholm mehrmals ab, bei jedem Wiederaufbau wurden Erweiterungen und Umbauten vorgenommen. Vom ersten Schloss ist deswegen kaum noch etwas erhalten. Im 16. Jahrhundert verlor die Befestigungsanlage ihre militärische Bedeutung, und fortan diente Kastelholm nur noch als Jagdschloss. Damals verbrachte hier der schwedische König seine »Sommerferien«. Neben dem Schloss befindet sich das Freilichtmuseum Jan Karlsgården mit Bauernhof, Mühle und Bootsschuppen. Das Gefängnismuseum Vita Björn (Weißer Bär) liegt gleich nebenan und sorgt für leichten Schauer. Landschaftlich und kulturell besonders reizvolle Abstecher bieten die Inseln Föglö (Museum), Kökar (Kirche St. Anna, Ortschaft Karlby) und Källskär (Anwesen des Grafen Göran Åkerhielm).

Ein Stück Åland kann man in der kleinen Brauerei Stallhagen in Godby sowie im Weingut Tjudö schmecken, wo aus Äpfeln und anderen Früchten köstliche Getränke produziert werden. Apropos Getränke: 2010 fanden Taucher in einem Schiffswrack vor den Åland-Inseln Champagner, der vermutlich in der ersten Hälfte des 19. Jahrhunderts abgefüllt worden war und noch heute trinkbar ist. Auch Bier war Teil des Fundes. Die Getränke sind inzwischen zu horrenden Preisen versteigert worden. Gut, dass man in Godby das Bier nach alten Rezepten nachbraut – das »Stallhagen 1843« soll angeblich genauso schmecken wie das, das die Taucher vom Grund des Meeres geborgen haben. •

FINNLA
#route1

ROUTE 1

fin

Von Helsinki über Tampere und Turku zurück nach Helsinki

Diese Dreieckstour durch den Süden Finnlands führt von Helsinki zunächst via Hämeenlinna nach Tampere, dann nach Turku und schließlich entlang der Südküste zurück in die Hauptstadt. Auf der Rundreise durch den am dichtesten bevölkerten Teil Finnlands – keine Angst, hier leben trotzdem nur 35 Einwohner pro Quadratkilometer – lernt man die großen Städte mit ihren Kulturschätzen, Fischerdörfern an der Südwestküste und viel Natur kennen. Außerdem erfährt man einiges über die Kunst der Glasbläserei. Die Fahrt ist der perfekte Einstieg für alle, die das erste Mal in Finnland sind.

Der Aulankosee bei Hämeenlinna

Nach einem ausführlichen Besuch der Hauptstadt verlässt man Helsinki auf der E 12 und erreicht nach knapp 60 Kilometern Hyvinkää. Bahnfans werden bereits hier ihre Fahrt unterbrechen, denn in der 46.000-Einwohner-Stadt können sie das Finnische Eisenbahnmuseum, das Suomen Rautatiemuseo, besuchen. In der Nachbarstadt Riihimäki (29.000 Einwohner) liegen das Finnische Jagdmuseum und gleich daneben das Finnische Glasmuseum. Finnland ist für sein Glasdesign weltbekannt, schon allein deswegen lohnt die umfangreiche Ausstellung einen Besuch. 30 Kilometer sind es bis Hämeenlinna, der Heimatstadt des berühmten Komponisten Jean Sibelius. Sein Geburtshaus kann man besichtigen, allerdings liegt ist es inzwischen ganz »unromantisch« am Rande eines Einkaufszentrums. Das Wahrzeichen der Stadt ist aber die weithin sichtbare Burg Häme. Ende des 13. Jahrhunderts erbaut, verlor sie im Laufe der Zeit ihre Verteidigungsfunktion und diente als Schnapsbrennerei, Getreidespeicher und Gefängnis. Wer die Burg besucht, sollte unbedingt eine Führung bzw. einen Guide buchen. Durch die vielfältige Nutzung im Laufe der Jahrhunderte ist nämlich von der Originaleinrichtung so gut wie nichts erhalten. Die Faszination des Gebäudes erschließt sich nur, wenn man die entsprechenden Hintergrundinfos bekommt. Nördlich von Hämeenlinna lohnt ein kurzer Abstecher zur Mittelalterkirche von Hattula mit ihren reichhaltigen Secco-Malereien. Bevor man Tampere erreicht,

Die Burg von Hämeenlinna

#Hämeenlinna

Im Palanderhaus in Hämeenlinna bekommt man einen Einblick in die Lebensverhältnisse einer Bürgerfamilie aus dem 19. Jahrhundert. Das Besondere: Im Eintrittspreis zum Museum ist eine Führung inbegriffen.

In der Nähe von Tampere liegen viele Glashütten.

passiert man Iittala mit der berühmtesten Glashütte des Landes. Dort kann man nicht nur im Fabrikverkauf günstig einkaufen, sondern auch ein Glasmuseum besuchen.

#Briefmarke

Die Heiligkreuz-Kirche von Hattula war schon einmal das Motiv einer finnischen Briefmarke.

fin

Nach dem Besuch von Tampere geht es auf der E 63 weiter in Richtung Turku. Schon bald steht auf dieser Strecke für Liebhaber finnischen Glases der nächste Stopp an. In der Nähe von Urjala liegt die Glashütte von Nuutajärvi, in der schon seit mehr als 200 Jahren Glas geblasen wird. Damit ist sie die älteste noch in Betrieb befindliche Glashütte des Landes. Um die eigentliche Produktion herum hat sich eine Art Künstlerdorf mit Galerien, Handwerksbetrieben und einem Glasmuseum entwickelt. Schließlich erreicht man in Humppila noch einmal eine Glasbläsergemeinde. Den Glasbläsern kann man zwar auch hier bei der Arbeit zusehen, allerdings ist »Humppilan Lasi« heute in einem großen Einkaufszentrum angesiedelt. Wer Dampfeisenbahnen liebt, kann im Sommer mit einer 14 Kilometer langen Schmalspurbahn von Humppila nach Jokoinen fahren. Für Outdoorfans interessant: In der Nähe der zweieinhalbtausend Seelen zählenden Gemeinde liegen die beiden Nationalparks Liesjärvi und Torronsuo. Letztgenannter ist besonders wegen seines Vogelreichtums bekannt, insbesondere als Rastplatz von Kranichen im Frühjahr und Herbst. In 90 Kilometern, also in gut einer Fahrtstunde, erreicht man

Reiche Beerenernte in den Wäldern Südfinnlands

Foto: © Visit Finland/Soili Jussila

südwestlich von Humppilla Turku. Für die Besichtigung der ältesten Stadt Finnlands sollte man sich ausführlich Zeit lassen. Danach geht es weiter entlang der finnischen Südküste zurück nach Helsinki.

Via Kimito (in der Nähe Teijo Nationalpark mit ausgezeichneten Wanderrouten) und Perniö erreicht man über die landschaftlich schönen Nebenstraßen 181 und 183 Hanko (alternative Anreise: E 18 und anschließend Landstraße 52), die südlichste Stadt Finnlands. Das größte Pfund, mit dem die Stadt mit knapp 10.000 Einwohnern wuchern kann, ist ein 30 Kilometer langer Sandstrand, auf dem man auch in der Hochsaison problemlos ein einsames Plätzchen findet. Schon im 19. Jahrhundert kamen Urlauber nach Hanko, damals vor allem russische Adelige. Aus dieser Zeit stammt auch das Casino, in dem heute aber nicht mehr die Roulettekugel rollt, sondern ein Sommerrestaurant untergebracht ist. Zu Mittsommer entzündet man am Strand in der Nähe des Casinos das »Kokko«, das Johannisfeuer. Ebenfalls im Sommer findet die dreitägige Hanko-Regatta, einer der größten Segelwettbewerbe des Landes, statt. Im Sportboothafen liegen dann über 7.000 Boote vor Anker. Lange Zeit hatte Hanko auch als – damals noch einziger – eisfreier Hafen des Landes eine große wirtschaftliche Bedeutung. Nach dem verlorenen Winterkrieg 1939/40

#Schmetterlinge

Der Torronsuo Nationalpark ist nicht nur bei Vogelfreunden beliebt. Bemerkenswert ist auch die Schmetterlingsfauna. Unter den rund 50 hier lebenden Arten sind viele, die sonst nur weiter im Süden vorkommen.

Café mit Meerblick in Hanko

musste Finnland die strategisch wichtige Landspitze zwangsweise an die Sowjetunion vermieten. Stalins Marine sollte von hier aus einen eventuellen Vorstoß deutscher Einheiten auf Leningrad frühzeitig abwehren können. Die beste Aussicht über den Ort und bis weit hinaus auf die Ostsee hat man vom 65 Meter hohen karminroten Wasserturm aus dem Jahr 1943. Praktischerweise geht es ganz bequem mit dem Aufzug nach oben.

Auf der Weiterfahrt Richtung Helsinki passiert man Ekenäs (fin. Tammisaari). Wie in vielen Orten Südwestfinnlands, lebt hier eine schwedischsprachige Bevölkerungsmehrheit. Um herauszufinden, welcher Sprachengruppe die meisten Menschen in einer Gemeinde angehören, braucht man nur einen Blick auf das jeweilige Ortsschild zu werfen – oben steht immer der Ortsname in der Mehrheitssprache. Wechseln die Mehrheitsverhältnisse, wird auch das Ortsschild ausgetauscht! In Ekenäs ist dies aber vermutlich noch lange nicht der Fall – mehr als 80 Prozent der 14.800 Einwohner sprechen Schwedisch. Bereits 1546 erhielt Ekenäs die Stadtrechte zugesprochen. Ein Spaziergang durch die engen Straßen

#BerühmterSohn

Aus Ekenäs kommt der in Finnland bekannte Politiker Nils Torvalds. Im Ausland kennt ihn kaum jemand – weltberühmt ist aber sein Sohn. Linus Torvalds, der »Erfinder« des Betriebssystems Linux.

fin Der Yachthafen von Snappertuna

der Altstadt mit ihren Holzhäusern wird so zu einem Gang zurück in vergangene Jahrhunderte. Sehenswert sind die Stadtkirche von 1672 und das Gebäude der Sparkasse von Ekenäs. Das wurde nämlich nach Plänen des weltberühmten Architekten Alvar Aalto erbaut. Der schwedische Name Ekenäs ist übrigens ein Indiz für das warme Wetter in der Region. Übersetzt bedeutet das »Landspitze, auf der Eichen wachsen« – und den Eichen ist es in anderen Regionen Finnlands viel zu kalt. Östlich von Ekenäs erreicht man über eine kurvenreiche Nebenstraße Snappertuna mit der verwunschenen mittelalterlichen Burgruine Raseborg (fin. Raasepori). Als man die Burg im 14. Jahrhundert erbaute, war sie nicht wie heute von Bäumen, sondern von Wasser umgeben. Damals lag sie auf einer Insel im Meer. Inzwischen hat sich aber das Land gehoben, und Raseborg ist so langsam »landeinwärts gewandert«. Die Burg hatte ihre Blütezeit im 15. Jahrhundert, als von hier aus Handelsschiffe Richtung Reval (heute Tallinn) ausliefen. In der Nähe von Snappertuna liegt Fagervik mit seinem ehemaligen Eisenhüttenwerk und der malerisch an einem See gelegenen Kirche von 1737.

Roter Finnlandtraum bei Fiskars

#Raseborg

Im Sommer finden in bzw. vor der Burg zahlreiche Veranstaltungen statt – besonders beliebt sind das Mittsommerfest und das Mittelalterfestival.

Der Mustalampi im Nuuksio Nationalpark

#Nuuksio-Nationalpark

Im Naturzentrum Haltia macht man dem Besucher mit Musik, Fotografie und Videos Lust auf den Besuch in der Natur.

Blick über den Haukkalampi

Knapp 20 Kilometer von Fagervik entfernt, erreicht man über die Landstraßen 1050 und 186 den alten Herrenhof Mustio vom Ende des 18. Jahrhunderts. Ein paar Kilometer weiter steht in der Gemeinde Lohja die St.-Laurentius-Kirche aus dem 15. Jahrhundert, die zu den schönsten mittelalterlichen Feldsteinkirchen des Landes zählt. Der Innenraum ist reich mit Bildern und Ornamenten ausgestaltet. Bibelfeste Besucher können, beginnend am Südteil der Altarwand, anhand der Bilder eine Wanderung von der Schöpfung bis zum Jüngsten Gericht machen. Die zweite Sehenswürdigkeit im Ort ist die alte, inzwischen stillgelegte Kalksteingrube. Teile des 60 Kilometer langen Stollennetzes können im Rahmen von Führungen besucht werden. Eine halbe Stunde bevor man Helsinki erreicht, zweigt von der Autobahn E 18 eine Straße zum Nuuksio Nationalpark ab. Trotz seiner Nähe zur Hauptstadt sind die Wanderpfade im Park auch in der Hochsaison nicht überlaufen. Am schönsten ist der blau markierte Haukankierros-Pfad. Auf ihm geht es hinauf zu den panoramareichsten Aussichtspunkten des Parks. Wobei »hinauf« die Sache anstrengender klingen lässt, als sie ist. Freilich sind die Aufstiege mitunter steil, mehr als 50 Meter am Stück geht es aber nie nach oben. Allzu lang ist keiner der Pfade in dem kleinen

Nationalpark – egal welchen man wählt, schon nach wenigen Kilometern hat man sein Ziel erreicht. Doch wer die einzelnen Wanderungen miteinander kombiniert, kann ein paar Tage in Nuuksio unterwegs sein. Damit das auch praktisch durchführbar ist, hat die Nationalparkverwaltung an mehreren Stellen im Park Zeltplätze, Schutzhütten, Grillplätze und Trockenklos eingerichtet. Verwaltungstechnisch gehört der Nationalpark zur Stadt Espoo – bevor man nach Helsinki zurückkehrt, kann man dort noch einige spektakuläre Museen besuchen. Im Stadtzentrum liegt das Ausstellungszentrum WeeGee, in dem, neben dem Museum für Moderne Kunst und dem Stadtmuseum Kamu, auch ein Spielzeug- und ein Uhrenmuseum beheimatet sind. Hvitträsk, das Haus der damals berühmtesten Architekten des Landes Eliel Saarinen (1873–1950), Herman Gesellius (1774–1916) und Armas Lindgren (1874–1929), das nach den Plänen der drei Baukünstler entstand, kann heute als Museum besichtigt werden. Direkt an der Stadtgrenze zu Helsinki liegt Tarvaspää das ehemalige Heim und Atelier des berühmten finnischen Malers Axeli Gallen-Kallela (1865–1931). •

#Espoo

Mit knapp 285.000 Einwohnern ist Espoo die zweitgrößte Stadt Finnlands.

Foto: © Rob Smith/Visit Finland

Hvitträsk, einst Wohnhaus der berühmtesten finnischen Architekten, heute ein Museum

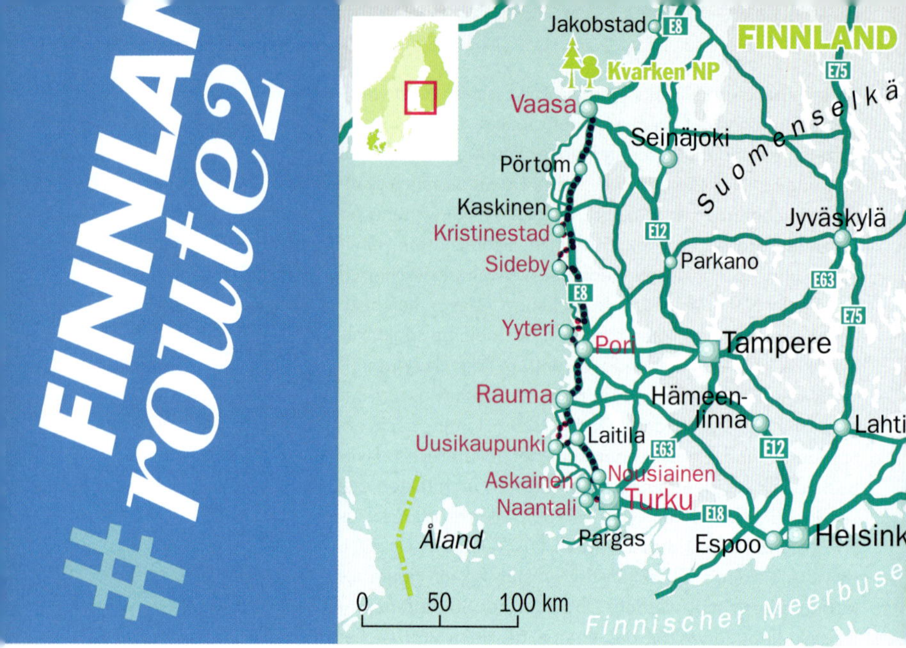

ROUTE 2

Von Turku entlang der finnischen Westküste zu den Städten Rauma, Pori und Vaasa

fin

Die Tour führt an der finnischen Westküste entlang von Turku, der ältesten Stadt des Landes, bis hinauf nach Vaasa. Die Höhepunkte der Fahrt sind der Besuch der Weltkulturerbestadt Rauma und der langen Strände von Yyteri. Die Route eignet sich vor allem für Reisende, die während ihres Urlaubs sowohl Finnland als auch Schweden besuchen wollen. Von Turku und Vaasa erreicht man Finnlands westlichen Nachbarn bequem mit dem Fährschiff.

Naantali ist die Heimat der Mumins.

Die Route entlang der finnischen Westküste beginnt in Turku. Bevor man seine Fahrt auf der Straße Nummer 8 in Richtung Norden beginnt, sollte man unbedingt in dem 15 Kilometer östlich von Turku gelegenen Urlaubs- und Badeort Naantali vorbeischauen. Dort kann man in den Cafés und Restaurants am Meeresufer mit Leichtigkeit einen ganzen Tag verträumen. Hauptsehenswürdigkeit in der 19.000 Einwohner zählenden Stadt ist die 1462 fertiggestellte Klosterkirche,

Die Altstadt von Naantali

Foto: © Visit Naantali

die als einziges Bauwerk vom ehemaligen Birgittenkloster erhalten geblieben ist. Im Inneren lohnen vor allem die Teppiche an der Westwand einen Blick, die die Nonnen des Klosters gewebt haben. Ebenfalls sehenswert ist der Altarschrein – eine Lübecker Arbeit von 1490. Die meisten Besucher kommen aber nicht wegen der Kirche nach Naantali, sondern um die Mumins zu besuchen. In dem Themenpark Muumimaailma dreht sich alles um die von der finnland-schwedischen Schriftstellerin Tove Jansson geschaffenen, an Nilpferde erinnernden Fabelwesen. Mit einem Besuch in der Muminwelt bringt man Kinderaugen zum Leuchten. Auch der finnische Staatspräsident wohnt in Naantali – zumindest im Sommer. Sein Feriendomizil Kultaranta (Goldstrand) liegt etwas außerhalb des Ortes. Das alte Herrschaftshaus wurde 1916 von Lars Sonck, einem der damals berühmtesten finnischen Architekten, erbaut. Das Haus selbst kann man zwar nicht besuchen, dafür aber den ausgedehnten Park mit seiner bekannten Rosenzucht.

Die Hauptverbindungsstraße Richtung Norden ist die E 8. Von ihr sollte man aber immer wieder einmal abbiegen, um

#Präsident

In Naantali liegt der Sommersitz des finnischen Präsidenten.

Die Birgittenkirche von Naanatli

Schäreninsel in Südwestfinnland

#Leibwächter

Der spätere finnische Präsident Mannerheim war 1896 Leibwächter des russischen Zaren Nikolaus II.

fin

einige abseits gelegene Sehenswürdigkeiten zu besuchen. Westlich der Gemeinde Nummi erreicht man die Ortschaft Askainen, wo sich besonders der Besuch der Kirche aus dem 17. Jahrhundert und des Herrenhofes Louhisaari lohnen. Bei einem Rundgang durch die Kirche sollten Sie einen Blick auf die Eingangstür und die Kanzel werfen. Beides sind Arbeiten aus Deutschland, die von schwedischen Truppen während des Dreißigjährigen Krieges gestohlen wurden. Der Herrenhof Louhisaari wurde 1655 erbaut und zählt zu den schönsten Herrschaftsgebäuden aus der Schwedenzeit. Einen Besuch wert ist er auch deshalb, weil hier der Weltkriegsheld und Präsident Carl Gustav Emil Mannerheim (1867–1951) geboren wurde. Östlich von Nummi steht in der Gemeinde Nousiainen die Grabkirche von Henrik, dem ersten Bischof von Finnland. Sie wurde um 1300 erbaut und ist unter anderem wegen ihrer Wandmalereien sehenswert. Der wertvollste Besitz der Kirche ist das Grabmal des Bischofs. Die Gebeine Henriks befinden sich jedoch nicht im Inneren des Sarkophags. Der Bischof, der 1156 erschlagen wurde, war in der Vorgängerkirche des heutigen Gotteshauses beigesetzt worden. Wo genau sein Leichnam begraben liegt, ist nicht mehr bekannt.

Auf dem Markt von Uusikaupunki

Knapp 20 Kilometer westlich der Straße Nummer 8 liegt die Autostadt Uusikaupunki, in der die einzige finnische und zugleich nördlichste Autofabrik der Welt steht. In der 15.000 Einwohner zählenden Stadt lag früher eine Produktionsstätte des Saab Konzerns. Nach dessen Konkurs hat »Valmet Automotive« das Werk übernommen und arbeitet als Auftragnehmer für Autokonzerne weltweit, unter anderem wird hier auch der Mercedes-Benz GLC hergestellt. Dass an einem Ort, der so eng mit dem Autobau verbunden ist, ein Automuseum die größte Sehenswürdigkeit ist, kann kaum verwundern. Doch auch die beiden Kirchen sind durchaus einen Blick wert. Die Alte Kirche stammt aus dem Jahre 1629, die Neue Kirche wurde 1858 bis 1863 im neugotischen Stil erbaut und begrenzt heute die Nordseite des Marktplatzes. Am Myllymäki (Mühlenhügel) stehen vier rote Mühlen, die in den Dreißigerjahren des 20. Jahrhunderts hierher versetzt wurden. Sie sind bei Touristen ein beliebtes Fotomotiv. Ihren Sinn fürs Skurrile beweisen die Finnen im Bonk-Museum. Eine ganze Ausstellung widmen sie einem fiktiven Erfinder und seinen Maschinen, die angeblich so genial waren, dass er damit ein Weltimperium aufbauen konnte. Wirklich witzig.

Zeitreise im Freilichtmuseum von Stundars

Foto: © Visit Vaasa

#Dialekt

In Rauma spricht man Rauman giäl – einen auch für Finnen nahezu unverständlichen Dialekt.

#RadioChinaInPori

Über den 185 Meter hohen Sendemasten von Pori wurde zwischen 2009 und 2013 das Programm von Radio China International ausgestrahlt.

Kirche des hl. Kreuzes in Rauma

Rauma zählt zweifellos zu den schönsten Städten Finnlands, nicht umsonst wurde seine Altstadt mit ihren 600 Holzhäusern 1991 von der UNESCO in die Liste erhaltenswerter Kulturdenkmäler der Menschheit aufgenommen. Rauma wurde 1442 gegründet und ist damit nach Turku und Porvoo die drittälteste Stadt Finnlands. Einen Rundgang durch die Stadt beginnt man am besten am Rande der Altstadt an der Kirche des Heiligen Kreuzes, die Ende des 15. Jahrhunderts von Franziskanermönchen erbaut wurde. Im Inneren sollte man seinen Blick vor allem nach oben richten – die mittelalterlichen Decken- und Gewölbemalereien sind äußerst sehenswert. Für deutsche Besucher interessant ist die aus Norddeutschland stammende Renaissance-Kanzel von 1627. Der Turm der Kirche wurde erst 1816 angefügt und diente damals den Seefahrern als Orientierungspunkt. Deswegen war es auch wichtig, dass seine weiße Farbe immer leuchtend strahlte. Um ihn regelmäßig nachstreichen zu können, mussten die Bürger von Rauma sogar eine Kirchturmsteuer bezahlen. An der Südseite des Marktplatzes steht das Alte Rathaus von 1776. Heute ist dort das Stadtmuseum untergebracht, das unter anderem auch eine umfangreiche Ausstellung von Spitzen präsentiert. Ab dem 18. Jahrhundert wurde Rauma nämlich zu einem Zentrum der Klöppelkunst. Bis heute wird das traditionelle Handwerk in der Stadt betrieben und jedes Jahr Ende Juli im Rahmen der »Raumaer Spitzenwoche« besonders gewürdigt. Von den vielen alten Häusern im Ort sind vor allem zwei besonders sehenswert: das Haus Marela – dort wohnte im 19. Jahrhundert ein Reeder mit seiner Familie – und das wesentlich bescheidenere Haus Kirsti, einst Wohnung eines Seemannes. Noch umfassender zum Thema Seefahrt wird man im Merimuseo informiert.

Badenixen in Rauma

50 Kilometer nördlich von Rauma erreicht man Pori. Mit gut 85.000 Einwohnern zählt sie zu den größten Städten an der Westküste. Bekannt ist der Ort wegen seines internationalen Jazzfestivals, das jedes Jahr im Juli stattfindet und bei dem Spitzenmusiker aus aller Welt auftreten. Sehenswert ist das von dem deutsch-finnischen Architekten Carl Ludwig Engel erbaute Rathaus – Engel war unter anderem auch der Baumeister des Domes in Helsinki. Unmittelbar dahinter liegt am Flussufer das Kunstmuseum, in dem unter anderem Gemälde bedeutender finnischer Maler wie Akseli Gallen-Kallela, Albert Edelfelt oder Fanny Churberg ausgestellt werden. Ebenfalls einen Blick lohnt das Anfang des 20. Jahrhunderts erbaute Juselius-Mausoleum, dessen Form an die Turmspitze des Frankfurter Doms erinnert. Im Inneren sind Fresken von Gallen-Kallela zu sehen.

#BerühmtInPori

Akseli Gallen-Kallela, der berühmteste finnische Maler des 19. Jh., wurde am 26. April 1865 in Pori geboren.

Die Landspitze vor Pori – Meri-Pori – zählt zu den populärsten Sommerferienregionen des Landes. Besonders beliebt ist der Ferienort Yyteri mit seinen Dünen und kilometerlangen Sandstränden. Auf der vorgelagerten, über eine Brücke erreichbaren Insel Reposaari liegt der gleichnamige Ort mit seinen malerischen Holzhäusern und Restaurants am Meer. Die Kirche von 1875, erbaut im Norwegerstil, ist bei Hochzeitspaaren geschätzt. Dort hat 2009 auch der gegenwärtige finnische Präsident Sauli Niinistö geheiratet. Nördlich von Pori beginnt das »Herzland« der schwedischsprachigen Finnen, hier stellen sie in den meisten Gemeinden die Bevölkerungsmehrheit. So auch in Sideby (Siipyy), einem kleinen Dorf 80 Kilometer nördlich von Pori. Der Ort liegt etwas abseits der Hauptstraße E 8, doch ein Abstecher dorthin lohnt sich wegen der schönen Lage am Meer und wegen des Freilichtmuseums Kilen, das sicherlich zu den schönsten seiner Art in Westfinnland gehört.

Abendstimmung in Pori

Radtour in Söderfjärden

In dem gemütlichen Städtchen Kristinestad (Kristiinankaupunki) scheint die Zeit stehen geblieben zu sein. Kleine, bunte Häuser säumen die Straßen, verschlafene Katzen rekeln sich in der Sommersonne, und auch die Menschen haben es hier nicht besonders eilig. Warum auch? Die Zeit des hektischen Treibens und der großen Geschäfte hat das Städtchen schon hinter sich. Im 18. und 19. Jahrhundert besaß der Ort einen der wichtigsten Häfen des ganzen Landes. Heute erinnert nur noch eine Ausstellung im Seefahrtsmuseum an die große Zeit. Die Ulrika Eleonore Kirche aus dem Jahre 1700 zählt zu den schönsten Holzkirchen im Land. Auf dem Weg nach Vaasa lohnen die Fischerorte Närpes, Korsnäs, Malax und Stundars einen Abstecher abseits der in diesem Streckenabschnitt wenig spektakulären E 8. In Stundars liegt ein großes Freilichtmuseum mit 60 Gebäuden, die allesamt aus der Region um Vaasa stammen, an anderer Stelle ab- und hier wieder aufgebaut wurden. In Söderfjärden, etwa zehn Kilometer südlich von Vaasa, erreicht man das Besucherzentrum von Meteoria. Hier begibt man sich auf eine Zeitreise von 520 Millionen Jahren, als hier ein riesiger Meteorit eingeschlagen ist. Abseits vom eigentlichen Thema lockt ein Beobachtungsturm Vogelfreunde an – denn hier ist einer der wichtigsten Rastplätze für Kraniche in Finnland.

#ErsteBibliothek

Im 18. Jh. erhielt Vaasa als erste finnische Stadt eine öffentliche Bibliothek.

fin

Vaasa ist mit 68.000 Einwohnern das Zentrum der Region Österbotten. Während des Bürgerkrieges 1918 war Vaasa für kurze Zeit provisorische Hauptstadt Finnlands. Heute bietet die Stadt einige besuchenswerte Museen. Das Museum von Österbotten beherbergt eine große Sammlung zur Geschichte der Region. Das kleine Tikanoja Kunstmuseum überzeugt mit Werken von Gauguin, Matisse und Picasso. Und das Freilichtmuseum Bragegården gewährt Einblicke in die finnland-schwedische Bauernkultur vergangener Jahrhunderte. Etwa sieben Kilometer vom heutigen Stadtzentrum entfernt lag Alt-Vaasa, das bis zu einem heißen Augusttag im Jahre 1852 die eigentliche Stadt war. Der Legende nach soll damals ein Reisender mit brennender Pfeife auf seinem Lager im Stroh eingeschlafen sein. Das Stroh entzündete sich, die Scheune fing Feuer, und bevor die auf den Feldern arbeitenden Bauern zur Rettung ihrer Stadt herbeieilen konnten, waren schon fast alle Ge-

Meteoritenkrater in Söderfjärden

Foto: © Visit Vaasa/Kurt Back

Der Kvarken Archipel gehört zum Weltnaturerbe.

Foto: © Visit Vaasa/Kurt Back

bäude dem Erdboden gleichgemacht. Lediglich der barocke Steinbau des Hofgerichts, der 1862 zur Gemeindekirche umgebaut wurde, überstand das Feuer unbeschadet. Und auch ein Kaufmannshaus, das heute das Heimatmuseum beherbergt, trotzte dem Brand. Von den anderen Gebäuden, wie etwa der im 14. Jahrhundert erbauten Marienkirche, dem Rathaus oder der Schule blieben nur die Grundmauern stehen. Apropos Schule: Hier drückte auch Johan Ludvig Runeberg, dem die Finnen ihre Nationalhymne verdanken, die Schulbank.

Vor der Küste von Vaasa liegt der Kvarken Archipel, eine in ihrer Art weltweit einmalige Insellandschaft. Zusammen mit der gegenüberliegenden Höga Kusten in Schweden wurde sie 2006 von der UNESCO zum Weltnaturerbe erhoben. Das Besondere am Kvarken Arkipel ist, dass die postglaziale Landhebung besonders stark ausgeprägt ist. Während der letzten Eiszeit war das Land hier von einer mehr als drei Kilometer dicken Eisschicht bedeckt, die die Landschichten durch ihr Gewicht nach unten drückten. Seit das Eis abgeschmolzen ist, hebt sich das Land. Nirgends geschieht das mit so hoher Geschwindigkeit wie hier. Noch heute steigt das Land mit einer Geschwindigkeit von etwa einem Zentimeter im Jahr aus dem Meer. •

#Besucherzentrum UndBrücke

Das Besucherzentrum des Welterbes Kvarken liegt 20 Fahrminuten außerhalb von Vaasa am Fuße der Replot Brücke, der mit 1.045 Metern längsten Finnlands.

Freilichtmuseum von Vaasa

#FINNLAN
#route3

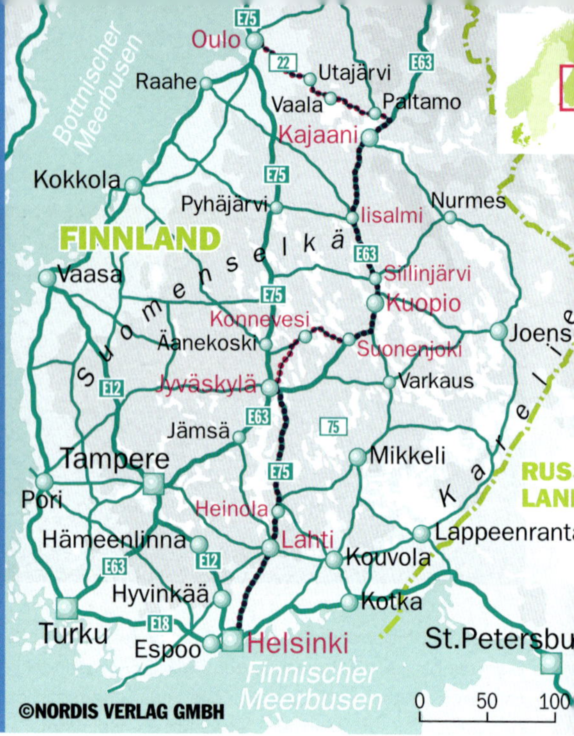

fin

ROUTE 3

Von Helsinki über Lahti und Kuopio bis nach Oulu

Die Tour führt von der finnischen Hauptstadt Helsinki nach Oulu, der größten Stadt Nordfinnlands. Dabei durchquert man Teile der finnischen Seenlandschaft und besucht mit Jyväskylä und Kuopio die wichtigsten Städte Mittelfinnlands.

Man verlässt Helsinki über die Autobahn E 75 Richtung Norden mit dem Ziel Lahti. Wer sich für finnische Kultur interessiert, sollte aber bereits nach wenigen Kilometren in Tuusula die Autobahn wieder verlassen. Eine Fahrt um den Tuusula See kommt einer Tour durch das finnische Kulturleben des ausgehenden 19. und des beginnenden 20. Jahrhunderts gleich, denn damals siedelten sich rund um den See viele der bekanntesten Künstler des Landes an; u. a. lebten hier die Maler Pekka Halonen und Eero Järnefelt, der Dichter J.H. Erkko und der Schriftsteller

#AusflugszielDerReichen

Nachdem Ende des 19. Jh. Tuusula an das Eisenbahnnetz angeschlossen wurde, bauten reiche Helsinkier am Ufer des des Tuusulanjärvi ihre Villen.

Eino Leino. Das berühmteste Haus am See ist aber Ainola. Es wurde 1903/1904 von dem berühmten Architekten Lars Sonck erbaut und war lange Jahre der Wohnsitz des Komponisten Jean Sibelius (1865-1957) und seiner Frau Aino, nach der es auch benannt ist. Dem Wirken der Künstlerkolonie widmet sich das 1992 eröffnete Kunstmuseum im nahegelegenen Järvenpää. Gut hundert Kilometer nördlich von Helsinki erreicht man am Südrand der finnischen Seenplatte Lahti (119.000 Einwohner). Die Stadt ist ein bekanntes Wintersportzentrum – regelmäßig finden hier Weltcupwettbewerbe und Weltmeisterschaften statt. Im Skimuseum kann man sich – ganz ohne den Boden verlassen zu müssen – in einer Computersimulation als Skispringer ausprobieren. Ein besonderes Highlight ist die 2000 eröffnete Sibeliushalle in der Nähe des alten Hafens. Der große Konzertsaal zählt zu den schönsten Nordeuropas und zu denen mit der besten Akustik. Jährlich finden in Lahti internationale Orgelwochen statt. Nur wenige Schritte von der Halle entfernt legen die Rundfahrtboote über den Vesijärvi ab.

Kirche des Kreuzes in Lahti, erbaut von Alvar Aalto

#Klimaneutral

Lahti hat das Ziel ausgegeben, bis 2025 klimaneutral zu werden.

Die Sibeliushalle am Passagierhafen von Lahti

Foto: © Visit Lahti

Spektakulär – der Landrücken Pulkkilanharju

Foto: © Visit Lahti

#Wandern

Den kleinen Leivonmäki Nationalpark durchziehen Wanderwege in einer Gesamtlänge von 28 Kilometern.

Lohnend ist der Ausflug in die knapp 30 Kilometer nördlich von Lahti gelegene Gemeinde Vääksy mit dem gleichnamigen, knapp eineinhalb Kilometer langen Kanal, der den kleinen Vesijärvi mit Finnlands zweitgrößtem See, dem Päijänne, verbindet. Der Kanal wurde 1871 fertiggestellt und gehört zu den meistbefahrenen Binnenseekanälen Europas. Sehr gemütlich sind die beiden Sommercafés an den Kanaleinfahrten. Weiter nach Norden führt eine der schönsten Straßen (Nr. 314) Finnlands landschaftlich spektakulär über die zu beiden Seiten von Wasser gesäumte schmale Landbrücke Pulkkilanharju. In der von der Eiszeit geformten Landschaft zwischen Vääksy und Sysmä liegt der Paijänne-Nationalpark, mit seinen durch Landhebung entstandenen Sandinseln.

Lahti auf der Brust

Auf der Weiterfahrt Richtung Jyväskylä erreicht man etwa 40 Kilometer nordöstlich von Lahti auf der E 75 Heinola. Sehenswert ist dort das Aschan Haus aus dem 18. Jahrhundert. Die Wohnung eines Polizeibeamten ist heute ein Museum. Vom Aussichtsturm auf dem Heinola-Berg bietet sich ein prächtiger Blick auf die Stadt. Via Hartola und Joutsa, mit dem nahegelegenen Leivonmäki Nationalpark, erreicht man schließlich Jyväskylä. Die heute mehr als 140.000 Einwohner zählende Stadt ist in den vergangenen 30 Jahren so sehr gewachsen wie keine andere im Land. In Mittelfinnland ist sie das unbestrittene kulturelle und wirtschaftliche Zentrum. 1858 wurde hier die erste finnischsprachige höhere Schule des Landes gegründet, die Uni-

Saunaregion Jyväskylä

Foto: © Visit Jyväskylä/Jluia Kivilä

versität eröffnete 1966. Heute stellen die Studierenden ein Viertel der Bevölkerung. Der Name Alvar Aalto ist untrennbar mit Jyväskylä verbunden. Der berühmte Designer und Architekt hat hier lange Jahre gelebt und über 30 Gebäude entworfen. Von ihm stammen unter anderem die Universität, das Stadttheater und das Zentralfinnische Museum, in der unmittelbaren Umgebung auch das Gemeindehaus von Säynätsalo, sein Atelier und Sommerhaus auf der Insel Muuratsalo und die Kirche von Muurame. Über sein Leben und vor allem seine Kunst informiert das Alvar Aalto Museum. Im Museum für Handwerk und Kunstgewerbe ist vor allem die umfassende Trachtensammlung sehenswert. Wer einen Blick über die Stadt werfen will, steuert den Wasserturm im Harju-Park an. Jyväskylä hat sich in den letzten Jahren zu einem wichtigen Zentrum für Hausbootfreunde entwickelt. Gleich mehrere Vermieter bieten ihre Dienste an, der größte und bekannteste Anbieter ist Houseboat.fi. Die Gegend um Jyväskylä nennt sich stolz »Saunaregion der Welt«. In einem Land wie Finnland, in dem jeder Bewohner Zugang zu einer eigenen Sauna hat, will das etwas heißen. Mit einem Saunadorf und einer Saunawoche pflegt man die Tradition aber in ganz besonderem Maße (**www.saunaregion.fi**). Ein kleiner Umweg, aber trotzdem ein absolutes Muss, ist der Besuch der Holzkirche von Petäjävesi (1763–65), die zum UNESCO-Weltkulturerbe gehört.

Für die Weiterfahrt von Jyväskylä Richtung Kuopio gibt es zwei Optionen – einmal die direktere Route auf der E 63

#Hausboot

Die Seenwelt um Jyväskylä eignet sich hervorragend für einen Urlaub auf dem Hausboot.

Durchfahrt durch den Vääksy Kanal

Die Holzkirche von Petäjävesi gehört zum Weltkulturerbe .

#Bischofssitz

Kuopio ist Sitz eines orthodoxen und eines evangelisch-lutherischen Bischofs.

oder der landschaftlich schöne »Umweg« über die Nebenstraßen 637 und 69. Hier erfreuen nach nahezu jeder Biegung faszinierende Blicke auf verwunschene Seen. Bei Konnevesi empfiehlt sich insbesondere für Naturliebhaber ein etwas längerer Stopp. Der Südliche Konnevesi Nationalpark bietet Bootssportlern unendliche Möglichkeiten, aber auch Wanderer finden hier ihr Revier. Der nur knapp fünf Kilometer lange Kalajan kierros führt auf den Kalajanvuori hinauf, von dessen Gipfel man einen weiten Rundblick über die Seenwelt genießt. Konditionsstärkere wählen den 14 Kilometer langen Kolmen vuoren vaellus, den »Drei-Berge-Pfad«, auf dem sie von Aussichtspunkt zu Aussichtspunkt unterwegs sind. Ausgangspunkt der Wanderwege ist das Ferienzentrum in Törmälä.

Kurz vor Kuopio treffen beide Straßen bei Suonenjoki, dem Zentrum für Erdbeeranbau, wieder aufeinander. Im Juli findet hier ein großes Volksfest, der »Erdbeerkarneval«, statt.

Mit 118.000 Einwohnern ist Kuopio die neuntgrößte Stadt Finnlands und eines der wichtigsten Wirtschaftszentren innerhalb der Seenplatte. Bedeutend ist die Stadt auch für Finnlands orthodoxe Christen, denn hier ist der Sitz ihres Erzbischofs. Zunächst verlief die Geschichte Kuopios aber alles andere als erfolgreich, die erste Stadtgründung 1653 scheiterte, sodass man 1775 auf Geheiß des damals regierenden schwedischen Königs Gustav III. einen neuen Anlauf nahm. Der Bau des Saimaakanals verhalf der Stadt zu einem großen wirtschaftlichen Aufschwung, seit 1856 konnte man so mit dem Schiff von Kuopio aus die Ostsee erreichen. Die Lage am Kallavesi macht Kuopio heute zu einem beliebten Ausgangspunkt für Rundfahrten über die Seen der Finnischen Seenplatte. Ganz gemächlich erreicht man im Sommer mit dem Dampfschiff innerhalb von zehneinhalb Stunden Savonlinna. Den besten Überblick verschafft man sich vom 75 Meter hohen Puijo-Aussichtsturm, der auf einem Hügel vor der Stadt liegt. Als Zentrum des orthodoxen Glaubens verfügt die Stadt über ein großes Kirchenmuseum, das die größte Sammlung orthodoxer Kirchenschätze außerhalb Russlands ausstellt. Die Stadt bietet noch einige weitere sehenswerte Museen. Das Kunstmuseum präsentiert Herausragendes der finnischen Malerei aus der Zeit vom späten 19. Jahrhundert bis in die 1970er, das Fotomuseum zeigt eine spannende Sammlung alter Kameras, im Kuopio Museum widmet man sich der Regionalgeschichte und im Freilichtmuseum Alt-Kuopio sind Gebäude aus dem 18.,19. und frühen 20. Jahrhundert erhalten. Typisch für Kuopio ist der Kalakukko (wörtlich: Fischhahn) – dunkles Brot, das mit Maränen und Speck gefüllt ist. Wer es probieren will, findet auf dem Markt eine gute Auswahl. Aber Vorsicht: Die deftige Speise ist nichts für empfindliche Mägen. Über die Landesgrenzen hinaus bekannt ist das im Juni stattfindende Kuopio Dance Festival.

Vor der Weiterfahrt Richtung Norden lohnt ein Ausflug in das 100 Kilometer südöstlich gelegene Männerkloster von Uusi Valamo.

Das alte Valamokloster lag auf einer Insel im Ladoga-See. Diese mussten die Mönche aber verlassen, als im Winter 1940 die Rote Armee vorrückte. Die Kirchenschätze, die sie damals mitnahmen, sind heute im Orthodoxen Museum von Kuopio ausgestellt. Lange Zeit lebten nur noch wenige Mönche in Uusi Valamo. Dem Kloster drohte die Schließung. In den 70er-Jahren erlebte aber der orthodoxe Glaube in Finnland eine Renaissance, und so mancher junge Mann entschloss sich, sein Leben hinter Klostermauern zu verbringen. Inzwischen haben die geschäftstüchtigen Mönche ihr Kloster zu einem Glaubenszentrum für jedermann ausgebaut. Im großen Andenkenladen kann man von der

Weitblick aus 75 Metern: der Puijo-Aussichtsturm

Kalakukko – die kulinarische Spezialität aus Kuopio

#Frauenkloster

Das Kloster Lintula ist das einzige orthodoxe Frauenkloster in Finnland.

Fangfrisch aus mittelfinnischen Seen

geweihten Ikone bis zur Kerze alle nur denkbaren Souvenirs kaufen. Je nach Anspruch übernachten die Gäste in einer Herberge oder einem Hotel. Im Sommer bieten die Mönche Bootsfahrten zum Frauenkloster Lintula an. Besonders an Ostern und anderen kirchlichen Feiertagen ist Uusi Valamo ein beliebtes Ausflugsziel.

Weiter in den Norden nach Iisalmi geht es von Kuopio aus zunächst auf der E 63, ab Siilinjärvi aber fährt man besser über die landschaftlich schönere Nebenstraße 77 weiter. Über sie erreicht man bei Maaninka den Korkeakoski, Finnlands höchsten Wasserfall. Zu viel sollte man nicht erwarten, denn die angegebene Fallhöhe von 46 Meter verteilt sich über viele Stufen, und im Prinzip handelt es sich beim Korkeakoski lediglich um eine große Stromschnelle. Trotzdem lohnt der Ausflug, allein schon wegen der Wanderung auf der »Schluchtenrunde«.

In Iisalmi (21.000 Einwohner), der nördlichsten Stadt der finnischen Seenplatte, steht eine der größten Brauereien des Landes – neben dem Brauereirestaurant Olvi-Oluthalli kann man das Biermuseum kostenlos besuchen. Das benachbarte Sonkajärvi ist einmal im Jahr weltweit in der

Presse – wenn die Weltmeisterschaft im Frauentragen ausgetragen wird, berichten auch internationale Medien über die kleine Stadt in Ostfinnland. Knapp 90 Kilometer nördlich von Iisalmi erreicht man Kajaani (30.000 Einwohner) mit seiner Burgruine und dem 1831 von Carl Ludwig Engel erbauten Rathaus. Letzteres ist deshalb erwähnenswert, weil Engel der wohl bedeutendste finnische Architekt seiner Zeit war und u. a. auch den Dom von Helsinki geplant hat. Der Nachbarort Vuokatti hat sich zu einem bedeutenden Wintersportzentrum entwickelt. Im Sommer kann man hier ein ausgedehntes Wanderwegenetz nutzen. Von Kajaani erreicht man am Nordufer des Oulujärvi entlang in knapp 190 Kilometern Oulu. Auf dem Weg dorthin können Natur- und Wanderfreunde im kleinen Rokua-Nationalpark einen Zwischenstopp einlegen. In Muhos steht die älteste noch genutzte Holzkirche Finnlands – erbaut wurde sie 1634. Stolz ist man in der kleinen Gemeinde aber auch auf seine Frauen; von hier stammte nämlich Armi Kuusela, die 1952 die erste Wahl zur Miss Universe gewann. 15 Kilometer vor Oulu erreicht man das auf einer Insel im Oulu Fluss gelegene Freilichtmuseum von Turkansaari mit 40 historischen Holzgebäuden. •

WM im Frauentragen
in Sonkajärvi

#RussischeHändler

Die Insel Turkansaari war für russische Händler ein wichtiger Handelsplatz.

Schlittschuhlaufen auf
den Seen Mittelfinnlands

Foto: © Visit Finland/Mikko Nikkinen

#FINNLAN
route4

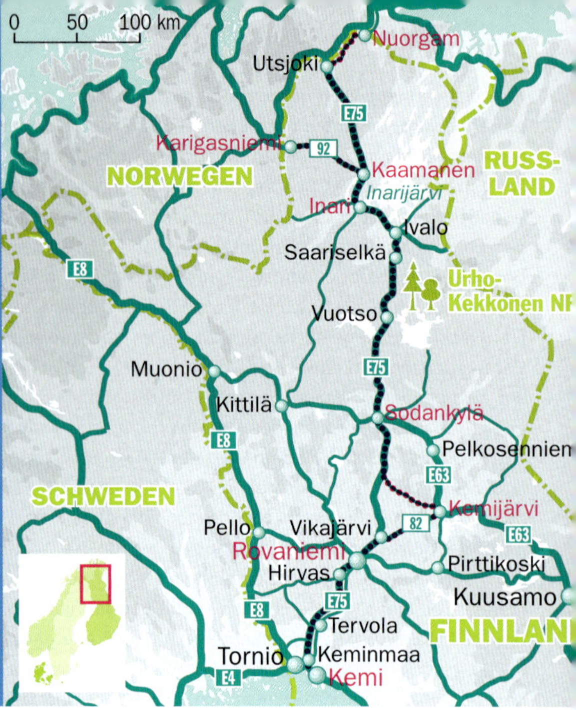

ROUTE 4

fin

Von Kemi über Rovaniemi bis zur norwegischen Grenze bei Utsjoki

Diese Route führt von der Ostseeküste in Kemi nach Rovaniemi, der Stadt des Weihnachtsmanns. Über Kemijärvi geht es weiter nach Sodankylä. Von hier fährt man zu den Goldgräbern in Tankavaara und zum Inari, dem heiligen See der Sami. Für das letzte kurze Wegstück zur norwegischen Grenze bieten sich zwei Alternativen an – entweder die E 75 nach Utsjoki oder die Straße 92 nach Karigasniemi.

#Eisbrecher

Der 1960 erbaute Eisbrecher Sampo wurde 1987 außer Dienst gestellt, weil die Frachtschiffe damals breitere eisfreie Fahrrinnen benötigten, als er sie freibrechen konnte.

Die größte Sehenswürdigkeit in Kemi (21.500 Einwohner) ist ein Eisbrecher! Im Sommer kann man auf dem Restaurantdeck der Sampo gemütlich eine Tasse Kaffee trinken. Im Winter – und der dauert hier ein halbes Jahr – geht es wesentlich abenteuerlicher zu. Dann läuft der 1961 erbaute Eisbrecher mit Touristen an Bord zu Touren durch den nördlichen Teil des Bottnischen Meerbusens aus. Man erlebt live mit, wie das Schiff unter großem Geächze die bis zu eineinhalb Meter dicke Eisschicht auseinanderbricht. Besonders Mutige dürfen dann mit Spezialtaucheranzügen in den Eislöchern baden. Im Winter lohnt auch der Besuch von LumiLinna – einem Schneeschloss, inklusive Kapelle, Restaurant, Eisbar und Hotel. Jedes Jahr wird es von Neuem aus mehreren Tonnen Schnee am Ostseeufer von Kemi errichtet und mit Eisskulpturen und Schneeschnitzereien verziert. In der Edelsteingalerie in der Kauppakatu 22 sind mehr als 3.000 wertvolle Schmucksteine ausgestellt. Highlight ist aber die Krone, die einst für den finnischen König gefertigt wurde. Zum König von Finnland hätte – wegen des freundschaftlichen Verhältnisses beider Länder – nach der finnischen Unabhängigkeit im Jahre 1917 der hessische Prinz Friedrich Karl gekrönt werden sollen. Da Deutschland aber den Ersten Weltkrieg verloren hatte und ein Deutscher auf dem Königsthron nicht mehr opportun war, wurde Finnland eine Republik. Im obersten Stockwerk des Stadthauses kann man im Café eine kleine Pause einlegen und von der Terrasse aus die Aussicht genießen.

#StadthausVonKemi

Während des Lapplandkrieges haben deutschen Truppen 1944 vergeblich versucht, das Stadthaus zu sprengen.

Der Eisbrecher Sampo

Foto: © Visit Finland

In Lappland leben mehr Rentiere als Menschen.

#RiesigeStadt

Rovaniemi misst 8.017 km² und ist damit dreimal so groß wie Luxemburg.

Immer am Kemijoki entlang bringt die E 4 den Reisenden ins 120 Kilometer entfernte Rovaniemi (62.000 Einwohner), die Hauptstadt der Provinz Lappland. Die Stadt wurde im Lapplandkrieg im Herbst 1944 von der deutschen Wehrmacht weitgehend zerstört. Beim Wiederaufbau war Alvar Aalto, Finnlands berühmtester Architekt, federführend tätig. Er entwarf den neuen Grundriss der Stadt, der an die Form eines Rentiergeweihs erinnern soll. Außerdem baute man nach seinen Plänen unter anderem das Lappiahaus (Hallituskatu), das als Konzert- und Kongresszentrum dient, und die daran angrenzende Provinzbibliothek. Viel besucht ist das Arktikum. Die Ausstellung befasst sich in aller Gründlichkeit mit der Region Lappland, vor allem setzt man sich aber mit dem Leben und der Kultur der Sami auseinander. Ein zweiter Schwerpunkt widmet sich den indigenen Völkern der Polarregion. Im Kulturzentrum Korundi finden klassische und moderne Konzerte statt, und auch das Kunstmuseum von Rovaniemi hat hier seine Heimat gefunden.

Weiterhin sehenswert ist die Gemeindekirche aus dem Jahre 1950 mit einem riesigen Altarfresko von Lennart Segerstråhle. Bei einem Besuch in dem etwas außerhalb gelegenen Freilichtmuseum Pöykkölä erfährt man mehr über das Brauchtum und die Traditionen Lapplands.

Lappländische Winterlandschaft

Am Ufer des Kemijärvi

Auf dem Weg Richtung Kemijärvi passiert man sieben Kilometer nördlich der Stadt den Polarkreis, und dort wohnt auch der Weihnachtsmann. Die meisten Menschen kommen nach Rovaniemi, um ihm einen Besuch abzustatten. Im Weihnachtsmanndorf empfängt der alte Mann mit Bart Tag für Tag Kinder und Erwachsene – und Souvenirläden und Restaurants warten auf Kunden. Weil das Geschäft mit dem Weihnachtsmann so gut läuft, hat sich ganz in der Nähe des Weihnachtsmanndorfes der Santa Park angesiedelt – eine Art Freizeitpark zum Thema Weihnachten und Elfen. Hier wohnt der Weihnachtsmann nicht in einem Haus, sondern in einer Höhle.

85 Kilometer nordöstlich von Rovaniemi liegt Kemijärvi, die mit knapp 8.000 Einwohnern zweitgrößte Gemeinde jenseits des Polarkreises. Die Stadt selbst bietet zwar wenig Sehenswertes, in der Umgebung finden Wanderfreunde aber einige lohnende Ziele. Im Kunstzentrum Puustelli (Pöyliöjärventie), einige Kilometer westlich des Stadtzentrums, werden die Holzskulpturen ausgestellt, die bei der alljährlich stattfindenden internationalen Bildhauerwoche geschaffen werden. Sodankyklä ist als Veranstaltungsort des Midnight Sun Film Festivals bekannt, das die beiden Regisseurbrüder Aki und Mika Kaurismäki 1986 ins Leben gerufen haben. Sehenswert ist die alte Holzkirche von 1689.

#LängsterFluss

Kemijärvi liegt am Kemijoki, dem längsten Fluss Finnlands. Er mündet nach 550 Kilometern bei Kemi in die Ostsee.

Das Arktikum in Rovaniemi

Foto: © Visit Rovaniemi/Visit Finland

Der Weihnachtsmann macht es sich in Lappland gemütlich .

#Kultamuseo

(Goldmuseum) In unmittelbarer Nachbarschaft zum Golddorf in Tankavaara liegt das Goldmuseum, in dem man sich das theoretische Wissen über Gold und den Goldrausch in Finnland holen kann. **www.kultamuseo.fi**.

fin

Goldwäscher in Tankavaara

Von Sodankylä nach Inari

Nachdem man ein ganzes Stück entlang des Kitinen-Flusses gefahren ist, gelangt man durch einsame Wälder auf der E 75 zum Goldsucherzentrum Tankavaara (Tankavaaran kultakylä). Die Geschichte der Goldsuche in Lappland erzählt das Goldmuseum. Außerdem kann man hier die Kunst des Goldwaschens erlernen und jedes Jahr im August an der Offenen Finnischen Meisterschaft im Goldwaschen teilnehmen. Das ein Stück weiter nördlich gelegene Outdoorzentrum Kiilopää ist ein idealer Ausgangspunkt für Touren in den Urho-Kekkonen-Nationalpark mit unzähligen Kilometern markierter Wanderwege. Saariselkä verfügt über eine gute Infrastruktur mit Hotels, Restaurants und Geschäften. Im Sommer kann man von hier zu Wanderungen losmarschieren, oder man macht sich mit dem Mountainbike auf den Weg. Im Winter locken ein Alpinskigebiet sowie Langlaufloipen. Außerdem kann man sich Schneemobile leihen und mit dem Hundeschlitten durch die verschneite Landschaft fahren. Ivalo ist die zentrale Ortschaft der Gemeinde Inari. Hier stellen die Sámi rund ein Drittel der Bevölkerung. Lohnend ist eine Bootsfahrt zum Ukonkivi, einem heiligen Berg der Sámi mitten im See. Eine besondere Attraktion ist das fantastische Sámi-Museum und Naturzentrum Siida. Im Sommer ist auch das Freilichtmuseum mit Wohnhäusern, Gerichtsgebäuden, Trachten und Geräten geöffnet. Im nahe gelegenen Nationalpark Lemmenjoki findet man ein gut ausgebautes Wanderroutennetz. Auf dem gleichnamigen Fluss werden Bootsfahrten angeboten.

In den äußersten Norden

Von Inari geht es weiter in den Norden nach Kaamanen, wo man sich entscheiden muss, ob man links nach Karigasniemi oder rechts nach Utsjoki abbiegt. Die direkt an der norwegischen Grenze gelegene Gemeinde Utsjoki, die einzige in Finnland, in der die Sami die Mehrheit der Bevölkerung stellen. Die Gegend entlang des Utsjoki Flusses gehört aufgrund ihrer landschaftlichen Schönheit und kulturgeschichtlichen Bedeutung zu den finnischen Nationallandschaften. Obwohl der Ort weit entlegen ist, waren hier zwei bedeutende finnische Architekten tätig. Die Kirche wurde zwischen 1850 und 1853 nach Plänen von Ernst Lohrmann erbaut. Das Pfarrhaus daneben 1843 nach Plänen von Carl Ludwig Engel – beide Architekten waren federführend am Bau des Doms von Helsinki beteiligt. An der Straße 970, auf der man Nuorgam, das nördlichste Dorf Finnlands erreicht, passiert man am Teno-Fluss die Stromschnellen von Alaköngäs. Die gelten bei Lachsanglern als einer der besten Fangplätze europaweit.

Die Gegend um Karigasniemi ist einer samischen Sage zufolge so schön, dass die restliche Welt nach ihrem Vorbild geschaffen wurde. Atemberaubend ist auf jeden Fall der Rundblick vom Hausberg Ailigás. •

Foto: © Visit Finland/ Daniel Taipale

Schlittenhunde

#Utsjoki

In Utsjoki leben etwa 1.250 Menschen, die meisten davon sind Sami.

Foto: © Visit Finland/Vitaliy Glushchenko

Finnisch Lappland ist ein Paradies für Outdoorfreaks.

#AbenteuerlandAmPolarkreis

Der Aavasaksa mag mit seinen 242 Metern nur ein kleiner Hügel sein. In einer weitgehend flachen Umgebung ist er aber ein Riese. Er liegt auf dem Gebiet der Gemeinde Ylitornio nur wenige Kilometer südlich des Polarkreises. Von seinem Gipfel genießt man einen weiten Blick über die lappländische Natur, und im Sommer ist dies auch der südlichste Punkt Finnlands, von dem man die Mitternachtssonne beobachten kann. Die Gegend um den Berg herum hat sich zu einem Freizeitzentrum für Outdoorfreaks entwickelt. Im Sommer kann man hier wandern und fischen, reiten, Kanu fahren und Golf spielen. Im Winter läuft man unter Polarlicht Ski, macht Ausfahrten mit dem Hundeschlitten oder geht auf eine Rentiersafari. Sogar Alpinskifahren kann man auf zwei beleuchteten Pisten. Die längste der beiden ist etwa einen Kilometer lang und überwindet einen Höhenunterschied von 115 Metern.

Kurs Finnland

ANREISE MIT DEM EIGENEN AUTO/WOHNMOBIL

Wer mit dem eigenen Auto oder Wohnmobil nach Finnland reisen möchte, kommt um die Fähre eigentlich nicht herum. Genügend Zeit vorausgesetzt, kann man das Land natürlich im Rahmen einer Rundreise durch ganz Nordeuropa von Norwegen und Schweden aus über den Landweg erreichen. Eine überlegenswerte Alternative ist die Anreise mit dem Flugzeug und das Anmieten eines Autos vor Ort (**www.billiger-mietwagen.de**).

Allgemeine Verkehrsbestimmungen
- In Finnland herrscht Rechtsverkehr und Anschnallpflicht auf Vorder- und Rücksitzen.
- Das Abblendlicht muss auch am Tag eingeschaltet sein (Standlicht reicht nicht).
- Promillegrenze: 0,5
- Höchstgeschwindigkeiten: innerhalb geschlossener Ortschaften: 50 km/h, außerhalb geschlossener Ortschaften: 80 km/h, auf Schnellstraßen/Autobahnen: 100–120 km/h, im Winter und für Wohnwagen (gebremste und ungebremste) gilt ganzjährig hier eine Höchstgeschwindigkeit von 80 km/h.

Besonderheiten: Anhänger sind in den Wintermonaten mit Winterreifen und je nach Witterung zusätzlich mit Spikes auszustatten. Die meisten Inlandfähren gehören zum Straßennetz und dürfen kostenlos genutzt werden. Verkehrsschild gelb mit rotem Rand: Vorfahrt achten! Öffentliche Verkehrsmittel haben innerorts immer Vorfahrt. Fahrzeuge im Kreisverkehr müssen Vorfahrt gewähren.

ANREISE MIT DER FÄHRE

Finnland erreicht man mit der Fähre entweder direkt von Deutschland aus oder via Schweden. Achten Sie im letzteren Fall auf Kombitickets.

Direkte Verbindungen
- Travemünde – Helsinki (Finnlines)

Verbindungen über Schweden
- Stockholm – Mariehamn – Helsinki (Tallink Silja und Viking Line)
- Stockholm – Mariehamn bzw. Långnäs – Turku (Tallink Silja und Viking Line)
- Stockholm – Mariehamn – Tallinn (Tallink Silja)
- Kapellskär – Mariehamn (Viking Line)
- Kapellskär – Långnäs – Naantali (Finnlines)
- Grisslehamn – Eckerö (auf Åland) (Eckerö Linjen)
- Umeå – Vaasa (Wasaline)

Verbindungen über Estland
- Tallinn – Helsinki (Tallink Silja)
- Tallinn – Helsinki (Eckerö Line)

Kontaktadressen der Fährlinien
- Eckerö Linjen: Tel. +46-17 52 58 00, **www.eckerolinjen.se**
- Finnlines: Tel. 0451-1507433, **www.finnlines.de**
- Tallink Silja: Tel. 040-54 75 41 222, **www.tallinksilja.de**
- Viking Line: Tel. 0451-38 46 30, **www.vikingline.de**
- Wasaline: Tel. FIN +35-8-20 77 16 810, Tel. SE +46-90 18 52 00, **www.wasaline.com**

ANREISE MIT DEM FLUGZEUG

Finnland hat insgesamt fast 30 Flughäfen. Mindestens drei davon (Helsinki, Turku, Kittilä) sind von Deutschland, Österreich und der Schweiz aus per Direktflug zu erreichen, andere mit Umstieg in Helsinki-Vantaa. Einige der Strecken werden nicht ganzjährig bedient. Da sich Flugverbindungen schnell ändern können, erheben wir keinen Anspruch auf Richtigkeit und Vollständigkeit und verweisen für aktuelle Informationen auf die Website der jeweiligen Fluggesellschaft.

- Air Baltic: Umsteigeverbindungen von Berlin, Hamburg, Düsseldorf, Frankfurt/M., München, Zürich, Wien via Riga nach Helsinki, Tampere und Turku. **www.airbaltic.com**
- Finnair: Von Berlin, Frankfurt/M., Düsseldorf, München, Hamburg, Wien und Zürich via Helsinki nach Ivalo, Joensuu, Jyväskylä, Kemi, Kittilä, Kokkola-Pietarsaari, Kuopio, Kuusamo, Mariehamn, Oulu, Rovaniemi, Savonlinna, Tampere, Turku, Vaasa, Varkaus. **www.finnair.com**
- FlyCar: In den Wintermonaten von Hannover nach Kittilä, Finnisch-Lappland. **www.fly-car.de**
- Lufthansa: Von Frankfurt/M. nach Helsinki und Ivalo, von München nach Helsinki und Kittilä **www.lufthansa.com**
- SAS (im Codeshare mit Lufthansa): Von Berlin, Düsseldorf, Frankfurt/M., Hamburg, Stuttgart und München via Stockholm nach Helsinki. **www.flysas.com**
- Ryanair: Hat mit dem Winterflugplan 2020 den Flugverkehr zwischen Berlin Schönefeld und Lappeenranta aufgenommen **www.ryanair.com**

ANREISE MIT DEM ZUG

Im Süden Finnlands sind alle größeren Städte durch ein modernes Schienennetz verbunden.

Auch im Norden sind einige Regionen mit der Bahn zu erreichen. So kann man z. B. mit dem Nachtzug »Santa Claus Express« von Helsinki nach Rovaniemi und Kemijärvi reisen und ausgeschlafen die Weiterreise durch Finnisch-Lappland in Angriff nehmen. Da Finnland als einziges EU-Land für seine Schienen gleiche Spurbreite benutzt wie Russland, kann man auch ohne Umstieg via Wyborg nach St. Petersburg reisen. (Visum erforderlich!). Infos zum finnischen Bahnnetz unter **www.vr.fi**.

ANREISE MIT DEM BUS

Eine Anreise via Bus ist möglich, wenn man zwischendurch (z. B. in Stockholm) auf die Fähre wechselt.
Zeit- und oftmals preisgünstiger ist jedoch die Anreise via Flugzeug. Im Land angekommen, kann man dann nahezu 90 Prozent aller Ortschaften und Städte mit Überlandbussen erreichen, z. B. mit Bussen von Matkahuolto.
www.matkahuolto.fi. Oft sehr günstig sind die Angebote von OnniBus: **www.new.onnibus.com/home**

GELDANGELEGENHEITEN

Die offizielle Währung in Finnland ist der Euro. 1-, 2- und 5-Cent Münzen kennt man allerdings nicht, der Endbetrag einer Rechnung wird entsprechend auf- oder abgerundet. Ohnehin verwendet man im Vergleich zu Deutschland extrem selten Bargeld. Auch Kleinstbeträge können mit Kreditkarten bezahlt werden. Mehr noch – in manchen Geschäften/Restaurants werden inzwischen ausschließlich Kreditkarten als Zahlungsmittel akzeptiert. Mit EC-Karten mit Maestro-Funktion kann man an fast allen Bankautomaten (fin. Otto) Geld abheben.

Gute Nacht in Finnland

HOTELS

Zwischen Tradition und Moderne bewegt sich das Hotelangebot in Finnland, in dem Häuser mit einfachem als auch gehobenem Standard eine gute Nacht versprechen. In Finnland vertreten sind u. a. die Hotelketten Rantasipi, Scandic, Lapland Hotels, Radisson Blu und Sokos.

JUGENDHERBERGEN

Zwischen Helsinki im Süden und dem Inarisee im Norden gibt es in Finnland über 40 Jugendherbergen. Schwerpunkt sind das Seengebiet sowie Lappland.

- Suomen Retkeilymajajärjestö – SRM
  (Hostelling International Finland)
  info@hihostels.fi
  www.hihostels.fi

PRIVATUNTERKÜNFTE

B&B war in Finnland noch vor Jahren kaum zu finden, mittlerweile vermieten aber immer mehr Privatpersonen und Landwirte Zimmer. Auskünfte dazu gibt es in den örtlichen Fremdenverkehrsämtern. Auch die europaweite Datenbank **www.bedandbreakfast.eu** verzeichnet Privatunterkünfte. Selbstverständlich findet man auch beim Marktführer Airbnb zahleiche Angebote (**www.airbnb.de**).

FERIENHÄUSER

Das Haus am See ist in Finnland an vielen Stellen zu finden und eine typische Art, den Urlaub zu verbringen. Steg und Boot sind vielerorts inklusive. Ferienhäuser haben unter anderem
Fintouring (**www.fintouring.de**),
Novasol (**www.novasol.de**),
Casamundo (**www.casamundo.de**) und
Interchalet (**www.interchalet.de**) im Angebot.

CAMPING

Rund 150 Campingplätze sind beim Finnischen Campingverband registriert. Viele der Plätze liegen an einem Gewässer und bieten guten bis gehobenen Standard. Nützlich ist die Camping Key Europe-Karte (18 Euro). Weitere Informationen beim Finnischen Campingverband unter **www.camping.fi** (auch auf Deutsch). Hier kann man auch eine Campingbroschüre herunterladen oder bestellen. Campingplatzvorstellungen, News, Reiseberichte, Interviews und Fahrzeug-Tipps bei PiNCAMP – das Campingportal vom ADAC: **www.pincamp.de/finnland**

UNGEWÖHNLICH ÜBERNACHTEN

In Finnland kann man sich in einem der Leuchttürme an der West- und Südküste zur Ruhe legen und dabei das Meer rauschen hören. Besondere Winternächte verbringt man im Hotel Kakslauttanen in Lappland oder in Levi, wo durch die Fenster von Glasiglus das Nordlicht beobachtet werden kann. Auch eine Nacht im SnowCastle, dem Schloss aus Eis und Schnee in Kemi, vergisst man nicht so schnell.

HAUSBOOTE

Houseboat-Holiday in der Region Jyväskylä:
www.houseboat.fi

FEBRUAR	1.–10.2.	Helsinki:	»Musica Nova«, Festival für zeitgenössische Musik.
	9.–16.2.	Kokkola:	»Kokkolan Talviharmonikka«, Akkordeon-Festival im 400. Jahr der Stadt Kokkola.
	29.2.–1.3.	Lahti:	Ski-Langlauf- und Nordische-Kombination-Weltcup.
MÄRZ	4.–8.3.	Tampere:	»Tampere Film Festival«, eins der einflussreichsten Kurzfilmfestivals der Welt.
	8.–22.3.	Oulu:	»OMJ«, Musik- und Kunstfestival.
	11.–15.3.	Mariehamn, Åland:	»VERA«, Filmfestival für Kurz- und Dokumentarfilme.
	19.–21.3.	Tampere:	»Tomatoes! Tomatoes!«, Stand-up- und Comedy-Festival.
	20.3.	Helsinki:	»Jussi Gaala«, Verleihung des finnischen Filmpreises.
APRIL	2.–5.4.	Ruka:	»Ski Pride«: Gleichberechtigung wird auf und abseits der Piste gefeiert.
	4.4.	Ylläs:	»Ylläs-Levi«, 70 km Langlaufrennen.
	5.–12.4.	Enontekiö:	»Hettan Musikkiipaivat«, sakrale und klassische Musik ganz im Norden Europas, dieses Jahr mit 50. Jubiläum.
	22.–26.4.	Espoo:	»AprilJazz«, Musikfestival.
MAI	1.5.	im ganzen Land:	»Vappu«, Walpurgisfeier, bei der Studierende im Vordergrund stehen.
	13.–16.5.	Kouvola:	»Kuulas«, internationales Kindertheaterfestival.
	20.–24.5.	Vaasa:	Internationales Chorfestival.
	23.–24.5.	Åland:	»Åland grönskar«, kulinarisches Frühlingsfest.
	23.–24.5.	Helsinki:	»World Village Festival«, Festival für Weltmusik.
	26.–31.5.	Tampere:	»Tanssivirtaa«, zeitgenössisches Tanzfestival.
JUNI	2.–13.6.	Naantali:	Musikfestspiele mit Konzerten in der mittelalterlichen Klosterkirche, in den Kirchen der umliegenden Inseln sowie an weiteren Konzertorten.
	2.–7.6.	Riihimäki:	Sommerkonzerte.
	4.–7.6.	Kalajoki:	»KalajokiDANCE«, verschiedene Tanzkurse und Partys.
	4.6.–31.8.	Espoo:	»Orgelnacht und Arie«.
	4.–14.6.	Ilmajoki:	Open-Air-Musikfestspiele am Ufer des Flusses Kyrönjoki.
	9.6.	Åland:	Feierlichkeiten zum Unabhängigkeitstag.
	10.–16.6.	Kuopio:	Tanzfestival.
	10.–14.6.	Sodankylä:	»Midnight Sun Film Festival«, Open-Air-Filmevent unter der Mitternachtssonne.
	10.–14.6.	Tampere:	»SottiisiMoves«, das Tanzfestival, bringt 2.500 Tänzer nach Tampere.
	12.6.	Helsinki:	»Helsinki-Tag«, Volksfest in den Straßen der Hauptstadt.
	14.–18.6.	Mariehamn, Åland:	»Alandia Cup«, das größte Fußballturnier Finnlands für 11-Jährige.
	19.6.	Helsinki:	Mittsommerfest auf Seurasaari mit großem Feuer.
	24.–28.6.	Järvenpää:	»Puisto Blues«, Musikfestival.
	24.–28.6.	Porvoo:	»Avanti! Sommerklänge«, Musikfestival.
	25.–27.6.	Haapavesi:	Folkmusikfestival.
	26.–28.6.	Helsinki:	»Tuska Open Air«, Metal-Festival.
	26.–27.6.	Tornio/Haparanda:	»Kalottjazz & Blues Festival«.
JULI	1.–5.7.	Ikaalinen:	»Sata-Häme Soi«, Akkordeonfestival.
	1.–7.7.	Jyväskylä:	»Jyväskylä Arts Festival«, Kunst- und Kulturevent.
	2.–5.7.	Kalajoki:	»Irish Hooley«, traditionelle keltische Musik, gutes Essen und Pub-Atmosphäre.
	3.7.–1.8.	Savonlinna:	Opernfestspiele in historischer Burgatmosphäre.
	3.–4.7.	Sonkajärvi:	WM im Frauentragen.
	3.–5.7.	Turku:	»Ruisrock«, eines der ältesten Rockfestivals Europas.

Die Opernfestspiele in Savonlinna

	4.–12.7.	**Mikkeli:**	»Mikkeli Musikfestival«, bei dem Valeri Gergiev und das Mariinski Orchestra mitwirken.
	8.–12.7.	**Seinäjoki:**	»Tangomarkkinat«, Fest des finnischen Tangos mit 100.000 Besuchern.
	10.–12.7.	**Kalajoki:**	»KalaDOGi Show«, Internationale Hundeausstellung.
	10.–18.7.	**Pori:**	55. Jazzfestival mit internationalen, hochkarätigen Gastmusikern.
	12.–25.7.	**Kuhmo:**	Kammermusikfestspiele.
	13.–19.7.	**Kaustinen:**	Folk Music Festival.
	17.–19.7.	**Joensuu:**	»Ilosaarirock«, Musikfestival.
	17.–25.7.	**Mariehamn, Åland:**	»Rockoff«, Rockfestival.
	17.–25.7.	**Sastamala:**	»Gregoriana«, Festival für Alte Musik.
	23.–26.7.	**Kotka:**	Seefestival mit Kunst, Musik, Theater und Sport.
	25.–26.7.	**Åland:**	Wikingerfest mit Markt, Musik und mehr.
	30.7.–30.8.	**Oulu:**	»Juhlaviikot«, Augustfestival mit Konzerten, Lesungen, Artistik, Kunst u. v. m.
AUGUST	**1.8.**	**Åland:**	Bomarsund Trail Run, 12-km-Geländelauf.
	3.–9.8.	**Lahti:**	Internationale Orgelwoche.
	8.8.	**Tahko:**	»Iron Man«-Triathlon.
	14.–16.8.	**Helsinki:**	»Flow Festival«, Musikfestival, rollstuhlgerecht organisiert.
	19.–21.8.	**Oulu:**	Weltmeisterschaft im Luftgitarre-Spielen unter dem Motto »Make Air Not War«.
	20.8.–6.9.	**Helsinki:**	»Helsinki-Festwochen« mit Klassik, Pop, Weltmusik, Theater, Film und einem bunten Kinderprogramm.
	22.8.	**Kalajoki:**	»Hilman lähiruokatori«, Local Food Market.
	24.8.	**Helsinki:**	5 und 10 km Mitternachtslauf.
	28.–29.8.	**Kalajoki:**	»Venetsialaiset«, großes Feuerwerk mit Musik.
SEPTEMBER	**18.–20.9.**	**Åland:**	Erntedankfest.
NOVEMBER	**23.10.–1.11.**	**Kauniainen:**	Musikfestspiele mit Kammermusik in der Nähe von Helsinki.
	25.10.–15.11.	**Oulainen:**	Musikwochen von Oulainen, Klassikfestival.
	29.10.–1.11.	**Tampere:**	»Jazz Happening«.
DEZEMBER	**6.12.**	**im ganzen Land:**	»Itsenäisyyspäivä«, Unabhängigkeitstag.

ISLA

is

ND

Auf der Insel Flatey scheint
die Zeit stillzustehen.

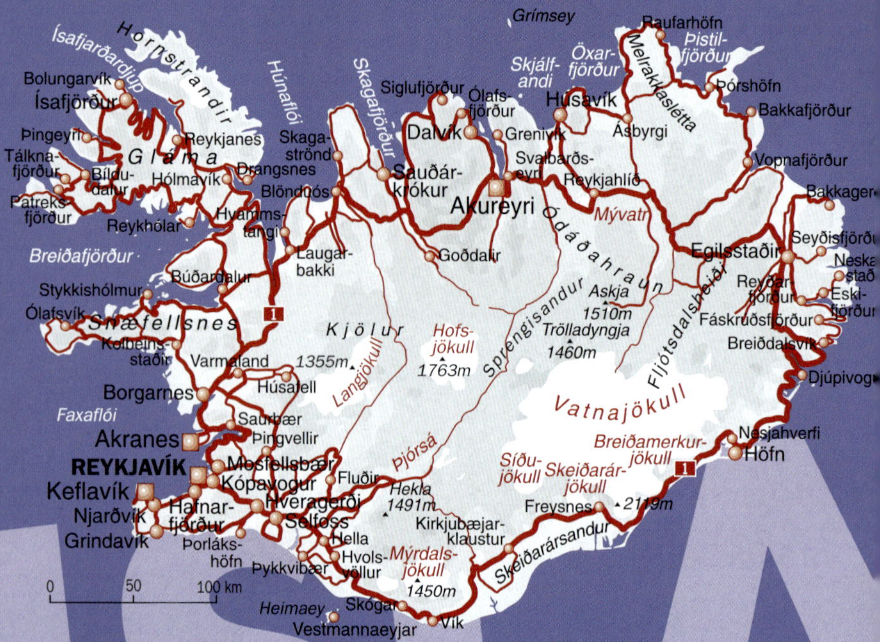
Grímsey
Raufarhöfn
Þistil-fjörður
Öxar-fjörður
Melrakkaslétta
Skjálf-andi
Þórshöfn
Bakkafjörður
Húsavík
Ásbyrgi
Vopnafjörður
Siglufjörður
Ólafs-fjörður
Dalvík
Grenivík
Svalbarðs-eyri
Reykjahlíð
Mývatn
Akureyri
Bakkagerði
Skagafjörður
Skaga-strönd
Sauðár-krókur
Blönduós
Húnaflói
Hornstrandir
Ísafjarðardjúp
Bolungarvík
Ísafjörður
Þingeyri
Reykjanes
Gláma
Tálkna-fjörður
Bíldu-dalur
Hólmavík
Drangsnes
Patreks-fjörður
Reykhólar
Hvamms-tangi
Breiðafjörður
Laugar-bakki
Goðdalir
Ódáðahraun
Egilsstaðir
Seyðisfjörður
Búðardalur
Stykkishólmur
Ólafsvík
Snæfellsnes
Kolbeins-staðir
Varmaland
Kjölur
Hofs-jökull
1763m
Sprengisandur
Askja
1510m
Trölladyngja
1460m
Fljótsdalsheiði
Reyðar-fjörður
Eski-fjörður
Fáskrúðsfjörður
Breiðdalsvík
Djúpivogur
1355m
Langjökull
Húsafell
Borgarnes
Faxaflói
Saurbær
Þingvellir
Akranes
Vatnajökull
REYKJAVÍK
Mosfellsbær
Kópavogur
Fluðir
Þjórsá
Síðu-jökull
Skeiðarár-jökull
Breiðamerkur-jökull
Nesjahverfi
Höfn
Keflavík
Njarðvík
Grindavík
Hafnar-fjörður
Hveragerði
Selfoss
Hekla
1491m
Hella
Kirkjubæjar-klaustur
Freysnes
2119m
Þorláks-höfn
Þykkvibær
Hvols-völlur
Mýrdals-jökull
1450m
Skeiðarársandur
0
50
100 km
Heimaey
Vestmannaeyjar
Skógar
Vík

ISLA ND

#island

#talkingnordic

UNTERWEGS IN ISLAND

Stadtbus___ *strætó*
Überlandbus___ *rúta*
Fahrplan___ *ferðaáætlun*
Busbahnhof___ *umferðarmiðstöð*
Ankunft/Abfahrt___ *koma/brottför*
hin und zurück___ *fram og til baka*
Taxi___ *leigubíll*
Straße, Weg___ *gata, braut, vegur*
Fähre___ *ferja*
Hafen___ *höfn*
Flugzeug___ *flugvél*
Tankstelle___ *bensínstöð*

DAS WETTER

Wettervorhersage___ *veðurspá*
Sonnenschein___ *sólskin*
Regen___ *rigning*
Nebel___ *floka*
Sturm___ *stormur/rok*
Windstärke___ *vindstig*

VOR ORT

Schwimmbad___ *sundlaug*
(Heimat-)Museum___ *(byggða-)safn*
(Zahn-)Arzt___ *(tann-)læknir*
Krankenhaus___ *sjúkrahús*
Post___ *póstur*
Telefon___ *sími*
Bank___ *banki*
Polizei___ *lögregla*
Information___ *upplýsingar*

GEOGRAFISCHE BEGRIFFE

Fluss___ *á*
Stadt___ *borg*
Hof___ *bær*
Tal___ *dalur*
Insel___ *ey/eyjar*
Berg/Gebirge___ *fjall/fjöll*
Fjord/Fjorde___ *fjörður/firðir*
Wasserfall___ *foss*
Lavafeld___ *hraun*
heiße Quelle___ *hver*
Gletscher___ *jökull*
warme Quelle___ *laug*
Rauch___ *reykur*
Wald___ *skógur*
See___ *vatn*
Bucht___ *vík*

#hardfacts

Island umfasst eine Fläche von 102.775 km². Die Vulkaninsel liegt in der arktisch-polaren Zone, der Polarkreis verläuft durch die nördlich vorgelagerte Insel Grímsey. Im Nordwesten sind es nach Grönland 290 km, im Südosten auf die Färöer 435 km und nach Norwegen 970 km.

In Island leben ca. 363.000 Menschen, was einer Bevölkerungsdichte von 3,5 Einwohnern/km² entspricht – der geringsten in Europa. Etwa 228.000 Menschen leben im Großraum Reykjavík, der Rest verteilt sich fast ausschließlich auf die küstennahen Bereiche. Das Landesinnere oberhalb 200 m Höhe – rund 80 % der Landesfläche – ist unbesiedelt. 90 % der Bevölkerung gehören der evangelisch-lutherischen Kirche an.

Die Republik Island mit der Hauptstadt Reykjavík ist eine parlamentarische Demokratie und wurde am 17.06.1944 gegründet. Das isländische Parlament, das Alþing, besteht aus 63 Abgeordneten und wird für vier Jahre gewählt. Der Staatspräsident (zurzeit Guðni Thorlacius Jóhannesson) hat repräsentative Funktionen. Vigdís Finnbogadóttir, Staatsoberhaupt von 1980–1996, war zum Zeitpunkt ihrer Wahl das erste direkt vom Volk gewählte weibliche Staatsoberhaupt der Welt.

TEXT & FOTOS #ISLAND: ERIK VAN DE PERRE
(sofern nicht anders gekennzeichnet)

Seemonster und Scheiterhaufen

Schauriges aus den Westfjorden

Im Arnarfjörður soll es angeblich von Seemonstern nur so wimmeln. Einblicke in die gruselige Fauna dieses entlegenen Fjordes gibt das Seemonstermuseum in Bíldudalur. Schauriges erwartet Besucher auch in Hólmavík, wo sich alles um Hexerei und Magie dreht.

In einem entlegenen Tal bei Hólmavík verbirgt sich die restaurierte Hütte eines Hexers.

is

Um die Jahrhundertwende zum 20. Jahrhundert befand sich der englische Trawler »Royal Dunn« zum Fischfang in der Mündung des Arnarfjörður. Dort wunderte sich die Crew eines Tages beim Einholen des Schleppnetzes über dessen unglaubliches Gewicht. Als das Netz aus dem Wasser auftauchte, starrten die Fischer entsetzt auf die riesige furchterregende Kreatur, die sich im Netz wand und das Boot fast zum Kentern brachte. Statt Krabben oder Krebse hatten sie ein Seemonster »eingenetzt«. Während einige Besatzungsmitglieder versuchten, ein Loch in das Netz zu schneiden, wurden sie von der tobenden Bestie mit einer unbekannten stark ätzenden Flüssigkeit bespuckt. Nur mit größter Mühe gelang es der Crew schließlich, das Ungeheuer in die Tiefen des Fjordes zurückzuschicken und die Verletzten an Land zu bringen, wo der lokale Arzt Þorbjörn Þórðarson schwere Verbrennungen feststellte.

Modern und unheimlich

Die Story ist nur eine von vielen Schauergeschichten, die um den Arnarfjörður kursieren. Der dreißig Kilometer lange und bis zu zehn Kilometer breite Fjord, der einer Adlerklaue ähnelt – arnar bedeutet Adler –, liegt im Westen der Westfjorde. Er gehört zu den einsamsten Fjorden des Landes – und zu den unheimlichsten. Denn in seinen finsteren Tiefen wimmelt es angeblich nicht nur von Fischen und Garnelen, sondern auch von wesentlich schaurigeren Lebewesen.

Ihnen begegnet man im Skrímslasetur, dem »Isländischen Seemonstermuseum«, das 2009 in einer alten Konservenfabrik am Hafen von Bíldudalur eröffnet wurde. Multimediale Bildschirme und etwas unheimliche, spärlich beleuchtete Räume schaffen hier eine einzigartige Atmosphäre, in der die Geschichte der Seeungeheuer eindrucksvoll vermittelt wird. Man begegnet den vier gängigsten Arten von Seemonstern, hört wissenschaftliche Sichtweisen und Augenzeugenberichte von Begegnungen mit diesen gruseligen Kreaturen.

Uferkriecher und Muschelmonster

180 Sichtungen haben sich allein am Arnarfjörður zugetragen. Bis zu 25 Küstenbewohner sollen der Überlieferung nach von Seemonstern getötet worden sein. Ein Multimediatisch mit Landkarte zeigt, wo sich die einzelnen Episoden zugetragen haben.

Die meisten Sichtungen ereigneten sich in der Nähe des Hofes Krosseyri. Für Filmemacher Kári Schram, der eine Doku über die Seemonsterbegegnungen gedreht hat,

Ein Zombie steigt aus dem Grab im Hexereimuseum.

ist das nicht verwunderlich: »Wissenschaftlichen Untersuchungen zufolge existieren dort im Fjord etliche, zum Teil mehr als 100 Meter tiefe Senken. Wer weiß, was sich dort in Spalten und Höhlen alles verbirgt?«

Am Arnarfjörður am häufigsten gesichtet wurden zwei Seemonstertypen: Fjörulalli – der »Uferkriecher« – ist eine kompakte, braune oder graue Kreatur, übersät mit Muscheln und Krebsen, die sich bevorzugt am Fjordufer aufhalten soll; skeljaskrímsli – das »Muschelmonster« – ein dem Flusspferd nicht unähnliches Ungeheuer, das seine Anwesenheit durch hufähnliche Spuren und Kothaufen aus zerquetschten Muscheln verrät. Angenommen wird, dass die »Seemonster« vor allem im Spätsommer im Fjord auftauchen, um sich am reichhaltigen Nährstoffbuffet zu bedienen und sich zu

Im Arnarfjörður soll es von Seemonstern geradezu wimmeln.

vermehren. Nicht zufällig fanden in dieser Zeit auch die meisten Sichtungen statt. Schade nur, dass noch nie ein Exemplar lebend gefangen oder tot am Ufer gefunden wurde, geschweige denn vernünftig auf Film gebannt werden konnte …

Hexerei und Magie

Gruseliges gibt es auch in Hólmavík, am Südrand der Halbinsel Strandir. In einem historischen schwarzen Holzhaus am Hafen erzählt das »Isländische Museum für Hexerei und Magie« die ebenso schaurige wie fesselnde Geschichte der Zauberer von Strandir und der Hexenjagd auf Island. Dort gibt es nicht nur Zauberbücher und Runenzeichen zu bestaunen, sondern auch einen Glaskasten mit einem unsichtbaren Jungen, nur erkennbar an seinen Fußabdrücken im Sand und das verfluchte Stück Holz in der Hand. Gleich nebenan krabbelt ein Toter aus dem Grab hervor …

Darüber hinaus begegnet man dem tilberi, einer grässlichen Kreatur, von Hexen erschaffen, um Milch zu stehlen und Butter zu machen. Nur weibliche Hexen konnten sie erzeugen und besitzen. Die längliche Kreatur, an beiden Seiten mit einem Mund versehen, wurde zum Hof eines Bauern geschickt, um von den Kühen die Milch zu saugen. Sobald der tilberi gesättigt war, kehrte er zu der »Mutter« zurück und spuckte die Milch ins Butterfass – das Erbrochene war angeblich fast reine Butter …

Gruseligstes Exponat des Museums ist allerdings die nábrók – die »Leichenhose«. Sie wurde aus der Haut der Beine eines aus dem Friedhof ausgegrabenen Leichnams gefertigt. Wer sie überstreifte – so hieß es – und dabei im Schritt der Leichenhose ein Runenzeichen (nábrókarstafur) und eine von einer armen Witwe gestohlenen Münze trug, würde endlose Reichtümer erlangen.

Jahrhundert des Feuers

Ein Bereich im Obergeschoss des Museums befasst sich mit der Geschichte der Hexenverfolgung in Island. Oft wurde An-

Ein unheimlicher Bewohner des Arnarfjörður: hafmaður, der »See-Mann«

klage für das Auslösen von Krankheiten bei Menschen oder Vieh erhoben, manchmal reichte aber schon der Besitz eines Zauberbuches oder einiger Seiten mit magischen Zeichen (galdrastafir) für eine Verurteilung. Häresie oder Satanismus wurden dagegen in Island – im Gegensatz zum europäischen Festland – selten erwähnt. Und noch ein Unterschied zu Europa: Von den etwa 170 der Hexerei beschuldigten Personen waren nur zehn Prozent Frauen, der Rest waren Männer, zumeist aus den unteren Schichten.

Manchmal kamen die Verurteilten mit einer Auspeitschung davon, variierend von einem halben Dutzend Hieben bis zu drei aufeinanderfolgenden Auspeitschungen, von denen jede so hart war, wie ein Mann sie gerade noch ertragen konnte, um am Leben zu bleiben … Etliche Leute starben auf dem Scheiterhaufen, viele davon in Strandir.

21 Hexenverbrennungen

Die erste Person, die wegen Hexerei auf dem Scheiterhaufen landete, war Jón Rögnvaldsson. Er wurde im Jahr 1652 in Eyjafjörður verbrannt, weil er angeblich einen Toten (Zombie) erweckt und zum Hof seines Feindes geschickt hatte. Der Zombie erhielt auch einen »Ehrenplatz« im Museum, wo er mitten im Saal aus dem Boden kriecht. Schaurig!

1654 wurden in der Bucht Trékyllisvík (Strandir) gleich drei Männer wegen Zauberei verbrannt. Das grausame Ereignis bildete den Auftakt zu einer gnadenlosen Hexenjagd. In den Folgejahren loderten die Flammen der Scheiterhaufen so oft, dass der Zeitraum von 1654 bis 1690 als Brennuöldin oder »Jahrhundert des Feuers« in die Annalen einging. Insgesamt starben 21 Menschen – 20 Männer und eine Frau – in den Flammen. In Strandir wurde der Scheiterhaufen zuletzt 1683 gezündet. •

GALDRASAFNIÐ – ISLÄNDISCHES MUSEUM FÜR HEXEREI UND MAGIE

Höfðagata 8-10, IS-510 Hólmavík
Tel. +354-897 6525
www.galdrasyning.is

SKRÍMSLASETUR – ISLÄNDISCHES SEEMONSTERMUSEUM

Strandgata 7, IS-465 Bildudalur
Tel. +354-456 6666
www.skrimsli.is

Von Reykjavík schweift der Blick bis zum Vulkan Snæfellsjökull, der in etwa 120 Kilometer Luftlinie entfernt liegt.

#reykjavík

Islands Hauptstadt zählt 130.000 Einwohner, im Großraum Reykjavík leben sogar 228.000 Menschen oder 2/3 der Gesamtbevölkerung Islands. Mit ihrer auffälligen Architektur, kulturellen Vielfalt und herrlichen Lage am Meer lockt die Stadt eine rasch wachsende Zahl von Besuchern an – und das zu jeder Saison.

Die Geschichte von Reykjavík reicht bis ins Jahr 874 zurück, als sich Islands erster Siedler, der Norweger Ingólfur Arnarson, in einer Bucht niederließ, an deren Küste er Dampfsäulen emporsteigen sah. Daraufhin bezeichnete er diese als Reykjavík – »Rauchbucht«.

Bummel durch die Altstadt

Die »Altstadt« beschränkt sich auf ein Karree zwischen dem See Tjörnin und dem Meer. Tjörnin ist als Vogelschutzgebiet ausgewiesen. An seinem Nordwestufer erhebt sich das moderne Rathaus mit einer sehenswerten Reliefkarte des Landes im Erdgeschoss.

An der nahen Aðalstræti (Nr. 10) befindet sich das älteste Haus der Stadt, Fógetinn (1762). Das angrenzende Museum The Settlement Exhibition, entstanden rund um die Überreste eines Langhauses aus dem 10. Jahrhundert, gewährt mit einer Multimedia-Ausstellung Einblicke in die frühe Besiedlung der Hauptstadtregion. Östlich davon liegt der schönste Platz der Stadt: Austurvöllur, begrenzt von der Dómkirkja (1796), Sitz des evangelisch-lutherischen Bischofs von Island, und dem Parlamentsgebäude

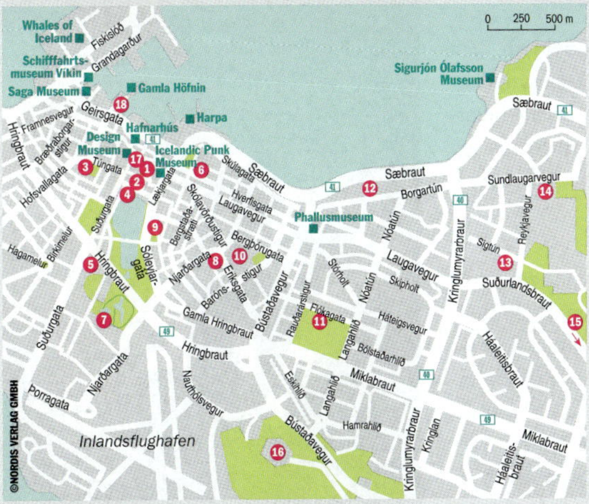

1. Austurvöllur (Platz)
2. Parlamentsgebäude Alþingishús
3. Dómkirkja
4. Rathaus
5. Nationalmuseum Islands
6. Handschriftenmuseum Safnahúsið
7. Nordisches Haus
8. Einar-Jónsson-Museum
9. Nationalgalerie Islands
10. Hallgrímskirkja
11. Kjarvalsstaðir
12. Höfði
13. Ásmundarsafn
14. Laugardalslaug (Freibad)
15. Laugardalur
16. Perlan (Perlan Museum und Aussichtsplattform)
17. Ingólfstorg (Platz)
18. Elding Walsafaris

Alþingishús (1881). Auf dem Platz erhebt sich die Statue des isländischen Freiheitskämpfers Jón Sigurðsson. Am nahen Busbahnhof Lækjartorg liegt das Stjórnarráðshús. Das massive Gebäude, ursprünglich 1765 von den Dänen als Gefängnis geplant, ist heute Amtssitz des Premierministers.

An der nahen Bankastræti (Nr. 2) liegt das kurzweilige Icelandic Punk Museum – untergebracht in der ehemaligen öffentlichen Toilette. Die Achse Bankastræti/Laugavegur bildet die wichtigste Shoppingmeile der Stadt, flankiert von Boutiquen, Galerien, trendigen Bars und gemütlichen Cafés. Galerien, Designshops und Musikgeschäfte säumen auch den Skólavörðustígur, der zur Hallgrímskirkja (1945-1986) hochführt. Die ganz Reykjavík überragende Betonkirche, entworfen vom Staatsarchitekten Guðjón Samúelsson, ist das Wahrzeichen der Stadt. Blickfang im Inneren ist die Orgel mit 5.275 Pfeifen von der Bonner Orgelbauwerkstatt Johannes Klais Orgelbau. Der 73 Meter hohe Turm bietet eine

Vor der Hallgrímskirkja wacht der Amerika-Entdecker Leifur Eiríksson.

tolle Aussicht über Stadt und Meer. Vor dem Portal thront die Statue des Amerika-Entdeckers Leifur Eiríksson. Das nahe Einar-Jónsson-Museum ist den Skulpturen dieses bekannten isländischen Bildhauers gewidmet.

Das Safnahúsið an der Hverfisgata zeigt bedeutende mittelalterliche Handschriften, darunter eine Guðbrandur-Bibel. Hinter einer unscheinbaren Fassade am Busbahnhof Hlemmur verbirgt sich das skurrilste Museum des Landes: Im Isländischen Phallusmuseum sind die Phallen sämtlicher isländischer Säugetiere ausgestellt, darunter ein Exemplar des Homo sapiens (seit 2011). Im nahen Höfði, einem weißen Holzhaus am Wasser, fand 1986 das legendäre Gipfeltreffen zwischen Reagan und Gorbatschow statt, das das Ende des Kalten Krieges einläutete.

Der alte Hafen

is

Am Nordrand der Innenstadt erstreckt sich der Gamla Höfnin, der »alte Hafen«, bis vor wenigen Jahren ein marodes Viertel, heute, dank eines umfassenden Stadtentwicklungsprojekts, ein pulsierendes Quartier mit vielen Museen, Galerien, Restaurants und Cafés. Der ein Kilometer lange Fußweg Hafnarstígur verbindet die wichtigsten Attraktionen.

Als Startpunkt für einen Streifzug empfiehlt sich das Konzerthaus Harpa (2011). Der 160 Millionen Euro teure Palast, der wie ein überdimensionaler Kristall wirkt, stammt vom dänischen Architektenbüro Henning Larsen. Die größte Konzerthalle Skandinaviens gilt als Symbol für den Wiederaufstieg Islands nach der Finanzkrise. Im nahen Betongebäude mit der Aufschrift

Hjörtur Gísli Sigurðsson, der Direktor des Phallus-Museums, zeigt einen Walpenis.

Kolaportið – früher wurden hier die Kohlen für die Dampfschiffe gelagert – findet an Wochenenden der einzige Flohmarkt Islands statt. Ein Besuch lohnt sich nicht zuletzt wegen der »Food-Abteilung«, wo traditionelle Spezialitäten aus ganz Island verkauft werden. Gleich nebenan vermittelt The Volcano House anhand von Filmbeiträgen ein eindrucksvolles Bild von den vulkanischen Urgewalten, die unter den Füßen der Isländer schlummern. Einer der Filme dokumentiert den Ausbruch des Gletschervulkans Eyjafjallajökull im Frühjahr 2010. Am Ostrand des Hafenbeckens schildert das Saga Museum mit lebensgroßen Wachsfiguren die Geschichte Islands von der Besiedlung bis zur Reformation, während das nahe Erlebniszentrum Aurora Borealis dem Schauspiel des Polarlichts gewidmet ist. Der Hafenpfad endet beim Schifffahrtsmuseum Víkin, untergebracht in einer ehemaligen Fischfabrik.

Auch das Schifffahrtsmuseum Víkin ist im alten Hafen von Reykjavík beheimatet.

Die neueste Attraktion im alten Hafen ist die Ausstellung Whales of Iceland (2015). 23 lebensgroße Modelle aller in isländischen Gewässern lebenden Wale und interaktive Touchscreens mit Informationen über die Cetacea bilden den idealen Einstieg zu einer Walsafari in der Bucht Faxaflói. Die Ausflugsschiffe starten vom Pier am Ægisgarður. Von dort verkehrt auch eine Sommerfähre zur vorgelagerten Insel Viðey mit dem ältesten Steinhaus Islands (1755).

Die wichtigsten Museen

Das Isländische Nationalmuseum zeigt außergewöhnliche Exponate des isländischen Kulturguts und vermittelt Einblicke in die Siedlungsgeschichte bis ins 19. Jahrhundert. Die Ausstellung ist als Zeitreise konzipiert. Schwerpunkte sind Archäologie, Kunsthandwerk und sakrale Kunst. Der Blickfang ist eine Bronzefigur des Thor (circa 1000).

Im Fokus der Isländischen Nationalgalerie steht isländische Kunst des 19. und 20. Jahrhunderts, ergänzt durch Arbeiten internationaler Künstler wie Picasso oder Munch. Das Reykjavík Art Museum verteilt sich auf drei Museen. Der Hauptstandort Hafnarhús, in einem früheren Hafengebäude gelegen, ist lokalen und internationalen zeitgenössischen Künstlern gewidmet; zwei Räume sind dem bekannten isländischen Pop-Art-Künstler Erró vorbehalten. Im Kjarvalsstaðir sind Gemälde des renommierten isländischen Künstlers Jóhannes S. Kjarval sowie Gemälde und Skulpturen bekannter isländischer und internationaler Künstler der Gegenwart zu bewundern. Im Ás-

Die im Nationalmuseum ausgestellte baðstofa des Gehöfts Skörð illustriert die einstigen Lebensbedingungen der Torfhausbewohner.

mundarsafn dreht sich alles um den isländischen Bildhauer Ásmundur Sveinsson (1893–1982), der auch das Gebäude entworfen hat.

Am östlichen Stadtrand liegt das große Freilichtmuseum Árbæjarsafn. Rund um ein bis 1948 bewohntes Torfgehöft wurden Wohn- und Handwerkshäuser aus dem Reykjavík des 19. Jahrhunderts wiederaufgebaut. Ältestes Haus ist eine Schmiede von 1823. Ebenfalls zu besichtigen ist die Torfkirche Silfrastaðir (1842).

Wasser heiß und kalt

Mit seinem futuristischen Aussehen – eine Glaskuppel, die auf sechs Stahltanks ruht – erinnert Perlan, die »Perle«, an ein Raumschiff, das auf dem Hügel Öskjuhlíð gestrandet ist. Tatsächlich handelt es sich um einen Warmwasserspeicher der Hauptstadt. Fünf der sechs Tanks sind mit 85 °C heißem Wasser gefüllt, der sechste enthält das 2017 eröffnete Perlan Museum mit Ausstellungen zur isländischen Natur (Gletscher, Vulkanismus, Fauna und Flora). Zu den Highlights gehören ein künstlicher Gletscher mit begehbarer Eishöhle und das zehn Meter hohe Modell der Vogelklippe Látrabjarg. Im Dezember 2018 kam ein ultramodernes Planetarium hinzu. Eine Aussichtsplattform bietet ein 360-Grad-Panorama über die Stadt und weite Teile Südwestislands. Nebenan faucht der künstliche Geysir Strókur. Die nahe Bucht Nauthólsvík überrascht mit dem nördlichsten Badestrand der Welt: Der Ylströnd (Wärmestrand) bietet ganzjährig angenehme 20 °C Badetemperatur – möglich macht es warmes Thermalwasser, das in die Bucht geleitet wird, wo es sich mit kaltem Meerwasser vermischt. •

Im Sommer füllen sich die Häuser des Freilichtmuseums Árbæjarsafn mit Leben.

#UnterwegsInReykjavík

Lohnenswert ist die Anschaffung der Reykjavík City Card. Diese berechtigt drei Tage lang die Nutzung des öffentlichen Nahverkehrs, gibt Zutritt zu allen Freibädern und zu vielen Museen. Sie kostet 4.000 ISK (29 €) für einen Tag, 5.600 ISK (41 €) für zwei Tage bzw. 6.900 ISK (50 €) für drei Tage (2020) und ist am Infoschalter des Rathauses sowie in einigen Museen und Hotels erhältlich.

#akureyri

Akureyri, bereits 1602 ein dänischer Handelsposten, profitiert von einer schönen und geschützten Lage am Eyjafjörður, umgeben von bis zu 1.500 Meter hohen Bergen. Die Stadt mit 18.900 Einwohnern ist das Handels- und Dienstleistungszentrum Nordislands.

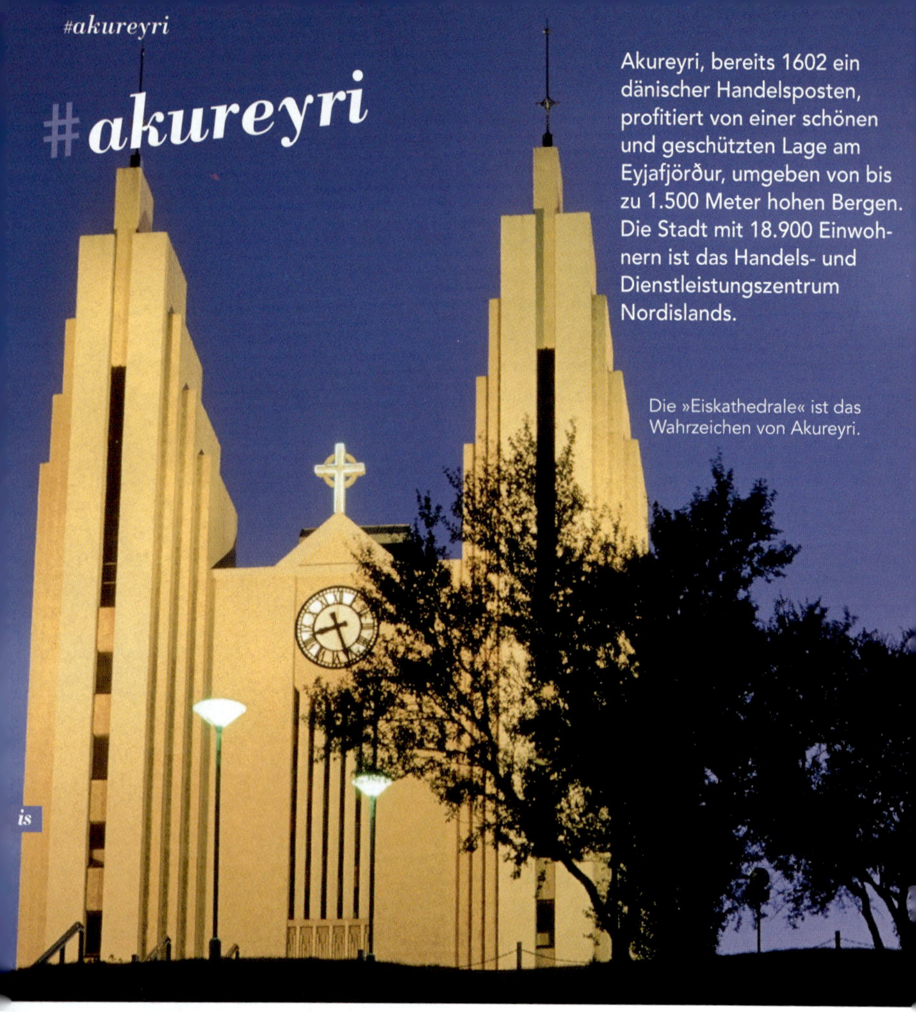

Die »Eiskathedrale« ist das Wahrzeichen von Akureyri.

An die einstige Präsenz dänischer Kaufleute erinnern die stattlichen Holzhäuser in Hafnarstræti und Aðalstræti. Besonders schöne Exemplare sind das Tuliniusarhús (1902) und das Höepfnershús (1911). Das schwarz geteerte Laxdalshús (1795) ist das älteste Haus der Stadt. Symbol von Akureyri ist die Akureyrarkirkja (1940) oder »Eiskathedrale«, entworfen von Guðjón Samúelsson. Im schlichten Nonnahús (Nonni-Haus) wuchs der Jesuit und Autor Jón Sveinsson (1857–1944) auf, der durch seine »Nonni«-Bücher auch in Deutschland bekannt wurde. Das angrenzende Heimatmuseum veranschaulicht die Geschichte der Region. Das 2017 eröffnete Museum Into the Arctic (Strandgata 53) zeichnet ein Bild des Lebens im hohen Norden: Die Themenbreite reicht von historischen Karten über die Reisen großer Polarforscher wie Alfred

Wegener bis hin zur arktischen Tierwelt. Im Fokus des Luftfahrtmuseums steht die Luftfahrtgeschichte Islands. Zu sehen sind unter anderem die Überreste eines britischen Bombers, der im Zweiten Weltkrieg auf der Halbinsel Tröllaskagi abstürzte und erst nach 60 Jahren vom Gletschereis freigegeben wurde. Kunstfreunde zieht es in die Listagil (Straße der Kunst), wo viele Galerien und Ateliers von Kunsthandwerkern, Designern und Künstlern angesiedelt sind. Der Botanische Garten, der nördlichste dieser Art weltweit, überrascht mit 430 einheimischen und 6.600 exotischen Pflanzenarten.

Akureyri ist auch eine prima Basis für Ausflüge, zum Beispiel eine Walbeobachtungsfahrt auf dem Eyjafjörður, einen Flug zur Insel Grímsey oder einen Besuch an das perfekt konservierte Torfgehöft Laufás (am Ostufer des Eyjafjörður). •

Der ehemalige Pfarrhof Laufás gehört zu den besterhaltenen Torfgehöften Islands.

ISLAND #route1

ROUTE 1

Die Halbinsel Snæfellsnes

Snæfellsnes wird aufgrund seiner landschaftlichen Vielfalt oft als »Island en miniature« bezeichnet. Eine schroffe Gebirgskette bildet das Rückgrat der Halbinsel. Der Süden ist von ausgedehnten Mooren, verlassenen Stränden und grünen Wiesen geprägt, der Norden von malerischen Fjorden und kleinen Fischerhäfen. Über der wilden, von kargen Lavafeldern dominierten Westspitze thront der Kegel des Snæfellsjökull, der den Kern des gleichnamigen Nationalparks bildet. Eine Fährlinie über den Breiðafjörður verbindet Snæfellsnes mit den Westfjorden (Route 2).

Klein, aber reizvoll: die Hraunfossar

Eiskaltes Vergnügen: die Erkundung des Gletschertunnels im Langjökull

Reykjavík – Hvalfjörður (Tunnel) – Borgarnes Straße 1, 70 km

Zum Auftakt geht es von Reykjavík auf der Straße 1 nach Norden zum Vorort Mosfellsbær. Hier stand einst die bedeutendste Wollfabrik Islands. Das ehemalige Fabrikgebäude beherbergt Ateliers und Galerien – und das landesweit bekannte Wollgeschäft »Álafoss«. Literaturfreunden empfiehlt sich ein Abstecher (Straße 36) zum Museum Gljúfrasteinn. Im perfekt konservierten Wohnhaus von Halldór Laxness (1902–1998) sieht alles noch so aus, als ob der große isländische Romancier gleich hereinspazieren könnte. Laxness wurde 1955 für den Roman »Atomstation« mit dem Nobelpreis für Literatur ausgezeichnet.

Nach der Umrundung des Esja-Massivs taucht in Fahrtrichtung der Hvalfjörður (Walfjord) auf. Die Ringstraße ver-

#Akranes

Die größte Stadt Westislands zählt 7.400 Einwohner und gehört zu den wichtigsten Fischereihäfen des Landes. Das sehenswerte Folk Museum ist eine Mischung aus Heimatmuseum (Landwirtschaft, Seefahrt und Fischerei), Sportmuseum (lokale Sporthelden) und Mineralienmuseum (Mineralien und Fossilien, Ausstellung zum Tunnelbau). Interessant sind auch die beiden Leuchttürme. Zwischen den Türmen steht eine moderne Skulptur in Form eines Schiffbuchs, die an elf junge Fischer aus Akranes erinnert, die 1905 beim Schiffbruch der »Hafmeyjan« ums Leben kamen.

#Reykholtsdalur

Der Name »Rauchhügeltal« verrät, dass in diesem Tal viele heiße Quellen sprudeln und dampfen. Deildartunguhver ist mit einer Schüttung von 180 Liter pro Sekunde die weltweit ergiebigste! In Reykholt erinnern ein Museum und das Thermalbad Snorralaug an den großen Politiker und Dichter Snorri Sturluson (1179–1241). Eine Augenweide sind die Hraunfossar, eine Reihe kleiner Wasserfälle, die neben der Straße 518 unter der Lava hervortreten. Vom nahen Húsafell lockt ein Abstecher zur Lavahöhle Víðgelmir, die mit einem Guide erkundet werden kann. Spannend ist auch eine Wanderung durch einen künstlichen Eistunnel im Gletscher Langjökull (Zugang über die Kaldidalur-Piste 550). Bei der Führung unter dem Motto »Into the Glacier« erfährt man vieles über die Klimaerwärmung und das Schicksal der Gletscher. Auf dem Rückweg lockt ein Stopp beim Skemman Kaffihús (Hvanneyri), bekannt für seine leckeren Waffeln.

is

#EgilsSaga

Die Saga von Egill Skallagrímsson gehört zu den wichtigsten Isländersagas. Das Meisterwerk, das oft Snorri Sturluson zugeschrieben wird, entstand vermutlich in der ersten Hälfte des 13. Jahrhunderts. Im Zentrum der Handlungen steht das Leben des isländischen Bauern, Wikingers und Skalden Egill Skallagrímsson. Ein Leben, geprägt von vielen Kämpfen. So soll Egill bereits im zarten Alter von sieben (!) Jahren mit der Axt seinen ersten Mord verübt haben. Sein Grabhügel liegt im Park Skallagrímsgarður, unweit vom Landnahmezentrum.

schwindet seit 1998 in einen 5,8 Kilometer langen Tunnel. Reisenden mit mehr Zeit bietet die »alte« Ringstraße (heute Straße 47), die den Fjord umrundet, eine reizvolle Alternative (siehe Seite 390). Vom Nordufer des Fjords lohnt sich ein Abstecher auf der Straße 51 nach Akranes.

Die Ringstraße passiert die Lagune Leirárvogar und zieht sich dann am Hafnarfjall entlang. Bei starkem Wind ist hier erhöhte Wachsamkeit geboten, denn der 842 Meter hohe Gebirgszug ist wegen der oft plötzlich auftretenden Fallwinde berüchtigt, die bereits Lkw von der Straße fegten. Vor der Brücke über den Borgarfjörður könnten Sie einen Ausflug über die Straßen 50 und 52 ins nahe Reykholtsdalur in Erwägung ziehen.

Borgarnes (Felsenhalbinsel) liegt malerisch auf einer kleinen Landzunge im Norden des Borgarfjörður. Hauptattraktion des 2.000-Seelen-Ortes ist das moderne Landnahmezentrum. Das mehrfach preisgekrönte multimediale Museum widmet sich der Besiedlung Islands und der Egils saga, die in der Region spielt.

Borgarnes – Arnarstapi Straße 1/54/574, 119 km

Borgarnes ist das Tor zur Halbinsel Snæfellsnes. Kurz nachdem Sie auf der Straße 54 nach Nordwesten abgebogen sind, überqueren Sie den Fluss Langá, der unter Lachsanglern einen vorzüglichen Ruf genießt. Seen und Sümpfe prä-

Der Egils Saga ist im Landnahmezentrum eine ganze Abteilung gewidmet.

Seen und Sümpfe prägen das Moorgebiet Mýrar.

gen das Moorland Mýrar, das bald einer herben Vulkanlandschaft weicht, beherrscht vom dunklen Lavaring Eldborg (Feuerburg). Wer die Aussicht vom Krater genießen möchte, wählt die Stichstraße zum Hof Snorrastaðir. Von dort steigt ein markierter Pfad zum gut 5.000 Jahre alten Krater hoch, der seine Umgebung um 50 Meter überragt.

Zwei Kilometer hinter der Brücke über die Haffjarðará zweigt eine nicht nummerierte Seitenstraße zu der imposanten Basaltsäulenwand von Gerðuberg ab, die wie eine Festungsmauer aus der Ebene aufragt. Die einzelnen Säulen sind bis zu 15 Meter hoch! Etwas weiter an der gleichen Straße liegt die Rauðamelsölkelda. Dem Wasser der ergiebigsten Mineralquelle Islands wird eine heilsame Wirkung nachgesagt.

30 Kilometer weiter führt die Straße 571 zu einer weiteren Mineralquelle. Das eisenhaltige Wasser der Ölkelda soll bei Diabetes, Herzkrankheiten und Nierenleiden Linderung bringen.

Dunkle Berge beherrschen den schmalen, fruchtbaren Küstenstreifen. Für Farbtupfer sorgen einzelne Höfe wie der Reiterhof Lýsuhóll. Eine Oase der Ruhe mit gemütlichen Hütten und einem Hot Pot auf der Wiese, von dem man auf

Rauðfeldargjá

#BárðurSnæfellsás

Der Legende nach lebte der Halbtroll Bárður mit seinen Töchtern auf einem Hof bei Hellnar. Eines Tages spielten die Mädchen mit ihren Neffen Rauðfeldur und Sölvi. Da kam Rauðfeldur auf die unselige Idee, die älteste Tochter Helga auf eine Eisscholle zu schieben, auf der sie bis nach Grönland trieb. Das Mädchen blieb zwar unversehrt, doch Bárður tobte: Er stieß Rauðfeldur in die Schlucht Rauðfeldargjá und Sölvi vom Kliff Sölvahamar.

Hellnar

den Kegel des Snæfellsjökull schaut. Wenig später zweigen Sie von der Straße 54 in die Straße 574 ab, die die Westspitze der Halbinsel umrundet und immer neue Perspektiven auf den gewaltigen Stratovulkan bietet.

In Búðir (Fischerhütten) erinnert nichts mehr an die reiche Vergangenheit als Handels- und Fischerort. Das hier ansässige Hotel Búðir gehört aber zu den schönsten Hotels Islands. Nebenan erhebt sich eine malerische schwarze Holzkirche (1850) am Rand eines Lavafeldes, um das sich so manche Legende rankt. Eine erzählt von einem mit Goldstaub bedeckten Gang, der die Höhle Búðahellir mit einer weiteren Höhle nördlich des Langjökull verbinden soll. Eine Landarbeiterin, die sich eines Tages im Höhlengewirr verirrte, kam angeblich 200 Kilometer weiter wieder ans Tageslicht. Jules Verne lässt grüßen!

Am Fuß der Pyramide Axlarhyrna duckt sich der Hof Öxl, im 16. Jahrhundert Wohnsitz des Serienkillers Björn Pétursson (1555–1596) alias »Axlar-Björn« (Beil-Björn). Der Sohn eines isländischen Kleinbauern soll mindestens 18 Menschen ermordet haben, meist Reisende, die er zunächst gastfreundlich bewirtete und dann mit dem Beil tötete und im Teich versenkte. Der bekannteste isländische Serienmörder wurde 1596 bei Hellnar hingerichtet.

Arnarstapi, während des dänischen Handelsmonopols ein wichtiger Hafen, zählt nur noch eine Handvoll Dauerbewohner. Im Sommer aber blüht der Ort auf. Dann brechen Saisonfischer vom malerischen Hafen zum Kabeljaufang auf, brüten zahlreiche Küstenseeschwalben auf den Wiesen und beziehen laut zeternde Dreizehenmöwen in den nahen Klippen und Brandungshöhlen ihre Nester. Ganz nahe kommt man den Seevögeln auf dem beliebten Küstenpfad nach Hellnar. Unterwegs begegnet man dem Halbtroll Bárður Snæfellsás, eine imposante Steinfigur von Ragnar Kjartansson.

Arnarstapi – Hellissandur Straße 574, 37 km

Ein Umweg zum winzigen Küstenort Hellnar lohnt sich allein schon wegen der imposanten Brandungshöhle Baðstofa. In Hellnar beginnt auch der 170 Quadratkilometer große Nationalpark Snæfellsjökull, der die gesamte Westspitze von Snæfellsnes umfasst. Kilometerlang schlängelt sich die Straße zwischen Kratern und Lavaströmen, die sich wie versteinerte Schlangen zum Meer hinunter winden. Menschen leben hier schon lange nicht mehr. Seit Reisende von Axlar-Björn begrüßt und im Teich versenkt wurden, hat sich die Infrastruktur aber merklich verbessert. Die Straße ist heute komplett geteert und der Nationalpark durch markierte Wanderwege erschlossen. Die Reisegeschwindigkeit liegt dennoch niedrig, denn es gibt einfach zu viel zu sehen …

Der Stratovulkan Snæfellsjökull spie zuletzt vor 1.800 Jahren Asche und Lava.

#Snæfellsjökull

Majestätisch erhebt sich der Snæfellsjökull im Westen von Snæfellsnes. Der 1.446 Meter hohe Stratovulkan existiert bereits 800.000 Jahre. Er war zuletzt vor 1.800 Jahren aktiv, gilt aber nicht als erloschen. Den Gipfel bedeckt eine gut zehn Quadratkilometer große Eiskappe, die aber rasch zusammenschmilzt. 1890 hatte der Gletscher noch eine Fläche von 22,7 Quadratkilometern, 2100 wird er vermutlich verschwunden sein. Das ändert aber nichts an der Anziehungskraft des Berges, der Künstler und Autoren inspirierte: Jules Verne schickte seine Helden durch den Schlund des Snoeffelsjökull auf die »Reise zum Mittelpunkt der Erde«, Halldór Laxness verewigte den Vulkan im Roman »Am Gletscher«.

Unweit von Hellnar erheben sich die Felsnadeln der Lóndrangar, erodierte Schlote eines verschwundenen Vulkans.

Über eine lange Stahltreppe geht es hinunter in die Lavahöhle Vatnshellir.

Hinter Hellnar erhebt sich der Tuffsteinfelsen Svalþúfa. Der Vogelberg, bevölkert von Dreizehenmöwen, Tordalken und Trottellummen, ist nach kurzem Fußweg erreichbar. Nebenan wachsen die markanten Felsnadeln der Lóndrangar 75 bzw. 61 Meter empor. Beim Leuchtturm Malarrif liegt das Besucherzentrum des Nationalparks Snæfellsjökull mit Ausstellungen zu Geologie, Fauna, Flora und dem Leben der lokalen Fischer. Interessant ist auch ein Besuch der Lavahöhle Vatnshellir auf der anderen Straßenseite. Der 200 Meter lange Lavatunnel, der sich unter dem Lavafeld Purkhólahraun erstreckt, entstand bei einer Eruption vor 8.000 Jahren. Eine Besichtigung ist nur mit einer Führung möglich. Warme Kleidung und Wanderschuhe sind Pflicht, Helm und Lampe werden gestellt.

Schwere Brecher donnern pausenlos auf den Kiesstrand von Djúpalónssandur. Zwischen den schwarzen Steinen rosten Wrackteile des 1948 gestrandeten englischen Trawlers »Epine«. Auch die vier »Kraftprobesteine«, mit denen einst die Eignung angehender Fischer getestet wurde, liegen noch an ihrem Platz: Fullsterkur (sehr stark) wiegt 154 Kilo, Hálfsterkur (recht stark) 100 Kilo, Hálfdrættingur (mittelmäßig) 54 Kilo und Amlóði (schwach) 23 Kilo. Wer nicht mindestens den drittschwersten Stein hochstemmen konnte, hatte keine Chance, auf einem der offenen Boote

Der Leuchtturm von Öndverðarnes markiert die äußerste Westspitze der Halbinsel Snæfellsnes.

anzuheuern, mit denen die Fischer vom nahen Fischereistützpunkt Dritvík aufs Meer hinausruderten. Würden Sie den Eignungstest bestehen?

Die Straße 574 zieht sich westlich um die schroffen Hänge des Snæfellsjökull herum und erreicht schließlich die Nordküste der Halbinsel. Ein Abstecher auf der Straße 579 bringt sie zur äußersten Westspitze der Halbinsel. Ziel der ruppigen Schotterpiste ist der Leuchtturm von Öndverðarnes, ein herrlicher Ort, um den Sonnenuntergang zu genießen.

Auf der Weiterfahrt springt der Sendemast von Gufuskálar ins Auge, der 1959 von der US-amerikanischen Armee zur Funknavigation errichtet wurde. Er verlor aber durch die Satellitenaufklärung für das Frühwarnsystem an Bedeutung und wurde 1994 abgeschaltet. Der 412 Meter hohe Funkmast, der heute vom isländischen Rundfunk genutzt wird, ist noch immer das höchste Bauwerk Westeuropas.

Hellissandur war früher ein bedeutender Fischereihafen. 1950 wurden die Hafenaktivitäten jedoch nach Rif verlagert. Blickfänge des lokalen Seefahrtmuseums sind das älteste auf Island erhaltene Ruderboot »Bliki« (1826) und die Replika einer Fischerhütte (ca. 1900). In den letzten Jahren

#StreetArt

An Ideen mangelte es Kári Viðarsson nie. Nachdem er das Kulturzentrum »The Freezer« in Rif gegründet hatte, fragte er sich, wie er der leerstehenden Fischfabrik in seinem Geburtsort Hellissandur neues Leben einhauchen könnte. Also lud er 2018 eine Handvoll renommierter Street-Artisten ein. Und sie malten: die furchteinflößende Fratze des Serienkillers Axlar-Björn, Szenen aus Jules Vernes »Reise zum Mittelpunkt der Erde«, Riesenfische, einen surfenden Papageitaucher … Heute schmücken über 30 großformatige Wandmalereien die Mauern von Schuppen, Hallen und Häusern im ganzen Dorf.

Das reichhaltige Nahrungsangebot lockt auch Großwale wie den Buckelwal in die Gewässer des Breiðafjörður.

mauserte sich Hellissandur zu »Islands Hauptstadt der Street Art«. Und noch ein kulinarischer Geheimtipp: Probieren Sie im Gilbakki Kaffihús (Ecke Gilbakki/Höskuldubraut) unbedingt die legendäre Fischsuppe von Anna Þóra!

Hellissandur – Rif – Ólafsvík – Grundarfjörður – Stykkishólmur Straße 574/54/58, 73 km

In der Nähe von Hellissandur erhebt sich die Ingjaldshólskirkja (1903), die älteste Steinkirche Islands. Ein Gemälde im Inneren zeigt Christopher Columbus, der im Sommer 1477 die Gegend besucht haben soll, um sich über die Schifffahrtsrouten der Wikinger im Westatlantik zu informieren. Handfeste Belege für den Besuch gibt es allerdings nicht …

An der Nordküste von Snæfellsnes reihen sich die Fischerorte aneinander wie die Perlen einer Kette. Auf dem Weg nach Rif wird es laut, denn hier durchquert die Straße ein riesiges Brutgebiet der Küstenseeschwalbe. Ólafsvík empfängt Besucher mit dem »Geruch des Geldes« – so bezeichnen Einheimische den Fischgestank, dem sie ihren Wohlstand verdanken. Auch die Fischform der modernen Kirche symbolisiert den Reichtum. Ein Heimatmuseum im ehemaligen Lager Pakkhúsið (1844) illustriert die Bedeu-

Am Fuß des Gletschervulkans Snæfellsjökull leuchtet die Ingjaldshólskirkja, die älteste Steinkirche Islands.

Der pyramidenförmige Berg Kirkjufell ist das Wahrzeichen von Grundarfjörður.

tung der Fischerei. Von Ólafsvík aus organisiert Láki Tours Walbeobachtungsfahrten auf dem Breiðafjörður. Im Sommer werden vor allem Delfine, Zwerg- und Buckelwale gesichtet.

Die Straße 54 führt an der Küste entlang nach Grundarfjörður. Wahrzeichen des traditionsreichen Fischerortes ist der Berg Kirkjufell, der von den Dänen wegen der Pyramidenform »Zuckerhut« genannt und im Hollywood-Streifen »Das erstaunliche Leben des Walter Mitty« (2013) verewigt wurde. Ein Bild vom Leben der Fischer im frühen 20. Jahrhundert zeichnen Fotografien von Bæring Cecilsson im Bæringsstofa. Im Sommer veranstaltet Láki Tours von Grundarfjörður aus Bootstouren auf dem Breiðafjörður, im Winter Walsafaris, bei denen die Schwertwale im Fokus stehen.

Dämme führen über Kolgrafafjörður und Hraunsfjörður, zwei Fjorde mit starken Gezeitenströmungen. Anschließend wird das Lavafeld Berserkjahraun durchquert, benannt nach einer vermeintlichen Begebenheit aus der Landnahmezeit. Um einen Weg durch die Lava zu bauen, wurden vom Grundeigentümer zwei Berserker angewor-

#FranzösischeFischer

Um 1800 siedelten sich in Grundarfjörður die ersten französischen Fischer an, die dort Kabeljau zu Klippfisch verarbeiteten. Die Franzosen bauten Handelshäuser, eine Kirche und ein Krankenhaus und legten einen Friedhof an. Der Ertrag war hoch, der Preis auch: Mehr als hundert Schiffe sanken und über 2.000 Seeleute ertranken. Ende der 1860er-Jahre gingen die Franzosen fort, sie zerlegten sämtliche Gebäude in Einzelteile und nahmen alles mit. Sogar die Toten wurden wieder ausgegraben.

Westlich von Grundarfjörður erhebt sich der Leuchtturm Krossnesviti.

#DelikatesseFür Hartgesottene

In Bjarnarhöfn werden jährlich rund hundert Grönlandhaie verarbeitet, die den Fischern als Beifang in die Netze geraten. Ein Museum zeigt das Boot »Sildin« (1860), mit dem die Fischer einst Haie fingen, und erläutert die Verarbeitung der Raubfische. Leberöl der Haie war früher in Europa als Brennstoff für Straßenlaternen gefragt. Heute wird nur das Fleisch gegessen. Damit es genießbar wird, lagert es bis zu zwei Monate in Holzkisten, sodass die im Blut angereicherten Harnstoffe in Ammoniak umgewandelt werden. Nach der Fermentation hängen die Fleischstücke drei bis vier Monate in der Trockenhütte. Wer eine Führung mitmacht, kommt nicht um eine Kostprobe herum!

ben, kräftige Kerle aus Schweden. Als Lohn wurden ihnen zwei Frauen versprochen. Stattdessen lockten die Schönen die Berserker aber in eine Scheune, die in Brand gesteckt wurde.

Kurz vor Stykkishólmur markiert ein rostiger Haifisch den Abzweig zum »Haifischhof« Bjarnarhöfn, spezialisiert auf die Produktion von hákarl – fermentiertem Hai. Später folgen Sie der nach Norden abzweigenden Straße 58 Richtung Stykkishólmur und passieren unterwegs Helgafell. Um den 73 Meter hohen Basaltklotz, der schon vor der Christianisierung als »heiliger Berg« galt, rankt sich so manche Legende. Der Aufstieg lohnt sich allein schon wegen der fabelhaften Aussicht auf die Inseln im Breiðafjörður.

Stykkishólmur, mit 1.100 Einwohnern der größte Ort von Snæfellsnes, hat ein ausgeprägtes maritimes Flair. Dafür sorgt nicht nur der lebhafte Hafen, sondern auch das historische Zentrum mit Speichern, Geschäften und Wohnhäusern aus dem 19. Jahrhundert. Das Norska Húsið (1832) oder »Norwegisches Haus« ist das älteste Haus der Stadt und beherbergt das städtische Museum. Im Erdgeschoss gibt es Ausstellungen isländischer Künstler; das Oberge-

Die »gute Stube« im Norska Húsið

Vom Leuchtfeuer auf dem Basaltklotz Súgandisey ergibt sich ein herrlicher Ausblick auf Stykkishólmur und die Schärenwelt des Breiðafjörður.

schoss illustriert die Lebensverhältnisse der isländischen Oberschicht im 19. Jahrhundert. Das rote Egilsenshús (1867), einst Laden und Wohnhaus, ist heute ein Hotel, das mintgrüne Narfeyrarhús (1906) ein Restaurant.

Sehenswert ist auch das Vulkanmuseum, gegründet vom renommierten Vulkanologen Haraldur Sigurðsson. Das Kontrastprogramm bietet die Installation Vatnasafn (Wasserbibliothek) der amerikanischen Künstlerin Roni Horn: 24 Glasröhren mit Wasser von 24 isländischen Gletschern rufen bei wechselndem Lichteinfall interessante Reflexionen und Verzerrungen hervor. Wahrzeichen der Stadt ist die futuristisch anmutende Stykkishólmskirkja (1990). Vom Hafen leitet eine Treppe zum grasbewachsenen Basaltklotz Súgandisey hinauf: ein wunderbarer Ort, um den Sonnenuntergang über der vorgelagerten Schärenwelt zu genießen! Letztere lässt sich auch auf einer Bootstour von Seatours erkunden. Das gleiche Unternehmen betreibt auch die Fährlinie nach Brjánslækur in den Westfjorden (siehe Tour 2).

#DreiWünscheFrei

Wer Helgafell zum ersten Mal besteigt, hat dem Volksglauben nach drei Wünsche frei. Bedingung ist, dass man sich strikt an das Ritual hält: Der Aufstieg beginnt beim Grab der Sagaheldin Guðrún Ósvífursdóttir, die dort bis zu ihrem Tod als Einsiedlerin lebte. Unterwegs darf man weder sprechen noch zurückblicken. Oben bei der Ruine der Kapelle müssen die Wünsche, von denen niemand etwas erfahren darf, stumm in Richtung Osten geäußert werden. Es dürfen auch nur gute Wünsche sein.

#Vogelparadies

Die genaue Zahl der Inseln im Breiðafjörður (breiter Fjord) ist nicht bekannt. Über 2.500 sollen es sein. Viele haben ihre eigene Geschichte: Auf Öxney lebte zeitweise der spätere Grönlandfahrer Erik der Rote, von den Bjarneyjar ruderten einst Hunderte Fischer auf den Fjord hinaus, Hrappsey bekam 1773 die erste Druckerei Islands. Für Brut- und Zugvögel bietet der Fjord mit seinen starken Strömungen und reichem Nahrungsangebot ideale Bedingungen. Zwei Drittel der isländischen Seeadler, die Mehrheit der Kormorane und Krähenscharben und ein Drittel der Eiderenten brüten hier. Hinzu kommen große Kolonien von Dreizehenmöwe, Papageitaucher und Küstenseeschwalbe.

Stykkishólmur – Hvammsfjörður – Borgarnes Straße 58/54/60/1, 145 km

Von Stykkishólmur fahren Sie zurück zur Straße 54 und biegen nun links ab. Die Schotterstraße umrundet dann den Álftavatn (Schwanenfjord), auf dem tatsächlich oft Singschwäne schwimmen, während im Süden die roten Rhyolithhänge der 1.063 Meter hohen Ljósufjöll schimmern. Hinter der weiß getünchten Kirche von Narfeyri erreichen Sie den breiten Hvammsfjörður, der durch zahllose Inseln vom Breiðafjörður getrennt ist. Gleich zu Beginn schweift der Blick über Brokey, mit einer Fläche von 3,7 Quadratkilometern die größte Insel im Breiðafjörður. Promintester Bewohner war der potente Falkenjäger und Bauer Jón Pétursson (1584–1667), der angeblich 30 Kinder zeugte, das letzte im Alter von über 80 Jahren.

Anschließend passieren Sie das Gehöft Drangar, in dem Erik der Rote einst zwei Männer getötet haben soll. Danach wurde er geächtet und musste schließlich nach Grönland flüchten. Am Fjordende mündet die Straße 54 in die Straße 60, die aus den Westfjorden (siehe Seite 407) kommt. Sie fahren rechts weiter und passieren bald Sauðafell, einst Wohnsitz des bekannten Goden Sturla Sighvatsson (1199–1238), der bei der Schlacht bei Örlygsstaðir das Leben ließ; gut 300 Jahre später wurde an gleicher Stelle der letzte katholische Bischof Jón Arason verhaftet und danach nach Skálholt gebracht, wo er zusammen mit seinen Söhnen ge-

In den Basaltklippen des Breiðafjörður nisten zahlreiche Dreizehenmöwen.

Sonnenuntergang über dem mächtigen Breiðafjörður

köpft wurde. Der Nachbarhof Erpsstaðir ist landesweit bekannt für sein vorzügliches Eis. Auch Skyr und Käse werden hergestellt. In der Saison werden regelmäßig Führungen angeboten.

Von April bis August ist auch der Papageitaucher ein häufiger Brutgast auf den Inseln im Breiðafjörður.

Nach der Überwindung des 400 Meter hohen Gebirgspasses Brattabrekka taucht links der markante Rhyolithberg Baula auf. Der 934 Meter hohe Kegel ist der erodierte Rest einer 3,5 Millionen Jahre alten Intrusion, die nur sichtbar wurde, weil die Eiszeitgletscher 1.500 Meter Gestein abgehobelt haben. Die spitze Form hängt vermutlich damit zusammen, dass der Berg einst als Nunatak aus einem Eiszeitgletscher ragte.

An der Einmündung der Straße 60 in die Straße 1 geht es rechts weiter durch das Tal der Norðurá. Die grünen Wiesen weichen nun bald dem moosbewachsenen Lavafeld Grábrókarhraun. Urheber ist eine Kraterreihe, die vor 3.400 Jahren aktiv war. Der 173 Meter hohe Hauptkrater Grábrók bietet eine tolle Aussicht auf die umliegenden Lavafelder. Anschließend passieren Sie die Mini-Siedlung Bifröst, entstanden rund um eine Wirtschaftshochschule. Bei schönem Wetter schweift der Blick bis zu den Gletschern Eiríks-, Lang- und Þórisjökull im Osten und bis zum Snæfellsjökull im Westen. An einigen Sommerhaussiedlungen vorbei erreichen Sie bald Borgarnes, das bereits auf dem Hinweg durchfahren wurde.

is

Borgarnes – Hvalfjörður (Fjordroute) – Reykjavík
Straße 1/47/1, 110 km

Ein Rotschenkel auf der Nahrungssuche im Innern des Hvalfjörður

Von Borgarnes geht es auf der Straße 1 zurück zum Hvalfjörður. Hier empfehlen wir nun, nicht durch den Tunnel zu fahren, sondern der Straße 47 zu folgen, die 2,5 Kilometer vor dem Tunnel nach links abzweigt. Die kaum befahrene Straße, die den 30 Kilometer langen Fjord umrundet, ist identisch mit dem Verlauf der »alten« Ringstraße und passiert schon bald den Weiler Saurbær mit der hübschen weiß-grünen Hallgrímskirkja. Prominentester Bewohner des ehemaligen Pfarrhofes war der Pfarrer-Dichter Hallgrímur Pétursson (1614–1674), Verfasser der »Passionspsalmen«. Einen Steinwurf entfernt erinnert das War and Peace Museum an die Kriegsjahre am Hvalfjörður, als die Alliierten dort zwei Stützpunkte betrieben. Bei Miðsandur verraten große Trantanks, eine Slipanlage und Kais die Lage der 1948 gegründeten Walfangstation Hvalstöð. Nach der Schließung des Betriebes 1989 wurde sie jedoch nicht demontiert. Seit 2009 werden dort sogar – trotz internationaler Proteste – wieder Wale zerlegt. Gleich nebenan erinnern die im Hang gebauten Nissenhütten und Baracken an die große amerikanische Basis aus dem Zweiten Weltkrieg.

Am Fjordende empfiehlt sich ein Abstecher zum Wasserfall Glymur, mit einer Fallhöhe von 195 Metern der zweithöchste Wasserfall Islands. Die anspruchsvolle Wanderung erfordert Trittsicherheit, Schwindelfreiheit und extra Schuhwerk zum Furten eines Baches.

Bei der Ruine des Gehöfts Hvítanes illustrieren Tafeln die Rolle des Hvalfjörður im Zweiten Weltkrieg. Damals betrieben die Engländer in Hvítanes einen Stützpunkt. Ruinen und Stegreste sind noch zu erkennen. Hinter der Abzweigung der Straße 48 (nach Þingvellir) führt eine Brücke über die Laxá. Während der Lachssaison Ende August sehen Sie in den Stromschnellen nicht selten Lachse springen. Beim Weiler Saurbær mündet die Straße 47 wieder in die Ringstraße, auf der es nach Reykjavík zurückgeht. •

Auf dem Weg zum Glymur überwindet man mithilfe einer Baumstammbrücke die schäumende Botnsá.

Der Glymur gehört zu den höchsten Wasserfällen Islands – und zu den schönsten.

ISLAND #route2

ROUTE 2

Die Westfjorde

is

Wie eine riesige Klaue, die nach Grönland zu greifen scheint, schieben sich die Westfjorde in den Nordatlantik. Von Massentourismus ist auf der dünn besiedelten Halbinsel im Nordwesten Islands kaum die Rede. Vielmehr stehen die Westfjorde für Authentizität und Entschleunigung. Das Reisetempo liegt deutlich niedriger als im übrigen Island. Dafür sorgen schon die vielen tief eingeschnittenen Fjorde, zahlreiche Pässe und so manche raue Schotterstraße. Spektakuläre Attraktionen sind, abgesehen von den riesigen Vogelbergen, eher die Ausnahme. Kleine Fischerdörfer, stille Fjorde, verfallene Heringsfabriken und versteckte Hot Pots verleihen der Landschaft aber einen ganz eigenen Charme.

Küstenseeschwalben

Stykkishólmur – Flatey – Brjánslækur Fährüberfahrt

Die Rundreise durch die Westfjorde beginnt mit einer gut dreistündigen Schiffsreise über den Breiðafjörður. Auf halber Strecke zwischen Stykkishólmur und Brjánslækur steuert die Fähre MS »Baldur« die Insel Flatey an. Auf der »flachen Insel« wohnen im Winter nur noch zwei Familien. Im Sommer aber explodiert das Leben, wenn ehemalige Insu-

Die MS »Baldur« verkehrt im Sommer zweimal täglich zwischen Stykkishólmur und Brjánslækur.

laner und ihre Nachfahren die bunten alten Häuser bevölkern und Tausende Seevögel hier nisten. In dieser Zeit wird Flatey zweimal täglich von der Fähre angesteuert. Sie könnten also mit der ersten Fähre anreisen und mit der zweiten nach Brjánslækur weiterfahren. Oder besser noch: Eine Übernachtung einschieben, denn so lässt sich die einmalige Atmosphäre der Insel am besten genießen. Das Auto kann aber nicht mit auf die Insel, da diese autofrei ist. Das ist aber kein Problem: Auf Wunsch parkt die Schiffsbesatzung das Auto für Sie am Zielhafen Brjánslækur.

Und mal ehrlich: Wozu würden Sie das Auto brauchen? Auf Flatey sind die Wege kurz, man geht halt zu Fuß. Beim Streifzug entlang der Küste entdeckt man das reiche Vogelleben der Insel, wo Schnepfenvögel, Eiderenten und Küstenseeschwalben brüten. Ein Spaziergang zwischen den alten Häusern und Speichern im Dorf ähnelt einer Zeitreise. Das nostalgische Flair inspirierte Schriftsteller und Filmemacher. Auch die Fernsehserie »Nonni und Manni« wurde hier gedreht.

Brjánslækur – Látrabjarg – Patreksfjörður Straße 62/612/62, 148 km

In Brjánslækur endet die Fährüberfahrt. In der Nähe des Fähranlegers befinden sich die Flókatóftir (Ruinen von Flóki). Bei den freigelegten Stein- und Graswällen geht es vermutlich um die Reste des Langhauses, in dem der

#Raben-Flóki

Als der Wikinger Flóki Vilgerðarson alias »Raben-Flóki« um 865 in Island auftauchte, war die Insel noch unbesiedelt. Laut der Überlieferung ließ er sich mit seinem Gesinde und Vieh im Vatnsfjörður nieder. Doch dann machte Flóki einen großen Fehler: Aufgrund des guten Fischfangs im Sommer versäumte er die Heuernte, sodass das Vieh im Winter verhungerte. Als er im nächsten Sommer einen Gipfel bestieg, sah er im Norden einen Fjord voller Treibeis. Darauf gab er der Insel den Namen Ísland – Eisland und segelte nach Norwegen zurück, wo er über das »nutzlose« Land berichtete. Erst Jahre später kehrte Flóki zum Vatnsfjörður zurück und wagte einen neuen Versuch – diesmal mit Erfolg.

Norweger »Raben-Flóki« um die Mitte des 9. Jahrhunderts überwinterte.

#WarmesKlima

Für Klimaforscher ist die Schlucht Surtarbrandsgil (Lignit-Schlucht) eine wahre Fundgrube. Der Name ist von den zwischen den Basaltlaven eingelagerten Lignitschichten abgeleitet. Diese verraten, dass Island im Tertiär weitgehend bewaldet war. Fossilien aus den 14 Millionen Jahre alten Schichten belegen, dass auf der Insel damals Magnolien, Mammut- und Walnussbäume gediehen, allesamt Baumarten, die auf ein deutlich wärmeres Klima mit einer mittleren Jahrestemperatur von 15 °C hindeuten.

Oberhalb des Gehöfts Brjánslækur liegt Surtarbrandsgil, ein bekannter Fundort von Fossilien aus dem Tertiär. Das Sammeln ist aber nicht erlaubt, denn die Schlucht steht unter Naturschutz.

Nach der Umrundung des Massivs Blankur entdeckt man am Strand die Zacken des erodierten Basaltgangs Reiðskörð, der wie der lange Schwanz eines Seemonsters aus dem Meer auftaucht. Vor allem bei Ebbe ist der »Schwanz« gut zu sehen. Der Überlieferung nach wurde hier 1648 der Verbrecher Sveinn skotti, Sohn von Axlar-Björn (siehe Seite 380), hingerichtet. Sein Geist soll dort noch immer umgehen.

Mehr Entspannung verspricht das kleine Thermalbad im nahen Birkimelur. Die Straße 62 zieht sich nun, mit Blick auf den Snæfellsjökull, am Barðaströnd entlang, einem fruchtbaren Küstenstreifen, flankiert von feinen Sandstränden. Danach wartet die 404 Meter hohe Passstraße über die Kleifaheiði, überwacht von der Steinfigur Kleifabúi (auf der Westseite). Vor allem bei Nebel wirkt die große Steinwarte in Menschengestalt, 1947 von Straßenbauarbeitern errichtet, wie ein versteinerter Riese aus einem Märchen.

In den Westfjorden ticken die Uhren langsamer. Die Tankstelle am Barðaströnd hat sogar noch einen Tankwart.

In einer kleinen Bucht des Patreksfjörður rostet das Wrack des MS »Gardar«.

In langen Kehren fällt die Straße 62 zum Patreksfjörður ab. Von dort führt die Straße 612, eine raue Schotterstraße, nach Látrabjarg weiter. Was folgt, ist eine der wildesten Küstenstraßen Islands, gesäumt von dunklen Basaltkliffen und einsamen Buchten. Und dem Wrack eines gestrandeten Schiffs: Die »Gardar«, 1912 in Norwegen gebaut, war das erste Stahlschiff Islands. Wenige Kilometer weiter zweigt die Straße 614 ab, die sich über die Berge zum Strand Rauðasandur schwingt.

Nach der Umrundung des Basaltkliffs Hafnarmúli öffnet sich plötzlich ein fruchtbares weites Tal. Rund um die Lagune Örlygshöfn liegen grüne Wiesen, verstreute Höfe und ein Museum: In dem von Egill Ólafsson (1925–1999) gegründeten Heimatmuseum in Hnjótur erfährt man, wie Treibholzverarbeitung, Haifischfang, Eisproduktion und Vogeleiersammeln einst den Alltag der Küstenbewohner prägten. Zu sehen sind Schuhe aus Fischhaut, Weihnachtsbäume aus Treibholz und Wollhandschuhe mit zwei Daumen für die Fischer: Hatte ein Daumen ein Loch, brauchte man den Handschuh nur umzudrehen. Auch die Rettung von Schiffbrüchigen ist ein Thema. Die Abteilung über Luftfahrtgeschichte zeigt unter anderem ein russisches Frachtflugzeug, das 1992 im Kollafjörður notlanden musste. Kurios ist auch der winzige »Terminal« des Flughafens in Patreksfjörður, gefertigt aus dem Steuerhaus eines Kutters.

Nach der Überwindung des Bergrückens Hafnarfjall öffnet sich eine herrliche Aussicht auf Breiðavík, eine helle, sandige Bucht, gesäumt von einer Kirche, einem Hof und Heuwiesen. Ein weiterer Höhenzug, Látraháls, trennt die Bucht

#Arktischer Traumstrand

Rauðasandur gehört zu den bestgehüteten Geheimnissen Islands. Bei Ebbe lädt der »rote Strand«, der aus feinem Muschelsand besteht, zu ausgedehnten Spaziergängen ein. Fast immer sieht man dabei Seehunde, die sich auf den Sandbänken sonnen. In der Umgebung spielt der Krimi »Schwarze Vögel« von Gunnar Gunnarsson, basierend auf einem grausamen Verbrechen, das sich 1802 auf dem Hof Sjöundá vollzog. Damals wurde ein ehebrecherisches Paar zu Tode verurteilt, nachdem es den jeweiligen Ehegatten aus dem Weg geräumt hatte. Erholung von Spaziergängen und Schauergeschichten bietet das Café »Kirkjuhvammur«, in dem man bei Waffeln mit heißer Schokolade die Seele baumeln lassen kann.

#Dramatische Rettungsaktion

Am 12. Dezember 1947 lief der britische Trawler »Dhoon« im Sturm bei Flaugarnef auf Grund. Die Lage erschien aussichtslos, eine Rettung über die 200 Meter hohe Steilwand unmöglich. Drei Seeleute waren bereits ertrunken, als Fischer und Bauern aus Hvallátur eintrafen. An den Tauen, die sonst beim Eiersammeln zum Einsatz kamen, seilten sie sich über das Kliff ab und holten die Überlebenden mit der Hosenboje an den Strand. So vertraut war die Prozedur, dass den Fischern schon auf dem Weg nach oben eine heiße Suppe eingeflößt wurde. Ein Jahr später wollte ein Filmteam die Rettungsaktion nachstellen. Zur gleichen Zeit erlitt im Patreksfjörður ein anderer britischer Trawler Schiffbruch. Erneut seilten sich die Küstenbewohner ab, diesmal, um die Crew der »Sargon« zu bergen. Dabei wurde live gefilmt. Das Museum in Hnjótur zeigt Ausschnitte aus der Doku »Die Rettungstat von Látrabjarg«.

von der malerischen Küstensiedlung Hvallátur, einst ein bedeutendes Fischereizentrum. Geblieben sind einfache aus Basalt und Grassoden erbaute Schuppen und bunte Sommerhäuser. Die Straße führt nun direkt am Strand weiter und endet beim weißen Leuchtturm am Kap Bjargtangar.

Vom Leuchtturm, der den westlichsten Punkt Europas markiert, ragen die Klippen von Látrabjarg über eine Distanz von 14 Kilometern senkrecht aus dem Nordatlantik empor. Bei Bjargtangar sind sie 30 Meter hoch, bei Heiðnakinn (Heidenkliff) 441 Meter. Die Klippen beherbergen den größten Vogelberg der nördlichen Hemisphäre. Neben der weltgrößten Kolonie des Tordalks brüten hier Dreizehenmöwen und Trottellumen. Doch die Stars sind die vor ihren Bruthöhlen hockenden Papageitaucher. Diese lassen sich am besten abends beobachten, tagsüber sind sie auf See. Ab August verschwinden die Vögel nach und nach aus den Klippen. Eng verbunden mit Látrabjarg ist auch das Schicksal des britischen Trawlers »Dhoon«.

Von Látrabjarg fahren Sie denselben Weg zurück bis zur Gabelung der Straßen 612/62 und folgen nun der Straße 62 nach links Richtung Patreksfjörður. Der Fischerort am Ostufer des gleichnamigen Fjordes ist mit 675 Einwohnern der größte Ort der südlichen Westfjorde.

Papageitaucher am Látrabjarg

Die Kirche und das Wohnhaus des Künstlers Samúel Jónsson im Selárdalur wurden erst vor wenigen Jahren restauriert.

Patreksfjörður – Bíldudalur – Þingeyri Straße 63/60, 127 km

Die 360 Meter hohe Passstraße über die Botnaheiði verbindet Patreksfjörður mit dem Nachbardorf Tálknafjörður. Beliebter Treffpunkt des 240-Seelen-Orts ist das Thermalbad. Ein Geheimtipp sind die Pollurinn, drei natürliche Hot Pots, die 3,5 Kilometer nördlich vom Dorf rechts von der Straße 617 liegen. Die Einrichtung ist einfach, die Aussicht traumhaft.

Von Tálknafjörður schwingt sich die Straße 63 über die 500 Meter hohe Hálfdán-Passstraße nach Bíldudalur weiter. Das verschlafene Fischerdorf liegt malerisch am Ufer einer kleinen Bucht, eingerahmt von hohen Bergen. 1790 wurde von Bíldudalur der erste isländische Klippfisch nach Spanien exportiert. Heute sorgt die Verarbeitung von Garnelen für Wohlstand. Größte Attraktion ist das Seemonstermuseum (siehe Seite 365). Für Musikfans gibt es auch das Museum »Melodies of the Past«. Das gemütliche Privatmuseum des Sängers Jón K. Ólafsson illustriert mit vielen Memorabilien die isländische Musikgeschichte, insbesondere der 1950er- und 1960er-Jahre. Kurzweilig! Von Bíldudalur empfiehlt sich ein Abstecher auf der nicht befestigten Straße 619 nach Nordwesten. Auf der Fahrt am Ufer des Arnarfjörður (Adlerfjord) kontrastieren schneeweiße, fast südländisch anmutende Sandstrände mit pechschwarzen Basaltwänden. Das Endziel ist der bizarre Skulpturenpark von Samúel Jónsson in Selárdalur.

#BizarreKunst

Der Bauer und Künstler Samúel Jónsson (1884–1969) verbrachte die letzten Jahre seines Lebens auf einem entlegenen Hof in Selárdalur. Für die lokale Kirche malte er ein großes Altarbild, das er ihr zum Jubiläum schenken wollte. Als das Geschenk dann abgelehnt wurde, baute er halt seine eigene Kirche. Und ein Wohnhaus. Und ein Museum. Alles aus bemaltem Beton, wie auch die naiven Plastiken daneben: Löwen, Pferde, Seehunde, Walrosse, Menschen ... Nach dem Tod des »Künstlers mit dem Herzen eines Kindes« verfiel das kuriose Ensemble, bis es von Ehrenamtlichen unter der Leitung des deutschen Bildhauers Gerhard König Stück für Stück renoviert wurde.

Kaldbakur ist mit einer Höhe von 998 Metern nicht nur der höchste Gipfel der Westfjordalpen, sondern auch der gesamten Westfjorde. Der Berg lässt sich vom Fossdalur am Arnarfjörður relativ leicht besteigen.

Die Straße 63, jetzt eine Schotterstraße, windet sich nun um drei Seitenarme des mächtigen Arnarfjörður. Am Ufer des Reykjarfjörður, des mittleren Fjordarms, laden ein geothermaler Pool und ein versteckt dahinter liegender Hot Pot zum Relaxen ein. Vom Trostansfjörður windet sich die Schotterstraße zum Plateau hoch, wo rechts vom Weg die markante Gipfelkette der Hornatær auftaucht. Vermutlich erblickte Raben-Flóki im 9. Jahrhundert von einem dieser bis zu 700 Meter hohen Berge den mit Packeis gefüllten Fjord, der ihn zum Namen Ísland inspirierte. An der Einmündung der Straße 63 in die Straße 60 folgen Sie dieser nach links. Die Schotterstraße schlängelt sich nun über die 500 Meter hohe Dynjandisheiði, wo Grundmoränen und kleine Seen daran erinnern, dass das Gebiet noch vor einem Jahrhundert weitgehend vergletschert war, und fällt dann wieder steil zum Arnarfjörður ab.

Am Fjordufer stürzt der Wasserfall Dynjandi, »der Donnernde«, fächerförmig über die Basaltkante. Der größte Wasserfall der Westfjorde fällt in sechs Stufen insgesamt 186 Meter tief. Die erste Fallstufe, Fjallfoss, ist die spektakulärste. Oben 30 Meter, unten 60 Meter breit, geht es 100 Meter in die Tiefe. Ein Trampelpfad führt vom Parkplatz am nahen Zeltplatz zum Wasserfall.

is

Bald taucht der Eingang eines neuen noch im Bau befindlichen Tunnels auf. Durch den 5,6 Kilometer langen Dýra-

Dynjandi ist der größte und bekannteste Wasserfall der Westfjorde.

Ein Wikingerschiff sticht von Þingeyri aus in See.

fjarðargöng wird der Weg zwischen Arnar- und Dýrafjörður künftig um 27,4 Kilometer verkürzt und eine ganzjährige Verbindung zwischen beiden Regionen geschaffen. Die Eröffnung ist für den 14. September 2020 vorgesehen. Bis dahin führt die Straße 60 weiter am Nordufer des Arnarfjörður entlang und passiert bald den historischen Pfarrhof Hrafnseyri, Geburtsstätte des Freiheitskämpfers Jón Sigurðsson (1811–1879). Sein Geburtstag, der 17. Juni, ist der isländische Nationalfeiertag. Eine Ausstellung illustriert die Zeit des Nationalhelden in Kopenhagen, wo er alte isländische Handschriften erforschte, seine Tätigkeit als Herausgeber der Zeitschrift »Ný Félagsrit« und sein Wirken im Althing. Im Torfhaus nebenan sind sein Geburtszimmer und seine Schreibstube rekonstruiert.

Zwischen Arnarfjörður und Dýrafjörður erheben sich die höchsten und schroffsten Berge der Halbinsel. Quer über die »Alpen der Westfjorde« führt die reizvolle 552 Meter hohe Hrafnseyrarheiði-Passstraße nach Þingeyri (Thing-Sandbank). Der Fischerort am Dýrafjörður blickt auf eine reiche Geschichte zurück: In der Saga-Zeit lag hier eine Thingstätte, im nahen Haukadalur wurde Gísli, der Held der Gísli saga, geboren. An ihre Vergangenheit erinnern die Þingeyringar mit dem jährlichen Wikingerfestival »Dýrafjarðardagar«. Eine Oase der Gemütlichkeit ist das Café »Simbahöllin«, eingerichtet in einem Krämerladen von 1915. Hier kann man auch ein Mountainbike mieten, um die Svalvogar-Route zu erkunden.

#Svalvogar

Die wilde »Küstenstraße« zwischen Dýrafjörður und Arnarfjörður ist noch ein echter Geheimtipp für Mountainbiker. Kaum hat man Þingeyri verlassen, verwandelt sich die Schotterstraße in eine schlammige Piste, die sich in schwindelerregender Höhe an der Steilküste des Dýrafjörður entlangschlängelt, vorbei an Schutthalden, Vogelfelsen und senkrechten Klippen. Beim Leuchtturm Svalvogaviti ist Halbzeit. Weiter geht es am Ufer des Arnarfjörður. Auf dem Einödhof Lokinhamrar lebte noch bis 2004 ein Bauer. Allein, ohne elektrisches Licht und fließendes Wasser. Die Schlüsselstelle, ein grober Kiesstrand, ist bei Flut nicht passierbar. Über Kvennaskarð und Kirkjubólsdalur geht es zurück zum Startpunkt.

Ein alter Speicher im Hafen von Ísafjörður beherbergt heute das Schifffahrts- und Regionalmuseum der Westfjorde.

#Riesenfische

Angelfreunden empfiehlt sich ein Abstecher nach Suðureyri, bekannt für seine Riesenfische. Nirgendwo bekommt man leichter einen stattlichen Heilbutt an den Haken als hier. 2010 wurde ein Exemplar von 220 Kilo erbeutet. Viele Aktivitäten ermöglichen die Teilnahme am Leben der Fischereigemeinschaft. Es gibt Führungen durch die Fischfabrik, Hochseeangeltouren und die Möglichkeit, als Crewmitglied auf einem Kutter mitzufahren.

Klippfisch

Þingeyri – Flateyri – Ísafjörður Straße 60/64/60, 62 km

Durch den Bau eines Damms muss der innere Dýrafjörður heute nicht mehr umfahren werden. Anschließend geht es, nun wieder auf festem Belag, über die 293 Meter hohe Gemlufallsheiði weiter zum Önundarfjörður. Vom Nordufer dieses Fjords führt die Straße 64 zum Fischerort Flateyri. Dort springt sofort der große A-förmige Lawinenschutzwall ins Auge, errichtet nach der Tragödie vom 26. Oktober 1995. Damals löste sich aus den Hängen des Eyrarfjall eine Schneelawine, die 20 Menschen mit in den Tod riss. Im späten 19. Jahrhundert sorgten Haifischfang und Walfang für Wohlstand. Einziger Relikt der Walfangstation, einst die größte am Nordatlantik, ist ein verwaister Schornstein. In Flateyri finden Sie den ältesten Laden Islands: The Old Bookstore, eine Mischung aus Museum und Buchladen, ist seit der Gründung 1914 im Besitz der gleichen Familie. Das Nonsense Museum (Unsinn-Museum) zeigt die Privatsammlungen mehrerer Einheimischen. Ausgestellt sind Hunderte von Modellschiffen und -flugzeugen, Polizeimützen, Streichholzschachteln usw. Echt schräg!

Die Straße 60 verschwindet nun in einen langen Tunnel. Der unter die Breiðadalsheiði und Botnsheiði hindurchführende Vestfjarðagöng (1996) ist mit einer Gesamtlänge von 9,1 Kilometer der längste Tunnel Islands. Nach 4,1 Kilometern gabelt sich der Tunnel im Berg: Die nördliche Röhre (2,9 Kilometer) führt Richtung Suðureyri weiter, die östliche Röhre (2,1 Kilometer) nach Ísafjörður. Nur das letzte Teilstück ist zweispurig, die übrigen Abschnitte sind einspurig mit Ausweichstellen.

Ísafjörður (Eisfjord) ist mit 2.700 Einwohnern die Drehscheibe der Westfjorde und besitzt auch den größten Fischereihafen der Region. Auf Reisende, die nach der langen Fahrt durch verlassene Fjorde hier eintreffen, wirkt die Stadt mit ihren bunten Cafés und Restaurants wie eine quirlige Metropole. In der Altstadt erinnern farbenfrohe Holz- und blechverkleidete Häuser an die Blütezeit vom 18. bis zum frühen 20. Jahrhundert, als der Salzfischexport Wohlstand brachte. Vier dieser Häuser auf der Halbinsel Neðstikaupstaður beherbergen das Schifffahrts- und Regionalmuseum der Westfjorde. Im hellbraunen Turnhús (1784) wurden einst Getreide, Tabak und Kaffee gelagert. Teile des Speichers dienten der Produktion von Klippfisch: Der Fisch wurde am Kai gesalzen, hinter dem Haus getrocknet und in die ganze Welt verschifft. Heute beherbergen die dämmrigen Räume das Museum, das die Geschichte von Fischerei, Seefahrt und Walfang veranschaulicht. Das Tjöruhús (1781) ist ein uriges Fischrestaurant. Krambúð (1757) und Faktorshús (1765) fungieren als Wohnhaus. Sehenswert ist auch die moderne Ísafjarðarkirkja (1995).

Die rekonstruierte Fischereistation Ósvör erinnert an die Zeit, in der Fischer noch in offenen Booten zum Fischfang aufbrachen.

#Hornstrandir

Einsame Strände, hohe Kliffe, riesige Vogelberge, steinige Hochebenen – Hornstrandir ist Wildnis pur! Seit dem Rückzug der letzten Bewohner Mitte des 20. Jahrhunderts hat sich die Natur das Land zurückerobert. Seit 1975 steht das 580 Quadratkilometer große Gebiet im äußersten Nordwesten der Westfjorde unter Naturschutz. Für Wanderer ist Hornstrandir ein Paradies, das aber höchste Ansprüche an Mensch und Material stellt. Wege sind selten markiert, Flüsse nicht überbrückt, Versorgungsmöglichkeiten kaum vorhanden. Die komplette Ausrüstung muss zu Fuß transportiert werden. Die Anreise erfolgt per Boot von Ísafjörður. Gute Ausgangspunkte für Touren sind Hesteyri, Aðalvík und Hornvík.

#Fischereistation

In Bolungarvík, dem Nachbarort von Ísafjörður, liegt eines der spannendsten Museen der Westfjorde. Die rekonstruierte Fischereistation Ósvör versetzt Besucher in eine Zeit zurück, in der Fischer in offenen Ruderbooten zu den nahen Fanggründen im Ísafjarðardjúp aufbrachen. Die Station von Ósvör war von 1905 bis 1925 permanent bewohnt. Die aus Basalt, Treibholz und Grassoden erbaute Fischerhütte, das Salzhaus und die Trockenhütte, in der Dorsche und Haifische hängen, erwecken den Anschein, die Fischer könnten jeden Moment hereinkommen. Auch das Ruderboot »Ölver« (1941) liegt bereit, um in See zu stechen. Durch die Station führen Fischer in traditioneller mit Fischöl imprägnierter Kleidung aus Schafshaut.

Auf der kleinen Insel Vigur ist auch eine stattliche Eiderentenkolonie zu Hause.

Ísafjörður – Súðavík – Reykjanes – Drangsnes Straße 61/643/645, 234 km

Von Ísafjörður windet sich die Straße 61 um die vielen Seitenfjorde des Ísafjarðardjúp, der wie ein Keil in den nördlichen Teil der Westfjorde eindringt. Die Straße führt am Ostufer des Skutulsfjörður nach Norden, umrundet die Landzunge Arnarnes und bohrt sich dann durch das Basaltkap Arnarneshamar: Der 35 Meter lange Tunnel von 1948 ist der älteste Islands. Am Westufer des Álftafjörður liegt das kleine Fischerdorf Súðavík, das im Januar 1995 traurige Berühmtheit erlangte, als eine Schneelawine 14 Menschen tötete. Die Siedlung wurde daraufhin 1,5 Kilometer ins Fjordinnere verlegt. Das lokale Polarfuchszentrum zeigt Ausstellungen zu den Themen Polarfuchs und Polarfuchsjagd.

Spektakulär windet sich die Straße um die Landzunge Kambsnes, die den Álftafjörður vom Seyðisfjörður trennt. Über einen flachen Pass erreichen Sie den Hestfjörður, der fast komplett umrundet wird. Ein Grasdach verrät die Lage des kleinen Gehöfts Litlibær (1895), das sich an das Westufer des Skötufjörður schmiegt. Das hübsch restaurierte

Ein Museum in Súðavík widmet sich dem Polarfuchs.

Auf der Insel Vigur steht auch die einzige isländische Windmühle.

Gebäude beherbergt heute ein Museum, das Einblicke in die ärmlichen Lebensverhältnisse der einstigen Bauernfischer gibt. Zum Hof gehört auch ein gemütliches Café.

Nach der Umrundung des Skötufjörður erreichen Sie Ögur. Hier wirbt Ögur Travel mit geführten Seekajaktouren, zum Beispiel zur vorgelagerten Insel Vigur, bekannt wegen ihrer Papageitaucher- und Eiderentenkolonien. Von der Straße, die nun direkt dem Ufer des Ísafjarðardjúp folgt, bieten sich tolle Ausblicke auf die verschneiten Berge des Küstenstreifens Snæfjallaströnd (Schneeberg-Küste) und die entfernten Eismassen des Drangajökull, der einzigen Eiskappe der Westfjorde.

Ein Damm und eine Brücke (2009) sorgen dafür, dass der Mjóifjörður nicht mehr umrundet werden muss. Dennoch lohnt es sich, der Schotterstraße rund um den menschenleeren Fjord zu folgen. Vom Westufer führt eine Stichstraße zum Hof Heydalur, einem der urigsten Hotels der Westfjorde. Am Ostufer lockt ein Bad im Hörgshlíðarlaug. Der am Strand versteckte Hot Pot befindet sich im Privatbesitz, darf aber genutzt werden. Einfach anmelden bei der Farm Hörgshlíð, gleich gegenüber.

#KajakenUnd Robben

Im Heydalur, einem Seitental des Mjóifjörður, verwandelten Stella und Gísli einen entlegenen Bauernhof in ein Hotel. Das Hotel Heydalur bietet gemütliche Zimmer im früheren Kuhstall, ein Restaurant mit leckeren Fisch- und Lammgerichten – und einem sprechenden Papagei – in der Scheune und einen warmen Pool im Gewächshaus. In der Umgebung kann man wandern, reiten und angeln. Oder mit Gísli eine Seekajaktour auf dem Fjord unternehmen, bei dem man den faulenzenden Robben ganz nahe kommt. Natur pur!

Bei einer Seekajaktour auf dem Mjóifjörður kommt man den Seerobben ganz nahe.

Auch der Reykjarfjörður wird seit 2008 auf einem Damm überquert. Am Ende des kleinen Fjordes liegt Reykjanes. Heiße Quellen beheizen das Hotel im früheren Internat und speisen auch das 50-Meter-Bad, oft als der »größte Hot Pot Islands« bezeichnet. Interessant ist das nahe Salzwerk, Saltverk Reykjanes, das mit Hilfe von Geothermie aus Meerwasser Salz gewinnt.

Nach der Umrundung des Ísafjörður lockt ein Abstecher auf der 635 zur 28 Kilometer entfernten Lagune Kaldalón. Vom Ende des kleinen Fjords führt ein Pfad zu einer Gletscherzunge der Eiskappe Drangajökull, mit einer Fläche von 160 Quadratkilometern der fünftgrößte Gletscher des Landes.

Nur eine kurvenreiche Schotterstraße verbindet die entlegenen Siedlungen der Halbinsel Strandir.

Die Straße 61 verlässt nun die Fjorde und überquert die Steingrímsfjarðarheiði, eine 440 Meter hohe, oft nebelverhüllte Hochebene, übersät von Mooren und Seen. Am Steingrímsfjörður erreichen Sie die Ostküste der Westfjorde, eine Region bekannt als Strandir. Sie halten sich dort an der Gabelung links und fahren am Nordufer des Fjords nach Drangsnes weiter. Dieser winzige Fischerort an der Mündung des Steingrímsfjörður überrascht mit einer tollen Attraktion. Gegenüber der Kirche liegen, versteckt zwischen großen Felsblöcken, am Fjordufer drei wunderbare Hot Pots, gespeist von einer heißen Quelle – dazu gratis! Von den heißen Töpfen schweift der Blick bis zur nahen Vogelinsel Grímsey, Brutstätte vieler Papageitaucher, die im Sommer per Boot besucht werden kann.

Drangsnes – Norðurfjörður – Drangsnes Straße 645/643/645, 201 km

Die Region Strandir, einst berüchtigt wegen der Hexenprozesse (siehe Seite 366), gilt sogar innerhalb der Westfjorde noch als Geheimziel. Eine einzige Schotterstraße windet sich um die schroffen Berge, verbindet stille Buchten und Ruinen ehemaliger Heringsfabriken. Von Drangsnes schlängelt sich die Straße 645 an der weiten Meeresbucht Húnaflói entlang und mündet in die Straße 643. Diese führt nach rechts zur Küste zurück und passiert die Kotbýli kuklarans (Hütte des Hexers, siehe Bild Seite 364). In der nachgebauten Kate aus Basalt, Treibholz und Torf hört man Zaubersprüche und erfährt wie Hexer und Zauberer – und die armen Kleinbauern in Strandir allgemein – einst lebten.

Hinter dem Bjarnarfjörður wird die Landschaft schroffer, die Straße abenteuerlicher, die Atmosphäre dramatischer. Wilde Steilküsten wechseln sich mit leeren Buchten ab, in denen sich das Treibholz türmt. Nach der Überquerung des Bergrückens Kambur fällt die Straße zum Reykjarfjörður ab, beherrscht von der imposanten Ruine der Heringsfabrik Djúpavík.

Auch Gjögur, einst das größte Fischereizentrum der Region, wirkt verlassen. Damals stachen von hier bis zu 18 Boote zum Haifischfang in See. Hinter der Pyramide Reykjarneshyrna eröffnet sich der Blick auf die Bucht Trékyllisvík, in der 1654 drei Leute auf dem Scheiterhaufen starben, ein trauriger Höhepunkt der Hexenjagd in Island.

Ein Ort für Nostalgiker: die ehemalige Heringsfabrik in Djúpavík

#EineMengeHolz

An den Küsten von Strandir springen sofort die großen Berge von Treibholz ins Auge. Die meisten dieser riesigen ausgebleichten Knochen sind Kiefern und Lärchen aus Sibirien, die von den Meeresströmungen nach einer Reise von fünf bis zehn Jahren an der isländischen Nordküste abgeladen wurden. Für die früheren Küstenbewohner war das durch den langen Aufenthalt im Salzwasser hervorragend imprägnierte Holz ein Segen. Aus Treibholz wurden Teller und Löffel geschnitzt, Möbel und Boote gefertigt und sogar ganze Häuser gebaut.

#Heringsboom

Der Heringsboom in Djúpavík begann 1934, als dort die größte und modernste Heringsfabrik Europas entstand. In der Fabrik arbeiteten 60 Leute fest, weitere 200, zumeist Frauen, waren damit beschäftigt, die Heringe auszunehmen und einzusalzen. Ab 1948 begannen die Erträge jedoch rapide zu sinken. 1950 war der Hering verschwunden, vier Jahre später wurde der Betrieb eingestellt. Mit dem Ausbleiben des Fisches zogen die Leute weg. Zurück blieben verfallene Fabrikgebäude, Kais und Molen. Djúpavík wurde zur Geisterstadt. Heute befindet sich im ehemaligen Wohnhaus der Arbeiterinnen ein schmuckes Hotel. Die Hotelbetreiber organisieren auch Führungen durch die Fabrikruine.

Das Freilichtmuseum Eiríksstaðir, eine Nachbildung des Gehöfts von Erik dem Roten, vermittelt einen guten Eindruck vom einstigen Leben in einem Langhaus.

Árnes überrascht mit seinen beiden Kirchen: die alte (1850) aus Holz, mintgrün, in traditioneller Bauweise; die neue (1991) aus Stein, weiß, eher gewagt. Nebenan liegt das Haus Kört, eine Mischung aus Museum und Galerie. Im Haus, das er aus Treibholz erbaut hat, zeigt der Künstler Valgeir Benediktsson ein Sammelsurium alter Gebrauchsgegenstände und selbst geschnitzte Schalen – ebenfalls aus Treibholz.

is

Wortwörtlich am Ende der Welt dampft das beheizte Freibad Krossneslaug.

Von Melar führt ein Abzweig (Straße 649) zum Ingólfsfjörður mit der stattlichen Ruine der 1952 stillgelegten Heringsfabrik Eyri. Die Hauptstrecke (Straße 643) endet wenig später im winzigen Fischerort Norðurfjörður. Ein Café, eine Tankstelle, ein paar Pensionen. Drei Kilometer weiter wartet aber noch eine faustdicke Überraschung. Wortwörtlich am Ende der Welt taucht unten am schwarzen Kiesstrand ein blau gekacheltes, dampfendes Rechteck auf: Krossneslaug ist vermutlich das einsamste und originellste Freibad Islands.

Drangsnes – Búðardalur – Eiríksstaðir (Haukadalur)
Straße 645/643/61/60/586/60, 137 km

Von Drangsnes geht es auf den Straßen 645/643 zurück zum Ende des Steingrímsfjörður, wo Sie nun links in die Straße 61 einbiegen. Hólmavík besitzt ein sehenswertes

Museum über Hexerei und Magie (siehe Seite 366). Südlich davon lohnt sich ein Umweg (Straße 68) zur »Ausstellung zur Schafzucht« im Gemeindehaus Sævangur. Im kurzweiligen Museum erlebt man zum Beispiel ein Jahr auf der Schaffarm – von der Lämmergeburt im Frühjahr über die Heuernte im Sommer und den Schafabtrieb im Herbst bis zur Stallhaltung im Winter.

Die Straße 61 führt über die Tröllatunguheiði zum Breiðafjörður. Von dort geht es auf der Straße 60 nach links weiter. Hinter Króksfjarðarnes öffnet sich der Blick auf den Gilsfjörður. Südlich dieses einsamen Fjords, der auf einem Damm überquert wird, gibt es für die Weiterfahrt nach Laugar zwei Möglichkeiten: Landschaftlich reizvoller ist die Straße 590 (Klofningsvegur), die dem Verlauf der Küste folgt; 63 Kilometer kürzer die Straße 60, die über die 370 Meter hohe Steinadalsheiði nach Süden führt. In Laugar gibt es ein Sommerhotel, ein Thermalbad und ein Museum zur Regionalgeschichte. Der Ort ist in Island auch bekannt als Geburtsort der schönen Guðrún Ósvífursdóttir, Protagonistin der Laxdæla saga. Ein Nachbau ihres Thermalbads, Guðrúnarlaug, befindet sich in der Nähe des Hotels.

Búðardalur ist mit 270 Einwohnern das Dienstleistungszentrum des Bezirks Dalir. Am Hafen dokumentiert das Museum Leifsbúð die Grönlandreise von Erik dem Roten, die Fahrt seines Sohnes Leifur Eiríksson nach Nordamerika und die isländischen Siedlungsversuche in beiden Regionen. Nicht verpassen sollte man Eiríksstaðir, im 17 Kilometer entfernten Haukadalur (Zugang über die Straße 586). Grundlage für diesen Nachbau der Wohnstätte von Erik dem Roten waren archäologische Untersuchungen, bei denen die Grundmauern seines Gehöfts freigelegt wurden. Das schummrige Interieur, eingerichtet mit Feuerstelle, Tierfellen und Webstuhl, vermittelt einen guten Eindruck vom früheren Leben im Langhaus. Im Sommer beleben »echte« Wikinger das »Haus Eriks«, schwingen Waffen und bereiten Essen nach historischen Rezepten zu. Hoch her geht es beim Wikingerfestival »Leifshátíð« im Juli. Die Straße 60 trifft 1 Kilometer weiter südlich auf die Straße 54, die von der Halbinsel Snæfellsnes (siehe Seite 388) kommt. •

#Klofningsvegur

Die Straße 590, die die Küstenstreifen Skarðsströnd und Fellsströnd verbindet, bietet eine herrliche Variante für Ruhesuchende. Vom Skarðsströnd ergeben sich grandiose Blicke auf die Inselwelt im Breiðafjörður, vom Fellsströnd schaut man auf den Hvammsfjörður. Von der Straße aus lassen sich oft Seevögel beobachten, manchmal auch Robben. Unterwegs passiert man die kleine Privatkirche von Skarð mit sehenswerter Einrichtung, darunter einer Altartafel mit Alabasterfiguren aus dem 15. Jahrhundert und einer Kanzel aus dem 17. Jahrhundert. Der Hof Skarð ist seit dem 11. Jahrhundert im Besitz derselben Familie.

#NachAmerika

Im Juni 2000 schaute die ganze Welt auf Búðardalur. Vom kleinen Hafen am Hvammsfjörður startete die »Íslendingur«, eine Kopie eines Wikingerschiffes, zu einer Reise über den Atlantik. Am Steuerruder: Gunnar Marel Eggertsson, Erbauer des Schiffs und ein Nachfahre von Leifur Eiríksson. Dieser hatte 1.000 Jahre zuvor mit einem ähnlichen Schiff den Ozean überquert und in Neufundland als erster Europäer den amerikanischen Kontinent betreten – fast 500 Jahre vor Kolumbus. Heute ist das Schiff im Museum Víkingaheimar (Njarðvík) ausgestellt.

#island

Kurs Island

ANREISE MIT DEM SCHIFF

Die Fähre MS »Norröna« verkehrt einmal pro Woche zwischen dem norddänischen Hafen Hirtshals und Seyðisfjörður an der isländischen Ostküste. Die Passagier- und Autofähre der färöischen Reederei Smyril Line kann bis zu 800 Pkw und 1.482 Passagiere transportieren. Die Überfahrt dauert zwei Tage.
Alternativ bietet die Smyril Line die Möglichkeit der reinen Fahrzeugverschiffung nach Island an. Dabei wird das Auto oder Wohnmobil mit dem RoRo-Schiff nach Island verschifft, während man selber per Flugzeug dorthin reist. Das RoRo-Frachtschiff MS »Mykines« fährt wöchentlich zwischen Rotterdam (NL) und dem südisländischen Hafen Þorlákshöfn.

- Smyril Line: Tel. 0431-20 08 86, **www.smyrilline.de**

ANREISE MIT DEM FLUGZEUG

Reykjavík ist ganzjährig mit dem Flugzeug aus Deutschland, Österreich und der Schweiz erreichbar. Die internationalen Flüge landen auf dem Flughafen Keflavík. Da sich Flugverbindungen oft ändern, erheben wir keinen Anspruch auf Richtigkeit und Vollständigkeit und verweisen für aktuelle Infos auf die Website der Fluggesellschaften. Direktflüge bieten folgende Airlines:

- Icelandair: ganzjährig von Berlin-Tegel, Frankfurt/M., München und Zürich; im Sommer auch von Düsseldorf, Hamburg und Genf. **www.icelandair.de**
- Lufthansa: ganzjährig von Frankfurt/M. **www.lufthansa.com**
- Eurowings: im Sommer von Hamburg; Zubringerflüge nach Hamburg gibt es von weiteren deutschen Städten sowie von Wien und Zürich. **www.eurowings.com**
- TUI fly: im Sommer von Hamburg. **www.tuifly.com**
- Wizz Air: ganzjährig von Wien. **wizzair.com**
- Austrian: im Sommer von Wien. **www.austrian.com**
- SAS: ganzjährig von Kopenhagen; Zubringerflüge nach Kopenhagen gibt es von mehreren deutschen Städten. **www.flysas.com**

REISEN MIT DEM AUTO IN ISLAND

Wer nicht mit dem eigenen Fahrzeug anreist, findet in den Mietzentralen am Flughafen Keflavík ein breites Spektrum an Leihwagen – vom kompakten Kleinwagen bis zum hochlandtauglichen Geländewagen.

Hochlandpisten

Die meisten Inlandstrecken, insbesondere die als »F-Straße« gekennzeichneten Hochlandpisten, sind nur mit Geländewagen befahrbar. Die Hochlandpisten führen durch sehr einsame Gegenden, in denen es weder Geschäfte noch Tankstellen gibt. Flussläufe, Schlamm, Sand und Lavafelder drosseln oft die Reisegeschwindigkeit, und oft kommt man nur mit Allrad voran. Bei der Reiseplanung gilt es auch zu bedenken, dass die Pisten erst nach der Schneeschmelze (in der Regel im Juni oder Juli) geöffnet werden. Die aktuellen Öffnungszeiten erfährt man auf Campingplätzen, in Hotels oder Touristenbüros sowie beim Isländischen Straßenamt:

- Vegagerðin: Tel. +354-522 1000, vegagerdin@vegagerdin.is, **www.road.is**

Fähren

Zu allen bewohnten Inseln und zu einigen abgelegenen Halbinseln verkehren Auto- oder Personenfähren. In der Saison empfiehlt sich eine Buchung im Voraus. Die wichtigsten Fährverbindungen sind:

- Landeyjahöfn–Vestmannaeyjar: Autofähre, ganzjährig (bei ungünstigem Wetter fährt die Fähre nicht von Landeyjahöfn, sondern von Þorlákshöfn). **www.herjolfur.is**
- Stykkishólmur–Flatey–Brjánslækur: Autofähre, ganzjährig. **www.seatours.is**

Allgemeine Verkehrsbestimmungen

- In Island herrscht Rechtsverkehr und Anschnallpflicht auf Vorder- und Rücksitzen.
- Das Abblendlicht muss auch am Tag eingeschaltet sein.
- Die Promillegrenze ist 0,5.
- Höchstgeschwindigkeiten: 50 km/h innerhalb geschlossener Ortschaften, 90 km/h außerhalb geschlossener Ortschaften und 80 km/h auf unbefestigten Straßen.

Besonderheiten

- Achten Sie auf frei herumlaufende Tiere, insbesondere Schafe. Diese haben auf isländischen Straßen grundsätzlich Vorfahrt. Bei einem Unfall sind sie schadensersatzpflichtig!
- Offroad fahren, d. h. jeglicher Kfz-Verkehr im Gelände außerhalb der Straßen und gekennzeichneter Fahrspuren, ist strikt verboten und wird mit hohen Bußgeldern bestraft!

GELDANGELEGENHEITEN

Währungseinheit ist die Isländische Krone (ISK). Für 1 Euro erhält man ca. 137 ISK (Stand Januar 2020).

Für deutsche Reisende lohnt sich der Devisentausch daheim nicht, die Wechselkurse in Island selbst sind weitaus rentabler. Eine gute Möglichkeit, Euro in isländische Kronen zu wechseln, bietet der Bankschalter im Flughafen Keflavík. Darüber hinaus sind Barabhebungen mit EC- oder Kreditkarte an den landesweit verbreiteten Geldautomaten (ATM) möglich. Wer häufiger Geld abhebt, sollte jedoch die hohen Gebühren beachten, die von den meisten Geldinstituten und Banken für Geldabhebungen im Ausland berechnet werden.

Das Bezahlen mit Kreditkarten ist auf Island viel mehr verbreitet als im übrigen Europa. Am gebräuchlichsten sind Visa und MasterCard. Kreditkarten werden bei Tankstellen und Autovermietern, in Hotels, Supermärkten und Restaurants akzeptiert. Tanken können Sie vielerorts nur an Automatentankstellen. Auch Kleinsteinkäufe, wie eine Tasse Kaffee, ein Hotdog oder die Eintrittskarte fürs Museum, können Sie problemlos mit der Kreditkarte begleichen. Ein Leihwagen ist sogar nur mit einer Kreditkarte zu haben!

Völlig bargeldlos reisen geht indes auch (noch) nicht. Auf vielen Hütten im Hochland ist Bargeld nach wie vor erforderlich. Und auch für die spontane Fahrt mit einem der städtischen Busse in Reykjavík sollten Sie Bares dabei haben – und das auch passend, denn im Bus kann nicht gewechselt werden!

Gute Nacht in Island

HOTELS

In den Städten und rund um die touristischen Highlights existiert ein gutes Hotelangebot für jeden Geldbeutel. Zum Angebot gehören außerdem Häuser verschiedener Hotelketten wie Fosshótel, KEA Hotels, Icelandair Hotels und Hotel Edda.

JUGENDHERBERGEN

Die 33 isländischen Jugendherbergen sind über das ganze Land verteilt. Sie bieten preiswerte Unterkünfte mit gutem Standard. Alle Herbergen verfügen über Selbstverpflegungsküchen und Familienzimmer.

- Hostelling International Iceland:
  Tel. +354-575 6700, **www.hostel.is**

PRIVATUNTERKÜNFTE

In Island gibt es zahlreiche B&Bs. Einfach am Straßenrand auf Schilder achten oder die Infos bei den örtlichen Touristenbüros einholen.

FERIEN AUF DEM BAUERNHOF/ HEY ICELAND

Der Dachverband Hey Iceland umfasst mehr als 170 Bauernhöfe, die Übernachtung, Ferien auf dem Bauernhof und oft auch Aktivitäten anbieten.

- Hey Iceland: Tel. +354-570 2700, **www.heyiceland.is**

FERIENHÄUSER

Auch auf Island gibt es eine schnell wachsende Zahl von Ferienhäusern. So haben zum Beispiel Casamundo (**www.casamundo.de**) und HomeToGo (**www.hometogo.de**) eine große Auswahl an Feriendomizilen auf der Vulkaninsel im Angebot.

CAMPING

In ganz Island finden Camper rund 80 Plätze für Wohnmobil, Wohnwagen oder Zelt, die gewöhnlich zwischen Anfang Juni und Ende August geöffnet sind. Die Klassifizierung orientiert sich an internationalen Standards. Eine Übersicht über die Campingplätze gibt es unter **www.visiticeland.com**.

		Vestmannaeyjar:	In der Nacht zum 23. Januar 1973 veränderte ein Vulkanausbruch das Leben auf Heimæy, der einzig dauerhaft bewohnten der Westmännerinseln. Das moderne und eindrucksvolle Museum Eldheimar befasst sich mit der größten Naturkatastrophe Islands. Mitten im »Pompeji des Nordens« wurde es um die Überreste eines der Häuser herumgebaut.
FEBRUAR	24.2.	im ganzen Land:	»Bolludagur«, spezielles Gebäck (bolla) wird serviert.
	28.2.–10.3.	Reykjavík:	»Stockfish Film Festival« im Bíó Paradís.
MÄRZ	1.–4.3.	Reykjavík:	»Bierfestival«, Craft Beer und lokale Biere stehen im Mittelpunkt.
	7.3.	Mývatn:	»Mývatn Open«, Reitturnier auf Eis.
	20.–22.3.	Akureyri:	»Iceland Winter Games«, eines der bedeutendsten Wintersportfestivals Europas mit Ski-, Snowboard- und Schlittenhunderennen.
	28.–31.3.	Reykjavík:	»HönnunarMars«, Islands wichtigstes Mode- und Designfestival mit Ausstellungen, Shows, Vorträgen, Workshops und mehr.
APRIL	4.–9.4.	Reykjavík:	Bluesfestival.
	2.–5.5.	Ísafjörður:	»Fossavatnsgangan«, Islands ältester Skimarathon.
	8.–16.4.	Reykjavík:	»Reykjavík Open«, internationales Schachturnier.
	21.–26.4.	Reykjavík:	Kinderkulturfestival.
	23.4.	im ganzen Land:	»Sumardagurinn fyrsti«, der erste Tag des Sommers (nach alter Zeitrechnung) wird mit Feierlichkeiten, u. a. freiem Eintritt in Akureyris Museen, begrüßt.
	29.4.–3.5.	Reykjavík:	»Iceland Writers Retreat«, internationales Treffen von und für Schriftsteller mit Touren und Schreibworkshops in und um Reykjavík.
JUNI	5.–6.6.	Hveragerði:	»Hengill Ultra Trail Run«, Geländeläufe von 5–100 km.
	6.6.	Reykjavík:	Das »Iceland Running Festival« führt 5, 10, 21 und 42 km durch die gesamte Hauptstadtregion.
	7.6.	in allen Küstenorten:	Seemannstag.
	13.6.	Hafnarfjörður:	»Blue Lagoon Challenge«, Islands größtes Mountainbike-Rennen.
	16.–21.6.	Hafnarfjörður:	Wikingerfestival im Park Víðistaðatún.
	17.–20.6.	Akureyri:	»Bíladagar«, Motorsportfestival.
	17.6.	im ganzen Land:	Nationalfeiertag. Geburtstag von Jón Sigurðsson. Am Nationalfeiertag wird die seit 1944 bestehende Unabhängigkeit als Volksfest gefeiert.
	18.–21.6.	Grímsey:	»Summer Solstice«.
	24.–27.6.	Akureyri:	»Arctic Open«, internationales Golfturnier unter der Mitternachtssonne.
	24.6.–31.7.	Akureyri:	»Listasumar« (Kunstsommer), Kultur- und Kunstfestival.
	24.–26.6.	Straße Nr. 1:	»Wow Cyclothon«, Radrennen rund um Island.
	25.6.	Reykjavík:	»Midnight Sun Run«, nächtlicher Halbmarathon.
	26.–28.6.	Reykjavík:	»Secret Solstice«, Musikfestival.
JULI	1.–4.7.	Akureyri:	Fußballturniere für Kinder und erwachsene Amateure.
	1.–5.7.	Siglufjörður:	»Sigló Festival«, Folkfestival.
	3.–4.7.	Reykjavík:	»America to Europe«, 101 km und 162,5 km Ultra Trail Run, der die Kontinentalspalte zwischen Europa und Amerika überquert. Zieleinlauf in Reykjavík.
	4.7.	Þorvaldsdalur, Eyjafjörður:	»Þorvaldsdalsskokk«, der älteste Trail Run Islands.
	9.–12.7.	Neskaupstaður:	»Eistnaflug«, Rock- und Metal-Festival.
	10.–11.7.	Hrísey, Eyjafjörður:	»Hríseyjarhátíð«, Volksfest für die ganze Familie.
	17.–18.7.	Akureyri:	Motorradtage.
	18.–19.7.	Gásir, Eyafjörður:	»Miðaldadagar«, Mittelaltermarkt.

	18.7.	Landmannalaugar–Þórsmörk:	»Laugavegur Ultra-Marathon«, 55 km über einen Hochland-Wanderweg.
	22.–26.7.	Reykjavík:	»Rey Cup«, internationales Jugend-Fußballturnier.
	24.–26.7.	Reykholt:	»Reykholtshátíð«, Festival für Kammermusik.
	25.7.	Fellabær:	»Urriðavatnssundið«, Wettschwimmen über 2,5 km im 12 °C kalten See.
	25.7.	Siglufjörður:	»Síldarævintýrið«. Das Heringsfestival erinnert mit Musik- und Kulturevents an die Blütezeit der Heringsfischerei.
	30.7.–2.8.	Akureyri:	»Ein með öllu«, Familienfest mit Jahrmarkt und vielen Sportveranstaltungen.
	30.7.–2.8.	Akureyri:	»Iceland Summer Games«, Extremsport-Event zum Mitmachen.
	30.7.–2.8.	Ólafsfjörður:	»Berjadagar«, Musikfestival im Zeichen der Blaubeere.
	31.7.–3.8.	Bolungarvík:	»Mýrarboltinn«, Schlammfußball-EM.
	31.7.–2.8.	Vestmannaeyjar:	»Þjóðhátíð í Eyjum«, Volksfest und Musikfestival.
AUGUST	3.8.	im ganzen Land:	»Frídagur verslunarmanna«, umgangssprachlich »Versló«, Handelsfeiertag mit großen Festivals im ganzen Land.
	4.–9.8.	Reykjavík:	»Reykjavík Pride«, LBGTQ-Straßenfestival mit Parade.
	6.–9.8.	Akureyri:	»Arctic Handcraft and Design«, Handwerkermarkt.
	6.–9.8.	Dalvík:	»Fiskidagurinn mikli«: Der Große Fischtag mit Fjordfahrten, Shows, Straßentheater, Musik und riesigem kostenlosem Fischbüfett.
	8.8.	Dettifoss:	»Jökulsárhlaupið«, Trail Run.
	22.8.	Reykjavík:	»Menningarnótt« Kulturnacht mit Konzerten, Lesungen und Feiern in den Museen und Kulturinstitutionen der Stadt.
	22.8.	Reykjavík:	Stadtmarathon.
	28.–29.8.	Akureyri:	»Akureyrarvaka«, Kulturevent mit vielen Konzerten, Ausstellungen usw.
	29.8.–5.9.	Reykjavík:	»Jazzhátíð Reykjavíkur«, Jazzfestival.
SEPTEMBER	2.–6.9.	Reykjanesbær:	»Ljósanótt«, nächtliches Lichtkunstspektakel in der Nähe des Flughafens Keflavík.
	24.9.–4.10.	Reykjavík:	»RIFF«, Reykjavíks internationales Filmfestival.
OKTOBER	9.10.–8.12.	Reykjavík:	Der »Imagine Peace Tower« leuchtet für den Frieden.
NOVEMBER	4.–7.11.	Reykjavík, Akureyri:	»Iceland Airwaves Festival«, bekanntestes Musikfestival des Landes mit jungen aufstrebenden Bands.
	20.–21.11.	Reykjavík:	»Iceland Noir«, Krimifestival.
DEZEMBER	23.12.	im ganzen Land:	»Þorláksmessa«, traditionelles Rochen-Essen zu Ehren des Hl. Þorlákur.
	31.12.	Reykjavík:	»Gamlárshlaup ÍR«, traditioneller Silvesterlauf (10 km).

FÄR

fo

Dranganir tauchen unter den Wolken auf – die Färöer faszinieren mit einem ständigen Spiel des Wetters mit Licht und Wolken.

© Benjamin Hardman/Vistfaroerisland.com

#färöer

#hardfacts

Der Name: Føroyar, Færøerne (dän.), Färöer (dt.) = Schafsinseln
Geografie und Klima: 18 Inseln – 16 ganzj. bewohnt – zahlreiche Schären mit knapp 1.400 km² zergliederter Landfläche, rund 1.300 km Küste (+ 200 Seemeilen Fischfangzone) und Höhen bis 880 m. Bis zum schottischen Festland sind es ca. 320, bis Island 430 und bis Norwegen 570 km. Auf der Weltkugel liegen die kompletten Färöer nördlicher als Helsinki und Anchorage, aber die Lage im Golfstrom bedingt ein hochozeanisch mildes Klima (Ø Winter 3,5° C / Sommer 12° C). Vereisung der Küstengewässer gibt es nie. Das Wetter ist wechselhaft mit viel Wind. Man erlebt eher an einem Tag alle Jahreszeiten als mehrere Tage konstant Sonne, Nebel oder Regen. Platzregen sind selten, typischer ist Nieselregen – nass machen beide!
Die Menschen: 52.000 Menschen leben auf den Inseln (52 % Männer, 48 % Frauen), etwa 92 % sind Färinger nordisch-keltischer Abstammung, 6 % Dänen. Größte nicht nordische Gruppe sind Polen. Erste Spuren von Menschen ab dem 4. Jh., dauerhafte Besiedlung ab Wikingerzeit im 9. Jh. Nächste Nachbarn: Shetlander, ca. 270 km südöstlich.
Die Städte: Hauptstadt Tórshavn mit Vororten ca. 20.000 Einw. (Kommune inkl. Inseln Nolsoy, Koltur, Hestur ca. 21.800). Zweitgrößte Stadt Klaksvík ca. 4.900 Einw. (5.200). Typisch – und politisch gefördert – ist die große Zahl bewohnter Siedlungen, Dörfer und Kleinstädte, rund 100 an der Zahl.
Politik: Die Färöer sind ›gleichberechtigte Nation‹ innerhalb des dänischen Königreichs mit eigener Flagge, eigenem Parlament Løgting und eigener Regierung (zzt. Mitte-Links-Koalition). Die Färöer unterhalten diplomatische Vertretungen u. a. in London, Reykjavík und bei Internationalen Organisationen wie der EU, sonst werden sie von Dänemark vertreten. Staatsoberhaupt ist Dänemarks Königin Margrethe II, auf den Inseln von einer Reichsombudsfrau vertreten, die vorwiegend repräsentative Aufgaben hat. Relikt alter Bindungen: Müssen Dänen an die Urnen, werden auch auf den Färöern zwei Abgeordnete für das Kopenhagener Folketing gewählt.
Sprache: Føroyskt ist eine im 19. Jh. aus altwestnordischen Dialekten abgeleitete Kunstsprache, dem Isländischen ähnlich. Dänisch ist zweite Amtssprache, Englisch in touristischen Bereichen Standard.
Wirtschaft und Währung: Fischerei, die etwa gleich ertragreiche Fischzucht und die Fischverarbeitung bilden den dominierenden Wirtschaftszweig mit einem Anteil von ca. 95 Prozent am Export. Eine Arbeitslosenquote von ca. 1 % und die positive Außenhandelsbilanz zeigen die aktuell gute wirtschaftliche Lage, die aufgrund einseitiger Ausrichtung auf ein Produkt aber schnell schwanken kann.

TEXT UND FOTOS #FÄRÖER: Hans Klüche
(sofern nicht anders gekennzeichnet)

FÄRÖER

Die Färöer haben sich vom touristischen Geheimtipp für Naturliebhaber und Einsamkeitssucher zu einem Ziel der Generation Instagram gemausert. Wandern ist längst nicht mehr die einzige Option für einen Aktivurlaub ...

Hype mit Folgen

Die Färöer erlebten im vergangenen Jahrzehnt allen Wetterwidrigkeiten und der Lage abseits gängiger Reiserouten zum Trotz einen Hype. Den Startschuss gab das US-Magazin »National Geographic Traveller«, das 2007 unter 111 Kandidaten das weltweit attraktivste Inselziel auswählen ließ: die Färöer. Clevere Kampagnen machten die Insel weiter bekannt, vor allem »Sheepview«: Ein Schaf mit solarbetriebener »360° Cam« auf dem Rücken wurde in die Berge geschickt, weil Google die Färöer bei seinem Streetview ignorieren wollte (**visitfaroeislands.com/sheepview360**) – der Weltkonzern hat inzwischen fast jeden Winkel erfasst. Breite Präsenz bei Instagram und YouTube sorgten für immer mehr Interesse. Die zuvor fast unberührte Natur wurde überlaufen, viele Besucher liefen kreuz und quer durch das Gelände, die wenigen Pfade wurden ›vervielfacht‹, sobald der Boden schlammig wurde. Inzwischen soll »Wandermaut« (siehe Kurs Färöer) auf populären Wegen den Ansturm regulieren, und in einem Fall darf man nur noch auf geführten Touren zum Ziel der Begierde. Das ist für viele Nordlandfans eine neue Erfahrung, aber man sollte sie als Gast des Landes akzeptieren und respektieren. Die Regierung bemüht sich derzeit um einheitliche Regeln, es kann also auch im Laufe der Saison Änderungen geben! Einnahmen sollen dem Ausbau des Wegenetzes dienen.

#KeineHast

Die gut ausgebaute Infrastruktur macht die Inseln zu einem Reiseland, in dem niemand hetzen muss, vor allem nicht an langen nordischen Sommertagen. Sechs große Nordinseln sind durch Brücken, Dämme oder Tunnel miteinander verbunden: Kein Ort ist von einem anderen mehr als 115 km entfernt und mit dem Auto in zwei Stunden erreichbar! Auf der Südinsel Suðuroy ist die längste Fahrstrecke 45 km lang. Kleinere Inseln können bequem mit Fähren auf Tagesausflügen erreicht werden. Straßen mit hohem Sightseeing-Wert sind als »Dotterblumenstraßen« mit Schildern markiert, die eine Sumpfdotterblume zeigen.

#Kettentanz

Der aus dem Mittelalter stammende Gemeinschaftstanz, an dem bei Volksfesten Hunderte Menschen spontan teilnehmen, wird zu scheinbar unendlichen, gesungenen Versen, aber ohne Instrumentenbegleitung getanzt – manchmal stundenlang. Auffällig viele Färinger, Männer wie Frauen, tragen bei festlichen Anlässen, aber auch im Alltag die traditionelle Inseltracht. Hinweise zu Veranstaltungen, bei denen man den Kettentanz sehen kann: **www.visitfaroeislands.com/whats-on/events/**.

Das hat Tradition: Festakt zur Eröffnung des Parlaments Løgtingið nach der Sommerpause am Nationalfeiertag Ólavsøka.

Tórshavn und Umgebung

Tórshavn auf der Insel Streymoy ist das Tor auf die Färöer für alle, die mit der Fähre aus Dänemark oder Island kommen, und populärer Anlaufhafen bei Nordatlantik Kreuzfahrten. Es ist eine Mini-Hauptstadt, kann aber bei Kultur und Lifestyle mit deutlich größeren Städten mithalten. Gastronomie verwöhnt Gäste vom Hafen-Imbiss über schnuckelige Cafés bis zu Gourmetrestaurants – Fisch und Lamm dominieren die Menüs –, und zu späterer Stunde erlebt man in Clubs und Kneipen die Feierlust der Färinger. Sogar die coolen Kultbrauer von Mikkeller aus Kopenhagen, sonst gern in Weltstädten wie Tokio, London und New York vertreten, haben eine Dependance in der Altstadt. Über dem Hafen wacht Skansin, eine historische Festungsanlage mit Ursprüngen im 16. Jh., auf der auch der Hafenleuchtturm steht. Weit in den Hafen hinein ragt die Halbinsel Tinganes mit dem historischen Regierungsviertel auf der Spitze. An engen verwinkelten Gassen prägen Gebäude aus dem 17. bis 18. Jh. das Bild, viele mit typischen Grasdächern. Ein Ort voller Geschichte und Nostalgie. Hier soll schon 825 ein Thing, eine im weitesten Sinne parlamentarische Versammlung, getagt haben. Am Übergang von Tinganes ins moderne Zentrum ragt die hölzerne Domkirche auf, der Turm blickt über alte Lagerhäuser auf den wuseli-

gen Kleinboothafen Vestarvág. Vaglið ist dann einer der wenigen Plätze auf den gesamten Färöern, wo man im Schatten von Bäumen sitzen kann. Die Stadtverwaltung residiert hier in einem Bruchsteinhaus, und man blickt zum Parlament Løgting hinauf – das ursprüngliche Holzhaus wird von einem modernen Anbau überragt.

Oberhalb des Zentrums präsentiert die Nationalgalerie Listasavn Føroya die rege färöische Kunstszene bis zur Gegenwartskunst, und das vom nordischen Rat finanzierte Kultur-, Ausstellungs- und Konferenzzentrum Norðurlandahúsið steuert ein breites, hochkarätiges Programm zum Kulturleben bei. Im nördlichen Vorort Hoyvík vertieft das Nationalmuseum Tjóðsavnið in mehreren Abteilungen Themen wie Schifffahrt, Fischerei, Landwirtschaft und Naturkunde, zeigt aber auch Funde der Wikingerzeit und das berühmte Kirchengestühl aus Kirkjubøur. Ein Fußweg verbindet das Hauptgebäude mit dem zweiten Standort, dem Museumshof Hoyvíksgarður.

Kirkjubøur, gut eine Viertelstunde mit dem Auto südlich der Stadt, war lange geistliches Zentrum der Färöer. Die Ruine der wohl nie vollendeten gotischen St. Magnus Kirke, die kleine St. Olav Kirke aus dem 13. Jh., die als Ersatz-Domkirche dienen musste, und der imposante, vom frühen 12. Jh. bis zur Reformation als Bischofssitz genutzte Kirkjubøargarður – das älteste bewohnte Holzhaus in Europa – lassen Besucher tief in die Geschichte eintauchen.

Ebenfalls noch zur Kommune Tórshavn gehört die Insel Nólsoy, ein entschleunigter Vorort der Hauptstadt. Fähren queren rund ein Dutzend Mal am Tag in 20 Minuten den Sund zwischen Stadt und Insel. Ein Tor aus mächtigen Walkieferknochen empfängt Besucher, im Dorf warten schnuckelige Cafés und auf dem Rest der Insel Wanderungen zur steilen Ostküste mit bekannten Vogelfelsen oder zum Leuchtturm Borðan im Süden (4-6 Std.). Im Sommer gibt's von der Touristeninformation organisierte Wandertouren und ornithologische Führungen – Vogelkundler betrachten die Kolonie der schwarzen Sturmschwalben auf Nólsoy als größte der Welt. Für einige Wege wird ›Maut‹ erhoben.
www.visittorshavn.fo, www.visitnolsoy.fo

#GratisBusse

Die roten Stadtbusse in Tórshavn sind – anders als die blauen Regionalbusse – kostenlos.

Historische Tür am ältesten bewohnten Holzhaus in Europa, dem Kirkjubøargarður

#RittZurSeehöhle

Im Untergrund der nur von etwa 20 Menschen bewohnten Insel Hestur verstecken sich Seehöhlen, darunter die größte der Welt, Klæmintsgjógv. Sie ist im Sommer Ziel rasender Wellenritte rund um Hestur auf Rib Booten ab Gamlarætt bei Kirkjubøur, wo auch die Fähre nach Hestur ablegt. Die Höhle dient zudem oft als Konzertsaal, der Oldtimer-Schoner Norðlýsið macht dann Fahrten, ab Tórshavn – Hauptsache, der Wellengang spielt mit. **www.rib62.com, www.nordlysid.com**

#Walfang

Reizthema ist der Walfang »grindadráp«. Wir möchten dazu informieren, nicht werten: Gruppen der relativ kleinen, in Herden lebenden Grindwale werden von Booten eingekesselt, in Buchten an flache Strände getrieben und dort von lizensierten Fängern mit Lanzen und Messern per Hand getötet. Das ist ohne Zweifel eine blutige Angelegenheit. Tierschützer kritisieren die Jagd grundsätzlich und im Besonderen die Fangmethoden als grausam, weil viele Tiere nicht sofort tot sind und leiden müssen, zudem würden trächtige Tiere sowie Jung- und Muttertiere getötet. Die Inselbewohner berufen sich auf jahrhundertealte Fangtraditionen und die traditionelle, kollektive und unkommerzielle Verwertung der Fänge als Nahrungsressource. Auch seien Fangorte und Fangmethoden immer strenger reguliert worden, um ein schnelles und sicheres Töten zu gewährleisten. Bestände der Grindwale gelten nicht als gefährdet. Gesundheitsbehörden warnen vor dem regelmäßigen Verzehr von Grindwalfleisch und -innereien, weil sie schwermetallbelastet sind.

In den Norden von Streymoy

Straße 10 folgt von Tórshavn der Ostküste von Streymoy nordwärts und nutzt einen 2,8 km langen Tunnel, während sich die alte Hauptstraße als Straße 50 ›Oyggjarvegur‹ über die Berge windet – bei gutem Wetter erste Wahl! Nach etwa 20 km muss man sich entscheiden: westwärts Richtung Vestmanna und zur Insel Vágar (s. u.) oder in den Nordosten von Streymoy. Dort zweigt in Hvalvík eine 11 km lange Stichstraße durch ein lang gestrecktes Tal nach Saksun ab, eine malerische Siedlung mit nur einem Dutzend Häuser. Zu denen gehören das Bauernhausmuseum Dúvugarðar mit Gebäuden aus dem 17. Jh. und die Saksunar Kirkja, die, wie von einem Fotografen platziert, vor einer beeindruckenden Bergkulisse, der Lagune Pollurin im Westen und einem in Kaskaden die Hänge hinunterspringenden Wasserfall steht. Die Wanderung am Ufer des Pullurin entlang und durch den schmalen Kanal zum offenen Meer kostet inzwischen ›Maut‹ und ist nur in einem kleinen Zeitfenster um Niedrigwasser möglich – sichere Zeiten vor Ort erfragen!

Weiter nördlich von Hvalvík nimmt Straße 10 die Brücke nach Eysturoy (s. u.) hinüber, aber man sollte den 14-km-Abstecher ins malerisch gelegene Tjørnuvík mit seinem schwarzen Strand nicht missen: Auf halber Strecke stürzt neben der Straße Fossá, der ›Wasserfallfluss‹, in drei Stufen

fo

Schlicht und einfach spektakulär: Vogelklippen bei Vestmanna an der Nordwestküste von Streymoy

über insgesamt 140 m die Berge hinab – je mehr es vorher regnet, desto machtvoller. Kurz vor dem Ziel hat man freien Blick auf die sagenumwobenen Felssäulen Risin og Kellingin am gegenüberliegenden Ufer. An der Westküste von Streymoy starten im Hafen von Vestmanna Bootsexkursionen zu imposanten Vogelklippen und an ausgewählten Tagen auch zu Tagestouren nach Mykines!
www.visit-vestmanna.com, www.puffin.fo/en

Vágar

Auf der größten Westinsel beginnt für viele Besucher der Färöer-Aufenthalt im internationalen Vágar Floghavn. Der mautpflichtige Unterwassertunnel Vágartunnilin sorgt für die Anbindung an die Hauptinsel Streymoy. Zwischen Tunnel und Flughafen finden sich Wanderwege zu Abschnitten der Südküste, so bei Sandavágur zum Aussichtspunkt auf die Felsnadel Trøllkonufingur, den Hexenfinger. Oberhalb von Miðvágur beherbergt der fast 400 Jahre alte, ganz im traditionellen Baustil mit Wänden aus grobem Feldstein, kleinen Holzgiebeln und Grassodendach gehaltene Pfarrhof Kálvalið das älteste Lokalmuseum der Färöer. Die populären Wege am Ostufer des Leitisvatn aka Sørvágsvatn entlang zur 142 m hohen Sklavenklippe Trælanípa und dem ›Absturz‹ des Sees als Wasserfall Bøsdalafossur gut 30 m über die Steilküste hinab in den Nordatlantik kosten inzwischen Maut.

Am Flughafen vorbei nach Westen entpuppt sich Straße 45 via Bøur und durch den 2006 vollendeten, einspurigen Tunnel in das pittoreske Gásadalur (ca. 15 Einw.) als Boulevard der ›Million Dollar Views‹ mit Blick auf die zerklüfteten Schären Tindholmur, Gásholmur und Drangarnir sowie die Westinsel Mykines. Am Ende der Straße in Gásadalur ist der Blick auf das Dorf über den Wasserfall Múlafossur, mit dem der Dorfbach in den Atlantik stürzt, ein Fotoklassiker und Instragram-Highlight.

Ab Sørvágur fahren von Anfang Mai bis Ende August zweimal am Tag Fähren zur Insel Mykines. Das Vogelparadies ist für seine unzähligen Papageitaucher berühmt – man stolpert fast über die putzigen Vögel. Im Dorf gibt es zwar 40 Häuser, aber nur etwa 10 ganzjährig hier lebende Men-

#koks

Keine Sorge, es geht nicht um Drogen, sofern man nicht nach der innovativen, aber auf uralten Methoden wie Fermentieren von Lebensmitteln für den Winter aufbauenden färöischen Variante des Nordic Cooking süchtig ist: Der kulinarische Gott der Färöer, Poul Andrias Zisca, betreibt am Leynavatn im Nirgendwo zwischen Tórshavn und Vágatunnilin sein Gourmetrestaurant koks – der Gast soll mit dem Menü und dem Land, das es hervorbringt, eins werden. 2019 gab es den zweiten Michelin-Stern für seine Kochkunst. **www.koks.fo**

© koks/Visitfaroeislands.com

In der Zwei-Sterne-Küche des koks muss auch auch das Auge »satt« werden: Jakobsmuscheln.

#CaféAmWestend

Gásadalur ganz im Westen des Westens hat zwar nur 11 Einwohner, aber auch das gemütliches Café Fjorooy mit einfacher färöischer Küche vom Smørrebrød mit Lammaufschnitt bis Fischteller.

#Flightseeing

Vom Flughafen starten meist montags Helikopter von Atlantic Airways zum Flightseeing um alle Highlights von Vágur und Mykines.
tyrla.atlantic.fo

Kollektives Scheren der Schafe bei Gjógv auf Eysturoy mit Blick auf die steilen Küsten der Nordinseln im Hintergrund

#Määäähhhh

Steuert man selbst ein Auto auf den Färöern, muss man immer mit frei auf der Straße laufenden Schafen rechnen (bei Unfällen haftet der Fahrer!) – es gibt etwa 75.000. Lange waren sie für die Eigenversorgung der Insel elementar, außer Fisch und Vögeln – Papageitaucher sind eine Delikatesse – gab es nur sie. Heute schafft es die Schafzucht nicht mehr, den Eigenbedarf zu decken, und Schaffleisch wird importiert. Restaurants servieren es als Delikatesse, auch getrocknet als Aufschnitt oder gewöhnungsbedürftig als Seyðahøvd, geschmorter Schafkopf. Aus der Wolle wurde traditionell Bekleidung gefertigt, Färöer-Pullover mit ihrem durchgängigen Muster sind deutlich wärmer als Island-Pullover. Die dänischen Kultkrimis um Kommissarin Lund machten dann moderne, leichtere Färöer-Pullover zu begehrten Mode-Artikeln vor allem in Großbritannien, ansonsten ist die Wolle auf dem Weltmarkt heute kaum konkurrenzfähig, weil nicht weich genug.
www.gudrungudrun.com/women/sarah-lund-sweater.html

fo

schen. Wege führen auf das über eine Fußgängerbrücke angebundene Mykines Holmur mit einem markanten Leuchtturm auf dem westlichsten Landflecken der Färöer. Für Inselbesuche wird eine Gebühr erhoben, unabhängig davon können Wege zum Schutz nistender Vögel oder aufgrund schlechter Witterungsbedingungen gesperrt werden. **www.visitvagar.fo**, **www.mykines.fo**

Eysturoy

Bislang erreicht man Eysturoy im Verlauf der Straße 10 nur über die Brücke bei Oyrarbakki. 2 km später nimmt man am Kreisverkehr die Straße Richtung Eiði. Das Dorf liegt geschützt am Sund, hat aber einen Sportpark und Campingplatz zum offenen Atlantik hin – windig aber mit Top-Ausblick. Von Eiði starten Wanderungen auf den vorgelagerten Eiðiskollur zu Sighseeing-Spots mit Blick von oben auf die Felssäulen Risin og Kellingin. Zur Weiterfahrt nach Gjógv schwingt sich die Straße zum fast 400 m hohen Pass Eiðiskarð hinauf. Am Scheitelpunkt startet der Aufstieg zum Slættaratindur, auf Deutsch ›Flacher Gipfel‹. Den mit 880 m höchsten Berg der Färöer zu bezwingen ist eher Bergwandern, denn Bergsteigen. Wenn's Wetter mitspielt, ist der Lohn ein grandioser 360°-Blick auf Nachbargipfel, Fjorde, Sunde, Klippenküsten der Nordinsel und wieder auf Risin og Kellingin.

Gjógv hat den Namen von der tiefen Kluft, die als Hafen dient – ein Fotoklassiker! Die umliegenden Klippen wie auch das Dorf mit seinen bunten Häusern an engen Gassen lohnen Rundgänge. Richtung Süden ist Serpentinenfahren angesagt, ehe man am ebenfalls malerisch gelegenen Funningur vorbei flachere Gefilde am lang gestreckten Funningsfjørður erreicht und schließlich wieder auf die Hauptstraße trifft. Auch zu anderen abgelegen Küstenorten wie Elduvík und Oyndarfjørður oder in den Fischereiort Fuglafjørður lohnen Abstecher – die Landschaft ähnelt sich jedoch. Das kleine Freilichtmuseum Blásastova in Gøta entführt Besucher auf die Färöer des 18. und 19. Jh. Via Leirvík fährt man in den über 6 km langen, mautpflichtigen Unterwassertunnel Norðoyatunnilin ein und kommt vor den Toren von Klaksvík wieder ans Tageslicht.

www.visiteysturoy.fo

#BitteKeinLicht

Risin og Kellingin, der Riese und die Hexe, sollten einer Sage nach die Färöer einfangen und nach Island bringen. Wie viele dieser Mythen-Typen waren sie Schwarzarbeiter, Tageslicht konnten sie nicht vertragen. Aber die beiden trödelten, und dann kam für Sie das Grauen des neuen Tages, und sie versteinerten …

Nordinseln

Sechs Inseln bilden die Gruppe der Norðoyar, Nordinseln, mit Klaksvík auf Borðoy, der zweitgrößten Stadt der Färöer, als Hauptort und wichtigstem Fischereihafen. Norðoya Fornminnissavn lässt alte Zeiten in einem ehemaligen Handelsposten u. a. mit einer herrlichen alten Apothekeneinrichtung wieder aufleben. Zwei weitere Inseln sind mit Borðoy durch Dammstraßen verbunden: Viðoy endet nach Norden mit dem 754 m hohen Kap Enniberg, oft als höchste Steilklippe der Welt bezeichnet. Für die Nutzung des Tracks den Villingardalsfjall hinauf zu diesem imposanten Nordkap wird eine Gebühr erhoben. Ein Kleinod auf den eigentlich baumlosen Färöern ist Viðarlundin, das Wäldchen oberhalb des Inseldorfs Kunoy an der Westküste der gleichnamigen Insel. Die besteht aus einer gewaltigen Bergkette mit sechs 800ern, durchbohrt von einem 3 km langen, einspurigen Tunnel. Nur mit Fähren oder Helikopter sind drei weitere Inseln erreichbar. Kalsoy heißt im Volksmund ›die Flöte‹ wegen der lang gestreckten Form, aber auch wegen der vier Straßentunnel nebst Abzweigertunnel, die die Siedlungen der Insel mit insgesamt nur etwa 80 Einwohnern verbinden. Die beliebte Wanderung vom nördlichsten Trøllanes zum Leuchtturm Kallur, der sich hoch oben auf der gleichnamigen Klippe duckt, ist eine der spektakulärsten überhaupt auf den Färöern. Weiteres Highlight auf der Insel ist Kópakonan, die Skulptur der Seehundfrau am ehemaligen Fähranleger in Mikladalur, zu der es eine wunderbar tragische Sage um Tod, Wiedergeburt

#SchweizerKäse

Zur Verbesserung der Infrastruktur werden die Färöer seit den 1960er-Jahren durchlöchert. Um das Leben auch in kleinsten Siedlungen attraktiv zu halten, die sonst nur per Boot oder Bergpfad erreichbar wären, entstanden überall Straßentunnel, aktuell 20, davon 2 mautpflichtige Unterseetunnel. Inzwischen werden die ältesten schon durch größere mit verbesserten Zufahrtswegen ersetzt, und weitere sind im Bau: Der 11 km lange Unterseetunnel von Tórshavn in den Süden der Insel Eysturoy mit Kreisverkehr unter dem Meer, an dem er sich aufteilt, um beide Ufer des dicht besiedelten Skálafjørður anzubinden, soll Dezember 2020 eröffnet werden und Fahrzeiten um bis zu 50 Minuten verkürzen. Am 10,5 km langen Tunnel zur dünn besiedelten Insel Sandoy wird seit Sommer 2019 gebohrt, geplante Bauzeit etwa 4 Jahre. Er ist das erste Teilstück einer Anbindung der Südinsel Suðuroy an die nördlichen Inseln durch 4 Tunnel mit ca. 36 km Gesamtlänge.

Atemberaubend: die zerklüftete, wilde Westküste der Südinsel

und Liebe gibt. Die östlichsten Inseln, das relativ flache Svínoy und das schroffe Fugloy mit abenteuerlichen Anlegern der täglich verkehrenden Fähre sind Wohlfühlorte für Naturenthusiasten und Ornithologen. **www.visitnordoy.fo**

#Rappelling

An der Westüste von Sandoy können sich Adrenalin-Junkies unter qualifizierter Leitung aus einer Höhe von 300 Metern abseilen und auch wieder hinaufklettern – das Touristenbüro von Sandoy hilft beim Buchen.

Rappelling in den Steilküsten ist zwar ein moderner Sport, aber ähnlich wurden früher Vogeleier in den Klippen gesammelt.

Sandoy, Skúvoy und die Dímuns

Südlich der Hauptinsel Streymoy liegen die Inseln Sandoy, Skúvoy und Stóra Dímun, wo noch ein Hof bewirtschaftet wird, und das unbewohnte Lítla Dímun. Für Sandoy wird aktuell ein Unterwassertunnel gebaut, der etwa 2023 fertig sein soll. Bis dahin kommt bis zu neunmal am Tag die Fähre von Gamlarætt bei Kirkjubøur (s. o.). Von der Inselhauptstadt Sandur gibt's dann Anschluss nach Skuvoy. Wilde Klippenküsten, reiches Vogelleben – Skuvoy ist ein RAMSAR-Schutzgebiet –, gute Wanderwege und viel Lokalkolorit locken Individualisten. Das rührige Touristenbüro von Sandoy organisiert Wander-, Rad- und Kajaktouren auf der Insel sowie Bootsexkursionen um Sandoy, Skúvoy und Stóra Dimun. **www.visitsandoy.fo**

Suðuroy

Die Südinsel Suðuroy ist viertgrößte der Färöer Inseln, zwei Stunden Fährfahrt von Tórshavn entfernt und damit etwas abseits der Besucherströme. Der wilde Westen mit gigantischen Vogelklippen ist an vielen Stellen von Wanderwegen erschlossen. Mit dem Auto kommt man dieser Küste seltener nah, nur im Norden in Hvalba, wo die lang gestreckte Insel nur ein paar hundert Meter breit ist, in der Mitte im Fischerort Famijn und im Süden zwischen den Dörfern Lopra und Sumba. Dort sind die alte Straße über die Berge wie die neue durch den Tunnel echte Sightseeing-Routen.

Tipp: Machen Sie eine Rundfahrt über die eine Strecke hin und über die andere zurück. Von der alten Straße ist Beinisvørð, mit 469 m die höchste Klippe auf Suðuroy, leicht zu erkunden. Von Sumba führt noch eine schmale Straße zur Südspitze Akraberg mit einem Leuchtturm hoch über dem Meer.

Der deutlich sanftere Osten wird von etwa 4.545 Menschen bewohnt, Hauptort mit dem Anleger der Autofähre aus Tórshavn ist Tvøroyri um den geschützten Trongisvágsfjørður. Ein Tal weiter nördlich ist Hvalba letzte Grubenstadt der Färöer, in bescheidenen Mengen wird hier seit dem 17. Jh. bis heute auf sehr archaische Weise Kohle gefördert. In der Kirche des schon erwähnten Famjin hängt Merkið, die erste Flagge der Färöer. Sie wurde hier anlässlich einer Hochzeit 1919 erstmals öffentlich gehisst, aber nicht vor 1940 als Nationalflagge anerkannt. Wer für die maximal 45 km von Nord nach Süd nicht das Auto mitbringen will, erkundet mit Bus- und Bootsexkursionen die Insel und ihre Küsten. Touristeninformationen in Tvøroyri und Vágur helfen beim Buchen. **www.visitsuduroy.fo** •

© Visitfaroeislands.com

Junger Färinger in Tracht am Nationalfeiertag Ólavsøka

#EngagierteFäröer Fans

Engagierte Färöer-Fans organisieren sich im Deutsch-Färöischen Freundeskreis. Der publiziert vereinsintern regelmäßig Artikel weit über das Touristische hinaus, Rezensionen zu Veröffentlichungen über die Färöer und sorgfältig aktuell gehaltene Bibliografien: **www.faeroeer.eu/de**

#veranstaltungen2020

APRIL	**23.–25.4.**	**Fuglafjørður**	Bindifestivalur, das Strickfestival. **www.facebook.com/bindifestivalur**
MAI	**31.5.–26.8.**	**Inselweit**	Summartónar, Festival der Komponisten und Songwriter mit Kulturabenden und Dutzenden Konzerten, mehrere auch in Felsgrotten **www.composers.fo/summartonar**
JUNI	**5.6.–16.8.**	**Inselweit**	So gut wie an jedem Wochenende ein Stadt-/Dorffest mit Konzerten, Kettentänzen und Ruderregatten. Die größten sind Norðoyastevna in Klaksvík (5.–7.6.) und zum Nationalfeiertag Ólavsøka in Tórshavn (27.–29.7).
	7.6.	**Tórshavn**	Marathon. **www.torshavnmarathon.com**
	11.–13.6.	**Sørvágur**	Country- und Bluesfestival, **www.country.fo**
JULI	**16.–18.7.**	**Gøta**	G! Rock-Pop-Festival mit nationalen und internationalen Künstlern **www.gfestival.fo**
	27.7.	**Tórshavn**	Faroe Pride, Parade der Schwulen und Lesben **www.facebook.com/lgbtforoyar**
AUGUST	**6.–8.8.**	**Klaksvík**	Summar Festivalur, das größte Musikfestival der Insel mit nationalen und internationalen Bands und Solisten. **www.summarfestivalur.com**
SEPTEMBER	**2.–6.9.**	**Tórshavn/Inselweit:**	Átjan Wild Islands – Extremsportfestival (Läufe 10–66 km) mit viel »social gathering« **www.atjanwildislands.com**
	12.9.	**Tórshavn**	Slaktið (Schlachtzeit), Foodfest um die traditionelle Küche und ihren Ursprüngen **www.facebook.com/slaktid**

Tagesaktuelle Programme wichtiger Kulturinstitutionen • **www.nlh.fo**: Norðurlandahúsið in Tórshavn (Haus des Nordens) • **www.art.fo**: Listasavn Føroya in Tórshavn (Nationalgalerie)

#färöer

Kurs Färöer

- Bürger aus EU-Ländern und der Schweiz können mit Personalausweis oder Reisepass einreisen.
- Die Färöer sind zollrechtlich Nicht-EU-Staat. Bei Einreise wie Rückkehr in die EU gelten Mengenbeschränkungen bei der zollfreien Einfuhr von Tabakwaren, Alkoholika und Souvenirs.
- Tax Free Shopping ist in rund 100 Geschäften möglich, bei der Ausreise wird ein Teil der Mehrwertsteuer erstattet.
- Die Färöer fallen – anders als Island – nicht automatisch unter die EU-Roaming-Regeln beim Telefonieren und bei Datennutzung. Nur Ihr Provider kann Ihnen verbindlich Regeln und Kosten für Ihren Tarif nennen.
- Nationale Touristeninformation (engl./ausgewählte Seiten dt.): **www.visitfaroeislands.com**.

ANREISE MIT DER FÄHRE

Die M/S Norröna der färöischen Reederei Smyril Line verkehrt ganzjährig 1 x, Juni–August 2 x wö. zwischen Hirtshals (Norddänemark) und Tórshavn sowie 1 x wö. von dort nach Seyðisfjørður in Island. So sind bei einer Fähranreise nach Island auch Stoppover auf den Färöern möglich. Reisewege nach Hirtshals finden Sie im Dänemarkteil dieses Buches.

- **www.smyrilline.de**.

fo

ANREISE MIT DEM FLUGZEUG

Zum einzigen Flughafen der Färöer Vága Floghavn (FAE, **www.fae.fo**) auf der Insel Vágar fliegt man in der Regel ab oder mit Umsteigen in Dänemark mit der färöischen Gesellschaft Atlantic Airways oder mit SAS. Beim Buchen über Flug-Plattformen werden zudem Verbindungen über Drehscheiben wie Amsterdam oder Paris angeboten. Von Norddeutschland aus sind die dänischen Flughäfen mit Bahn (Sparpreise ab 29,90 €) oder Fernbussen gut erreichbar. Zur Autoanreise bieten sich Billund (Parken ab ca. 50 €/Woche, **parkering.bll.dk**) und Aalborg (5.000 Gratis-Parkplätze, **www.aal.dk/to-from/free-parking**) an. Zwischen Vága Floghavn und Tórshavn gibt es etwa jede Stunde Busse. Taxi-Transfer ab 800 DKK.

- **www.atlanticairways.com/en**: u. a. ab/bis Kopenhagen (bis 5 x tgl.), Billund (nicht tgl.), Aalborg (nur Saison), Reykjavík (2–3 x wö.).
- **www.flysas.de**: ab Kopenhagen (Saison bis 2 x tgl., sonst nicht tgl.)

GELD

Bargeldloses Zahlen mit Kredit- (Visa, Master, kaum American Express) oder Bankkarten (Maesto, V-Pay) ist verbreitet, in abgelegenen Orten sollte man jedoch Bargeld zur Hand haben. Damit versorgt man sich aus Geldautomaten regulärer Banken. Vermeiden Sie beim Abheben oder Bezahlen die Option »in Euro« oder »zum fixierten Wechselkurs«, das hat in der Regel hohe Wechselkursverluste zur Folge. Wählen sie »Abrechnung in Landeswährung«, dann wird zum banküblichen Tageskurs umgerechnet. Automatenaufsteller müssen auf Gebühren, die sie berechnen, so hinweisen, dass Sie den Vorgang noch abbrechen können. Was Ihre Bank berechnet, sollten Sie dort vor Reiseantritt erfragen!
Føroyska krónan, im Prinzip eine Regionalwährung der Dänischen Krone (DKK), sind nur als Banknoten im Umlauf. Beide Währungen werden untereinander kostenlos 1:1 getauscht (1 € ca. 7,45 DKK), dänische Banknoten können zum Bezahlen genutzt werden, Münzen sind eh dieselben. Bargeldtausch anderer Währungen kostet Gebühr. Føroyska krónan sind außerhalb der Färöer – wenn überhaupt! – nur mit hohen Kursverlusten zu tauschen. Wechseln sie deshalb vor Verlassen der Insel Restbestände wenigstens in Dänische Kronen. Vermeiden Sie Geldwechseln auf der Fähre!

NOTFÄLLE

Alle Rettungsdienste 112. Krankenhäuser mit Notaufnahme in Tórshavn, Klaksvík und Tvöroyrir. Ein medizinischer Notdienst (Mo–Fr 16–8, Sa, So 0–24 Uhr) ist über Tel. 1870 erreichbar.

REISEN IM LAND

Das Straßennetz ist hervorragend ausgebaut inklusive zahlreicher Tunnel, die älteren aber zum Teil einspurig und die niedrigsten nur mit 3,10 m

Durchfahrhöhe! Dort wo Bergstraßen alternativ existieren, sind sie bei schönem Wetter als Sightseeing-Strecken sensationell.
Brücken und bisher zwei mautpflichtige Unterseetunnel verbinden die großen Inseln im Norden miteinander. Die Maut ist binnen 3 Tagen online oder an ausgewählten Tankstellen unter Angabe des Kennzeichens zu bezahlen – Mautstationen gibt es nicht!
Kleinere Inseln sind mit Fähren angebunden. Eine große Autofähre verkehrt bis 3 x tgl. zwischen Tórshavn und der großen Südinsel Suðuroy (ca. 2 Std.). Fährtickets sind günstig (40–80 DKK/Pers. hin und zurück). Schnellstes Reisen erlaubt der Inlands-Helikopterdienst von Atlanic Airways (ca. 85–360 DKK/Strecke). Da die Flüge als Transportoption für die Bevölkerung subventioniert sind, sind direkte Hin- und Rückflüge nicht erlaubt, dies gilt besonders für die Route nach Mykines! Dort gibt es stattdessen explizite Sightseeing-Flüge.
Wer viel unterwegs ist, spart auf Bussen und Fähren (außer Mykines) mit der TravelCard (500 DKK/4 Tage, 700 DKK/7 Tage, Kinder 50 %). Mietwagen werden am Flughafen und in Tórshavn angeboten.
Radfahren erfordert sorgfältige Routenplanung, da etliche Straßentunnel für Radfahrer nicht geeignet sind (einspurig, schlecht beleuchtet und belüftet).

- **www.ssl.fo/en**: ÖPNV Busse und Fähren
- **www.atlanticairways.com/en/helicopter**: Inlands-Helikopterdienst
- **www.tunnil.fo**: Tunnelbetreiber mit Zahlungsoption.
- **www.fae.fo** > driving in Faroe Islands: u. a. Tipps zum Fahren in einspurigen Tunneln
- **www.62n.fo/carrental/en; www.make.fo/en/rent-a-car; www.rentalcars.fo; www.rentyourcar.fo; www.unicar.fo**: Auswahl Mietwagenanbieter

WICHTIGE VERKEHRSBESTIMMUNGEN

- Verkehrszeichen entsprechen weitgehend europäischem Standard. Fahrlicht ist immer Pflicht; Anschnallpflicht auf allen Sitzen; Alkoholgrenze bei 0,5 Promille; Telefonieren am Steuer nur mit Freisprechanlage.
- Höchstgeschwindigkeit in Ortschaften 50, außerhalb 80, für Gespanne überall 50, für Wohnmobile über 3,5 t maximal 70 km/h. Überschreiten der Höchstgeschwindigkeit wird geahndet, ab +30 km/h kann der Führerschein eingezogen werden.
- Bei Schafunfällen müssen Ausländer die Polizei benachrichtigen, Tel. 351448.
- Ein gültiger EU-Führerschein reicht aus.

WANDERMAUT/PFLICHTGUIDE

Aktuelles Thema sind Gebühren für die Nutzung populärer Wanderstrecken zu bekannten Instagram Hotspots (75–200 DKK = ca. 10–27 €), eine Gebühr für alle Besuche der Insel Mykines (100 DKK = ca. 13,50 €) und die verpflichtende Teilnahme an geführten Touren wie zum Aussichtspunkt für die spektakulären Drangarnir Felsen (550 DKK = ca. 75 €).

- **www.visitfaroeislands.com/see-do/hiking/guidelines-restrictions**: alle eingeschränkten Wanderungen
- **www.hiking.fo**: Tourenanbieter u. a. Drangarnir-Wanderung
- **www.reika.fo**: Tourenanbieter u. a. Leitisvatn, Trælanípan, Bøsdalafossur

Gute Nacht auf den Färöern

HOTELS

Hotels gibt es in allen Kategorien vom spartanisch eingerichteten Guesthouse bis zum komfortablen Vier-Sterne-Businesshotel, am größten ist das Angebot in Tórshavn.

HOSTELS

Aktuell gibt es drei ›Hostels‹ – zwei in Tórshavn, eines nahe dem Flughafen. Die Grenzen zu einfachen Gasthäusern sind fließend, alle bieten Doppelzimmer. Jugendherbergsausweis/HI-Hostel-Card bringt keinen Rabatt.

PRIVATUNTERKÜNFTE UND FERIENHÄUSER

Privatunterkünfte bucht man über Portale wie **www.airbnb.de** oder **www.wimdu.de**, das Angebot ist bescheiden und eine Suche bringt oft kommerzielle Hotels als Treffer. Lokale i-Büros helfen gern, jedoch gibt es in der Hochsaison nur wenige freie Zimmer und Häuser.

CAMPING

Von knapp zwei Dutzend Campingplätzen haben die wenigsten ganzjährig geöffnet. Wildes Zelten und ›Freedom Camping‹ mit Wohnmobilen auf Parkplätzen oder an Straßen sind verboten. Während kleinere ›Zeltplätze‹ für Wohnmobil und Gespanne gesperrt sein können, gibt es speziell für deren Bedürfnisse ausgelegte Stellplätze. Auf **www.visitfaroeislands.com/plan-your-stay/accommodation/camping** steht eine Campingplatzbroschüre zum Download bereit, mehr online auf **www.camping.fo** (engl./dt.)

gr

Foto: © Peter Lindstrom – Visit Greenland

Wanderer auf dem Gipfel des Store Malene in Nuuk

#grönland

#hardfacts

Grönland, das bedeutet gigantisches Inlandeis, lebendige Inuit-Kultur und mehr als zwei Millionen Quadratkilometer Landfläche. Die größte Insel der Welt ist in etwa achtmal so groß wie die Bundesrepublik Deutschland und – geologisch betrachtet – Teil des amerikanischen Kontinents. Die Nares Stræde, die die Insel von Kanada trennt, ist nur 26 Kilometer breit. Politisch gesehen liegt Grönland jedoch viel näher an Europa. Es ist Teil Dänemarks, allerdings mit Selbstverwaltung und eigenem Parlament, das 1985 beschloss, aus der EU auszutreten. Am 21. Juni 2009 sind Land und Leute der Autonomie ein Stück nähergekommen. Seither sind Außen- und Verteidigungspolitik zwar weiterhin in dänischer Hand, die Verwaltung und die Eigentumsrechte an den Bodenschätzen sind jedoch an die Grönländer übergegangen. Das bedeutet für EU-Bürger: Ein gültiger Reisepass gehört ins Gepäck. Als offizielle Währung gilt nach wie vor die dänische Krone (DKK).

Von den 2.166.086 Quadratkilometern Gesamtfläche ist nur ein geringer Teil eisfrei. Bloß 410.449 Quadratkilometer, nicht einmal 20 Prozent der Landesfläche, werden also dem Namen der Insel gerecht. Denn »Grünes Land« findet der Besucher eher selten, und wenn, nur in Küstennähe. Im Landesinneren beherrscht das Inlandeis mit bis zu drei Kilometern Dicke das Geschehen und macht etwa zehn Prozent des weltweiten Süßwassers aus. Bei Klimaforschern ist Grönland in den vergangenen Jahren zunehmend in den Fokus gerückt, da das Abschmelzen des Eisschilds zu einem Anstieg des Meeresspiegels führt. Demnach sind hier zwischen 2004 und 2015 jedes Jahr 272 Milliarden Tonnen Eis geschmolzen. Die circa 57.000 Einwohner, hauptsächlich Inuit, besiedeln zum Großteil die südliche Westküste und leben vom Fischfang. Amtssprache ist Grönländisch, eine Inuit-Sprache, die mit den Inuit-Sprachen in Kanada, Alaska und Russland verwandt ist. Die meisten Grönländer verstehen aber Dänisch und die jüngere Generation auch Englisch.

Die Insel erstreckt sich über mehrere Klimazonen. Im Norden kann die Temperatur auf minus 40 bis minus 70° C sinken. Die Sommertemperatur in Süd- und Westgrönland liegt bei etwa zehn Grad, kann aber vereinzelt auf über 20° C ansteigen. Auf dem Meer oder an den Eisfjorden sind die Temperaturen auch im Sommer niedrig. Daher empfiehlt es sich, immer Winterkleidung dabeizuhaben.

TEXT & FOTOS #GRÖNLAND: Liz Cooper/Visit Greenland (sofern nicht anders gekennzeichnet)

Auf der dünn besiedelten Insel kommen Outdoorfreunde ganz auf ihre Kosten, sollten die Wildnis und ihre Flora und Fauna jedoch nicht unterschätzen. Wer einen weniger abenteuerlichen Besuch bevorzugt, findet ein wachsendes Angebot an Kreuzfahrten und Expeditionsseereisen. Grundsätzlich ist die Fortbewegung im ganzen Land eher eingeschränkt: Flugzeug, Schiff oder Hundeschlitten sind die gängigen – und einzigen – Transportmöglichkeiten für Mensch und Material.

5 unterschätzte Reiseziele in Grönland

Grönland wird nirgendwo und zu keiner Reisezeit von Touristen überrannt. Allerdings gibt es einige Orte, die von den meisten Touristen besucht werden – und weniger bekannte Pfade, die vielleicht eher Ihr Ding sind.

Dieser Artikel listet einige unserer Lieblingsorte in Grönland, die häufig übersehen werden: von Aasiaats arktischem Inselleben über die Outdoor-Aktivitäten in Maniitsoq bis zum Kulturhighlight Niaqornat. Diese Ziele bieten allesamt Grönlands Berühmtheiten wie Eis, wilde Tiere, weite Berglandschaften und kombinieren diese mit individuellem Charme und kaum bekannten Eigenheiten, die Ihre Reise unvergesslich machen.

1. Aasiaat: Inselleben in der Arktis

Was macht es so besonders?

Aasiaat ist mit ihrem Umland als »Land der tausend Inseln« bekannt, da die Stadt auf einer Insel liegt, die zu einem großen Archipel zugehörig ist. Und diese Insellandschaft beeinflusst nicht nur die Alltagsaktivitäten der Bewohner, für die Schifffahrt, das Kajak und Fischfang zum Alltag gehören, sondern auch die Gestaltung der regionalen Kultur.

#GreenlandCoffee

Gefährlich und lecker – der sogenannte Grönlandkaffee ist mehr als nur ein Wachmacher. Betthupferl, Einheizer, Delikatesse. Und allem voran eine fantastische Show. Denn über dem mit Whiskey und Kahlua versetzten Kaffee wird ein Löffel voll mit Grand Marnier entzündet und die brennende Flüssigkeit langsam in das darunter stehende Glas gegossen. In einem dunklen Raum entsteht durch den magischen Fluss der bläulichen Flamme so der Eindruck eines Nordlichts. Guten nordischen Appetit!

Ein Schlittenhund wartet mitten im Winter geduldig in Aasiaat, Nordgrönland.

Foto: © Paul Zizka – Visit Greenland

Spätsommerliches Nordlicht umhüllt zwei Reisende vor ihrer Hütte in Südgrönland.

Aasiaat ist eine lebendige Stadt mit wachsenden Einwohnerzahlen, einer florierenden Wirtschaft und einer offenen Gesellschaft. Hier befindet sich das Bildungszentrum Nordgrönlands, weshalb Jugendliche aus der gesamten Region hierher kommen, um die weiterführenden Schulen zu besuchen. Die wachsende Zahl an Schülern und Auszubildenden gibt der Stadt einen kreativen Charakter. Kunst findet sich überall: von Skulpturen in den Straßen bis zu den 24 Gemälden des dänischen Künstlers Per Kirkeby, die in der Gemeindehalle ausgestellt werden.

Aasiaat bietet ihren Besuchern mustergültige Eindrücke der grönländischen Natur, gepaart mit einem außergewöhnlichen Kulturleben, das eine perfekte Balance zwischen einer bestehenden Infrastruktur für Touristen und authentischem Leben in Grönland bietet.

Wie kommt man dorthin?

Aasiaat kann auf dem Luft- oder Wasserweg erreicht werden. Sie können direkt von Ilulissat oder Kangerlussuaq fast an jedem Tag und das ganze Jahr über fliegen. Die Küstenfähre Sarfaq Ittuk legt zweimal pro Woche vom späten Mai bis in den späten August an. Für regionale Verbindungen zu anderen Städten innerhalb der Diskobucht können Sie im Sommer auch Boote der Disko Line nutzen.

gr

Bunte Häuser auf dem Schneehügel in der Stadt Aasiaat, Nordgrönland

Foto: © Filip Gielda – Visit Greenland

Was gibt es zu erleben?

Um Aasiaat authentisch zu erleben, bietet es sich an, die Stadt zu verlassen und sich auf die Wasserwege zu begeben. Aasiaat ist einer der besten Orte in Grönland, um Wale zu beobachten, da es hier viele verschiedene Spezies zu sichten gibt, während man mit dem Boot im Labyrinth aus unzähligen Inseln unterwegs ist. Während die Sichtung von Walen nicht garantiert werden kann, geraten die Eisberge ganz sicher in Ihr Sichtfeld, da die zahlreichen kalbenden Gletscher der Diskobucht eine Vielzahl spektakulärer Eisberge in die Bucht befördern.

Tauchen Sie unbedingt in die lebendige Kultur der Stadt und die vielen Veranstaltungen ein, die das ganze Jahr über stattfinden. Eines der bedeutendsten Events ist der Aasiaat Midnight Sun Marathon, den die Teilnehmer im zauberhaften Licht der Mitternachtssonne absolvieren. Auch die Wintersaison hat viele populäre Aktivitäten wie das Fahren mit dem Hundeschlitten oder Schneescooter und Crosscountry-Skitouren im Angebot.

Wo kann man übernachten?
In Aasiaat gibt es zwei Hotels – das Hotel Nattoralik und das Aasiaat Seamen's Home, ein Gästehaus, ein Hostel und Ferienwohnungen.

2. *Qeqertarsuaq: die größte Insel der größten Insel*

Was macht es so besonders?
Grönland wird häufig als größte Insel der Welt charakterisiert, wobei diese über eine eigene größte Insel verfügt, die auch ihren ganz eigenen Charme hat. Qeqertarsuaq heißt wörtlich übersetzt »die große Insel« und ist die einzige Stadt auf der Diskoinsel, dieser faszinierenden Landmasse mit ihrer mysteriös fruchtbaren und grünen Landschaft inmitten einer Bucht aus Eisbergen.

Die Einzigartigkeit der Diskoinsel ist schon lange Thema einer grönländischen Legende, nach der die Landschaft hier so saftig und nahrhaft sein soll, weil sie ursprünglich aus Südgrönland stammte. Dieser Erzählung nach befreiten zwei Jäger auf ihrer Suche nach Robben die Insel von

#WaleInDer Diskobucht

Die Frühlingsluft ist klar und in Qeqertarsuaq, dem Paradies der Wale, steht die Sonne tief über dem Horizont. Die Gäste im Boot warten. Sie halten nach dem Hauch einer Walfinne Ausschau, die aus dem spiegelblanken Meer herausguckt. Wer entdeckt den Wal zuerst und wer bekommt das beste Bild von ihm? Plötzlich taucht er auf. Ein gigantisches Meerestier, dessen Anblick den Atem stocken lässt. Der Buckelwal ist nicht schüchtern. Fröhlich lässt er seine Flosse mit einem Klatschen auf der Wasseroberfläche nieder, um die Fische, seine Beute, erstarren zu lassen.

Zwei Finnwale an der Küste bei Qeqertarsuaq

Foto: © Mads Pihl – Visit Greenland

Die Diskoinsel ist vulkanischen Ursprungs. Ein Wanderer blickt auf das Nordlicht, das über den Ozean tanzt.

ihrer südlichen Position und zogen sie nur mit ihren Kajaks und einem einzigen Kinderhaar gen Norden. Als sie in der Diskobucht eintrafen, erspähte eine Hexe aus Ilulissat die weiter nach Norden ziehende saftig grüne Insel und verwünschte sie, sodass sie auf Grund lief.

Das Terrain der Insel ist eindrucksvoll: von den steilen Basaltbergen, die vor 25–65 Millionen Jahren durch vulkanische Aktivität entstanden, bis zum Lyngmark-Gletscher, der über der Stadt thront. Qeqertarsuaq ist wirklich einzigartig und mit keinem anderen Ort in Grönland vergleichbar.

Wie kommt man dorthin?
Im Sommer gibt es tägliche Bootsverbindungen von Ilulissat aus und fahrplanmäßige Verbindungen von Aasiaat mit der Disko Line. Wenn im Winter die Bucht zugefroren ist, fliegt Disko Line nach Fahrplan mit dem Helikopter von Ilulissat und Aasiaat.

Was gibt es zu erleben?
Die Naturwunder von Qeqertarsuaq hören hier noch lange nicht auf – der tiefe Fjord eignet sich für Kajaktouren, die steilen Berge zum Wandern, und es gibt sogar natürliche heiße Quellen, die über die Täler der Insel verstreut sind. Im Winter wird der aktive Lebenswandel beim Eisfischen und bei Fahrten mit dem Hundeschlitten oder Schneescooter fortgesetzt.

Wo kann man übernachten?
Zu den Übernachtungsmöglichkeiten in Qeqertarsuaq zählen Hotels, Hütten auf dem Gletscher und zu vermietende Privatwohnungen.

3. Maniitsoq: das Venedig von Grönland

Was macht es so besonders?
Die Stadt Maniitsoq wurde auf einem Archipel erbaut, der durch Brücken verbunden wird. Von den Einheimischen wurde sie zum »Venedig von Grönland« erklärt, da sich kleine natürliche Kanäle durch die felsigen Inseln geschnitten haben und sich bis ins Stadtzentrum schlängeln. Und das Beste an einer unterschätzen Version von Venedig ist doch, dass es hier keine Massenaufläufe gibt!

#Nachbarschaft

Für viele in Grönland fahrende Heliskier geht es nicht nur um das Skierlebnis, sondern auch um kulturelle Eindrücke. Der Kontakt zur einheimischen Bevölkerung in dieser kleinen Gemeinschaft macht die Reise zu etwas ganz Besonderem. Die täglichen Berichte der Skitouren vermischen sich mit Erzählungen aus der Gegend, wenn man in einer kleinen Siedlung oder einer mittelgroßen Stadt wohnt. Ein Treffen mit Einheimischen erinnert daran, dass mitten in diesem alpinen Abenteuerland Menschen leben, die über Generationen und Tausende Jahre diese unwegsame Gegend zu ihrer Heimat gemacht haben.

Gegend in Maniitsoq

Und wir meinen das ernst mit den fehlenden Menschenmassen. Maniitsoq zählt ungefähr 2.600 Einwohner, und gleich außerhalb der Stadt gibt es eine unendliche und unberührte Wildnis zu entdecken. Der Name der Stadt bedeutet »Ort des rauen Terrains«, die Region kann als hügelig und unversöhnlich beschrieben werden. Tatsächlich befinden sich hier die höchsten Berge in Westgrönland, die einige der besten Optionen fürs Heliskiing weltweit bieten.

Wie kommt man dorthin?

Maniitsoq liegt auf halber Strecke zwischen Nuuk und Kangerlussuaq, wobei es per Direktflug von diesen beiden internationalen Knotenpunkten aus zu erreichen ist. Die Küstenfähre Sarfaq Ittuk stoppt hier einmal pro Woche; Maniitsoq Tour Boat fährt naheliegende Siedlungen an und betreibt eine fahrplanmäßige Personenbeförderung nach Nuuk während der Sommermonate.

Die Kirche und andere Häuser in Illorsuit

Was gibt es zu erleben?

Maniitsoq hat einen erstklassigen Ruf als Angelziel, da die beiden Flüsse im Süden der Stadt von Saiblingen nur so wimmeln. Für reisende Angler bietet sich um die Flüsse he-

Foto: © Crispin Rodwell – Visit Greenland

Zwei Fliegenfischer in der Nähe von Amitsuarsuk legen den nächsten Wurf fest.

rum die passende Infrastruktur, hier findet man Übernachtungsmöglichkeiten in Hütten und Guides, die die Gegend hervorragend kennen. Der Reichtum an Saiblingen in dieser Gegend bedeutet, dass selbst unerfahrene Angler glücklich mit einem Erfolgserlebnis nach Hause zurückkehren können.

Direkt nördlich von Maniitsoq, um den spektakulären Ewigkeitsfjord herum, finden Sie die besten Plätze in Grönland oder sogar der ganzen Welt zum Heliskiing. Hier kann man sich auf den Gipfeln der höchsten Berge Westgrönlands absetzen lassen und auf Skiern bis zum Meeresspiegel hinunterfahren, um tief in der dramatischen Landschaft am Ewigkeitsfjord anzukommen.

Wenn Sie sich mehr für Kultur interessieren, können Sie Ihre Zeit ganz einfach damit verbringen, über die hügeligen Straßen der Stadt den gewundenen Wasserwegen zu folgen. Auch können Sie international renommierte Kunst in dieser an der grönländischen Westküste versteckten kleinen Stadt besichtigen. Im Museum befindet sich eine umfangreiche Ausstellung von Gemälden und Skulpturen einheimischer Künstler sowie des dänischen Malers Aage Gitz-Johansen, dessen Werke grönländische Kultur, Legenden und Erzählungen interpretieren. Aka Høegh, eine der international bekanntesten Künstlerinnen Grönlands, hat gemeinsam mit der einheimischen Ledernäherin Martha Biilman die örtliche Kirche dekoriert.

Wo kann man übernachten?
In der Stadt gibt es zwei Hotels: Hotel Maniitsoq und Hotel Heilmann Lyberth.

4. Nanortalik: an der Mündung des Fjords

Was macht es so besonders?
Nanortalik liegt wie viele unserer unterschätzten Orte auf einer Insel tief in der verwinkelten Landschaft Südgrönlands. Hier liegen einige einladende Städte und Siedlungen verstreut, die sich perfekt dafür eignen, per Boot und sogar manchmal zu Fuß von einer zur anderen zu reisen. Die Nanortalik-Insel liegt an der Mündung des mächtigen Tasermiut-Fjords.

#Tasermiut Marathon

Einer der vielen Marathonläufe in der Region wird als der »leichteste« bezeichnet. Der Tasermiut-Marathon findet jedes Jahr im Juni statt und hat seinen Standort in einer Siedlung in der Nähe von Nanortalik namens Tasiusaq. Die Strecke führt durch die Siedlung, an der Fjordküstenlinie und Schaffarmen vorbei, und sie endet mit einer Reihe von Höhenanstiegen, um den besten Ausblick für das Ende aufzusparen.

Ein Blick auf Nanortalik im südlichsten Teil Südgrönlands

Diese Insel wirkt in Südgrönland sehr ungewöhnlich. Nanortalik ist die südlichste Stadt in Grönland und doch hat sie mit ihren steilen, zerklüfteten Bergen und dem an der Stadt vorbeitreibenden Meereis nichts Südliches an sich – diese Eigenschaften erinnern vielmehr an die Landschaft Ostgrönlands als an die saftig grünen Wiesen des Südens.

Dazu passt die Einwanderung von Ostgrönländern, die in früherer Zeit in dieses Gebiet stattfand. Es scheint so, als hätten die Ostgrönländer ihr berühmt herzliches und einladendes Auftreten mitgebracht. Grönländer sagen, dass sich die Ankunft in Nanortalik wie die Rückkehr in das Zuhause der Kindheit anfühlt – selbst wenn man zum ersten Mal dort ist.

Wie kommt man dorthin?

Während der Hauptsaison (Mitte Juni bis früher September) werden Direktflüge nach Narsarsuaq sowohl von Dänemark als auch von Island aus angeboten. Von Narsarsuaq aus können Sie per Boot oder Helikopter von Disko Line Nanortalik erreichen. Disko Line verbindet Narsarsuaq auch mit anderen Städten und Siedlungen in der Region. Außerhalb der Hauptsaison empfiehlt es sich für internationale Besucher, nach Kangerlussuaq zu fliegen und von dort einen Anschlussflug nach Narsarsuaq zu nehmen.

#WilderWikinger

Eirikur rauði Þorvaldsson – Erik der Rote. So der Name des ersten Nordmannes auf Grönland. Erhielt er den Namen wegen seiner roten Haare? Oder lag es vielleicht an seinem aufbrausenden Temperament? Auf jeden Fall wurde er 982 n. Chr. wegen Mordes von Island verwiesen und orientierte sich gen Westen. Dort entdeckte er ein Land mit einer einladenden Fjordlandschaft und fruchtbaren, grünen Tälern. Schwer beeindruckt, kehrte er drei Jahre später nach Island zurück, um vom »grünen Land« zu berichten. Und um sich Begleiter zu suchen, die bereit waren, dauerhaft in diese unbekannte Welt aufzubrechen.

Foto: © Mads Pihl – Visit Greenland

Ein Zeltlager bei Tasersuaq im Tasermiut Fjord in Südgrönland

Foto: © Mads Pihl – Visit Greenland

Das Dorf Kangaamiut ist an einem Hang in der Nähe der Mündung des Eternity Fjords gebaut.

Häuser und ein einzelner Schlittenhund bei Sonnenuntergang in Tiniteqilaaq

Foto: © Chiara Zonca – Visit Greenland

Was gibt es zu erleben?

Die beliebtesten Aktivitäten in und um Nanortalik beinhalten einen Ausflug in den Tasermiut-Fjord, der in Grönland einer der besten Fjorde fürs Trekking, Klettern und Kajakfahren ist.

Wenn Sie neben unterschätzten Reisezielen auch auf der Suche nach unterschätzten Entdeckungen sind, hat Nanortalik auch hierfür einiges zu bieten. Informieren Sie sich einmal über Grönlands einzigen natürlichen Wald, der 40 km von Nanortalik im Qinngua-Tal aufzufinden ist. Hier wachsen die Bäume mehrere Meter hoch. In einem Land mit derart rauen Wetterbedingungen ist das unglaublich, wo es normalerweise zu harsch für größere Vegetationen ist, um hier zu wachsen.

Eine weitere Besonderheit von Nanortalik ist die Bedeutung der hiesigen Chormusik. Da es mehrere Chöre in der Stadt gibt, können Sie sich sehr sicher sein, dass Sie die Gelegenheit erhalten, diese exklusive Tradition von Nanortalik zu erleben, wenn Sie vor Ort sind.

Wo kann man übernachten?

Nanortalik verfügt über vielfältige Übernachtungsmöglichkeiten: ein Hotel, ein Hostel, ein B&B und Ferienwohnungen.

5. Niaqornat: der authentische Lebensstil in einer Siedlung

Was macht es so besonders?

Niaqornat ist vielleicht der unterschätzteste unserer unterschätzten Orte. Bei nur 52 menschlichen Bewohnern sollen

Trophäen eines Jägers in Illorsuit

die Hunde hier eine Überzahl darstellen. Die Siedlung wurde durch den Film »Village at the end of the world« bekannt – eine Dokumentation über die alltäglichen Anstrengungen einer kleinen Gemeinschaft, die in einer sich aktiv verändernden Gesellschaft lebt und sich immer weiter von der traditionellen Lebensart entfernt.

Handel und damit das Überleben der Gemeinschaft von Niaqornat hängen nahezu vollständig vom Fischen, der Robbenjagd, dem Walfang und der Jagd an Land ab. Auf diese Weise repräsentiert Niaqornat den authentischen Lebensstil einer grönländischen Siedlung – die Bewohner leben tatsächlich von ihrem Land und führen grönländische Jagdkultur in die moderne Zeit hinüber.

Wie kommt man dorthin?

Niaqornat mag als Siedlung am Ende der Welt bekannt sein, doch es ist dann gar nicht so schwierig, ans Ende der Welt zu gelangen, wie es sich vielleicht anhört! Ein paar

#EineTausendjährigeJägerkultur

Die Inuit in Grönland waren seit den ersten Einwanderungen bei Thule vor 4.000–5.000 Jahren sehr abhängig von den Ressourcen der Natur in Form von Fisch, Vögeln sowie Land- und Meeressäugern. Der Fang und die Fischerei waren deshalb in einem Land mit kurzen Sommern und einem Klima, das für eine effiziente Landwirtschaft ungeeignet ist, immer eine Frage des Überlebens.

Foto: © Ella Grødem – Visit Greenland

»Kleiner« Wanderer in einer riesigen Landschaft bei Uummannaq in Nordgrönland

Kinder aus Itilleq laufen die Straße entlang.

Foto: © Mads Pihl – Visit Greenland

Etappen müssen auf der Reise aber schon zurückgelegt werden.

Von Kangerlussuaq aus, Grönlands internationalem Drehkreuz, fliegen Sie nach Ilulissat und nehmen dann einen Anschlussflug nach Qaarsut. Von dort nehmen Sie den Helikopter nach Uummannaq und dann nach Niaqornat. Im Sommer können Sie von Uummannaq nach Niaqornat auch mit einem Boot von Uummannaq Sea Safaris fahren.

Denken Sie bitte daran, dass Reisen in die abgeschiedenen Teile von Grönland besonders für Verspätungen, Ausfälle und wetterbedingte Störungen anfällig sind. Sie sollten sich nicht darauf verlassen, dass Ihre Reise nach Niaqornat genau nach Plan verläuft – obwohl die Transportunternehmen ihr Möglichstes tun, um Sie pünktlich an Ihr Ziel zu bringen.

Was gibt es zu erleben?

Niaqornat ist wahrlich einer der besten Orte in Grönland, um authentisch die Kultur der Einheimischen zu erleben. Wenn das Eintauchen in eine andere Kultur genau Ihr Ding ist, dann ist das Ihr Traumreiseziel. Die Bewohner sind so weit vom Rest der Welt abgeschnitten, dass die Siedlung über keine Kanalisation verfügt – es gibt hier nur Trockenklos! Nehmen Sie also etwas Tempo heraus, lernen Sie die Einheimischen kennen und entdecken Sie den Alltag in einer wahrhaft zusammenhaltenden Gemeinschaft.

Sie können auch mal die Besiedlung verlassen, um sich auf Wanderungen, Angelausflüge oder Trophäenjagden zu begeben. In dieser Gegend existiert ein derart vielfältiges Tierleben, dass das Greenland Institute of Natural Resources in der Siedlung eine Niederlassung betreibt, um die vielen Spezies zu erforschen.

Wo kann man übernachten?

Niaqornat hat erst in jüngster Zeit die Anfänge des Tourismus erlebt – vor allen Dingen durch den Film, der 2012 internationale Aufmerksamkeit auf die Siedlung richtete. Offizielle Tourismusanbieter gibt es in der Siedlung nicht. Übernachtungs- und Ausflugsmöglichkeiten bestehen, sie sollten aber privat organisiert werden. •

Kurs Grönland

ANREISE MIT DEM FLUGZEUG

Grönland erreicht man am besten mit dem Flugzeug über Kopenhagen. Bei den meisten Flügen ab Deutschland muss ein mehrstündiger Zwischenstopp in Dänemark eingeplant werden. Die Flugzeit beträgt etwa viereinhalb Stunden. Auch von Island bestehen Anschlussflüge zu verschiedenen Orten auf Grönland.

- Air Greenland: Ganzjährig von Kopenhagen nach Kangerlussuaq (Westgrönland), im Sommer auch nach Narsarsuaq (Südgrönland) und ganzjährig von Keflavík nach Nuuk. In Kangerlussuaq gibt es Anschlussflüge zu den anderen größeren Orten in Grönland. Häufige Verbindungen gewährleisten, dass man normalerweise am selben Tag das finale Reiseziel erreicht. **www.airgreenland.com**

- Air Iceland Connect: Von Reykjavík Inlandflughafen nach Kulusuk (Ostgrönland) und in die Hauptstadt Nuuk (Westgrönland) und im Sommerhalbjahr nach Narsarsuaq, Ilulissat und Kangerlussuaq. **www.airicelandconnect.com**

ANREISE MIT DEM SCHIFF

Es gibt keine regelmäßige Fährverbindung nach Grönland. Aber immer mehr Seereiseanbieter und Kreuzfahrtreedereien haben Grönland als Ziel oder Zwischenstation ihrer Expeditionsreisen im Programm. Wobei man die Reise entweder von Island aus starten oder zum Beispiel in Kangerlussuaq an Bord gehen kann.

- Plantours Kreuzfahrten: Ost- und West-Grönland intensiv mit wissenschaftlicher Begleitung. **www.plantours-kreuzfahrten.de**
- Hapag Lloyd Cruises: Arktisreisen u. a. nach Grönland. **www.hl-cruises.de**
- Ikarus Tours: Arktis-Expeditionen nach Ost- und Nordgrönland und Spitzbergen. **www.ikarus.com**

Küstenschifffahrt

Grönland ist groß und unwegsam – und die verstreuten Orte sind nicht durch Straßen oder Schienen verbunden. Daher bewegen sich Einheimische und Touristen am besten durch die Luft (Flugzeug/Helikopter) oder mit dem Schiff fort. Von Anfang April bis Anfang Januar besteht zwischen Qaqortoq in Südgrönland und Sisimut am Polarkreis eine Linienfährverbindung. Die Arctic Umiaq Line fährt außerdem von Ende April bis Weihnachten weiter in die Diskobucht, um dort den Ort Ilulissat anzusteuern. Von der Hauptstadt Nuuk bis Ilulissat dauert die Fahrt auf dem Fährschiff Sarfaq Ittuk rund zwei Tage. Geschlafen wird in unterschiedlich großen Kabinen an Bord.

Innerhalb und in der Nähe der Diskobucht verkehren kleinere Schiffe der Reederei Disko Lines (**www.diskoline.gl**). Wer in den Sommermonaten in Südgrönland unterwegs ist und auf das Flugzeug verzichten möchte, der kann auf den Schiffen der »Blue Ice Explorer« die Orte Narsarsuaq, Narsaq und Qaqortoq ansteuern. **www.blueice.gl**

Eine Nacht in Grönland

Hotels

Grönlands Hotels liegen hauptsächlich über die Westküste und im Süden des Landes verteilt. Das Angebot reicht von luxuriösen Unterkünften mit Blick auf den Eisfjord, über einer Nacht im metallenen Iglu bis hin zur gemütlichen Pension. Die Hotels sind nach europäischem Standard klassifiziert. Buchen kann man über verschiedene deutsche Reiseanbieter.
www.visitgreenland.com

Jugendherbergen und Privatunterkünfte

Wer auf den Komfort eines Hotels verzichten kann oder mit einem kleineren Budget auskommen muss, der findet auf Grönland ein großes Angebot an einfachen Gästehäusern, Jugendherbergen und Hostels. Viele bieten auch Übernachtungen mit Frühstück.
www.visitgreenland.com

Ferienhäuser

Private Ferienhäuser gibt es auf Grönland bislang nur sehr wenige. Einige Hotels vermieten größere Ferienappartements, und einige Hostels verfügen über separate Blockhütten, die man als Ferienunterkunft mieten kann.

Camping

Niedrige Temperaturen – auch im Sommer – sind für die meisten Besucher ausschlaggebendes Argument, eine Unterkunft mit festem Dach und Heizung zu wählen. Für Hartgesottene und erfahrene Camper bietet Grönland jedoch traumhafte Voraussetzungen: Campen ist fast überall erlaubt, und an aussichtreichen Campinggründen mangelt es nicht. Ausgenommen sind Siedlungen, landwirtschaftlich genutzte Flächen (Weiden) und Schutzgebiete (Nationalpark). Dabei sollte man bei der Platzwahl darauf achten, dass das Zelt nicht in der Nähe von Wasser aufgestellt wird: Steinschlag, Hochwasser, Wellen durch umkippende Eisberge oder kalbende Gletscher können sonst schnell zur Lebensgefahr werden. In größeren Ortschaften findet man außerdem Campingstellen, die über eine gewisse Infrastruktur (zum Beispiel sanitäre Anlagen) verfügen. Die Ausrüstung sollte den Umständen entsprechend sein. Das heißt: wind- und regenfest, robust und stark isolierend. Wer auf Nummer sicher gehen möchte, der kann vor Ort spezielle Guides mit Wildnis-Kenntnissen buchen.
www.visitgreenland.com

Skandinavien von A bis Å

Das Alphabet hat in Skandinavien mehr als die in Deutschland üblichen 26 Buchstaben, einige davon gibt es nur in den nordischen Sprachen. Å ist im Norwegischen und Dänischen der letzte Buchstabe im Alphabet. Daher sagt man dort nicht »von A – Z«, sondern »von A – Å«.

Dänemark, Norwegen: ABCDEFGHIJKLMNOPQRSTUVWXYZÆØÅ
Finnland, Schweden: ABCDEFGHIJKLMNOPQRSTUVWXYZÅÄÖ
Island: AÁBDÐEÉFGHIÍJKLMNOÓPRSTUÚVXYÝÞÆÖ

#ALKOHOL

Die Preise für Alkohol sind in ganz Nordeuropa höher als in Deutschland. In Dänemark sind alle alkoholischen Getränke im Supermarkt erhältlich. Hochprozentiges bekommt man in den anderen skandinavischen Ländern nur in staatlichen Alkoholläden. Der Grenzwert der Blutalkoholkonzentration (»Promillegrenze«) im Straßenverkehr ist unterschiedlich:

DÄNEMARK

Leichte alkoholische Getränke bekommt man ab einem Alter von 16 Jahren. Hochprozentigere alkoholische Getränke dürfen ab 18 erworben werden. In Bars und Diskotheken darf Alkohol an Jugendliche ab 18 ausgeschenkt werden. Promillegrenze: 0,5 ‰.

FINNLAND

Die Abgabe von Alkohol an Personen unter 18 Jahren ist verboten. Hochprozentiger Alkohol (erhältlich im »ALKO«) ist erst ab 20 erlaubt. Unter 16-Jährigen ist der Aufenthalt in Bars, Clubs und Kneipen, in denen Alkohol ausgeschenkt wird, verboten. Promillegrenze: 0,5 ‰.

ISLAND

Der Erwerb und Konsum von alkoholischen Getränken ist ab einem Alter von 20 Jahren gestattet, der Aufenthalt in Clubs und Bars ab 18 Jahren. Leicht alkoholische Getränke bekommt man im Supermarkt, alles andere in »Vínbúðin«. Promillegrenze: 0,5 ‰.

NORWEGEN

Alkohol darf nicht an Jugendliche unter 18 Jahren verkauft werden. Hochprozentige Getränke (zu kaufen in »Vinmonopolet«) sogar erst ab 20. Jugendliche dürfen sich in Bars und Kneipen aufhalten, es darf jedoch kein Alkohol an unter 18-Jährige ausgeschenkt werden. Promillegrenze: 0,2 ‰.

SCHWEDEN

Der Verkauf von Alkohol an Jugendliche unter 20 Jahren ist verboten. In Restaurants liegt die Altersgrenze bei 18. Die Altersbeschränkung in Clubs und Bars legen die Betreiber selbst fest. Sie liegt in der Regel bei 18 Jahren. Das staatliche Alkoholgeschäft heißt »Systembolaget«. Promillegrenze: 0,2 ‰.

#ANGELN

Das Angeln fällt nicht unter das Jedermannsrecht – es gelten in jedem Land eigene Bestimmungen über Schonzeiten, Mindestmaße, Ausrüstung und deren Einfuhr, sodass man sich im Vorfeld beim jeweiligen Landesverband informieren muss.

DÄNEMARK

7.500 Kilometer Küste, 200 Auen und über 500 Seen locken in Dänemark zum Angeln. Der dänische Angelschein ist obligatorisch für Personen zwischen 18 und 65 Jahren. Man erhält ihn in Angelferienzentren, Angelgeschäften, Fremdenverkehrsbüros und online unter **www.fisketegn.fiskeristyrelsen.dk**. Der Angelschein kostet für ein Jahr 185 DKK (25,00 €), für eine Woche 130 DKK (17,50 €) und für einen Tag 40 DKK (5,50 €). Personen unter 18 und über 65 Jahren brauchen keinen Angelschein. Das Fischrecht in Seen und Flüssen ist privat, deswegen muss für das jeweilige Gewässer eine Angelkarte gekauft werden (Preis pro Tag 40–250 DKK; 100–350 DKK/Woche). Das geht auch online unter **www.danskfiskekort.dk**. Führer von Angelbooten in Dänemark sind verpflichtet, sich vor dem Auslaufen des Bootes zu vergewissern, dass alle Teilnehmer an Bord, die angeln wollen, einen gültigen Angelschein und Personalausweis dabeihaben. Das Spezialheft »Angelurlaub in Dänemark« gibt es kostenlos beim Dänischen Fremdenverkehrsamt.

- Danmarks Sportsfiskerforbund
  Tel. +45-75 82 06 99
  post@sportsfiskerforbundet.dk
  www.sportsfiskeren.dk
  www.danskfiskekort.dk

FINNLAND

Den erforderlichen Angelschein (für Personen von 18 bis 64 Jahren) bekommt man unter anderem an Automaten (R-Kiosk) oder online für 45 €/Jahr bzw. 15 €/Woche. Wer stippfischen oder eisangeln will, hat mit dem Angelschein meistens schon alles, was er braucht. Nur an bestimmten Orten, mit bestimmter Ausrüstung, in fließenden Gewässern oder beim Reusenfischen muss man zusätzlich noch die Fanggenehmigung des jeweiligen Gewässerbesitzers erwerben. Vor allem in Ost- und Nordfinnland werden Angelgebiete von der Forstbehörde betreut und bieten umfassende Service-Einrichtungen wie Schutzunterstände, Feuerstellen, Zeltplätze, teilweise sogar den Verleih von Ruderbooten. Für die Åland-Inseln gelten eigene Regeln, die auf **fiskekarta.ax** verzeichnet sind.

- Kalatalouden Keskusliitto
  Tel. +358-20 69 24 24
  kalastus@ahven.net
  www.eraluvat.fi/en

ISLAND

Die Lachsangel-Hauptsaison dauert vom 20. Juni bis Mitte September. Dabei ist zu beachten, dass Lachsangellizenzen, die zum Teil sehr teuer sind, rechtzeitig vorbestellt werden müssen. Saison für das Hochseeangeln ist Ende Mai bis Ende August. Forellen werden in der Regel von April/Mai bis Ende September geangelt. Hier sind Lizenzen auch kurzfristig buchbar und billiger. Eine Karte für 34 Seen kostet ISK 7900 und kann bei N1, Olís, der Post oder online gekauft werden. **www.veidikortid.is**
Achtung: Nach Island dürfen benutzte Angelgeräte nur eingeführt werden, wenn sie den amtlichen Vorschriften entsprechend desinfiziert wurden und eine Bescheinigung darüber mitgeführt wird.

- Federation of Icelandic River Owners,
  Tel. +354-563 03 00,
  info@icelandangling.is
  www.angling.is/en

NORWEGEN

Die 83.300 Kilometer lange Küstenlinie, 200.000 große und kleine Seen sowie sehr viele Flüsse bieten zahlreiche Angelmöglichkeiten. Meeresangeln ist überaus populär, kostenlos, aber ausschließlich mit Handangeln erlaubt. Wer im Süßwasser angelt (»innlandsfiske«), muss die lokal festgesetzte Angelgebühr entrichten, was man normalerweise vor Ort in der Touristeninformation, im Postamt oder am nächsten Campingplatz oder Hotel erledigen kann. Eine Übersicht findet sich unter inatur.no. Wer in einem Fluss oder See Lachs, Meerforelle oder Saibling angeln möchte (»laksefiske«) und das 18. Lebensjahr vollendet hat, muss zusätzlich zur lokalen Genehmigung eine staatliche Angelgebühr (ab 272 NOK/Jahr) entrichten. Diese kann auch online unter **fiskeravgift.miljodirektoratet.no** bezahlt werden.

- Norges Jeger- og Fiskerforbund
  Tel. +47-66 79 22 00
  njff@njff.org
  www.njff.no

SCHWEDEN

In Schweden wird man vor allem Meeresfische sowie Hecht, Barsch, Forelle und Lachs vom Haken nehmen können. Bekannte Lachsreviere sind die Flüsse Ätran und Mörrum. In Küstengewässern und in den Seen Vättern, Vänern, Mälaren, Hjälmaren und Storsjön ist das Angeln kostenlos. Für alle anderen Seen und Flüsse braucht man den Angelschein (»fiskekort«), der in Touristenbüros, Sportgeschäften, zum Teil auch an Tankstellen, erhältlich ist. Über fiskekort.se kann man sich den Angelschein auch aufs Handy schicken lassen. Zu bekommen sind Tages-, Wochen- oder Saisonkarten. Die Preise liegen je nach Angelgebiet zwischen 25–200 SEK/Tag.

- Sportfiskarna
  Sveriges Sportfiske- och Fiskevårdsförbund
  Tel. +46-8410 80 600
  info@sportfiskarna.se
  www.sportfiskarna.se

#APPS

Einige besonders praktische Apps für Camper und Reisende in Skandinavien stellen wir Ihnen in unserem aktuellen »NordCamper – Camping-Guide Skandinavien« vor.
ISSN - 0946-1116

#AUSFUHRBESTIMMUNGEN

Aus Norwegen, Schweden und Finnland dürfen Kunst- und Kulturgüter wie Antiquitäten, Gemälde und volkskundliche Artefakte nur mit einer Genehmigung ausgeführt werden.
Aus Norwegen dürfen maximal 10 Kilogramm selbstgefangener Fisch und ein Trophäenfisch mitgenommen werden.

#AUTOFAHREN

Siehe auch: »Alkohol«, »Maut«, »Pannenhilfe«, »Parken«, »Tanken«. Das Straßennetz in Skandinavien ist hervorragend ausgebaut, allerdings muss man damit rechnen, dass manche kleine Nebenstrecken geschottert und nicht asphaltiert sind. In diesem Fall sollte man den Fuß vom Gas nehmen. Vor allem in Norwegen ist man an der Küste trotz vieler Tunnel und Brücken zum Teil immer noch auf Fähren angewiesen. Hier muss man in der Hauptverkehrszeit auf den viel befahrenen Strecken bisweilen mit Wartezeiten rechnen. Auch in Dänemark, Schweden und Finnland sollte man bei Fahrten entlang der Küste, die Fährüberfahrten beinhalten, immer ein wenig zusätzliche Zeit einplanen. Die erlaubten Höchstgeschwindigkeiten auf Autobahnen, Schnellstraßen und Landstraßen sind im Allgemeinen niedriger als in Deutschland und sollten aufgrund der drohenden horrenden Bußgelder unbedingt eingehalten werden. Kontrollen sind auch auf den einsamsten Straßen möglich! Hinzu kommt, dass gerade an der Küste oder im Bergland die Strecken oft sehr kurvenreich sind. All das sollte man bei der Routenplanung berücksichtigen.

Alle Verkehrssünden, nicht nur zu schnelles Fahren, auch zu dichtes Auffahren oder unerlaubtes Überholen, werden hart geahndet. Es gibt keine Toleranzgrenze für Geschwindigkeitsüberschreitungen. Falschparken kann in Norwegen 90 € kosten, tagsüber ohne Licht zu fahren kostet 250 €, und Geschwindigkeitsübertretungen von 20 km/h erleichtern die Urlaubskasse um rund 500 €. Neben festen Radarstationen muss man in ganz Skandinavien mit mobilen Kontrollen rechnen.

Achtung, Wild! Elche und Rentiere überqueren die Straßen vor allem bei Dämmerung. Es ist also dringend geraten, die Warnschilder zu respektieren und die Fahrweise anzupassen. Elchwarnschilder sind keine Souvenirs, sondern eine überlebenswichtige Information! Ein ausgewachsener Elch kann bis zu 800 Kilogramm wiegen; Zusammenstöße sind fatal. Auch Schafe, Kühe und Ziegen sind – je nach Region – häufig auf der Straße anzutreffen. Nach einem Unfall mit einem Tier ist unverzüglich die nächste Polizeidienststelle zu informieren (Notruf 112).

Vorsicht auch bei Fahrten abseits der üblichen Verkehrswege! Das Jedermannsrecht gilt nicht für Motorfahrzeuge. Das Fahren im Gelände und auf Feldwegen ist für Autos, Motorräder und Wohnmobile grundsätzlich nicht gestattet. Parken am Straßenrand ist erlaubt, sofern der Verkehr dadurch nicht behindert wird und es keine Verbotsschilder gibt. Für Islands Hochlandpisten gelten gesonderte Regeln, die dringend einzuhalten sind.

Im Winter bis weit in das Frühjahr hinein muss mit Schnee und Eis auf den Straßen gerechnet werden. Winterreifen sind daher Pflicht und Schneeketten und Schaufel im Kofferraum beruhigend. Je nach Reiseziel sind Reifen mit Spikes zu empfehlen, die vor Ort gekauft werden können. Motoröl, Kühlwasser und Scheibenwischerflüssigkeit müssen für die Kälte geeignet sein.
Warnhinweise zur Verkehrssituation entnimmt man dem Radio und den folgenden offiziellen Diensten:

DÄNEMARK

Vejdirektoratet bietet Live-Informationen zur Lage auf den Straßen und den großen Brücken: **trafikinfo.dk**

FINNLAND

Liikennetilanne erteilt Verkehrsinformationen telefonisch (Tel. +358-20 02 100) und gibt Straßenverhältnisse, Baustellen, Staus und Wettermeldungen auch auf Englisch übersichtlich auf Karten bekannt: **liikennetilanne.tmfg.fi**

ISLAND

Der isländische Straßenbauverband Vegagerðin gibt telefonisch Auskunft über Sperrungen und Warnungen: Tel. +354 52 21 100. Karten mit aktuellen Verkehrsinformationen finden sich bei **www.road.is/travel-info**

NORWEGEN

Statens Vegvesen verzeichnet Baustellen, Wintersperrungen, aber auch ganz aktuelle Vorkommnisse wie Stau oder Sperrungen aufgrund widriger Witterungsverhältnisse auf **www.vegvesen.no/trafikkbeta**

SCHWEDEN

Trafikverket (Tel. +46-77 19 21 921) zeigt auf einer Karte Sperrungen, Unfälle und Straßenzustände an: **www.trafikverket.se/trafikinformation/vag**. Detaillierte Informationen zu Göteborgs und Stockholms Verkehrssituation inkl. Maut gibt es bei **trafiken.nu**

#AUTOVERMIETUNGEN

Mietstationen gibt es in allen größeren Orten und an den Flughäfen. Die Firmen verlangen bei der Buchung eine Kreditkarte. In den Touristenorten kann es in der Hauptsaison zu Engpässen kommen. Es empfiehlt sich daher eine rechtzeitige Vorbuchung.
In den größeren Städten wird Carsharing immer beliebter. Vor allem E-Autos in den Hauptstädten (»bybil«) können nicht nur flexibel gebucht, sondern auch flexibel wieder abgestellt werden. Um

verfügbare Autos zu finden und zu reservieren – das geht bis 15 Minuten vor der geplanten Fahrt – nutzt man die App des Anbieters. Bezahlt wird nur für die Zeit, die man fährt. In Helsinki: 24Rent, **www.24rent.fi/en**; in Kopenhagen: Green Mobility, **greenmobility.com/dk**; DriveNow, **www.drivenow.com**; in Stockholm: Aimo (vermietet auch Roller), **aimosolution.com**; in Oslo: Green Mobility, **greenmobility.com/no**.
Weitere Carsharing-Anbieter sind LetsGo in Dänemark, Go Now in Finnland und Move About und Sunfleet (Volvo) in Schweden.

#BADEN/BADESTRÄNDE

In **Dänemark** wird das Badewasser an der 7.500 Kilometer langen Küste während der ganzen Badesaison (1. Mai bis 1. Oktober) kontrolliert. Es zählt dank erheblicher Umweltschutzmaßnahmen und -vorschriften zum saubersten in Europa; über 200 Strände erhielten in der Vergangenheit die »Blaue Flagge« der FEE.

Sandstrände und Dünenland sind an **Finnlands** Westküste zu finden. In geschützten Buchten kann das Wasser schon mal 20 °C und mehr erreichen. Das Wasser in den meisten Seen ist im Sommer relativ warm (Südfinnland 18–20 °C, im Norden 16–18 °C).

Durch seine heißen Quellen verfügt **Island** über zahlreiche, mit natürlichem heißem Quellwasser beheizte Frei- und/oder Hallenbäder. Nicht zu vergessen natürlich die »heißen Pötte«, deren Wassertemperatur zwischen 36 °C und 44 °C liegt.

Die Südküste **Norwegens** bietet in ihrer einzigartigen Vielfalt zahllose Bademöglichkeiten. Die Wassertemperatur kann im Sommer rund 20 °C erreichen, vor allem in den Gewässern der Telemark und im Großraum Oslo. Sandstrände und Badeplätze sind auch an den meisten Binnenseen und an der Westküste zu finden. Auf den Lofoten und Vesterålen gibt es Sandstrände; die Wassertemperatur liegt jedoch deutlich unter 20 °C.

Kilometerlange Sandstrände wie zum Beispiel in Halland an der Kattegattküste gibt es in **Schweden** ebenso wie unzählige kleine Inseln, Schären und glattgeschliffene Badeklippen. Auch an den vielen Binnenseen finden sich idyllische Strände, an denen das Baden in der Regel im Rahmen des Jedermannsrechts erlaubt ist. Die Wassertemperatur kann dabei schon mal 20 °C und mehr betragen.

#BARRIEREFREIHEIT

Die skandinavischen Länder sind seit Jahren vorbildlich organisiert, wenn es um besondere Vorkehrungen für Menschen mit Behinderungen geht. Nahezu alle öffentlichen Gebäude verfügen über behindertengerechte Toiletten, und auch viele Campingplätze und Hotels bieten entsprechend ausgestattete sanitäre Anlagen und Zimmer.
In öffentlichen Verkehrsmitteln wird Menschen mit Handicap und deren Begleitperson in der Regel eine Ermäßigung bzw. eine Freifahrt gewährt, aufgrund der europaweit uneinheitlichen Situation mit dem Schwerbehinderten-Ausweis (Merkzeichen »B«) ist es aber vom Wohlwollen der örtlichen Mitarbeiter abhängig, ob man im Ausland eine Ermäßigung bekommt oder nicht. Hier kann es sich lohnen, die Fahrkarte in dem Land zu kaufen, in dem die Behinderung amtlich dokumentiert ist. Weitere Informationen und Links findet man auf wheelmap.org.

■ DÄNEMARK

Mehr als 700 zertifizierte Einrichtungen, die Menschen mit unterschiedlichen körperlichen oder geistigen Einschränkungen die Zugänglichkeit erleichtern, findet man auf der Website **www.godadgang.dk** (auch auf Deutsch).

■ FINNLAND

Auf **www.nationalparks.fi/en/accessibledestinations** sind rollstuhlgerechte Parks und Naturerlebnisse aufgelistet. Das Flow Festival (14.–16.8.2020) ist vollständig auf Rollstuhlfahrer eingestellt.

■ ISLAND

Infos zu Unterkünften, barrierefreien Transportmitteln, Reiseveranstaltern bis hin zu rollstuhlgeeigneten Whale-Watching-Touren findet man unter **www.thekkingarmidstod.is/adgengi/accessible-tourism-in-iceland** und auf der Karte von **www.access.is**.

■ NORWEGEN

Visit Norway hat unter **www.visitnorway.de/reiseplanung/barrierefreies-reisen** umfangreiche Infos zum Thema zusammengestellt. Auf der Homepage von Visit Oslo informiert ein Symbol über barrierefreie Angebote. Weitere Infos und ggf. Ansprechpartner gibt es beim norwegischen »Handikapforbund« (Tel. +47-24 10 24 00, **www.nhf.no**).

■ SCHWEDEN

Auf **visitsweden.de/barrierefreies-reisen** findet man Infos zu Reisen mit Rollstuhl, Rollstuhlvermietung u. v. m. Die Online-Datenbank **www.t-d.se/de** führt auch auf Deutsch mehr als 7.000 barrierefreie Museen, Restaurants und Hotels in ganz Schweden auf. Allgemeine Infos gibt es bei »Delaktighet Handlingskraft Rörelsefrihet« (+46-8 685 80 00, **www.dhr.se**).

#DIPLOMATISCHE VERTRETUNGEN

- Nordische Botschaften Berlin
  Felleshus/Gemeinschaftshaus
  Rauchstr. 1
  10787 Berlin
  Tel. 030-50 50 0
  www.nordischebotschaften.org

DÄNEMARK

- Deutsche Botschaft
  Göteborg Plads 1
  2150 Kopenhagen Nordhavn
  Tel. +45-35 45 99 00
  kopenhagen.diplo.de

- Österreichische Botschaft
  Sølundsvej 1
  DK-2100 Kopenhagen
  Tel. +45-39 29 41 41
  www.bmeia.gv.at/oeb-kopenhagen

- Schweizerische Botschaft
  Richelieus Allé 14
  DK-2900 Hellerup
  Tel. +45-33 14 17 96
  www.eda.admin.ch/copenhagen

FINNLAND

- Deutsche Botschaft
  Krogiuksentie 4b
  FIN-00340 Helsinki
  Tel. +358-94 58 580
  helsinki.diplo.de/fi-de

- Österreichische Botschaft
  Unioninkatu 22
  FIN-00130 Helsinki
  Tel. +358-96 81 86 00
  www.bmeia.gv.at/oeb-helsinki

- Schweizerische Botschaft
  Kalliolinnantie 16 A 2a
  FIN-00140 Helsinki
  Tel. +358-96 22 95 00
  www.eda.admin.ch/helsinki

ISLAND

- Deutsche Botschaft
  Laufásvegur 31
  IS-101 Reykjavík
  Tel. +354-5 301 100
  reykjavik.diplo.de

- Österreichisches Honorargeneralkonsulat
  Orrahólar 5
  IS-111 Reykjavík
  Tel. +354-55 75 464
- Schweizerisches Generalkonsulat
  Laugavegur 13
  IS-101 Reykjavík
  Tel. +354-551 71 72
  reykjavik@honrep.ch

NORWEGEN

- Deutsche Botschaft
  Oscars gate 45
  N-0258 Oslo
  Tel. +47-23 27 54 00
  oslo.diplo.de

- Österreichische Botschaft
  Thomas Heftyes gate 21
  N-0264 Oslo
  Tel. +47-22 54 02 00
  www.bmeia.gv.at/oeb-oslo

- Schweizerische Botschaft
  Oscars gate 29
  N-0352 Oslo
  Tel. +47-22 54 23 90
  www.eda.admin.ch/oslo

SCHWEDEN

- Deutsche Botschaft
  Skarpögatan 9
  S-11527 Stockholm
  Tel. +46-8 670 150 0
  stockholm.diplo.de/se-de

- Schweizerische Botschaft
  Valhallavägen 64
  S-10047 Stockholm
  Tel. +46-86 76 79 00
  www.eda.admin.ch/stockholm

- Österreichische Botschaft
  Kommendörsgatan 35
  S-11458 Stockholm
  Tel. +46-8 665 177 0
  www.bmeia.gv.at/oeb-stockholm

#EINREISE UND AUFENTHALT

Um als Bürger der Europäischen Union in eines der skandinavischen Länder einzureisen, benötigt man einen gültigen Reisepass, Kinderreisepass oder Personalausweis, der die Nationalität deutlich kennzeichnet. Ein deutscher Personalausweis ist also ausreichend, nur für Grönland braucht man einen Reisepass. Als EU-Bürger darf man sich bis zu drei Monate ohne Aufenthaltsgenehmigung in einem der Länder aufhalten. Für längere Aufenthalte benötigt man in der Regel eine Genehmigung. Für Studenten und Arbeitssuchende gelten Sonderregelungen. Informationen und Formulare zur Beantragung einer Aufenthalts- oder Arbeitsgenehmigung gibt es unter **www.nyidanmark.dk** (DK), **enterfinland.fi** (FI), **www.utl.is** (IS), **www.udi.no** (NO) und **www.migrationsverket.se** (SE).

#ELEKTRIZITÄT

Die Stromnetze in allen nordischen Ländern führen 220-Volt-Wechselstrom. Für deutsche Stecker werden keine Adapter benötigt. Beim Kauf von Elektrogeräten in Dänemark sollte man allerdings beachten, dass je nach Stecker-Typ in Deutschland Steckdosen-Adapter benötigt werden.

#ESSEN & TRINKEN

Selbstbedienung ist in Skandinavien, vor allem in Cafés, aber auch in kleineren Speiselokalen, oftmals die gängige Art zu bestellen. Dafür ist es auch keine Seltenheit, dass man den Kaffee kostenlos wieder auffüllen darf. Achten Sie auf Kaffeespender oder Hinweise, wie zum Beispiel »påfyllning«, »påtår« (schwedisch), »påfyll« (norwegisch) oder »ábót« (isländisch). Die Speisen eines Buffets sind nur für den Verzehr vor Ort und keinesfalls zum Einpacken gedacht. Trinkgeld zu geben ist nicht üblich. Der Betrag kann jedoch aufgerundet werden.

#FERIEN UND FEIERTAGE

Neben den auch in Deutschland üblichen Ferien und kirchlichen Feiertagen wie Weihnachten, Ostern und Pfingsten gibt es in Skandinavien länderspezifische Ferien- und Feiertage. Die Ferienzeiten können je nach Land und Region variieren.

DÄNEMARK

Winterferien: 15.–23.2. (eine Woche später in Nordjütland), Osterferien: 4.–13.4., 8.5.2020 Store bededag, 5.6. Grundlovsdag, Sommerferien: 27.6.–2.8., Herbstferien: 10.–18.10., Weihnachtsferien: 23.12.–3.1.2021

FINNLAND

In Finnland wird die Ferientaganzahl staatlich festgelegt. Jede Schule entscheidet selbst über die genauen Termine. Vorgegeben ist nur eine ungefähre Zeitspanne, in der die Ferien liegen sollten. Osterferien: 14.–17.4., Sommerferien: 5.6.–12.8., 20.6.2020 Mittsommertag, 6.12. Unabhängigkeitstag, Weihnachtsferien: 23.12.–6.1.

ISLAND

Bis auf die Winterferien (Februar) und Herbstferien (Oktober) sind die Schulferien in Island einheitlich geregelt. Osterferien: 4.4.–14.4., 23.4.2020 Erster Sommertag, Sommerferien: 10.6.–18.8., 17.6. Nationalfeiertag, 3.8.2020 Handelsfeiertag

NORWEGEN

Die Ferientermine in Norwegen variieren je nach Region. Winterferien: ca. 17.–23.2./20.–24.2., Osterferien: 6.–13.4., 17.5. Nationalfeiertag, Sommerferien: 20.6.–16.8., 29.7. St. Olavs-Tag (Region Trøndelag), Herbstferien: 28.9.–4.10./5.–9.10., Weihnachtsferien: 22.12.– 2.1.

SCHWEDEN

Schwedens Schulen haben je nach Region im Zeitraum Februar – März eine Woche Winterferien, Osterferien: 10.–13.4., 30.4. Walpurgisnacht (»Valborgsmässoafton«), 6.6. Nationalfeiertag, 20.6.2020 Mittsommertag, Sommerferien: 10.6.–18.8., Herbstferien: 26.–30.10., 13.12. Lucia, Weihnachtsferien: 21.12.–1.1.2021

#GELD

Nur Finnland hat den Euro. In Skandinavien ist das bargeldlose Zahlen mit Kreditkarte viel üblicher als in Deutschland. Wer sein Geld vor Ort wechseln will, kann u. a. am Geldautomaten Geld abheben. Hier sollte man sich vorher bei seiner Bank nach den Gebühren erkundigen, die üblicherweise zwei Prozent betragen. Empfehlenswert sind die Wechselstuben von Forex, da die Gebühren niedrig sind und die Öffnungszeiten lang. Mehr über die »Geldangelegenheiten« vor Ort erfahren Sie im KURS der jeweiligen Länderteile.

Wechselkurse (Stand: Dezember 2019)

- **Dänische Krone:** 100 DKK = 13,39 €
- **Isländische Krone:** 100 ISK = 0,75 €
- **Norwegische Krone:** 100 NOK = 9,86 €
- **Schwedische Krone:** 100 SEK = 9,49 €

#GOLF

In Dänemark gibt es rund 200 Golfplätze, die normalerweise nur die Mitglieder nutzen können. Auf rund der Hälfte der Anlagen können jedoch auch Gäste spielen. **www.visitdenmark.com/golf**

In Finnland ist auch Eisgolfen möglich. **www.golf.fi** Island verfügt über mehr als 60 Golfplätze, die von Mai bis September geöffnet haben und von ausländischen Golfern benutzt werden dürfen. Eine besondere Attraktion ist Mitternachtsgolf in Akureyri. **golficeland.org**

Zurzeit gibt es in Norwegen circa 150 Golfplätze. Die Saison dauert von Mai bis September, erstreckt sich aber mit Ausnahmen auch bis zum Spiel auf Eis und Schnee. **www.golfforbundet.no/en**
Golf ist in Schweden Volkssport und auf vielen Plätzen darf ohne Mitgliedschaft gespielt werden. Mehr als 400 Golfplätze sind dem Schwedischen Golfverband angeschlossen. **www.golf.se**

#HAUSTIERE

Die Regelung für die private Einfuhr von Haustieren ist nach EU-Verordnung Nr. 576/2013 weitestgehend einheitlich geregelt. Die Verordnung umfasst Hunde, Katzen und Frettchen. Von einer Mitnahme von Haustieren nach Island ist dringend abzuraten, da man eine vorher erteilte Einfuhrgenehmigung benötigt und das Tier nach der Einreise vier Wochen in Quarantäne muss. Auf den Färöer-Inseln ist eine vorübergehende Einfuhr von Tieren verboten. Für die übrigen Länder gilt: Das Tier muss vom Besitzer selbst transportiert werden, muss mit einem Mikrochip gekennzeichnet oder vor Juli 2011 gut lesbar tätowiert worden sein und benötigt einen EU-Heimtierpass sowie eine darin dokumentierte Tollwutimpfung, die bei der Einreise mindestens 30 Tage zurückliegen muss.
120 bis 24 Stunden vor der Einreise nach Norwegen und Finnland müssen Hunde unter tierärztlicher Aufsicht gegen Fuchsbandwurm behandelt werden (alternativ zweimal innerhalb von 28 Tagen vor Einreise mit Wiederholung bei längerem Aufenthalt im Land). Die Behandlung muss im Pass vermerkt sein.
In Dänemark und Norwegen ist die Einreise mit Hunden bestimmter Rassen (auch Mischlingen), sogenannten Listenhunden, verboten. Informationen auf Englisch gibt es bei **www.foedevarestyrelsen.dk**, **www.sjv.se** (Tel. +46 36 15 50 00) und **www.mattilsynet.no**. In allen Ländern gilt Anleinpflicht. In Schweden dürfen Hunde in der Zeit vom 1.3. bis 20.8. auch in der Natur nicht frei laufen, außer Jagd- und Hütehunde bei ihrer Arbeit. Dafür gibt es über 200 Wanderhütten, in denen Hunde willkommen sind. Eine Übersicht bekommt man bei Svenska Turistforeningen, **stfturist.se**.

#IMPFSCHUTZ

Für die skandinavischen Länder braucht man in der Regel keinen anderen Impfschutz als die in Deutschland gültigen Standardimpfungen. Je nach Reisegebiet (Norwegens und Finnlands Südküste, Åland-Inseln, Süd- und Ostschweden inkl. Öland und Gotland, Bornholm) empfiehlt sich unter Umständen eine zusätzliche FSME-Impfung. **www.fit-for-travel.de**

#INTERNET

Viele Hotels, Ferienwohnungen, Campingplätze und Züge bieten ihren Gästen W-LAN, das in der Regel kostenlos genutzt werden kann. Auf Fähren gibt es jedoch oft eigene, sehr hohe Tarife. Wer hässliche Überraschungen vermeiden will, schaltet sein Gerät auf der Fähre in den Flugmodus. Zahlreiche öffentliche Einrichtungen präsentieren sich auch in den sozialen Medien, beispielsweise werden Nahverkehrsmeldungen in Kopenhagen auch via Twitter verbreitet.

#JEDERMANNSRECHT

Das Jedermannsrecht gilt in Finnland, Norwegen, Island und Schweden und räumt jedem Menschen Rechte und Pflichten bei der Nutzung der Natur ein. Schriftlich fixiert ist es nur in Norwegen. In den anderen Ländern sind die Regelungen durch das Naturschutzgesetz und Strafgesetz festgelegt. Das Jedermannsrecht erlaubt es jedem, sich in der Natur frei zu bewegen, vorausgesetzt, man ist nicht motorisiert(!), nicht in größeren Gruppen unterwegs, hinterlässt keine grob fahrlässig verursachten Schäden und nimmt Rücksicht auf andere Menschen, Flora und Fauna. Tore, die geöffnet werden, müssen wieder geschlossen werden. Der Bereich um ein Wohnhaus (Hausfriedenszone), Schonungen und landwirtschaftlich bestellte Flächen sind vom Jedermannsrecht ausgenommen, egal ob sie umzäunt sind oder nicht, genau wie Nationalparks, Naturreservate, Vogelschutz- und Militärgebiete. Ansonsten darf in der freien Natur auch übernachtet und gezeltet werden. In stärker besiedelten Gebieten ein bis zwei Nächte, ansonsten unbegrenzt (Ausnahme Island: Hier darf das Zelt nur eine Nacht am selben Ort stehen). Befindet man sich auf einem Privatgrundstück, muss eine Genehmigung des Besitzers eingeholt werden, und in der Regel zu Häusern ein Abstand von mindestens 150 Metern eingehalten werden. Prinzipiell ist es erlaubt, ein Feuer zu machen. Hierzu darf aber nur herumliegendes Holz verwendet werden. Vor allem in den Sommermonaten ist auf Warnschilder wegen erhöhter Brandgefahr zu achten. Lagerfeuer sind schon bei der geringsten Brandgefahr strengstens untersagt. Löschmaterial sollte man immer zur Hand haben. Nicht unter Naturschutz stehende Beeren und Pilze dürfen zum unmittelbaren Verzehr gepflückt werden. Tiere dürfen nicht gefangen oder gejagt werden, auch Eier dürfen nicht gesammelt werden. Das Jedermannsrecht gilt auch für das Befahren von und Anlegen in Gewässern, wobei hier Schilder auf eventuelle Anlege-Verbote hinweisen und Brutzeiten zu beachten sind. Zusätzlich sollte man sich über die gesetzlichen Regelungen des jeweiligen Landes zum Beispiel beim Fremdenverkehrsamt informieren. Das Jedermannsrecht wird gelegentlich stark strapaziert und allzu frei ausgelebt, steht deshalb auch immer wieder zur Diskussion. Es ist geboten, sorgsam mit der Natur umzugehen und keinen Müll an den Übernachtungsplätzen zu hinterlassen.

#KANUFAHREN

In Dänemark gibt es 40 befahrbare Wasserläufe, eine Vielzahl von Seen, Kanälen und natürlich das Meer. **www.kano-kajak.org**

In Finnland ist das Saimaa-Seengebiet das beliebteste Kanuwandergebiet des Landes. Kanuflüsse gibt es überall im Land. Die Stromschnellen sind international klassifiziert. An den Flussrouten gibt es oft Feuerstellen und Unterkünfte.

Wer sein Boot zu Hause lässt, kann an geführten Kajak- und Kanuexpeditionen in Island, Grönland und Spitzbergen teilnehmen. Sie werden zum Beispiel organisiert von Ultima Thule Expeditions (Tel. +354-414 2910, **www.ultimathule.is**). In den kalten Gewässern rund um Südgrönland kann man mit Club Aktiv (**www.club-aktiv.de**) auf Tour gehen.

Beliebt bei Seekajakfahrern sind in Norwegen die Südküste und Ryfylke, aber auch der Geirangerfjord oder das Inselreich rund um Vega sowie die Lofoten und das Gebiet rund um Tromsø. **www.padling.no**

In ganz Schweden gibt es zahlreiche Paddelmöglichkeiten im Süß- und Salzwasser. Für Seekajakfahrer sind die Schären der Bohuslänküste und die Ostküste zwischen Öland und Stockholm geeignet. Süßwasserpaddler kommen in Småland oder Dalsland auf ihre Kosten. **www.kanot.com**

#KARTENMATERIAL

Natürlich kann man bequem auf digitale Karten (Auto-Navigationsgeräte, Smartphone-Apps, GPS-Geräte) zurückgreifen. Für Wanderungen in der Natur ist eine Wanderkarte aber auch auf markierten Wegen ein Muss. Für längere Autoreisen empfiehlt sich ein Paket aus mehreren Einzelkarten oder ein guter aktueller europäischer Straßenatlas (zum Beispiel von ADAC, Falk oder Michelin). Für finnische Regionen hat Karttakeskus (**www.kartta kauppa.fi**) gute Outdoorkarten im Angebot. Isländische Karten kann man über mapoficeland.com bestellen. In Norwegen empfiehlt sich je nach Region die Tur- oder Fjellkart (von Nordeca bzw. Cappelen Damm), in Schweden ist 2017 eine aktualisierte Version der »Fjällkartan« herausgekommen, die althergebrachte »Terrängkartan« wird durch die Sverigeserien ersetzt. Beim schwedischen Landvermessungsamt Lantmäteriet (**www.lantmateriet.se**) kann man topografische Karten im Maßstab 1:50.000 kostenlos ausdrucken, beim norwegischen Pendant **www.norgeskort.no** sogar im Maßstab 1:5.000. Eine große Auswahl an Karten hat die Geobuchhandlung Kiel, Tel. 0431 910 02, **geobuchhandlung.de**

#KLEIDUNG

Am besten verfährt man wegen möglicher Wetterwechsel nach dem »Zwiebel-Prinzip«. Festes, gut eingelaufenes Schuhwerk und Regenkleidung sind zu jeder Jahreszeit unverzichtbar. Langärmelige Oberbekleidung und Hosen bieten Schutz vor Mücken und Zecken. In Island, im Fjäll und im Winter sind Handschuhe, Mütze und Schal unerlässlich. Für winterliche Outdoortouren sollte man neben robusten Winterstiefeln und einer für Minusgrade und Schnee geeigneten Winterjacke und -hose auch Thermounterwäsche, wärmende Funktionsbekleidung und eine Sonnenbrille gegen Schneeblindheit dabeihaben.

#KLETTERN

Für viele Gebiete gibt es Kletterführer, die vor Ort erhältlich sind. Die Einteilung der Schwierigkeitsgrade in Mittel- und Nordeuropa stimmt bei den höheren Graden nicht überein!

NORWEGEN

Valle im Setesdal ist unter Kletterprofis das Gebiet Nr. 1 in Norwegen. Eine echte Herausforderung sind die Granitwände, außerdem ist Valle Norwegens bestes Plattenklettergebiet. Circa 50 Routen ziehen sich durch die atemberaubende Landschaft. Im Rogaland gibt es zahlreiche Täler (unter anderem Oltedal, Espedal, Dirdal, Hunnedal), deren Klettergebiete erst vor relativ kurzer Zeit entdeckt worden sind; junges, teilweise noch unerschlossenes Revier. Auch für Sportkletterer sehr geeignet. Die Hurrungane (West-Jotunheimen) sind Norwegens klassisches Klettergebiet – alpiner Charakter mit vielen Gletschern und schmalen Graten, fester Fels. Die Wände sind bis zu 750 Meter hoch, man findet Klettertouren und kombinierte Routen in allen Schwierigkeitsgraden. Info und Übernachtung im Turtagrø Hotel, Tel. +47-576 80 80 00, **www.turtagro.no**. Beliebtes Klettergebiet in der Nähe von Oslo ist Kolsås mit über 200 Touren. Kolsås Klatreklubb, **www.kolsaas.no**. Allgemeine Informationen zum Klettern in Norwegen: Norges Klatreforbund, Tel. +47-21 02 98 30, klatring@klatring.no, **www.klatring.no**

SCHWEDEN

Rund um Göteborg bieten sich viele gute Klettermöglichkeiten. Bei Vindön gibt es ein schattiges

Gebiet mit 10–20 Meter langen Touren im Schwierigkeitsgrad 6–8. Gut ist auch Hönö. Bei Dungen findet man auch leichtere Führungen im Schwierigkeitsgrad 6–9. Sehr schöne Felsen mit relativ großen Griffen gibt es bei Dammen (Schwierigkeitsgrad 8–9). Die Felsen am Hylteberget sind südexponiert und daher sehr warm. Hier gibt es Klettereien im Schwierigkeitsgrad 7–9. Göteborgs Klätterklubb, **www.gbgkk.nu**. Auch in Stockholm müssen Kletterer nicht auf ihr Hobby verzichten. Das beste Klettergebiet Stockholms ist bei Örnberget mit Touren im Schwierigkeitsgrad 7–9. Ebenfalls nicht zu verachten sind die beliebten, zentral gelegenen Felsen bei Nacka kvarn (Schwierigkeitsgrad 7–9). Das Mekka für Experten ist Hells Cave mit Touren im Schwierigkeitsgrad 7–9. Stockholms KK-Klättring, **www.klatterklubben.com**. Allgemeine Informationen zum Klettern in Schweden: Svenska Klätterförbundet, Tel. +46-86 99 65 20, kansliet@klatterforbundet.se, **www.bergsport.se**

#LEBENSMITTEL

Die Lebensmittelpreise sind teilweise höher als in Deutschland. Landestypische Nahrungsmittel, wie Fisch, Lamm oder Elch, sind günstiger. Es gibt bestimmte Supermarktketten mit hauseigenen Marken, die erschwinglich sind.
Hierzu zählt zum Beispiel die Hausmarke von ICA. Weitere günstige Supermärkte sind Kiwi (NO), Rema 1000, ABC Lavpris (DK), WiLLY:S (SE) und Bónus (IS). Einige landestypische Spezialitäten:

DÄNEMARK

Smørrebrød: Butterbrot auf dänische Art. Die belegten Brote sind ein beliebtes »Gericht« in Skandinavien. Das Brot ist dünn geschnitten und der Belag üppig und mächtig. Rødgrød med fløde ist ein beliebter Nachtisch, rote Grütze mit Sahne. Beinahe an jeder Ecke bekommt man Røde pølser (rote Würstchen), die ihren Namen durch ihre unnatürlich rote Farbe erhalten und im Hotdog-Brötchen mit Röstzwiebeln, Gurken und Remoulade serviert werden.

FINNLAND

Die finnische Küche basiert vor allem auf Fleisch, Fisch und Kartoffeln. Karjalanpiirakka (karelische Pirogge) ist ein kleines Gebäck aus Milchreis oder Kartoffelpüree, das traditionell mit Butter oder Eiern gegessen wird. Eine regionale Spezialität aus Ostfinnland ist Kalakukko (Fischhahn): ein in Brot gebackener Fisch. In Karelien ist der Einfluss der russischen Küche zu spüren. In Lappland sollte man unbedingt einmal Rentierfleisch probieren. Eine typische Süßigkeit sind stark salmiakhaltige finnische Lakritz.

ISLAND

Typische Nahrungsmittel in Island sind Fisch und Lamm. Ein berühmt-berüchtigtes Fischprodukt ist hákarl, fermentierter Grönlandhai, der auf eine ganz spezielle Art zubereitet wird und sehr stark nach Ammoniak riecht. Beliebt sind außerdem Hangikjöt aus geräuchertem Lammfleisch und Skyr, ein Milchprodukt, das Quark ähnelt und mittlerweile auch in Deutschland überall erhältlich ist. Eine Weihnachtsspezialität ist Laufabrauð, dünne frittierte Fladen aus Teig.

NORWEGEN

Auch in Norwegen wird viel Fisch gegessen. Bekannte Fischgerichte sind Lutefisk (Trockenfisch) und Sild (eingelegter Hering). Ob frisch oder geräuchert – norwegischer Lachs ist nicht nur im eigenen Land sehr beliebt. Als Gravlaks wird er in einer Beize aus Salz, Pfeffer, Zucker und Dill oder einer Dill-Senfsauce serviert. Gepökelte Lammrippen (Pinnekjøtt) sind ein beliebtes Fleischgericht. Aber auch Wildfleisch (Rentier, Elch) findet in der Küche häufiger Verwendung. Zu besonderen Anlässen (Hochzeiten, Weihnachten) wird der Kransekake (Turmkuchen) aus Makronenringen gebacken. Eine leckere traditionelle Süßspeise ist die aus Grieß gekochte Rømmegrøt.

SCHWEDEN

Hausmannskost umschreibt die schwedische Küche am besten. Bekannt und beliebt sind die beiden »bullar«, Köttbullar (Fleischbällchen) und Kanelbullar (Zimtschnecken). Aber auch Krabben und marinierter Lachs (gravad lax) sowie unterschiedlich eingelegter Hering werden gerne bei einem Smörgåsbord (schwed. Büfett) aufgetischt. Dazu verschiedene Kohl- und Kartoffelgerichte, natürlich Elch und im Norden Rentier mit Preiselbeeren. Im August werden Flusskrebse mit einem eigenen »Kräftkalas« (Krebsfest) gefeiert. Und zu Weihnachten dürfen Pepparkakor (Pfefferkuchen) und Lussekatter (Lucia-Hefegebäck) nicht fehlen.

#MAUTGEBÜHREN

Auf einigen Straßen, Brücken und Tunneln in Skandinavien müssen Mautgebühren bezahlt werden. Auch Privatstraßen im Gebirge und die Fahrt in einige größere Städte (Oslo, Göteborg, Stockholm, »trängselskatt«) können kostenpflichtig sein. Fährt man dieselbe Strecke öfter als einmal, kann sich eine Rabattkarte bereits rechnen (z. B. »BroPass« über die Öresundbrücke). Bezahlt wird je nach Mautstation am Automaten oder einer Tankstelle hinter der Mautstelle. In Norwegen wird nur noch mit automatischer Erfassung abgerechnet. Die Rechnung wird dann an die heimische Adresse geschickt. Einen kleinen Rabatt gibt es, wenn man das Kennzeichen vorab unter **www.autopass.no** registriert.

#MEDIZINISCHE VERSORGUNG

Das medizinische Versorgungsniveau in Skandinavien ist mit dem in Deutschland vergleichbar. Innerhalb der EU und auch zwischen Island, Norwegen und Deutschland bestehen Sozialversicherungsabkommen. Bei Vorlage der europäischen Krankenversicherungskarte (European Health Insurance Card, EHIC) hat man Anspruch auf kostenlose Behandlung in öffentlichen Krankenhäusern, Gesundheitszentren und bei bestimmten Vertragsärzten. Wegen der vergleichsweise hohen Arzt- und Krankenhauskosten ist es empfehlenswert, eine private Auslandsreisekrankenversicherung abzuschließen, die Zusatzmaßnahmen oder Kosten eines Rücktransports abdeckt. In Island, Norwegen und Schweden hat man bei jedem Arztbesuch zusätzlich einen Eigenanteil zu leisten, der zwischen 7 und 28 € beträgt. Zahnarztbesuche können in Schweden und Norwegen noch teurer werden. Hier trägt der Patient bis zu 70 Prozent der Behandlungskosten. Bei Reisen nach Spitzbergen ist außerdem zu beachten, dass die EHIC nicht anerkannt wird. Weitere Informationen sind bei der Deutschen Verbindungsstelle für Krankenversicherung im Ausland (**www.dvka.de**) zu erhalten.

#MEDIKAMENTE

Viele Arzneimittel sind in Skandinavien, anders als in Deutschland, verschreibungspflichtig. Medikamente, die regelmäßig eingenommen werden müssen, sollten also in ausreichenden Mengen mitgenommen werden. Es wird empfohlen, das Rezept des Medikaments oder eine Rechnung der Apotheke mitzuführen, um sie im Zweifelsfall vorlegen zu können.

#MOTORSCHLITTEN

Mit dem Motorschlitten oder »Scooter« kommt man im Winter an Orte, die ansonsten unzugänglich sind. Touren werden in zahlreichen Winterdestinationen angeboten. Mit dem Motorschlitten im Gelände zu fahren ist in Norwegen nur auf dem eigenen Land, mit Sondererlaubnis oder im Rahmen einer organisierten Tour möglich, auf Straßen ist es verboten.

#MÜCKEN

Vor allem in der Nähe von Seen können Mücken zwischen Ende Juni und Mitte August in Schwärmen auftreten, müssen aber nicht. Die Zahl der Plagegeister ist von Region zu Region sehr unterschiedlich und variiert von Jahr zu Jahr sehr stark. Dichte Kleidung und Mückenspray, eventuell auch ein Mückennetz, sollten mit ins Reisegepäck oder können vor Ort gekauft werden. Ein Tipp: Häufiges Duschen soll helfen, die Mücken abzuhalten, da sie auch auf Buttersäure (Körperausdünstungen) reagieren. Süße Deos oder Parfums sollen sie dagegen eher anlocken.

#NATIONALPARKS

Nationalparks haben zum Ziel, das jeweilige Gebiet und seine Tier- und Pflanzenwelt möglichst unberührt zu erhalten. In vielen Parks finden sich Informationszentren, die Hintergrundwissen zur Landschaft und ihren tierischen und pflanzlichen Bewohnern vermitteln, über Naturschutz aufklären und Kartenmaterial für Besucher bereithalten. Denn ob Küste, Fjäll oder Wald – die meisten Nationalparks darf man auf gekennzeichneten Wander- und Radwegen betreten. Oft gibt es sogar Feuerstellen, Zeltplätze und Hütten, in denen Wanderer für eine Nacht Unterschlupf finden.

DÄNEMARK

- **Miljøstyrelsen**
  Tel. +45-72 54 40 00
  mst@mst.dk
  danmarksnationalparker.dk

FINNLAND

- Tel.+358-206 39 4000
  kirjaamo@metsa.fi
  www.nationalparks.fi

ISLAND

- **Umhverfisstofnun (Umweltamt)**
  Tel. +354-591 2000
  ust@ust.is, **www.ust.is**

NORWEGEN

- **Miljødirektoratet**
  +47-3400 73 58 05 00
  post@miljodir.no
  www.miljødirektoratet.no
  www.nasjonalparkstyre.no

SCHWEDEN

- **Naturvårdsverket**
  Tel. +46-10 698 10 00
  kundtjanst@naturvardsverket.se
  www.sverigesnationalparker.se/de

#NOTRUFNUMMERN

Die EU-weite Notrufnummer 112 funktioniert auch in den skandinavischen Ländern für alle Polizei-, Brand-, Rettungs- und Unfallnotrufe. In Norwegen funktionieren zusätzlich die 110 (Feuerwehr) und 113 (Notarzt). Siehe auch »Pannenhilfe«.

#ÖFFNUNGSZEITEN

DÄNEMARK

Es gibt keine vorgeschriebenen Ladenöffnungszeiten. In der Regel haben die Geschäfte Montag bis Donnerstag von 9–17:30 oder 18 Uhr geöffnet. Freitags und in größeren Städten auch bis 20 Uhr. Samstags sind die Öffnungszeiten kürzer. In Feriengebieten und zur Urlaubszeit haben Geschäfte oft länger geöffnet. Am ersten und letzten Sonntag im Monat sowie allen Sonntagen im Dezember dürfen Geschäfte von 10–17 Uhr geöffnet haben.

FINNLAND

Die Ladenöffnungszeiten sind gelockert worden. Auch kleineren Läden steht es frei, die Öffnungszeiten zu wählen. Meist haben die Geschäfte von Montag bis Freitag zwischen 7–21 Uhr, samstags von 8–18 Uhr und sonntags zwischen 12 und 18 Uhr geöffnet. Einige Tankstellenshops haben zum Teil rund um die Uhr geöffnet.

ISLAND

In Island haben die meisten Geschäfte montags bis freitags zwischen 9–18 Uhr geöffnet, samstags von 11–16 Uhr. Große Supermärkte sowie Andenkenläden und Shops in Reykjavík haben häufig auch länger geöffnet.

NORWEGEN

In Norwegen sind die Geschäfte montags bis freitags von 10–18 Uhr und in Großstädten bis 20 Uhr geöffnet. Samstags haben die Geschäfte bis 16 Uhr geöffnet und in Großstädten bis 18 Uhr. Supermärkte haben etwas länger offen. Wochentags bis 20 Uhr und in Großstädten bis 22 Uhr, samstags bis 18 und in Großstädten bis 20 Uhr.

SCHWEDEN

Allgemein sind die Geschäfte wochentags von 9–18 Uhr geöffnet, einige Warenhäuser auch bis 22 Uhr. Samstags und sonntags haben die meisten Geschäfte bis 16 Uhr geöffnet. Lebensmittelgeschäfte haben aufgrund der großzügigen Ladenschlussgesetze oftmals längere Öffnungszeiten und häufig auch sonntags zwischen 12–16 Uhr geöffnet.

#PANNENHILFE

Wer Mitglied in einem Automobilclub ist, kann für den Reisezeitraum eine zusätzliche Versicherung für das europäische Ausland abschließen. Im Falle einer Panne oder eines Unfalls kann dann bequem die jeweilige Servicenummer im Heimatland angerufen werden. Ansonsten helfen die Pannendienste vor Ort.

DÄNEMARK

- **Falck Global Assistance**, Tel. +45-70 25 04 05

Ein selbstverschuldeter Unfall oder ein Unfall mit Schäden an Tieren oder Eigentum Unbekannter muss gemeldet werden bei:

- **Dansk Forening for International Motorkøretøjsforsikring**
  Postboks 111
  DK-2900 Hellrup
  Tel. +45-41 91 90 69
  dfim@forsikringogpension.dk
  www.dfim.dk

FINNLAND

Unfälle müssen unverzüglich dem Büro der finnischen Kfz-Versicherer gemeldet werden.

- **Liikennevakuutuskeskus**
  Itämerenkatu 11-13
  FI-00180 Helsinki
  Tel. +358-40 45 04 666
  www.lvk.fi/en

ISLAND

Der isländische Automobilclub F.Í.B. hilft dank eines Abkommens mit dem ADAC und dem ÖAMTC auch Angehörigen dieser Clubs bei Pannen, entweder direkt über Tel. +354-5 112 112 oder die heimische Notrufnummer.

NORWEGEN

- **NAF Veihjelp**, Tel. +47-23 21 31 00

SCHWEDEN

- **Falck Sverige**, Tel. +46-20 38 38 38

#PARKEN

Das Auto im Norden einfach abzustellen, wo es einem gefällt, kann – wie alle Verkehrsvergehen – sehr teuer werden. »Knöllchen« von über 100 € sind möglich. Es kann schon reichen, wenn ein Rad außerhalb des markierten Parkbereichs steht. Man muss sich also immer im Klaren sein, welche Regeln für den gewünschten Parkplatz gelten. Schilder, die ein Parkverbot an einem bestimmten Tag markieren, behalten ihre Gültigkeit, auch wenn der besagte Wochentag auf einen Feiertag fällt.
Der Parkscheinautomat akzeptiert häufig kein Bargeld mehr, sondern nur die Kreditkarte. Zunehmend wird per App abgerechnet. Eine nützliche Bezahloption (ohne Abo!) ist die App des schwedischen Dienstleisters EasyPark (easypark.de). Damit kann man per Smartphone das Parken sowohl im öffentlichen Raum als auch auf vielen privaten Parkplätzen bzw. in ausgewählten Parkhäusern bezahlen, vielerorts zudem das Aufladen von Elektrofahrzeugen. Easypark ist in größeren Städten des Nordens weit verbreitet und wird in

immer mehr Städten Mitteleuropas akzeptiert. Vorteilhaft: Wer sich z. B. in Deutschland als User registriert, kann die App im Norden ohne Extrakosten nutzen. Außerhalb der Euro-Zone wird zu fairem Wechselkurs abgerechnet.

#POST UND PORTO

Briefmarken erhält man meist überall dort, wo auch Postkarten zu kaufen sind, außerdem in Postämtern, Schreibwarengeschäften und vielen Kiosken. Das Versenden von Postkarten und Briefen aus den nordischen Ländern wird immer teurer. Dänemark schießt im Augenblick auf Platz 3 der höchsten Portopreise für Postkarten weltweit den Vogel im Norden ab. Allein fürs Porto zahlt man dort 27 Kronen, umgerechnet etwa 3,70 €. Aus Schweden und Norwegen werden umgerechnet jeweils knapp über 2 € fällig, aus Island ca. 1,80 € und aus Finnland 1,60 €. Eine Alternative sind Postkarten von Online-Anbietern wie MyPostcard (**www.mypostcard.com**), die man zwar am Laptop oder per App schreibt, die dann aber mit normaler Post – bei MyPostcard z. B. mit deutscher Briefmarke – weltweit den Empfänger erreichen. Man kann dazu eigene Bilder hochladen oder nutzt vorgegebene Motive. Einige hat u. a. Nordis-Autor und Dänemark-Spezialist Hans Klüche auf **www.mypostcard.com/designs/Hans_Klueche** (oder über Motivsuche [Dänemark] in der MyPostcard App) zur Verfügung gestellt (ab 1,99 € Karte inkl. Porto).

#RADFAHREN

Die Schönheit Skandinaviens lässt sich wohl kaum besser als auf einem Fahrrad erfahren. Je nach Kondition und Streckenprofil sind Tagesetappen von 50 bis 100 Kilometern machbar. Das große und ausgeschilderte Radwegenetz in Skandinavien ist gut ausgebaut. Selbstverständlich können Individualisten ihre eigenen Strecken wählen, mit Schotterpisten und allem Drum und Dran. Allerdings sind z. B. in Norwegen Radfahrer nicht in allen Tunneln zugelassen. Eine Karte gibt es bei **www.cycletourer.co.uk/maps/tunnelmaplrge.shtml**. Für Touren ohne schweres Gepäck ist ein Rad mit sieben Gängen ausreichend, besser ist ein Mountainbike mit mindestens 21 Gängen. Mit Zelt und sonstiger Ausrüstung empfiehlt sich ein gutes Trekkingrad. Gutes Werkzeug und die gängigsten Ersatzteile sollten in keiner Ausrüstung fehlen. Sehr umfassende Informationen zu Radreisen allgemein und Fahrradreisen nach Skandinavien bietet der Allgemeine Deutsche Fahrradclub. **www.adfc.de**

■ DÄNEMARK

Es gibt ein nationales Fahrradroutennetz mit insgesamt 3.000 Kilometern Länge, das aus elf Routen besteht und ganz Dänemark abdeckt. Das durchgängige Symbol ist ein weißes Fahrrad auf blauem Grund mit Namen oder Nummer (1–10). Zusammen mit regionalen Routen besteht ein ausgeschildertes Streckennetz von circa 12.000 Kilometern. Dänemark ist kartografisch in 13 Radkarten eingeteilt (Maßstab: 1:100.000). Das Mieten von Fahrrädern ist grundsätzlich in vielen örtlichen Fremdenverkehrsbüros und Fahrradgeschäften möglich; Kosten: 25–60 DKK pro Tag und circa 150–400 DKK pro Woche. Die Fahrräder sind meist in gutem Zustand.

■ FINNLAND

In Finnland bieten kleine und einsame Straßen sowie die geringen Höhenunterschiede beste Voraussetzungen für einen tollen Radurlaub. Via Finnland ist eine verlockende Tour von Helsinki nach Vaasa. Vielseitige Landschaften wechseln sich ständig auf den 596 Kilometern ab. Kulturhistorische Sehenswürdigkeiten und große Städte im Süden, Wälder, Seen und Flüsse befinden sich im Norden der Strecke.

Die Küstenroute von Turku nach Oulu ist 955 Kilometer lang und führt vorbei an den Sandstränden Finnlands. Die Route ist auch für wenig geübte Radfahrer kein Problem.

Die Saimaa-Seentour ist eine schöne Rundtour um den größten See Finnlands. Die knapp 400 Kilometer lange Strecke führt unter anderem zur unbedingt sehenswerten Festung Savonlinna und den Punkaharju-Höhenrücken. Guter Startpunkt ist Lappeenranta.

Die etwa 350 Kilometer lange Ostlappland-Tour führt von Sodankylä durch die einsamen Landschaften Ostlapplands zum Nationalpark Urho-Kekkonen. Von dort radelt man entlang der russischen Grenze und durch die Fjälls von Luosto zurück zum Ausgangspunkt.

Der Schärengarten von Turku ist als Radelregion bestens geeignet. Eine tolle Mehrtagestour führt auf der Ringstraße durch den Schärengarten, wobei man etliche Fähren nutzt.

Die Åland-Inseln sind das klassische finnische Radfahrgebiet. Die einzelnen Etappen werden immer wieder durch Fährpassagen unterbrochen – und durch ein Bad an einem der vielen Badeplätze. Auf Berge wird man hier auch nicht stoßen.

- **Cycling Union of Finland**
  Tel. +358-452 32 26 44
  toimisto@pyoraily.fi
  www.pyoraily.fi

■ ISLAND

Wegen der schlechten Straßenverhältnisse und der unbeständigen Wetterverhältnisse ist mit besonderen Schwierigkeiten zu rechnen. Auf der Ringstraße, die zwar rundherum asphaltiert ist, bilden die unbefestigte Böschung und die schnellen Autos, im Hochland die Flussdurchquerungen eine nicht zu unterschätzende Gefahr. Straßensperrungen gelten immer auch für Fahrräder. Informationen zur Routenplanung bekommt man bei **cyclingiceland.is/en**.

- **Icelandic Mountain Bike Club**
  Tel. und Fax +354-562 00 99
  ifhk@fjallahjolaklubburinn.is
  www.fjallahjolaklubburinn.is

NORWEGEN

»Die Märchenstraße Hallingdal«: Der Radweg führt von Geilo oder alternativ von Hemsedal zum See Krøderen. Er verläuft 164 bzw. 144 Kilometer entlang an zahlreichen Museen und durch fruchtbare Täler. In Flå kann man den Vassfaret-Bärenpark besuchen und Elche und Bären in natürlicher Umgebung bestaunen.

Entlang des Fluss- und Seensystems des Telemarkkanals bietet sich eine tolle Tour mit meist moderaten, teilweise aber auch deftigen Steigungen. Die Strecke ist 115 Kilometer lang und kann mit einer Bootsfahrt auf historischen Schiffen kombiniert werden. Ebenso kann man abwechslungsreiche 175 Kilometer in Røros und Umgebung durch Kiefern- und Birkenwälder, durch Gebirge und vorbei an Almdörfern radeln. In Røros, einer alten Bergarbeiterstadt und Weltkulturerbe, wird die Geschichte der Grubenarbeit in Museen anschaulich gemacht.

Der Rallarvegen ist die schon fast legendäre Route auf der ehemaligen Bahnarbeiterstrecke über die Hardangervidda. Teile der 80 Kilometer langen Strecke führen auf über 1.000 Meter Meereshöhe: Warme Kleidung nicht vergessen! Empfehlenswert ist außerdem ein stabiles Fahrrad – man fährt auf einer Schotterpiste. Start ist das 900 Meter hohe Haugastøl, Ziel das am Aurlandsfjord gelegene Örtchen Flåm. Entlang der Küste Rogalands verläuft der markierte Radweg der Nordseeroute über 300 Kilometer von Flekkefjord im Süden bis Haugesund im Norden. Auf dieser Strecke faszinieren Fjorde, Berge, Strände und hübsche Küstenstädtchen – ein echtes Erlebnis.

Der Vestfoldkysten-Radweg führt von Horten nach Helgerød durch eine abwechslungsreiche Küstenlandschaft. 105 Kilometer lang radelt man durch überwiegend flaches, teilweise hügeliges Gelände.

- **Sykkeltourisme i Norge**
  Tel. +47-95 23 17 06
  post@cyclingnorway.no
  www.cyclingnorway.no

SCHWEDEN

Schweden ist wie geschaffen zum Radeln, schließlich liegt die Schönheit der Landschaft oft im Detail. Zahlreiche ausgeschilderte Routen erleichtern die Orientierung.

Kulturhistorisch und landschaftlich ist der Dalslandsleden eine sehr reizvolle Strecke durch eine der beliebtesten schwedischen Urlaubsregionen. Auf der Strecke von Vänersborg über Bengtsfors nach Mellerud fährt man unter anderem durch die Wildmark um den See Stora Lee oder die Höhen des Kroppefjälls. Die Gesamtstrecke beträgt 358 Kilometer.

Von Idre nach Sörvattnet führt eine Strecke für den anspruchsvollen Mountainbiker. Verpflegung muss man auf den 47 Kilometern durch wunderschöne Berggegenden selbst mitbringen. Läden oder Gaststätten sind Mangelware. Von der tundraartigen Landschaft her kann man im Westen auf norwegische Berge schauen.

Der Sydostleden erstreckt sich auf einer Strecke von 274 Kilometern zwischen Växjö in Småland durch Kronoberg, Blekinge und Skåne bis Simrishamn an der südschwedischen Küste. Entlang des Radweges »erfährt« man die Seenlandschaft des Åsnen, den Schärengarten von Blekinge, das Seenreich von Kristianstad, die malerische Åhus-Küste und die Apfelplantagen von Kivik.

www.sydostleden.se

Im Sommer 2019 wurde der Sydkustleden (Südküstenweg) als dritter schwedischer Radfernweg neben dem Sydostleden und dem Kattegattleden (zwischen Helsingborg und Göteborg, ca. 395 km) eingeweiht. Er führt über eine Gesamtstrecke von ca. 260 km von Simrishamn an der Südostküste über Ystad, Malmö und Landskrona bis nach Helsingborg an der Westküste. Der Sydkustleden ist in sechs Abschnitte unterteilt, jeder einzelne bietet eine Vielfalt an kulturellen Erlebnissen und eine abwechslungsreiche Natur. Sydkustleden, Sydostleden und Kattegattleden bilden so eine durchgehende Radwanderstrecke mit einer Gesamtlänge von ca. 900 km.

www.sydkustleden.se

Natur pur im Värmland im Grenzgebiet Schweden/Norwegen. 104 Kilometer radelt man an vielen Seen und Wasserläufen vorbei, erlebt die kleinen und feinen Unterschiede der beiden skandinavischen Länder auf einer Tour.

- **Svenska Cykelsällskapet**
  Tel. +46-87 51 62 04
  info@svenska-cykelsallskapet.se
  www.svenska-cykelsallskapet.se

#RAUCHEN

Im Grunde ist das Rauchen ausschließlich im Freien gestattet und auch dort nicht überall. In öffentlichen Einrichtungen, am Arbeitsplatz, in Verkehrsmitteln, an Haltestellen und anderen öffentlichen Plätzen darf grundsätzlich nicht geraucht werden. Auch in Hotels, Restaurants, Kneipen und Cafés herrscht Rauchverbot. Es dürfen jedoch separate Raucherzimmer eingerichtet werden. Viele Hotels und auch größere Restaurants bieten vor den Gebäuden spezielle Raucherbereiche an. Zur Einfuhr von Tabak siehe »Zollvorschriften«.

#REITEN

Pferde kann man auf vielen Bauernhöfen in Dänemark mieten. Auch in Ferienzentren, in der Nähe von Campingplätzen und an den Stränden bestehen oft Reitmöglichkeiten. Besonders viele Reitzentren findet man in Ostjütland. Preise: circa 75–200 DKK/Std., 200– 600 DKK/Tag.
Es ist fast überall in Norwegen möglich, Pferde zu mieten oder Reitunterricht zu nehmen. Ebenso kann man an organisierten Tages- oder Wochentouren teilnehmen. **www.visitnorway.de/aktivitaten/freie-natur/reiten/**
In Finnland gibt es circa 250 Reitklubs, die meisten betreiben auch eine Reitschule. Equestrian Federation of Finland, Tel. +358-92 29 45 10, **www.ratsastus.fi**
Viele Reiter- und Bauernhöfe in Island bieten Reitferien und Ausflüge an. Es gibt zahlreiche Veranstalter. Beim Reise- und Ferienhausportal Hey Iceland (**www.heyiceland.is**) sind zahlreiche Reiterhof-Adressen verzeichnet. Viele Island-Reiseveranstalter offerieren auch längere Reittouren (1–2 Wochen) in verschiedenen Landesteilen. Viele Reitschulen in Schweden bieten Kurse und Camps an. Etwas Besonderes sind mehrtägige Geländeritte im Fjäll. Ein Verzeichnis der Reitcamps gibt es bei Sveriges Ridläger, **www.ridlager.se**.

- **Svenska Ridsportförbundet**
  Tel. +46-22 04 56 00
  www.ridsport.se.

#SAUNA

Das einzige finnische Wort, das es in viele andere Sprachen geschafft hat. Die Sauna ist ein fester Bestandteil der finnischen Kultur und hat eine lange Tradition. Bis heute findet man in nahezu jedem Privathaus, jeder Wohnanlage, jedem Hotel und selbst der entlegensten Ferienhütte eine Sauna. Auch in den anderen nordischen Ländern hat sich die Sauna als wohltuende Schwitzkur etabliert. Anders als in deutschen Wellnesscentern ist der Saunagang im Norden jedoch ein alltägliches und eher schlichtes Ritual. Statt aufwendiger Duftölanwendungen schöpft man lieber eine Kelle Wasser auf die heißen Steine des Saunaofens oder nutzt einfache Birkenzweige, um die Durchblutung anzuregen. In öffentlichen Saunen, die Männer und Frauen gemeinsam besuchen, trägt man oft Badebekleidung. Beim geschlechtergetrennten Saunieren wird dies lockerer gehandhabt. Besonders in Finnland klettert man mancherorts nach der Sauna in das Eisloch eines zugefrorenen Sees oder Flusses.

#SEGELN

Die skandinavischen Gewässer mit ihren Buchten, Fjorden, vorgelagerten Schäreninseln und kleinen Küstenorten bieten sich als faszinierende Segelreviere an. Sie sind allerdings auch anspruchsvoll, denn es ist nicht einfach, zwischen den Schären den richtigen Weg und die Hafeneinfahrt zu finden. Sorgfältige Törnplanung ist unabdingbar. Kartenmaterial von Skandinavien bekommt man beim Nautischen Dienst Kapitän Stegmann, **www.naudi.de**.

Wer ein Boot chartern will, muss meist im Besitz eines entsprechenden Bootsführerscheins sein. Da das Wetter sich schnell ändern kann, sollte man mehrmals täglich den ausführlichen Wetterbericht im Radio hören.

DÄNEMARK

Für Segler, die mit dem eigenen Boot nach Dänemark fahren, sind die Formalitäten minimal, die Marinas, die Gastfreundschaft der Dänen und die Windverhältnisse top. Verschiedene Chartermöglichkeiten: Bareboat, Crewed, Flottille.

- **Dansk Sejlunion**
  Tel. +45-88 20 70 00
  www.sejlsport.dk

FINNLAND

Yachten mit oder ohne Skipper können gechartert werden. Besondere Vorschriften gelten für die Durchquerung des Saimaa-Kanals, der den Finnischen Golf über russisches Gebiet mit Finnlands größter Seenregion verbindet.

- **Finnischer Yachtverband**
  Tel. +358-40 83 43 407
  www.spv.fi

NORWEGEN

Es gibt in Norwegen rund 120 Gästehäfen und zahlreiche Charterfirmen. Über das Chartern von Schiffen informiert das Norwegische Fremdenverkehrsamt.

- **Kongelig Norsk Seilforening**
  Tel. +47-23 27 56 00
  www.kongelignorskseilforening.no

SCHWEDEN

In Schweden können an vielen Orten Boote mit oder ohne Skipper gechartert werden. Die schwedische Schifffahrtsverwaltung hat nautische Reiseführer herausgegeben. Im Hafenführer Dänemark sind auch schwedische Westküstenhäfen integriert.

- **Svenska Seglarförbundet**
  Tel. +46-8-459 09 90
  www.svensksegling.se

#SCHLITTSCHUHLAUFEN

Der lange und oft kalte Winter in Skandinavien lässt meist zu Beginn des Winters die Seen und auch das Meer zufrieren. Liegt dann noch kein Schnee oder ist dieser bereits wieder geschmolzen, ist die glatte Eisfläche das ideale Terrain für lange Ausflüge auf den schmalen und langen Kufen. Ideal dafür sind in Finnland die Seenregion um Kuopio und die Åland-Inseln, in Schweden der Schärengarten vor Stockholm sowie die Seen in Dalsland und Värmland. Allerdings gehört ein wenig Glück dazu, um gute Eis- und Wetterbedingungen zu erwischen. In jedem Fall sollte man sich nur mit einem erfahrenen Guide und der passenden Ausrüstung auf das Eis wagen, denn Strömungen können die Fläche instabil werden lassen und sogar zu gefährlichen Rissen führen.

#SICHERHEIT

Für keines der Länder bestehen derzeit landesspezifische Sicherheitshinweise. Die Kriminalitätsrate in Skandinavien ist sehr niedrig, trotzdem sollte man sich in den Sommermonaten an beliebten Ausflugszielen und in den Großstädten vor Taschendieben in Acht nehmen. Im Kopenhagener »Freistaat Christiania« kam es bereits zu Übergriffen, bei denen Wertgegenstände entwendet wurden. Durch die besondere rechtliche Situation in Christiania ermittelt die Polizei nur in Ausnahmefällen. Außerdem ist das Fotografieren in Christiania an einigen Stellen ausdrücklich verboten. In Mittel- und Südschweden kam es in den letzten Jahren häufiger zu Überfällen auf Wohnwagen- und Wohnmobilreisende, die entlang der Autobahnen übernachten. Es ist ratsam, zur Übernachtung einen Campingplatz oder bewachten Stellplatz anzusteuern. In Schweden wurden außerdem vermehrt Missbrauchsfälle von Kredit- und Bankkarten verzeichnet. Das Auswärtige Amt rät außerdem davon ab, an der dänisch-schwedischen Grenze Anhalter mit über die Grenze zu nehmen. Es häufen sich Fälle, in denen vor allem an Rastplätzen an der Öresundbrücke um Mitnahme nach Schweden gebeten wird. Sollte sich an der Grenze herausstellen, dass der unbekannte Mitfahrer keine gültige/n Reisedokumente/Aufenthaltserlaubnis besitzt, droht dem Fahrer des Fahrzeugs eine Anzeige wegen Menschenschmuggels.

#SKISPORT

Ob Tagesausflüge auf Langlaufloipen, längere Wintertrekkingtouren mit Pulka im offenen Gelände oder atemberaubende Abfahrten: Skandinavien ist ein Paradies für Skifahrer. Für Touren sollte man sich einem erfahrenen örtlichen Führer oder einem der Bergreiseveranstalter anvertrauen. Die Verhältnisse im Fjäll sind anders als in den Alpen, der Lawinenbericht noch lange nicht so ausgefeilt wie hierzulande. Infos dazu unter **www.varsom.no** (Norwegen) und **www.fjallsakerhetsradet.se/en** (Schweden). Um Missverständnisse zu vermeiden: In Skandinavien wird unter einer »Skitur« meistens der Gang mit breiten Langlaufskiern ins Gelände abseits der Loipen verstanden. Der alpine Skitour-Stil läuft mancherorts unter der französischen Bezeichnung »Ski randonnée« oder auf Norwegisch »Topptur«.

#SKI-LANGLAUF

FINNLAND

Im Seenland rund um Kuopio können sich Langläufer auf knapp 500 km präparierten Loipen austoben. Das bekannteste Langlaufgelände von Kuopio ist Puijo. Das größtenteils beleuchtete Loipennetz von 40 km umfasst Routen sowohl für Hobbyläufer als auch für Profis.

Rund um Kuusamo und Ruka werden in jedem Winter rund 500 km Loipen gespurt, sowohl für den Klassik- als auch für den Skating-Stil. Ruka selbst bietet mehr als 100 km Loipen.

Wo Langlaufprofis in jedem Winter in die Loipe gehen, dürften auch Freizeitsportler das geeignete Terrain finden – ein weit verzweigtes Loipennetz mit insgesamt 250 km in Muonio. Bekannt ist das Gebiet auch durch das jährlich im April stattfindende Lapponia Hiito – ein dreitägiges Etappenrennen im Pallas-Nationalpark!

Langläufern stehen im Wintersportzentrum Saariselkä über 200 km gespurte Loipen zur Verfügung, 140 km werden für Skater präpariert. Nachts sind mehr als 30 km der Loipen beleuchtet.

NORWEGEN

Rund 320 km Cross-Country-Strecken von grün bis rot hat Beitostølen zu bieten. Dabei kann man durch Wälder laufen, aber seine Spur auch im weiten Fjell finden.

Gålå bietet ein tolles Tourenskigebiet mit 230 km Loipen sowohl für Skating als auch den klassischen Stil. Die Tourenloipen, unter anderem die berühmte Peer-Gynt-Loipe, führen über Berge und Hochebenen, durch Fjellbirken- und Tannenwälder.

Im »Reich der Riesen« (Jotunheimen) kommen auf 220 gespurten Kilometern nicht nur Loipenfreunde, sondern auch Skifahrer auf ihre Kosten, die sich lieber ihre eigene Spur suchen. Und das im Schatten der höchsten Berge Skandinaviens – schlichtweg beeindruckend!

In der gesamten Nordmarka nördlich von Oslo gibt es rund 2.600 km Loipen. Mehr als 120 km sind dabei mit Flutlicht ausgestattet.

In der Fjordregion rund um Sunnfjord gibt es rund 70 km gespurte Loipen. Damit reicht das Gebiet nicht an die großen Langlaufzentren heran, kann aber mit der einzigartigen Fjordlandschaft punkten.

SCHWEDEN

Rund 300 km gespurte Loipen machen Funäsfjällen zu einem der besten Langlaufgebiete Skandinaviens. Weitere 450 km ausgeschilderte Wege führen ins Fjäll.

Der Bergbauort Gällivare mitten in den schwedischen Wäldern ist ein fester Bestandteil des Wettbewerbskalenders der Langlauf-Weltelite. Hobbysportler finden hier viele Kilometer präparierter Loipen.

Mehr als 250 km gespurte Loipen und das berühmte Rennen »Vasaloppet« machen Sälen zu einer guten Adresse für Langläufer. Einige Loipen sind nachts beleuchtet. Hinzu kommen rund 200 km markierte Skiwanderwege durch das weite Fjäll.

#SKI ALPIN

FINNLAND

Ylläs/Levi ist das größte Skigebiet Finnlands mit den längsten Abfahrten vom 718 m hohen Yllästunturi.

Bis auf 492 m geht es im Skigebiet von **Ruka** hinauf. Die Höhendifferenz beträgt 201 m. Die längste Abfahrt ist 1,3 km lang. Mit mehr als 200 Skitagen pro Jahr gehört der Skiort dank seines kontinentalen Klimas und der Schneekanonen zu den schneesichersten Skigebieten in Europa.

Am finnischen Nationalberg **Koli** in Karelien gibt es eine Skianlage mit 4 Liften und 15 Abfahrten (bis zu 1,5 km).

Vihti ist die größte Skianlage in der Nähe der Hauptstadt Helsinki. 10 Lifte bringen die Skifahrer in dem familienfreundlichen Skigebiet zu den 14 Pisten.

NORWEGEN

Trysil ist das größte Skigebiet Norwegens und eine der populärsten Anlagen in ganz Skandinavien. In Trysil geht es bis auf 1.100 m hinauf. Die Höhendifferenz beträgt 625 m. Die längste Abfahrt führt über 5,4 km hinunter ins Tal. Kinder haben einen eigenen Skipark. Insgesamt können 68 Abfahrten in allen Schwierigkeitsgraden genutzt werden.

Hemsedal gehört zu den Topskigebieten in Skandinavien. Die längste Abfahrt führt 6 km ins Tal. Im Hemsedal Skisenter gibt es Norwegens größte Kinderskianlage mit insgesamt 7 Pisten und 8 Liften, zudem einen »Minipark«.

Lillehammer mit dem Hafjell und Kvitfjell ist Skifahrern spätestens seit den Olympischen Spielen ein Begriff. Lifte führen am Hafjell bis auf 950 m hinauf, der Höhenunterschied liegt bei 750 m. Die längste Abfahrt ist 7,5 km lang. Das Pendant dazu am Kvitfjell misst 3,5 km. Hier geht es bis auf 1.039 m Höhe. Am Kvitfjell kommt man auf 25 Pisten, darunter auch die schwierige Weltcup-Abfahrt, mit einer Gesamtlänge von 33 km.

Im Skigebiet von **Hovden** am Südrand der Hardangervidda führen 29 Abfahrten mit einer Pistenlänge von 34,4 km ins Tal.

Das Familienskigebiet von **Geilo** liegt in der Provinz Buskerud. Skifahrer können sich aus 40 Pisten die passenden Abfahrten auswählen. Die gesamte Pistenlänge beträgt 34 km.

SCHWEDEN

Åre ist eines der größten Skiresorts in Skandinavien. Das Skigebiet reicht fast bis zum Gipfel des 1.420 m hohen Åreskutan. Der Höhenunterschied beträgt 894 m und bei der längsten Abfahrt kommt man auf 6,5 km aus der Puste. Skifahrer können zwischen 103 Pisten in allen Schwierigkeitsgraden von grün bis schwarz wählen.

Das große und weitläufige Skigebiet **Sälenfjäll** besteht aus den Anlagen Lindvallen, Högfjället, Tandådalen und Hundfjället. Lindvallen ist vor allem für Familien interessant, während Tandådalen mit etlichen schwarzen Pisten aufwarten kann. Der Höhenunterschied beträgt 300 m, die längste Abfahrt schlängelt sich auf 2,5 km ins Tal.

Nur wenige Kilometer trennen die beiden Skigebiete **Björkliden/Riksgränsen** in Schwedisch-Lappland westlich von Kiruna. Auf insgesamt 40 Pisten geht es hier ins Tal. Riksgränsen besitzt aufgrund der baumlosen Hänge bei Freeridern einen hervorragenden Ruf.

13 Skilifte und 50 Abfahrten warten auf Skifahrer im **Bydalsfjäll** in der Nähe von Östersund. Auch Off-Piste-Fahrer finden hier gute Möglichkeiten.

Das Skigebiet von **Isaberg** ist mit seinen 8 Liften die größte Anlage Südschwedens und von Deutschland aus bestens mit der Fähre zu erreichen (z. B. mit Stena Line von Kiel nach Göteborg).

#SPRACHKURSE VOR ORT

Hochschulen, die Sprachkurse für Dänisch anbieten, findet man unter **www.ipc.dk**, **www.hojoster.dk/de** und **www.askov-hojskole.dk**.

Finnisch-Intensiv-Kurse bietet zum Beispiel die Helsinki Summer School. **www.helsinkisummerschool.fi**.

Isländisch-Kurse online und an verschiedenen Universitäten findet man unter **study.iceland.is**

In Norwegen kann man an den Universitäten in Oslo (**www.uio.no**) und Bergen (**www.uib.no**) oder an den Volkshochschulen (**www.folkehogskole.no,**

www.fu.no) Kurse buchen. Diese bieten auch Vorbereitungen auf den Bergenstest (**www.bergens test.com**) an. Für Studenten interessant ist die Internationale Sommerschule Oslo (**www.uio.no/english/studies/summerschool**), die Kurse zu verschiedenen skandinavischen Themen im Programm hat.

Schwedisch-Kurse für Anfänger und Fortgeschrittene bieten die Uppsala International Summer Session (**www.uiss.org**) und die Volkshochschulen (**www.folkuniversitetet.se**) an.

#SURFEN

Dänemark ist ein ideales Surfland für Anfänger und Profis, denn die gewünschten Bedingungen sind meistens in Reichweite. Es gibt viele Surfschulen und etliche Surffachgeschäfte über das Land verteilt. Eines der größten Surfreviere ist der Ringkøbing-Fjord an Jütlands Westküste.
Surfen ist in Finnland beliebt. Bretter werden bei Campingplätzen, Hotels oder in Feriendörfern/-zentren vermietet. Die Segelschulen des finnischen Yachtverbandes organisieren auch Surfkurse.
Wind- und Wellensurfen hat in Norwegen viele Freunde. An zahlreichen Stränden, Hotels und Campingplätzen kann man Surfausrüstungen leihen. Im Sommer werden auch Kurse und Regatten veranstaltet. Die nördlichsten Surfangebote der Welt befinden sich ganz sicher bei Longyearbyen auf Spitzbergen. Ein Neoprenanzug sollte immer dabei sein.

#TANKEN

Bleifrei 95 entspricht der Qualität des deutschen Super-Kraftstoffs. In einsameren Gegenden empfiehlt es sich, immer vollzutanken und einen Reservekanister mitzunehmen. Im isländischen Hochland gibt es keine Tankmöglichkeit. Tankautomaten akzeptieren oft kein Bargeld, sondern Kreditkarten.
LPG ist in Island, Dänemark und Finnland so gut wie unbekannt, kann aber unter der Bezeichnung »autogas« mit Bayonet- bzw. Dish-Adapter in Norwegen und mit Dish-Adapter in Schweden getankt werden. Diese beiden Länder haben ein dichtes LPG-Tankstellennetz. Listen der Tankstellen findet man auf **www.mylpg.eu**
Ladestationen für E-Autos gibt es viele in Dänemark und Norwegen – sogar bis hinauf in die Finnmark. Island hat über 20 Stationen. In Schweden und Finnland ist der Süden gut abgedeckt, im Norden hält man sich am besten an die Küste. Eine detaillierte Karte für ganz Skandinavien bietet Norges Elbilforening, **ladekart.elbil.no/map**

#TAUCHEN

Skandinavien kann zwar nicht mit warmem Wasser locken, dafür aber mit interessanten Tauchspots und etlichen Wracks.
In Dänemark wendet man sich für nähere Informationen am besten an die Ferienzentren oder an den Dansk Sportsdykker Forbund (Tel. +45-43 26 25 60, **www.sportsdykning.dk**).
Ein spannendes Taucherlebnis in Finnland ist der Puruvesi im Saimaa-Seengebiet, einer der klarsten Seen ganz Europas und rund 70 Meter tief. Infos beim Finnischen Tauchverband (Sukeltajaliitto ry, Tel. +358-934 81 22 58, **www.sukeltaja.fi**).
Infos zum Tauchen in Island bei Héðinn Ólafsson (Tel. +354 888 80 80, **www.diveiceland.com**).
Im gesamten Küsten- und Schärengebiet von Norwegen liegen zahlreiche »Dykkersenter« (Taucherzentren), die Kurse organisieren und Ausrüstung verleihen. Die norwegische Küste beherbergt außergewöhnlich viele Schiffswracks. Das Entfernen von Gegenständen aus den Wracks ist verboten. Luftflaschen müssen alle zwei Jahre auf ihre Sicherheit überprüft werden. Für eigene Luftflaschen muss ein Zertifikat mitgebracht werden, um sie auffüllen lassen zu können. Norges Dykkeforbund, Tel. +47-21 02 97 42, **www.ndf.no**
In Schweden sind die Schären sowohl im Westen als auch im Osten für Tauchgänge geeignet. Auf den Koster-Inseln findet man sogar einen Unterwasserpfad für Schnorchler. Svenska Sportdykarförbundet, Tel. +46-86 99 65 15, **www.ssdf.se**

#TAXFREE

In den Nicht-EU-Ländern Norwegen und Island kann man sich die Mehrwertsteuer bei der Ausreise erstatten lassen. Dafür müssen lediglich die Ware, Personalausweis und der im Laden beim Kauf ausgestellte »VAT Refund Check« vorgezeigt werden.

■ ISLAND

Voraussetzung ist ein Wert des Einkaufs von mindestens 6.000 ISK pro Quittung. Der Einkauf darf am Abreisetag nicht länger als drei Monate zurückliegen. Die Rückerstattungssumme liegt bei bis zu 15 Prozent und kann bei der Ausreise angefordert werden. Keflavík: Arion; Reykjavík: Information Desk; Akureyri: Duty Free; Seyðisfjörður: am Fährhafen. **icelandtaxfree.is**

■ NORWEGEN

Voraussetzung ist, dass die Ware unbenutzt ist und der Kauf nicht mehr als einen Monat zurückliegt. Der Gesamtwarenwert pro VAT Refund Check, ab dem zurückerstattet wird, liegt bei 315 NOK, für Lebensmittel bei 290 NOK. Die Rückerstattung erfolgt an allen Grenzübergängen, Flughäfen und Häfen. **www.toll.no/en**

#TELEFONIEREN

Die Mobilfunkabdeckung ist in ganz Skandinavien in der Regel gut, in abgelegeneren Gegenden darf man sich aber keinesfalls darauf verlassen, sondern muss unbedingt »Offline«-Hilfsmittel wie Karten dabei haben. Das Handy trotzdem mitnehmen! Mit etwas Glück hat man genau dann eine Verbindung, wenn es darauf ankommt.
Die ehemals hohen Roaminggebühren sind innerhalb der EU gedeckelt. Um die Kosten weiter zu senken, empfiehlt sich ein Auslandspaket, das man bei seinem Mobilfunkanbieter dazubucht.
Für Anrufe aus dem skandinavischen Festnetz in die Heimat wählt man 00 und die jeweilige Ländervorwahl, also 0049 für Deutschland, 0043 Österreich und 0041 in die Schweiz. Vom Handy wählt man statt 00 ein + und die Länderkennzahl. Für Anrufe nach Skandinavien gelten folgende Ländervorwahlen:

- **Dänemark:** 0045 bzw. +45
- **Finnland:** 00358 bzw. +358
- **Färöer:** 00298 bzw. +298
- **Grönland:** 00299 bzw. +299
- **Island:** 00354 bzw. +354
- **Norwegen:** 0047 bzw. +47
- **Schweden:** 0046 bzw. +46

#WALBEOBACHTUNG

Walsafaris sind sowohl in Island als auch in Norwegen ein Tourismusmagnet. Die meisten Anbieter legen dabei großen Wert darauf, ihren Gästen ein nachhaltiges und umweltfreundliches Erlebnis zu bieten. Eine gute Zeit für Whale-Watching-Touren ist Juni bis September, wenn viele der Wale in den Küstengewässern das reiche Krill- und Planktonangebot »abgrasen«. Orcas bekommt man dagegen häufiger in den Wintermonaten zu Gesicht. Entlang der mittel- und nordnorwegischen Küste kann man an vielen Orten zur Walbeobachtung starten. Je weiter nördlich man sich befindet, desto größer sind die Chancen, welche zu sichten, z. B. auf den nordnorwegischen Inseln von Vesterålen. Auch vor den Küsten Islands bekommt man ganzjährig Wale zu Gesicht. Hier tummeln sich je nach Jahreszeit Minkwale, Zwergwale, Buckelwale, Finnwale, Orcas und auch Delphine. Günstige Ausgangspunkte neben der Hauptstadtregion sind die Städtchen Stykkishólmur im Westen und Húsavík im Norden sowie der Eyjafjörður.

#WANDERN

Von gut ausgebauten Fernwanderwegen für Familientouren bis zu unmarkierten Gebirgswanderstrecken ist in **Skandinavien** alles dabei. Für die Übernachtung stehen bewirtschaftete und unbewirtschaftete Hütten, Hochgebirgshotels, Wildnishütten und Zeltplätze zur Verfügung. Für Wanderer, die regelmäßig nach Skandinavien reisen, kann sich die Mitgliedschaft im DNT (Norwegischer Gebirgswanderverein) oder STF (Schwedischer Gebirgswanderverein) lohnen. Karte und Kompass sowie GPS sollten bei keiner Tour fehlen, genauso wie die Erste-Hilfe-Ausrüstung. Ebenso sinnvoll sind Sonnencreme, Taschenmesser und Insektenschutzmittel. Feste Wanderstiefel, Wanderstöcke und gute, am besten wasserdichte und atmungsaktive Regenkleidung sind empfehlenswert, bei anspruchsvolleren Touren unbedingt nötig. Bei Mehrtagestouren ohne feste Unterkunft ist ein gutes (!) Zelt, das auch bei Sturm und Regen dicht bleibt, unverzichtbar.

Mit seinen Küsten und weiten Hügel- und Heidelandschaften bietet **Dänemark** wunderschöne Wanderwege für leichte Tages- und anspruchsvollere Mehrtagestouren. Informationsbroschüren, Karten und Beschreibungen von allen öffentlichen Naturgebieten und deren Wanderwegen gibt es beim Dänischen Umweltverband. Einige dieser Wanderrouten stehen auch im Netz als PDF auf Deutsch zur Verfügung. naturstyrelsen.dk/publikationer/vandretursfoldere/tysk

Im gesamten **Finnland** gibt es tolle Wandermöglichkeiten auch für Anfänger. Schroffe Klettergipfel sind nicht vorhanden, dafür muss man darauf gefasst sein, in manchen Gegenden komplett auf sich selbst angewiesen zu sein. Übernachtungen in den Hütten des staatlichen Forstbetriebs, die man in den viel begangenen Gebieten findet, sind kostenlos, die Hütten aber manchmal voll belegt. Informationen bei Suomen Latu (Tel. +358 98 56 77 440, **www.suomenlatu.fi**) sowie beim Amt für Staatswälder (Metsähallitus, Tel. +358 20 63 94 000, **www.metsa.fi**)

Die raue Landschaft **Islands** begeistert Wanderer seit vielen Jahren. Laugavegurinn ist eine der beliebtesten Routen. Die 55 km lange Strecke führt zu Gletschern, Geysiren, Flüssen, Seen und Bergen und beeindruckt zudem mit einer enormen Farbenpracht. Informationen erteilt Ferðafélag Íslands (Tel. +354-568 25 33, **www.fi.is**).

In kaum einem anderen nordischen Land findet man so gute Wandergebiete wie in **Norwegen**. In Jotunheimen liegen die zwei höchsten Berge Skandinaviens (Galdhøpiggen: 2.469 Meter, Glittertind: 2.464 Meter), die – je nach Routenwahl – auch ohne Gletscherausrüstung bestiegen werden können. Weniger schroffe Gipfel finden sich in Hardangervidda, Europas größtem Hochfjell-Plateau, bestehend aus riesigen baumlosen Hochebenen mit vielen kleinen Seen. Mehrere Dutzend bewirtschaftete und unbewirtschaftete

Hütten erlauben Mehrtagestouren ohne großes Gepäck. Informationen bekommt man beim norwegischen Wanderverband, Den Norske Turistforening (Tel. +47-40 00 18 68, **deutsch.dnt.no**).

Der Kungsleden ist ein Gebirgswanderweg in Schweden, der zwischen Sälen und Abisko verläuft. Er streift bzw. führt über Vindelfjällen, Pieljekaise, Stora Sjöfallet und den Kebnekaise (2.111 Meter, Schwedens höchster Berg). Entlang der Strecke befinden sich mehrere STF-Unterkünfte und Schutzhütten. Der Kungsleden ist kein Spazierweg, sondern sollte nur von erfahrenen Wanderern begangen werden! Siljansleden ist ein 340 Kilometer langer Wanderweg in Dalarna rund um den Siljan- und den Orsa-See. Die Strecke führt meist durch Wälder und folgt teilweise alten Sennwegen. Feuchte Partien werden auf Bohlen überquert. Entlang des Weges gibt es viele Übernachtungsmöglichkeiten und Windschutz. Informationen bei Svenska Turistföreningen (STF, Tel. +46-84 63 21 00, **www.svenskaturistforeningen.se**).

#WETTER

Das Wetter in Skandinavien ist deutlich besser als sein Ruf. Es regnet weniger und ist deutlich wärmer als gemeinhin angenommen. Und ein Wintertag mit trockenen –10 °C ist angenehmer als Schmuddelwetter in Mitteleuropa.

DÄNEMARK

Höchsttemperaturen werden im Juli erreicht (ca. 22 °C). Die Wassertemperatur liegt im Sommer bei ca. 18 °C bis 20 °C. Die trockensten Monate sind der Mai und Juni. Das Wetter in Dänemark ist sehr wechselhaft, Dauerregen eine Seltenheit.

FINNLAND

Das finnische Klima ist kalt gemäßigt. Die Jahresdurchschnittstemperatur liegt bei 13 °C. In Süd- und Mittelfinnland können die Temperaturen im Sommer bis 25 °C steigen. Die kältesten Monate sind der Januar und Februar, in denen es in Helsinki durchschnittlich –6 °C kalt ist. Zeitweise können die Temperaturen vor allem in nördlichen Regionen bis deutlich in den zweistelligen Bereich sinken und sogar unter –30 °C erreichen.

ISLAND

Wegen des Golfstroms ist das Klima in Island milder, als man es von einem Land in diesen Breitengraden erwarten würde. Die Temperaturen schwanken im Winter durchschnittlich zwischen 0 °C und 3 °C, im Sommer zwischen 12 °C und 15 °C. Die wärmsten Monate sind der Juli und August. Wettervorhersage und Auskunft (englisch): Tel. +354-90 20 600, **en.vedur.is**

NORWEGEN

Juli und August sind die hellsten und wärmsten Tage. Hier können die Temperaturen auch einmal bis 30 °C steigen. Am stabilsten ist das Wetter in der Region zwischen Mandal und Oslo. Im Winter stürmt und regnet es in Norwegen öfter. Die Temperaturen sind in den südlicheren Regionen mild, im Norden können sie bis –40 °C sinken. **www.yr.no** und **varsom.no** (Warndienst für Naturgefahren)

SCHWEDEN

Das Wetter in Schweden ist je nach Region sehr unterschiedlich. Januar ist der kälteste Monat, mit Temperaturen je nach Region zwischen 0 °C und –30 °C. Juli und August sind die wärmsten Monate. Im Süden liegt die Durchschnittstemperatur bei 20 °C und im Norden bei 18 °C, aber auch 25 °C und mehr werden immer wieder erreicht.

#WOHNWAGEN/WOHNMOBILE

Skandinavien ist bei Campern sehr beliebt. Vor allem in Norwegen gibt es jedoch einige schmale und kurvenreiche, auch steile Strecken, die für Wohnwagengespanne nicht geeignet sind (Teilstrecken der Straßen 461, 465, 501, 92, 63, 758). Die zulässige Höchstbreite von Campingwagen ist 2,55 m. Die Gesamtlänge von Campinggespannen darf 18,75 m nicht überschreiten, die Höchstgeschwindigkeit ist 80 km/h (Infos bei **www.visitnorway.de**). Auf nachfolgende Fahrzeuge ist Rücksicht zu nehmen. Die Tendenz geht in den letzten Jahren eindeutig dahin, Wohnmobilen das Übernachten aus Umweltschutzgründen nur noch auf Campingplätzen oder speziellen Wohnmobilstellplätzen zu gestatten, wo auch Abfall und Abwasserentsorgung geregelt sind. Es ist generell verboten, Abwasser in die freie Natur und in Gewässer gelangen zu lassen. Ebenso wenig gehört es in öffentliche Toiletten oder gar in den Müll. Viele Campingplätze sind heute mit Entsorgungsstationen ausgerüstet. Wer sich die nötigen Informationen und Adressen zu Hause vor der Abreise von den Fremdenverkehrsämtern besorgt, kann seine Route so planen, dass keine sanitären Engpässe entstehen. Lektüreempfehlung zur Planung Ihres nächsten Skandinavien-Urlaubs mit dem Reisemobil: NordCamper – Camping-Guide Skandinavien 2020, für 7,80 € erhältlich im Nordis Verlag, **www.skandinavien.de**

#ZEITZONEN

Dänemark, Norwegen, Schweden: Mitteleuropäische Zeit (MEZ) wie in Deutschland, Österreich und der Schweiz. Die Differenz zur Weltzeit beträgt 1 Stunde (UTC+1).

Finnland: Osteuropäische Zeit, die Uhren müssen im Vergleich zu Mitteleuropa um 1 Stunde vorgestellt werden.
Island, Färöer: UTC, sie liegen also eine Stunde hinter der mitteleuropäischen Zeit.
Grönland: Aufgrund seiner Größe in mehrere Zeitzonen eingeteilt: An der Nordostküste (Danmarkshavn) UTC ohne Sommerzeit, an der Südostküste (Ittoqqortoormiit) Ost-Grönländische Zeit (UTC-1), am Nordwestzipfel Atlantische Standardzeit (UTC-4) und im Rest des Landes West-Grönländische Zeit (UTC-3).
Alle Länder außer Island haben Sommerzeit und stellen die Uhr im Sommerhalbjahr eine Stunde vor.

#ZOLLVORSCHRIFTEN

Innerhalb der EU ist keine zwingende Obergrenze festgelegt, wie viel Alkohol und Tabak Erwachsene für den privaten Konsum von einem ins andere Land bringen dürfen. Für den Privatgebrauch werden allgemein zehn Liter Spirituosen, 90 Liter Wein, 20 Liter andere Weingetränke bis 22 Prozent (zum Beispiel Portwein) und 110 Liter Bier zugelassen, dazu 800 Zigaretten, 400 Zigarillos, 200 Zigarren und ein Kilogramm Rauchtabak. Bei größeren Mengen an Alkohol und Tabak muss glaubhaft gemacht werden, dass die Waren tatsächlich zum Eigengebrauch bestimmt sind, ansonsten gelten die Produkte zum gewerblichen Gebrauch und unterliegen anderen Zollbestimmungen.

DÄNEMARK

Aus einem Nicht-EU-Land dürfen max. 200 Zigaretten oder 100 Zigarillos oder 50 Zigarren, ein Liter Starkalkohol über 22 Prozent, zwei Liter weinhaltige Getränke bis 22 Prozent, vier Liter Wein und 16 Liter Bier eingeführt werden. Die Einfuhr von Waffen ist grundsätzlich nur mit Ausnahmeerlaubnis (zum Beispiel Einladung zur Jagd, Sportwettbewerb) und entsprechendem Waffenschein gestattet. Gaspistolen, Luftgewehre und Messer mit feststehender Klinge länger als zwölf Zentimeter sind generell verboten. Die Einfuhr von Tränengasspray, Silvesterfeuerwerk, Wal- und Robbenfleisch ist ebenfalls nicht erlaubt. **www.fvst.dk**

FINNLAND

Personen aus Deutschland und den anderen EU-Ländern, die jünger als 20 und mindestens 18 sind, dürfen alkoholische Getränke nur bis zu 22 Prozent mit sich führen. Es dürfen nicht mehr als 30 Dosen Schnupftabak überführt werden. Der Schnupftabak muss aus einem anderen EU-Land stammen und darf nicht als Geschenk überführt werden. Die Einfuhr aus einem sogenannten Außengebiet der EU (z. B. Färöer, Åland) wird so gehandhabt wie die Einfuhr aus einem Nicht-EU-Land. Tierische Erzeugnisse (Fleisch- und Milchprodukte) dürfen aus Island, Grönland und den Färöern nur mit Gesundheitsbescheinigung eingeführt werden, aus Norwegen, der Schweiz und der EU jedoch ohne Einschränkung. Waffen und Feuerwerk müssen am finnischen Grenzübergang deklariert werden. **www.tulli.fi**

ISLAND

Der Import von rohem Fleisch (auch Schinken und Salami), Milch und rohen Eiern ist illegal. Es dürfen nicht mehr als 200 Zigaretten, ein Liter Wein, ein Liter Spirituosen und drei Kilogramm Lebensmittel überführt werden. Angelausrüstung und Reitkleidung muss nachweislich desinfiziert sein. Lederwaren können nur unbenutzt und in Originalverpackung überführt werden. **www.tollur.is** und **de.visiticeland.com**

NORWEGEN

Die Einfuhr von Tabak und Alkohol ist in Norwegen strenger begrenzt als innerhalb der EU-Länder. Einen guten Überblick über die wichtigsten Zollvorschriften bietet der norwegische Zoll (auf Deutsch): **www.toll.no**. Personen ab 18 Jahren dürfen einen Liter Spirituosen (22–max. 60 Prozent), 1,5 Liter Wein (2,5–22 Prozent) und zwei Liter eines alkoholischen Getränks ab 2,5–4,7 Prozent – zum Beispiel Bier, Alcopops, Cidre – zollfrei ins Land mitbringen. Maximal 200 Zigaretten oder 250 Gramm Tabak und 200 Blatt Zigarettenpapier von Personen ab 18 Jahren können überführt werden. Kartoffeln dürfen nur mit besonderer Genehmigung eingeführt werden.

SCHWEDEN

Für die Einfuhr von Alkohol aus einem anderen EU-Land muss die Person mindestens 20 Jahre alt sein, für Tabak mindestens 18. Die Alkoholmenge, die aus einem Nicht-EU-Land zum Eigenbedarf mitgeführt werden darf, ist auf einen Liter Spirituosen, vier Liter Wein und 16 Liter Bier beschränkt. Waffen und Harpunen müssen vor der Reise bei der schwedischen Polizei angemeldet worden sein. Lebensmittel von außerhalb der EU einzuführen erfordert eine Genehmigung, wobei Ausnahmen für Grönland, Island und die Färöer gelten. **www.tullverket.se**

... Å

Schwedisches Wort für kleiner Fluss (z. B. in Piteå oder Umeå) und ein kleiner Ort auf den Lofoten mit rund 100 Einwohnern.

Skandinavien mit dem Flugzeug

Angesichts der großen Entfernungen sind Reisen mit dem Flugzeug in Skandinavien, vor allem Norwegen und Grönland, sehr beliebt. Aktivurlauber haben dabei oft die Möglichkeit, ihr Equipment mitzunehmen, denn viele skandinavische Airlines sind auf Ski oder Mountainbike eingestellt, E-Bikes allerdings werden meistens auch trotz demontiertem Akku als Gefahrgut eingestuft und nicht mitgenommen.

#FLUG SKANDINAVIEN

Scandinavian Airlines, besser bekannt als SAS, gehört zu den größten Fluggesellschaften Europas. Sie fliegt vier Flughäfen in Dänemark, vierzehn in Norwegen, dreizehn in Schweden, fünf in Finnland, die Färöer, Hamburg und Frankfurt an.
Das SAS Youth Ticket gilt für Menschen zwischen 12 und 25 Jahren und ist in der Regel deutlich günstiger als der volle Tarif, vor allem in der Variante SAS Youth Go Light, bei der nur Handgepäck mitgenommen werden kann. Kinder zwischen 2 und 11 Jahren, die mit einer Person, die älter als 16 Jahre ist, reisen, können ebenfalls ein SAS Youth Ticket nutzen. Es gibt einen Niedrigpreiskalender für diejenigen, die zeitlich flexibel sind. Flüge können fast ein Jahr im Voraus gebucht werden.
Wer mit einem Kind unter 2 Jahren reist, kann einen Buggy kostenlos einchecken. Ist das Kind älter, wird der Buggy als Gepäckstück gehandhabt. Ein Kindersitz gilt als Handgepäck.
Fahrräder, Ski, Snowboards oder Golf-Ausrüstung können in der Regel mitgenommen werden – ob konkret Platz ist, muss im Vorfeld geklärt werden; so früh wie möglich und spätestens 24 Stunden vor Abflug. **www.flysas.com**

FinnAir, eine der ältesten Fluggesellschaften der Welt, fliegt nicht nur zahlreiche finnische Städte, sondern auch Ziele in den anderen nordischen Ländern, Europa, Südafrika, Asien, Nord- und Südamerika an. In Norwegen landet FinnAir auf vier Flughäfen, in Schweden auf zehn, in Finnland sogar auf 16. Sportausrüstung kann grundsätzlich mitgenommen werden, wird aber als Übergepäck abgerechnet, wenn man zusätzlich noch eine Tasche oder einen Koffer abgeben möchte. Bei einem Kajak kann das sehr teuer werden, Hockeyschläger oder Nordic-Walking-Stöcke sind günstiger. Die Fahrradmitnahme sollte rechtzeitig angekündigt werden und kostet etwa 50 €. Tel. +49-69 66 40 50 33, **www.finnair.com/de-de**

DÄNEMARK

Aalborg, Aarhus, Billund, Rønne/Bornholm, Esbjerg, Karup (Midtjylland), Kopenhagen, Læsø, Odense, Roskilde, Sønderborg, Thisted und Vojens – hätten Sie es gewusst? Das sind die wichtigsten Flugplätze in Dänemark. Allerdings muss man die nicht auswendig kennen, denn das Reiseportal **rejseplanen.dk** zeigt auch Inlandflüge auf, und das auch auf Deutsch.
Einige dänische Fluggesellschaften sind auf Ferienflüge in den Süden spezialisiert, andere bieten private Charterflüge an. **Great Dane Airlines** fliegt von Aalborg aus Göteborg, Stockholm, aber auch Nizza an, **www.greatdaneairlines.dk**. **AIS Airlines** verbindet Kopenhagen mit Münster und Groningen in den Niederlanden, **www.aisairlines.com**. **Sun-Air** fliegt von Billund nach Oslo und Düsseldorf und von Aarhus nach Stockholm. **www.sun-air.dk**.

Nordic Seaplanes hat als Besonderheit ein Wasserflugzeug vom Typ Twin Otter DHC6-300, das von Aarhus und Kopenhagen aus operiert. Nur eine Dreiviertelstunde ist man zwischen diesen beiden Städten unterwegs. Durch die geringe Flughöhe kann man Dänemark auf eine Weise entdecken, wie es sonst nie möglich ist. Und der Hund darf auch mit. In Aarhus liegt der Wasserflugplatz am Østhavnsvej 37, 8000 Aarhus C, in Kopenhagen am Nordre Toldbod 29, 1259 København K. Der Check-in erfolgt spätestens 20 Minuten vor Abflug. Tel. +45-70 20 00 60, **www.seaplanes.dk**

Alsie Express fliegt von Sønderborg – 60 km von Flensburg entfernt – nach Kopenhagen und Bornholm. Das Jugendticket gilt für Personen unter 25 Jahren, für Vollzeitstudenten, Azubis und Wehrpflichtige mit gültigem Nachweis sogar bis 31 Jahre, das Seniorenticket für Menschen ab 65; beide Angebote sind oft »last minute« verfügbar. Sonderkonditionen gibt es auch für Minigruppen von drei oder vier Personen. **alsieexpress.dk**

DAT verbindet nicht nur Berlin-Tegel mit Rønne/Bornholm (Sommer 2020, im Zeitraum vom 2. Juli bis zum 9. August), sondern auch Esbjerg mit Stavanger und Midtjylland mit Kopenhagen. Tickets sind in den drei Kategorien »god«, »bedre« und »full flex« erhältlich, mit steigendem Grad an Umbuchungsmöglichkeiten. Darüber hinaus gibt es Ermäßigungen für Senioren und Studenten und spezielle Sonderangebote (»kampagnebilletter«), bei denen nur Handgepäck inklusive ist – zusätzliches Gepäck kann kostenpflichtig dazugebucht werden. DAT hat ein »Først til Mølle«-Angebot für verschiedene Verbindungen: Jeden ersten Dienstag im Monat wird zwischen 12 und 13 Uhr ein begrenztes Ticket-Kontingent zum Niedrigpreis bereitgestellt. **www.flydat.de**

GRÖNLAND

Grönland ist über Kopenhagen (Narsarsuaq und Kangerlussuaq) angebunden, in die anderen Orte (Kulusuk, Nuuk, Ilulissat) kommt man mit dem Flugzeug nur via Keflavík oder Reykjavík, und dann weiter mit Inlandsmaschinen, Helikopter oder Schiff. Von Akureyri aus kann man nach Ittoqqortoormiit fliegen, an einen der einsamsten Flugplätze der Welt. **Air Iceland Connect**, Tel. +354-57 03 030, **www.airicelandconnect.com**

Air Greenland fliegt mehr als 40 Flugplätze in Grönland an, von Narsarsuaq an der Südspitze bis Qaanaaq im extremen Norden. Die Flotte besteht aus Airbus, DHC-8 und drei verschiedenen Helikoptertypen. Mit dem Helikopter bietet Air Greenland »Flightseeing« über Nuuk und dem Nuukfjord an, teilweise mit Landung auf dem Gipfel Kingittorsuaq (898 m). Gut verpackte Angelgeräte können mitgenommen werden, und zwar kostenlos, wenn man sich an das Gesamtlimit von 20 kg für das Gepäck hält. Dasselbe gilt für Fahrräder. Eine vorherige Absprache ist erforderlich. Tel. +299-34 34 34, **www.airgreenland.com**

AirZafari bietet in Ilulissat, Kangerlussuaq und Narsarsuaq Rundflüge an. Tel. +299-58 40 68, **airzafari.com**

FÄRÖER

Die staatliche Airline **Atlantic Airways** hat ihre Basis auf der Insel Vágar. Sie fliegt nicht nur Island, Norwegen und Dänemark sowie einige »Sonnenländer« an, sondern betreibt auch einen Helikopterdienst. Ziele sind unter anderem die Heliports in der Hauptstadt Tórshavn, Klaksvík, Skúvoy, Dímun, Suðuroy, Svínoy, Fugloy, Koltur und Mykines. Bei Atlantic Airways gilt ein Fahrrad als ein Gepäckstück, genau wie Taucherausrüstung, Surf- oder Kiteboard oder Golftasche. Die betreffende Sport-Ausrüstung muss dafür aber auch in genau eine Tasche passen. Tel. +298-34 10 00, **www.atlanticairways.com**

FINNLAND

In Finnland wird das inländische Streckennetz von **Finnair** bedient. Mit Finnair kann man Ivalo, Joensuu, Jyväskylä, Kajaani, Kemi, Kittilä, Kokkola, Kuopio, Kuusamo, Mariehamn, Oulu, Rovaniemi, Tampere, Turku und Vaasa erreichen. Tel. +49-69 66 40 50 33, **www.finnair.com/de-de**
Airlink fliegt zweimal täglich zwischen Savonlinna und Helsinki hin und her, airlink.fi, und Air Leap fliegt Mariehamn und Turku an. **www.airleap.se**

ISLAND

Air Iceland Connect bedient die kleineren Flughäfen in Island wie Ísafjörður oder Egilsstaðir, fliegt aber auch nach Grönland und zu den Färöern. Die meisten Flüge starten in Reykjavík. Tel. +354-57 03 030, **www.airicelandconnect.com**

Norlandair verbindet Akureyri, Grímsey, Vopnafjörður und Þórshöfn und fliegt im Sommer auch nach Grönland. Tel. +354-41 46 960, **www.norlandair.is**

Die Flugplätze auf den Westmännerinseln, in Höfn, Húsavík, Bíldudalur und Gjögur (im Osten der Westfjorde) werden von **Eagle Air** angesteuert. Cessna-207-Maschinen der Eagle Air können auch gechartert werden, zum Beispiel für Fotosafaris oder Sightseeing. Tel. +354-56 24 200, **www.eagleair.is**
Sightseeing vor allem im wilden Nordosten ist die Spezialität von **Mýflug**, einer Fluggesellschaft, die ihre Basis am Mývatn hat. Dettifoss, Askja, Grímsey am Polarkreis und Vatnajökull sind einige der Sehenswürdigkeiten, die angesteuert werden. Tel. +354-46 44 400, **www.myflug.is**

NORWEGEN

Die größten Flughäfen haben in absteigender Reihenfolge die Städte Oslo, Bergen, Stavanger und Trondheim, aber zahlreiche kleine Flugplätze machen auch die entlegeneren Orte problemlos erreichbar. Die Norweger sind daher Europas Vielflieger. Die Anflüge auf Svolvær, Ørsta–Volda oder Røst sind ein Erlebnis für sich.

Widerøe, 1934 gegründet, ist die älteste norwegische Fluggesellschaft. Als Spezialist für Norwegens besonders kleine Flugplätze (»kortbaneflyplass«) verbindet Widerøe über vierzig Ziele im ganzen Land. Drehkreuz sind dabei die Flughäfen Alta, Bergen, Bodø, Oslo, Sandefjord und Tromsø. **www.wideroe.no**

SAS fliegt neben den großen Flughäfen Norwegens auch Bodø, Kirkenes, Longyearbyen und Tromsø an. Tromsø, Trondheim, Bergen und Oslo erreicht man auch mit **FinnAir**.

Norwegian ist eine Billigfluglinie, die 16 Ziele in Norwegen und weitere 16 in Skandinavien anfliegt. Kleinkinder unter 2 Jahren reisen kostenlos, wenn sie auf dem Schoß sitzen, ansonsten benötigen sie ein Kinderticket. Das kostet 75 % des Erwachsenenpreises. Ab dem 12. Lebensjahr ist der volle Tarif fällig.
10 kg Handgepäck sind inklusive, dazu kann man je nach Tarif ein oder zwei Gepäckstücke à 20 kg aufgeben. Für Ski, Taucherausrüstung und andere Sportgeräte gelten bestimmte Packmaße. Fahrradtransport muss vor dem Einchecken vereinbart werden und kostet zwischen 400 und 750 NOK. Deutlich sparen kann man, wenn man das Gepäck vor dem Flug via Internet anmeldet.
www.norwegian.no

Die dänische **DAT** sorgt für die Verbindung Oslo – Stord südlich von Bergen, **stordflyet.no**, und mit der schwedischen **Air Leap** kommt man nach Ørland, Oslo und Røros. **www.airleap.se**

SCHWEDEN

Mit **Amapola** erreicht man ganz abgelegene Orte in Schweden. Die Fluggesellschaft bietet Linienflüge nach Sveg in Härjedalen, ins Skigebiet Tärnaby kurz vor der norwegischen Grenze mit Zwischenlandung in Kramfors (Höga Kusten), nach Torsby in Värmland mit Zwischenlandung in Hagfors und zu dem vielleicht stillsten Flugplatz der Welt: South Lapland Airport bei Vilhelmina im Süden Lapplands (mit Zwischenlandung in Lycksele). Die Flüge starten in Stockholm-Arlanda. Sportausrüstung mitzunehmen ist kein Problem und kostet etwa 300 SEK extra. Besonders attraktiv ist der Seniorenpreis für Menschen ab 65: Dieses Ticket kann man bis zu einer Stunde vor dem Abflug umbuchen oder stornieren. Für Personen unter 25 gibt es Last-minute-Angebote innerhalb der letzten 24 Stunden vor Abflug. Tel. +46-77 07 90 700, **www.amapola.nu**

Die Flüge von **BRA** steigen in Stockholm-Bromma in die Luft. Gelandet wird an 14 verschiedenen Orten in ganz Schweden, zum Beispiel in Schwedens Golfhauptstadt Halmstad, im Skigebiet Trysil/Sälen oder in Kalmar, dem Startpunkt für eine Reise nach Öland. BRA hat sich zum Ziel gesetzt, ab dem Jahr 2030 ohne fossile Brennstoffe zu fliegen. Das Unternehmen widmet sich schon heute der Klimakompensation. Außerdem kann man »BRA Miljö Class« buchen – das bedeutet, dass eine entsprechende Menge herkömmlichen Kraftstoffs durch Biokraftstoff ersetzt wird. Tel. +46-77 14 40 010, **flygbra.se**

Orte, die man mit **FinnAir** erreicht, sind neben den Großstädten Stockholm, Göteborg und Malmö u. a. Umeå, Visby, Växjö und das Skigebiet Åre in Jämtland. **SAS** hat außerdem beispielsweise noch Kiruna, Sundsvall und Skellefteå im Angebot. Stockholm, Jönköping, Örnsköldsvik, Karlstad und Visby werden von **Air Leap** angeflogen. Die Fluggesellschaft ist relativ jung und gehört einer norwegischen Reederei.
www.airleap.se

AIS Airlines verbindet Örebro mit Malmö, und Borlänge in Dalarna mit Malmö und Göteborg.
www.aisairlines.com

Der nordschwedische Anbieter **Jonair** fliegt nicht nur die Strecken Sveg – Arlanda, Pajala – Luleå und Östersund – Umeå, sondern bietet von Umeå ausgehend auch Aussichtsflüge mit dem Hubschrauber an. Tel. +46-90 12 12 40, **www.jonair.se**

Flughafen Kittilä
Foto: © Jörn Backhaus

Skandinavien mit der Bahn

Mit dem Zug durch Skandinavien zu reisen bedeutet zum Beispiel das E-Bike, den Hund oder sogar das Auto mitzunehmen, während man sich gemütlich zurücklehnt, um die teils meditativen, teils aufregenden und immer wieder wechselnden Anblicke zu genießen. Das Bahnreisen ist in ganz Skandinavien – außer Island, wo es keine Eisenbahn gibt – eine hervorragende Reiseform für alle, die gut erholt am Reiseziel ankommen und unterwegs nicht nur landschaftliche Eindrücke sammeln, sondern auch gleich mit Einheimischen in Kontakt kommen wollen – die finnische Kultur erschließt sich einem Reisenden viel leichter, wenn er mit schweigenden Finnen im Zug sitzt.

#BAHN SKANDINAVIEN

FLEXIBEL ZUGFAHREN

Der »Interrail Global Pass« gilt längst nicht mehr nur für junge Menschen, ist für diese Altersgruppe (12 –27 Jahre) aber ebenso wie für Senioren über 60 preislich etwas günstiger. Es gibt verschiedene Tarife: Man kann entweder an 5 bzw. 7 Tagen innerhalb eines Monats so weit fahren, wie man will, oder an 10 bzw. 15 Tagen innerhalb zweier Monate. Außerdem gibt es den Interrail Global Pass auch für 15 oder 22 Tage am Stück oder sogar für 1–3 Monate. Wegen der unterschiedlichen Spurweiten verkehrt zwar kein Zug direkt zwischen Finnland und Schweden bzw. Norwegen, »Interrail Global Pass«-Inhaber können die finnische Grenze jedoch ohne zusätzliche Kosten mit dem Bus überqueren.

Wer sich konkret für nur ein Land interessiert, wird mit dem »Interrail One Country Pass« glücklich. Dieser ermöglicht das Zugfahren in einem Land an 3, 4, 5, 6 oder 8 Tagen im Zeitraum von einem Monat. Bis zum 28. Lebensjahr gibt es Ermäßigungen, genau wie für Kinder und Senioren. Der One Country Pass kostet nicht in jedem Land dasselbe, sondern in Schweden – was ja auch die längsten Strecken hat – am meisten und ist in Finnland und Dänemark am günstigsten. Zwar erlaubt der Interrail-Pass die Benutzung von fast jedem Zug, in bestimmten Zugkategorien jedoch ist eine Reservierung zwingend erforderlich, z. B. im SJ-Hochgeschwindigkeitszug. Alle Informationen dazu gibt es auf **www.interrail.eu**

ERMÄSSIGUNGEN

Menschen mit Handicap erhalten im Norden prinzipiell Ermäßigungen, aber leider kann keine Aussage darüber getroffen werden, ob der deutsche Schwerbehinderten-Ausweis im Einzelfall als Nachweis akzeptiert wird. Deswegen muss man sich bis zu einer europäischen Vereinheitlichung immer noch mit den Mitarbeitern vor Ort absprechen, wenn es z. B. um die Freifahrt für eine Begleitperson oder die Mitnahme eines Assistenzhundes geht. Ermäßigungen für Kinder, junge Menschen und Senioren sind die Regel. Als Nachweis dient der Ausweis. Studenten erhalten meist nur dann Rabatt, wenn sie an einer inländischen Universität eingeschrieben sind. Es kann sich aber lohnen, einen internationalen Studentenausweis zu beantragen: **www.isic.de**

■ BAHN DÄNEMARK

Dänemark hat von allen skandinavischen Ländern das dichteste Eisenbahnnetz. Es wird großteils von der Dänischen Staatsbahn DSB betrieben und verbindet Dänemark mit Deutschland und Schweden. Darüber hinaus gibt es private bzw. regionale Verkehrsbetriebe wie Nordjyske Jernbaner oder Arriva. Der westliche Teil von Sjælland wird überdies vom schwedischen Skånetrafiken angefahren. Die meisten Strecken sind im Interrail-Pass enthalten, eine vollständige Liste gibt es auf **www.interrail.eu**. Dort findet man auch eine Übersicht der Unternehmen, die Ermäßigungen gewähren, wenn man den Interrail-Pass vorlegt, wie z. B. das Eisenbahnmuseum in Odense.

In vielen Zügen gibt es kostenloses W-LAN, in S-Bahnen allerdings nicht für Kunden mit ausländischer Rufnummer.

INTERNATIONALE VERBINDUNGEN

Wer von Dänemark nach Schweden – von Kopenhagen nach Stockholm sind es nur fünf Stunden mit dem Hochgeschwindigkeitszug X2000 – fahren will, muss mit Passkontrollen rechnen. Auch nach Bornholm führt die Fahrt durch Schweden.

REISEPLANUNG LEICHT GEMACHT

Alle Verbindungen, auch mit anderen Verkehrsmitteln, lassen sich auf **rejseplanen.dk** auch auf Deutsch anzeigen.

TARIFE

Ein oder zwei Kinder unter 12 Jahren reisen in vielen, aber nicht allen, Tarifen kostenlos mit.
Eine Sitzplatzreservierung (»Pladsbillet«) muss, wenn gewünscht, extra gekauft werden und ist für manche Züge (den SJ-Hochgeschwindigkeitszug, die Nachtzüge, und in den Sommermonaten den EuroCitys) und für manches zu transportierende Gut Pflicht (siehe »Was darf mit?«).

Für den Großraum Kopenhagen gibt es den »City Pass Large«, der 1 – 5 Tage lang unbegrenztes Fahren ermöglicht (Kosten zwischen 21 € und 80 €, Tel. +45-70 15 70 00, **dinoffentligetransport.dk/citypass** oder in der DOT-App). Er kann an der Haltestelle als Papierfahrschein gekauft oder online bestellt werden und wird dann als SMS aufs Smartphone geliefert.

Beim »DSB Standardbillet« legt man nur den Tag und die Route, nicht aber den Zug fest. Die Abfahrt muss am gewählten Tag oder bis 3:59 am nächsten Tag erfolgen.

»DSB Orange« ist ein personen- und zuggebundener, langfristig gebuchter Sparpreis. Die verfügbaren Kontingente kommen etwa zwei Monate vor Reiseantritt in den Handel. Zwei Kinder unter 12 Jahren können auf dem Orange-Ticket ohne weitere Kosten mitreisen. Junioren- oder Senioren-Ermäßigungen kommen noch dazu, allerdings kann der Fahrschein nicht umgetauscht oder zurückgegeben werden. Wer flexibler sein möchte, bucht »DSB Orange Fri«, was bis 30 Min. vor Fahrtantritt storniert werden kann.

Supergünstig für junge Leute zwischen 16 und 25 Jahren ist »DSB Ung Klapsæde«, das aber nur angeboten wird, wenn Plätze dafür in nicht ausgelasteten Zügen vorhanden sind. Es gilt, wie der Name sagt, für einen Klappsitz in einem bestimmten Zug zu einem bestimmten Zeitpunkt, wird online gebucht und kann weder umgetauscht noch storniert werden.

DSB verkauft auch ein »Zonebillet« für die anderen Verkehrsbetriebe. Allerdings gelten die dann nur für den jeweiligen Verkehrsbetrieb und nicht für die Züge des DSB (Ausnahme: Nordjyllands Trafikselskab).

Arriva ist ein Unternehmen der Deutschen Bahn, das Züge und Busse in Dänemark betreibt und unter anderem ein Tagesticket (»Arriva Norddeutschland«) anbietet, das Fahrten zwischen Thisted, Aarhus, Esbjerg, Tønder, Husum, Kiel und Hamburg-Altona für 195 DKK ermöglicht. Man bestellt das Ticket online und bekommt es aufs Mobiltelefon geschickt. Arriva bietet überdies Gruppen-, Junioren- und Seniorenrabatte an. »DSB Orange« und »DSB Orange Fri« gelten ebenfalls. **arriva.dk**

FAHRKARTEN

Fahrscheine können online bei dsb.dk (auch auf Englisch), bei den regionalen Anbietern (**www.nordjyllandstrafikselskab.dk** in Jütland, dinoffentligetransport.dk in Sjælland), in der DSB-App oder am Automaten, im DSB Salg & Service bzw. dem 7-Eleven am Bahnhof gekauft werden. Die 1. Klasse heißt »DSB 1'«.

WAS DARF MIT?

Ein Kinderwagen kann in alle Züge mitgenommen werden; im IC, ICL oder IR muss man aber eine kostenlose Kinderwagen-Platzreservierung vornehmen. Dasselbe gilt für Rollstühle, für die mind. 2 Tage vor Abreise eine kostenlose Reservierung erfolgt sein muss. Tel. +45-70 13 14 15 oder in einem DSB Salg & Service.

Kleine Hunde können kostenlos in einer Tasche oder einem Transportkorb mitgenommen werden. Ein Hund, der so groß ist, dass er nicht mehr in die Tasche passt, benötigt einen Kinderfahrschein und im InterCity eine Sitzplatzreservierung. Auf den Sitz darf er trotzdem nicht. Es gibt Abteile, die mit der Aufschrift »dyrefri« gekennzeichnet sind, in die kein Tier darf. Tierhaarallergiker oder Menschen mit Angst vor Hunden können außerdem die sog. Stille Zone nutzen, die ebenfalls tierfrei ist.

Das Fahrrad (ohne Anhänger) fährt in der S-Bahn und den Lokalbahnen in Nordsjælland gratis mit, sofern Platz dafür ist. Ansonsten muss man die nächste Bahn nehmen. Für die Mitnahme in allen anderen Zügen muss man einen Fahrradfahrschein (»cykelbillet«) kaufen. Man bekommt ihn am Automaten am Bahnhof. Von Mai bis August müssen Fahrradplätze für IC- und ICL-Züge im Voraus gebucht werden.

RECHTLICHES

Wenn man in den Zug einsteigt, muss man einen gültigen Fahrschein haben. Wird man ohne diesen angetroffen, drohen satte Strafen: DKK 750 bei Erwachsenen, DKK 375 bei Kindern und Hunden. Ohne gültigen Fahrradfahrschein kostet es DKK 100.

Es gibt eine Reisezeitgarantie, die greift, wenn ein Fern- oder Regionalzug oder eine S-Bahn mehr als 30 Minuten verspätet am Ziel ankommt. Gibt es eine Uneinigkeit mit dem Verkehrsbetrieb, kann man sich an Ankenævnet for Bus, Tog og Metro, Tel. +45-88 88 82 16, **www.abtm.dk** wenden. Beschwerden werden dort gegen eine Bearbeitungsgebühr von DKK 160 auch auf Englisch angenommen.

BAHN FINNLAND

In Finnland verkehren die Züge der staatlichen VR (+358-80 01 66 888, **www.vr.fi**). Das weitmaschige Streckennetz deckt das ganze Land bis ins südliche Lappland ab, von Hanko im Süden bis Kolari im Norden. Will man noch weiter in den Norden, z. B. in die Skigebiete Levi oder Ruka, kann man die günstige Kombination »Train + Bus« buchen; allerdings geht das nicht online. In Lahti, Jyväskylä, Mikkeli, Vaasa, Seinäjoki und Lappeenranta bilden Bahnhof und Busbahnhof einen einzigen Verkehrsknotenpunkt, Umsteigen wird dadurch ein Kinderspiel.

Eine Besonderheit des finnischen Schienenverkehrs sind die Autozüge: Bahnhöfe, an denen das Auto aufgeladen werden kann, sind Helsinki-Pasila, Tampere, Turku, Oulu, Rovaniemi, Kemijärvi und Kolari. Die meisten Autozüge transportieren auch Motorräder, Ausnahmen sind dem Fahrplan zu entnehmen.
Außerdem gibt es Nachtzüge mit Schlafwagen, wo man entweder ein Bett in einem Abteil oder das ganze Abteil mieten kann. Freunde des finnischen Designs freuen sich über den Pendolino: Das ist ein Hochgeschwindigkeitszug, der die finnischen Großstädte verbindet und dabei bis zu 220 km/h fährt. Er ist im Fahrplan durch ein »S« markiert.

INTERNATIONALE VERBINDUNGEN

Grenzüberschreitenden Zugverkehr gibt es aufgrund der Spurweite (»russische Breitspur«) nur nach Russland: In viereinhalb Stunden reist man von Helsinki nach St. Petersburg mit dem »Allegro« oder über Nacht mit dem »Tolstoi« von Helsinki nach Moskau (ab 56 €). In diesen Zügen finden Zoll- und Passkontrollen statt, eine eventuelle Visumspflicht für Russland ist zu beachten.

REISEPLANUNG LEICHT GEMACHT

Einen hilfreichen Routenplaner für verschiedene Verkehrsmittel inklusive Mietfahrrädern in Städten findet man unter **opas.matka.fi**.

TARIFE

Basic: Zugbindung, Änderung des Datums und des Zugs (nicht der Route) ist gegen Gebühr möglich, Ermäßigungen sind möglich.
Multi mit 10 oder 30 Fahrten: Ermäßigungen sind möglich, der Fahrschein ist übertragbar und 6 Monate gültig, kann aber nicht umgetauscht werden.
Saver: Zugbindung, günstiger Preis, keine Ermäßigungen, aber Kinder unter 3 Jahren ohne eigenen Sitz reisen kostenlos.
Für Familien mit Kindern unter 16 Jahren kann sich ein Familienticket lohnen. In den InterCitys gibt es spezielle Familienabteile. Kinder unter 4 Jahren, die keinen eigenen Sitz benötigen, reisen kostenlos; Kinder zwischen 4 und 16 Jahren erhalten 40 % Rabatt auf Einzelfahrscheine auf Langstrecken, 10-er- und 30-er- Mehrfachfahrscheine und Saisontickets. Im Pendelverkehr wird es für Kinder und Jugendliche sogar noch günstiger. In einem Schlafwagen können Kinder bis zu 10 Jahren kostenlos im Schlafabteil eines Elternteils mitreisen.

Senioren bekommen 20 % Ermäßigung auf Langstrecken und 50 % im Nahverkehr. Die InterCitys sind rollstuhlgerecht ausgestattet, und wer eine Person im Rollstuhl begleitet, reist kostenlos mit (außer in Autozügen).

FAHRKARTEN

Fahrkarten kauft man am Bahnhof, online (**www.vr.fi/cs/vr/en/frontpage**), per App (mit Kreditkarte oder Maestro), am R-Kiosk, oder im Zug (nur bei Langstrecken und gegen einen Aufschlag von maximal 6 €).
Im Voraus zu buchen lohnt sich, da es teils erhebliche Frühbucherrabatte gibt. Die erste Klasse heißt »Extra«.

WAS DARF MIT?

Wenn Tiere keinen eigenen Sitzplatz benötigen, zahlt man nur einen Aufschlag von 5 € – ansonsten bucht man für sie einen Sitzplatz.

Fahrradmitnahme kostet 5 € pro Rad und ist in InterCitys, den meisten Expresszügen und einigen regionalen Zügen möglich. Ob der gewünschte Zug Fahrräder transportieren kann, geht aus dem Fahrplan hervor. In InterCitys sollte man den Fahrradtransport im Voraus buchen.

RECHTLICHES

Eine Umbuchung ist für eine Gebühr von 5 € möglich, allerdings wird auch die Preisdifferenz zum neuen Fahrschein erhoben. Ist der neue Fahrschein günstiger als der ursprüngliche, wird die Differenz nicht erstattet. Für eine Gebühr zwischen

5 € und 13 € kann man eine Stornierungsversicherung abschließen, falls man zum gewünschten Zeitpunkt doch nicht reisen kann.

Ohne gültigen Fahrschein erwischt zu werden kostet 80 € zuzüglich des fälligen Fahrpreises.

INTERESSANTE STRECKEN

Architekturfreunde bekommen in Finnland einige schöne Bahnhofsgebäude zu sehen: Mit anderthalb Stunden Fahrt ist die Strecke Tampere – Pori nicht sehr lang, aber am Ende wartet ein Bahnhofsgebäude im funktionalen Design der 1930er-Jahre. Das hölzerne Bahnhofsgebäude in Kauniainen steht an der Rantarata-Strecke, also der Küstenbahn, die Helsinki und Turku verbindet. Es wurde 1908 erbaut. Der von Gustav Nyström entworfene Jugendstil-Bahnhof in Kajaani ist von Tampere oder Oulu aus zu erreichen. Weitere hübsche kleine Bahnhöfe finden sich in Kokkola, Iisalmi und Haapamäki, während der Hauptbahnhof in Helsinki zu den monumentalen Bauten des finnischen Jugendstils zählt.
Aber auch, wenn man einfach nur die Natur genießen will, kommt man mit der Bahn in Finnland auf seine Kosten. Wer von Helsinki nach Savonlinna will, kann sich besonders auf den Abschnitt zwischen Parikkala und Savonlinna freuen: Ausblicke auf die Seenlandschaft und am Ende das Schloss Olavinlinna. Viele Seen zählen kann man auch zwischen Tampere und Jyväskylä. Rentiere wird man hingegen eher auf der Fahrt von Tornio über Rovaniemi nach Kemijärvi sehen.
Auf der 15 km langen Bahnstrecke Jokioinen – Humppila verkehrt heute die einzige Schmalspurbahn Finnlands, die »Jokioisten Museorautatie«, eine Museumsbahn. Humppila liegt an der Strecke Turku – Toijala.

BAHN NORWEGEN

An 334 Bahnhöfen kann man aussteigen, um die norwegische Landschaft und Kultur zu erkunden. Die meisten davon finden sich erwartungsgemäß im Süden, die längsten Strecken hingegen im Norden. Bis Bodø, von wo aus man mit der Fähre auf die Lofoten kommt, kann man auf den Gleisen von Bane NOR fahren. Narvik ist durch die Anbindung an das schwedische Streckennetz eine der nördlichsten Städte der Welt mit Eisenbahnanbindung. Rund zweieinhalbtausend Eisenbahnbrücken sorgen auf den 31 Strecken für Abwechslung, die schwierigen topografischen Verhältnisse bewirken aber auch, dass sich der Zug in Norwegen nicht für Reisende eignet, die es eilig haben: Die einzige Hochgeschwindigkeitsstrecke des Landes sind die 65 km zwischen Oslo und Eidsvoll.

Die über die Jahre kontinuierlich steigende Kundenzufriedenheit geht einher mit ebenfalls steigenden Passagierzahlen. Einige Züge haben ein Café an Bord, in den meisten finden sich Getränke- und Snackautomaten. Fast alle Regionalzüge haben kostenloses W-LAN. Es gibt Ruhezonen, Komfortplätze, Schlafwagen, Familienabteile und tierfreie Zonen für Allergiker.

Die Norwegische Staatsbahn NSB heißt heute Vy (»Aussicht«) und betreibt die meisten Züge auf norwegischen Eisenbahnstrecken. Tel. +47-61 05 19 10, vy.no
Ab Dezember 2019 wird das britische Unternehmen Go Ahead die Strecke Oslo–Stavanger (»Sørlandsbanen«) unter der Bezeichnung »Sørtoget« bedienen. **go-aheadnordic.no**

INTERNATIONALE VERBINDUNGEN

Verbindungen in andere nordische Länder gibt es von Narvik Richtung Kiruna (mit der schwedischen »Malmbana«), von Trondheim Richtung Östersund, von Kongsvinger Richtung Arvika und von Kornsjø Richtung Göteborg, Malmö und Kopenhagen.

VERGÜNSTIGUNGEN DURCH INTERRAIL

Der Interrail-Pass ermöglicht in Norwegen einige Rabatte, z. B. 30 % auf die Strecken Kristiansand/Langesund – Hirtshals, Sandefjord – Strömstad und Hirtshals – Stavanger – Bergen der Fjord Line (**www.fjordline.com/eurail**), 50 % auf Busfahrten mit FRAM von Åndalsnes nach Molde bzw. Ålesund (**www.frammr.no**), und bis zu 30 % auf die Strecke Oslo – Fredrikshavn mit der Stena Line (**www.stenaline.com**). Außerdem fährt man verbilligt mit Flåmbanen, hat kostenlosen Eintritt ins Eisenbahnmuseum in Hamar und bekommt die Bergen Card 20 % günstiger.

REISEPLANUNG LEICHT GEMACHT

Das staatliche Reiseportal EnTur, **www.en-tur.no**, ermöglicht die Routenplanung auch mit anderen Verkehrsmitteln. Fahrkarten für Vy und Ruter können darüber direkt gebucht werden, die anderen Verkehrsmittel bucht man (noch) bei den jeweiligen Unternehmen.

TARIFE

Ordinær: Für Einzelfahrten oder Hin- und Rückfahrten kann bis zur Abreise umgebucht oder storniert werden. Ermäßigungen (s. u.) können in Anspruch genommen werden.
Minipris: Dies sind Sparpreis-Kontingente, die je nach Verfügbarkeit und Nachfrage angeboten werden. Minipris kann nicht umgebucht oder

erstattet werden, und weitere Ermäßigungen sind nicht möglich.

Periodebillett: Kann für einen Zeitraum von 7, 30 oder 365 Tagen gekauft werden und gilt für unbegrenzte Fahrten auf einer festgelegten Strecke. Kinder unter 6 Jahren reisen kostenlos, zwischen 6 und 17 Jahren erhalten sie 50 % Ermäßigung, ebenso wie Schwerbehinderte, deren Begleiter und Senioren über 67 Jahre. Studenten bekommen 25 %, die Ermäßigung für Gruppen variiert. In den Regionalzügen auf den kürzeren Strecken des Ostlands ist eine Sitzplatzreservierung auf Wunsch möglich, auf längeren Strecken, in Raumabanen und Rørosbanen ist die Sitzplatzreservierung im Preis inbegriffen.

Es gibt keine 1. Klasse in norwegischen Zügen. Stattdessen gibt es die Sitzplatzkategorie »Komfort« überall da, wo eine Sitzplatzreservierung möglich ist. Man kann den Komfort-Sitzplatz – der Tisch, Steckdose, Kaffee, Tee und Zeitungen bietet – für einen Aufschlag von 100 NOK buchen, entweder bei der Buchung über die Website, über die App oder beim Zugpersonal, sofern noch entsprechende Plätze frei sind.

Auf den Strecken Oslo – Trondheim über Dovre, Oslo – Kristiansand – Stavanger, Oslo – Bergen und Trondheim – Bodø gibt es Familienwagen und in den Nachtzügen Schlafcoupés. Gibt man bei der Buchung an, dass man einen Kinderwagen dabei hat, bekommt man automatisch einen Platz im Familienwagen.
Für den Aufpreis von 950 NOK kann man ein eigenes Schlafcoupé mit zwei Betten, Steckdose und kleinem Waschplatz buchen. Bis zu zwei Erwachsene und zwei Kinder dürfen ein Schlafcoupé nutzen, aber keine Tiere. Will man die Fahrt im Nachtzug lieber auf seinem Sitz verbringen, kann man sich im Café gratis ein Paket mit Kissen, Decke, Augenmaske und Ohrenstöpseln abholen, das man nach der Fahrt behalten darf.

FAHRKARTEN

Fahrkarten können frühestens 90 Tage vor der Abfahrt gekauft werden, und zwar auf der Website vy.no, in der Vy-App, am Automaten am Bahnhof, am Schalter an einem bemannten Bahnhof, in einer der 370 Narvesen-Filialen oder an Bord des Zugs: In Wagen mit der Aufschrift »betjent« kann ein Fahrschein an Bord gekauft werden, steht »ubetjent« darauf, muss der Fahrschein vor dem Einstieg gekauft werden. Bei der Online-Buchung erhält man ein PDF und einen Buchungscode und kann seinen Fahrschein entweder selbst ausdrucken oder unter Angabe von Buchungscode und Name auch an den oben genannten Stellen.

WAS DARF MIT?

Maximal drei Gepäckstücke mit einem Gesamtgewicht von 30 kg sind inklusive. Auf einer Reise zwischen Oslo und Bergen bzw. Trondheim kann ein Porter in Anspruch genommen werden: **www.porterservice.no**. Für Ski und Snowboards entstehen keine weiteren Kosten. Kanus dürfen nicht mit in den Zug. Für Rollstühle muss ein Platz reserviert werden.

Für das Fahrrad kauft man in Lokalzügen einfach ein Fahrradticket im Zug. In Regionalzügen muss man den Platz fürs Fahrrad im Voraus buchen. In der Regel kostet das Fahrrad 50 % des Erwachsenentarifs, allerdings gelten Mindest- und Höchstgrenzen. Im Sommer gibt es in der Bergenbahn einen Festpreis für ein Fahrrad, unabhängig von der gefahrenen Strecke. Mopeds, E-Scooter und Lastenräder (»Christianiaräder«) können nicht transportiert werden.

Bestimmte Haustierarten dürfen mitreisen, der Platz für sie ist aber begrenzt. Ein Tier unter 40 cm Schulterhöhe reist ebenso gratis wie ein Blindenhund, der die entsprechende Dienstausrüstung trägt. Größere Hunde kosten 50 % des Erwachsenentarifs.

RECHTLICHES

Ein Fahrschein trägt den Namen der Person, die ihn gekauft hat. Solange diese Person mitreist, ist es kein Problem, wenn ihr Name auch auf den Fahrscheinen anderer Passagiere steht. Reist die Person nicht mit, muss der Name geändert werden. Das erledigt der Kundenservice. Tel. +47-61 05 19 10
Bis 24 Stunden vor Abfahrt kann der Fahrschein gratis umgebucht oder storniert werden, innerhalb von 24 Stunden vor der Abfahrt wird dafür eine Gebühr berechnet. Die ersten vier Stunden nach Fahrscheinkauf kann man, sofern die Abfahrtszeit noch nicht erreicht ist, den Fahrschein ohne weitere Gebühren stornieren.

Wer ohne gültigen Fahrschein angetroffen wird (dazu zählt auch, ein elektronisches Ticket nicht beim Einsteigen zu aktivieren), muss 1150 NOK Kontrollgebühr entrichten. Akzeptiert und zahlt man die Gebühr an Ort und Stelle, reduziert sie sich auf 950 NOK.

INTERESSANTE STRECKEN

Flåmsbanen wird regelmäßig von Reisemagazinen zur schönsten Zugstrecke der Welt gewählt, obwohl sie nur 20 km lang ist. Der Aufstieg auf 2831 m macht sie auch zu einer der steilsten Strecken.

Bergensbanen steht ebenfalls auf vielen Top-10-Listen der schönen Bahnstrecken. Über sieben Stunden ist man unterwegs durch atemberaubende norwegische Landschaft und erreicht dabei auch Norwegens höchstgelegenen Bahnhof in Finse (1222 m) in der Nähe des Gletschers Hardangerjøkul. Bergensbanen ist das ganze Jahr über ein Vergnügen: Die Zeiten, als der Zug eingeschneit liegen blieb und erst vier Monate später ausgegraben war und weiterfahren konnte, sind vorbei. Heute wird die Zugstrecke durch ein Dach und Schutzzäune vor Schneefall geschützt. Im Rekordwinter 1991 bildeten sich daran bis zu 17 m hohe Schneewehen.

Raumabanen verbindet Dombås mit Åndalsnes und überquert dabei u. a. die fotogene Kylling-Brücke und die 100-jährige Steinbrücke über den Fluss Jora. An den Sommerwochenenden verkehrt ein mit einer Dampflokomotive bespannter Museumszug zwischen Åndalsnes und Bjorli.

Für Eisenbahnbegeisterte ist Setesdalsbanen ein Muss. Hier fährt die Bahn noch auf der ursprünglichen norwegischen Schmalspur von 1067 mm. Im Sommer sind acht Kilometer der Strecke für Fahrten nutzbar.

BAHN SCHWEDEN

Fast elftausend Kilometer Schienen ermöglichen ein entspanntes Schwedenerlebnis. Das Eisenbahnnetz erstreckt sich von Trelleborg im Süden bis nach Haparanda im Norden, allerdings fahren Personenzüge aktuell nur bis Luleå. Engmaschig ist das Netz nur im Süden. In den Norden führen nur drei Strecken. Aufgrund der Anbietervielfalt und den häufiger wechselnden Betreibern der Strecken oder sogar Betriebseinstellungen – wie die kurzfristige Schließung der Luxuslinie Blå Tåget im Sommer 2019 – ist es allerdings nicht immer einfach, den Überblick über Tarife und Beförderungsbedingungen (»resevillkor«) zu behalten. Immerhin gibt es neben den vielen einzelnen Verkaufsstellen und Websites auch einen zentralen Service wie **resrobot.se**, um die Buchung zu vereinfachen.

»X2000« heißt ein Hochgeschwindigkeitszug der SJ, der durch Neigetechnik eine Höchstgeschwindigkeit von 210 km/h erreicht. »Stambana« bezeichnet eine Hauptverkehrsstrecke. Nachtzüge mit Schlaf- und Liegewägen machen die langen Strecken attraktiver. Nicht billig, aber sehr komfortabel ist die Möglichkeit, ein ganzes Schlafwagencoupé (bis zu 6 Personen) zu mieten. SJ hat eine 1. Klasse, in der man bei Abfahrten vor 9 Uhr Frühstück und später weitere Mahlzeiten bekommen kann.

INTERNATIONALE VERBINDUNGEN

Wegen des Spurweitenwechsels gibt es keine direkte Verbindung der Nachbarländer Schweden und Finnland. Schwedische Gleise führen bis Tornio auf finnischem Boden, dort müssen Güter dann aber umgeladen werden. Nach Norwegen gibt es mehrere Verbindungen, von Kiruna, Östersund, Karlstad und Göteborg aus; Dänemark ist über die Öresundbrücke erreichbar. Der Schlafwagenzug Berlin Night Express (schwedisch: Snälltåget) verbindet im Sommer Berlin und Malmö und nutzt dabei eine Fährverbindung der Stena Line von Sassnitz über die Ostsee. Diese Strecke ist im Interrail-Pass inbegriffen, erfordert aber eine kostenpflichtige Reservierung eines Schlafplatzes für 39 €. Buchbar über **www.snalltaget.se**, **www.bahn.de**.

VERKEHRSUNTERNEHMEN

- Der Zugverkehr in Schweden wird von verschiedenen Unternehmen betrieben: Das größte und bekannteste davon ist SJ (**www.sj.se**) – ursprünglich »Sveriges Järnvägar«, ein staatlicher Betrieb, der den Fernverkehr übernimmt. Darüber hinaus übertragen die Provinzen den Bahnverkehr an verschiedene regionale und private Eisenbahnunternehmen, sodass sich der Betreiber einer Strecke regelmäßig ändern kann.
- Das Netz von Storstockholms Lokaltrafik (Tel. +46 8 600 10 00, **sl.se**) erstreckt sich von Nynäshamn bis Uppsala und ermöglicht auch das Benutzen von Fähren im Schärengarten.
- Inlandsbanan (Tel. +46-771 53 53 53, **inlandsbanan.se**) befährt die gleichnamige – über zwölfhundert Kilometer lange – Strecke von Mora in Dalarna über Östersund im Jämtland bis Gällivare in Lappland. Die Strecke wird nicht ganzjährig befahren – »Snötåget« fährt vom 19.12.2019 – 19.4.2020 täglich, »Fjälltåget« fährt in KW 7–9, und die Sommersaison läuft vom 6.6. – 16.8.2020. Im Winter fährt der Zug nur bis zu einer Temperatur von -28 °C. Wird es kälter, werden Busse eingesetzt. Neben individuellen Fahrten bietet Inlandsbanan auch Pauschalangebote mit Übernachtungen, z. B. zum Wintermarkt in Jokkmokk oder Kombi-Angebote mit Hurtigruten an.
- Pågatågen und Öresundståg werden von Skånetrafiken betrieben, das bedeutet das Bahnnetz von Kopenhagen im Westen bis Halmstad im Norden und Karlskrona im Osten. **www.reseplaneraren.skanetrafiken.se**, auch auf Deutsch.
- Östergötland wird von Östgötatrafiken bedient, **www.ostgotatrafiken.se**, Västra Götaland von Väst Trafik, **www.vasttrafik.se**.
- Vy Tåg ist der Nachfolger von Tågkompaniet und in norwegischem Besitz. Vy befährt aktuell die Strecken in Värmland und für Norrtåg in Norrbotten. Platzreservierungen sind inklusive,

und es gibt keine 1. Klasse. Buchungen laufen über das Portal **www.tagkompaniet.se** und Tel. +46-77 14 44 111.

REISEPLANUNG LEICHT GEMACHT

resrobot.se ist ein Buchungsprotal, mit dem nahezu alle Verkehrsverbindungen abgedeckt sind. Bevor man sich für eine Anbieter-Kombination entscheidet, sollte man die winzigen Hinweise auf die Beförderungsbedingungen unter die Lupe nehmen. Muss reserviert werden (»obligatorisk platsbokning«)? Sind Reservierungen ausgeschlossen (»ej reservering«)?

TARIFE

Auf der Website von SJ gibt es einen Niedrigpreis-Kalender für Reisende, die zeitlich flexibel sind. Dieser ermöglicht Buchungen bis zu 3 Monate im Voraus.
Ein personen- und zuggebundenes, besonders günstiges Last-Minute-Ticket wird innerhalb der letzten 24 Stunden vor Abfahrt für junge Menschen und Senioren angeboten.
Am günstigsten sind personengebundene Fahrkarten, bei denen eine Umbuchung bzw. Rückgabe ausgeschlossen sind (»kan inte återbetalas/ombokas«). Der Fahrpreis wird gegen Vorlage eines ärztlichen Attests allerdings erstattet, wenn man aufgrund einer Erkrankung nicht fahren konnte. Will man die Möglichkeit zur Umbuchung (»kan ombokas«) haben, bezahlt man einen Aufschlag und kann die Fahrt dann bis zu 180 Tage nach hinten verlegen. Wenn man die Fahrkarte sogar komplett stornieren können möchte (»kan återbetalas«), wird es noch teurer.
Reservierungen für SJ-Highspeed-Züge sind zwingend erforderlich.
Im Sommer kann man mit »Inlandsbanekort« in einem Zeitraum von 14 Tagen unbegrenzt auf der Strecke von Inlandsbanan fahren (Preis: 2.200 SEK, Verlängerungswoche: 500 SEK). Zwei Kinder bis zu 15 Jahren fahren kostenlos mit. Junioren bis 25 Jahre erhalten 25 %, Senioren 10 % Rabatt. Eine Platzreservierung ist empfehlenswert.

FAHRKARTEN

Im Internet über SJ bestellte Fahrscheine werden entweder als PDF zugestellt und müssen im Zug auf dem Smartphone, dem Laptop oder als Papierausdruck vorgezeigt werden, oder sie werden am Vortag der Reise als SMS gesendet. Da die Fahrscheine gescannt werden, ist es ungünstig, wenn das Display geknackt ist.
Fahrscheine können auch an SJ-Fahrkartenautomaten oder in SJ-Reisebüros ausgedruckt werden oder gegen eine Servicegebühr in Pressbyrån oder 7-Eleven. Regionale Anbieter haben oft auch eigene Reisezentren in größeren Städten. Außerdem können manche Fahrscheine auch in Supermärkten gekauft werden.
Skånetrafiken bietet Fahrkarten auch via App an. Der darüber gekaufte Fahrschein muss dann beim Einstieg aktiviert werden.

WAS DARF MIT?

Die Mitnahme von Fahrrädern in Zügen der SJ ist nicht gestattet, außer von Klapprädern und demontierten Rädern in entsprechender Transporttasche (es gelten Größenbeschränkungen). Inlandsbanan jedoch nimmt das Fahrrad mit, wenn man zeitgleich mit der Buchung einen Platz für das Fahrrad bucht (100 SEK pro Strecke und Fahrrad). Öresundtåg nimmt bis zu 9 Fahrräder pro Wagen mit. Man muss dafür einen Fahrradfahrschein kaufen (zwei für ein Tandem). Sonderregeln gelten für Fahrradanhänger. Klappräder gelten als Handgepäck. Um sicherzustellen, dass das Fahrrad mitkann, wird empfohlen, die Fahrscheine für sich und das Rad kurzfristig am Bahnhof zu kaufen, denn diese sind nicht zuggebunden.

Die Gepäckregeln bei SJ sind ansonsten großzügig. Zusätzlich zu zwei Reisetaschen darf noch ein Spezialgepäckstück mit, beispielsweise ein Musikinstrument, eine Golftasche, ein zusammengeklappter Kinderwagen, eine Skitasche usw.

Haustiere fahren mit Inlandsbanan auf dem Boden sitzend kostenlos mit; man muss aber bei der Buchung einen Platz auswählen, an dem die Tiermitnahme gestattet ist. In Zügen von Vy Tåg dürfen bis zu zwei Haustiere kostenlos mitreisen, jedes weitere kostet 100 SEK. Bei SJ dürfen Tiere nur in speziellen Wagen der 2. Klasse mitreisen – entweder bucht man den Sitzplatz im Voraus, oder man wählt am Bahnsteig einen Wagen mit »Djur tillåtet«. Ist der Hund sehr groß, braucht er einen Jugend-Fahrschein, muss aber trotzdem auf dem Boden bleiben. Auch Öresundtåg nimmt Haustiere mit. Wenn sie nicht in einer Tasche auf dem Schoß sitzen, benötigen sie einen Kinder-Fahrschein.

RECHTLICHES

Ohne gültigen Fahrschein darf man nicht in den Zug einsteigen, ansonsten wird ein Zuschlag von 1.200 SEK erhoben.

Fahrscheine von lokalen Anbietern wie SL, Västtrafik oder Skånetrafiken werden nicht umgetauscht oder erstattet, wenn sie über SJ gekauft wurden.
Für Inlandsbanan gekaufte Fahrkarten werden bis zu 30 Tage vor der Abreise für eine geringe Gebühr komplett erstattet. Rückt der Zeitpunkt der

Abfahrt näher, wird weniger erstattet: 30–15 Tage vor Abfahrt 85 %, 14 Tage–24 Stunden vor Abfahrt 50 %. Weniger als 24 Stunden vor Fahrtantritt gibt es keine Erstattung mehr. Für 300 SEK kann man eine Reiserücktrittsversicherung für den Krankheitsfall dazubuchen (kostenlos für Kinder unter 16 Jahren).

Die »Ankunftsgarantie« von Resplus, schwedisch »Kom-fram-garanti«, für den Fall, dass der gewünschte Zug nicht abfährt, nicht bis dahin fährt, wohin man will, oder mehr als 60 Minuten zu spät am Ziel ankommt, besagt, dass man in solchen Fällen das Recht auf Umbuchung, Stornierung oder Unterbrechung der Reise hat.

Fahrpreiserstattungen aufgrund von Verspätung gibt es grundsätzlich bei dem Anbieter, auf dessen Strecke die Verspätung eingetreten ist.

INTERESSANTE STRECKEN

»Malmbanan« verbindet die Ostsee mit dem Europäischen Nordmeer; sie führt von Luleå in Schweden in die norwegische Hafenstadt Narvik. Ihr Abschnitt zwischen Torne träsk und Riksgränsen wurde mit überwältigender Mehrheit von den Eisenbahnangestellten zur schönsten Strecke Schwedens gewählt. Auf Platz 2 landete Frykdalsbanan zwischen Kil und Torsby nördlich des Vänernsees in Värmland. Den Vänern im Blick hat man auch auf der Strecke von Lidköping nach Mariestad, oder man fährt gleich die gesamte Kinnekulle-Linie von Håkantorp über Mariestad nach Gårdsjö – ein hübsches Mittelstück einer Reise von Göteborg nach Stockholm.

Eine Zugfahrt lohnt sich auch, um mit Freunden im Winter eine Skitour zu machen. Nachmittags in Malmö in Snälltåget eingestiegen, die Nacht im Zug verbracht – evtl. im eigenen Coupé – und morgens in Åre angekommen. Sperriges Gepäck kann in einem extra Gepäckwagen verstaut werden.

Eine einzige Schmalspurstrecke ist noch in Betrieb; »Roslagsbanan« verbindet Stockholm mit Näsbypark, Österkär bzw. Kårsta.

Einige Museumsbahnen fahren zu speziellen Anlässen, z. B. in der Weihnachtszeit, oder an Wochenenden im Sommer. Ganz im Süden in Österlen verkehrt ein restaurierter Speisewagen aus dem Jahr 1946, von einer Dampflok gezogen, zwischen Brösarp und St Olof.
www.skanskajarnvagar.se

Ein ganz spezielles Schienenerlebnis ist das Radeln mit einer Draisine, was in Schweden auf 15 Strecken möglich ist, beispielsweise zwischen Björnstorp und Veberöd in Schonen (**www.dressincykling.se**), zwischen Mora und Vansbro in Dalarna (**www.visitdalarna.se/dressin**) oder ganz im Norden zwischen Morjärv und Haparanda – die Strecke führt u. a. zu den Stromschnellen Kukkolaforsen im Torne älv (riipibo.se). Zwei Erwachsene und ein Kind passen auf eine Draisine. Die Fahrzeuge werden an ehemaligen Bahnhöfen vermietet, eine Vorausbuchung ist empfehlenswert.

Die Inlandsbahn macht kurz Pause – Zeit, um sich die Beine zu vertreten

Foto: © Thomas Elmentaler

Skandinavien mit dem Bus

Das Liniennetz mit Überlandbussen ist in allen skandinavischen Ländern hervorragend ausgebaut.

Die Busse von Eurolines fahren durch ganz Europa und haben auch Ziele in Dänemark, Schweden (jeweils mehr als 20) und Norwegen (6). Frühbucherrabatte, 20 % Studentenermäßigung und günstige Familientarife locken. **www.eurolines.de**

FlixBus fährt aus dem Ausland 8 Ziele in Dänemark, 10 in Schweden (jedoch nicht nördlicher als Stockholm) und Oslo an. Innerhalb der Länder gibt es deutlich mehr Verbindungen, auch bis Umeå hoch. Nachtbusse haben weniger Haltestellen und sind deswegen schneller am Ziel. Je länger man im Voraus bucht, desto günstiger ist der Preis, man kann die Fahrkarte aber auch direkt beim Fahrer kaufen, sofern noch Platz im Bus ist. Kleiner Wermutstropfen für Fahrradfahrer, die Bequemlichkeit lieben: Zwar kann man sein normales Fahrrad für eine Gebühr von ca. 10 EUR mit in den FlixBus nehmen, E-Bikes zu transportieren lehnt das Unternehmen jedoch ab. **www.flixbus.de**

DÄNEMARK

Verschiedene Verkehrsverbünde, die Aufträge an Busunternehmen erteilen, decken das gesamte Land ab.
Die einzelnen Verkehrsverbünde unterscheiden sich nicht nur vom Design der Busse, sondern auch hinsichtlich Tarifmodell und Beförderungsbedingungen. Will man überregionale Verbindungen heraussuchen, kann man das während der Öffnungszeiten an Busbahnhöfen in größeren Städten tun oder nutzt eins der großen Reiseportale im Internet:

Routen auch für andere Verkehrsmittel – inkl. Car-Sharing, Bike-Sharing und Mitfahrgelegenheiten – kann man auf Rejseplanen (**www.rejseplanen.dk**) und DinOffentligeTransport (kurz »DOT«, **www.dinoffentligetransport.dk**) planen. DOT enthält in der dänischen Version Echtzeitinformationen über die Verkehrslage inklusive kurzfristiger Fahrplanänderungen, Verspätungen und Umleitungen (Trafikinfo > Her og nu > Kort med bus, tog og metro), da die Busse alle mit GPS ausgestattet sind. Die englische Version enthält mehr allgemeine Informationen zum Öffentlichen Nahverkehr. Rejseplanen funktioniert auch gut auf Englisch.

Flextrafik ist ein modernes bedarfsorientiertes Kollektivverkehrskonzept. Flexbus bezeichnet einen Bus, der festgelegte Strecken zu festgelegten Zeiten fährt, aber nur, wenn er bestellt wurde. Flextur ist ein Sammeltaxi, mit dem man an einer vereinbarten Adresse abgeholt und zu einer vereinbarten Adresse gebracht wird, es gibt also keine Haltstellen. Weil unterwegs meistens noch weitere Passagiere aufgesammelt werden, ist die Fahrzeit etwas länger als im Taxi (maximal doppelt so lang wie eine direkte Fahrt), der Preis dafür aber auch deutlich niedriger. Flextur ermöglicht Fahrten innerhalb eines Verkehrsverbundes und in den Nachbarverkehrsverbund. Inseln, die nur mit Fähren erreichbar sind, können nicht angefahren werden. Die Fahrt muss mindestens zwei Stunden im Voraus gebucht werden.

Überlandbusse können auch zwischen zwei Haltestellen halten, wenn der Verkehr es zulässt und mindestens 600 Meter zwischen den Haltestellen liegen – innerorts ist dies allerdings nicht möglich. Die Webseiten der Verkehrsunternehmen informieren über die sogenannten »Winkstrecken«.

Eine Besonderheit in der Flotte von Arriva sind die »Havnebusser« in Kopenhagen – mit einer Busfahrkarte kann man auf dem Wasserweg von Sluseholmen bis Refshaleøen fahren. Wenn Platz ist, kann man sein Fahrrad mit an Bord nehmen.
Bornholm wird von Bornholm Amt bedient. Es gibt Tageskarten (150 DKK), die auch im Bus gekauft werden können, und Wochenkarten (500 DKK), die es nur an den Vorverkaufsstellen gibt. Rentner fahren zum Kindertarif. **bat.dk**

FynBus fährt in Fünen und Langeland und bietet während der dänischen Ferien ein »Turistbillet« für nur 50 DKK, erhältlich über die App oder den Webshop, das Hop-On/Hop-Off in Bussen ermöglicht. Zahlreiche Veranstaltungen, Festivals und Messen in Fünen werden zum Sonderpreis von 59 DKK angefahren. Die Fahrkarten kommen unter dem Stichwort »Eventbillet« etwa zwei Wochen vor der Veranstaltung in den Handel.
www.fynbus.dk

Midttrafik bedient Mitteljütland, Tel. Tlf. +45-70 21 02 30, **www.midttrafik.dk**, Movia Sjælland und damit auch die Hauptstadtregion, **www.moviatrafik.dk**. John's Bus fährt täglich die Strecke Nykøbing Falster – Odense mit zahlreichen Halten auf Lolland, Langeland und Fünen. +45-54 82 27 26 johnsbus.dk

Die Strecken von Sydtrafik vernetzen Südjütland von Padborg – knapp nördlich von Flensburg – bis Vejle im Norden. Tel. +45-70 10 44 10, **www.sydtrafik.dk**

Nordjyllands Trafikselskab (NT) bedient die Strecken in Nordjütland, also nördlich von Hobro und Nyköbing und bis Skagen hinauf, mit Aalborg als Zentrum. Tel. +45-70 10 44 10, **www.nordjyllandstrafikselskab.dk**

NT bietet für begeisterte Busreisende ein 24-Stunden- und ein 72-Stunden-Ticket. Ein zahlender Erwachsener oder ein Rentner kann bis zu zwei Kinder unter 12 Jahren, und ein Junior unter 16 kann ein Kind – bis zu 11 Jahre alt – auf seine Fahrkarte mitnehmen. Den »Travel Pass 24« bzw. »Travel Pass 72« gibt es für super günstige 150 DKK bzw. 250 DKK für einen Erwachsenen; Rentner und Kinder, die nicht kostenlos mitreisen, zahlen nur die Hälfte. **ntbillet.dk**

Die »NT Rejsegaranti« besagt, dass man bei Verspätungen von mehr als 20 Minuten ein Anrecht auf Kompensation hat. Dies kann zum Beispiel die Erstattung von Taxigebühren (bis zur Höhe von 350 DKK) sein oder eine Erstattung des Reisepreises. Die Höhe der Erstattung richtet sich dabei nach der Dauer der Verspätung. 100 % gibt es erst ab einer 2-stündigen Verspätung. Tel. +45-98 11 11 11

Gråhundbus (Tel. +45-44 68 44 00, **www.graahundbus.dk)** fährt von Kopenhagen Hbf über Kastrup nach Malmö bzw. über die schwedische Hafenstadt Ystad nach Rønne auf Bornholm. Will man von Bornholm aus zum Flughafen in Kastrup, muss man dem Busfahrer das beim Einstieg mitteilen, ansonsten hält der Bus dort nicht. Fahrkarten können bis zu 4 Monate im Voraus gebucht werden.

■ FINNLAND

Auch in Finnland kann man mit den Überlandbussen der lokalen Gesellschaften bequem das Land bereisen. Der Matkahuolto-Verbund bündelt den Fahrscheinverkauf für die einzelnen Unternehmen im ganzen Land. Mit welchem Unternehmen man am Ende fährt, spielt vor allem eine Rolle bei den Beförderungsbedingungen: beispielsweise beim Nachtzuschlag oder den Bedingungen für die Fahrradmitnahme. Manche Sonderpreise (»Tarkan Tiketti«) erfordern bei manchen Busunternehmen auch, dass man an exakt der im Vorfeld gewählten Haltestelle einsteigt. Insgesamt ist das Verbundsystem aber transparent und einsteigerfreundlich, auch wegen der guten Informationen auf Englisch.

Ein- und aussteigen kann man an allen Busstationen und markierten Haltestellen, sogenannten Express-Haltestellen. Will man an einer Express-Haltestelle aussteigen, sollte man der Busfahrerin oder dem Busfahrer rechtzeitig Bescheid geben. Auf der Website von ExpressBus (**www.expressbus.fi**) gibt es für jede Strecke eine Liste der Haltestellen und für die großen Städte auch Karten. Prinzipiell soll jeder Busreisende einen Sitzplatz bekommen können, es kann aber Ausnahmesituationen geben. In Helsinki ist der vollständig überdachte Busbahnhof (Kamppi, **www.kamppi.fi**) fußläufig vom Hauptbahnhof zu erreichen.

OnniBus (**www.onnibus.com**) ist ein Unternehmen, das seit 2011 unabhängig von ExpressBus operiert. Die Busse von OnniBus verbinden vor allem Stadtzentren und halten deswegen nicht an Express-Haltestellen. Die Fahrkarten können auch über die Matkahuolto-Infrastruktur gekauft werden, aber das Tarifmodell ist anders: Fahrkarten können prinzipiell nicht storniert oder umgebucht werden. Die Busfahrer können zwar Fahrkarten verkaufen, aber kein Bargeld annehmen. Online-Buchung ist günstiger.

EXPRESSBUS

Es wird zwischen Kurzstrecken und Langstrecken unterschieden, wobei eine Langstrecke bedeutet, dass die einfache Fahrt länger als 60 km ist. Auf Langstrecken gelten bestimmte Rabatte: Wer seine Rückfahrt gleich mitbucht, spart 10 %. Dies gilt für Fahrten, die online, am Busbahnhof oder (außer auf der Strecke Helsinki – Turku) an Bord gebucht werden. Personen, die älter als 65 Jahre sind, erhalten 30 % Ermäßigung, Junioren (12 – 16 Jahre) sogar 50 %. Um den Junioren- oder Seniorentarif in Anspruch zu nehmen, kauft man den Fahrschein am Busbahnhof oder direkt beim Fahrer. Ein Erwachsener, der mit mindestens drei zahlenden Mitreisenden unterwegs ist, bekommt noch einmal 25 % Ermäßigung, die Fahrscheine müssen dafür aber am Busbahnhof gekauft werden. Sind mehr als 9 Reisende gemeinsam unterwegs, müssen Sitzplätze reserviert werden.

Zwei Kinder unter 4 Jahren in Begleitung einer mindestens 12 Jahre alten Person reisen kostenlos mit. Kinder im Alter von 4–11 Jahren erhalten, unabhängig von der Länge der Strecke, 50 % Ermäßigung.

Eine günstige Variante, die Urlaubern die unbegrenzte Nutzung aller Überlandbuslinien für entweder eine oder zwei Wochen ermöglicht, ist der »Bus Pass«, der 149 € bzw. 249 € kostet. Der Bus Pass ist personengebunden. Hierfür benötigt man zuerst eine Matkahuolto Travel Card, die man in einem beliebigen Servicezentrum von Matkahuolto bekommt. Die 7- bzw. 14-Tages-Frist beginnt ab dem Zeitpunkt, an dem man die Bus-Pass-Funktionalität zur Travel Card hinzufügen lässt. Auch ohne Bus Pass ist die Travel Card, die etwa 7 € kostet, praktisch: Man kann verschiedene Fahrkarten darauf laden (die auch erstattet werden, wenn man die Travel Card verliert, sofern man die Reisen noch nicht angetreten hat). Die Karte kann an allen R-Kiosks für weitere Fahrten aufgeladen werden. Das »eBus Ticket« kann nicht auf die Travel Card geladen werden.

Ausschließlich online verfügbar sind die Fahrscheine vom Typ »Tarkan Tiketti«, die eine Busfahrt für Schnäppchenpreise ab 2 € bieten. Die ersten Fahrkahrten für eine Fahrt sind hierbei die günstigsten, danach werden sie progressiv teurer. Man kann sie nur für Einzelfahrten buchen und findet sie bei der Suche nach Abfahrten auf der Website **expressbus.fi**. Reist man mit Länsilinjat Oy, Väinö Paunu Oy oder Pekolan Liikenne Oy – was man bei der Buchung sehen kann –, muss man zwingend an der auf dem Fahrschein angegebenen Haltestelle einsteigen.

Eine Besonderheit ist das online gekaufte »eBus Ticket«, das frühestens 32 Tage und spätestens 20 Minuten vor der Abfahrt gekauft werden kann. Es ist besonders günstig, kann aber weder storniert, umgebucht oder ersetzt werden. Fährt der Bus nachts ab (zwischen 23 und 4 Uhr), kann je nach Unternehmen im Bus ein Zuschlag in Höhe von 5 € erhoben werden.

Fahrkarten können online gekauft werden, am Busbahnhof, in R-Kiosks oder direkt im Bus. ExpressBus kann bezahlt werden mit Bargeld, Kreditkarte (aber nicht Visa Electron) oder Matkahuolto Travel Card (s.o.), OnniBus mit Kreditkarte oder Überweisung (im Webshop).

Fahrräder, Mehrgepäck und Haustiere werden von ExpressBus generell mitgenommen, evtl. ist eine geringe Gebühr fällig. Man muss sich aber vor der Fahrt bei dem jeweiligen Busunternehmen erkundigen, ob Platz dafür ist. Reisen eine Person mit Haustier und eine Person, die allergisch gegen das Tier ist, im gleichen Bus, muss eine davon ganz vorn, die andere ganz hinten sitzen. Im Zweifelsfall hat die Person Vorrecht, die zuerst eingestiegen ist. Blinden- und Diensthunde jedoch dürfen immer mitreisen. Onnibus nimmt Fahrräder nur im neuen Onnibus FLEX mit und verlangt eine gebührenpflichtige Reservierung für das Rad bis 16 Uhr am Vortag. Die Reservierung wird telefonisch vorgenommen (Tel. +358-06 00 02 010) und die Gebühr beim Fahrer entrichtet. Auch Hunde dürfen nur im Onnibus FLEX mitreisen (außer Diensthunde).

■ ISLAND

Islands Überlandbusse fahren nicht mehr nur die Ringstraße, sondern mittlerweile – im Sommer – auch in unbesiedelte Gegenden wie Hrauneyjar, Askja oder Þórsmörk. Abgeschnitten vom Busnetz ist nur der Nordostzipfel mit Vopnafjörður. Einen guten Überblick über die Busstrecken, die mittlerweile auch praktische Nummern haben, verschafft man sich bei **www.publictransport.is** auch auf Deutsch.

Das größte Busunternehmen ist Strætó, **www.straeto.is**. Fahrkarten können im Voraus online oder per App gebucht werden, man kann aber auch im Bus mit Bargeld (abgezählt, denn es gibt kein Wechselgeld!) oder Kreditkarte bezahlen. Gepäck wird kostenlos mitgenommen. Die erlaubte Menge bemisst sich daran, wieviel eine Person tragen kann. 3 – 4 Fahrräder können in der Regel pro Bus transportiert werden, ob aber weitere Räder eingeladen werden können, liegt im Ermessen der Busfahrerin oder des Busfahrers. Strætó transportiert keine Fahrräder auf der Linie 55 (Flughafen Keflavík – Reykjavík).

Einzelne Linien in entlegenen Gegenden fahren nur auf Bestellung. Um diese Linien nutzen zu können, muss man spätestens zwei Stunden vor Abfahrt unter Tel. +354-54 02 70 0 den Bus bestellt haben.

In den Ostfjorden fährt SVAust, **www.austurfrett.is/svaust**, die Westfjorde und Snæfellsnes haben kleinere Busunternehmen. Das Zonenmodell von SVAust legt die Anzahl Fahrscheine fest, die man für eine Strecke braucht (Beispiel: Egilsstaðir – Djúpivogur 11 Fahrscheine). Reduzierte Preise gelten für Personen unter 18 oder über 67 Jahren (grüner Fahrschein) und Kinder (oranger Fahrschein), alle anderen nutzen die blauen Fahrscheine.

Die Sicherheit der Passagiere hat Vorrang vor Pünktlichkeit. Das bedeutet, dass der Bus bei Glatteis oder Sturm auch mitten auf der Strecke stehen bleiben kann.

Es gibt verschiedene Kombi-Angebote für längere Strecken, bei denen man aussteigen kann, wo man will. Bedingung: Man muss sich an die einmal eingeschlagene Fahrtrichtung halten. Das bekannteste Angebot, der »Full Circle Passport«, mit dem man die Insel einmal auf der Ringstraße Nr. 1 umrunden kann, kostet ca. 40000 ISK pro Person. Das ganze Land sieht man dann aber nicht, auch wenn mit Akureyri, Mývatn, den wilden Ostfjorden und dem schwarzen Sand des Südens zahlreiche Highlights auf der Strecke liegen. Aber Snæfellsnes, die Westfjorde und das Hochland sind nicht inklusive.

Will man ins Hochland, gibt es den »East Circle Passport«, mit dem man nicht durch den Nordwesten, sondern über die Hochlandpiste Kjölur fährt. Der Rest der Tour führt dann wieder auf der Straße Nr. 1 entlang. Oder man nimmt die teuerste Variante für ca. 60000 ISK, den »Ultimate Bus Passport«, der zur Straße Nr. 1 noch Ausflüge zum Gullfoss, nach Landmannalaugar und in die Þórsmörk bietet. Aufgrund der schlechten Straßenverhältnisse gibt es diese Möglichkeit nur im Sommer.

NORWEGEN

Mit dem Bus lässt sich Norwegen gut erfahren. Innerhalb der einzelnen Fylke gibt es regionale Verkehrsbetriebe, die den öffentlichen Nahverkehr ausschreiben; darüber hinaus findet man überregionale Anbieter von Fernbussen. Um sich zu orientieren, ist der staatliche Reiseplaner EnTur (**www.en-tur.no**) ein guter Einstieg.

Vy Buss (ehemals Nettbuss) hat mehr als eintausend Haltestellen in Südnorwegen. Zwei Gepäckstücke sind pro Person inklusive (Ski oder Snowboard gelten als ein Gepäckstück), ein Kinderwagen fährt kostenlos mit. Platz für Fahrrad (auch wenn es in einer Tasche verpackt ist), Mehr- oder Spezialgepäck muss bei der Buchung vorbestellt werden. Fahrkarten sind nicht stornierbar, außer man schließt bei der Buchung gleich eine »avbestillingsforsikring« mit ab. nettbuss.no

Nor-Way hat zwischen Kristiansand im Süden und Trondheim im Norden ein dichtes Netz aufgebaut. Die einzelnen Strecken werden von Linien wie Kystbussen, JVB oder Konkurrenten befahren. Bucht man im Voraus online, gibt es bis zu 30 % Rabatt, und die Fahrkarte kann trotzdem bis 24 Stunden vor der Abfahrt storniert werden. Fahrräder werden in der Regel mitgenommen – sofern der Platz reicht – und kosten so viel wie ein Kinderfahrschein (Ausnahme Konkurrenten: Ein Fahrrad mitzunehmen kostet immer 250 NOK). Ski und Snowboard gelten wie so oft in Norwegen als normales Gepäck. **ww.nor-way.no**

Unibuss bedient das Hauptstadtgebiet, Vestfold, Oppland, betreibt mehrere Flughafenzubringer und Lavprisekspressen, der zwischen Oslo, Kristiansand und Stavanger verkehrt. Lavprisekspressen nimmt keine Fahrräder mit, wohl aber Ski oder Snowboard. Man kann im Bus nicht mit Bargeld bezahlen. **www.lavprisekspressen.no**

SCHWEDEN

Viele regionale Verkehrsverbünde decken den Nahverkehr (»länstrafik«) ab. Innerhalb dieser kann man oft mit einem Fahrschein auch verschiedene Verkehrsmittel nutzen, beispielsweise Bus und Fähre oder Zug und Straßenbahn. Fahrscheine erhält man im Webshop des Verkehrsverbunds und oft auch mittels App. Ferner gibt es Verkaufsstellen an Busbahnhöfen und im Einzelhandel, z. B. in Pressbyrån, 7-eleven und ICA (oft kann man sich diese auf der Homepage des Verkehrsverbunds auf einer Karte anzeigen lassen, so z. B. bei Västtrafik, **www.vasttrafik.se**). Häufig kann man einen Fahrschein auch im Fahrzeug kaufen, allerdings kann dabei nicht überall mit Bargeld bezahlt werden. Es lohnt sich, nach Ermäßigungen für Junioren, Senioren, Studenten und Gruppen zu fragen, sofern man den entsprechenden Nachweis erbringen kann.

Im Fernverkehr gibt es neben FlixBus, zu dem mittlerweile auch SweBus gehört, wenige überregionale Anbieter. Härjedalingen hat eine Kooperation mit FlixBus, die ermöglicht, mit einem Fahrschein zwischen Malmö und Funäsdalen bzw. Östersund zu reisen. **www.flixbus.se**, **harjedalingen.se**

Das Netz von Vy, ehemals Nettbuss, erstreckt sich von Kopenhagen im Süden über Oslo im Westen, Ludvika im Norden bis Stockholm im Osten. Die Fahrkarte muss zwingend vor der Abfahrt gekauft werden, entweder online (die billigste Variante), telefonisch (Tel. +48-77 11 51 515), oder an Fahrkartenautomaten in den großen Städten. Nettbuss nimmt keine Fahrräder mit. **nettbuss.se**

Ybuss fährt von Stockhom bis in den Norden nach Umeå. Das Unternehmen hat auf der Website eine Übersicht über niedrige Preise (»billiga platser«) und bietet auch Last-Minute-Angebote. Fahrräder werden nur mitgenommen, wenn sie zusammengefaltet in einer Tasche stecken und gelten dann als ein Gepäckstück, von denen zwei pro Person zugelassen sind. **www.ybuss.se**

Verbindungen über mehrere Verkehrsverbünde und auch Verkehrsmittel hinweg zu recherchieren ermöglicht der Reiseplaner **reseplanerare.resrobot.se**. Über Resrobot getätigte Buchungen sind weder umbuch- noch stornierbar, es sei denn, man bucht die Option »kan återbetalas« für eine Gebühr hinzu. Bei anderen Unternehmen heißt dasselbe Konzept dann z. B. »om-/avbokningsskydd«.

TOURISTEN-INFORMATIONEN

Die Touristeninformationen in Skandinavien sind mit nebenstehendem Symbol gekennzeichnet. In größeren Städten werden die Touristeninformationen immer öfter gegen Info-Terminals ausgetauscht, Kontakt ist oft nur noch telefonisch oder über Internet möglich.

VERKEHRSÄMTER

- Visit Denmark
  daninfo@visitdenmark.com
  www.visitdenmark.de

- Visit Finland
  Postbox 625
  Porkkalankatu 1
  FI-00180 Helsinki
  Tel. +358-10 60 58 000
  mek@visitfinland.com
  www.visitfinland.com/de

- Visit Iceland
  Rauchstraße 1
  10787 Berlin
  Tel. 030-50 50 42
  info@icetourist.is
  www.icetourist.is

- Visit Norway
  Caffamacherreihe 5
  20355 Hamburg
  Tel. 040-22 94 150
  germany@innovationnorway.no
  www.visitnorway.com

- Visit Sweden
  germany@visitsweden.com
  www.visitsweden.de

DÄNEMARK

- Visit Aalborg
  Kjellerups Torv 5, Kedelhallen
  DK-9000 Aalborg
  Tel. +45-99 31 75 00
  info@visitaalborg.com
  www.visitaalborg.de

- Visit Aarhus
  Dokk 1
  Hack Kampmanns Plads 2
  DK-8000 Aarhus C
  Tel. +45-87 31 50 10
  info@visitaarhus.com
  www.visitaarhus.com

- Visit Billund
  Tel. +45-79 72 72 02
  visitbillund@billund.dk
  www.visitbillund.dk

- Destination Bornholm
  Ndr. Kystvej 3
  DK-3700 Rønne
  Tel. +45-56 95 95 00
  info@bornholm.info
  www.bornholm.info

- Visit Copenhagen
  Vesterbrogade 4
  DK-1620 Kopenhagen V
  Tel. +45-70 22 24 42
  visitorservice@kk.dk
  www.visitcopenhagen.com

- Visit Frederikshavn
  Skandiatorv 1
  DK-9900 Frederikshavn
  Tel. +45-98 42 32 66
  frederikshavn@turisthusnord.dk
  www.toppenafdanmark.dk/frederikshavn

- Visit Greenland
  Strandgade 91
  DK-1010 København
  Tel. +45-32 83 38 80
  und:
  Hans Egedesvej 29
  P.O. Box 1615
  GL-3900 Nuuk
  Tel. +299-34 28 20
  info@visitgreenland.com
  www.visitgreenland.com

- Visit Hirtshals
  Jyllandsgade 10
  DK-9850 Hirtshals
  Tel. +45-98 94 22 20
  info@visithirtshals.dk
  www.toppenafdanmark.dk/hirtshals-tversted

- Møn-Sydsjællands Turistforening
  Storegade 2
  DK-4780 Stege
  Tel. +45- 52 24 63 88
  info@houseofmoen.dk
  www.visitmoen.dk

- Visit Nordsjælland
  Stengade 72
  DK-3000 Helsingør
  Tel. +45-49 21 13 33
  info@visitnordsjaelland.com
  www.visitnordsjaelland.com

- Odense Turistbureau
  Tel. +45-63 75 75 20
  otb@visitodense.com
  www.visitodense.com

- Ribe Velkomstcenter
  Torvet 3
  DK-6760 Ribe
  Tel. +45-75 42 15 00
  tourist@businessesbjerg.com
  www.visitribeesbjerg.dk

- Skagen Turistbureau – Turisthus Nord
  Vestre Strandvej 10
  DK-9990 Skagen
  Tel. +45-98 44 13 77
  skagen@turisthusnord.dk
  www.toppenafdanmark.dk/skagen

- Visit Faroe Islands
  Gongin 9
  PO Box 118
  FO-100 Tórshavn
  Tel. +298-66 65 55
  info@visitfaroeislands.com
  www.visitfaroeislands.com

FINNLAND

- Visit Åland
  Storagatan 8
  AX-22100 Mariehamn
  Tel. +358-18 24 000
  info@visitaland.com
  www.visitaland.com

- Helsinki Tourist Information
  Hauptbahnhof
  Kaivokatu 1
  FI-00100 Helsinki
  und:
  Flughafen HEL
  Terminal 2, Ankunft 2A
  Lentäjäntie 3
  FI-01530 Vantaa
  Tel. +358-93 10 13 300
  helsinki.touristinfo@hel.fi
  www.myhelsinki.fi

- Hämeenlinna Tourist
  Tel. +358-36 21 33 73
  tourist.info@hameenlinna.fi
  www.visithameenlinna.fi

- Joensuu Tourist Information
  Carelicum
  Koskikatu 5
  FIN-80100 Joensuu
  Tel. +358-13 26 75 222
  carelicum.palvelut@jns.fi
  www.visitkarelia.fi/de

- Jyväskylä Regional Tourist Information
  Einkaufszentrum Forum
  Asemakatu 7
  FI-40100 Jyväskylä
  Tel. +358-14 26 60 113
  travel@jkl.fi
  www.visitjyvaskyla.fi

- Kuusamo Info
  Torangintaival 2
  FI-93600 Kuusamo
  Tel. + 358-40 86 08 365
  info@kuusamo.fi
  www.ruka.fi/kuusamo-info

- Visit Lahti Info
  Shopping Centre Trio
  Aleksanterinkatu 18
  FI-15140 Lahti
  Tel. +358-30 04 72 222
  info@lahtiregion.fi
  www.visitlahti.fi

- Lappeenranta Tourist Information
  Brahenkatu 5
  FI-53100 Lappeenranta
  Tel. +358-56 67 788
  lappeenranta@gosaimaa.com
  www.visitlappeenranta.fi

- Oulu Tourist Information
  Torikatu 18
  FI-90100 Oulu
  Tel. +358-85 58 41 330
  touristinfo@ouka.fi
  www.visitoulu.fi

- Pori Tourist Information
  Itäpuisto 7
  FI-28100 Pori
  Tel. +358-26 21 79 00
  info@visitpori.fi
  www.visitpori.fi

- Rovaniemi Tourist Information
  Lordi's Square
  Maakuntakatu 29–31
  FI-96200 Rovaniemi
  Tel. +358-16 34 62 70
  info@visitrovaniemi.fi
  www.visitrovaniemi.fi

- Ruka Info
  Einkaufszentrum Kumpare
  Rukatunturintie 9

FI-93830 Rukatunturi
Tel. +358-88 60 02 50
info@rukakuusamo.fi
www.ruka.fi

- Saariselkä-Inari Tourist Information
  Tel. +358-401 68 78 38
  tourist.info@saariselka.fi
  www.inarisaariselka.fi

- Savonlinna Tourist Information
  Riihisaari
  Tottinkatu 6a
  FI-57130 Savonlinna
  Tel. +358-44 41 74 466
  info@visitsavonlinna.fi
  www.visitsavonlinna.fi

- Visit Tampere
  Tel. +358-35 65 66 800
  visittampere@visittampere.fi
  www.visittampere.fi

- Visit Turku
  Aurakatu 2
  FI-20100 Turku
  Tel. +358-22 62 74 44
  info@visitturku.fi
  www.visitturku.fi

- Visit Vaasa
  Rewell Center
  FI-65100 Vaasa
  Tel. +358-63 25 11 45
  visit.vaasa@visitvaasa.fi
  www.visitvaasa.fi

ISLAND

- Akureyri Tourist Information
  Skólastígur 2
  IS-600 Akureyri
  Tel. +354-45 01 050
  akureyrarstofa@akureyri.is
  www.visitakureyri.is

- Visit East-Iceland Tourist Information
  Miðvangur 1-3
  IS-700 Egilsstaðir
  Tel. +354-47 12 320
  info@east.is
  www.austurland.is

- Visit North-Iceland Tourist Information
  Hafnarstræti 91
  IS-600 Akureyri
  Tel. +354-46 23 300
  info@northiceland.is
  www.northiceland.is

- Northwest-Iceland Tourist Information
  Strandgata 1
  IS-530 Hvammstangi
  Tel. +354 45 12 345
  info@selasetur.is
  www.visithunathing.is

- Visit Reykjavík Tourist Information
  Tjarnargata 11
  IS-101 Reykjavík
  Tel. +354-41 16 00 0
  info@visitreykjavik.is
  www.visitreykjavik.is

- Skagafjörður
  IS-560 Varmahlíð
  Tel. +354-45 56 161
  info@visitskagafjordur.is
  www.visitskagafjordur.is

- Westfjords Tourist Information Office
  Aðalstræti 7
  IS-400 Ísafjörður
  Tel. +354-450 80 60
  info@westfjords.is
  www.westfjords.is

- West-Iceland Tourist Information
  Borgarbraut 58–60
  IS-310 Borgarnes
  Tel. +354-43 72 214
  info@westiceland.is
  www.west.is

NORWEGEN

- Destinasjon Ålesund &
  Sunnmøre
  Skateflukaia
  NO-6002 Ålesund
  Tel. +47-70 16 34 30
  info@visitalesund.com
  www.visitalesund.com

- Arendal Touristenbüro
  Sam Eydes plass 2
  NO-4809 Arendal
  Tel. +47-37 00 55 44
  turistkontoret@arendal.com
  www.visitnorway.de/reiseziele/region-suden/arendal/

- Bergen Tourist Information
  Strandkaien 3
  NO-5012 Bergen
  Tel. +47-55 55 20 00
  info@visitbergen.com
  www.visitbergen.com

- Tourist Information Bodø
  Tollbugata 13
  NO-8006 Bodø
  P.O. Box 319, NO-8001 Bodø
  Tel. +47-75 54 80 00
  turistinfo@bodo.kommune.no
  www.visitbodo.com/hjem

- Bygland Touristinformation
  Bygland kommunehus
  Sentrum 18
  NO-4745 Bygland
  Tel. +47-37 93 47 00
  post@setesdal.com
  www.setesdal.com

- Dalen Tourist Office
  Hotellvegen 16
  NO-3880 Dalen
  Tel: +47-35 07 56 56
  www.visittelemark.no/dalen/

- Touristinformation in Evje
  Verksmoen 4
  NO-4735 Evje
  Tel. +47-37 93 23 46
  post@setesdal.com
  www.visitnorway.no/reisemal/sorlandet/setesdal/

- Visit FjordKysten AS
  Strandgata 30
  NO-6905 Florø
  Tel. +47-57 74 30 00
  mail@fjordkysten.no
  www.fjordkysten.no

- Destinasjon Geirangerfjord
  Geirangervegen 2
  NO-6216 Geiranger
  Tel. +47-70 26 30 99
  geiranger@dgt.no
  www.dgt.no

- Visit Geilo
  Vesleslåttvegen 13
  NO-3580 Geilo
  Tel. +47-32 09 59 00
  post@geilo.no
  www.geilo.no

- Gjøvik-Regionen Touristeninformation
  Jernbanetorvet 3
  NO-2821 Gjøvik
  Tel. +47-61 14 67 10
  info@visit-innlandet.no
  www.visit-innlandet.no

- Grong Turistkontor
  N-7870 Grong
  Tel. +47-74 31 27 00
  post@visitgrong.no
  visitgrong.no

- Oslo Visitor Centre
  Jernbanetorget 1
  NO-0154 Oslo S
  Tel. +47-23 10 62 00
  info@visitoslo.com
  www.visitoslo.com

- Skien Touristinformation
  Henrik Ibsensgate 2
  NO-3732 Skien
  Tel. +47-35 90 55 20
  www.visittelemark.no/visit-grenland

- Hammerfest Turist AS
  Hamnegata 3
  NO-9600 Hammerfest
  Tel. +47-78 41 21 85
  post@hammerfest-turist.no
  www.visithammerfest.net

- Hovden Turistinformasjon
  Hovdetun
  NO-4755 Hovden i Setesdal
  Tel. +47-37 93 93 70
  post@hovden.com
  www.hovden.com

- Visit Jotunheimen
  Sognefjellsvegen 2
  NO-2686 Lom
  Tel. +47-61 21 29 90
  info@visitjotunheimen.no
  www.visitjotunheimen.no

- Kirkenes, Pasvikturist AS
  Dr. Wesselsgate 15B
  NO-9900 Kirkenes
  Postboks 157
  NO-9915 Kirkenes
  Tel. +47-78 99 50 80
  firmapost@pasvikturist.no
  www.pasvikturist.no

- Kristiansand Turistinformasjon
  Rådhusgaten 18
  NO-4611 Kristiansand
  P.O. Box 417 Lund, NO-4604 Kristiansand
  Tel. +47-38 07 50 00
  turistinformasjon@kristiansand.kommune.no
  www.visitnorway.no/reisemal/sorlandet/kristiansand/

- Visit Kristiansund og Nordmøre
  Fosnagata 13
  6509 Kristiansund
  Tel. +47-70 23 88 00
  info@visitnorthwest.no
  www.visitkristiansund.com

- Lillehammer Tourist Office
  Jernbanetorget 2
  NO-2609 Lillehammer
  Tel. +47-61 28 98 00
  info@lillehammer.com
  www.lillehammer.com

- Destination Lofoten AS
  Håkon Kyllingsmarksgt. 6
  P.O. Box 210
  NO-8301 Svolvær
  Tel. +47-76 06 98 00
  post@lofoten.info
  www.lofoten.info/Visitlofoten

- Visit Nordmøre & Romsdal AS
  Torget 4
  NO-6413 Molde
  Tel. +47-70 23 88 00
  info@visitnorthwest.no
  www.visitmolde.com

- Narvik Turistinformasjon
  Kongensgate 41-43
  NO-8515 Narvik
  P.O. Box 338, NO-8505 Narvik
  Tel. +47-76 96 56 00
  post@visitnarvik.com
  www.visitnarvik.com

- Nordkapp Turistinformasjon
  Fiskeriveien 4
  Nordkapphallen
  NO-9750 Honningsvåg
  Tel. +47-78 47 70 30
  info@northcape.no
  www.nordkapp.no

- NordNorsk Reiseliv AS
  Tel. +47-90 17 75 00
  post@nordnorge.com
  www.nordnorge.com

- Rjukan Turistkontor
  Torget 2
  NO-3660 Rjukan
  Tel. +47-35 08 05 50
  info@visitrjukan.com
  www.visitrjukan.com

- Destinasjon Røros
  Peder Hiorts gate 2
  P.O. Box 123
  NO-7374 Røros
  Tel. +47-72 41 00 00
  post@rorosinfo.com
  www.roros.no

- Sandnes Tourist Information
  Vågsgata 22
  NO-4306 Sandnes
  Tel. +47-51 85 92 00
  info@regionstavanger.com
  www.regionstavanger.com

- Visit Sognefjord AS
  Trolladalen 30
  N-6856 Sogndal
  Tel. +47-99 23 15 00
  info@sognefjord.no
  www.sognefjord.no

- Tourist Information Stavanger
  Strandkaien 61
  NO-40056 Stavanger
  Tel. +47-51 85 92 00
  info@regionstavanger.com
  www.regionstavanger.com

- Stiklestad Nasjonale
  Kultursenter
  Stiklestad Allé 350
  NO-7656 Verdal
  Tel. +47-74 04 42 00
  stiklestad@snk.no
  www.stiklestad.no

- Sunnfjord Utvikling AS
  Peak Sunnfjord
  Hafstadvegen 25
  NO-6800 Førde
  Tel. +47-57 72 85 88
  post@sunnfjord.no
  www.sunnfjord.no

- Visit Svalbard AS
  Vei 221.1
  P.O.Box 323
  N-9171 Longyearbyen
  Tel. +47-79 02 55 50
  info@visitsvalbard.com
  www.visitsvalbard.com

- Visit Tromsø
  Samuel Arnesensgate 5
  NO-9008 Tromsø
  Tel. +47-77 61 00 00
  info@visittromso.no
  www.visittromso.no

- Trondheim Tourist Information
  Nordre gate 11
  NO-7011 Trondheim
  Tel. +47-73 80 76 60
  post@visittrondheim.no
  www.trondheim.no

- Trøndelag Reiseliv AS
  Nordre gate 11
  NO-7011 Trondheim
  Tel. +47-73 84 24 40
  touristinfo@trondelag.com
  www.trondelag.com

- Destinasjon Trysil SA
  Storvegen 3
  NO-2420 Trysil
  Tel. +47-62 45 10 00
  info@trysil.com
  www.trysil.no

- Visit Valdres AS
  Jernbanevegen 7
  NO-2900 Fagernes
  Tel. +47-61 35 94 10
  info@valdres.no
  www.visitvaldres.no

- Valle Turistinformasjon
  Valle kommunehus
  Kjellebergsvegen 1
  NO-4747 Valle
  Tel. +47-37 93 75 00
  sentralbord@valle.kommune.no
  www.setesdal.com

- Regional Turistkontor Sortland
  Rådhusgata 11
  NO-8400 Sortland
  Tel. +47-76 11 14 80
  turistinfo@vestreg.no
  www.visitvesteralen.com

- Visit Vestfold
  Torpveien 130
  NO-3241 Sandefjord
  Tel. + 47-33 46 05 90
  info@visitvestfold.com
  www.visitvestfold.com

SCHWEDEN

- Åmåls Turistbyrå
  Hamngatan 3
  SE-66231 Åmål
  Tel. +46-53 21 70 98
  turism@amal.se

- Visit Arvidsjaur
  Storgatan 13
  SE-93381 Arvidsjaur
  Tel. +46-96 01 75 00
  arvidsjaurlappland@arvidsjaur.se
  www.visitarvidsjaur.se

- Dalsland Turist AB
  Storgatan 8
  S-66630 Bengtsfors
  Tel. +46-77 15 05 070
  info@dalsland.com
  www.vastsverige.com

- Dals-Eds InfoPoint
  Storgatan 26
  S-66830 Ed
  Tel. +46-53 41 90 22
  tourist@dalsed.se

- Falun Tourist Information
  Trotzgatan 10–12
  SE-79183 Falun
  Tel. +46-77 16 26 262
  falun@visitdalarna.se
  www.visitdalarna.se

- Gotland Turistbyrå
  Donners Plats 1
  SE-62157 Visby
  Tel. +46-49 82 01 700
  info@gotland.com
  www.gotland.com

- Göteborgs Turistbyrå
  Kungsportsplatsen 2
  SE-41110 Göteborg und:
  Nordstadstorget
  SE-41105 Göteborg
  Tel. +46-31 36 84 200
  turistinfo@goteborg.com
  www.goteborg.com

- Halmstad Tourist Center
  Köpmannsgata 20
  SE-30242 Halmstad
  P.O. Box 47, SE-30102 Halmstad
  Tel. +46-35 12 02 00
  info@tourist.halmstad.se
  www.destinationhalmstad.se

- Visit Helsingborg
  Mehrere InfoPoints im Stadtgebiet
  Tel. +46-42 10 50 00
  kontaktcenter@helsingborg.se
  www.visithelsingborg.com

- Höga Kusten Turistservice
  Mit 42 InfoPoints in ganz Höga
  Kusten vertreten
  Tel +46-77 12 65 000
  info@hogakusten.com
  www.hogakusten.com

- Destination Jokkmokk
  Kvarnbogatan 11
  SE-96232 Jokkmokk
  Tel. +46-97 12 22 50
  visit@jokkmokk.se
  www.destinationjokkmokk.se

- Destination Jönköping
  Södra Strandgatan 13B
  SE-55320 Jönköping
  Tel. +46-77 121 13 00
  info@destinationjonkoping.se
  www.jkpg.com

- Kalmar Turistcenter
  Ölandskajen 9
  SE-39132 Kalmar
  Tel. +46-48 04 17 700
  info@kalmar.com
  www.kalmar.com

- Karlskrona Turistbyrå
  Stortorget 2
  SE-37134 Karlskrona
  Tel. +46-45 53 03 490
  visit@karlskrona.se
  www.visitkarlskrona.se

- Karlstad Turismverksamhet
  Gustaf Lovéns gata 30
  SE-65226 Karlstad
  Tel. +46-54 54 02 470
  www.visitkarlstad.se

- Kiruna Lappland Turistcenter
  Lars Janssonsgatan 17
  SE-98131 Kiruna
  Tel. +46-98 01 88 80
  info@kirunalapland.se
  www.kirunalapland.se

- Luleå Turistcenter
  Skeppsbrogatan 17
  SE-97185 Luleå
  Tel. +46-920 45 70 00
  turistcenter@lulea.se
  www.visitlulea.se

- Lund Tourist Center
  Bangatan 1
  SE-22221 Lund
  Tel. +46-46 35 95 040
  visit@lund.se
  www.visitlund.se

- Malmö Turistbyrå
  Mehrere InfoPoints im Stadtgebiet
  www.malmocity.se/turistinformation/
  Tel. +46-40 34 12 00
  malmo.turism@malmo.se
  www.malmotown.com

- Ölands Turistbyrå i Borgholm
  Storgatan 1
  SE-38731 Borgholm
  Tel. +46-48 58 88 00
  info@oland.se
  www.oland.se

- Örebro Visitor Center
  Örebro Slott
  Kansligatan 1
  SE-70361 Örebro
  Tel. +46-19 21 21 21
  info@orebrokompaniet.se
  www.visitorebro.se

- Visit Östersund
  Rådhusgatan 44
  SE-83182 Östersund
  Tel. +46-63 70 11 00
  info@visitostersund.se
  www.visitostersund.se

- Visit Stockholm AB
  Tel. +46-85 08 28 508
  touristinfo@stockholm.se
  www.visitstockholm.com

- Sunne Turism
  Storgatan 39
  SE-68635 Sunne
  Tel. +46-56 51 64 00
  turist@sunne.se
  www.sagolikasunne.se

- Uddevalla Turistcenter
  Södra Hamnen 2
  SE-45142 Uddevalla
  Tel. +46-52 26 98 484
  info@uddevalla.com
  www.destinationuddevalla.com

- Umeå Turistbyrå
  info@visitumea.se
  www.visitumea.se

- Uppsala Turistinformation
  Stationsgatan 20A
  SE-74340 Uppsala
  Tel. +46-18 72 74 800
  info@destinationuppsala.se
  www.destinationuppsala.se

- Visit Värmland
  Norra Strandgatan 17
  SE-65224 Karlstad
  info@visitvarmland.se
  www.visitvarmland.se

- Vimmerby Turistbyrå
  Rådhuset 1
  SE-59837 Vimmerby
  Tel. +46-49 23 10 10
  info@vimmerby.se
  www.vimmerby.se

#impressum

Gesamtherstellung
Nordis Verlag GmbH
Maxstr. 64 | D-45127 Essen
Tel. +49-201 87 22 90
Fax +49-201 894 25 11
verlag@nordis.com
www.nordis.de
www.skandinavien.de

Geschäftsführung
Jörn Backhaus

Herausgeber
Frank Dittmann

Gesamtprojektleitung
Susanne Schernewski

Redaktion
Hans Klüche
Martin Schmidt
Andrea Ullius
Rasso Knoller
Erik van de Perre
Liz Cooper/Visit Greenland
Maike Hanneck

Fotos
Hans Klüche
Martin Schmidt
Andrea Ullius
Rasso Knoller
Erik van de Perre
Visit Greenland
Tourismusdestinationen

Titelbild
Bunte Strandhütten auf Falsterbo, Schweden
© lenasi/
www.freepik.com

Karten
Kartographiestudio
Jochen Fischer

Artwork/Grafik/DTP
Merlin Digital GmbH
Maxstr. 64 | D-45127 Essen

Konzept
Hans Klüche

Korrektorat
Karl-Heinz Weißenfels

Anzeigen
Jörn Backhaus
Martin Elmentaler

Druck
Lensing Druck GmbH & Co. KG, Dortmund

Vertrieb
GeoCenter, Stuttgart

Wir danken den Nordischen Fremdenverkehrsämtern und Touristeninformationen für ihre freundliche Mitarbeit und Hilfe!

Nordis Verlag GmbH
ISBN 978-3-00-064381-1